l a n d
N
0
1000 km
Baikal-
see
Ulan Bator
M o n g o l e i
irgisien
chmir
Peking
Yongbyon
Pyŏngyang
Seoul
Tokio
V o l k s r e p u b l i k C h i n a
P a z i f i s c h e r
O z e a n
n d i e n
P h i l i p p i n e n
Manila
I n d o n e s i e n

Gerhard Konzelmann

Insch'Allah

Gerhard Konzelmann

Insch'Allah

Der Kampf um Glaube und Öl

Herbig

Besuchen Sie uns im Internet unter
http://www.herbig-verlag.de

Schutzumschlag: Wolfgang Heinzel
Umschlagfoto: Associated Press, Frankfurt
Vorsatzkarte: Eckehard Radehose, Schliersee
Herstellung und Satz: VerlagsService Dr. Helmut Neuberger
& Karl Schaumann GmbH, Heimstetten
Gesetzt aus der 11/13,6 Punkt Palatino
Druck und Binden: GGP Media, Pößneck
Printed in Germany
ISBN 3-7766-2316-0

Inhalt

Statt eines Vorworts

Warum dieser Irak-Konflikt?

Niemand hat die Frage nach dem »Warum?« dieses Irak-Konflikts deutlicher beantwortet als Günter Grass in der »Welt am Sonntag« vom 29. Dezember 2002:

»Ich betrachte Präsident Bush als eine Gefahr, als eine Bedrohung des Weltfriedens. Bush erinnert mich an eine jener Gestalten in Shakespeares Historiendramen, deren einziger Ehrgeiz es ist, vor den Vater, den alten sterbenden König, zu treten und zu sagen: ›Siehe, ich habe deine Aufgabe vollbracht!‹ Präsident Bush jr. ist dazu bestimmt, den ersten Golfkrieg einem neuen Höhepunkt zuzuführen, in dem er einen zweiten Golfkrieg anzettelt. Bush jr. wird dabei von privaten, familiären Motiven geleitet. Ihn treibt das Erbe seines Vaters. Auch die wirtschaftlichen Interessen der Bushs spielen eine Rolle. Die Familie steckt tief im Ölgeschäft drin. Hinter der Forderung nach einem Irakkrieg stecken vor allem politische und ökonomische Interessen!«

Dieses Buch »Insch'Allah« gibt detaillierte Antwort auf die Frage »Warum?«. Offengelegt werden die Gründe und die Interessen, die Günter Grass andeutet. Zu erkennen ist die Verzahnung des islamisch geprägten »weltweiten Terrorismus« mit der Glaubenswelt des Ölkönigreichs Saudi-Arabien. Dieser »weltweite Terrorismus« ist zum Ärger des Präsidenten Bush jr. mit einem arabischen Staat nicht in Verbindung zu bringen – mit dem Irak. Saddam Hussein hütet sich, dem von Saudi-Arabien geprägten »Fundamentalismus« im Land an Euphrat und Tigris eine Basis zu bieten. Weshalb er mit den »Islamisten« nichts zu schaffen hat, wird deutlich durch das Studium der Geschichte der irakischen Staatspartei «Hisb Al Baath Al Arabi«, deren Repräsentant Saddam Hussein ist, und die die Basis seines Machtapparats darstellt.

Die Baathpartei bekennt sich nicht zu Allah – im Parteiprogramm taucht die Formel der Unterwerfung unter Allahs Gebot »Insch'Allah« nicht auf. Irak wird nicht unter dem Motto »So Allah will« regiert. Das Programm der Baathpartei fordert den Aufbau des Sozialismus und die Schaffung eines panarabischen Staates. Das Thema des Glaubens anzuschneiden ist schwierig für einen Staatschef, der Moslems unterschiedlicher Ausprägung des Islam zu regieren hat: Die Kluft zwischen Schiiten und Sunniten ist tief im Irak. Das Buch »Insch'Allah« schneidet dieses Problem an.

Wer die Struktur des Irak kennt, der warnt vor dem Krieg. Zum Jahreswechsel 2002/2003 mehren sich die Stimmen derer, die einen Krieg gegen Irak für unklug und ungerechtfertigt halten. Zu ihnen gehört der Ratsvorsitzende der Evangelischen Kirche in Deutschland (EKD), der rheinische Präses Manfred Kock. Er ist der oberste Repräsentant der deutschen Protestanten. Kock fordert dazu auf »gegen den Irakkrieg aufzustehen«. Er spricht von seiner Überzeugung, ein Golfkrieg werde »das Gespenst des Terrorismus durch alle Ritzen unserer Gesellschaft pressen«. Der Präses prangert das »Imponiergehabe der mächtigen Kriegshelden« an.

Und der deutsche Kurienkardinal Walter Kaspar erklärte in seiner Rundfunkansprache zu Weihnachten 2002, ein Krieg gegen Irak sei durch nichts zu rechtfertigen. Der »Außenminister« des Vatikan, Jean-Louis Taurant, sprach sich drastischer aus: »Es besteht Gefahr, daß fortan das Gesetz des Dschungels herrscht. Der Präventivkrieg ist in der Charta der Vereinten Nationen nicht vorgesehen.«

Gegen das Überhandnehmen derartiger Meinungen will der US-Verteidigungsminister Donald Rumsfeld durch eine Propagandaoffensive vorgehen. Mitte Dezember enthüllte die »New York Times«, daß im Pentagon ein Plan existiere, der das Ziel habe, durch die Verbreitung von Falschinformationen die öffentliche Meinung und die der »policy maker« in befreundeten oder bisher neutralen Staaten derart zu beeinflussen, daß Sympathie für die USA wächst und daß sich Verständnis für den Irakkrieg durchsetzt. Auf diese Weise soll die psychologische Voraussetzung dafür geschaffen werden, daß spontane proamerikanische Demonstrationen – auch in Deutschland – die Straßen füllen.

Die »Frankfurter Allgemeine Zeitung« berichtet über diesen »desinformation plan« am 18. Dezember 2002 unter der Überschrift: »Sie wollen uns erzählen. Ungelogen: Amerikas Pläne für die psychologische Kriegführung.«

Ari Fleischer, der Sprecher des amerikanischen Präsidenten, hatte allerdings am Tag zuvor erklärt, das Weiße Haus werde sich nicht an der Ausführung dieses »desinformation plan« beteiligen: »Präsident Bush wird keine Maßnahme dulden, die mit einer Lüge in Verbindung zu bringen ist.« Ari Fleischer bemerkt jedoch, daß die Vereinigten Staaten von Amerika auf die Verbesserung ihres Images in der Welt bedacht sein müssen.

Noch ehe der »desinformation plan« aktiviert worden ist, macht sich Stimmungswandel bei »policy makers« spürbar. Am 30. Dezember 2002 erkennt die »International Herald Tribune« Signale aus Berlin, die darauf hindeuten, daß Deutschland keinen Widerstand leisten würde gegen einen Irakkrieg, trotz des ausgesprochenen Antikriegs-Standpunkts des Bundeskanzlers Schröder. Anlaß für diese Erkenntnis war eine Bemerkung des Außenministers Joschka Fischer, die im »Spiegel« zu lesen war. Sie besagte, daß nicht vorauszusagen sei, wie sich die Bundesrepublik, die ab 1. Januar 2003 im Weltsicherheitsrat vertreten sein wird, bei einer möglichen Abstimmung über einen Krieg gegen Irak verhalten wird. Eine Voraussage sei deshalb unmöglich, »weil keiner weiß, wie und unter welchen Begleitumständen sich der Sicherheitsrat damit befassen wird«.

Bundeskanzler Schröder reagierte sofort auf die Unruhe, die diese Überlegung in Fischers grüner Partei auslöste: »Da ist viel Lärm um nichts entstanden. Die Politik der Bundesrepublik bleibt in der Irakfrage unverändert!«

Wandel ist spürbar in der Haltung der regierenden Familie Saudi-Arabiens. Amerikanische Luftwaffenkommandeure berichteten am Ende des Jahres 2002, saudiarabische Offiziere hätten ihnen versprochen, daß US-Kampfflugzeuge die Prinz-Sultan-Air-Base, die außerhalb der Verwaltungshauptstadt Riyadh liegt, benützen dürfen. Die saudiarabischen Offiziere beriefen sich auf den Kronprinzen Abdallah, den geschäftsführenden Regenten des Königreichs – er habe die Freigabe der Prinz-Sultan-Air-Base bereits gestattet.

Der Meinungswandel hat eine Ursache. Vorausgegangen war ein Energielagebericht der Energy Information Administration (EIA), die dem Energieministerium der USA zugeordnet ist. Dieser Lagebericht hatte für die Zukunft eine wachsende Abhängigkeit der USA vom Öl aus Saudi-Arabien vorausgesagt; nötig sei auf Dauer eine Verdoppelung der saudiarabischen Ölproduktion auf 22 Millionen Barrel am Tag. EAI hegt allerdings Zweifel, ob das Haus As Saud bereit ist, den USA die benötigte Energiemenge zu liefern. Präzise gesagt: Unsicher ist, ob die Menschen in Saudi-Arabien bereit sind, die Auslieferung der saudiarabischen Ölwirtschaft an die Ölmächtigen der USA zu gestatten.

Die Stimmung auf der Arabischen Halbinsel ist bekannt: amerikanischen Bürgern wird empfohlen, sich nicht in der Öffentlichkeit der Städte zu zeigen.

Die jüngste Vergangenheit belastet die Gegenwart: Der US-Präsident wird immer wieder darauf hingewiesen, daß 15 der 19 »Kämpfer für Allah«, die am 11. September 2001 die Twin Towers des World Trade Centers zum Einsturz gebracht haben, aus dem Königreich Saudi-Arabien stammten.

Die Bemerkung des US-Präsidenten als Antwort auf die Frage, welche Bedeutung er dem Öl von Saudi-Arabien beimesse, beunruhigte den Kronprinzen Abdallah: »Wir müssen uns aus der Abhängigkeit auf dem Energiegebiet von solchen Staaten lösen, die Amerika nicht leiden können!« Abdallah Ibn Abdel Aziz As Saud ist sich bewußt, daß die Mehrzahl der rund 18 Millionen Bewohner seines Landes Amerika nicht leiden können.

Die neue Erkenntnis in Washington: Saudi-Arabien, der Feind der USA

»Die Saudis sind aktiv auf jedem Gebiet, auf jeder Ebene der Terrorkette. Sie sind die Planer und die Geldgeber. Sie sind die Ideologen und die Einpeitscher. Sie legen die Vorgaben fest und sie stellen die Ausführenden der Terrorakte.«

Diese Feststellung bekam am 10. Juli 2002 in Washington das Gremium »Defence Policy Board« zu hören, das aus ehemaligen Spitzenbeamten besteht. Diese erfahrenen Persönlichkeiten dieses Gremiums sehen ihre Aufgabe darin, das US-Verteidigungsministerium auf dem Gebiet der Verteidigungspolitik zu beraten.

Am Treffen des 10. Juli 2002 nahmen auf der Seite des Defence Policy Board teil: Der frühere amerikanische Außenminister Henry Kissinger, der einstige Vizepräsident der USA Dan Quayle, der frühere US-Verteidigungsminister James Schlesinger, der einstige stellvertretende Vorsitzende der Vereinigten Generalstäbe der USA, Admiral David Jeremiah. Sprecher des Gremiums war bei jenem als geheim klassifizierten Treffen Laurent Murawiec, einer der Analytiker der Rand Corporation. Diese Gesellschaft ist zwar privat organisiert, sie wird jedoch vorwiegend aus Mitteln des US-Verteidigungshaushalts finanziert. Die Rand Corporation beschäftigt Wissenschaftler, die den Auftrag haben, Zukunftsprognosen zu erstellen, Ratschläge zu geben für Problemlösungen und die gesellschaftliche Situation der Staaten zu durchleuchten, die für die USA von wirtschaftlichem und politischem Interesse sind. Der Sitz der Rand Corporation ist in Santa Monica, im westlichen Vorortbereich von Los Angeles.

Die renommierte Gesellschaft ist das erste Forschungsinstitut, das sich vorgenommen hat, den saudiarabischen Staat zu analysieren. Die Arbeiten begannen mit Beginn des Jahres 2002. Am 10. Juli zieht Laurent Murawiec dieses Fazit: »Saudi-Arabien unterstützt unsere Feinde. Es schadet unseren Verbündeten.« Murawiec glaubt, die Erkenntnis gewonnen zu haben, das Königreich bilde das Zentrum des Bösen, den Mittelpunkt des Terrorismus. »Saudi-

Arabien ist die Heimat einer Denkweise, die uns gefährlich sein kann.«

Der Chef des Pentagon, Donald Rumsfeld ließ sich Zeit mit seiner Beurteilung der Analyse der Rand Corporation. Er sagte am 6. August 2002 vor einem Kreis seiner derzeitigen Mitarbeiter: »Was damals gesagt wurde, schadet uns. Es ist der Eindruck entstanden, die gegen Saudi-Arabien gerichteten Erkenntnisse seien der Standpunkt der Regierung der Vereinigten Staaten von Amerika.« Rumsfeld betonte die Feststellung, Saudi-Arabien sei ein Land, wie jedes andere. Wie überall gibt es dort Aktivitäten, die uns gefallen, und solche, die uns mißfallen.« Eine Feststellung konnte Rumsfeld allerdings nicht vermeiden: »eine beachtliche Zahl der Personen, die am 11. September beteiligt waren, stammt aus Saudi-Arabien.«

Das Eingeständnis, Saudi-Arabien sei verwickelt in den Anschlag gegen das World Trade Center, war bislang in Washington von keinem Regierungsmitglied mit derartiger Deutlichkeit ausgesprochen worden.

Rumsfelds Bemerkung spiegelt eine Veränderung der Meinung in der US-Hauptstadt wider. Bisher wurde mit Vorbedacht übersehen, was im Öl-Königreich Saudi-Arabien geschah. Jetzt hatte sich die Erkenntnis durchgesetzt, daß die Realität in dieser arabischen Monarchie beachtet werden muß. Die Konsequenz: Es läßt sich nicht länger leugnen, daß Saudi-Arabien für die Vereinigten Staaten von Amerika ein Problem darstellt.

Der saudiarabische Botschafter in den USA, Prinz Bandar Ibn Sultan, reagiert auf den Meinungswandel empfindlich: »Der Standpunkt der Rand Corporation mißachtet die Tatsachen. Er ist auf einer Lüge aufgebaut!«

Der Botschafter kann nicht verhindern, daß in Washington über Mißstände nachgedacht wird, für die das royale Regime in der Saudi-Hauptstadt Riyadh verantwortlich ist.

Laurent Murawiec, der Analytiker der Rand Corporation, forderte die amerikanische Regierung auf, diese Forderungen an das saudiarabischen Königshaus zu stellen: Die Verantwortlichen in Riyadh haben sofort alle Zahlungen an islamisch-fundamentalistische Gruppierungen zu unterlassen; sie sollen dafür sorgen, daß im Königreich antiamerikanische und antiisraelische Hetze unterbleibt; bekämpft werden müssen alle »Zellen des Terrorismus« in Saudi-Arabien. Ganz präzise wird der königlichen Familie As Saud abverlangt, diese »Zellen des Terrorismus« innerhalb der Organisation des saudiarabischen Geheimdiensts auszumerzen. Diese Aufforderung richtet sich an den Innenminister Prinz Nayef Ibn Abdel Aziz As Saud, der zuständig ist für die repressive Haltung der Verwaltung im Königreich.

Daß der Prinz derzeit unangreifbar ist, weiß Laurent Murawiec. Er zeigt den Weg, wie Veränderungen in Saudi-Arabien zu erreichen sind: »Wenn erst der Diktator des Irak, Saddam Hussein entmachtet ist, dann richten wir in Baghdad ein demokratisches Regime ein. Mit diesem Regime treten wir in Handelskontakte. Wir kaufen irakisches Öl. Damit hängt unsere Wirtschaft nicht länger vom saudiarabischen Öl ab. Die US-Regierung erhält Handlungsfreiheit. Sie kann dann die königliche Familie Saudi-Arabiens für ihre Unterstützung des Terrorimus anklagen.«

Diese Aufgabe erfüllt zunächst eine private Vereinigung.

»Der Prozeß des Jahrhunderts« gegen die Familie As Saud

Die Verantwortlichen Saudi-Arabiens zur Rechenschaft zu ziehen, das ist die Absicht der Interessengemeinschaft von 600 amerikanischen Familien, die beim Anschlag auf das World Trade Center am 11. September 2001 Opfer zu beklagen haben. Die Vertreter dieser 600 Familien haben sich Ende August 2002 zusammengeschlossen, um eine legale Basis dafür zu schaffen, daß eine aussichtsreiche Klage gegen das Haus As Saud vor Gericht eingereicht werden kann. Diese Einreichung der Klage erfolgte Ende August 2002 bei einem amerikanischen Bundesgericht in Washington. Vertreten wird die Klage durch Rechtsanwalt Allan Gerson. Er stützt sich auf Erkenntnisse, die Laurent Murawiec, der Analyst der Rand Corporation am 10. Juli 2002 dem Gremium »Defence Policy Board« in Washington vorgetragen hat. Seine These lautet: »Die Saudis sind aktiv auf jedem Gebiet, auf jeder Ebene der Terrorkette.«

Die Klage der Interessengemeinschaft richtet sich ganz präzise gegen Prinzen der königlichen Familie, denen Verwicklung in das Netzwerk des Terrorismus vorgeworfen wird. Genannt wird in der Anklageschrift Prinz Sultan Ibn Abdel Aziz, ein Anwärter auf den Thron und Verteidigungsminister Saudi-Arabiens. Rechtsanwalt Allan Gerson läßt wissen, daß die Tonbandaufzeichnung eines Gesprächs existiere, das bei einem geheimen Treffen zwischen Osama Bin Laden und einem Saudiprinzen geführt worden sei. Diese Tonbandaufzeichnung habe der französische Geheimdienst zur Verfügung gestellt. Der Gesprächstext beweise, daß der saudiarabische Gesprächspartner dem Chef der Organisation Al Qaida, Osama Bin Laden, Geld dafür angeboten habe, daß er Anschläge auf US-Installationen in Saudi-Arabien unterlasse, und daß er seine Ziele direkt in den USA suche.

Die Vorgeschichte: Am 25. Juni 1996 wurde in der saudiarabischen Stadt Dhahran ein Sprengstoffattentat verübt. Zerstört wurde der Hochhauskomplex Khobar Tower, der von amerikanischem Militärpersonal bewohnt wurde. 19 Personen wurden getötet und über 100 verletzt.

Der saudiarabische Geheimdienst sorgte während der Tage und Wochen nach dem Anschlag, daß die amerikanischen Kollegen von der Untersuchung des Vorgangs und von der Suche nach Schuldigen ausgeschlossen blieben. Damals ist das Netzwerk des Osama Bin Laden offenbar vom saudiarabischen Geheimdienst geschützt worden.

Um derartige Anschläge auf dem Boden des Königreichs künftig zu unterlassen – so nimmt der Anwalt der Interessengemeinschaft an – sei der Blick des Osama Bin Laden direkt auf die USA gelenkt worden.

Die saudiarabischen Prinzen werden nicht beschuldigt, selbst an Terrorakten beteiligt gewesen zu sein, doch sie seien auch deshalb mitschuldig, weil sie Millionenbeträge an Stiftungen überwiesen hätten. So habe die »Wohlfahrtsorganisation« Islamische Weltliga 60 Millionen Dollar erhalten, die an die Taliban in Afghanistan weitergeleitet wurden und schließlich in die Hände des Netzwerks »Al Qaida« gelangt seien.

Angestrebt durch die Klage wird eine Entschädigung für die Familien der Opfer des 11. September 2001 in Höhe von 635 Milliarden Dollar.

Rechtsanwalt Allan Gerson sagt, sein Ziel sei es jedoch vor allem, die Hintergründe des islamischen Fundamentalismus und Terrorismus aufzuhellen: »Saudi-Arabien hat den Terrorismus über Jahre geschützt und finanziert. Mit diesem Verfahren bringen wir die Wahrheit ans Licht.«

Allan Gerson hat Erfahrung in der Führung derartiger Verfahren: Er vertritt die Interessen der Hinterbliebenen der Opfer des Flugzeugabsturzes von Lockerbie, den Libyen zu verantworten hat. Die Mandanten des Anwalts bekommen jetzt vom libyschen Staat 2,7 Milliarden Dollar als Schadensersatz ausbezahlt.

Die Methode des Anwalts bestand darin, über Jahre hinweg – der Anschlag auf die Maschine der PANAM hatte sich im Jahre 1988 ereignet – hartnäckig den Fall zu verfolgen. Allan Gerson hat schließlich den libyschen Revolutionsführer zum Schuldeingeständnis gebracht und zum Versprechen, den Opfern Entschädigung zu bezahlen.

Diese Methode will der Anwalt auch im Fall der saudiarabischen Königsfamilie anwenden: Gerson will die Prinzen durch Hartnäckigkeit entnerven – und er will die amerikanische Öffentlichkeit nach und nach im »Prozeß des Jahrhunderts« auf die Zustände im Königreich Saudi-Arabien hinweisen. Der Ausgangspunkt ist günstig: In Washington ist die Forderung zu hören, Saudi-Arabien müsse durch Präsident George W. Bush zum »Staat des Bösen« – zum »Schurkenstaat« (so lautet die Wortwahl des Präsidenten) – erklärt werden – mit allen Konsequenzen; dazu zählen Isolierung und militärische Aktionen.

Die Familie As Saud liefert selbst den Kritikern starke Argumente. Mit Empörung wird registriert, wie die Prinzen im Sommer 2002 in Genf auftreten. Nach Meinung kritischer Beobachter spielt sich im dortigen Hotel Noga Hilton die letzte Inszenierung des royalen Glanzes ab. In diesem Prachthotel bezogen im Mai 2002 König Fahd und sein Hofstaat von 300 Personen 400 Suiten und Zimmer. Sie waren auf dem Genfer Airport gelandet mit zwei Flugzeugen vom Typ Boeing 747, mit einer Maschine vom Typ Boeing 777 und einer vom Typ Falcon 900.

Für den Hofstaat sind 600 Mercedes-Limousinen gemietet worden. Da der Wagenpark der Mercedeshändler in Genf nicht ausreichte, wurden 150 Fahrzeuge in Deutschland geordert. Die 600 eleganten Limousinen erzeugten Ärger in Genf: Sie trugen wesentlich zur Verstopfung der Straßen bei.

König Fahd, der sich seit einem Schlaganfall im Jahr 1995 nicht mehr bewegen kann, benützte die Limousinen nicht. Der 81jährige vegetierte in seiner Luxussuite. Die Höflinge spotteten: »Es geht ihm gut. Er kann zeitweise sogar seine Brüder erkennen.«

Die Gesamtkosten für den Aufenthalt des Königs, der Prinzen und der Höflinge wird auf zehn Millionen Dollar täglich beziffert.

Kostspielig waren die abendlichen Barbecueparties am Ufer des Genfersees. In einem öffentlichen Park, durch einen Zaun schwarzer Tücher vor den Blicken der Genfer geschützt, waren lange Tafeln aufgebaut. Die Prinzen saßen im Freien auf Sesseln in Rot und Gold. Die Frauen hielten sich in einem schwarzen Zelt auf, getrennt von den Männern. Gegessen wurden Kebab und Fladenbrot. Getrunken wurden Tee, Kaffee und Mineralwasser.

Fröhlich war die Stimmung der Prinzen nicht, auch wenn die Abendsonne den Genfersee golden aufleuchten ließ. Sorge vor der Zukunft drückte die Laune. Jung war keiner der Prinzen auf dieser Party – jeder hatte die Marke von 70 Jahren überschritten. Alle waren sie beteiligt am Machtkampf um die Nachfolge des kranken Königs, der nur wenig älter war als sie.

Einer fehlte an den Tafeln der Party: Prinz Abdallah Abdel Aziz As Saud, zu diesem Zeitpunkt 79 Jahre alt. Er war in der Hauptstadt Riyadh geblieben. Er war, als Kronprinz, der Vertreter seines kranken Halbbruders. Er hatte die Macht in der Hand in Saudi-Arabien.

Abdallah leitete das Königreich in kritischer Zeit: Ein Krieg drohte in der Region; ein Krieg nach Wunsch des amerikanischen Präsidenten George W. Bush jr. Der Clan As Saud war in Sorge, die Militäraktion am Euphrat und Tigris könnte das gesamte Machtgefüge in der Region am Persischen (Arabischen) Golf zum Einsturz bringen.

Doch diese Sorge veranlaßte die Prinzen nicht, einig zu sein. Diejenigen, die den Sommer 2002 in Genf verbrachten, gehörten zu einer Clique von sieben Prinzen innerhalb der Sippe: Sie waren von einer Frau, von Hassa Al Sudeiri geboren worden. Die 38, die von anderen Frauen abstammten, werden von den Sudeiri-Söhnen als nicht gleichberechtigt angesehen. Kronprinz Abdallah zählt zu denen, die als zweitklassig betrachtet werden.

Präsident Bush, sein Außenminister Colin Powell, sein Verteidigungsminister Donald Rumsfeld und seine Sicherheitsberaterin Condoleezza Rice sind sich darin einig, daß das Regime der As Sauds beendet werden müsse. Die öffentliche Prachtentfaltung des »ancien régime« am Ufer des Genfersees hat sie in ihrer gemeinsamen ablehnenden Meinung bestärkt.

Als empörend wurde in Washington empfungen, daß König Fahd am Ende seines Aufenthalts im Noga Hilton in Genf die Arroganz besaß, seinen Geldverwalter anzuweisen, die Mehrwertsteuer auf der Hotelrechnung zu streichen und sie auf keinen Fall zu bezahlen. Hoteldirektor Eric Kuhne mußte in seiner Not beim Finanzministerium der Eidgenossenschaft den Antrag stellen, dem saudiarabischen König die Zahlung der Mehrwertsteuer zu erlassen. Dieser Antrag wurde abgelehnt. Das Noga Hilton mußte für die Steuer aufkommen. Die Abreise des Herrschers und seines Gefolges begleiteten ungute Wünsche.

Kopfschütteln ausgelöst hat in US-Regierungskreisen, daß der Hofstaat des Königs Fahd die Wochen unmittelbar vor dem Jahrestag des Anschlags auf das World Trade Center mit Pomp im spanischen Prominentenbadeort Marbella auftrat. Am 14. August 2002 war die königliche Luftflotte – von Genf kommend – auf dem Flughafen von Malaga in Südspanien gelandet. Die Passagiere waren auf der breiten Autobahn nach Westen zu den Hotels von Marbella gebracht worden. König Fahd bezog damals die Villa, die so aussieht wie das Weiße Haus in Washington; sie liegt auf einem künstlich aufgeschütteten Hügel.

In Sichtweite der Villa befindet sich die auffällige Moschee von Marbella. Das weißgekalkte Bauwerk steht am westlichen Stadtrand oberhalb der Küstenstraße. Für die Errichtung der Moschee war Prinz Salman Ibn Abdel Aziz zuständig. Er ist Gouverneur der saudiarabischen Hauptstadt Riyadh. Prinz Salman ist deshalb bevorzugt, weil er zu den sieben Söhnen zählt, die Abdel Aziz – der Begründer der Sippe in der Neuzeit – mit seiner Lieblingsfrau Hassa Al Sudeiri gezeugt hatte.

Die Moschee von Marbella war im Sommer 2002 kein Anziehungspunkt für die jüngere Generation der Saudiprinzen, die Südspanien für attraktiver hielten als Genf: Sie besuchten Discos und beglückten Frauen, die eigens angereist waren. Das flotte Leben der

Prinzen beschäftigte die lokale und die überregionale Presse. Das royale Liebesleben interessierte viele Leser. Dem guten Ruf der Familie As Saud diente es nicht.

Saudische Blitzoffensive zur Imageverbesserung

Prinz Bandar Ibn Abdel Aziz, der Botschafter Saudi-Arabiens in Washington, hatte schon Ende Mai 2002 seinen Halbbruder, den Kronprinzen Abdallah Ibn Abdel Aziz As Saud gewarnt, die Meinung der US-Bürger über das Königreich verschlechtere sich rapide: 50 Prozent der Befragten einer repräsentativen Umfrage waren der Meinung, Saudi-Arabien sei als Partner der USA abzulehnen. Die Umfrage sei ernst zu nehmen, da sie vom Meinungsforschungsinstitut Fabrizio, McLaughlin and Associates durchgeführt worden sei. Dieses Institut stehe der Republikanischen Partei nahe – es habe Einfluß auf die Politik der Regierung.

Kronprinz Abdallah, der geschäftsführende Regierungschef, sieht die Gefahr: Bislang hatten die US-Bürger das Ölkönigreich mit Sympathie betrachtet. Deren Prinzen waren zwar fremdartige, exotische Erscheinungen, wie aus einem orientalischen Märchen entsprungen, doch sie galten als freundliche Persönlichkeiten, die auf gute Beziehungen zu den USA und zu Westeuropa bedacht waren. Die Öffentlichkeit hatte durchaus zur Kenntnis genommen, daß die Verantwortlichen in Saudi-Arabien immer regulierend eingriffen, wenn OPEC-Staaten den Ölpreis anhoben. Kronprinz Abdallah hatte bewiesen, daß er den westlichen Industriestaaten nicht schaden will, sondern daß er ganz besonders das Florieren der US-Wirtschaft fördern will.

Nun aber hatte sich das Erscheinungsbild der Prinzen radikal geändert: Sie galten als heimtückische Monster, die ihre Untertanen in die USA schickten, um Amerikaner zu töten. Die Öffentlichkeit hatte wohl zur Kenntnis genommen, daß 15 der 19 »Verbrecher«, die an den Anschlägen des 11. September 2001 aktiv beteiligt waren, aus Saudi-Arabien stammten. Bemerkt wurde auch, daß die saudiarabischen Prinzen den US-Präsidenten daran hindern wollten, den

»gerechten Kampf gegen der Terrorismus« fortzusetzen. Botschafter Prinz Bandar Ibn Abdel Aziz hatte dem Präsidenten die Haltung seiner Regierung eindeutig mitgeteilt: »Mit Saudi-Arabien kann es keinen Krieg gegen Saddam Hussein geben!« Nach Auffassung der Mehrheit der amerikanischen Bürger haben sich die regierenden Saudiprinzen damit eindeutig vor den bisher gefährlichsten Terroristen der Welt gestellt. Das Fazit: Saudi-Arabien schützt Saddam Hussein und hält damit den Terrorismus am Leben.

Kronprinz Abdallah fürchtet, daß aus dieser Erkenntnis eine für das royale Regime in Saudi-Arabien tödliche Konsequenz gezogen wird, die lautet: »Dieses Regime muß beseitigt werden!« Die regierende Familie fürchtet die Parole »Demokratie auch auf der Arabischen Halbinsel!« Sie ist im Sommer 2002 – wenn auch noch leise – deutlich zu vernehmen.

Im Golfkrieg von 1990/91 war das Königreich der Verbündete der USA im Kampf gegen Saddam Hussein gewesen. Jetzt aber hatten die US-Bürger den Eindruck, die Prinzen seien die Alliierten der »Terroristen von Euphrat und Tigris«. Ein Ende dieses Zustands – so lautet der gängige Schluß – könne nur durch Bekehrung Saudi-Arabiens zur Staatsform der Demokratie, also durch Wahlen erreicht werden. Vor nichts haben die Prinzen mehr Angst, als vor der Abhaltung von freien Wahlen in ihrem Reich. Freie Wahlen würden ihr Regime zum Einsturz bringen.

Der saudiarabische Regierungsberater Adel Al Jubeir glaubt das Mittel zu kennen, um das Image der Prinzen – vor allem in den USA – zu verbessern: »Eine Werbekampagne nach Art des amerikanischen Wahlkampfes muß stattfinden!« Sein Rat wurde vom Botschafter Prinz Bandar Ibn Abdel Aziz rasch befolgt. Er engagierte Werbeagenturen. Eine der prominenten Firmen, Patton Boggs, erklärte sich sofort bereit, den Auftrag zu übernehmen, den US-Bürgern deutlich zu machen, daß es Saudi-Arabien wert sei, mit Sympathie betrachtet zu werden. Patton Boggs und die Agentur Sandler-Innocenzi erwarben Sendezeiten bei Fernsehstationen und Radiosendern. Alle bedeutenden und alle kleineren Networks strahlten hunderte von Werbespots aus. Fernsehzuschauer und Radiohörer in den USA erfuhren, daß bereits seit zwei Generationen ein herzliches Freundschaftsverhältnis bestehe. Angesprochen wurden unterschwellige monarchische Gefühle der Menschen, die Erinnerung an Märchen von Königen und Prinzen und die Sehnsucht nach der heilen Welt der Monarchie.

Agenturen und Medien profitierten – und die Lobbyisten, die gegen hohe Dollarbeträge Verbindungen pflegten zu Persönlichkeiten der Republikanischen Partei. Nicht zu den Gewinnern zählten die Prinzen Saudi-Arabiens. Anfang September 2002 war die Zahl derer, die das Königreich Saudi-Arabien als Partner der USA ablehnten, von 50 Prozent auf 63 Prozent der US-Bevölkerung gestiegen.

Vorausgegangen im Verlauf dieser Ereignisse ist ein Unglück, das von Saudi-Arabien über Wochen hin verschwiegen worden ist. Es ist schließlich, trotz Unterdrückung der Wahrheit, bekanntgeworden. Deutlich weist es auf die wahren Zustände in Saudi-Arabien hin.

Glaubensregeln wichtiger als Lebensrettung

Am 11. März 2002 – in westlicher Zeitrechnung – um 7 Uhr und 28 Minuten entdeckte eine Lehrerin in der Mädchenschule Nummer 31 in der heiligen Stadt Mekka in einer Ecke des Treppenhauses im dritten Stock ein Feuer: Ein Haufen Papierreste und ein Stapel alter Bücher brannten mit starker Rauchentwicklung.

Die Mädchenschule 31 in Mekka befindet sich nahe der ärmeren Viertel der Stadt. Sie wird besucht von Mädchen aus Familien, die wenig profitieren vom Ölreichtum des Königreichs. Sie werden nicht – wie die zahllosen Töchter des herrschenden Clans – im Rolls-Royce zur Schule gefahren. Die Schülerinnen sind meist Einzelkinder; ihre Väter können sich nicht mehrere Frauen und viele Kinder leisten. Sie sind Händler im Suk, Beamte der Stadtverwaltung, Rezeptionisten und Kontoristen der Pilgerherbergen. Sie leben in der Hoffnung, ihre Töchter könnten eines Tages in Beruf und Familie teilhaben am Leben der Stadtbevölkerung von Mekka – doch die Chancen sind gering.

Allein das Erscheinungsbild der Mädchenschule 31 zeigt, welche Rolle den Frauen zugedacht ist, die nicht zur royalen Schicht und zu den Reichen zählen. Das Gebäude war nicht als Schule errichtet worden: Es ist ein Appartementblock mit drei Stockwerken über dem Erdgeschoß. Es sollte Familien mit geringem Einkommen aufnehmen. Die wachsende Zahl junger Mädchen in Mekka zwang die Regierung, den Appartementblock für Schulzwecke anzumieten. Zuständig ist jedoch nicht das Erziehungsministerium – es sorgt allein für die männlichen Schüler. Verantwortlich ist das »Amt für Erziehung der Mädchen«, das nur mit geringen Finanzmitteln ausgestattet ist.

In zwanzig engen Zimmer werden 750 Schülerinnen unterrichtet. Sie sind eingesperrt: Die Fenster sind vergittert; die Türen sind verschlossen. Bewacht wird die Mädchenschule 31 von Männern, die sich Muttawin nennen. Sie gehören einem islamischen Polizeiverband an, dessen Mitglieder allein darauf zu achten haben, daß die Lebensregeln eingehalten werden, die in der religiösen Tradition verankert sind. Der offizielle Name der Organisation lautet: Behörde zur Förderung der Tugend und zur Verhinderung des Lasters. Ihre Mitglieder dürfen, als Männer, das Schulgebäude nicht betreten. Ihre Aufgabe konzentriert sich darauf, jeden Mann daran zu hindern, mit den Schülerinnen in Kontakt zu kommen, und den Mädchen das Verlassen der Schule zu verwehren – wenn sie nicht durch Kopftuch und Gesichtsschleier verhüllt sind. Die islamische Sittenpolizei erfüllte ihre zwei wichtigsten Aufgaben am 11. März 2002.

Dies ist die Abfolge des Geschehens an jenem Tag: Vor Unterrichtsbeginn hatte eine Schülerin in der Ecke des Treppenhauses verbotenerweise eine Zigarette geraucht. Als sie glaubte, entdeckt zu werden, warf sie hastig die brennende Zigarette weg. Wäre sie beim Rauchen entdeckt worden, hätte sie die Schule verlassen müssen.

Als Rauchschwaden durch Treppenhaus und Flure zogen, rief um 7 Uhr und 28 Minuten eine der Lehrerinnen »Feuer!« Eben erst hatte der Unterricht begonnen. Die Mädchen, zwischen zwölf und siebzehn Jahre alt, drängten sich in Panik durch die engen Türen der Klassenzimmer Das Treppenhaus zwischen dem dritten und dem zweiten Stockwerk war rasch in Rauch gehüllt; dennoch suchten Schülerinnen durch Feuer und Qualm hindurch den Weg nach unten. Die Mehrzahl der Schülerinnen hielt sich im dritten Stockwerk auf. Dort befanden sich sechzehn Klassenzimmer; im zweiten und ersten Stockwerk jeweils nur acht. Mehr als 300 Mädchen schoben sich, eng aneinandergepreßt, in Dunkelheit über die Treppe. Das Licht, das durch die vergitterten Fenster eindrang, wurde vom Rauch geschluckt.

750 Mädchen versuchten, sich vor den Flammen zu retten. Wer im Erdgeschoß angekommen war, hatte am Anfang des Treppenhauses keine Tür ins Freie vor sich – ein langer Gang lag vor den Flüchtenden; der führte zum Haupteingang des Gebäudes. Dort war jedoch das Tor verschlossen. Draußen vor dem Tor stand ein Mann der islamischen Sittenpolizei. Er hätte das Gittertor aufschließen können, doch er sah, daß die Gesichter der Schülerinnen nicht verhüllt waren. Er war angewiesen, streng darauf zu achten, daß kein weibliches Wesen mit freiem Gesicht die Straße betrat. Drinnen, hinter dem Gitter, drückten schreiend und heulend die Mädchen gegen das Hindernis, das nicht nachgab. Inzwischen hatte das Feuer die Elektroinstallation des Schulgebäudes zerstört: Räume und Gänge lagen nun völlig im Dunkel. Rauch erschwerte das Atmen.

In rascher Folge trafen Feuerwehrmänner, Polizisten und Krankenwagen vor dem Gebäude der Mädchenschule 31 ein. Die Männer wurden von den Sittenpolizisten abgedrängt. Diese waren in der Minderheit – sie waren nur zu zweit –, doch sie besaßen die höhere Autorität. Die »Behörde zur Förderung der Tugend und zur Verhinderung des Lasters« war von den Mächtigen der königlichen Familie As Saud ermächtigt, unter allen Umständen den Kontakt zwischen Männern und Frauen zu verhindern. Feuerwehrleute und Polizisten gaben zunächst nach – sie wichen zurück. Kurz nach acht Uhr gelang es Lehrerinnen, die Türe von innen zu öffnen. Schülerinnen, die sich retten wollten, wurden von der Sittenpolizei barsch angewiesen, in das Gebäude zurückzukehren. Da die Frauen Saudi-Arabiens gewöhnt sind, Anweisungen zu folgen, pressten sie sich in den Knäuel der schreienden Mitschülerinnen hinein.

Der Grund für die brutale Handlungsweise der Sittenpolizisten: Sie beriefen sich auf ihre Dienstanweisung.

Erst eine Stunde nach Ausbruch des Brandes gelang es den Feuerwehrmännern, die Sittenpolizisten zu überwinden und den Schülerinnen den Weg in die Freiheit zu ermöglichen.

Es stellte sich heraus, daß das Feuer keineswegs das ganze Schulgebäude erfaßt hatte. Der Brand war auf das Treppenhaus zwischen dem dritten und dem zweiten Stock beschränkt. Nur der Rauch war durch alle Gänge gezogen. Die Opfer wiesen kaum Brandwunden auf: Sie waren erstickt oder zu Tode gedrückt worden. 15 Mädchen waren tot; 40 mußten mit Verletzungen und Rauchvergiftungen in Krankenhäuser gebracht werden.

Niemand hätte sterben müssen, wenn nicht die Sittenpolizei die Ausgänge blockiert hätte. Zu dieser Erkenntnis gelangten die Menschen von Mekka rasch. Nicht nur im Viertel, in dem die Händler des Suks, die Beamten der Stadtverwaltung, die Rezeptionisten und Kontoristen von Pilgerherbergen wohnten, breitete sich die Meinung aus, das streng religiös orientiere System sei schuld an diesem Unglück. Auch die Mitglieder der royalen Familie sahen mit Erschrecken, welche Folgen das Prinzip ihrer Herrschaft haben kann. Prinz Abdallah Ibn Abdel Aziz As Saud, der seit dem Jahr 1998 seinen kranken Bruder, den König Fahd Ibn Abdel Aziz As Saud vertritt, hat begriffen, daß das Feuer, das in der Mädchenschule 31 von Mekka gebrannt hat, in Wahrheit nicht gelöscht ist. Es brannte im Bewußtsein der Menschen fort.

Der Kronprinz brach mit dem Brauch, der bisher im Königreich üblich war, Skandal und Tragödien, die religiöse Traditionen tangierten, vor der Öffentlichkeit zu verbergen. So hat bisher ein Unglück wie dieses, das am 11. März 2002 in Mekka geschah, zwar einen Briefwechsel zwischen regierenden Prinzen ausgelöst, doch war der Schriftverkehr geheim geblieben. Nun aber schrieb Abdallah Ibn Abdel Aziz As Saud einen Brief – und er ließ ihn veröffentlichen. Empfänger war der nächste Bruder, der Anrecht auf Thronfolge besitzt; es ist Prinz Sultan Ibn Abdel Aziz As Saud. Der Kernsatz des Briefes lautet: »Ich möchte, daß Du jetzt, sofort, untersuchst, was sich in Mekka ereignet hat.«

Der Kronprinz hütet sich allerdings, den wahren Grund des Unglücks aufzuzeigen: Das »wahhabitische Prinzip«, das das Leben in Saudi-Arabien beherrscht. Prinz Abdallah weist die Richtung, der die Untersuchung zu folgen hat: »Schuld sind nachlässige und unfähige Beamten.« Prinz Sultan hat den dieser Vorgabe entsprechenden Verantwortlichen tatsächlich auch bald gefunden. Es ist Ali Al Murshid, der Chef der Behörde, die für die Erziehung der saudiarabischen Mädchen zuständig ist. Er hat sich den Zorn des Prinzen

Sultan zugezogen, weil er nur wenige Tage nach dem Unglück in Riyadh, der Verwaltungshauptstadt des Königreichs, ohne Anlaß ein Fest zelebriert hat, das an Glanz und Pracht die Zeremonien des königlichen Clans übertraf.

Ali Al Murshid mißfiel nach dem 11. März 2002 den Regierenden und der Bevölkerung, weil er durch Kleidung und Benehmen seine Zugehörigkeit zur Gemeinschaft derer überdeutlich betonte, die sich zu den Glaubensprinzipien bekannten, die bisher in Saudi-Arabien gültig und lebensbestimmend waren. Ali Al Murshid hatte demonstrativ deutlich gemacht, daß er ein Anhänger der Glaubenslehre ist, die vor nahezu drei Jahrhunderten der Prediger Mohammed Ibn Abdel Wahhab verkündet hatte. Die Prinzipien dieses Predigers schienen ab dem zweiten Vierteljahr des Jahres 2002 nicht mehr der Zeit gemäß zu sein. An die Spitze der Behörde für die Erziehung der Mädchen stellte Prinz Sultan einen Mann, der dafür bekannt war, daß er den Einfluß der islamischen Geistlichen auf das Verhalten der saudiarabischen Gesellschaft mindern wollte. Sein Name: Qaidir Ibn Ulayan Al Quraishi. Er stammt aus der angesehenen Sippe Al Quraish, zu der einst der Prophet Mohammed gehört hat; deren Ansichten von Allah und der Welt sind für ihn bestimmend: Sie unterdrücken die Lebensfreude nicht.

Die Ablösung des Ali Al Murshid wird in Riyadh, Mekka und Medina als Zeichen dafür empfunden, daß sich ein Wandel anbahnt im Königreich. Veränderungen aber sind von vielen gefürchtet. Veränderungen bringen zwar mehr persönliche Freiheit, doch sie können Instabilität auslösen. Zweieinhalb Jahrhunderte lang hatte sich die Allianz bewährt, die der erste bedeutende Sheikh des Stammes As Saud mit Mohammed Ibn Abdel Wahhab geschlossen hatte. Daß die Gesamtheit der Prinzipien dieses Glaubenslehrers in Europa und in den USA mit »Wahhabismus« umschrieben werden, wird im Königreich mit Verärgerung zur Kenntnis genommen. Die »Wahhabiten« betrachten sich nicht als Mitglieder einer Sekte, sondern als Bewahrer des reinen Glaubens.

Leben und Lehre des Mohammed Ibn Abdel Wahhab

Angenommen wird, daß er im Jahr 1703 abendländischer Zeitrechnung geboren wurde. Damals zählte die islamische Welt das Jahr 1115. Als Geburtsort gilt Ayaina. Der Ort ist eine Oase in der Wüste der Arabischen Halbinsel. Seine Gebäude liegen allerdings heute in Trümmern. Zur Zeit der Geburt des Mohammed Ibn Abdel Wahhab sollen in der Oase Ayaina 25 000 Menschen gelebt haben.

Mohammed Ibn Abdel Wahhab gehörte zu Banu Sinan, zu einem Stamm von hohem Ansehen. Die Sippe besaß Geld, um den Sohn in Medina zu bedeutenden Glaubenslehrern zu schicken. Sie machten ihn mit den Säulen des Islam vertraut. Der Koranschüler entwickelte allerdings bald Ansichten, die von der gängigen Lehre abwichen. Einige dieser Ansichten erweckten sogar den Verdacht der Ketzerei.

Meinungsverschiedenheiten über die Offenbarung, die der Prophet Mohammed empfangen hatte, führten dazu, daß Mohammed Ibn Abdel Wahhab Medina verließ. Er muß den Eindruck gehabt haben, daß es ihm dort nicht gelingen werde, eigene Schüler zu finden. Die Stadt Basra am Schatt Al Arab war die nächste Station seines Lebens. Dort wurde er der geistliche Berater des Richters. Vier Jahre lang übte er diese Funktion aus. Er muß etwa 25 Jahre alt gewesen sein, als er Prediger in Baghdad wurde. Dort heiratete er. Erstaunlich ist, daß er in der islamischen Elite von Baghdad eine Frau fand, die unabhängig war – und die über Kapital verfügte, das nicht an eine Sippe gebunden war. Als diese Frau bald nach der Eheschließung starb, soll sie dem Prediger ein beachtliches Vermögen hinterlassen haben. Von nun an war Mohammed Ibn Abdel Wahhab ein wohlhabender Mann.

Verbürgt ist, daß er sich um das Jahr 1736 in Isfahan in Persien aufhielt. Damals hatte im persischen Reich ein Herrscherwechsel stattgefunden: Nadir Shah war der Mächtige. Er verlangte von seinen Untertanen, daß sie ihre schiitische Überzeugung aufgaben. Sie hatten auf den Glauben an die Vormachtstellung der Familie des Propheten Mohammed zu verzichten: Fortan sollten im persischen

Reich deren Nachkommen nicht mehr bevorzugt werden. Regieren sollte jeder dürfen, der dazu in der Lage war.

Die Verdammung der schiitischen Lehre durch Nadir Shah hat wohl die Struktur der Lehre, die Mohammed Ibn Abdel Wahhab vertrat, beeinflußt. Er hat später dafür gesorgt, daß der schiitische Glaube an die Heiligkeit der Familie des Propheten von der Arabischen Halbinsel ferngehalten wurde.

In Isfahan beschäftigte sich der Prediger mit Glaubensansichten des »Sufismus«, die zu mystischer Frömmigkeit neigen. Der Anhänger dieser Richtung, der »Sufi«, hat das Ziel, alles zu überwinden, was ihn von Gott trennt. Er muß das Stadium des absoluten Gottvertrauens erreichen. Er durchschreitet dabei Stufen des mystischen Erlebens. Wer die höchste Stufe erreicht, der wird als Heiliger angebetet. Nach seinem Tod wird dem Heiligen ein Mausoleum errichtet, das zum Wallfahrtsort werden kann (Marabut). Derartigen Mausoleen wird oft Wunderkraft zugesprochen: Frauen glauben durch Gebete an den heiligen Orten ihre Fruchtbarkeit erreichen zu können.

In Isfahan galt Mohammed Ibn Abdel Wahhab als überzeugter Lehrer des Sufismus. Nur wenig später wird der Prediger einen Standpunkt vertreten, der den Sufismus ablehnt. Die Existenz von Mausoleen wurde ihm während seiner nächsten Lebensphase zum Greuel.

Der Prediger kehrte in seine Geburtsoase Ayaina zurück. Von einem Teil des Geldes, das ihm seine Frau hinterlassen hatte, kaufte er Grund und Boden. Überliefert ist, er habe sich acht Monate lang nicht vor anderen Menschen gezeigt. In dieser Zeit habe sich sein Glaubensgebäude gefestigt. Es ist dargelegt im »Kitab al tawhid« – dem »Buch von der Lehre, Gott sei eine Einheit«.

Der Titel »Kitab al tawhid« weist schon daraufhin, daß die Lehre des Mohammed Ibn Abdel Wahhab nicht akzeptiert, daß Gott aus mehreren Kräften besteht – aus Vater, Sohn und Heiligem Geist. Oberstes Prinzip der Lehre ist, daß Gott – in diesem Fall Allah genannt – sich als untrennbare Einheit präsentiert.

Mit der Propagierung dieses Prinzips stieß Mohammed Ibn Abdel Wahhab in der Region von Ayaina auf keine Schwierigkeit; hier lebte niemand, der daran glaubte, Gott bestehe aus drei unterschiedlichen Kräften. Wohl aber erregte der Prediger Ärgernis, als er gegen den Brauch polemisierte, Menschen, die als heilig galten, Mausoleen zu errichten. Der Prediger propagierte den Grundsatz, angebetet werden dürfe nur Allah allein. Verboten sei die Anbetung von Heiligen. Er lehrte zu glauben, daß Heilige existieren würden, sei ein Vergehen gegen den Willen Allahs. Wer aber gegen den Willen Allahs verstoße, der müsse getötet werden.

Diese radikale Ansicht stieß auf Ablehnung in der Oase Ayaina. In der eigenen Familie wurde Mohammed Ibn Abdel Wahhab angefeindet. Sein Bruder Suleiman, der ebenfalls Prediger war, klagte ihn an, er wolle die Gläubigen in die Irre führen. Empörung löste Mohammed Ibn Abdel Wahhab aus, als er seine Lehre in die Praxis umsetzen wollte: Er begann damit, das Mausoleum eines Heiligen in der Oase abzubrechen. Er wurde mit Gewalt daran gehindert. Offener Streit brach aus; Schlägereien entwickelten sich; Blut floß. Der osmanische Gouverneur der Hasaprovinz, zu der die Oase Ayaina gehörte, verlangte von den Honoratioren der Heimatstadt, den rabiaten Prediger und Unruhestifter auszuweisen.

Um das Jahr 1760 verkaufte Mohammed Ibn Abdel Wahhab seinen ansehnlichen Grundbesitz in der Oase, dann verließ er mit seiner Familie Ayaina.

Die Ausgewiesenen brauchten nicht lange zu wandern. Der Prediger wußte, wer ihn und die Seinen aufnehmen würde – er hatte zuvor Kontakt aufgenommen zum Sheikh des Stammas der As Saud, der in der Oase Daraiyah zu bestimmen hatte. Der Name des Sippenoberhaupts: Mohammed Ibn Saud.

Daraiyah bestand damals aus 70 niederen Lehmhäusern, die sich im Schatten von Dattelpalmen duckten. Die Männer der Oase führten ein langweiliges Leben. Die Frauen kümmerten sich um die Pflege der Dattelpalmen und um die Ernte; sie holen das Wasser aus dem Brunnen und schleppen die Krüge durch staubige Gassen in ihre Wohnungen. Die Männer aber sehen so recht keine Aufgabe für sich. Mohammed Ibn Abdel Wahhab aber hat noch vor dem Verlassen seiner Heimatoase dem Stamm As Saud versprochen, er werde der Sippe der Oase Daraiyah eine Aufgabe stellen, die eine würdige Beschäftigung garantiere.

Nach seiner Ankunft in Daraiyah schloß er eine Übereinkunft mit Sheikh Mohammed Ibn Saud: Er, Mohammed Ibn Abdel Wahhab, werde die Männer des Stammes zum Kampf inspirieren, in dessen

Verlauf die Sippe As Saud als Ganzes mächtig und wohlhabend sein werde. Vom Ergebnis des Kampfes profitieren würden alle, vor allem aber Sheikh Mohammed Ibn Saud, dem die Herrscherwürde über das Land ringsum zufallen werde. Der Sieg in diesem Kampf sei dem Stamm As Saud sicher, denn Allah werde darüber wachen. Allahs Feinde seien die Gegner in diesem Kampf – Allah wolle ihre Vernichtung. Er werde dem Stamm As Saud die Kraft geben, diese Aufgabe zu erfüllen.

Im »Kitab al tawhid«, im Buch von der Lehre, Gott sei eine Einheit, wird definiert, wer zu den Feinden Allahs zählt. Das »Kitab al tawhid«, das schon in der Oase Ayaina existierte, wurde jetzt zum Aktionsprogramm des religiös-politischen und militärischen Kampfs des Stammes As Saud. Die Bedeutung des Buches hat sich geändert; in Ayaina enthielt es die private Ansicht des Predigers Mohammed Ibn Abdel Wahhab – in Daraiyah aber wurde sein Inhalt zur Stammesideologie. Durch die Autorität des Stammessheikhs hatte diese Ideologie Gewicht. Jeder Mann des Stammes As Saud wurde zum Kämpfer Allahs. Er mußte sich diesen Grundsatz zu eigen machen: Ein Feind Allahs ist, wer die Einheit Allahs leugnet, wer überzeugt ist, die Kraft Gottes teile sich auf in die Dreifaltigkeit. Aus dem Bekenntnis zur Einheit Allahs resultiert, daß allein diese Einheit angebetet werden dürfe. Wer neben Allah ein anderes Wesen stelle, um es zu verehren und anzubeten, der habe den Tod verdient – auf Befehl Allahs.

Überliefert ist, daß Mohammed Ibn Abdel Wahhab ein Jahr gebraucht hat, bis seiner Überzeugungsarbeit der volle Erfolg beschieden war. Zuletzt waren noch vier Familien gegen ihn gewesen; sie hatten schließlich Daraiyah verlassen müssen. Am Ende dieses Jahres existierten in der Oase keine Mausoleen mehr und über Gräbern waren die Markierungssteine verschwunden; für die Toten zu beten, war verboten.

Mohammed Ibn Abdel Wahhab konnte daran denken, seine Ideologie auch den Bewohnern anderer Oasen aufzuzwingen. Dies geschah durch Gewalt. Die Kämpfer des Stammes As Saud, die motiviert waren durch die Gewißheit, sie stritten für die Sache Allahs, erwiesen sich als siegreich. Ein hartnäckiger Gegner war der Sheikh von Riyadh Dahham Ibn Dawwas. Ihm unterstanden zahlreiche Oasen in der Region von Riyadh. Es soll 28 Jahre gedauert haben, bis der Widerstand der Untertanen des Dahham Ibn Dawwas niedergekämpft war. Erst dann konnte die Oase Riyadh erobert werden. Das Zentrum der wachsenden Macht des Hauses As Saud verlagerte sich von Daraiyah in die größere Siedlung Riyadh. Dieser Name bedeutet »Garten«, kann auch als »Obstgarten« gedeutet werden. In dieser Zeit der Machtverlagerung starb Mohammed Ibn Saud, Nachfolger wurde sein Sohn Abdel Aziz. Er hielt an der Übereinkunft mit Mohammed Ibn Abdel Wahhab fest – bis zu dessen Tod im Jahr 1795. Die »wahhabitischen Glaubensgrundsätze aber überlebten.

Das Feindbild verschärfte sich nach dem Ableben des Predigers. Präzisiert wurde, wer beschuldigt wurde, er leugne die »Einheit Allahs«: Die Christen wurden mit Namen genannt; sie hielten an der »Irrlehre« fest, Gott sei die Kombination von Vater, Sohn und Heiligem Geist.

Den Juden konnte kein derartiger »Vorwurf« gemacht werden, doch die Nachfolger des Predigers Mohammed Ibn Abdel Wahhab besannen sich darauf, daß einst der Prophet Mohammed gegen jüdische Stämme auf der Arabischen Halbinsel gekämpft habe, weil sie ihm gedroht hatten, sie wollten ihn töten. Der Prophet habe das Bleispiel gegeben: Er habe die Juden zum Feind des Islam proklamiert; daran werde sich für alle Zeiten nichts ändern.

Abgegrenzt wurde auch die Position gegenüber den Schiiten, die Mesopotamien und Iran beherrschten. Die Schiiten waren und sind Moslems, die an »tawhid« glauben, an die »Einheit der Kraft Gottes«, doch sie sind überzeugt, auch die Nachkommen des Propheten Mohammed seien anbetungswürdig. Sie heben besonders die Heiligkeit des Ali hervor, des Schwiegersohns des Propheten, und sie geben dem »Märtyrer Husain«, dem Prophetenenkel, nahezu göttliche Kraft.

Leichter als Christen und Juden waren für die Anhänger der Ideen des Mohammed Ibn Abdel Wahhab die Schiiten zu treffen. Das wichtigste Heiligtum der Schiiten befindet sich in Kerbela: Das Mausoleum des »Märtyrers Husain«, des Prophetenenkels. Dieses Heiligtum wurde im Jahr 1802 durch die Reiterei des Hauses As Saud zerstört – es wurde danach wieder aufgebaut.

Die Schiiten aus Kerbela rächten sich. Sie schickten einen Mann nach Daraiyah, der dort vorgab, er wolle die Glaubenslehren kennenlernen, die in der Oase praktiziert werden würden. Da sich der Mann aus Kerbela als eifriger Schüler einführte, durfte er einen bevorzugten Platz in der Moschee einnehmen. Er kniete direkt hinter dem Sheikh. So bekam er Gelegenheit, Abdel Aziz zu ermorden.

In jener Zeit war es der Reiterei der As Saud gelungen, Mekka zu besetzen. Der Stammeschef – der Nachfolger des Abdel Aziz hieß Ibn Abdel Aziz – machte jedoch den Fehler, in der heiligen Stadt nur eine schwache Garnison zu belassen. Sie war ihrer Aufgabe, Mekka für das Haus As Saud zu sichern, nicht gewachsen – die Kämpfer wurden von der Bevölkerung umgebracht.

Doch der wahhabitische Staat erholte sich von der Niederlage in Mekka. Im Jahr 1804 nahm seine Reiterei Medina ein; zwei Jahre später fiel Mekka erneut in ihre Hand. Jetzt war der Stamm As Saud Beherrscher der Arabischen Halbinsel Der »wahhabitische Geist« hatte sich bald in einem gewaltigen Reich durchgesetzt.

Die strengen Lebensregeln, die Mohammed Ibn Abdel Wahhab durchgesetzt hatte, wurden im Gebiet zwischen Aleppo in Syrien, und Mesopotamien, am Persischen (Arabischen) Golf, am Roten Meer und an der Küste des Arabischen Meeres beachtet: Jeder Mann hatte fünfmal am Tag zu beten – hielt er sich nicht daran, wurde er mit Gewalt in die Moschee gebracht. Die Frauen hatten sich zu Hause aufzuhalten. Jeder Ausdruck der Fröhlichkeit wurde unterdrückt. Doch auch öffentliche Trauer war verboten: Es gab keine Gräber mehr und keine Friedhöfe; die Toten wurden anonym in der Wüste bestattet.

Wer sich den Vorschriften nicht fügte, der geriet in Gefahr getötet zu werden. Leicht war jemand dem Vorwurf ausgesetzt, er sei ein Feind Allahs. Wer mit diesem Vorwurf konfrontiert war, der hatte keine Chance zur Verteidigung.

Der erste Wahhabitenstaat zerbrach

Solange der »wahhabitische Geist« sich nur in den Oasen der Wüste ausbreiten konnte, interessierte sich außerhalb der Arabischen Halbinsel niemand für Denken und Handeln des Hauses As Saud. Das riesige Gebiet war zwar völkerrechtlich Bestandteil des Osmanischen Reiches und dem Sultan in Istanbul untertan, doch der Herrscher am Bosporus hatte kein Interesse an Zentralarabien. Die Oasen Daraiyah und Riyadh waren zu winzig, um sein Interesse zu erregen. Reichtümer waren damals aus den Wüstengebieten nicht zu holen.

Die Situation veränderte sich, als der »wahhabitische Geist« Besitz ergriff von Mekka und Medina. Die Städte, in denen der Prophet Mohammed gelebt und das Wissen von Allah geoffenbart hatte, waren allen Moslems heilig. In die Richtung von Mekka wandten viele Millionen Moslems beim Gebet ihre Gesichter. Der Sultan des Osmanischen Reiches war Beschützer der Heiligtümer Mekka und Medina. Die Millionen der Gläubigen verlangten von ihm, daß er das Mausoleum des Propheten Mohammed in Mekka schütze – doch eben dieses war von gewalttätigen »Wahhabiten« bereits verunstaltet worden. Der Sultan des Osmanischen Reiches war aufgefordert, in den heiligen Städten die traditionelle Ordnung wieder einzuführen. Er wollte keine eigenen Truppen in die mühselig zu überwindende Wüste Zentralarabiens schicken. Der Sultan mobilisierte Truppen in Ägypten – das Land am Nil unterstand ihm. Sein »Vizekönig« Mehmed Ali gehorchte; sein Sohn Ahmed Tusan übernahm das Kommando. Ihm gelang es im Jahr 1818, Riyadh zu erobern.

Der Sieger sah in Riyadh nicht das Zentrum des »wahhabitischen Geistes«, sondern in der kleinen Oase Daraiyah. Er befahl die Zerstörung der niederen Lehmhäuser. Die Ruinen sind heute noch zu sehen; sie liegen vier Kilometer nordwestlich vom Komplex der King-Saud-Universität; sie sind vom königlichen Palast aus zu sehen: Fassaden, zwei Stockwerke hoch, von Schießscharten und schmalen Fenstern durchbrochen; ein Rundturm, aufgemauert aus Kalkstein und Lehm – seine Reste sind noch immer zwölf Meter hoch.

Der Sieg über die Bewaffneten der Sippe As Saud war möglich geworden, weil sich außerhalb der Arabischen Halbinsel die Kriegstechnik entwickelt hatte. Die Saudikrieger besaßen Flinten – in deren Handhabung waren sie einst schon vom Prediger Mohammed Ibn Abdel Wahhab selbst unterwiesen worden. Die vom Vizekönig Mehmed Ali am Nil mobilisierten Truppen aber besaßen Artillerie und waren ausgebildet nach taktischen Grundsätzen, die der Feldherr Napoleon hatte entwickeln lassen. Dem demoralisierenden Artilleriefeuer waren die Oasenbewohner von Daraiyah nicht gewachsen.

Bekannt ist die Zahl der Toten, die von der Sippe As Saud zu beklagen waren. Über zwanzig Mitglieder der Sippe waren im Kampf gegen die ägyptischen Truppen des Sultans des Osmanischen Reiches getötet worden. Sieben der führenden Köpfe aus dem Haus As Saud hatten überlebt. Sie wurden verfolgt, gejagt, gefangengenommen und nach Cairo deportiert: In Cairo wuchs die Überzeugung, die Gefahr für die osmanische Herrschaft, die in der Wüste Zentralarabiens entstanden war, sei gebannt. Der Vizekönig Mehmed Ali demonstrierte bei seinem Einzug in Mekka, daß die Zeit des »wahhabitischen Geistes« vorüber war: Eine Militärkapelle zog vor ihm her, als er mit großem Gefolge in Medina zu den Ruinen des Mohammed-Mausoleums ritt, das der As-Saud-Clan hatte zerfallen lassen, eingedenk der Grundsätze des Predigers Mohammed Ibn Abdel Wahhab, kein Sterblicher – nicht einmal die Überreste des Propheten und »Gesandten Allahs« – dürfte angebetet werden. Die Militärkapelle spielte Märsche, auch vor Mausoleumsruinen. Mehmed Ali wollte damit kundtun, daß mit der Aufhebung des wahhabitischen Verbots jeglicher Musik auch die strengen Bestimmungen zur Regulierung des täglichen Lebens der Menschen auf der Arabischen Halbinsel aufgehoben sind.

Eine Musikkapelle zog bald darauf auch in die Ruinenoase Daraiyah ein. Sie spielte, als der Kopf des Enkels des Predigers Mohammed Abdel Wahhab in aller Öffentlichkeit abgeschlagen wurde.

Auf eben jenem Hinrichtungsplatz stand zwei Jahre später ein Reiter, er fand kaum Zuhörer. Nur wenige Männer interessierten sich für ihn. Er stellte sich vor: Sein Name sei Mishari Ibn Saud; er sei der Bruder des Abdallah Ibn Saud, des letzten Sheikhs der Sippe As Saud. Mishari Ibn Saud erzählte, er sei in der Nähe von Medina den ägyptischen Reitern, die ihn gefangengenommen hätten, entkommen; er sei jetzt hier, um Daraiyah wieder aufzubauen und die Herrschaft des Hauses As Saud neu zu errichten. Keiner der Umstehenden, die ihm zuhörten, jubelte.

Die Sheikhs der Stämme in der Region von Daraiyah und Riyadh wollten sich nicht wieder unter die Herrschaft des Clans As Saud zwingen lassen. Sie waren froh, freier leben zu können als zur Zeit der Wahhabitenherrschaft. Sie zögerten den Zeitpunkt der Huldigung hinaus. Bei günstiger Gelegenheit nahmen sie Mishari Ibn Saud gefangen und legten ihn in Ketten. Mishari Ibn Saud wurde in Medina der osmanischen Verwaltung übergeben. Die Sheikhs versicherten, es sei ihre Absicht, nie mehr dulden zu wollen, daß ihnen ein Mitglied des Hauses As Saud Vorschriften mache, wie sie zu leben hätten.

Weitere zwei Jahre später präsentierte sich ein Mann mittleren Alters in Riyadh als Sohn des in Istanbul hingerichteten Abdallah Ibn Saud. Sein Name: Turki Ibn Abdallah. Er war eine imposantere Erscheinung als Mishari Ibn Saud. Doch sein Erscheinungsbild nützte ihm wenig. Die Honoratioren von Riyadh teilten Turki Ibn Abdallah mit, er werde in der Region keine Unterstützung finden, niemand sei bereit, für die Sache des Hauses As Saud zu kämpfen. Sie alle seien schlimm dafür bestraft worden, daß sie loyal geblieben seien zu Abdallah Ibn Saud – auch in schwieriger Zeit. Das einzige, was sie jetzt dringend benötigten sei Ruhe, um Handel und Gewerbe in ihrer Stadt wieder aufblühen zu lassen.

Turki Ibn Abdallah sah ein, daß er keine Chance hatte, in Riyadh Bewaffnete zum Kampf gegen die Osmanen zu mobilisieren. Er floh aus der Oase.

Bald darauf erschienen osmanische Truppen. Ihr Befehlshaber forderte Rechenschaft für das Verhalten der Sippen in Riyadh. Obgleich die Honoratioren beschwören konnten, daß sie Turki Ibn Abdallah nicht unterstützt hatten, wurden sie gezwungen, wegen »Verrat am Vizekönig und am Sultan« hohe Strafabgaben zu zahlen. Die Sheikhs begannen zu bedauern, daß sie sich treu verhalten hatten.

Die osmanischen Offiziere hatten den Befehl, den Bewohnern des zentralarabischen Oasengürtels die Macht der osmanischen Herrschaft zu demonstrieren. Ihre Handlungen waren von Willkür geprägt. Sie vertrieben alle Beduinen, die sich auf dem noch immer fruchtbaren Land um Daraiyah niedergelassen hatten. Bei der westlich von Daraiyah gelegenen Oase Tharmida durften sie Lehmhütten errichten. Doch wenige Monate später erfolgte erneut die Vertreibung; diesmal ohne die Vorgabe eines Ziels. Viele der Vertriebenen wurden getötet.

Der Terror der osmanischen Verwaltung – ausgeübt durch Ägypter – breitete sich über den Oasengürtel Zentralarabiens aus. Ohne Anlaß wurden Siedlungen überfallen, ausgeplündert und niedergebrannt. Männer, Frauen und Kinder wurden getötet. Der Zweck dieser Aktionen war die Einschüchterung und Demoralisierung der Bewohner. Die Männer sollten nicht auf den Gedanken kommen, an Selbständigkeit und an Loslösung vom Osmanischen Reich zu denken.

Das Resultat des Terrors war, daß die Sheikhs der Stämme begriffen, wie wenig sie durch Demonstration ihrer Ablehnung des Hauses As Saud gewannen. Mancher begann sich daran zu erinnern, daß er nur wenige Jahre zuvor unter Emir Saud Ibn Abdel Aziz eine glanzvolle Zeit erlebt hatte. Es hatte zwar eine strenge Ordnung geherrscht, doch hatte jeder, der im »wahhabitischen Geist« lebete, Sicherheit genossen. Nach dieser Sicherheit sehnten sich bald viele zurück.

So langsam wuchs die Hoffnung, Turki Ibn Abdallah, jener imposante Mann, der sich in Riyadh als Sohn des Abdallah Ibn Saud vorgestellt hatte, möge die Verfolgung überlebt haben. Legenden entstanden um seine Flucht. In mancher Oase gab es Männer, die behaupteten, ihn als einsamen Reiter in der Wüste gesehen zu haben.

Die osmanischen Behörden glaubten nicht an diese Gerüchte und Legenden. Sie waren schließlich der Meinung, Turki Ibn Abdallah sei in der Wüste umgekommen – verdurstet oder erschlagen von Beduinen, die sein Geld und sein Pferd besitzen wollten. Doch in der Mitte des Jahres 1823 waren ehrenwerte Männer davon überzeugt, der Flüchtling halte sich an einer Wasserstelle zwischen Daraiyah und Riyadh auf. Wer sich zu ihm und dem Haus As Saud bekenne, der möge sich dort einfinden.

Doch nur wenige kamen. Furcht hielt die Männer zurück. Dazuhin trauten sie dem Flüchtling weder Mut noch Klugheit zu. Er aber wußte, daß es nur ein Mittel gab, sie zu überzeugen: Er mußte eine Heldentat verüben, die Begeisterung auslöst. Beeindruckend sollte diese Tat sein, einzigartig. Turki Ibn Abdallah hatte den Einfall, die Oase Riyadh zu erobern – im Handstreich.

Entschlossen packte Turki Ibn Abdallah die Verwirklichung seines Entschlusses an. Begleitet von einer kleinen Reitertruppe ritt er auf die Oase zu, in der Hoffnung, das Tor werde sich ihm öffnen. Doch es blieb geschlossen. Die Bewohner von Riyadh waren dem persönlichen Zauber des Turki Ibn Abdallah doch nicht verfallen; sie fürchteten noch die Zwänge einer Neo-Wahhabitenherrschaft.

Der Angriff war ein Fehlschlag, doch er zahlte sich für den Angreifer aus. Die Bewohner der Oasen erzählten sich die Geschichte vom mutigen Reiter, der nahezu allein furchtlos auf das Oasentor eingestürmt sei, nur wenig habe gefehlt, und es sei von selbst aufgesprungen. Zwar mußte er sich auch weiterhin verstecken, doch die Mundpropaganda arbeitete für ihn. Er wurde zum Helden, der gegen die Osmanen auftrat – und gegen deren Handlanger in Cairo. In der Vorstellung der Oasenbewohner und Beduinen war Turki Ibn Abdallah bald schon die Persönlichkeit, die von Allah dazu berufen war, die arabischen Stämme zu einigen um den Kampf gegen die Osmanen zu führen.

Daß der Clan As Saud wahhabitisch war, wird vergessen

Schon im Frühjahr 1824 unternahm Turki Ibn Abdallah den nächsten Versuch, die Oase zu erobern, deren Wichtigkeit als Zentrum des Oasengürtels er erkannt hatte. Diesmal beabsichtigte er keinen überraschenden Sturmangriff, sondern eine Belagerung. In dieser Sparte der Kriegskunst hatte er allerdings keine Erfahrung. Doch der Zeitpunkt für eine Belagerung war überaus günstig: Die Vorratskammern der Oase waren leer. Das Getreide der vorigen Ernte war aufgebraucht – und die neue Ernte war noch nicht eingeholt. Turki Ibn Abdallah konnte abwarten, bis der Hunger die Belagerten zur Aufgabe zwang.

Die Emire und Sheikhs der Oasen nahmen zur Kenntnis, daß Turki Ibn Abdallah die Besiegten nicht töten ließ; sie durften in ihren Häusern bleiben. Der Sieger benahm sich anders als die Osmanen und als die Wahhabiten. Turki bemühte sich um den Wiederaufbau der von den Osmanen verwüsteten Siedlungen. Er kümmerte sich darum, daß wieder sichere Märkte geschaffen wurden, daß Karawanenrouten nicht von räuberischen Beduinen bedroht wurden.

Turki Ibn Abdallah vermied es vor allem, die Repräsentanten des osmanischen Sultans zu reizen. Er war nicht darauf bedacht, andere Stämme zu unterwerfen, die nicht im Oasengürtel um Riyadh siedelten. Er machte auch nicht den Fehler, die Oase Daraiyah wiedererstehen zu lassen. Diese Entscheidung hätte das osmanischen Oberkommando in Medina zu harten Gegenmaßnahmen herausgefordert. Daraiyah war das Symbol der wahhabitischen Gesellschaftsordnung. Der aktuelle Chef des Hauses As Saud distanzierte sich davon. Seine Sippe identifizierte sich fortan mit Riyadh. Hier baute er die Festung, die Lehmburg aus, die seiner Familie Sicherheit geben sollte. In Riyadh entstanden Moscheen. Doch den Gläubigen blieb die Freiheit, selbst zu entscheiden, ob sie die Gebetszeiten einhalten wollten. Niemand wurde mit Gewalt in die Moschee getrieben. Und: Niemand wurde verprügelt, weil er auf den Straßen von Riyadh gepfiffen hatte. Die Situation der Oasenregion schien sich zu stabilisieren.

Doch im Sommer des Jahres 1832 beunruhigten eigenartige Himmelszeichen die Beduinen und die Oasenbewohner der Arabischen Halbinsel; sie schienen böse Zeiten anzukündigen. Fünf Nächte lang war das Firmament so hell erleuchtet, als ob der Vollmond schiene – doch der Mond war nicht zu sehen. Und wenige Wochen später habe ein grausiger Anblick Schrecken verbreitet: Die Sonne habe giftig-grün geleuchtet, als sie vom Horizont aus emporgestiegen sei.

Als eine unbekannte Krankheit die Stämme Zentralarabiens befiel, als viele Männer und Frauen starben, da herrschte die Überzeugung, nun seien die bösen Zeiten angebrochen. Es war die Cholera, die Tausende tötete. Cholera hatte bisher nie mitten in der Wüste gewütet.

An einem Freitag, dem heiligen Tag der Moslems im Frühsommer 1834 verließ Turki Ibn Abdallah nach dem Morgengebet die Moschee von Riyadh. Da trat ein Verwandter auf ihn zu mit der Geste, als ob er ihn umarmen wolle. Erst als Turki zusammenbrach, sahen seine Bewacher, daß er verwundet war. Blut floß aus seiner Brust.

Während sich die Bewacher bemühten, den Verwundeten zu retten, betrat der Mörder – ein noch junger Mann – in aller Ruhe die Lehmfestung Al Masmak, deren Tor offenstand. Er nutzte die Verblüffung und Verwirrung aus. Von der Besatzung der Festung verlangte er, daß sie ihn als ihren Herrn anerkannten. Die Männer gehorchten ihm sofort. Es ist möglich, daß sie nicht länger zufrieden waren mit der friedfertigen Politik des Turki Ibn Abdallah, daß sie – wie früher – Beutezüge unternehmen wollten. Wahrscheinlich ist, daß sie, um die Voraussetzung für diese Beutezüge zu schaffen, die Rückkehr zu den strengen wahhabitischen Glaubensgrundsätzen hingenommen hätten, die vom Grundsatz geprägt waren, »wer unseren Prinzipien nicht folgt, der muß sterben!«

Die Honoratioren von Riyadh aber akzeptierten den – im Gegensatz zur Besatzung der Festung – Mörder nicht. Sie verweigerten ihm den Treueschwur. Der Attentäter erkannte rasch, daß er außer der Festung Al Masmak keine Basis besaß. Er wollte mit der Festungsbesatzung aus der Oase Riyadh fliehen. Der Fluchtweg war jedoch abgeschnitten. Es blieb dem Mörder nur die Kapitulation.

Gnade fand er nicht. Getreue des Hauses As Saud zerrten ihn auf das Dach der Festung Al Masmak. Dort wurde ihm der Kopf abgeschlagen. Das Haupt flog in weitem Bogen durch die Luft; es landete mitten in der Menge, die vor der Festung stand. Jubel brach aus. Das Haus As Saud konnte zurückkehren in seine Hauptstadt Riyadh.

Chef des Hauses As Saud war nun Faisal Ibn Turki, der Sohn des Turki Ibn Abdallah. Der setzte die Herrschaft seines Vaters fort. Die wahhabitischen Glaubensgrundsätze blieben vergessen.

Doch wieder kündigte ein Himmelszeichen Unheil an: Im Frühjahr 1837 erschien ein Komet am Himmel, mitten im Sternzeichen des Großen Bären. Wieder glaubten die Bewohner von Riyadh eine schlimme Zeit drohe – und wieder behielten sie recht.

Bald darauf erreichten einige hundert Bewaffnete unter dem Kommando des osmanischen Offiziers Ismail Agha den Hafen Janbu an der Ostküste des Roten Meers. Die Truppe hatte den Befehl, die osmanische Herrschaft über die Arabische Halbinsel abzusichern. Auftraggeber war Mehmed Ali, der noch immer als »Vizekönig« am Nil zuständig war. Sein Machtbereich hatte sich jedoch vergrößert: Ihm war die Macht über Syrien zugefallen – sein Sohn Ibrahim Pascha regierte seit kurzer Zeit in Damaskus. Diese Entwicklung hatte ganz von selbst dazu geführt, daß Mehmed Ali daran denken mußte, die Wüstenregion südlich von Syrien zu kontrollieren. Diesem Zweck diente die Militärexpedition, die Ismail Agha zu kommandieren hatte.

Dem osmanischen Kommandeur zur Seite stand Khaled Ibn Saud, der Sohn eines früheren Mächtigen im Hause As Saud. Er hatte als Gefangener in Cairo gelebt. Zermürbt durch die Gefangenschaft hatte er sich bereit erklärt, künftig die Interessen der Osmanen und des Vizekönigs Mehmed Ali in Zentralarabien zu vertreten. Ihm war dafür die Macht auf der Arabischen Halbinsel zugesagt worden.

Daß Khaled Ibn Saud sein Gegner war, bedeutete für Faisal Ibn Turki große Gefahr. In der Erbfolge des Hauses As Saud besaß Khaled Ibn Saud die bedeutenderen Rechte. Faisal Ibn Turki mußte befürchten, daß die Bewohner von Riyadh die Fronten wechselten. Aus Angst verließ er seine Hauptstadt – und übergab sie damit dem Gegner.

Faisal Ibn Turki wäre geschlagen gewesen, wenn ihm nicht ein Urenkel des Mohammed Ibn Abdel Wahhab zu Hilfe gekommen wäre. Sein Großvater hatte das Massaker an der Familie Wahhab überlebt – und hatte die Idee des wahhabitischen Glaubensprinzips weitergegeben. Der Urenkel wollte durchsetzen, daß auf der Arabischen Halbinsel die Gesetze, die der Prophet Mohammed verordnet hatte, wieder in aller Strenge beachtet werden. Er fand überraschend viele Anhänger. Der Geistliche aus der Familie Wahhab gab Faisal Ibn Turki neuen Mut. Im September 1837 erreichte der wahhabitische Verband erneut die Oase Riyadh. Dort regierte Khaled Ibn Saud, der Vasall der Osmanen.

Ihn zu belagern, war eine aussichtslose Angelegenheit. Faisal Ibn Turki mußte zu dieser Zeit die bittere Erfahrung machen, daß er von seinen wichtigsten Verbündeten verlassen wurde. Abdallah Ibn Rashid, der Chef des Stammes Rashid, entschied sich dafür, künftig die Osmanen zu unterstützen – er glaubte, vom Frontwechsel profitieren zu können. Er, der Herr über das Bergland Jebel Shammar, hatte begriffen, daß vom Haus As Saud für ihn nichts mehr zu erwarten war. Nördlich seiner Region, im syrischen Einflußgebiet, war Ibrahim Pascha mächtig, der Sohn des Mehmed Ali, des Vertreters der osmanischen Macht in Damaskus. Diesen Ibrahim Pascha durfte der Herr von Jebel Shammar nicht reizen – wollte er seine Machtsphäre behalten. So wurde aus dem bisher befreundeten Stamm Rashid ein Feind. Diese Feindschaft hielt mehr als drei Generationen lang an.

Als Konsequenz des Positionswechsels seines bisherigen Verbündeten ergab sich für Faisal Ibn Turki, daß er seinen Kampf um die Herrschaft in Zentralarabien nicht fortsetzen konnte. Nun nützte ihm auch der späte Nachfahre des Mohammed Ibn Abdel Wahhab nichts mehr. Dessen Parolen feuerten niemand mehr an.

Am Ende des Jahres 1838 kapitulierte Turki Ibn Faisal gegenüber dem osmanischen Befehlshaber Ismail Agha. Der Unterlegene wurde nach Cairo gebracht. Der Vizekönig Mehmed Ali hielt ihn in Ehrenhaft in der Zitadelle hoch über der Stadt. Khaled Ibn Saud war nun Herrscher in Riyadh – abhängig von der Gnade der Osmanen.

Der Stamm Rashid im Gebiet Jebel Shammar wuchs in jener Zeit zum starken Konkurrenten des Hauses As Saud heran. Der ehrgeizige Emir Abdallah Ibn Rashid war mehr und mehr unzufrieden mit seiner Residenz, die Hail hieß. Sie lag abseits von den Handelsrouten der Arabischen Halbinsel. Geld, das war ihm deutlich geworden, war nicht mehr durch Überfälle auf die Herden der Nachbarstämme zu verdienen, sondern durch aktiven Handel. Sein Stamm hatte Felle und Wolle anzubieten. Einkaufen wollten seine Händler Waffen und Werkzeuge. Die Händler, die bisher weniger geachtet worden waren in Zentralarabien, wurden zu einem respektierten Stand. Sie verlangten, daß Abdallah Ibn Rashid die Oase Buraydah erobere, die zum Handelsplatz ausgebaut werden konnte. Die Eroberung von Buraydah gelang schließlich den Reitern von Jebel Shammar. Das Haus As Saud mußte erkennen, daß sein Einflußgebiet durch den Konkurrenten reduziert worden war.

In jener Zeit überquerte ein Komet den Himmel über der Arabischen Halbinsel. Die Beduinen und die Oasenbewohner deuteten diese Erscheinung als gutes Zeichen: Sie erwarteten ein Wunder – und dies geschah auch.

Von Oase zu Oase verbreitete sich bald die Nachricht, Faisal Ibn Turki sei aus der Zitadelle von Cairo geflohen und bereits auf dem Weg in Richtung Riyadh.

Die Nachricht stimmte. Faisal Ibn Turki hatte sich, zusammen mit seinem Sohn Abdallah, bei Nacht über das Mauerwerk der Zitadelle und über eine 50 Meter hohe Felswand abseilen können. Mit einer Flucht gerade an dieser Stelle hatten die Bewacher nicht gerechnet. Faisal Ibn Turki hatte viel gewagt. Die Aktion war jedoch offenbar gut vorbereitet gewesen, denn gerade dort, wo die Flüchtenden aus der Höhe herabschwebten, standen in der Dunkelheit Kamele bereit.

Der Emir des Stammes am Jebel Shammar, gewohnt an taktischen Positionswechsel, sah, daß das Haus As Saud jetzt wieder im Vorteil war. Er setzte jedoch nicht auf den Emir von Cairos Gnaden, der in Riyadh residierte, sondern auf den mutigen As-Saud-Emir, der aus der Zitadelle entkommen war. Abdallah Ibn Rashid sorgte dafür, daß der sich jetzt in Freiheit Befindliche im Hafen Janbu am Roten Meer mit allen Ehren empfangen und sicher ins Land hineingeleitet wurde. Faisal Ibn Turki erreichte in kurzer Zeit die Oase Hail, das Zentrum des Stammes Rashid. Hier empfing er die Huldigung der Honoratioren des Stammes. Hier nahm der Emir aus dem Hause As Saud das Versprechen entgegen, das Haus Rashid werde ihm Kämpfer, Pferde und Kamele zur Verfügung stellen.

Abdallah Ibn Rashid hatte Grund, sich zu unterwerfen: Die Popularität des Mutigen aus dem Saudclan war zu groß; niemand durfte sich gegen ihn stellen. Von Weideplatz zu Weideplatz und von Wasserstelle zu Wasserstelle erzählten sich Nomaden und Ansässige die aufregende Geschichte von der tollkühnen Flucht des Faisal Ibn Turki aus den Fesseln des ägyptischen Herrschers, der als Sklave des osmanischen Sultans verachtet wurde. Jeder wollte dem Helden begegnen, der sein Leben eingesetzt hatte, um wieder in die Heimat Arabien gelangen zu können. Wer ihm begegnete, der reihte sich ein in den Haufen der Reiter, die den Helden nach Riyadh begleiten sollten.

Eine stattliche Streitmacht erreichte schließlich an einem heißen Tag eines Jahres, das nicht genau festgestellt werden kann – es mag das Jahr 1845 abendländischer Zeitrechnung gewesen sein – die Oase Riyadh. Weit mehr als sechs Jahre waren wohl vergangen, seit Faisal Ibn Turki Riyadh vergeblich belagert hatte. Damals waren die Bewohner seine Feinde gewesen, diesmal aber wünschten sich viele, daß ihm die Erstürmung der Mauer rasch gelinge. Khaled Ibn Saud besaß kaum noch Freunde. Die Sympathie galt nun eindeutig dem aktuellen Idol der Wüstenbewohner.

Nach wenigen Tagen der Belagerung öffnete sich eines der Tore der Oase. Entschlossene Männer ließen Kämpfer des Faisal Ibn Turki in die Stadt. Widerstand leistete nur noch die Festung, doch nach einigen Tagen sah Khaled Ibn Saud seine Position als hoffnungslos an; er gab den Widerstand auf als ihm versprochen wurde, er könne als freier Mann Riyadh verlassen. Er wählte sich Mekka zum Aufenthaltsort. Er war ein alter Mann geworden, der keine Ziele mehr verfolgen wollte.

Faisal Ibn Turki gelang es, Riyadh in eine blühende Oase zu verwandeln. Er mußte sich allerdings an Bescheidenheit gewöhnen: Das Haus Rashid gönnte ihm nur geringe Eigenständigkeit. Expansionspolitik zu betreiben, war ihm nicht erlaubt. Das Haus Rashid hatte ihm die Rückkehr nach Riyadh ermöglicht – es übte jetzt die Oberherrschaft aus. Freunde waren die Häuser Rashid und As Saud nicht.

Um diese Zeit wuchs in Europa, vor allem in England, Interesse an Zentralarabien. Im Jahr 1863 hielt sich der Engländer William Palgrave in Riyadh auf. Er schilderte seine Eindrücke mit diesen Worten:

»Vor uns erstreckte sich ein breites, wildes Tal. Im Vordergrund, nahe bei dem Hügel, auf dem wir standen, lag breit und ausgedehnt die Oase. Sie war gekrönt durch hohe Türme. Da waren auch hohe Wehrmauern zu erkennen und eine Masse von Dächern, die flach waren. Auffällig aber war ein gewaltiges, unregelmäßig angelegtes Bauwerk. Es stellte sich heraus, daß dies das Schloß des Feysal war.« Mit Feysal war Faisal Ibn Turki gemeint.

»Ganz nahe beim Schloß«, so schrieb Palgrave, »befand sich ein kaum weniger großes Gebäude. Es gehörte dem ältesten Sohn des Feysal. Sein Name: Abdallah. Diese Gebäude waren drei Stockwerke hoch. Die Höhe maß 60 Fuß. In den Gebäuden befanden sich Privaträume für den Emir und für den Harem, Empfangssäle, Gebetsräume, Magazine für Pulver und Waffen und eine Wohnung für den Artilleristen der Bewaffneten.«

Faisal Ibn Turki starb im Jahr 1865. Ein Machtkampf brach aus zwischen seinen Söhnen Abdallah und Saud. Damit begann der zeitweise Niedergang des Hauses As Saud. Es hatte keine Widerstandskraft mehr gegen den Stamm Rashid. Er entwickelte sich zur stärksten Sippe in Zentralarabien. Immer wieder versuchten sich die Sauds zu wehren; immer wieder scheiterten sie.

Von einer solchen Rebellion berichtet die Überlieferung in Riyadh, doch niemand weiß, wann genau sie sich zugetragen hat.

Das Haus As Saud verliert seine Basis

Ein Abgesandter des Hauses Rashid, so wird erzählt, sei in der Oase eingetroffen, um – im Auftrag seines Emirs – ein Gastmahl zu veranstalten und eine Grußbotschaft zu überbringen. Den Honoratioren, die zum Haus As Saud gehörten, war die dringende Einladung in die Festung Al Masmak zu kommen, unheimlich. Derartige Gastmahle hatten oft schon den Rahmen für Hinterhalt und Mord abgegeben. Die Honoratioren wollten dem Abgesandten keine Chance lassen: Sie ergriffen ihn, fesselten ihn und warfen ihn in den Brunnen des Festungshofes. Der Sheikh aus dem Haus Rashid ertrank. Als er tot war, wurde die Leiche aus dem Brunnen gezogen und geköpft.

Eine derartige Tat konnte sich das Haus Rashid nicht gefallen lassen. Seine Bewaffneten belagerten die Oase 40 Tage lang. Die Lebensmittelvorräte drinnen gingen zu Ende. Der Kommandeur der Siedlung Abdel Rahman As Saud mußte kapitulieren. Es gelang ihm, einen günstigen Waffenstillstand auszuhandeln. Riyadh blieb in seinem Besitz.

Abdel Rahman As Saud versuchte es noch einmal, das Joch des Stammes Rashid abzuschütteln. Er suchte und fand Unterstützung bei den Stämmen Zentralarabiens. Eine Allianz sollte entstehen zur Eindämmung der Herrschaft des Clans Rashid. Nun war die Geduld des Mohammed Ibn Rashid erschöpft. Seine Männer überfielen das Zeltlager der Verbündeten des Abdel Rahman As Saud und raubten deren Reittiere. Nach diesem Überfall wollte niemand mehr dem Haus As Saud helfen.

Als Abdel Rahman von der blamablen Niederlage der Verbündeten hörte, da wußte er, daß seine Familie nun die Herrschaft über Riyadh verlor. Noch ehe sich der Feind näherte, verließ Abdel Rahman As Saud mit dem engen Kreis seines Clans samt Frauen und Kindern die Oase. Kamele trugen die bewegliche Habe. In der Satteltasche eines Kamels steckte der kleine Sohn des Abdel Rahman – er war ungefähr sechs Jahre alt. Die Sippe As Saud machte sich auf die Suche nach einem Zufluchtsort. Es blieb ihrem Sheikh nichts anderes übrig als sich an die Repräsentanten des Sultans des Osmanischen Reiches zu wenden. Zu seinem Reich gehörte die Arabische Halbinsel. Sein Rechtsanspruch auf dieses Gebiet war untermauert durch seine religiöse Position. Er trug den Titel »Beherrscher der Gläubigen und Beschützer der heiligen Stätten von Mekka und Medina«.

Die Kraft, Ansprüche durchzusetzen, war allerdings im Lauf der Zeit erlahmt. Schon seit Generationen besaß das Osmanische Reich keine zündende Staatsidee mehr. Um das Jahr 1880 war der Sultan zum »kranken Mann am Bosporus« geworden. Das Regime hatte sich als unfähig erwiesen zur Anpassung an den Wandel. Der Despotismus, der die Macht besaß, Menschen ohne Gerichtsurteil köpfen zu lassen, wurde von den Völkern der modernen Industrienationen als orientalische und exotische Absonderlichkeit angesehen. Das Osmanische Reich war kein ernsthafter Partner im Zusammenspiel der Mächtigen. Sein Ende zeichnete sich ab.

Doch auf der Arabischen Halbinsel hielten die Repräsentanten des Sultans den Schein aufrecht, ihr Herr sei der mächtigste Monarch der Welt. Der flüchtige Abdel Rahman As Saud, dem kein arabischer Stamm mehr helfen wollte, sah sich gezwungen, die Osmanen um Hilfe zu bitten – die keine Araber, sondern Türken waren.

Die nächste türkische Garnison, die Abdel Rahman As Saud und seine Begleiter erreichen konnten, befand sich an der arabischen Küste des Persischen Golfes – in der Region, die Hasa genannt wird. Als der Saudi-Emir dort mit osmanischen Offizieren zusammentraf, wurde er überaus höflich empfangen. Die Gastgeber versprachen ihm nicht nur, ihn und die Seinen vor den Nachstellungen des Clans Rashid zu schützen. Sie stellten ihm auch in Aussicht, ein osmanisches Truppenkontingent werde ihm die Rückkehr in die Oase Riyadh ermöglichen.

Nach einigen Wochen des Abwartens erlosch jedoch die so rasch aufgeflammte Hoffnung. Abdel Rahman mußte erkennen, daß er auf die Prahlerei der Offiziere hereingefallen war. Sie waren in Wahrheit nicht bereit, für die Sippe As Saud einen Marsch durch die Wüste zu wagen. Es zeigte sich auch, daß die osmanische Garnison in der Provinz Hasa für eine derartige Expedition in keiner Weise ausgerüstet war. Dies gaben die Verantwortlichen der Garnison allerdings nicht zu. Sie warfen Abdel Rahman As Saud vor, er sei ungeduldig – er sei undankbar.

Der Emir spürte schließlich steigende Abneigung der osmanischen Offiziere gegen seine Person. Er wurde als Belastung empfunden. Schließlich hielt es Abdel Rahman As Saud für klug, die osmanischen Herren von seiner Gegenwart zu befreien. Er und sein Anhang machten sich wieder auf den Weg durch Wüstengegenden, diesmal im Glauben, der Emir von Qatar biete eine neue Heimat.

Als Abdel Rahman As Saud die schmale Halbinsel Qatar erreichte, die in den Persischen Golf hineinragt, wurde ihm mitgeteilt, der Emir gewähre nur eine befristete Aufenthaltsgenehmigung. Der Herrscher der armen Halbinsel wußte wohl, was unbeschränkte Gastfreundschaft bedeutet hätte: Es wäre seine Pflicht gewesen, die Fremden in seinem Land mit allem zu versorgen, was sie zur Existenz benötigt hätten. Zwar waren zunächst nur etwa hundert Mitglieder der Sippe As Saud bei ihm eingetroffen, doch war damit zu rechnen, daß Tausende nachfolgen würden, wenn in den Oasen bekanntwerden würde, den Angehörigen biete sich in Qatar eine neue Heimat. Aus Vorsicht wollte der Emir der Halbinsel die Gäste so rasch als möglich loswerden.

Für das Haus As Saud hatte eine bittere Zeit begonnen. Die Sippe war arm und auf fremde Hilfe angewiesen. Die Folge der Armut war, daß niemand die Großfamilie achtete. Der Tiefpunkt der Familienhistorie war erreicht.

Der Emir von Qatar verhandelte mit den Osmanen und mit dem Herrscher von Kuwait. Der Herr dieses damals noch völlig unbedeutenden Wüstengebiets an der nördlichsten Ecke des Persischen Golfs wurde gebeten, die mittellosen Flüchtlinge aufzunehmen. Doch der Emir von Kuwait war vorsichtig. Er hatte Grund dazu. »Wenn er die Sippe As Saud bei sich aufnahm, bekam er Ärger mit dem Haus Rashid, mit dem Todfeind der Vertriebenen. Die Folge konnte sein, daß seine Herden in den Weidegebieten der Steppe den Raubzügen durch Beduinen ausgesetzt sein würden, die zum Haus Rashid gehörten. Der Emir von Kuwait hatte Angst vor Repressalien.

Erst als es dem Emir von Kuwait gelungen war, die osmanische Verwaltung zu veranlassen, einen geringen, aber immerhin sicheren und regelmäßig fälligen Betrag an Abdel Rahman As Saud zu bezahlen, war der Herrscher von Kuwait bereit, über die Aufnahme der Familie As Saud wenigstens nachzudenken. Er bestand auf einer Garantieerklärung von seiten des osmanischen Gouverneurs von Basra, osmanische Truppen würden jede Repressalie unterdrücken, die vom Stamm Rashid gegen den Stamm As Saud begangen werde. Der Herr über Kuwait wollte nicht in einen Konflikt hineingezogen werden, der ihn eigentlich nicht betraf, und der ihn hätte in Schwierigkeiten bringen können. Im Sinne der Gastfreundschaft hätten seine Bewaffneten einen Angriff der Rashid-Beduinen gegen die Gäste abwehren müssen. Erst als die Probleme der Sicherheitsgarantie und der Hilfsgelder zum Lebensunterhalt der Flüchtlinge gelöst waren, durfte sich die Kernfamilie As Saud am Rande der Siedlung an der Kuwaitbucht niederlassen. Sie errichtete dort ihre Zelte. 600 Kilometer Steppenland und Wüste trennten nun die Stammesführung von ihrer Heimatoase Riyadh.

Als Kind noch hatte er Riyadh verlassen; er war zum jungen Mann geworden, als er sich entschloß, die Oase für das Haus As Saud wiederzuerobern. In der Satteltasche eines Kamels hatte er gesteckt bei der Flucht des Vaters Abdel Rahman As Saud, um das Jahr 1890; niemand hatte geglaubt, daß er es sein würde, der die Ehre der Sippe wiederherstellen könnte. Nun aber, in einer Januarnacht des Jahres 1902 gelang ihm die Wiedereroberung der Oase Riyadh. Sein Name: Abdel Aziz Ibn Abdel Rahman Ibn Faisal As Saud.

Der Ort des historischen Geschehens ist heute noch zu sehen. Die Festungsanlage Qasr Al Masmak ist allerdings nicht leicht zu finden, obgleich ihre Mauern 16 Meter hoch sind. Qasr Al Masmak steht als Lehmbau mitten in einem Quartier von Hochhäusern und Betonwürfeln an der Turki-Ibn-Abdallah-Straße. Jede der Straßen trägt einen Namen aus der Historie der Sippe As Saud.

Damals, als die As Sauds zurückkehrten nach Riyadh, war die Festung für den Reiter in der Wüste schon aus weiter Entfernung zu sehen. Qasr Al Masmak überragte alle Lehmhäuser ringsum. Damals wirkte der Block aus Lehmziegeln imposant und unbezwingbar. Er bildete den Mittelpunkt der Oase unter Palmenhainen. Die Siedlung, samt den Palmenhainen, war schon seit Generationen von einer Mauer umgeben. Im Jahr 1902 aber lag ein Mauerabschnitt eingestürzt da.

Über diese Lehmziegeltrümmer kletterte in der dunklen Januarnacht der junge Mann aus der Sippe As Saud. Er war nicht allein. Mit ihm, dem »Rais«, dem Anführer überstiegen seine Vettern Abdallah Ibn Jiluwi, Abdel Aziz Ibn Musaid und sein Bruder Mohammed As Sudeiri die Mauertrümmer der Oase.

Saudi-Arabien entsteht im Geiste des Wahhabismus

Der Zeitpunkt zum Überfall auf Riyadh war gut gewählt: Der Mond stand nur als ganz schmale Sichel am Himmel. Die Feiertage Id Al Fitr, die den Fastenmonat Ramadan beschließen, klangen eben aus. Die Festtage hatten die Bewohner von Riyadh erschöpft. Nachdem sie die Fastenzeit eingehalten hatten, feierten sie mit üppigen Mahlzeiten deren Ende. Ihre Wachsamkeit war jetzt der satten Trägheit gewichen.

Abdel Aziz Ibn Abdel Rahman Ibn Faisal As Saud und seine Begleiter hatten die Feiertage des Fastenbrechens in der Wüste, an der Wasserstelle Abu Jifan verbracht. Sie liegt 120 Kilometer ostwärts von Riyadh am Karawanenpfad, der zur Küste des Persischen Golfs führt. Allein Wasser war in Abu Jifan reichlich vorhanden gewesen; Lebensmittel aber waren dem Rais und seinen Begleitern knapp geworden. Alle waren sie nun hungrig auf Nahrung und auf Erfolg.

Als die Trümmer der Mauer überwunden waren, schlichen der »Rais« und seine Getreuen durch die winkligen Gassen zwischen den Lehmhäusern. Unbemerkt erreichten sie den freien Platz vor Qasr Al Masmak. Gegenüber der Festung befand sich das Wohnhaus des Gouverneurs, der Ibn Ajlan hieß. Er war der Statthalter der Todfeinde des Hauses As Saud: Er diente dem Haus Rashid.

Aus Sicherheitsgründen schlief der Gouverneur nicht im Wohnhaus bei seiner Familie, sondern im Qasr Al Masmak. Dort brauchte er keine Sorge vor Überfällen zu haben. Qasr Al Masmak konnte nur durch ein festes Holztor betreten werden – in das wiederum eine niedere Holztüre eingelassen war. Geöffnet für Besucher wurde immer nur die niedere Holztüre. Der Eintretende mußte den Kopf einziehen. Er bot so dem Wächter seinen Nacken dar. Wer nicht erwünscht war, dem blieb keine Chance. Sein Kopf rollte auf den Boden des Festungshofes.

Abdel Aziz wußte, daß er Qasr Al Masmak nicht stürmen konnte. Er mußte warten, bis ihm das große Holztor geöffnet wurde.

Der Rais und seine Männer kannten sich aus in Riyadh. Unmittelbar neben dem Gebäude des Rashid-Gouverneurs stand ein Haus, dessen Besitzer der Sippe As Saud zur Treue verpflichtet war. Der Älteste war ein freigelassener Sklave, der Al Juwaisir hieß und der als Händler unter der Protektion der Sippe As Saud Reichtum erworben hatte. So war es ihm einst möglich gewesen, das Haus in erster Lage der Oase zu kaufen.

Als der Rais behutsam in jener Nacht an die Tür dieses Hauses klopfte und gleich darauf flüsternd seinen Namen nannte, wurde ihm geöffnet. Die Begrüßung war herzlich. Der Händler war sofort bereit, seinem Herrn von einst zu helfen.

Der Plan war, in das Nebenhaus einzudringen, das von der Familie des Rashid-Gouverneurs bewohnt war. Der Rais wollte vom Dach des Hauses von Al Juwaisir hinüberspringen zu einem Fenster des Gouverneursgebäudes. Der Sprung gelang: Der Rais befand sich plötzlich im Schlafraum der Frau des Gouverneurs.

Abdel Aziz wußte, daß diese Frau aus seiner eigenen Familie, aus dem Haus As Saud entstammte. Er beschimpfte sie wegen der Heirat mit einem Mann aus der Sippe Rashid. Sie entgegnete, es sei ihr doch gar nichts anderes übriggeblieben, schließlich seien die Männer des Hauses As Saud schmählich aus Riyadh verschwunden. Die weiteren Worte der Frau des Gouverneurs mißfielen dem Mann, der vorhatte, Riyadh zu erobern. Sie lauteten: »Das Haus As Saud hat nichts mehr in der Oase zu suchen!«

Dieser Satz wirkte deprimierend auf den Rais. Als ihn die Frau wutschnaubend aus ihrem Schlafraum verwies, gehorchte er. Abdel Aziz und seine Getreuen kauerten in der Kammer bei der Haustüre nieder. Sie sprachen mit leiser Stimme Koranverse. Nur langsam verstrich die Nacht.

Schließlich war Pferdewiehern zu hören. In der Festung begann der Dienst der Wachen. Es war die Zeit, zu der Ibn Ajlan, der Gouverneur, sein Bollwerk Qasr Al Masmak verließ, um zur Moschee zu reiten. Das große Holztor der Festung wurde geöffnet. Der Statthalter des Hauses Rashid trat heraus, gefolgt von seiner Wache. Den Dienern wurde befohlen, das Holztor sofort wieder zu schließen. Ibn Ajlan wollte eben sein Pferd besteigen, da sprangen in großen Sätzen Abdel Aziz und Abdallah Ibn Jiluwi aus dem Wohnhaus des Gouverneurs. Sie stürzten sich auf Ibn Ajlan, der mit dem Rücken zu den beiden bereits einen Fuß im Steigbügel hatte. Da schlug ein Bewaffneter mit dem Kolben seines Gewehrs auf den Rais ein; der fiel zu Boden Für einen Augenblick sah es so aus, als gelinge dem Gouverneur die Flucht zurück in die Festung. Da rannte Abdallah Ibn Jiluwi mit gewaltigen Sprüngen auf den Rashid-Gouverneur zu und hielt ihn fest. Der Angegriffene hatte bereits sein Schwert gezogen. Er wollte damit auf Abdallah Ibn Jiluwi einschlagen. Da traf ihn ein Speer in die Brust. Ibn Ajlan war sofort tot.

Bis heute ist eine Spur dieses Kampfes am Holztor der Festung zu sehen: In einem Balken steckt eine Speerspitze. Sie zeugt davon, daß der Rais die in die Festung fliehende Wache des Gouverneurs verfolgte. Er konnte das Tor erreichen, ehe es geschlossen wurde. Die Verfolger brachen in Qasr Al Masmak ein. Sie ließen keinen der Bewacher des Gouverneurs am Leben.

Keiner der Oasenbewohner hatte in den Kampf auf dem Platz vor der Festung eingegriffen. Erst als die wilden Schreie verstummt waren, wagten sich die Männer vor ihre Haustüren. Bald standen sie dichtgedrängt vor Qasr Al Masmak. Sie erwarteten, daß sich auf dem Dach der Sieger zeige. Es dauerte lange, doch dann erschien der junge Abdel Aziz Ibn Abdel Rahman Ibn Faisal As Saud. In seinen Händen trug er den Kopf des Statthalters der Sippe Rashid. Den warf er hinunter, mitten in die Menge, die laut aufjubelte. Dann verkündete der Rais, das Haus As Saud habe die Oase Riyadh als ihr rechtmäßiges Eigentum wieder in Besitz genommen.

Kaum hatte sich Abdel Aziz im Qasr Al Masmak eingerichtet, regelte er die Rangordnung in der Sippe. Er hatte zwar für das Haus As Saud den alles entscheidenden Sieg errungen, doch war er nicht das Oberhaupt der Sippe. Sein Vater Abdel Rahman lebte bei körperlicher und geistiger Gesundheit. Nach Stammestradition mußte die Position des Vaters respektiert werden. Das Problem konnte ohne Streit gelöst werden: Abdel Rahman blieb formell oberste Autorität des Clans – der Sohn aber führte praktisch die Regierungsgeschäfte. Er war die Exekutive im langsam zusammenwachsenden Staat der Sippe As Saud.

Eigentlich lag in dieser Kombination der Kompetenzen ein Konfliktstoff, der zum Streit führen konnte. Doch der Vater Abdel Rahman war klug. Er mischte sich nicht in die Entscheidungen des Sohns ein. Er gab damit dem Haus As Saud insgesamt Stabilität. Abdel Rahman war im entscheidenden Jahr 1902 noch nicht einmal 50 Jahre alt. Er lebte noch bis zum Jahr 1928.

Die Eroberung von Riyadh markierte den Beginn des Aufstiegs der Sippe As Saud; sie markiert den Anfang des Abstiegs des Rashid-Clans. Der Emir Ibn Rashid glaubte, diese Niederlage verkraften zu können, war Riyadh doch eher eine unbedeutende Oase in seinem Gebiet gewesen. Ibn Rashid merkte zu spät, daß der Verlust sein Ansehen bei den Sheikhs des Oasengürtels schmälerte. Er bemühte sich, die Loyalität der bisher mit ihm verbündeten Stämme abzusichern, doch jetzt waren die Emire und Sheikhs darauf bedacht, sich mit dem Haus As Saud gut zu stellen. Ibn Rashid reagierte unruhig und wenig souverän auf diese unsichere Bündnissituation – und er verlor Gefechte.

Um wieder Prestige zu gewinnen, beschloß er, Riyadh den As Sauds wieder wegzunehmen. Sein taktischer Plan sah einen Überraschungsangriff aus einem Versteck heraus vor. Doch seine Reiter wurden von einem Hirten entdeckt, der sofort in die Oase eilte, um zu melden, was er gesehen hatte. Als dann Ibn Rashid in der Morgendämmerung Riyadh erreichte, fand er die Mauern mit Bewaffneten besetzt, die zur Verteidigung bereit waren. Ibn Rashid nahm sich nur einen Tag Zeit, um seine Chancen zu erkunden, dann befahl er den Abzug seiner Reiter in Richtung Jebel Shammar.

Obgleich sich Abdel Aziz am Tag des Angriffs der Rashidtruppe nicht in Riyadh befunden hatte, war ihm die Oase treu geblieben – was, nach Erfahrungen der Vergangenheit, keine Selbstverständlichkeit war. Er konnte daran denken, die Verfolgung der Rashidreiterei aufzunehmen, die inzwischen zur Oase Buraydah gelangt war.

Ibn Rashid sah ein, daß er Verbündete brauchte. Er schickte Boten an den osmanischen Statthalter von Basra mit der Bitte, er möge Truppen schicken. Der osmanische Militärapparat war jedoch zu schwerfällig – als die Truppe für den Ritt nach Süden mobilisiert war, hatte Abdel Aziz längst gehandelt. Seinem Angriff hatte die Garnison von Buraydah nur geringen Widerstand entgegengesetzt.

Im Sommer 1904 trafen tatsächlich osmanische Verbände aus Basra und Medina in Zentralarabien ein. Ihre Kommandeure brachten auch Geld mit, um die Unterstützung der Stämme für das Haus Rashid zu erkaufen. So konnte Ibn Rashid tatsächlich eine beachtliche Streitmacht mobilisieren. Sie war an Zahl stärker als die Reiterei des Hauses As Saud. Beinahe hätte das erste Gefecht in einer Niederlage für Abdel Aziz geendet, wäre nicht überraschend eine berittene Gruppe von Beduinen aufgetaucht, die sich verspätet hatten. Die Kämpfer des Hauses Rashid waren schon damit beschäftigt gewesen, Beute einzusammeln, als das Unglück über sie hereinbrach.

Die osmanischen Truppen halfen dem Emir Ibn Rashid nur wenig. Pferde und Reiter waren mit dem Sandboden nicht vertraut, der das Vorankommen schwierig machte. Den Kanonieren war es nicht gelungen, ihre Geschütze in den Sanddünen in Stellung zu bringen. Reiter und Kanoniere hatten sich kaum gewehrt, als der Gegner sie überfiel.

Nach dieser Erfahrung hielt es der Statthalter des Osmanischen Reiches in Basra für klug, eine Verhandlungslösung im Konflikt zwischen den innerarabischen Stämmen zu suchen. In Kuwait sollten die Gespräche stattfinden. Abdel Rahman, der Vater von Abdel Aziz – der offiziell Stammeschef war – wurde aufgefordert, sich in der Residenz des Emirs von Kuwait einzufinden. Ohne Zögern gehorchte er.

Der osmanische Vermittlungsvorschlag lautete: In der Oasenregion müsse eine Pufferzone geschaffen werden, um die Einflußgebiete der Sippen Rashid und As Saud voneinander zu trennen. In dieser Pufferzone südlich der Oase Buraydah sollten osmanische Soldaten stationiert werden – wenn auch in geringer Zahl.

Abdel Rahman stimmte dem Vermittlungsvorschlag des osmanischen Statthalters zunächst zu. Einige Tage später, nach Beratung mit dem Sohn Abdel Aziz, zog er sein Einverständnis zurück. Abdel Aziz wollte sich nicht die Hände binden lassen. Daraufhin versuchte die osmanische Verhandlungsdelegation erst gar nicht mehr, eine Lösung zu finden. Der Statthalter bat um die Garantie des Hauses As Saud, daß die Soldaten, die dem Stamm Rashid zu Hilfe gekommen waren, beim Abmarsch »nicht belästigt« werden würden. Nachdem die Garantie ausgesprochen war, verließen die osmanischen Einheiten Zentralarabien. Sie kehrten nie mehr dorthin zurück.

Abdel Aziz hielt es nun für angebracht, dem Gegner, dem Emir Ibn Rashid, zu versprechen, daß die Grenzen des Gebiets von Jebel Shammar für »alle Zeiten« unangetastet bleiben würden. Der junge Ehrgeizige hatte nie die Absicht, dieses Versprechen zu halten. Die Umstände kamen seiner Absicht entgegen.

Ibn Rashid starb um das Jahr 1905. Sein Sohn Mit'ab wurde Chef des Clans Rashid; allerdings nur für kurze Zeit. Dann wurden er und zwei seiner Brüder ermordet.

Dem Mörder war es vergönnt, ein Jahr lang Herr über Jebel Shammar zu sein, dann starb auch er durch den Dolch eines Attentäters.

Der erste Mord war ohne Zutun des Abdel Aziz geschehen, doch als er begriffen hatte, daß er durch Dolch und Gift die Führungsspitze des Clans Rashid schwächen und schließlich völlig ruinieren konnte, schickte er seine Agenten in das Gebiet des Jebel Shammar. Rasch wechselten die Herrscher ab in der Oase Hail, die das Zentrum bildet von Jebel Shammar. Abdel Aziz ergriff seine Chance, er besetzte die Oase Hail und schließlich das gesamte Gebiet von Jebel Shammar. Er war ein unbarmherziger Sieger: Hunderte von Männern wurden erschlagen. Eine große Zahl von Frauen wurden zu Sklavinnen erklärt – sie wurden als Geschenke verteilt an Kämpfer, die sich durch Einsatz für das Haus As Saud hervorgetan hatten.

Während der Auseinandersetzung mit dem Stamm Rashid hatte sich der Kern einer Reitertruppe gebildet, der sich dadurch auszeichnete, daß er keine Rücksicht nahm auf Menschenleben. Die Reiter entschieden, wer ein Feind Allahs war und wer nicht. Wer zum Feind Allahs erklärt wurde, der sollte sterben. Wer zum Kern der Reitertruppe zählte, hatte die Pflicht zu töten – er erfüllte damit den Willen Allahs.

Die Reitertruppe gab sich einen Namen: Ikhwan. Er läßt sich mit Bruderschaft übersetzen. Die »Brüder« entdeckten die Glaubensgrundsätze des Predigers Mohammed Ibn Abdel Wahhab neu. Sie verbreiteten Schrecken auf der Arabischen Halbinsel.

Ikhwan – die Wurzel des Terrorismus der Neuzeit

Die Brutalität der Ikhwan-Mitglieder hatte den Streit mit dem Stamm Rashid entschieden. Das Schicksal des Clans wurde beispielhaft für das Ende der Selbständigkeit der Sippen in Zentralarabien und am Persischen Golf. Finanziert wurde in diesem Fall die Ikhwan-Reiterei durch die britische Regierung. Sie war daran interessiert, daß der Stamm Rashid entmachtet wurde, denn seine Führung war mit der osmanischen Verwaltung verbündet gewesen. Großbritannien sorgte vor: Das Empire steuerte auf einen Krieg mit dem Osmanischen Reich zu. England wollte Souverän sein in allen Ländern, die im Umfeld des Suezkanals lagen. Diese Wasserstraße war unabdingbares Bindeglied zwischen dem britischen Mutterland und der Kolonie Indien. Um die Verbindungslinie zwischen England und Indien zu sichern, mußten die Verantwortlichen in London dafür sorgen, daß die Osmanen keine Gefahr für den Suezkanal darstellen konnten. Um dies zu erreichen, war die britische Regierung dankbar für Verbündete im drohenden Kampf gegen den osmanischen Rivalen im Nahen Osten. Sie finanzierte auch nach dem Sieg über den Stamm Rashid den Aufbau der Ikhwan-Verbände.

Die erste Garnison entstand im Jahr 1912 in der kleinen Oase Artawiyah; sie liegt 400 Kilometer nördlich von Riyadh an der Karawanenroute nach Kuwait. Das Land um die Wasserstelle war fruchtbar, jedoch bis dahin wenig genutzt. Beduinen führten in trockenen Zeiten ihre Herden nach Artawiyah – dort war immer Wasser zu finden.

Familien, deren Männer sich verpflichteten im Verband der Ikhwan zu kämpfen, wurden in Artawiyah angesiedelt. Um ihren eigenen Lebensunterhalt zu sicher, hatten sie Felder und Äcker zu bestellen. Kamelherden ergaben Milch und Fleisch. Die Garnison versorgte sich selbst.

Den Sold für die Ikhwan-Kämpfer bezahlte der »political resident« der britischen Krone am Persischen Golf. Er wurde wenig später wegen seiner Verdienste geadelt und hieß fortan Sir Percy

Cox. Er hielt Abdel Aziz Ibn Abdel Rahman Ibn Faisal As Saud für brutal und unmenschlich. Sir Percy Cox verurteilte die Härte des Vorgehens gegen den Stamm Rashid, doch er war britischer Beamter und hatte die Anweisungen aus London zu befolgen. Sie lautete: Das Bündnis mit dem Stamm As Saud unter allen Umständen abzusichern.

Diese Aufgabe übernahm ein Offizier mit dem eigentlichen Namen William Henry Irvine Shakespear – wobei darauf zu achten ist, daß bei Shakespear – im Unterschied zum Namen des Dichters, das »Schluß-e« fehlt. Shakespear war Hauptmann der Indian Army, eingesetzt zum Dienst am Persischen Golf. Diese Region wurde militärisch von Bombay aus verwaltet. Der Dienstsitz des Majors war in Kuwait.

Sein Bericht an den Vorgesetzten in der Kolonialverwaltung entwirft ein positives Bild vom Emir Abdel Aziz aus dem Hause As Saud. Warum er nicht die Wahrheit schreibt, ist ein Rätsel. Er schildert den Emir als aufrechten Charakter und als eindrucksvolle Persönlichkeit. Shakespear notierte, Abdel Aziz sei geachtet bei den Stämmen des Oasengürtels in Zentralarabien. Es sei ganz offensichtlich, daß der Clan As Saud die Herrschaftsschicht über alle Araber darstelle. Der Berichterstatter trat dafür ein, daß die britische Kolonialverwaltung die Absicht des Emirs unterstütze, Herrscher zu werden über die Arabische Halbinsel.

William Henry Irvine Shakespear erwähnt mit keinem Nebensatz, daß Abdel Aziz den Respekt der Stämme durch Gewalt erzwungen hat. Er berichtet nichts darüber, daß die Ikhwan-Bruderschaft Schrecken verbreitet. Die britische Kolonialverwaltung erfährt nicht, daß im Stammesgebiet der As Saud besonders strenge Glaubensregeln herrschen, daß der Geist des Mohammed Ibn Abdel Wahhab wiedererwacht war. Der Begriff »Ikhwan« kam im Bericht des Hauptmanns nicht vor.

Zu seinem Unglück beteiligte sich Shakespear selbst an den Kriegszügen der Ikhwan; er war Zeuge ihrer Brutalität. Shakespear erlebte, wie Männer und Frauen getötet wurden, weil sie nicht zulassen wollten, daß das Mausoleum ihres islamischen Dorfheiligen zerstört wurde. Bei einem der Gefechte mit der Reiterei des Rashidclans kam der Engländer ums Leben. Wie dies geschah, konnte niemand berichten. Erzählt wird, seine Leiche sei völlig zertrampelt aufgefunden worden. Wahrscheinlich ist, daß Reiter der Ikhwan dafür gesorgt haben, daß der Fremde, der Ungläubige, beseitigt wurde. Ihre Prinzipien verpflichteten sie dazu, in jedem Menschen, der nicht fünfmal am Tag voll Inbrunst in Richtung Mekka betet, einen Feind zu sehen. Shakespear hatte sich zwar den Lebensgewohnheiten der Moslems angepaßt, doch er hatte ihren Glauben nicht angenommen.

Die britische Verwaltung aber zog den richtigen Schluß: Abdel Aziz konnte nach dem Tod des Hauptmanns nicht mehr ihr Partner sein. Der Emir aus dem Haus As Saud erhielt künftig zwar eine finanzielle Unterstützung, doch als bestimmende politische Kraft auf der Arabischen Halbinsel wurde er nicht anerkannt. Die britischen Beamten in Basra hielten es nicht für notwendig, Abdel Aziz zu informieren, daß Absprachen bestanden mit dem Sherifen von Mekka, die Arabiens Zukunft betrafen. Abdel Aziz erfuhr nichts vom Versprechen der britischen Regierung, sie werde den Clan der Haschemiten unterstützen, wenn er sich bemühe, die Führung der arabischen Stämme insgesamt zu übernehmen.

So war der Herrscher in der Oase Riyadh überrascht, als er ein Schreiben des Sherifen von Mekka erhielt, in dem er aufgefordert wurde, die Ansprüche des Hauses Haschem auf die Würde des Herrschers der Araber anzuerkennen und zu unterstützen. Worauf der Emir zurückschrieb, einen derartigen Brief könne nur ein Verrückter verfaßt haben, oder »einer, der zu tief ins Glas geschaut habe und besoffen gewesen sei«.

Konkurrenz für die Wahhabiten: die Sippe der Haschemiten

Banu Haschem, der Stamm der Haschemiten, ist die Großfamilie, zu der einst der Prophet Mohammed gehört hatte. Daraus leitet die Sippe ihre besonders hervorgehobene Stellung in der arabischen Welt ab. Banu Haschem gilt als auserwählt unter allen arabischen Stämmen. Einer Überlieferung nach soll der Prophet Mohammed selbst einst gesagt haben: »Aus den Söhnen des Ibrahim erwählte Allah den Ismail. Aus den Söhnen des Ismail erwählte

Allah die Sippe Kinana. Aus der Sippe Kinana erwählte Allah die Familie Quraish. Aus der Familie Quraish erwählte Allah Banu Haschem.

Eine andere Tradition besagt: »Die Haschemiten sind die edelste aller Sippen. Ihre Abstammung ist an Reinheit nicht zu übertreffen.« Diese Überlieferungen machten es der Familie Haschem leicht zu propagieren, sie bilde »die Spitze des islamischen Adels«. Ihr sei die Herrschaft über die Stämme Arabiens vorbehalten.

Wer Banu Haschem vorsteht, hat das Recht, den Titel »Sherif« zu tragen – er ist zu übersetzen mit »der Hochgeehrte, der Erhabene«. Der Sherif von Mekka hat Anspruch auf Verehrung durch die Gläubigen. Von seinem Standpunkt aus war er durchaus berechtigt gewesen, vom Emir des Stammes As Saud Anerkennung der haschemitischen Rechte auf Herrschaft über die arabischen Stämme zu verlangen. Emir Hussein von Banu Haschem war im Jahr 1908 auf Anordnung des Sultans des Osmanischen Reiches zum Sherifen von Mekka ernannt worden. Er war 60 Jahre alt – und eine würdevolle Erscheinung.

Der Stamm der Haschemiten ist in den weiten Steppen des Hedschaz zu Hause. Zum Hedschaz gehören die Städte Mekka, Medina und die Hafenstadt Dschedda. Als junger Mann war Hussein nach Istanbul deportiert worden, an den Hof des Sultans. Es war damals, vor dem Ersten Weltkrieg, Brauch, daß die wichtigsten Sippen des Osmanischen Reiches Söhne als Geiseln dem obersten Herrn des Reiches übergaben. Rebellierten diese Sippen gegen den Sultan, dann war das Leben dieser Söhne verwirkt.

Die Geiseln lebten in einem »edlen Gefängnis«. Sie litten keine Not; sie wurden als Herren behandelt. Doch sie hatten ständig Angst, im nächsten Augenblick ohne Vorwarnung umgebracht zu werden – wenn ihre Sippe Position bezog gegen den Sultan. Die Folge war, daß die jungen Männer an Depressionen litten, und vor allem an Argwohn. Sie waren mißtrauisch gegenüber jeder Veränderung in der Haltung ihrer Diener, und sie behielten diesen Argwohn gegenüber allen Menschen ein Leben lang bei. Zu einer normalen Beurteilung seiner Situation war keiner der Männer, die sich in Geiselhaft des Osmanischen Reiches befunden hatte, mehr fähig.

Zwanzig Jahre lang hatte Emir Hussein im Haushalt des Sultans zubringen müssen. Die Erfahrung, die er dabei gesammelt hatte, brachte ihm – unmittelbar nach seiner Ernennung zum Sherifen von Mekka – die Erkenntnis, daß das Osmanische Reich keiner Anstrengung mehr gewachsen war. Hussein geriet damit in eine persönlich schwierige Lage: Er war dem Sultan zur Treue verpflichtet. In einer kriegerischen Auseinandersetzung hatte er mit seinen Reitern auf der Seite des Osmanischen Reiches zu kämpfen. Als während des Ersten Weltkriegs das Osmanische Reich als Verbündeter Deutschlands in den Konflikt eintrat, hätte eigentlich Sherif Hussein gegen die Präsenz der Engländer im Nahen Osten aktiv werden müssen. Doch er begriff rasch, daß der Sultan nicht mehr in der Lage war, ihn zum »König aller Araber« zu erheben. Um dieses Ziel zu erreichen, benötigte er die Unterstützung der Großmacht England. Rechtzeitig noch vor Kriegsausbruch signalisierte Hussein dem britischen Hochkommissar in Cairo, daß er bereit sei zum Kampf gegen das Osmanische Reich. Emir Abdallah, der Sohn des Sherifen, führte die Verhandlungen am Nil. Er bezeugte nach dem Ersten Weltkrieg, der britische Hochkommissar habe ihm fest zugesagt, als Belohnung für aktive Teilnahme am Krieg werde dem Sherifen aus dem Hause Haschem erlaubt sein, sich »König der Araber« zu nennen. Großbritannien werde dafür sorgen, daß Hussein dann auch die nötige Macht besitze.

Vom britischen Hochkommissar mit Geld, Waffen und Militärberatern unterstützt, brach 1916 der »Aufstand der Araber« los. Der eigentliche Kommandeur war Thomas Edward Lawrence – der später den Ehrentitel trug »Lawrence of Arabia«.

Sherif Hussein proklamierte am 10. Juni 1916 in Mekka die Unabhängigkeit der arabischen Staaten. Der britische Hochkommissar in Cairo unterstützte den Sherifen. Diese Politik gab der Regierung in London die Möglichkeit, vor der Weltöffentlichkeit zu behaupten, Großbritannien streite für das Selbstbestimmungsrecht der Völker. London vertrete keine eigenen Interessen, sondern die der Menschen, die sich der britischen Krone anvertrauten. London lag im Trend der Zeit: Die britische Regierung gab bekannt, sie kümmere sich um die Unterdrückten.

Am 2. November 1916 wurde Sherif Hussein von Mekka mit Billigung des britischen Hochkommissars für den Nahen Osten zum »König der Araber« ausgerufen. Die Proklamation erfolgte durch die Honoratioren der heiligen Stadt. Sie handelten dabei keineswegs freiwillig: Sie wurden durch die Bewaffneten des Sherifen dazu gezwungen.

Emir Abdallah, der Sohn des Monarchen von eigenen Gnaden, beurteilte das Ereignis so: »In der gesamten Geschichte der arabischen Völker – von der Zeit des Propheten Mohammed an bis in die Neuzeit hinein – hat es keinen bedeutungsvolleren Tag gegeben, als jenen 2. November des Jahres 1916, an dem mein Vater zum König aller Araber ausgerufen wurde.«

Daß Hussein aus dem Hause der Haschemiten gerade den Titel »Malek« – »König« – gewählt hat, wunderte die Emire und Sheikhs der Stämme. Das Amt eines Königs war bisher unbekannt in der islamischen Hierarchie der Arabischen Halbinsel. Unverständlich war Husseins Verhalten auch deshalb, weil sein Titel »Sherif« weit bedeutungsvoller war als der eines Königs.

Kaum war die Proklamation zum »König der Araber« erfolgt, verlangte Hussein von den Stämmen Zentralarabiens, daß sie Steuern bezahlten, daß sie in aller Form Husseins königliche Souveränität anerkannten. Abgesandte mit Steuerbescheiden trafen bald auch in den westlichen Oasen des Herrschaftsbereichs von Emir Abdel Aziz ein. Sie wurden abgewiesen. Sie drohten, sie würden wiederkommen – mit britischen Soldaten.

Diese Drohung war allerdings von geringer Wirkung auf die Untertanen des Saudiemirs. Auch er stand unter britischem Schutz. Abdel Aziz war zum »Knight Commander of the Indian Empire« ernannt worden. Diese Auszeichnung war hochgeschätzt im britischen Weltreich. Für Abdel Aziz war mit dem Titel eine monatliche finanzielle Zuwendung von 5000 englischen Pfund verbunden. Zu dieser Zeit erhielt der »König der Araber« monatlich 100 000 englische Pfund, als Unkostenbeitrag für den »Aufstand der Araber«.

Dieser Aufstand war allerdings ein Bluff, denn es kämpfte nur ein Bruchteil der arabischen Stämme auf der Seite der Engländer gegen die Osmanen. Allein die Stämme des Hedschaz waren aktiv. Alle anderen Stämme der Arabischen Halbinsel verhielten sich loyal gegenüber ihren bisherigen Herren.

Im September 1918 zogen sich die letzten osmanischen Truppen an der heutigen syrischen Grenze aus arabischem Gebiet zurück. Der Triumph der Haschemiten schien vollkommen zu sein. Emir Faisal, ein Sohn des »Königs der Araber« fuhr in einem Sonderzug der Hedschazbahn in Damaskus ein. Die Begeisterung der Massen und der Honoratioren war ehrlich: Sie waren der Meinung, jetzt beginne die ersehnte Epoche der Unabhängigkeit Arabiens. Der Haschemitensippe wurde durchaus die Führungsrolle zugestanden. Bald nach seiner Ankunft wurde Emir Faisal zum »Vizekönig« ausgerufen, zum Vertreter seines Vaters Hussein.

Der König und der Vizekönig waren sich ihrer Sache ganz sicher, hatten doch verantwortliche Persönlichkeiten Englands versprochen, die Weltmacht werde die Gründung eines selbständigen arabischen Staates unterstützen. Sir Henry McMahon, der britische Hochkommissar in Cairo, hatte im Jahr 1916 mehrfach in Briefen an den Sherifen von Mekka bekräftigt, daß die britische Krone im Sherifen aus dem Hause Haschem den würdigen Führer der arabischen Stämme sehe. Die Haschemiten seien allein schon durch ihre Abstammung aus der Familie des Propheten Mohammed dazu berufen, die Araber insgesamt in die Unabhängigkeit zu leiten.

Handschriftliche Kopien dieser Briefe trug der Vizekönig in Damaskus bei sich. Er vertraute ihrer Gültigkeit – und er verließ sich auf das Wort der Briten. Der König und der Vizekönig begriffen nicht, daß sie für die britische Regierung und für die britische Kolonialverwaltung mit dem Ende des Krieges und mit der Auflösung des Osmanischen Reiches bedeutungslos geworden waren. Sie stellten für die Verantwortlichen in London nur noch eine Belastung dar.

Noch ein Jahr zuvor war der Sherif von Mekka in Briefen vom britischen Hochkommissar in Cairo mit diesen Worten angeredet worden: »An den exzellenten und hochgeborenen Herrn, den Nachfahren edler Sherifen, die Krone der Stolzen, den verehrungswürdigen und hochgeehrten Herrn, an den Sherifen, der von Sherifen abstammt. An seine Exzellenz, den Sherifen Hussein. Seine Segnungen werden dem Volke zugute kommen.«

Ibn Saud Abdel Aziz nimmt Mekka in Besitz

Der Verrat Englands am Haus Haschem wird deutlich am Schicksal des »Vizekönigs«, der nach dem Abzug der Osmanen glaubt, Damaskus – die Stadt, in der er sich befindet – werde zum Zentrum des

Einheitsstaates der Araber. Am 14. Juli 1920 trifft ein Ultimatum der französischen Regierung in Damaskus ein. Der »Vizekönig« wird darauf hingewiesen, daß der Völkerbund die Teilung Arabiens sanktioniert habe, die bereits seit 1916 zwischen England und Frankreich vereinbart sei: Palästina werde von England verwaltet – und Syrien von Frankreich. Der »Vizekönig« wurde ultimativ aufgefordert, Syrien zu verlassen; die französischen Truppen seien bereits an der Küste des Libanon angekommen.

Am 25. Juli erreichen die französischen Truppenverbände Damaskus. Ihr Kommandeur läßt dem »Vizekönig« einen Brief überreichen, der nicht mehr darauf Bezug nimmt, daß Faisal Anspruch erhebt, als Monarch über Syrien zu herrschen – er wird schlicht als »Emir« bezeichnet. Der Text des Briefes lautet: »Ihre Hoheit wird aufgefordert, Damaskus zu verlassen. Ein Sonderzug steht zur Verfügung. Dieser Zug wird vom Hedschazbahnhof um 5 Uhr morgens abfahren. Datum der Abreise ist der 28. Juli 1920.«

Niemand kommt zu dieser frühen Stunde zur Verabschiedung des ausgewiesenen Monarchen auf den Bahnhof der Hedschazbahn. Der Sonderzug fährt pünktlich ab. Der Emir Faisal hütete sich, nach Mekka zu reisen – er wollte seinem Vater nicht begegnen, der dort noch als Sherif amtierte.

Sherif Hussein war verärgert über die treulosen Engländer und über den Sohn, der sich nicht gegen das französische Ultimatum gewehrt hatte. Engländer und Franzosen waren für ihn »Schoßhunde des Satans«. Lautstark verwünschte er den britischen Hochkommissar in das heißeste Feuer der Hölle; der Sohn Faisal sollte neben ihm schmoren.

Der Sherif verlor nun jegliche Beziehung zur Realität. Er verkündete aus eigener Machtvollkommenheit, er sei fortan »Kalif« – und damit rechtmäßiger Vertreter des Propheten Mohammed auf Erden. Das »Kalifat«, die Funktion des »Beherrschers der Gläubigen« war seit dem Untergang der osmanischen Herrscherdynastie nach der Niederlage im Ersten Weltkrieg nicht mehr personell besetzt. Dieses Vakuum in der Hierarchie des Islam versuchte Sherif Hussein neu für sich zu nutzen. Doch seine Proklamation, er sei nun die oberste Autorität im Islam, wurde von nahezu allen islamischen Geistlichen abgelehnt. Selbst die Sheikhs des Hedschaz, die loyal zu den Haschemiten waren, hielten den Griff nach der Kalifenwürde für Wahnsinn und frevlerische Anmaßung. Abdel Aziz aus dem Hause Saud, der den Oasengürtel der Arabischen Halbinsel kontrollierte, erklärte Sherif Hussein zum Ketzer. Diese Beschimpfung wurde von den Reitern des »Ikhwan«, der »Bruderschaft« aufgegriffen. Sie wollten in den Heiligen Krieg gegen die Haschemiten geführt werden: Sie schworen »Tod dem Haus Haschem«. Die heilige Stadt Mekka müsse von den Haschemiten befreit und gesäubert werden. Die Haschemiten hätten das Verbrechen begangen, sich »den Mantel des Propheten um die Schultern gelegt zu haben«.

Emir Abdel Aziz aber war klug beraten, als er zögerte, den Reitern des »Ikhwan« den Befehl zum Angriff gegen Mekka zu geben. Er berief eine Konferenz aller islamischen Geistlichen ein, die er erreichen konnte. Seinem Vater Abdel Rahman überließ er den Vorsitz der Konferenz. Der Vater holte auch die Meinung von Repräsentanten islamischer Gemeinden in Cairo und Baghdad ein. Selbst Geistliche aus Indien wurden befragt. Sie gaben schließlich den Ausschlag: Sie waren dafür, daß das Haus As Saud Mekka eroberte. Sie hatten schlechte Erfahrungen gemacht mit der haschemitischen Verwaltung der heiligen Stätten: Die Haschemiten wurden verantwortlich gemacht für überhöhte Preise in Mekka und für die Unsicherheit auf den Straßen zu und von den Heiligtümern.

Dieser Standpunkt der indischen Moslems wirkte sich auf die Position der britischen Regierung aus. In Indien waren 70 Millionen Moslems britische Untertanen; ihre Meinung wurde von den Verantwortlichen in London ernstgenommen. Die Unterstützung des Hauses As Saud durch die indischen Moslems bewirkte, daß die britische Regierung keine Einwände erhob gegen die Besetzung von Mekka durch die Reiterei des Abdel Aziz. Die Antwort der islamischen Geistlichen aus Indien hatte auch zur Folge, daß das Haus Haschem für den Fall eines Angriffs auf Mekka mit keiner englischen Unterstützung rechnen konnte.

Die Ereignisse überstürzten sich im Sommer 1924: Abdel Aziz überlegte sich noch in seiner Hauptoase Riyadh, ob es klug sei, Mekka einzunehmen, da ergriff sein Untergebener Sultan Ibn Bijad die Initiative. Sultan Ibn Bijad war Kommandeur der Ikhwan-Reitertruppe. Er befahl den Überfall auf die Stadt Taif, die 60 Kilometer ostwärts von Mekka in bergigem Land liegt. Während der besonders heißen Monate leben dort wohlhabende Familien aus der heiligen Stadt. Taif ist eine Kleinstadt mit Bäumen und Palmen. Sie zeichnet sich durch kühlere Luft aus.

Die reichen Honoratioren, die in Taif mit Frauen und Kindern eine ruhige Zeit erleben wollten, ahnten nichts vom Unheil, das über sie hereinbrach. Niemand hat die haschemitischen Bewaffneten und deren Kommandeur gewarnt. Plötzlich waren sie in der Stadt, die Ikhwan-Reiter. Ihre Schwerter und Lanzen schwingend jagten sie durch die Gassen. Wen sie antrafen, den schlugen sie nieder oder erstachen ihn. Nur wenige konnten fliehen. Den Kommandeur von Taif, auch er gehörte zum Clan der Haschemiten, gelang es zu entkommen – er ließ die Stadtwache im Stich. Sein Name war Ali. Er vermied es, Zuflucht in Mekka zu suchen. Er fürchtete sich vor Sherif Hussein, der sich nun Kalif nennen ließ. In weitem Bogen ritt Ali um Mekka herum und machte sich auf den Weg zur Hafenstadt Dschedda.

In Mekka wurde rasch bekannt, was sich in Taif ereignet hatte. Schrecken verbreitete die Nachricht, 700 Bewohner – auch Frauen und Kinder – seien umgebracht worden. Zu Recht erzählten die Männer auf den Märkten von Mekka, die Ikhwan-Reiter hätten jedem Mann, jedem Jüngling und jedem männlichen Kind die Kehle durchgeschnitten mit der Bemerkung, ein solcher Schnitt öffne dem Sterbenden das Tor zum Paradies. Bitten um Gnade habe nichts genützt. Wer um sein Leben gefleht habe, sei verspottet worden, er glaube wohl nicht an das Paradies.

Die Menschen in Mekka und Medina erinnerten sich an die Erzählung ihrer Väter, die wiederum von ihren Vätern und Großvätern erfahren hatten, was vier Generationen zuvor geschehen war, als Taif schon einmal von Bewaffneten des Hauses As Saud überfallen worden war. Auch damals waren Grausamkeiten vorgekommen, waren hunderte von Männern und Frauen umgebracht worden. Die Einnahme von Taif war damals für die Sippe As Saud der erste Schritt gewesen zur Eroberung des Hedschaz, zur Einnahme von Mekka. Die Vorstellung, das böse Ereignis von damals wiederhole sich, lähmte jegliche Widerstandskraft.

Doch der Haschemitenfürst Hussein war verblendet. Er glaubte als einziger noch daran, daß seine Kämpfer die heiligen Stätten noch vor den »saudischen Horden« bewahren könnten. Doch die Truppe, die völlig demoralisiert war, löste sich nach und nach auf.

In Mekka stand der »König der Araber«, der Kalif sein wollte, unter Druck. Die islamische Geistlichkeit und die Honoratioren redeten auf Hussein ein, er möge die Stadt verlassen: Ein Mitglied der Familie Haschem, der einst der Prophet angehört habe, dürfe nicht in die Hand der teuflischen Ikhwan-Reiterei fallen. Er – Hussein – sei eine geheiligte Person, mit der Allah noch Bedeutungsvolles vorhabe. Endlich fuhren der Emir Hussein und die Seinen in fünf Personenautos ab – es waren die einzigen Kraftwagen, die damals im Hedschaz existierten.

Von niemand verabschiedet bestiegen der König und seine nächsten Verwandten in Dschedda eine Art Jacht. An Bord befanden sich Benzinfässer, die fest verschlossen waren. Die Fässer enthielten jedoch keinen Treibstoff, sondern die Goldstücke, die Hussein acht Jahre zuvor von den Engländern erhalten hatte – zur Bezahlung des »Aufstands der Araber«.

Kaum hatte der »König der Araber« Mekka verlassen, trafen Sultan Ibn Bijad und die Ikhwan-Reiter vor der heiligen Stadt ein. Der Befehlshaber schickte vier seiner Männer zu Fuß in Pilgerkleidung und unbewaffnet zur Großen Moschee. Ihnen war aufgetragen, an der Ka'aba zu verkünden, daß für diejenigen, die sich Allah und dem Haus Saud anvertrauten, kein Grund zur Furcht bestehe.

Als am nächsten Morgen 2000 Ikhwan-Reiter in Mekka einzogen, ließ sich kein Einwohner vor den Häusern sehen. Keiner vertraute den Versprechungen des Sultan Ibn Bijad. Seine Männer trugen zwar Pilgergewänder, doch hatten sie Gewehre umgehängt. Dies war ein offener Bruch mit der Tradition, die vorschrieb, daß Pilger unbewaffnet sein mußten.

Noch ehe Abdel Aziz in Mekka eintraf, wurde die Stadt gemäß den wahhabitischen Grundsätzen gereinigt. Zuerst mußten Gräber beseitigt und Friedhöfe aufgelöst werden. Keine Grabstätte durfte mehr der Ort sein für Gebete an einen Toten – Gebete waren allein für Allah vorbehalten. Wer demütig vor einem Grab stand, der machte sich der Götzenanbetung schuldig und mußte bestraft werden.

Die Männer der heiligen Stadt mußten sich fortan täglich fünfmal zum Gebet in die Moschee begeben. Anwesenheitspflicht wurde eingeführt. Verboten war es, seidene Kleider zu tragen, sich mit Gold und Silber zu schmücken, Musik jeglicher Art ertönen zu lassen.

Das einzige Buch, das gelesen werden durfte, war der Koran; alle anderen Bücher waren zu vernichten. Die Begründung lautete: Der Koran umfaßt, als Offenbarung von Allahs Willen und Wissen, jede Kenntnis, die dem Menschen erlaubt ist. Damit ist jegliche andere Lektüre überflüssig. Mit Überflüssigem aber soll sich der Gläubige nicht abgeben.

Verboten wurde sofort der Vortrag von Gedichten und Epen der Beduinenpoesie, die seit vielen Generationen in den Lehmhäusern der Oasen und in den Zelten der Wandersippen in den Steppen beliebt waren. Den Tod verdient hatte jeder, der sich und anderen mit Poesie Freude machen wollte.

Emir Abdel Aziz gebot den Ikhwan-Geistlichen keinen Einhalt, als sie aus den Moscheen die Prediger entfernten, die bisher Allahs Botschaft in ihren Worten interpretiert hatten. Nichts anderes sollten die Gläubigen hören dürfen, als nur das Wort Allahs. Die Rechtfertigung, die Emir Abdel Aziz für den »Reinigungsprozeß« der »Bruderschaft« verlauten ließ, hieß: »Die Männer Arabiens begnügen sich mit zweierlei: mit dem Wort Allahs und mit dem Schwert. Das Schwert dient dem Wort Allahs.«

Das Hedschazgebiet besaß bis zur Eroberung durch Abdel Aziz und die Ikhwan-Reiterei eine ausgeprägte Gerichtsbarkeit mit Richtern, die als gerecht empfunden wurden. Da sie nicht im »wahhabitischen Geist« urteilten, wurde ihnen das Recht, Urteile zu sprechen, entzogen. Von nun an gab es keine Gerichtsverhandlungen mehr. Jeder, der eine herausragende Stellung in den Ikhwan-Verbänden erreicht hatte, war befugt, über Mitmenschen zu urteilen. Das Resultat ist im Buch »The Rise, Corruption and coming Fall of the House auf Saud« nachzulesen, das der Saudi-Arabien-Kenner Said K. Aburish verfaßt hat. Er faßt zusammen »In der Zeit, in der das Haus As Saud sich die Arabische Halbinsel unterwarf, sind 40 000 öffentliche Hinrichtungen ausgeführt worden und 350 000 Amputationen von Armen oder Beinen. Sieben Prozent der Bevölkerung mußte sich eine Amputation gefallen lassen.«

Am Ende des Jahres 1925 befanden sich auch die Städte Medina und Dschedda in der Hand des Hauses As Saud – erobert von den Ikhwan-Verbänden. Nahezu die gesamte Arabische Halbinsel war nun im Besitz des Emirs Abdel Aziz. Sein Traum war wahr geworden, das Reich der Vorväter wiederherzustellen.

Die Konsequenz des Triumphes war, daß sich Emir Abdel Aziz zum König des Hedschaz ausrufen ließ. Er berief sich dabei darauf, daß ihm jetzt der Hedschaz gehöre, und daß der Hedschaz auch bisher einen König gehabt habe. Er berief sich auf den Haschemitenkönig, den er doch verachtet und gehaßt hatte.

Der »wahhabitischen« Geistlichkeit mißfiel, daß Abdel Aziz sich mit dem Königstitel schmückte. Er habe damit nicht anders gehandelt als Hussein aus dem Stamme Haschem. Doch Abdel Aziz fühlte sich bereits derart stark, daß er die Kritik der Ikhwan-Geistlichen einfach nicht wahrnahm.

Im Jahr 1926 bekam der »König des Hedschaz« aus dem Haus As Saud zum erstenmal Widerstand aus einem anderen arabischen Land zu spüren. Eine indische Moslemdelegation suchte König Abdel Aziz auf, um ihn zu bitten, dafür zu sorgen, daß in Mekka die Allmacht der wahhabitischen Geistlichkeit beendet werde. Die Gläubigen aus dem Subkontinent im Osten wollten sich nicht den strengen Glaubensregeln beugen. Sie wollten am Ende der Rituale ihre bunten Gewänder anlegen; sie wollten nach Absolvierung der Wallfahrt auf freudige Musik nicht verzichten. Die indischen Moslems verlangten von König Abdel Aziz, er möge eine Kommission einsetzen, der Gläubige aus unterschiedlichen Kulturkreisen angehören sollen. Diese Kommission habe dann die Aufgabe, verbindliche Verhaltensgesetze zu erlassen. Dies hätte bedeutet, daß die wahhabitischen Glaubensprinzipien gerade in Mekka, im Zentrum des Islam, keine Gültigkeit mehr besäßen. Die Ikhwan-Geistlichen wären entmachtet gewesen. Diese Entwicklung hätte die Bruderschaft nie zugelassen – ihre Führung hätte sich gegen Abdel Aziz gestellt. Auf diese Kraftprobe wollte sich der König nicht einlassen.

Als die indischen Moslems im Innenhof der Ka'aba für ihre Ansichten Propaganda machten, handelte der Monarch entschlossen: Die Ikhwan-Garnison erhielt Befehl, die Inder zu verhaften und in Dschedda auf ein Schiff zu bringen, das nach Indien unterwegs war.

Abdel Aziz als Beschützer der heiligen Stätten

Solange der Konflikt angedauert hatte zwischen dem Haus As Saud und dem Haus Haschem, waren aus fremden Ländern nur wenige Pilger nach Mekka gekommen. Die Syrer, die Iraker und vor allem die Ägypter fürchteten, in den Streit der Clans hineingezogen zu werden. Nun aber war Abdel Aziz daran interessiert, daß die Gläubigen in Massen nach Mekka kamen. Daß es Probleme gegeben hatte mit den Indern, sollte rasch in Vergessenheit geraten. Doch kaum meldeten sich die Gläubigen aus Ägypten an, drohte erneut eine Auseinandersetzung.

Die Ägypter trafen in fröhlicher Stimmung vor der Stadt ein – wie sie es von früheren Wallfahrten gewohnt waren. Wie üblich hatten sie die dunklen Stoffbahnen zu Hause weben lassen, mit denen die Ka'aba umkleidet werden sollte. Der Stoff war ihr teures Geschenk an die Stadt Mekka und an alle Gläubigen. Die Ägypter wollten für ihre Gabe beachtet und gelobt werden. Sie legten Wert, daß die Stoffbahnen mit aufwendigem Zeremoniell überreicht wurden. Zu diesem Zweck hatten die Gläubigen – wie es der Brauch war – vom Nil eine Musikkapelle mitgebracht. Die wahhabitische Geistlichkeit reagierte schroff: Sie verbot den Auftritt der Musikkapelle – und die Umhüllung der Ka'aba unterblieb auch.

Zu Beginn der Pilgerzeit des Jahres 1926 wollte die Bruderschaft für Fremde und für Einwohner der Stadt generell das Rauchen verbieten – mit dem Argument, der Prophet Mohammed habe auch nicht geraucht, und der Gesandte Allahs sei schließlich das Vorbild für alle Moslems.

Die Händler, die Tabakwaren feilboten, waren verzweifelt; sie hatten Vorräte in großer Menge eingekauft. Sie begaben sich zu Abdel Aziz, um ihn zu bitten, den Tabakverkauf auch weiterhin zu gestatten. Der König erkundigte sich nach dem Wert der Vorräte und er erfuhr, daß die Händler mehr als 100 000 Pfund in dieses Geschäft investiert hatten. Da entschied Abdel Aziz, daß der bereits angeschaffte Tabak verkauft werden dürfe. Eine Aufstockung der Vorräte aber sei nicht gestattet.

Die Entscheidung des Königs erwies sich als überaus günstig für die Händler in Mekka – und schließlich im ganzen Hedschaz und auch im Oasengürtel: Der Verkauf der Vorräte zog sich über lange Zeit hin. Währenddessen geriet das Verbot des Neuimports in Vergessenheit. Die Händler besorgten sich heimlich und unbehelligt neue Ware.

Abdel Aziz machte Abstriche von den Verhaltensregeln des wahhabitischen Prinzips. Unnachgiebig aber blieb er in der Frage des Genusses alkoholischer Getränke. Im Hedschaz wuchsen Trauben, und mancher Bauer hatte es sich angewöhnt, den Traubenmost zu Wein gären zu lassen. Diese Gewohnheit wurde nicht mehr gestattet. Pilger und Untertanen hatten sich zu fügen: berauschende Getränke blieben ihnen versagt.

Ebenso streng verfuhr der König gegen Besitzer von Bordellen und gegen die Prostitution. Es war zur Zeit des Haschemitenemirs Abdallah durchaus üblich gewesen, daß die Pilger nach Abschluß der Wallfahrtsrituale sexuelle Entspannung suchten. Dieses Vergnügen wurde ihnen nun genommen: Wer Prostitution betrieb, der wurde ausgepeitscht.

Abdel Aziz selbst genoß den Vorzug, daß seinen sexuellen Aktivitäten keine Beschränkung auferlegt wurde. Er hielt sich an die Regel, nie mehr als vier Ehefrauen in seinem Harem zu halten, doch nahm er sich die Freiheit, die vier Ehefrauen häufig auszutauschen. Wirkliche Anhänglichkeit bewies Abdel Aziz nur gegenüber Hassa Al Sudeiri. Sie stammte aus dem mächtigen Sudeiristamm, dessen Angehörigkeit zum wahhabitischen Glauben außer Zweifel standen. Auch Hassa Al Sudeiri wurde nicht verschont vom Austausch gegen eine andere Frau; sie hatte den Bruder des Herrschers zu heiraten. Nach einiger Zeit aber erwachte die Lust auf Hassa Al Sudeiri im Monarchen aufs neue. Der Bruder wurde gezwungen, sich scheiden zu lassen. Hassa Al Sudeiri wurde erneut als Ehefrau in den Harem des Abdel Aziz aufgenommen.

Hassa Al Sudeiri gebar ihm sieben Söhne. Die »Sudeiri-sons« bilden bis heute das Machtzentrum. Zu ihnen gehört König Fahd, der seit Beginn der 80er Jahre zunächst als Vertreter des Königs Khaled und dann in eigener Verantwortung die Geschäfte des Staates führt. Bemerkenswert ist, daß sein Kronprinz – der zur selben Altersstufe wie Fahd gehört – nicht zu den Söhnen der Hassa Al Sudeiri gezählt wird. Seine Mutter stammt aus dem Jebel Shammar; dort lebten die Rashids, die schlimmsten Feinde der As Sauds. Dieser Umstand minderte die Chancen des Abdallah gewaltig, wirklich in die Erbfolge eintreten zu können. Die Söhne der »Sudeiri-sons« warteten im Jahr 2002 auf die Chance, den »Prinzen mit dem schlechten Blut« beiseite schieben zu können.

Die Gesamtzahl der Söhne des Abdel Aziz betrug 42. Gezählt werden nur die Söhne. Angenommen wird, daß ihm das Dreifache an Töchtern geboren wurde. Zur Kenntnis genommen wurden allein die Kinder der Ehefrauen. Neben den Ehefrauen sind jeweils vier wechselnde »Konkubinen« und eine unbestimmte Anzahl von Sklavinnen bezeugt. Über deren Kinder ist nichts bekannt. Sie haben keine Bedeutung in der Sippe As Saud.

Die Sippe legt Wert darauf, daß die »Konkubinen« aus politischen Gründen in den Harem aufgenommen worden seien. Die Mädchen stammten aus unterschiedlichen Stämmen der Arabischen Halbinsel. Die Verbindung des Königs mit ihnen bedeutete Anbindung des betreffenden Stammes an das Haus As Saud. Said K. Aburish, der kritische Kenner der regierenden Familie des Königreichs, ist der Meinung, Abdel Aziz habe 30 derartige Vernunftehen vollzogen – damit habe er die Loyalität von 30 Sippen der Arabischen Halbinsel gewonnen (The House of Saud, Seite 33).

In diesem Zusammenhang erwähnt Aburish, der Herrscher habe entschlossen reagiert, wenn ihm zugetragen wurde, einer der Stammessheikhs habe Zweifel, ob der Monarch überhaupt noch in der Lage wäre, eine Frau zu deflorieren. In einem solchen Falle sei Abdel Aziz überraschend zu Besuch bei dem betreffenden Stamm erschienen; als Gastgeschenk habe er für eine Nacht ein Mädchen verlangt. Am Morgen bezeugte der Zustand des Lagers, daß es Abdel Aziz gelungen war, sich als Mann zu bewähren.

Abdel Aziz wurde zum Vorbild der nachfolgenden Könige. Er setzte das Beispiel, wie Frauen auf der Arabischen Halbinsel zu behandeln sind: Sie dienen dem Vergnügen, dem Beweis der Manneskraft und der Zeugung von männlichem Nachwuchs. Der Kenner Aburish zitiert eine Äußerung des Monarchen, die den Stellenwert der Frau im königlichen Haushalt deutlich macht: »Ich habe nie gemeinsam mit einer Frau eine Mahlzeit eingenommen.« Die Räume seines Harems sollen ohne Fenster nach draußen gewesen sein. Die Begründung: »Fenster locken Liebhaber an.«

Da Abdel Aziz nur solche Männer aus fremden Ländern in sein Reich einreisen ließ, deren positive Einstellung zu den Zuständen im Hedschaz und im Oasengürtel durch Bestechung erkauft worden war, erfuhr niemand außerhalb der Arabischen Halbinsel von den Methoden des Abdel Aziz, seine Familie und seine Untertanen zu beherrschen. Niemand sprach darüber, daß sich auch seine zahlreichen heranwachsenden Söhne wie der Vater benahmen. Verschwiegen wurde, daß Prinz Mishari den britischen Vizekonsul mit einem Stock erschlug, weil dieser seinem königlichen Gast den Whisky verweigert hatte. Verheimlicht wurde, daß Prinz Nasir selbst alkoholische Getränke destilliert hatte; nachdem sie davon getrunken hatten, starben vier seiner Gäste (The House of Saud, Seite 32).

Was die Welt erfuhr, war die Tatsache, daß die Saudi-Untertanen hart dafür bestraft wurden, wenn alkoholische Getränke in ihrem Haushalt gefunden wurden: Die Männer wurden im Gnadenfalle gepeitscht, häufig genug aber enthauptet. Darauf bestanden die Aufpasser der »Bruderschaft«, die Ikhwan-Spitzel.

Sie drückten ein Auge zu, wenn der Herrscher und die Prinzen nicht nach wahhabitischen Grundsätzen lebten, doch sie verlangten von den Untertanen strikte Einhaltung der Verbote von alkoholischen Getränken, der Vorschriften über Trennung der Geschlechter, der Enthaltsamkeit bei Vergnügungen jeder Art. Die Grundlage für die soziale Fäulnis des Saudstaates wurde zur Zeit des Abdel Aziz gelegt. Diese Fäulnis entstand aus den grotesk unterschiedlichen Rechten der Herrschenden und der Untertanen. Wer zum Haus As Saud gehörte, der lebte im Gefühl, Land und Menschen seien sein Eigentum.

Die Regierungen der bestimmenden Staaten der Welt unternahmen nichts, um das Haus As Saud in die Schranken zu weisen. Die Sowjetunion war während der 20er Jahre des 20. Jahrhunderts besonders eifrig mit der Hofierung des Saudi-Königs. Dies geschah nicht aus Sympathie für den Monarchen, sondern als Ausdruck der Zufriedenheit, daß in Zentralarabien ein Staat entstanden ist, der nicht von der Kolonialmacht Großbritannien gegängelt und kontrolliert wurde.

Bemerkenswert ist, daß sich die Vereinigten Staaten von Amerika überhaupt nicht zur Entwicklung auf der Arabischen Halbinsel äußerten. Die US-Regierung nahm das Regime des Hauses As Saud nicht zur Kenntnis. Diese Haltung sollte sich erst ändern, als bekannt wurde, daß die Region am Persischen (Arabischen) Golf über riesige Ölvorkommen verfügte.

Frankreich, Großbritannien und Holland schickten unmittelbar nach der Sowjetunion diplomatische Vertreter nach Dschedda. Deutschland nahm die Beziehungen zum »König des Hedschaz« im Jahr 1929 auf. Italien aber lehnte die Anerkennung rigoros ab, da Benito Mussolini eigene Interessen auf der Arabischen Halbinsel verfolgte. Er wollte das jemenitische Bergland als italienische Kolonie in sein Imperium einfügen. Daß der Jemen auch vom Haus As Saud beansprucht wurde, war für den Duce günstig, denn der Imam des Jemen sah in Italien vor allem eine Schutzmacht gegen saudische Interessen.

Anerkennung durch fremde Staaten bedeutete, daß sich das »Königreich Hedschaz« nicht länger in Isolation befand. Die fremden Diplomaten erwarteten allerdings eine Entwicklung in Richtung »Fortschritt« – nach den Gesichtspunkten des Westens. Daran waren Abdel Aziz und vor allem die Ikhwan-Kommandeure überhaupt nicht interessiert. Der »König des Hedschaz« verstand es geschickt, die fremden Diplomaten zu täuschen. Sie hatten angeregt, daß ein »Rat« geschaffen werde, dem nach und nach Regierungsverantwortung übertragen werden könnte. Abdel Aziz hatte zunächst die Absicht, einen »Rat« zu bilden, der nur aus eigenen Familienangehörigen bestehen sollte. Doch er fand niemand, der auch nur einigermaßen die Qualifikation besaß – und wenn es nur zum Schein war – in einem derartigen Gremium einen Platz einzunehmen. Abdel Aziz war gezwungen, Männer aus dem Ausland zu holen. Da er hohe Bezahlung bot, meldeten sich gerissene Geschäftsleute aus Ägypten, Syrien und dem Libanon. Der Intelligenteste war der Libanese Rashid Pharaon, der als reicher Mann den Hof des Abdel Aziz wieder verließ.

Der Titel »König von Hedschaz« genügte dem Chef des Hauses As Saud Ende der 20er Jahre des 20. Jahrhunderts nicht mehr. Durch eigenen Entschluß nannte er sich »König von Hedschaz und Nadschd sowie der dazugehörenden Gebiete«. Mit Nadschd war die

Region von Riyadh und dem Oasengürtel gemeint. Die Bezeichnung »Saudi-Arabien« war noch nicht geprägt.

Zu diesem Zeitpunkt begann sich die britische Regierung für den sich entwickelnden Staat auf der Arabischen Halbinsel zu interessieren. Sie machte schließlich deutlich, daß sie für diesen Staat den Status eines Protektorats unter britischer Aufsicht anstrebte. Vorbild waren die Mandate von Palästina, Irak und Transjordanien.

Wäre das Reich der As Sauds ein Protektorat oder Mandatsstaat geworden, hätte der »König von Hedschaz und Nadschd sowie der dazugehörenden Gebiete« zu keinem fremden Staat aus freier Entscheidung Beziehungen aufnehmen dürfen; seine Verteidigungspolitik wäre Angelegenheit der Protektoratsmacht gewesen. Beim Erwerb von Munition und Waffen hätte das britische Angebot bevorzugt werden müssen.

Während der Verhandlungen, die sich über Monate hinzogen, erwies sich Abdel Aziz als zäher Gesprächspartner. Er setzte sich schließlich durch. Im Sommer 1927 schloß er mit der britischen Krone ein Abkommen über die vollständige und absolute Unabhängigkeit seines Staates ab. Seit Eroberung von Riyadh war ein Vierteljahrhundert vergangen.

Rivalität zwischen dem Haus As Saud und Ikhwan

Der Triumph war nicht ganz vollkommen: Der Vertrag mit England enthielt einen Paragraphen, der in Zukunft Schwierigkeiten bereitete. König Abdel Aziz hatte versprechen müssen, daß er sämtliche Abkommen Englands mit Regierungen oder Monarchen der Region respektierte. Diese Absprache bedeutete den Schutz der betreffenden Herrschaftsgebiete vor Angriffen der Ikhwan-Reiterei. Präzise ausgedrückt: Die Ikhwan-Reiterei durfte in kein Weideland und in keine Oase einbrechen, die zu Irak, Transjordanien, Kuwait oder zu Palästina gehörten. Der Jagd der »Bruderschaft« auf »Ungläubige und Feinde Allahs« waren Grenzen gesetzt, die von den »ungläubigen Engländern« gezogen wurden. Daß die Kommandeure der Ikhwan-Reiterei damit nicht einverstanden sein konnten, war vorauszusehen.

Die Einengung störte auch den Herrscher sehr. Für ihn gab es keinen Zweifel, daß die Region nördlich von Aqaba – also nördlich des Roten Meeres – über das damalige Dorf Amman hinaus zum Hedschaz zählte, bildete sie doch mit der Wüste ostwärts des Golfs von Aqaba eine landschaftliche Einheit. Nach der Vorstellung des Herrschers aus dem Hause As Saud stellte das Wadi Araba und der Fluß Jordan die Abgrenzung des nördlichen Hedschaz gegenüber Palästina dar. Dieser Anspruch auf Transjordanien fand jedoch kein Gehör. Die britische Regierung war nicht bereit, der Forderung des Hauses As Saud nachzugeben. Sie fühlte sich in diesem Fall den Haschemiten verpflichtet. Diese hatten, nach der Flucht aus Mekka und Medina, auf Drängen von Kolonialminister Winston Churchill widerwillig die Herrschaft über Transjordanien übernommen. Zu diesem Zweck war der Staat Transjordanien vom Kolonialminister erst geschaffen worden. Die Grenzen waren mit Bleistift und Lineal fixiert worden – auf einer britischen Generalstabskarte, die sich Churchill im Cairoer »Shephards Hotel« hatte aufs Zimmer bringen lassen.

Bei dieser Gelegenheit hatte der britische Kolonialminister dem Haschemitenemir zugesagt, sein Gebiet werde über einen Zugang zum Roten Meer verfügen. Im Gebiet ostwärts von Wadi Araba und dem Jordan gab es nur einen Hafen – und der hieß Aqaba.

Die Gründung des »Emirats Transjordanien« war im Jahr 1923 vom »Rat des Völkerbundes« sanktioniert worden. Transjordanien war ein pro forma unabhängiger Staat gewesen, der jedoch weiterhin von England abhängig blieb. Abdel Aziz hielt es für klug, nichts gegen die Briten und die Haschemiten zu unternehmen.

Die Kommandeure der Ikhwan-Reiterei Faisal Al Duwish und Sultan Ibn Bijad aber konnten nicht begreifen, daß ihre Kriegszüge künftig an einer Grenzlinie mitten in der Wüste beendet sein sollten. Von dieser Grenzlinie hatten die beiden nie etwas gehört. Sie verstanden nicht, warum es auf einmal nicht mehr erlaubt sein sollte, den Untertanen der »ungläubigen Haschemiten« die Hälse durchzuschneiden. Bisher hatten derartige Exekutionen als Pflicht gegenüber Allah gegolten. Besonders Faisal Al Duwish zeigte deutlich seinen Ärger darüber, daß es ihm verboten war, einen Allah wohlgefälligen Kampf zu führen, von dem er überzeugt war, daß er im Paradies reich vergolten werden würde.

Faisal Al Duwish und Sultan Ibn Bijad begannen darüber nachzudenken, ob ihnen Allah nun nicht die Pflicht auferlege, Abdel Aziz zu töten, der ganz offenbar den Ungläubigen verfallen war.

Je mehr die wahhabitisch orientierten Zellen der Geistlichkeit und der Gläubigen spürten, daß ihnen die Expansion ihrer Glaubensvorstellungen verwehrt war, desto intensiver bemühten sie sich, jede Neuerung aus Hedschaz und Nadschd fernzuhalten. Ihre Ideologie war von der Idee geprägt, die Lebensführung der Sippen habe mit den Gegebenheiten übereinzustimmen, die zur Zeit des Propheten Mohammed bestanden, und die der Gesandte Allahs gebilligt hatte. So, wie Mohammed gelebt hatte, sollte der Gläubige auch jetzt, 1300 Jahre später, sein Leben führen. Wer sich nicht daran hielt, der galt als Feind Allahs.

In der Auseinandersetzung, mit Faisal Al Duwish und Sultan Ibn Bijad verwendete Abdel Aziz das Argument, den Ikhwan-Kriegern sei der Gebrauch des Gewehrs erlaubt – dabei sei jedoch nichts davon bekannt, daß der Gesandte Allahs einst mit der Feuerwaffe geschossen habe. Sehr überzeugend wirkte dieses Argument offenbar nicht.

Schwierigkeiten hatte Abdel Aziz vor allem mit der Einführung des drahtlosen Funks in seinem Reich. Ihm war berichtet worden, mit Hilfe der von der Firma Marconi entwickelten Sende- und Empfangsgeräte sei es möglich, Sprache – und damit Informationen – über große Entfernungen hinweg zu übertragen. Die Geistlichen des Oasengürtels waren der Meinung, Sende- und Empfangsgeräte seien Werkzeuge, die von den Ungläubigen im Auftrag des Teufels gebaut worden seien; sie dürften nicht im Oasengürtel installiert werden, denn die Gläubigen dort seien vor der Einwirkung des Teufels zu bewahren. Das Einverständnis der »Männer des Glaubens in Riyadh« sei erst zu erreichen gewesen, als sie selbst erlebt hatten, daß die Freitagspredigt aus der Großen Moschee von Mekka in die Moschee von Riyadh übertragen wurde. Wie konnte ein Gerät im Auftrag des Teufels gebaut worden sein, wenn es dazu benutzt werden konnte, die erhabene Lehre Allahs zu verbreiten?

Mit Unmut registrierten die Verantwortlichen in Artawiyah, der Hauptsiedlung der »Bruderschaft«, die Veränderungen, die Neuerungen. Das Netzwerk der Ikhwan-Organisation blieb stabil und stark. Nach dem Vorbild von Artawiyah waren rund 100 ähnliche

Siedlungen entstanden. 150 000 Beduinen hatten sich für die Lebensform zwischen Feldanbau und Führung von Glaubenskrieg entschlossen. Die militärischen Reserven, die der Ikhwan-Führung zur Verfügung standen, summierten sich bis zur Gesamtzahl von 5000 Berittenen. Für den erfolgreichen Überfall auf Taif hatten einst 500 Kämpfer genügt.

Gemäß dem Vorbild des Propheten Mohammed versuchte Abdel Aziz Spannungen durch Beratungen mit Widersachern abzubauen. Er wollte erklären, daß der wahhabitische Geist im Staat erhalten bleiben würde, auch wenn gewisse Neuerungen nicht zu vermeiden waren. Der Monarch hatte vor zu informieren, daß die Engländer derzeit nicht bekämpft werden könnten – daß jedoch die Zeit der Abrechnung mit diesen Ungläubigen kommen werde. Doch die wichtigsten der Widersacher blieben dem Treffen fern: Faisal Al Duwish und Sultan Ibn Bijad schickten ihre Söhne. Sie besaßen zwar keine Verhandlungsvollmacht, doch sie wahrten die Ehre ihrer Familie. Ein Verhandlungsergebnis konnte Abdel Aziz unter diesen Umständen nicht erwarten.

Der König mußte sich auf die Konfrontation mit den Ikhwan gefaßt machen. Der Konflikt spitzte sich zu in der Auseinandersetzung an der Grenze zwischen dem Reich des Hauses As Saud und dem irakischen Staat der Haschemiten.

Die britische Regierung, interessiert an den Ölvorkommen von Kirkuk und Mosul im Zweistromland von Euphrat und Tigris hatte sich zu Beginn der 20er Jahre des 20. Jahrhunderts die Kontrolle über die Region Mesopotamien gesichert: Sie hatten dem Haschemiten Faisal, der in Damaskus den Franzosen hatte weichen müssen, in Baghdad zum König eingesetzt. Er regierte dort in Abhängigkeit aber auch unter dem Schutz der Briten.

Schon im Jahr 1921 hatten sich Vertreter der Londoner Regierung darum gekümmert, die Grenze zwischen dem neugeschaffenen Königreich Irak und dem Gebiet der As Sauds in Zentralarabien zu definieren. Die britische Kolonialverwaltung wollte rechtzeitig künftige Streitereien um Wüstensand und Weideplätze verhindern. Abdel Aziz hatte sich damals über die Hartnäckigkeit der britischen Verhandler gewundert, denn für ihn, der in Oasen der unendlichen Wüste aufgewachsen war, galten Grenzen nicht. Nur ungefähr war bekannt, wo das Herrschaftsgebiet des Emirs von Kuwait anfing.

Wer sollte schon Besitzanspruch erheben auf Sand, der unfruchtbar war? Den Beduinen waren Grenzlinien ohnehin völlig gleichgültig: Sie weideten ihre Herden dort, wo Futter zu finden war für die Tiere. War die dürftige Grünfläche abgeweidet, zogen sie weiter, ohne darauf zu achten, wer der Herr des Landes war, das sie durchzogen.

Auf die Tradition der Beduinen und auf ihr Verständnis von Landbesitz hatte die britische Kolonialverwaltung bei der Ausarbeitung der Grenzrichtlinien Rücksicht genommen: Das Grenzabkommen von 1921 legte fest, die Trennungslinie zwischen saudischem Gebiet, Irak und Kuwait dürfe nicht durch Wachhäuser, militärische Baracken oder durch befestigte Grenzstellungen markiert werden. Die Absicht dieser Abmachung war, die Beduinen nicht durch Grenzposten daran zu hindern, auf ihren gewohnten Wegen durch die Wüste zu ziehen.

Behindert aber sollten die Ikhwan-Reiter werden. Von ihnen erwarteten die Briten, daß sie die Grenzlinien respektierten. Sie hatten ihre Aktivität auf saudisches Gebiet zu beschränken. Die Absicht war, auf diese Weise die Herden der Beduinen in der Region des Schatt Al Arab zu schützen.

Doch diese Absicht ließ sich nicht verwirklichen. Die Kämpfer der Bruderschaft sahen gerade im südlichen Irak die Chance, lohnende Beute zu machen – und gleichzeitig Sippen zu bestrafen, die sich nicht an die strengen wahhabitischen Glaubensgrundsätze hielten. Die Ikhwan-Reiter überfielen Beduinenstämme, die im Uferland des Schatt Al Arab Schafe und Kamele weideten. Sie nahmen die Tiere mit, schnitten aber zuvor den Hirten die Kehle durch – mit dem Ruf »Allahu Akbar! Allah ist über allem!« Die Frauen überließen die Glaubenskrieger ihrem Jammer.

Derartige Vorgänge ärgerten die britischen Protektoratsbeamten, deren Aufgabe es war, auf die Einhaltung der Grenzvereinbarung zu achten. Die Verantwortlichen beschlossen, die irakische Grenze durch befestigte Militärposten zu schützen. Die dort stationierten Soldaten sollten die Reitertruppe der Bruderschaft angreifen und auf saudisches Gebiet zurücktreiben.

Das Problem, war, daß der junge Staat Irak zwar einen König, sogar ein Parlament besaß, jedoch keine Armee. Großbritannien selbst mußte den Schutz des Königreichs übernehmen. Einer der Offiziere, der für diese Aufgabe vom regulären Dienst in der britischen Armee freigestellt wurde, war John Bagot Glubb, der später als Glubb Pascha die »Arabische Legion« des Haschemitenstaats Transjordanien kommandierte, und der zur Legende wurde.

John Bagot Glubb verändert den Wüstenkrieg: Er setzte Kraftfahrzeug ein und Maschinengewehre. Er organisierte eine neue Truppenformation, das »Southern Desert Camel Corps«. Zwar gehörten ihm wirklich einige Kamele an, doch in Wahrheit waren zwölf kleinere Lastkraftwagen des Fabrikats Ford wichtiger, auf deren Ladefläche schwere Levis-Maschinengewehre montiert waren. Das »Southern Desert Camel Corps« verfügte über zwei Funkgeräte – und über zwei einmotorige Flugzeuge zur Überwachung der Wüstenflächen.

Die Ikhwan-Führung, die zunächst überrascht war, da in der Wüste mit der Tradition gebrochen wurde, nur Kamele und Pferde einzusetzen – wie dies schon zur Zeit des Propheten Mohammed üblich gewesen war –, paßte sich rasch der Situation an. Sie organisierten ihre Beutezüge zum Schatt Al Arab so, daß der Überfall bei Nacht durchgeführt werden konnte. Waren die britischen Aufklärungsflugzeuge in der Morgendämmerung startbereit, hatten sich die Ikhwan-Reiter schon wieder in die Gegend ihrer Siedlung Artawiyah zurückgezogen. Dort aber durften sie nicht mehr angegriffen werden – sie befanden sich in der saudischen Wüste.

Erreichten die britischen Soldaten mit ihren Kleinlastwagen den überfallenen Weideplatz, dann sahen sie in weitem Umkreis Leichen mit durchgeschnittenen Kehlen. Die Herden waren längst weggetrieben.

Dem irakischen König Faisal war das Schicksal der Beduinen gleichgültig. Er sah eine Chance für die Ausweitung seines Einflusses auf die Arabische Halbinsel. Er war Haschemite und konnte den As Sauds nicht verzeihen, daß sie die Haschemiten aus Mekka vertrieben hatten; König Faisal wollte nun wiederum die As Sauds aus Mekka vertreiben. Ein Haschemite sollte endlich wieder Sherif von Mekka werden. Die Anführer der Ikhwan-Reiterei sollten dabei behilflich sein.

Faisal Al Duwish und Sultan Ibn Bijad aber waren nach und nach zur Überzeugung gelangt, die Interessen der Bruderschaft seien bei den Haschemiten besser aufgehoben, als bei den As Sauds – schließlich hätten die Haschemiten das Recht darauf, den Sherifen der heiligen Stadt zu stellen. Den beiden hatte sich Dhaidan Ibn Hithlain angeschlossen, der Emir über den wahhabitisch orientierten Stamm Al Ajman. Diese drei Mächtigen über Wüste und Steppe entwickelten den Plan, Abdel Aziz zu entmachten und schließlich zu töten. Die Verschwörung gegen das Haus As Saud begann sich zu formieren. Der haschemitische König von Irak sah diese Entwicklung mit Freude.

Der von den Briten angeordnete Bau der Baracken für Grenzposten machte Fortschritte. An der Wasserstelle Busaya, einen halben Tagesritt von der Demarkationslinie zwischen Irak und Saudi-Land entfernt, arbeiteten Engländer und Iraker daran, die Grundmauer für eine Militärbaracke in den Sandboden zu legen. Da waren nicht mehr als ein Dutzend Männer beschäftigt. Sie wurden von Reitern der Bruderschaft entdeckt. Die Ikhwan-Kämpfer zogen sich zurück – für diesmal.

Faisal Al Duwish handelte nach Erhalt der Meldung vom Bau der Militärbaracke bei der Wasserstelle von Busaya rasch und entschlossen: Er schickte seine Reiterei los. Die Arbeiter wurden überrascht. Ihnen wurden die Kehlen durchgeschnitten. Nur einer konnte, schwerverwundet, in Richtung Schatt Al Arab entkommen. Eine britische Militärpatrouille rettete ihn. So erfuhren die englischen Offiziere von der Tat der Ikhwan-Reiterei.

Die Einheit der Royal Air Force, die bei Basra stationiert war, griff am folgenden Tag die Kolonnen der Bruderschaft zum erstenmal südlich der Demarkationslinie an. Mit Maschinenwaffen und kleinen Bomben töteten und verwundeten die britischen Piloten viele der Ikhwan-Kämpfer.

Faisal Al Duwish glaubte nach diesem Luftangriff allen Ernstes daran, die ungläubigen Engländer seine mit dem Teufel verbündet. Und: Ihr Herrscher Abdel Aziz lasse es zu, daß diese Ungläubigen die wahrhaft Gläubigen töteten; es sei ja schließlich bekannt, daß er mit den Engländern »freundschaftliche Beziehungen« unterhalte. Faisal Al Duwish proklamierte den Heiligen Krieg gegen die Engländer und gegen Abdel Aziz. Der Chef des Hauses As Saud geriet nun ernsthaft in Bedrängnis.

Ohne Verbündete war der König verloren. Er nahm Kontakt auf zu den Sheikhs der Stämme, die sich nicht hatten einfangen lassen von den religiösen Visionen der Ikhwan und vom Programm der Beduinensiedlung. Abdel Aziz war gezwungen, diejenigen zu rufen, die sich bisher abseits von seinem Weg gehalten hatten. Er forderte gerade die Stämme auf, die dem Haus As Saud skeptisch begegnet waren, Bewaffnete in die Oase Riyadh zu schicken zur Beratung über die Zukunft Zentralarabiens. Gewaltig, so wird berichtet, sei die Zahl derer gewesen, die sich bei der Festung Al Masmak versammelt hätte.

Abdel Aziz beschwor vor dieser Versammlung die Vergangenheit. Er sprach vom historischen Ereignis der Eroberung dieser Festung an jenem Morgen des Jahres 1902. Er begeisterte die Zuhörer mit der Erzählung vom ruhmreichen Aufbau des saudischen Staatswesens. Mit freudiger Erregung reagierten die Beduinen, die dicht gedrängt auf ihren Pferden saßen. Als dann Abdel Aziz sie durch die Bemerkung provozierte, er werde als Herrscher abdanken, schallten ihm Schreie des Schmerzes entgegen. Die Berittenen zogen ihre Schwerter und fuchtelten mit ihren Gewehren. Sie drohten, ihn zu töten, wenn er bei seinem Entschluß bleibe. Da wußte Abdel Aziz, daß er – zumindest für den Augenblick – noch Kämpfer für seine Sache fand.

Nun ergriff Sultan Ibn Bijad das Kriegsbanner. Zum Zeichen seiner Rebellion gegen das Haus As Saud rief der Sheikh auf zum Beutezug: Ausgeraubt werden sollten irakische Stämme in der Nähe des Euphrat. Dieser Beutezug sollte demonstrieren, daß sich die Ikhwan-Reiterei nicht an Anweisungen des Oberhaupts des Clans As Saud hielt.

3000 Reiter folgten dem Banner des Sultan Ibn Bijad – eine beachtliche Streitmacht. Der Sheikh und seine Reitertruppe hatten die irakische Grenze noch nicht erreicht, da wurde gemeldet, die Ikhwan-Kolonne reite direkt auf ein britische Abwehrstellung zu. Sie bestehe aus Lastkraftwagen, die mit Maschinengewehren und Granatwerfern bestückt seien. Nun geschah Erstaunliches: Sultan Ibn Bijad hielt noch vor der Demarkationslinie die Kolonne seiner Reiter an. Er gab Befehl, sich nach Südosten zu wenden, in Richtung der saudischen Provinz Hasa. Dort sollten Stämme ausgeraubt werden.

Diese Stämme aber waren, wie die Angreifer, der Glaubenslehre des Mohammed Ibn Abdel Wahhab verpflichtet. Nun war es soweit gekommen, daß Wahhabiten andere Wahhabiten überfielen.

Sultan Ibn Bijad bewies durch seine Zieländerung, daß ihn pure Mordlust und Beutegier zum Kriegszug trieben. Er und seine Männer hatten offenbar Angst vor den Engländern, den »Ungläubigen«. Zerbrochen war also die Überzeugung, Allah stehe den Ikhwan-Reitern unbedingt zur Seite. Zum erstenmal erzählten sich die Beduinen an den Wasserstellen Zentralarabiens, daß die Krieger der »Bruderschaft« feige seien. Das Ansehen der Ikhwan-Kämpfer sank.

Abdel Aziz nützte diese Situation sofort aus. Er erkannte, daß sich die Anführer der »Bruderschaft« in einer unsicheren Situation befanden. Er verlangte bedingungslose Kapitulation. Er versprach, daß diejenigen, die jetzt aufhörten zu rebellieren, zwar als Verräter abgeurteilt, dann aber sofort begnadigt werden würden. Auf dieses Angebot ließ sich zunächst weder Faisal Al Duwish, noch Sultan Ibn Bijad, noch Dhaidan Ibn Hithlain ein. Sie glaubten noch immer an den Erfolg des Aufstands gegen das Haus As Saud.

Abdel Aziz zog mit den ihm ergebenen Reitern nach Nordwesten in Richtung Buraydah. Vom Stamm Othman war ihm bedeutet worden, daß ihm geholfen werde in der Auseinandersetzung mit den Bewohnern der Ansiedlungen der Ikhwan-Bewegung. Tatsächlich strömten seinem Haufen hunderte von Bewaffneten zu. Abdel Aziz schätzte, daß er die Übermacht gegenüber der »Bruderschaft« besäße.

Unterschiedliches ist überliefert über den Verlauf der weiteren Auseinandersetzung. Offenbar geschah eine Begegnung zwischen Abdel Aziz und Faisal Ibn Duwish im Zelt des Abdel Aziz, die eine ganze Nacht lang gedauert haben soll. Faisal Ibn Duwish soll beim Morgengrauen das Zelt verlassen haben mit dem Versprechen, er werde die Rebellion beenden. Er soll auch zugesagt haben, seine zwei Mitverschwörer – Sultan Ibn Bijad und Dhaidan Ibn Hithlain – ebenfalls zur Aufgabe zu veranlassen.

Die Gefolgsleute von Faisal Al Duwish aber waren anscheinend überzeugt, ihr Sheikh sei bis zum Morgengrauen hartnäckig bei seinem Standpunkt geblieben, allein er und seine Mitstreiter seien die Vertreter des wahren Glaubens an Allah, wie er von der Zeit des Mohammed Ibn Abdel Wahhab her überliefert worden sei. Faisal Al Duwish habe den Monarchen davon überzeugen wollen, daß Allah auf der Seite des Ikhwan stehe.

Diskussionen und Überzeugungsversuche brachten für keine Seite ein Ergebnis. Abdel Aziz wußte, daß er nicht einlenken durfte, wenn er seine Position und sein Leben retten wollte.

Allerdings war ihm auch bewußt, daß ihm keine Zeit blieb für Verhandlungsfinessen. Wenn er nicht bald die Entscheidung im Kampf gegen die »Bruderschaft« suchte, dann verloren seine Getreuen die Geduld. Für Abwarten am Lagerfeuer waren sie nicht geschaffen.

Am 30. Mai 1929 wagte Abdel Aziz den Angriff auf eine große Einheit des »Ikhwan«.

Es war ein Kampf ohne Geschütze und Maschinenwaffen. Er wurde ausgefochten nach der Tradition der Beduinenkrieger: Flinten wurden abgefeuert; Schwerter sausten nieder; Speere wurden geworfen. Beide Seiten schrien Kampfrufe. Der Boden dröhnte vom Getrampel der Hufe von Pferden und Kamelen. Niemand wußte danach, wie lange die Gefechte und Handgemenge gedauert hatten. Sicher ist, daß Abdel Aziz den Kampf beim Morgengrauen begonnen hatte. Als die Sonne ein Viertel ihres Tagesbogens durchzogen hatte, war Abdel Aziz Sieger über die Bruderschaft.

Der verwundete Faisal Al Duwish lag wenig später auf einer Bahre zu Füßen des Siegers. Da die Verwundungen offenbar tödlich waren, glaubte der Herr des Hauses As Saud, der Sheikh stelle keine Gefahr mehr für ihn dar. Er gestattete, daß Faisal Al Duwish zum Sterben in die Ikhwan-Siedlung Artawiyah heimkehre. Diese Siedlung lag nur einen halben Tagesritt vom Schlachtfeld entfernt.

Sultan Ibn Bijad konnte unverwundet in seine Siedlung Ghatghat entfliehen. Er hoffte, sich dort noch verteidigen zu können, doch dazu waren die Ikhwan-Kämpfer von Ghatghat nicht mehr bereit. Sultan Ibn Bijad mußte sich ergeben. Er verbrachte seine letzten Lebensjahre als Gefangener der Sippe As Saud im Kerker der Festung Al Masmak.

Faisal Al Duwish aber, von dem angenommen worden war, er sei dem Tode so nahe gewesen, starb keineswegs. Sobald seine Wunden einigermaßen verheilt waren, floh der geschlagene Rebell aus Artawiyah zum Haschemitenkönig Faisal nach Baghdad. Dort wurde der Ikhwan-Sheikh, der jahrelang gegen das Haus Haschem gekämpft hatte, bereitwillig aufgenommen. Für den Ikhwan-Kommandeur Faisal Ibn Duwish waren die Haschemiten jetzt keine »Ungläubigen« mehr.

Doch sein Standpunkt änderte sich rasch wieder, als er feststellen mußte, daß der Haschemitenkönig bereit war, ihn nach Riyadh auszuliefern. Der irakische Monarch wartete nur auf eine Zusage des Hauses As Saud, dem Geschlagenen werde das Leben garantiert. Auf das entsprechende Versprechen hin, wurde Faisal Al Duwish tatsächlich nach Riyadh überstellt. Sein Transport erfolgte in einem britischen Flugzeug. In der Festung Al Masmak teilte er den Kerker mit Sultan Ibn Bijad. Als letzterer starb, wurde Faisal Al Duwish freigelassen. Er durfte den Rest seines Lebens in Artawiyah verbringen.

Dhaidan Ibn Hithlain, der dritte der Verschwörer, war dem Gefecht bei Artawiyah ferngeblieben. Abdel Aziz, der Sympathie für diesen Mann empfand, bemühte sich darum, ihn zum Treueschwur für das Haus As Saud zu bewegen. Er gab dem Sohn seines Neffen Ibn Jiluwi den Auftrag, mit dem Ikhwan-Verschwörer zu reden.

Dhaidan Ibn Hithlain war bereit, mit dem Vertrauten des Abdel Aziz zusammenzutreffen. Er weigerte sich auch nicht, ins Lager des Fahed Ibn Jiluwi zu kommen. Dort wurde er herzlich empfangen. Sein Gastgeber bot ihm den traditionellen Beduinenkaffe an. Dhaidan Ibn Hithlain sah darin ein Zeichen der Versöhnung, ja sogar der Freundschaft.

Als der Gast glaubte, er könne mit der Gnade des Hauses As Saud rechnen, da wurde er von Fahed Ibn Jiluwi gepackt. Dem Gefangenen wurden Ketten angelegt.

Nun hatte sich Dhaidan Ibn Hithlain nicht allein ins Lager des Feindes begeben. Ein Dutzend Männer hatten ihn begleitet. Sie warteten vor dem Zelt. Als die Begleiter merkten, was mit ihrem Sheikh geschehen war, rannten sie zu ihren Pferden und ritten davon.

Es gelang ihnen, Ikhwan-Kämpfer zu finden, die bereit waren, beim Kampf zur Befreiung des Dhaidan Ibn Hithlain teilzunehmen.

Während der nächsten Nacht brachen diese Männer in das Zeltlager der Reiter aus dem Haus As Saud ein. Als Fahed Ibn Jiluwi wahrnahm, daß ein Überfall stattfand, tötete er Dhaidan Ibn Hithlain mit eigener Hand: Er schnitt dem Gefesselten die Kehle durch.

Der Kampf zwischen den Zelten war rasch entschieden: Die Ikhwan-Reiter siegten. Sie brauchten ihren Kommandeur jedoch nicht zu rächen. Dies geschah durch die Hand eines Sklaven. Der Diener des Fahed Ibn Jiluwi tötete seinen Herrn, damit er nicht in die Hände des Feindes falle.

Dem Haus As Saud schadete der Vorfall. Fahed Ibn Jiluwi hatte einen Gast getötet, dem er zuvor Kaffee angeboten hatte. Damit war ein Verbrechen gegen die Beduinentradition verübt worden, das nicht zu verzeihen war. Die Ikhwan-Rebellion, die nach der Niederlage bei Artawiyah zu Ende gewesen war, flackerte noch einmal auf. Doch die Rachezüge waren schlecht organisiert. Die drei Sheikhs, die es verstanden hatten, die Massen zu mobilisieren, waren tot.

Mit dem Jahr 1932 endete die Ikhwan-Bewegung als revolutionäre religiöse Kraft. Für Abdel Aziz hatte sie ausgedient; sie war sogar zur Belastung für ihn geworden, hatte ihm die Herrschaft streitig gemacht.

Die Ikhwan-Bewegung war als militärischer Faktor erledigt, doch sie wirkt psychologisch bis heute weiter auf das Bewußtsein der Menschen Zentralarabiens ein: Die Untertanen des Hauses As Saud spüren, daß ihnen von Allah aufgetragen ist, den Glauben streng und rein zu bewahren. Mit dem Ende der Ikhwan-Bewegung ist das Erbe des Mohammed Ibn Abdel Wahhab nicht untergegangen.

Es wurde fortan zum Instrument der Innenpolitik des Hauses As Saud. Der »Wahhabismus« ermöglichte es dem herrschenden Clan, die Untertanen gehorsam zu halten. Der Wille Allahs regierte – diesen Willen brachten der König und die Prinzen zum Ausdruck; ihnen mußte gehorcht werden.

Saudi-Arabien: von Anfang an ein Familienbetrieb der As Sauds

Die Zeiten hatten sich geändert für das Haus As Saud. Als Abdel Aziz nur den Oasengürtel um Riyadh zu beherrschen hatte, kam er mit geringen Geldbeträgen aus. Die Bezahlung des Kaufs einfacher Gewehre und der dazugehörenden Munition waren seine größte Ausgabe. Sein Hofstaat kostete nur wenig. Die Festung Al Masmak war eine bescheidene Residenz; wenn Besucher zu bewirten waren, dann handelte es sich meist um Beduinen, die dem Herrscher huldigen wollten.

Als Abdel Aziz Herr über Mekka geworden war, da mußte er repräsentieren. Die Sheikhs und Emire aller Stämme der Arabischen Halbinsel machten ihm ihre Aufwartung. Sie mußten bewirtet und mit Geschenken bedacht werden.

Die Beträge der Abgaben aus dem Gebiet Nadschd blieben konstant unbedeutend. Wichtig waren für das Haus As Saud die Einnahmen aus dem Geschäft mit den Pilgern, die Mekka und Medina besuchten. Diese Einnahmen waren davon abhängig, wie viele Pilger in den Hedschaz reisen konnten. Abdel Aziz spürte, daß er von der wirtschaftlichen Lage der Staaten außerhalb der Arabischen Halbinsel abhängig war. Herrschte Krieg in Europa oder in Asien, hüteten sich die Gläubigen, ihre Heimatländer zu verlassen. Litten die Menschen der islamischen Staaten Not, dann fehlte ihnen das Geld zur Pilgerreise. Gerade während der 20er Jahre und zu Beginn des dritten Jahrzehnts des 20. Jahrhunderts bedrückten Wirtschaftskrisen und Hungersnöte weite Bereiche der Welt. Die Folgen bekam der Monarch des Hedschaz und des Nadschd zu spüren. Besonders schlecht war die Pilgersaison der Jahre 1930 und 1931.

Gerade zu dieser Zeit gewöhnte es sich Abdel Aziz an, Geld in großen Mengen auszugeben. Er fühlte sich nicht mehr kontrolliert von den Geistlichen der »Bruderschaft«. Niemand überprüfte, ob seine Lebensgewohnheiten denen des Propheten Mohammed entsprachen, der von 1300 Jahren gelebt hatte. Abdel Aziz hatte Ikhwan besiegt – da war nun niemand mehr, der ihn hätte kritisieren können.

Die Folge war, daß er ungehindert bei Ford in den USA Autos bestellen konnte, daß er Marconi den Auftrag erteilen konnte, die neuesten und besten Funkgeräte zu liefern, daß er der britischen Luftfahrtindustrie teuere Flugzeuge abkaufte. Autos aber brauchten Straßen und Flugzeuge brauchten Flugplätze. Eine Gelddausgabe zog eine andere nach sich.

Manche Geldausgabe war vernünftig, viele waren es nicht. An Gäste verschenkte der König Schwerter, die mit Gold und Edelsteinen verziert waren. Er empfand Freude daran, goldene Uhren zu überreichen.

Noch immer führte Abdel Aziz den Titel »König von Hedschaz und Nadschd sowie der dazugehörenden Gebiete«. Er kam selbst auf den Gedanken, den Titel zu ändern. Er nannte sein Land fortan »Al Malekia Al Arabia As Saudia« – »Königreich Saudi-Arabien«. Sein Titel lautete »König von Saudi-Arabien«. Die Bezeichnungsänderung traf den Kern der Staatsform: Das Land war Eigentum des Clans As Saud. Der Chef des Clans hatte über dieses Eigentum zu bestimmen – und sonst niemand.

Diese Eigentümlichkeit machte sich bemerkbar bei der Verfügungsgewalt über die Finanzen. Es gab keine Kontrollinstanz in Saudi-Arabien, die dem Herrscher mitzuteilen gewagt hätte, daß sich zeitweise kein Geld mehr in der Kasse befand. Eine geordnete Haushaltsführung existierte im Reich auf der Arabischen Halbinsel nicht.

Da war eines Tages ein Mann am Hof des Königs aufgetaucht, von dessen Herkunft wenig bekannt war. Sein Name: Abdallah Ibn Suleiman. Ihm wurde nachgesagt, er verstünde etwas von Buchhaltung. Wie er das Vertrauen des Herrschers gewann, weiß niemand. Berichtet wird, Abdallah Ibn Suleiman sei am Hof deshalb beliebt gewesen, weil er sich gegen plumpe Scherze des Königs nicht gewehrt habe. Abdel Aziz habe ihn verspottet, weil er keine sonderliche Lust zum Geschlechtsverkehr mit Frauen entwickelt habe. Abdel Aziz aber brüstete sich damit, daß sein Appetit auf Frauen sich noch immer steigere. Abdallah Ibn Suleiman bemühte sich, diesen Appetit seines Herrn zu stillen: Er bezahlte die Frauen, die der König zu besitzen wünscht.

Die Folgen der finanziellen Mißwirtschaft blieben nicht aus. Die Kaufleute in Mekka, Medina und Riyadh, die den Hof mit Lebensmitteln zu beliefern hatten, wurden nicht bezahlt. Bei andauernder Finanzkrise wurde es üblich, die Saatsdiener nicht zu belohnen. Wer vom Hof abhängig war, sah sich schließlich gezwungen, Geld durch unsaubere Methoden zu erlangen. Höflinge, Staatsdiener wurden bestechlich und Kaufleute erinnerten sich daran, daß sie zur Zeit der Osmanen und der Haschemiten gewohnt waren, zu betrügen.

Der hohe moralische Standard der Wahhabitenherrschaft zerbrach. Dem König entging allerdings diese Entwicklung.

Gerade in jener Zeit rückte die Arabische Halbinsel ins Blickfeld der großen internationalen Ölgesellschaften. Geologen begannen zu vermuten, daß sich unter dem Sand an der saudischen Küste des Persischen (Arabischen) Golfs gewaltige Ölvorkommen befänden. Sie waren davon überzeugt, in der Hasaprovinz im Osten von Saudi-Arabien auf die größten Lagerstätten der Welt zu stoßen. In den Führungsetagen der amerikanischen und der europäischen Ölgesellschaften wurde bereits darüber nachgedacht, mit welcher diplomatischen Strategie der Griff nach den Ölfeldern des Hauses As Saud gelingen könnte.

Als Abdel Aziz schließlich begriffen hatte, daß Erdöl deshalb eine so wichtige Sache war, weil Ölförderung ihm Geld in die Kasse bringen konnte, da war es für ihn eine Selbstverständlichkeit, ein solches Geschäft mit britischen Partnern abzuwickeln. Er kannte einige Engländer, die ihn aufgesucht hatten; von Amerika wußte er nur, daß dort die Fordautos gebaut wurden. Die USA waren ihm kein Begriff. Für ihn kam die mit britischem Kapital arbeitende Iraq Petroleum Company als Konzessionsträger in Frage. Die Gesellschaft war sehr daran interessiert, in der Hasaprovinz an der Küste des Persischen (Arabischen) Golfs zu bohren, da ihre Geologen bereits nach Prüfung der geologischen Formationen der Meinung waren, die kommerzielle Ausbeutung des Ölfelds würde sich lohnen.

Unerwartet entstand eine Schwierigkeit: Abdel Aziz verlangte für die Erteilung der Bohrkonzession den Betrag von 20 000 Goldpfund. Daß er auf Bezahlung in Goldwährung bestand, schuf allerdings eine Komplikation: Die Iraq Petroleum Company verfügte nicht über derart viel Gold; nur das britische Finanzministerium konnte eine Goldmenge von 20 000 Pfund bereitstellen. Die Behörde weigerte sich mit dem Argument, ein derartiger Goldtransfer werde die Stabilität der Währung des britischen Weltreichs in Gefahr bringen. In Wahrheit bestand in London kein Interesse am Öl der Saudis. Die Iraq Petroleum Company wollte die Öllager in Mesopotamien ausbeuten; die Gesellschaft war der Meinung, diese würden für ihren Bedarf vollständig ausreichen.

Die USA übernehmen Saudi-Arabien von England

Kaum hatte die Iraq Petroleum Company mit Bedauern ihren Verzicht auf die Saudi-Konzession ausgesprochen, zeigte die Gesellschaft Standard Oil of California Interesse. Sie war auf die Hasaprovinz durch den amerikanischen Ingenieur Karl S. Twitchell aufmerksam gemacht worden. Er hatte zuvor mit Abdel Aziz vereinbart, daß ihm zehn Prozent aller Einnahmen zustehen, die von Standard Oil of California an den Monarchen ausbezahlt werden. Twitchell hatte viel dazu beigetragen, die Engländer aus dem saudischen Ölgeschäft für alle Zukunft zu manövrieren: Er verstand es, die Engländer als »Kolonialherren« darzustellen, die dem Haus Saud ihre Lebensweise der »britischen Zivilisation« aufdrängen wollten. Tatsächlich hatten die Vertreter der britischen Interessen am saudiarabischen Hof versucht, dem Monarchen die wahhabitische Auffassung von Religion, Moral und Politik auszureden, und ihn von der Überlegenheit des »britischen Gentleman« zu überzeugen.

Karl S. Twitchell aber bemühte sich gar nicht darum, dem König von Saudi-Arabien die »westliche Lebensauffassung« näherzubringen. Im Gegenteil. Er paßte sich den Sitten Zentralarabiens an. Er kleidete sich in Umhänge und Kopfbedeckungen, wie sie von den Männern in der Festung Al Masmak in Riyadh getragen wurden. Er aß, was sie aßen – und er gab dem arabischen Herrscher das Gefühl, er sei ein wichtiger Mann.

Es war Twitchell, der den König mit Neidgefühlen auf den wachsenden Reichtum der Emire von Kuwait und Bahrain blicken ließ, die über Einnahmen verfügen konnten, die von Ölgesellschaften an sie ausbezahlt wurden. Der Amerikaner machte Abdel Aziz deutlich, daß Standard Oil of California dazu bereit war, sämtliche Leistungen vor Ort würden von der Gesellschaft übernommen werden. Abdel Aziz erklärte sich bald damit einverstanden, sein Königreich dem Konzern Standard Oil of California zu öffnen.

Doch beinahe wäre erneut ein Mißgeschick geschehen, das – wie im Fall der Iraq Petroleum Company – das Geschäft zum Scheitern gebracht hätte. Auch die US-Finanzbehörden waren um die Währungsstabilität in ihrem Land besorgt, sie äußerten Bedenken, als von ihnen verlangt wurde, 35 000 Goldstücke nach Riyadh zu senden. Die Verantwortlichen befürchteten, das Gold werde im Sand der unendlichen Wüste verschwinden. Lloyd Hamilton, der damals an der Spitze von Standard Oil of California stand, brachte es schließlich fertig, die staatlichen Finanzgewaltigen der USA zu überzeugen, daß die amerikanische Wirtschaft den Zugriff zum Öl der Arabischen Halbinsel benötigte. Die Goldstücke wurden bereitgestellt.

Standard Oil of California begann sofort in der Hasaprovinz mit der Bohrtätigkeit. Doch in der Mitte der 30er Jahre machte sich Enttäuschung breit. Sie war deshalb so groß, weil die Geologen aus der Oberflächenformation der Wüste den Schluß gezogen hatten, daß riesige Ölvorkommen auf die Erschließung warteten. Erfahrene Spezialisten hatten die Analyse abgeliefert, unter Hügeln und Senken der Wüste seien in geringer Tiefe ölführende Gesteinsschichten zu finden. Die Bohrungen aber bestätigten die Analyse der Spezialisten nicht. Die Kosten für die Ölsuche stiegen gewaltig an.

Die Gesellschaft mußte für die in der Hasaprovinz tätigen Männer erträgliche Arbeits- und Lebensbedingungen schaffen – in einer Gegend, die selbst von den Beduinen gemieden wurde. Hitze und Winde, die Sandwirbel hochtreiben, machten das Dasein unerträglich. Die Leiden der Arbeiter und Ingenieure mußten durch teuren Aufwand gemildert werden. Stabile Bungalows mit Kühlanlagen wurden gebaut; in Tankwagen wurde Wasser herbeigefahren. Spezialisten konnten nur durch hohe Bezüge für den Dienst in der unwirtlichen Wüste gewonnen werden. Die Bohrstelle Dammam verschlang Millionen.

Über Monate hin steigerte sich bei den Verantwortlichen in der Konzernzentrale San Francisco die Sorge, die Investition in der Wüste werde sich nie lohnen. Von Woche zu Woche wurde der Unterhalt der rund 200 Beschäftigten teurer. Dazuhin mußte eine Bohrtechnik entwickelt werden, die das Drillen von Bohrlöchern in Sandschichten ermöglichte. Probleme waren entstanden durch Einbruch des Sandes in die Bohrlöcher. Bisher hatten die Techniker durch festes Gestein bohren müssen; daß ihnen der Untergrund wegfloß, war eine neue Erfahrung.

Immer, wenn die für das Geld Verantwortlichen der Gesellschaft Standard Oil of California die Absicht äußerten, das teure Unternehmen einzustellen, wiesen die Geologen darauf hin, daß sie auf der Insel Bahrain in ähnlich gelagerten geologischen Strukturen Öl gefunden hätten – und zwar in derartiger Menge, daß sich die Ausbeutung lohne. Jebel Dhahran, der niedere Hügel in der Landschaft Dammam, unweit der Bucht von Jubail, sehe aus wie die Hügel von Bahrain. Das Argument, wenn auf der Insel Bahrain Öl gefunden worden sei, dann müsse Öl auch auf dem Festland unter ähnlichen geologischen Bedingungen vorhanden sein, überzeugte immer wieder die skeptischen Direktoren der Company.

An manchen Tagen strömte Gas aus einem der Bohrlöcher – und manchmal schwappte sogar etwas Öl hoch. Doch die Hoffnungen zerplatzen stets rasch wieder.

Die Bohrstellen trugen die Bezeichnungen Dammam 1, Dammam 2, Dammam 3. Nach fast zwei Jahren harter Arbeit waren die Arbeiten bei Dammam 7 angekommen. Mißgeschicke, wie der Einbruch der Bohrlochwände, verzögerten den Fortschritt der Arbeit.

Zu diesem Zeitpunkt glaubte Standard Oil of California, das finanzielle Risiko nicht mehr allein tragen zu können. Die Konzernleitung nahm Verbindung auf zu den Chefs der Texas Company – die sich später Texaco nannte – und machte das Angebot, Texas Company werde später die Hälfte der Gewinne erhalten, wenn sie jetzt bereit wäre, die Hälfte der Kosten zu tragen. Die Geschäftsleitung der Texas Company ließ sich auf dieses Risiko ein.

Der Konzern befand sich zu diesem Zeitpunkt in einer schwierigen Lage. Er besaß zwar ein weit ausgebautes Vertriebsnetz für Kraftstoffe, doch er verfügte kaum über das Grundmaterial Erdöl, um das Produkt Benzin zu erzeugen, das an die Kunden verkauft werden konnte. Texas Company war gezwungen, das Angebot zur Beteiligung an einer möglichen Förderstelle anzunehmen – wenn auch die Gefahr des Scheiterns riesig war.

Trügerische Hoffnung auf das große Geld

Am 4. März 1938, ein Jahr nach Beginn der Bohrung Dammam 7, schießt aus einer Tiefe von 1500 Metern schwarzes Gas in die Luft. Donnernde und zischende Geräusche begleiten den Ausbruch. Aus dem Gasstoß entwickelt sich eine Fontäne schwarzer Brühe. Eine Öllagerstätte ist angebohrt. Das Ölfeld Dammam ist entdeckt.

Ein Jahr später schon sind die Förderanlagen produktionsbereit, sind die Pipelines gelegt und sind die Verladeinstallationen bei Ras Tanura an der Küste des Persischen (Arabischen) Golfs in der Lage, Tankschiffe mit Öl zu füllen. König Abdel Aziz erscheint persönlich auf dem Ölfeld Dammam, um die Ventile der Pipeline nach Ras Tanura zu öffnen.

Der Monarch hatte guten Grund zur Annahme, das Öl seines Landes – besser gesagt das Öl der Sippe As Saud – werde jetzt ständig in den Energiestrom der Welt fließen und werde ihn ununterbrochen mit Dollars versorgen. Doch die Aufnahme der Förderung auf Dammam 7 war zu einem schlechten Zeitpunkt erfolgt: Der König hatte die Ventile im Jahr 1939 geöffnet – in Europa brach eben der Zweite Weltkrieg aus. Der militärische Konflikt steigerte zwar den Ölverbrauch in der Welt, doch die Kriegführenden nutzten die Förderstätten aus, deren Öl ohne lange Transportwege erreichbar war. Von den USA wurden vor allem die Ölfelder auf amerikanischem Boden aktiviert. Daß die USA über ein ergiebiges Ölfeld in Zentralarabien verfügen konnten, war für die Strategen nicht interessant.

König Abdel Aziz war erstaunt, als ihm berichtet wurde, die Förderleistung von Dammam werde gedrosselt, weil keine Tanker zum Abtransport des Öls zur Verfügung ständen. Wenig später erfuhr er, in Dammam sei kaum noch Aktivität festzustellen – die amerikanischen Spezialisten seien offenbar abgezogen worden.

Die Information stimmte. Die amerikanischen Gesellschaften Standard Oil of California und Texaco hatten ihre Tätigkeit in Arabien eingestellt. Ein Notbetrieb wurde aufrechterhalten. Eine kleine Menge Öl wurde gefördert, die durch Minitanker zur Raffinerie auf der Insel Bahrain transportiert wurde. Das dort erzeugte Benzin stillte während des Zweiten Weltkriegs den damals noch geringen Bedarf der Anliegerstaaten des Persischen (Arabischen) Golfs – vor allem aber wurden die bereits recht zahlreichen Automobile des Hauses As Saud mit Kraftstoff versorgt.

Die Einnahmen des Hauses As Saud aus dem Ölgeschäft sanken ab bis nahe an null Dollar. König Abdel Aziz mußte bei den Großmächten USA und England um Geld betteln. Sein persönlicher Haushalt war auf andere Weise nicht mehr zu finanzieren. Für Aufgaben wie Straßenbau und Telekommunikation gab die Familie kein Geld mehr aus. An die Bedürfnisse der Stämme der Beduinen und Oasenbewohner wurde nicht mehr gedacht. Das Haus As Saud behielt das wenige Geld, das aufzutreiben war, für sich selbst.

Dienstbereiter Helfer war der unscheinbare Mann unbekannter Herkunft, dem nachgesagt wurde, er verstünde etwas von Buchhaltung. Dieser Abdallah Ibn Suleiman entwickelte eine Methode der Geldbeschaffung, die von nun an charakteristisch war für die Finanzierung des Sippenhaushalts: Er machte Schulden im Auftrag des Abdel Aziz bei Geschäftsleuten in Mekka und Medina, die Handelsmonopole für bestimmte Güter und Waren besaßen. Abdallah Ibn Suleiman hatte nie die Absicht, die Kredite zurückzuzahlen; er wartete geduldig, bis die Kreditgeber es für klug hielten – im Hinblick auf spätere lukrative Geschäfte – die Kreditsumme abzuschreiben.

Der zweite gewichtige Schlag traf Abdel Aziz, als sich Italien im Jahr 1940 am Zweiten Weltkrieg beteiligte. Mussolini hatte bereits 1936 die Küste von Eritrea in Ostafrika besetzten lassen und zur italienischen Kolonie erklärt. Italien war damit, nur durch das Rote Meer getrennt, zum unmittelbaren Nachbarn von Saudi-Arabien geworden. Es konnte nicht ausgeschlossen werden, daß der italienische Diktator Lust bekam, Teile der Arabischen Halbinsel zu besetzen.

Schlimmer als diese Gefahr war für Abdel Aziz jedoch, daß durch Italiens Kriegseintritt das Rote Meer für die Schiffahrt zu einem unsicheren Gewässer geworden war. Die Folge war, daß die Pilgerströme völlig ausblieben. Die Gläubigen, die nach Mekka gekommen waren, hatten Geld ins Land gebracht. Sie hatten Gebühren bezahlt, die vom Haus As Saud kassiert worden waren. Sie bezahlten für Kost, Unterkunft und Transport. Mancher hinterließ eine religiöse Stiftung, aus der die königliche Familie Profit zog. Diese Einnahmequelle fiel nun völlig aus.

Die Pilgerströme setzten auch dann nicht wieder ein, als die italienische Besatzung noch während des Jahres 1941 aus Eritrea vertrieben wurde. Die Region blieb auch weiterhin vom Krieg bedroht. Das Deutsche Afrikakorps, das von General Rommel kommandiert wurde – der nach seinen Erfolgen an der ägyptischen Grenze zum Feldmarschall aufstieg –, rückte bis El Alamain vor und bedrohte von dort aus das Nildelta und den Suezkanal. Es war nicht mehr auszuschließen, daß die Arabische Halbinsel militärisches Operationsgebiet wurde.

Es war die Zeit, da arabische Politiker und Monarchen der Meinung waren, das Deutsche Reich werde im Zweiten Weltkrieg siegen und Großbritannien werde unterliegen.

Abdel Aziz bleibt den Westmächten treu

Bei Kriegsbeginn im Jahre 1939 hatte der König deutlich gemacht, daß er nicht gewillt sei, Partei für ein kriegführendes Land zu ergreifen. Er hatte jedoch zu erkennen gegeben, daß er Sympathie empfand für Großbritannien. Als der Konflikt in Europa ausbrach, hatte sich der diplomatische Vertreter des Deutschen Reiches nicht auf seinem Posten in Dschedda befunden. Das Auswärtige Amt in Berlin ersuchte um Einreisegenehmigung für den Diplomaten, doch Abdel Aziz lehnte das Gesuch ab.

Winston Churchill äußerte später, der Herrscher aus dem Haus As Saud sei immer ein verläßlicher Partner gewesen, man könne sogar sagen, Abdel Aziz sei ein Freund Englands gewesen. Dieses Urteil war berechtigt, denn der König war nie von seiner Haltung abgewichen, daß er als Partner Großbritanniens am besten aufgehoben sei.

Mitglieder der eigenen Sippe versuchten allerdings, ihm deutlich zu machen, daß die Londoner Regierung den Arabern gegenüber insgesamt feindlich sei, denn die britischen Politiker hätten im Sinn, das arabische Land Palästina den Juden zu überlassen.

Es wirkte sich aus, daß mancher der nicht saudiarabischen Berater, die sich um Abdel Aziz drängten, Syrer oder Palästinenser waren. Die Ursache ist darin zu suchen, daß in diesen beiden Völkern intelligente Männer heranwuchsen, die erkannten, wo in Zukunft Kapital zu finden war. Die Syrer und Palästinenser waren Spezialisten auf technischem, medizinischem und auf kaufmännischem Gebiet. Sie kannten aber auch den Inhalt der Balfour Declaration aus dem Jahr 1917 mit dem Versprechen, irgendwann Palästina als »homeland« dem jüdischen Volk zur Verfügung zu stellen.

Antibritische Äußerungen der Berater verfehlten auf die Dauer ihre Wirkung nicht. Die Folge war, daß nach und nach die Sympathie des Königs für Großbritannien schwand. Die Bindung an die USA aber festigte sich, allerdings nur allmählich.

Von hohem politischem Rang waren die Abgesandten aus den USA nicht, die während des Zweiten Weltkriegs Riyadh erreichten. Der höchste US-Beamte, der mit Abdel Aziz sprach, war der Gesandte, der eigentlich in Cairo stationiert war. Das Hauptthema der Gespräche war die miserable Finanzlage des Hauses As Saud. Der Gesandte aus Washington besaß keine Vollmacht, finanzielle Zusagen zu machen, die der Misere ein Ende bereitet hätten. Er verschwieg allerdings, daß er Anweisung erhalten hatte, Distanz zum saudiarabischen Königshaus zu wahren, mit der Begründung, die US-Regierung sei politisch nicht an der Arabischen Halbinsel interessiert.

Bemerkenswert ist, daß zu jenem Zeitpunkt auch das Interesse von Standard Oil of California und von Texaco gering war. Beide Ölgesellschaften zahlten zwar hin und wieder geringe Vorschüsse auf das Ölgeschäft der Zukunft, doch der Zweck dieser Zahlungen war vor allem, den britischen Ölkonzern von der Arabischen Halbinsel fernzuhalten. Im Jahr 1941 sahen Standard Oil of California und Texaco noch keinen Nutzen darin, Geld für König Abdel Aziz auszugeben.

Der Berater Abdallah Ibn Suleiman sah voraus, daß sich die Zeiten bald ändern werden. Er hatte sich mit der Denkweise der US-Amerikaner befaßt, und er hatte festgestellt, daß sie Kontakte zu Behörden liebten, die beamtenmäßig organisiert waren. Er hatte mit der Zeit begriffen, daß es leichter war vom US-Finanzministerium eine Finanzhilfe zu erhalten, wenn man auch ein Finanzministerium vorweisen konnte. Abdallah Ibn Suleiman handelte: Er baute zum Schein den Apparat eines Finanzministeriums auf – und ernannte sich zum Finanzminister. Mancher US-Diplomat war beeindruckt und versprach Finanzhilfe für die Zukunft.

Bereits Ende 1942 begann sich die Vorsorge des Abdallah Ibn Suleiman zu lohnen: Die USA nahmen aktiv am Zweiten Weltkrieg teil – sie kämpften gegen Japan. Die amerikanische Regierung mußte darauf bedacht sein, sich den Zugriff auf Ölvorkommen zu sichern, die der Kriegführung im Fernen Osten zur Verfügung stehen konnten. Das Erdöl Saudi-Arabiens wurde in die strategischen Überlegungen der amerikanischen Strategen einbezogen.

Kriegsentscheidend konnte das Öl aus der Förderstelle in der saudiarabischen Provinz Hasa auf keinen Fall mehr sein. Die Förderung ruhte seit langem; ein »Hochfahren« der Produktion war so rasch nicht möglich. Doch jetzt wurde bereits an die Nachkriegszeit gedacht. Die Politiker und Wirtschaftsexperten der USA, die sich verantwortlich fühlten für die Sicherung der Energiequellen der zweiten Hälfte des 20. Jahrhunderts, wiesen auf die Bedeutung der saudiarabischen Ölfelder in der Provinz Hasa hin. Sie warnten davor, den Zugriff zu verlieren – die Konsequenzen des Verlusts seien als verheerend zu kalkulieren, denn es sei mit einem Abflauen der Ölförderung auf dem amerikanischen Kontinent zu rechnen. Texas werde in absehbarer Zeit durch Saudi-Arabien ersetzt werden müssen.

Abdallah Ibn Suleiman sah die Chance: Er forderte bereits Anfang des Jahres 1943 eine Vorauszahlung in Höhe von 10 Millionen Dollar. Am 18. Februar 1943 genehmigte Präsident Roosevelt die Überweisung nach Riyadh. Er legte gleichzeitig fest, Saudi-Arabien sei künftig von höchster Wichtigkeit für die Wirtschaft und damit für die Verteidigungsbereitschaft der Vereinigten Staaten von Amerika.

Die US-Regierung setzte die Anweisung des Präsidenten noch im Jahr 1943 in politische Aktion um: Zwei Brüder des Königs Abdel Aziz wurden nach Washington eingeladen: Die Prinzen Faisal und Khaled. Sie wurden von Präsident Roosevelt glänzend empfangen.

Damals wurden die Wurzeln einer tiefgreifenden Freundschaft gelegt. Prinz Faisal und Prinz Khaled fühlten sich von der Weltmacht USA umworben. Präsident Roosevelt machte deutlich, daß er das Königreich Saudi-Arabien als respektierten Partner seines Landes empfinde. Die beiden Prinzen reisten wieder ab im Bewußtsein, auf die USA sei Verlaß.

Die Prinzen hatten vom Vater die Anweisung, Großbritannien nicht zu vernachlässigen; sie vereinbarten über den saudiarabischen Diplomaten in London einen Besuch bei Premierminister Winston Churchill. Dieses Vorhaben war nicht ungefährlich, denn im Jahre 1943 war London eine Stadt, die häufig von der deutschen Luftwaffe angegriffen wurde. Der Besuch im Hause Churchill endete für Faisal und Khaled mit einer Enttäuschung: Der Hausherr hatte keine Zeit für sie. Die Besucher waren erstaunt, von Frau Churchill empfangen zu werden. Faisal und Khaled hatten vom Vater den Auftrag, an Winston Churchill ein goldenes Schwert zu überreichen – sie mußten es nun Frau Churchill übergeben. Diese »Abfertigung« hielten die Prinzen für unangebracht – ja sogar für ungehörig. Von einer Frau empfangen zu werden war nach zentralarabischer Tradition ein unvorstellbarer Vorgang.

Die offensichtliche Mißachtung der saudiarabischen Besucher durch den britischen Premierminister blieb nicht ohne Auswirkung. Ein Vierteljahr nach diesem mißglückten Empfang für die Saudiprinzen sah sich Winston Churchill veranlaßt, an Präsident Roosevelt zu schreiben, er sei in Sorge, die USA würden Großbritannien von der Ölfeldern der Arabischen Halbinsel verdrängen. Roosevelts Antwort war eindeutig: Saudi-Arabien gehöre zum Einflußbereich der USA.

Die USA setzen sich durch in Saudi-Arabien

Im Sommer 1944 war die britische Regierung noch immer überzeugt, die Arabische Halbinsel sei ihre Domäne. Stanley Jordan, der britische Repräsentant im Ölkönigreich, bekräftigte diese Überzeugung durch die Feststellung, die Amerikaner seien schon allein deshalb in ihrer Arabiendiplomatie unterlegen, weil sie keinerlei Erfahrung im Umgang mit islamischen Völkern besäßen. Der Vorsprung der britischen Arabienpolitik sei von den amerikanischen Kollegen nicht aufzuholen.

Stanley Jordan sah allerdings, daß eine Gefahr aufkeimte: Überall in Arabien würde den politisch wachen Köpfen bewußt, daß es britische Politiker gewesen waren, die durch die Balfour Declaration im Jahr 1917 das »arabische Land« Palästina an das jüdische Volk übergeben hatten, und die sich damit über die eigenen Versprechen gegenüber ihren arabischen Verbündeten und Freunden aus dem Ersten Weltkrieg hinweggesetzt hatten. England wurde zusehends zum Sündenbock gestempelt für die Zersplitterung Arabiens durch das Abkommen Sykes-Picot, das – ebenfalls im Jahr 1917 – Einflußsphären geschaffen hatte für die Großmächte England und Frankreich. Die USA aber waren frei von jeder kolonialen Schuld – sie hatten nie auch nur den geringsten Teil Arabiens beherrscht.

Das britisch-saudiarabische Verhältnis wurde noch zusätzlich belastet durch die ungebrochene Unterstützung des Hauses Haschem durch Großbritannien. London garantierte die Existenz des haschemitischen Emirats Transjordanien und des haschemitischen Königreichs Irak. König Abdel Aziz ärgerte sich über diese Freundlichkeit gegenüber der Sippe, die Rivale des Hauses As Saud war und ist.

Noch vor Ende des Zweiten Weltkriegs dachte sich die britische Diplomatie eine Strategie aus, um ihr Image in der arabischen Welt zu verbessern: Sie gab die Anregung, die arabischen Staaten sollten sich zu einer Dachorganisation, zur Arabischen Liga zusammenschließen. Der Hintergedanke der britischen Außenpolitiker war, durch die Arabische Liga Einfluß zu bekommen auf Saudi-Arabien. Die Regierung Churchill glaubte ganz selbstverständlich daran, daß die Politik der Arabischen Liga von ihr bestimmt werde.

Tatsächlich wurde die britische Idee von Abdel Aziz sofort günstig aufgenommen. Er sah für sich die Chance, Mittelpunkt der Dachorganisation zu werden – schließlich war er der Herr über Mekka und Medina – über das Zentrum der arabisch-islamischen Welt. Abdel Aziz meinte, wer Herr sei über die wichtigsten Heiligtümer, der dürfe Respekt verlangen.

Doch die Arabische Liga wurde nicht zum Fanclub für Abdel Aziz. Sie entwickelte von Anfang an eine starke politische Tendenz: Sie wollte Gesamtarabien dazu ausrichten, sich von den letzten Fesseln der Kolonialmächte zu lösen.

Selbst der haschemitische Emir von Transjordanien hatte vor

allem das Ziel vor Augen, die Bevormundung durch die Londoner Regierung loszuwerden.

Die antibritische Haltung der Arabischen Liga entstand vor allem aus dem Gefühl heraus, England arbeite – jetzt beim Herannahen des Kriegsendes – intensiver als je daraufhin, die Balfour Declaration, mit dem Versprechen einer Gründung der »Heimstätte« für das jüdische Volk zu realisieren. Die Schaffung des jüdischen Staates zu verhindern, sahen jedoch alle arabischen Staaten als ihre wichtigste Aufgabe an.

Abdel Aziz war der Meinung, die USA gehörten nicht zu den Ländern, die eine Gründung des jüdischen Staates durchsetzen wollten. Er erkannte nicht, daß Präsident Franklin Delano Roosevelt unter dem Druck des Zionistischen Weltkongresses stand, die Schaffung des Staates Israel voranzutreiben. Er wußte vor allem nicht, daß sich außenpolitische Berater des Präsidenten Gedanken darüber gemacht hatten, wie die Front der Neinsager zum »Israelprojekt« aufzubrechen war: Der Plan war, an Abdel Aziz zehn Millionen Dollar auszubezahlen – als Gegenleistung für die Zusage, innerhalb der Gremien der Arabischen Liga um Verständnis zu werben für die Schaffung des Staates Israel.

Roosevelts Versprechen, das Truman nicht einhält

Der amerikanische Präsident glaubte wirklich Abdel Aziz springe auf das finanzielle Angebot an: Der König sei geeignet, den arabischen Regierungen deutlich zu machen, daß eine verstärkte jüdische Zuwanderung nach Palästina keine Katastrophe für die arabischen Völker bedeuten würde, und daß die Schaffung der »Heimstätte« für Juden ein Gebot der Menschlichkeit darstelle und eine Entschädigung für die Leiden, die dem jüdischen Volk auferlegt worden seien.

Roosevelt entschloß sich, ein persönliches Treffen mit Abdel Aziz zu vereinbaren. Der Herrscher aus dem Hause As Saud war einverstanden. Zum Ort des Treffens bestimmte die amerikanische Regierung den Kreuzer »Quincy«, der in der Mitte des Großen Bittersees ankern sollte. Der Große Bittersee gehört zum Verlauf des Suezkanal und befindet sich auf ägyptischem Territorium.

Die Vorbereitungen der Konferenz machte deutlich, aus welchen unterschiedlichen Welten die beiden Gesprächspartner stammten. Die amerikanischen Diplomaten hatten Anweisung, auf Geheimhaltung zu achten. Vor allem durften die Reisewege nicht bekannt werden. Noch herrschte Kriegszustand. Die Kämpfe um Deutschland waren noch nicht zu Ende; vor allem aber zog sich der Krieg gegen Japan in die Länge. Mit Sabotageakten und Attentaten, so meinten die amerikanischen Sicherheitsbeamten, müsse gerechnet werden. Der amerikanische Präsident flog auf Umwegen und unter strengsten Maßnahmen der Verschleierung der Flugrouten nach Ägypten. Der König von Saudi-Arabien aber reiste per Schiff – und er kümmerte sich nicht darum, ob die Welt erfuhr, daß er reiste, wie er reiste und auf welchen Wegen.

Abdel Aziz bestieg im saudiarabischen Hafen Dschedda das amerikanische Kriegsschiff »Murphy«, das ihn durch das Rote Meer und durch den Golf von Suez zum Suezkanal zu bringen hatte. Die Dauer der Seereise war auf zwei Tage veranschlagt.

An Bord der »Murphy« befanden sich nicht nur 50 Personen des Hofstaats – darunter zehn Lieblingsfrauen des Königs, sondern auch mehr als 100 Schafe. Sie waren lebendig und sollten der Hofgesellschaft als Verpflegung dienen. Die Höflinge argumentierten, der König würde das Fleisch aus dem Kühlraum des Schiffes nicht verspeisen, da er annehmen müsse, die Tiere seien nicht nach islamischem Ritual geschlachtet worden.

Geduldig ertrug der amerikanische Kapitän, daß die königliche Reisegesellschaft sein Kriegsschiff in Besitz nahm. Zu seinem Erstaunen wurde auf dem Vordeck ein Wohnzelt für den Herrscher aufgeschlagen. Den Hinweis des Kapitäns, eine luxuriös ausgestattete Kabine stehe zur Verfügung, beachteten die Höflinge nicht.

Zwei kranke Männer trafen sich schließlich auf dem Kreuzer »Quincy«. Roosevelt war bereits vom Tod gezeichnet. Er konnte sich kaum bewegen; selbst das Sitzen bereitete ihm Schwierigkeiten. Roosevelt starb nur wenige Wochen nach diesem Treffen.

Auch Abdel Aziz, zu diesem Zeitpunkt etwa 65 Jahre alt, litt an schwerer Arthritis, die seine Beine nahezu bewegungsunfähig machte. Der König freute sich, als ihm der Präsident einen seiner Rollstühle anbot. Die beiden verstanden sich.

Das Thema »jüdische Einwanderung nach Palästina« beherrschte das Gespräch zwischen Roosevelt und Abdel Aziz auf dem US-Kriegsschiff. Roosevelt gab sich alle Mühe, seinem Gast zu erklären, daß die Juden außerordentlich viel gelitten, daß Millionen Menschen dieses Volkes ihr Leben verloren hätten. Nach der ausführlichen Beschreibung deutscher Greueltaten meinte Abdel Aziz, es wäre in diesem Fall wohl gerecht, den Deutschen Land wegzunehmen und diesen Boden dem jüdischen Volk zur Verfügung zu stellen. Die Deutschen seien schuldig an Unterdrückung und Vernichtung der Juden; es sei Sache der Deutschen, dafür zu büßen – und nicht der Araber. Als Roosevelt einwandte, die Juden würden nicht auf deutschem Boden leben wollen, da ihnen dort zuviel Leid zugefügt worden sei, entgegnete der König: »Wer das Leid verursacht hat, der soll die Wiedergutmachung leisten. Es ist unsinnig, von den völlig unschuldigen Arabern zu verlangen, für das Unrecht zu büßen!«

Das erstaunliche Resultat des Gesprächs war, daß nicht der König von Saudi-Arabien Versprechungen machte, sondern der amerikanische Präsident. Er sagte zu, er werde nie etwas unternehmen, was als feindliche Handlung gegenüber den Arabern ausgelegt werden könnte. Roosevelt versprach dazuhin, er werde die Palästinapolitik der USA künftig mit beiden Seiten, mit der zionistischen Bewegung aber vor allem auch mit den Verantwortlichen in den arabischen Hauptstädten abstimmen.

Bitter war dann allerdings die Enttäuschung des Königs, daß seine Träume von der verständnisvollen Kooperation zwischen dem Königreich Saudi-Arabien und den Vereinigten Staaten von Amerika nicht in Erfüllung gehen konnten. Noch im Frühjahr 1945 starb Präsident Roosevelt. Sein Nachfolger wurde Harry S. Truman, der seit 1944 Vizepräsident gewesen war. Er kannte Roosevelts Versprechungen gegenüber dem saudiarabischen König, doch er hielt sie nicht ein. Truman war ein Egoist und ein Realist: Er sorgte für seine Wiederwahl im Jahr 1948 vor; er setzte auf die jüdischen Wähler in den USA. Sein logisches Konzept zur Absicherung eines positiven Wahlergebnisses: Er erfüllte die Wünsche der zionistischen Organisationen; diese wiederum empfahlen den jüdischen Wählern Trumans Wiederwahl. Truman gab seinen Grund für die Bevorzugung jüdischer Interessen offen zu: »Unter der Wählerschaft in den Vereinigten Staaten befinden sich mehrere hunderttausend Stimmberechtigte, die sich sehnlichst wünschen, daß die Ziele des Zionismus erreicht werden. Unter dieser Wählerschaft bemerke ich keine einzige Gruppe von hunderttausend Stimmberechtigten, die Sehnsucht danach haben, daß sich der Wille Arabiens durchsetzt.«

Als Abdel Aziz bemerkte, daß ihn die USA in der Palästinafrage verrieten, gab es für ihn keine Möglichkeit mehr zum Kurswechsel. Er war unwiderruflich an die Regierung in Washington gebunden. Großbritannien hatte aufgehört, eine Weltmacht zu sein. Die Londoner Regierung war sich dieses Prestigeverlusts sogar bewußt.

1947, kurz nach Jahresbeginn, gab Großbritannien bekannt, daß sein Mandat für Palästina erlösche, daß es ab Frühjahr 1948 keine Verantwortung mehr trage für das Heilige Land. Damit war die Voraussetzung geschaffen für die Gründung des Staates Israel.

Abdel Aziz litt darunter, daß die Verantwortlichen in Washington ganz offensichtlich die rasche Schaffung des jüdischen Staatsgebildes vorantreiben wollten. Doch immer wieder versuchten die Repräsentanten der Konzerne Standard Oil of California und Texaco ihm einzureden, die US-Regierung werde schließlich Rücksicht nehmen auf die Wünsche und Gefühle des Hauses As Saud. Präsident Truman sei letztlich darauf bedacht zu verhindern, daß Palästina jüdisch werde. Truman sei nur aus politisch-taktischen Gründen daran gehindert, offen zu sagen, daß er das Versprechen des verstorbenen Präsidenten Roosevelt erfüllen werde.

Um zu erfahren, was die Politiker in Washington wirklich beabsichtigten, schickte Abdel Aziz seinen Sohn Prinz Faisal in die amerikanische Hauptstadt. Faisal kehrte mit der festen Überzeugung zurück, die Berater des amerikanischen Präsidenten seien entschlossen, der zionistischen Vision vom Staat Israel zum Sieg zu verhelfen. Faisal hatte wütend Washington verlassen. Er hatte den Eindruck, von »zionistischen Demonstranten« persönlich beleidigt worden zu sein. Daß Demonstrierende offen ihre Meinung zum Ausdruck brachten, war dem Prinzen aus dem wahhabitischen Feudalstaat eine ungewohnte und unangenehme Erfahrung.

Trumans Politik wurde nicht von allen Verantwortlichen in Washington gestützt. Das State Department war ganz offiziell der Meinung, die prozionistische Haltung füge den Interessen der Vereinigten Staaten schlimmen Schaden zu. Die Versorgung der US-Wirtschaft mit dem Rohstoff Erdöl habe absoluten Vorrang und stehe deshalb auch über dem Bestreben, dem jüdischen Volk eine »Heimstätte« in Palästina zu verschaffen. Der mögliche Ausfall der Öllieferungen aus dem Nahen Osten gefährde die nationale Sicherheit der USA, denn allein der Energieverbrauch für militärische Zwecke übersteige schon die Fördermenge der amerikanischen Ölfelder. Ohne Öl aus dem Nahen Osten seien die USA anfällig für Engpässe in der Energieversorgung. Möglichkeiten des Zusammenbruchs der US-Sicherheitsstrategie wurden beschworen.

Aufgeschreckt durch die Analyse des State Department reagierte vor allem die Automobilindustrie der USA mit Nervosität. Sie fürchtete um die Verkaufszahlen ihrer bewährten Modelle, die alle viel Benzin verbrauchten. Die Konzernspitzen von General Motors, Ford und Chrysler prophezeiten sinkende Verkaufszahlen und damit wirtschaftliche Rezession mit der Folge hoher Arbeitslosigkeit. Mancher Amerikaner sah seinen Wohlstand im Abgrund der Depression verschwinden.

Doch die Ängste der Verantwortlichen im State Department, in den Chefetagen der Automobilindustrie und vieler Bürger der USA bewirkten keine Veränderung der amerikanischen Politik. Präsident Truman hielt an seiner Politik fest, die Schaffung des Staates Israel zu unterstützten.

Seine Kalkulation erwies sich als richtig. Der König von Saudi-Arabien dachte auch weiterhin nicht daran, Position gegen die Vereinigten Staaten von Amerika zu beziehen. Mit keiner einzigen Maßnahme versuchte er, amerikanischen Interessen zu schaden oder Druck auf die USA auszuüben. Er widerstand dabei allen Verlockungen, denen er ausgesetzt war.

Der Regierungschef von Syrien reiste eigens nach Riyadh, um Abdel Aziz zu bewegen, die arabische Front gegen die USA anzuführen. Der Gast beteuerte, niemand sonst in ganz Arabien sei in der Lage, Präsident Truman zu bewegen, künftig an die Interessen der Araber zu denken. Der Syrer trug dem Monarchen aus dem Haus As Saud die absolute Führungsrolle in der arabischen Welt an.

Diese Entwicklung paßte dem Chef des Hauses As Saud. Doch er vergaß die materiellen Aspekte nicht. Von ihm wurde erwartet, die Ölförderquoten für die US-Konzerne Standard Oil of California und

Texaco zu senken. Den US-Gesellschaften sollte die Möglichkeit geschmälert werden, mit arabischem Öl Profit zu machen.

Doch durch eine derartige Maßnahme hätte Abdel Aziz seine eigenen Einnahmen verringert. Dabei war, zu seiner Zufriedenheit, gerade jetzt endlich das Ölgeschäft zu einer bedeutenden Einnahmequelle geworden. Neue Vorkommen waren eben erschlossen worden. Westlich des Ölfelds von Dammam, das noch vor dem Zweiten Weltkrieg entdeckt worden war, hatten Probebohrungen ergeben, daß drei gewaltige Ölfelder zu erschließen waren. Im Norden bei Ain Dar, weiter im Süden bei Uthmaniyah und noch weiter südlich bei Haradh waren die Bohrer in geringer Tiefe auf Gestein gestoßen, das unter hohem Öldruck stand. Die »Lagerstättenenergie«, die das Öl durch die Bohrlöcher zur Erdoberfläche treibt, wurde als außerordentlich eingeschätzt.

Die Freude der amerikanischen Ölfachleute über die drei erfolgreichen Bohrungen wurde nur durch die Begeisterung übertroffen, als sie feststellten, daß die drei Fundstellen zu einem einzigen Ölfeld von gewaltigem Ausmaß gehörten. Das riesigste Ölvorkommen der gesamten Welt war unter saudiarabischem Sandboden gefunden worden. Das Ölfeld erhielt den Namen Ghawar.

Die Familie As Saud wird unermeßlich reich

Abdel Aziz ließ sich von den Finanzexperten der amerikanischen Ölkonzerne ausrechnen, daß er künftig mit Einnahmen rechnen konnte, die seine Vorstellungskraft weit überstiegen. Der Gedanke faszinierte den König, daß endlich die Zeit der leeren Kassen zu Ende war. Ganz selbstverständlich sah er die künftigen Einnahmen als sein Eigentum an. Im Alter von nahezu 70 Jahren konnte er über eine maßlose Anhäufung von Geld verfügen. Er war sich bewußt, daß es die amerikanischen Konzerne waren, die ihm den Reichtum nach Riyadh überwiesen. Das Verhältnis zu diesen Konzernen durfte nicht gestört werden.

Jetzt endlich konnte es sich der König leisten, einen neuen Palast in Riyadh bauen zu lassen – die Festung Al Masmak war ihm zu eng geworden. Abdel Aziz hatte sich an Luxus gewöhnt. Er war darauf bedacht, daß für seine Bequemlichkeit gesorgt wurde. Nun war auch er – wie fünf Jahre zuvor Präsident Roosevelt – auf den Rollstuhl angewiesen. Die Räume seiner Frauen mußten durch befahrbare Rampen erreichbar sein. Noch immer war der Umgang mit Frauen seine liebste Beschäftigung.

Als der Reichtum zu fließen begann, hatte Abdel Aziz 42 männliche Nachkommen. Sie waren alle im Alter, in dem ein Mann die Macht des Geldes zu schätzen weiß. Prinz Saud und Prinz Faisal, die beiden ältesten Söhne, hatten die USA kennengelernt; sie hatten New York, San Francisco und Los Angeles gesehen. Sie hatten Riyadh, die Oase der braunen Lehmhäuser und der staubigen Gassen vergessen. Sie waren den strengen Gesetzen und Grundsätzen der wahhabitischen Gesellschaft des Königreichs entkommen. Die Ansichten des einstigen Predigers Mohammed Ibn Abdel Wahhab hatten in den USA für Prinz Saud und Prinz Faisal die Gültigkeit verloren. Das Geld hatte sie beeinflußt.

Sie machten die Erfahrung, daß sie mit dem Geld des Hauses As Saud nahezu alles kaufen konnten – vor allem Frauen. Ihnen standen Mädchen zur Verfügung, die sich gegen Bezahlung gebrauchen ließen. Für diese Mädchen trugen die Prinzen schon am nächsten Morgen keine Verantwortung mehr. Sie verschwanden aus ihrem Leben. Die Prinzen lernten schnell, daß sie sich durch Geld aus nahezu allen Zwängen lösen konnten, in denen fast alle anderen Menschen gefangen waren.

In einem Bereich aber half den Prinzen das viele Geld wenig: Der Bereich Bildung und Wissen erschloß sich ihnen nicht. Abdel Aziz war nie auf den Gedanken gekommen, er müsse seinen Söhnen eine Ausbildung ermöglichen, die sie darauf vorbereitete, Reichtum und die damit verbundene Macht vernünftig zu gebrauchen. Der König selbst hatte nie einen Unterricht erhalten, der über elementare Kenntnisse hinausführte. Abdel Aziz kannte seit seiner Kindheit den Koran auswendig; mit einem anderen Buch beschäftigte er sich nicht. Das Wissen vom Wortlaut des heiligen Buches hielt er für ausreichend – auch für Saud und Faisal und für die anderen 40 Söhne, die nach den beiden geboren wurden. Alle lernten etwa im Alter von zehn Jahren die Koransuren auswendig. Dies war eine beachtliche Gedächtnisleistung, die sie vertraut machte mit der Offenbarung vom Willen Allahs. Doch die Prinzen hatten nichts erfahren, was ihnen helfen konnte, Verantwortung in einem modernen Staat zu tragen, der zunehmend Partner wurde der hochentwickelten Industriestaaten. Von Lehren der Volkswirtschaft erfuhren die Prinzen nichts – weil auch ihr Vater nichts davon wissen wollte. Weder Abdel Aziz noch die Prinzen erkannten die Gefahren, die im 20. Jahrhundert dem Königreich in einer Staatengemeinschaft drohten, deren Menschen sich nicht wahhabitischen Gesetzen fügten.

Die leitenden Angestellten der amerikanischen Konzerne in Dhahran und Riyadh hätten mit Informationen und Ratschlägen Hilfestellung leisten können, doch sie hielten sich zurück, da sie die Erfahrung gemacht hatten, daß ihr Rat nicht erwünscht war und nicht befolgt wurde. Der König und die Prinzen waren hochmütig, überzeugt, ihr Reichtum sei ein sichtbares Zeichen, daß sie von der Gnade Allahs geleitet und folglich unfehlbar seien.

Die Erinnerung daran, daß die Ikhwan-Reiterei über lange Zeit eine verläßliche Stütze für den Clan As Saud gewesen war, erwachte in der Mitte der 40er Jahre, als Abdel Aziz begriff, daß er im eigenen Land Feinde haben könnte, die nicht damit einverstanden waren, daß der immense Reichtum Saudi-Arabiens dem König und den Prinzen allein gehörte. Er befahl den Neuaufbau einer wahhabitischen Streitmacht, die den Namen »Nationalgarde« erhielt. Sie bestand aus Männern rein beduinischer Abstammung. Wert gelegt wurde auf die Überzeugung, daß die Glaubensgrundsätze des Mohammed Ibn Abdel Wahhab für immer unverändert gültig sind: einzuhalten sind die Gebetszeiten, die Fastenregeln, das Verbot der öffentlichen Belustigungen und der Ausübung von Musik; den Frauen ist Zurückhaltung auferlegt; sie sind Eigentum des Mannes; gültig ist allein das Gesetz, das vom König ausgeht – er ist oberster und unumschränkter Richter.

Die Ausübung der absoluten Herrschaft führte dazu, daß sich im Saudiclan die Meinung breitmachte, die Glaubensgrundsätze besäßen Gültigkeit nur für die Untertanen, nicht aber für die Prinzen. Bestärkt darin wurden die Herrschenden durch unzählige Schmeichler, die sich am Hofe einnisteten. Sie erfüllten alle Wünsche; sie stärkten im Bewußtsein der Prinzen das Gefühl der Unfehlbarkeit.

Die Schmeichler kamen weiterhin meist aus Syrien, aus dem Libanon, aus Palästina. Ihr Ziel war, rasch Profit zu machen. Sie schlugen Projekte vor zum Ausbau der Oase Riyadh. Sie wollten Hochhäuser errichten und Stadtautobahnen. Sie verkauften Autos und Flugzeuge. Sie empfahlen den Kauf von Luxuseinrichtungen für die Paläste. Alles, was sie anboten, war prachtvoll, sprang ins Auge und gab dem Käufer das Gefühl, er sei bedeutender als jeder andere.

Alles, was in Riyadh angeliefert wurde, war überaus teuer. Die Prinzen kannten nicht den wirklichen Wert der Dinge. Sie wurden übertölpelt, angelogen und betrogen.

Wer Geschäfte gemacht hatte mit den »Reichen aus dem Morgenlande«, der war darauf aus, das Land schnell wieder mit dem gewonnenen Kapital zu verlassen. Die Geschäftemacher ließen Handel und wirtschaftliche Struktur in einem Zustand zurück, der als chaotisch zu bezeichnen war. Stadtbewohner, denen es gelang, sich am Geschäft der Schmeichler zu beteiligen, wurden wohlhabend. Wer abseits blieb, und das waren die meisten, der war nicht am Geldverdienen beteiligt. Wer nicht mitmachte, der gehörte zu den vielen Verlierern. Das skrupellose Geschäftsgebaren trieb die Preise in die Höhe – auch für Artikel des alltäglichen Lebens. Wer wenig verdiente, der verarmte.

Gefährlich für das Haus As Saud war, daß die religiös-konservativ denkenden Untertanen, die der wahhabitischen Glaubenslehre treu gebliebenen Familien, die Verarmung am stärksten zu spüren bekamen. Den Luxus, der in die Paläste einzog, sahen die Sippen, die der Tradition verhaftet waren, mit Argwohn und wachsendem Ärger.

Keiner im Hause As Saud wußte, wie diese Entwicklung in gutem Sinne gesteuert werden konnte. Abdel Aziz selbst kam auf eine Idee, wie die amerikanischen Konzerne der Teuerung im Lande begegnen könnten: Sie sollten die Einkommen ihrer saudiarabischen Mitarbeiter verdoppeln. Deren Zahl überstieg inzwischen die Marke von 2000. Die Konzernrepräsentanten in Riyadh warnten vor einem derartigen Schritt mit dem Argument, er würde nur zur weiteren Inflation führen. Abdel Aziz reagierte empört mit dem Vorwurf, die Amerikaner verhielten sich geizig gegenüber der saudiarabischen Bevölkerung. Die Konzernherren gaben nach und erhöhten die Bezüge ihrer Mitarbeiter um das Doppelte. Das Ergebnis war tatsächlich, daß mehr Geld ins Land floß – allerdings nur in den Besitz einiger privilegierter Familien. Sie besaßen nun mehr Kaufkraft und nützten sie aus. Als Folge dieses Kaufkraftschubs erhöhten sich die Preise. Verlierer waren wiederum die Ärmeren.

Abdel Aziz erkannte, daß sich seine gutgemeinte Idee übel ausgewirkt hatte. Ihm wurde berichtet, daß die Unzufriedenen mit Arbeitsniederlegungen, mit Streik drohen würden. Auch dagegen glaubte der König über ein Mittel zu verfügen: Er verbot jegliche Art von Arbeitsniederlegung. Wer streikte, sollte ausgepeitscht werden.

Vom Jahr 1950 an verfiel Abdel Aziz zunehmend in Depressionen. Sie wurden ausgelöst durch die Erfahrung, daß es ihm nicht mehr gelang, seine Frauen trotz aller Bemühungen zu schwängern. Das Schwinden seiner männlichen Kraft gab ihm das Gefühl, nicht mehr Herr zu sein, der von den Untertanen respektiert wurde.

Am Ende seines Lebens mußte Abdel Aziz erfahren, daß es seine Söhne waren, die für den Import von Whisky in großen Mengen nach Saudi-Arabien verantwortlich waren. Er hielt ihnen vor, nur die Bewahrung der Glaubensgrundsätze könne das Reich stabil halten. Die Prinzen hörten dem Vater zu, sie vergaßen seine Worte jedoch sofort. Sie warteten auf den Tod des kranken Mannes, der halsstarrig geworden war. Abdel Aziz Ibn Abdel Rahman Ibn Faisal As Saud starb am 9. November 1953 an der Summe seiner Leiden.

Abdel Aziz selbst hatte bestimmt, daß sein ältester Sohn Saud Ibn Abdel Aziz Nachfolger werde. Um der Entscheidung Legitimität zu geben, hatte er einen Familienrat beauftragt, Sauds Nachfolge zu bekräftigen. Die Sippe war dem Wunsch des kranken Königs gefolgt. Die Prinzen waren allerdings der Meinung, Saud besitze nicht die Kraft, das Königreich zu regieren.

Ein schwacher König läßt Saudi-Arabien verkommen

Als Abdel Aziz starb, befand sich der älteste Sohn nicht in seiner Nähe. Der Kranke hatte sich nach Taif bringen lassen, weil er glaubte, die Luft dieser Oase im Hügelland bringe ihm Linderung. Kronprinz Saud war in die Hafenstadt Dschedda gereist in der Meinung, der Zustand des Königs sei nicht kritisch. Als Saud in Dschedda erfuhr, der Tod des Vaters stehe nahe bevor, ließ er sich sofort nach Taif bringen. Saud wollte dabeisein, wenn der König starb. Er kam zu spät. Saud mußte befürchten, daß sein Bruder Faisal, der sich in Taif befand, die Königswürde an sich riß. Faisal war beliebt bei den Chefs der wahhabitischen Nationalgarde; sie würden – so glaubte Saud – bestimmt Faisals Griff nach der Macht unterstützen. Noch während der Autofahrt zum Palast von Taif rechnete Saud damit, am Palasttor abgewiesen zu werden. Saud hätte sich nicht dagegen wehren können. Saud sah tatsächlich seinen Bruder Faisal vor dem Tor stehen, und er wußte nicht, was diese Geste bedeuten solle. Dann aber hörte Saud die Stimme des Bruders, die ihn, Saud, zum König proklamierte. Die Prinzen und die Offiziere, die Faisal umstanden, jubelten.

Am selben Tag noch wurde der Leichnam des Staatsgründers nach Riyadh geflogen. Ohne Zeremonie wurde das Staatsoberhaupt bestattet. Keiner der Monarchen und Präsidenten der Welt war als Trauergast geladen. Kein Mausoleum ziert seine Grabstätte. Niemand weiß, wo die Gebeine des Königs ruhen.

Streng beachtet worden sind die Grundsätze des »Wahhabismus« bei der Bestattung des Chefs der Sippe As Saud. Mehr als sechs Generationen waren vergangen seit den Predigten des Mohammed Ibn Abdel Wahhab, die den Menschen der Arabischen Halbinsel eingeprägt hatten, allein Allah dürfe angebetet werden. Keine Stätte dürfe deshalb existieren, die Anlaß biete zur Anbetung. Die wahhabitische Tradition läßt keine Ausnahme zu – auch nicht für Könige.

Der volle Name des Nachfolgers lautete: Saud Ibn Abdel Aziz Ibn Abdel Rahman Ibn Faisal As Saud. Er war 51 Jahre alt, als er Herrscher wurde. Krankheiten plagten ihn. Sein Verdauungssystem war nicht in Ordnung. Vor allem aber ließ seine sexuelle Kraft nach. Versagen auf diesem Gebiet stimmte ihn mißmutig, veranlaßte Wutanfälle. Dabei war sein Kindersegen größer als der des Vaters: Saud hatte 53 Söhne, also elf mehr als Abdel Aziz. Dabei enthält diese Zahl nur die Nachkommen von offiziell mit ihm verbundenen Frauen. Ungefähr 50 Söhne hatte er noch aus Beziehungen zu Sklavinnen.

Von den ersten Wochen der Regierungszeit an holten die Berater des neuen Königs Ärzte nach Riyadh. Sie machten meist große Versprechungen, konnten jedoch die Potenz des Liebhabers der Frauen nicht stärken. Um König Saud scharten sich die Scharlatane der Medizin aus Europa und den USA. Sie erhielten hohe Honorare und sie erzielten keine Wirkung.

Doch der Reichtum des Clans As Saud schwoll an. Im Jahre 1954 nahm das Haus As Saud pro Tag mehr als eine Million Dollar aus dem Ölgeschäft ein. Ein Jahr später war das Einkommen auf zwei Millionen Dollar pro Tag gestiegen. Auch weiterhin betrachtete der Herrscher des Ölkönigreichs Saudi-Arabien das einlaufende Geld als seinen Privatbesitz. Allein er bestimmte, wie es auszugeben war. Daß sich dieser Zustand ändern müßte, kam ihm nicht in den Sinn. König Saud dachte nicht daran, eine Verwaltung aufzubauen und Ministerien einzurichten, die dem Land nützen könnten. Die Untertanen interessierten den Herrscher nicht. Er war nicht vorbereitet worden für die Aufgabe, die er zu erfüllen hatte; er hatte nicht einmal einfachste Schulbildung genossen. Saud war einzig darauf aus, das Leben zu genießen, das ihm durch die Dollarflut ermöglicht wurde. Den Lebensgenuß suchte er im Ausland. Hunderte von Millionen Dollar wurden für Errichtung und Einrichtung von Villen im Libanon, in Südfrankreich und in Südspanien ausgegeben. Weiter Millionen verschwanden auf Konten in der Schweiz.

Eine einträgliche Zeit begann für gerissene Geschäftsleute, die es verstanden, dem König zu schmeicheln, ihn mit schönen gefälligen Frauen zu verwöhnen, ihm einzureden, er sei eine der wichtigsten Persönlichkeiten der gesamten Welt.

Der Raffinierteste unter ihnen war Onassis, dem ungewöhnliche Privilegien für seine Tankerflotte zugestanden wurden: Er besaß schließlich das Monopol für den Transport des saudiarabischen Öls.

Die Idee, ein Exklusivabkommen mit Onassis zu schließen, war nicht im Kopf des einfallslosen Königs entstanden. Verantwortlich waren seine Ratgeber, auf deren Auswahl Saud keine Zeit und Mühe verwendete. Die wichtigste Stütze war ein Mann, der kaum lesen konnte. Er hatte seine Laufbahn als Garagenarbeiter begonnen. Er hatte dem Finanzverwalter Abdallah Ibn Suleiman gute Dienste geleistet: Ibn Suleiman war alkoholsüchtig und benötigte täglich eine Flasche Whisky. Der Garagenarbeiter war in der Lage, auf geheimnisvolle Weise dieses Bedürfnis zu befriedigen. Der Garagenarbeiter bediente bald auch den König, dessen Whiskyverbrauch ebenfalls beachtlich war. Auch dem Herrscher war es nicht möglich, sich im Königreich Saudi-Arabien ohne weiters Whisky zu beschaffen, da die religiös-islamische Sittenpolizei auch die verborgenen Kanäle der Lieferung zu kontrollieren wußte. Der Garagenarbeiter aber wußte Wege, um die Sittenpolizei zu übertölpeln. Zur Belohnung wurde ihm die Position eines »Beraters im königlichen Haushalt« zugewiesen. Er wurde rasch zum reichen Mann.

Es mag auf den Rat dieses »Beraters« gewesen sein, daß König Saud begann, eine Rolle in der Weltpolitik spielen zu wollen. Gelegenheit bot der amerikanische Präsident Dwight D. Eisenhower. Er hatte kurz zuvor in einer außerordentlichen Sitzung des Kongresses die Zustimmung zur »Eisenhower-Doktrin« erhalten. Sie gab ihm die Vollmacht, jedem Land im Nahen und Mittleren Osten zu helfen, dessen Unabhängigkeit und territoriale Einheit bedroht war. Jede Regierung, die in Gefahr war, von einem Land angegriffen zu werden, das zum »Lager des Internationalen Terrorismus« zählte, konnte mit amerikanischer Unterstützung rechnen. Der amerikanische Präsident besaß nun die Erlaubnis, amerikanische Soldaten in den Nahen und Mittleren Osten zu entsenden, ohne die Zustimmung des Kongresses einholen zu müssen. Dwight D. Eisenhower durfte für eine derartige Militäraktion bis zu 200 Millionen Dollar ausgeben.

Der Präsident wollte erreichen, daß die »Eisenhower-Doktrin« von möglichst vielen arabischen Regierungen begrüßt und akzeptiert wurde. König Saud bot sich als Vermittler an zwischen dem amerikanischen Präsidenten und den arabischen Staatschefs; schließlich sei er der Beherrscher von Mekka und Medina und folglich »Geistiges Oberhaupt« aller arabischen Moslems.

Sauds Hintergedanke war, dem ägyptischen Präsidenten Gamal Abdel Nasser eine Lehre zu erteilen: Nasser hatte sich in den Kopf gesetzt, der Führer aller Araber zu werden – an der Erfüllung dieses Ziels wollte ihn Saud hindern; Saud wollte umjubelt werden, wie der Führer der ägyptischen Massen. In den Schatten stellen wollte er Gamal Abdel Nasser. Saud glaubte, er sei der Glücksbringer, der Unterstützung durch die Vereinigten Staaten von Amerika für das arabische Volk garantieren konnte. Saud erwartete Dankbarkeit der Araber dafür, daß er ihnen Sicherheit bieten konnte gegen die Aggression »der Freunde Moskaus« und gegen kommunistische Umtriebe. Seine Fehlkalkulation war, daß Gamal Abdel Nasser genau zu dieser Zeit bereits der politischen Orientierung des Kreml zugeneigt war. Nasser betrachtete Nikita Sergejewitsch Chruschtschow als seinen Freund, der ihm in der Auseinandersetzung mit Israel hilfreich zur Seite stehen würde. Bei dieser Konstellation mußte Nasser gegen die Annahme der Eisenhnower-Doktrin durch die arabischen Regierungen sein. Saud war zu Nassers Feind geworden.

Der saudiarabische König aber glaubte, es gelinge ihm, Nasser aus der Umklammerung durch Chruschtschow zu lösen.

Dafür erwartete er Dankbarkeit der Verantwortlichen in den USA. Saud war der Meinung, die amerikanischen Politiker würden ihn dafür feiern, daß er Gamal Abdel Nasser »neutralisiert« habe. Die Anerkennung durch die Mächtigen der USA wollte Saud persönlich und an Ort und Stelle erleben.

Doch gleich der Beginn der Reise in die USA brachte ein böses Erwachen. Bürgermeister Wagner von New York weigerte sich, König Saud zu empfangen, da dieser ein erklärter Feind des Staates Israel sei. Wagner änderte seine Meinung auch nicht, als das Weiße Haus und das State Department ihn bedrängten, er möge seinen Standpunkt revidieren. Saudi-Arabien habe im Jahr 1948 nicht am Krieg der arabischen Armeen gegen den noch jungen Staat Israel teilgenommen; das Königreich habe nicht einmal Geld gespendet für die kriegführenden Araber. Saud habe sich nichts gegen Israel zu schulden kommen lassen.

Der Bürgermeister von New York führte noch zwei weitere Gründe an, warum er im König keine Person sehe, deren Anwesenheit in seiner Stadt erwünscht sei: Saud habe in Saudi-Arabien die Sklaverei nicht abgeschafft – und er verbiete, daß sich unter den amerikanischen Piloten, die im US-Stützpunkt Dhahran stationiert sind, Juden befinden.

In diesen beiden Sachfragen sprach Bürgermeister Wagner die Wahrheit. In der Tat war es in Saudi-Arabien noch üblich, Sklavinnen zu kaufen. Saud selbst hatte mehr als zwei Dutzend solcher gekaufter Frauen in seinem Haushalt. Sklavenhandel war nicht verboten im Königreich.

Was den zweiten Vorwurf angeht: König Saud hatte mit der diplomatischen Vertretung der USA in seinem Lande vereinbart, daß kein jüdischer Pilot im Rahmen der »US-Training-Mission« in Saudi-Arabien eingesetzt werden dürfe.

Noch einen Grund hatte der Bürgermeister parat: Allen Christen, die sich in Saudi-Arabien aufhielten, sei es untersagt, christlichen Gottesdienst abzuhalten. Diese Aussage entsprach der Realität: Christliche Gottesdienste dürfen nicht einmal im privaten Rahmen stattfinden.

Wagners Weigerung König Saud zu begrüßen, fand Zustimmung bei Christen und Juden in den USA. Der New Yorker Bürgermeister wurde gelobt, er sei ein aufrechter Politiker eines freien Landes, der dem »Potentaten aus dem Morgenland« die Wahrheit ins Gesicht geschleudert habe.

Dwight D. Eisenhower gab sich Mühe, seinen Gast zu überzeugen, Wagner sei eine Ausnahme unter den US-Bürgern. Selbstverständlich werde der Monarch von der Mehrheit der Amerikaner geliebt. Glanzvoll war der Empfang für Saud in Washington. Sechs Tage lang stand der König im Mittelpunkt der Aufmerksamkeit der amerikanischen Hauptstadt. Saud ließ sich hofieren. Zum Dank versprach der König seinem Gastgeber, er werde die arabischen Staatschefs überzeugen, daß Gamal Abdel Nasser die falsche Politik betreibe, daß Nasser die Absicht habe, Arabien dem Kommunismus auszuliefern.

Um seinen guten Willen gegenüber den USA zu beweisen, stimmte Saud am Ende des Aufenthalts in Washington zu, die US-Air-Force dürfe die Luftwaffenbasis Dhahran am Persischen (Arabischen) Golf für weitere fünf Jahre benutzen. Daraufhin stellte der amerikanische Präsident dem Gast die Präsidentenmaschine für den Rückflug zur Verfügung. Die Reise wurde in Cairo unterbrochen. König Saud hatte sich vorgenommen, ohne langes Zögern den ägyptischen Präsidenten zu überzeugen, daß die »Eisenhower-Doktrin« der arabischen Welt Sicherheit bieten könne. Das Treffen mit Gamal Abdel Nasser fand im Abdin Palast in der ägyptischen Hauptstadt statt. Anwesend waren auch Shukri Kuwatli, der Präsident Syriens und König Hussein von Jordanien. Saud hatte kaum begonnen, auf seine schwerfällige Art die »Eisenhower-Doktrin« zu erläutern, als ihn Nasser harsch mit der Bemerkung unterbrach, die Erläuterung sie völlig nutzlos, da Ägypten und Syrien keine Änderung ihrer Politik beabsichtigten. Das Prinzip dieser Politik sei Neutralität unter Berücksichtigung der besonderen Freundschaft dieser beiden Staaten zur Sowjetunion. Ägypten und Syrien würden auch weiterhin ihre Waffen von der Sowjetunion beziehen. Er, Nasser, habe keine Sorge, Moskau werde aggressiv gegen einen arabischen Staat vorgehen. Da die UdSSR keine Gefahr darstelle, sei das Hilfsangebot aus Washington überflüssig.

König Saud verließ Cairo mit der Überzeugung, Nasser werde alles daransetzen, um die Monarchie in Saudi-Arabien zu vernichten. Saud war entschlossen, sich zu wehren: Mit einem seiner »Berater« dachte er sich einen Plan aus zur Ermordung von Gamal Abdel Nasser. Doch jener »Berater« verriet den Plan an den ägyptischen Geheimdienst. Der sorgte für prompte Veröffentlichung. Saud war blamiert – weniger, weil er die Absicht gehabt hatte, Nasser töten zu lassen, sondern wegen der naiven Art der konspirativen Planung. Das Haus As Saud war am Tiefpunkt seines Ansehens in Arabien angelangt.

Für Sauds Wunsch, die akzeptierte Führungspersönlichkeit der arabischen Welt zu werden und Nasser in den Schatten zu stellen, gab es nun keine Hoffnung mehr. Die Folge war, daß sich der enttäuschte Monarch in seinem Palast in Riyadh verbarg. Er war für niemand mehr zu sprechen; er traf keine Entscheidungen mehr. Prinz Faisal – der nächste in der Reihe der Brüder, die für eine Übernahme der Macht in Frage kamen – übernahm nach und nach die Funktion eines Regierungschefs. Am 24. Mai 1958 stimmte Saud der eigenen Entmachtung zu.

Faisal erlebte eine Überraschung: Der Ölstaat Saudi-Arabien hatte 480 Millionen Dollar Schulden. Dazu hatte die Mißwirtschaft des Königs Saud geführt.

Zur Rettung der Staatsfinanzen verließ sich Faisal nicht auf den eigenen Verstand. Er bat Spezialisten des International Monetary Fund um Rat. Sie empfahlen die Einstellung großer Bauprojekte und die Reduzierung der Zuwendungen für die Prinzen. Die Staatsausgaben wurden gesenkt, zum Beispiel durch das Verbot, für den Clan As Saud teure amerikanische Autos zu kaufen. Eine Zeitlang wurden nur preiswerte europäische Modelle erworben.

Faisal genoß in den internationalen Medien bald das Ansehen, ein sparsamer und asketisch lebender Monarch zu sein, der sich hütete, den eigenen Clan zu bevorzugen. In Wahrheit fand er eine Methode, die Prinzen voll zu entschädigen. Faisal dekretierte, der Boden Saudi-Arabiens sei Besitz der Familie As Saud. Der Vater Abdel Aziz war ihm darin Vorbild: Abdel Aziz hatte die gesamten Ölvorkommen zu seinem Besitz erklärt – Faisal beschlagnahmte das Land zu Gunsten der eigenen Sippe. Der Saudi-Arabien-Kenner Said K. Aburish berichtet zu diesem Vorgang ein wichtiges Detail: »Das konfiszierte Land bekam neue Bezeichnungen. Eine Landschaft wurde Faisaliah genannt, nach dem König Faisal; eine andere hieß nun Khalidiah, nach Prinz Khaled; wieder eine andere Sultaniah, nach Prinz Sultan.« Alle bisherigen Eigentumsverhältnisse wurden für ungültig erklärt. Zentralarabien wurde nun im wahrsten Sinne zu »Saudi-Arabien«.

Faisals »Heiliger Krieg« findet nicht statt

Ein Ereignis veränderte im Sommer 1967 die gesamte politische Situation des Nahen Ostens: Nasser, davon überzeugt auf der Höhe seiner Macht zu stehen, wagte die Herausforderung der Israelis. Er sperrte den Golf von Aqaba für israelische Schiffe. Dann sprach er den Satz aus, den er nur wenige Tage später bereuen sollte: »Wenn Israel den Krieg will, Marhaba! Herzlich willkommen!«

Israel nahm diese Herausforderung an. Am frühen Morgen des 5. Juni 1967 griff die israelische Luftwaffe die Flugplätze der Ägypter an und zerstörte innerhalb weniger Stunden nahezu sämtliche Kampfmaschinen, über die Nasser verfügt hatte. Schon um die Mittagszeit des 5. Juni war der Krieg für die arabische Seite verloren. Israel errang seinen bisher eindrucksvollsten Sieg.

Zehntausende hörten Faisal zu, als er auf dem Platz bei der Großen Moschee von Mekka dreimal die Gläubigen aufforderte, gegen Israel in den Heiligen Krieg zu ziehen. Faisal sprach die Zuhörer als das »Volk des Propheten Mohammed« an, das einst dem Gesandten Allahs gläubig in den Krieg gefolgt sei. Zehntausende erwidern den Aufruf durch den Schwur, bereit zu sein zum Heiligen Krieg – doch dann begaben sich die Zehntausend nach Hause, und König Faisal auch. Der Konflikt mit Israel stieß in der saudiarabischen Hauptstadt nicht auf Interesse.

Da verbreitete sich plötzlich am zweiten Kriegstag eine Parole in Arabien, deren Urheber Gamal Abdel Nasser war. Er hatte den Gedanken ausgesprochen, das arabische Öl müsse »als Waffe« eingesetzt werden »im Kampf gegen die amerikanischen Imperialisten und deren Handlanger in Israel«. Nasser war der Meinung, die völlige Sperrung der Öllieferungen an die USA und an europäische Staaten würde die politisch Verantwortlichen jener Länder veranlassen, die Unterstützung des jüdischen Staates aufzugeben.

Faisal reagierte nicht. Er argumentierte auch nicht gegen Nassers Aufforderung zum Ölboykott. Er wußte, daß die »Waffe Öl« nicht wirksam sein konnte.

Für Faisal war wichtig, daß die Einnahmen seiner Sippe aus dem Ölgeschäft nicht sanken. Er wollte die Staatsschulden tilgen. In der Zeit nach dem Junikrieg von 1967 stiegen die Zahlungen der Ölgesellschaften auf rund 900 Millionen Dollar pro Jahr. Geldmangel war nicht mehr das Problem des Landes in Zentralarabien. Drückend war, daß noch immer die Verwaltung Saudi-Arabiens und ganz besonders die Budgetadministration des Hauses As Saud den Anforderungen nicht gewachsen war. Dem Staate fehlte Personal, das in der Verwaltung eingesetzt werden konnte; Beamte mußten herangebildet werden. Die Mehrheit der Bevölkerung stand dem Gedanken der »Nutzbarmachung« der Menschen der Wüste ablehnend gegenüber. Die Sippen wollten als Beduinen leben wie sie es gewohnt waren. Des Königs Ideen lehnten sie ab.

Die Ikhwan-Idee lebt kurzfristig wieder auf

Faisal war nicht der Erfinder saudiarabischer Siedlungspolitik. Sein Vater Abdel Aziz hatte schon um das Jahr 1910 den Beduinen die Möglichkeit eröffnet, sich in dörflichen Siedlungen an Wasserstellen niederzulassen. Mit der Seßhaftigkeit der Beduinen hatte Abdel Aziz erreicht, daß die Männer leicht zu Kriegszügen mobilisiert werden konnten – sie waren in ihren Häusern immer erreichbar und bereit. So waren die Siedlungen der »Bruderschaft« entstanden, des »Ikhwan«. Sie waren nützlich gewesen für das Haus As Saud – bis sie dem Ansehen der Sippe Schaden zufügte.

Die Renaissance der Ikhwan-Idee war König Faisals ureigenste Vision. Er ärgerte sich darüber, daß Saudi-Arabien trotz des Reichtums, der ihm ganz persönlich zur Verfügung stand, noch immer ein Land war, das in der Welt nichts zählte. Er gab die Schuld an diesem Zustand den »nutzlosen Beduinen«; sie sollten angesiedelt und »produktiv sinnvoll« werden. Der Herrscher stellte sich allerdings eine Bedingung: »Die Menschen sollen im Einklang mit dem Islam leben.«

Daß der Gedanke des Predigers Mohammed Ibn Abdel Wahhab noch immer wirkte, ist aus den Sätzen abzulesen, die der König in der Präambel zu seinem Siedlungsprogramm selbst formulierte: »Die Erleuchtung des Herrschers ist die Garantie des Erfolgs. Der König wirkt in Allahs Sinn. Er beachtet das Gesetz des Islam, das Gerechtigkeit für alle vorsieht. Saudi-Arabien ist ein Land, dessen Menschen sich nach dem Koran und der Lehre des Propheten Mohammed richten. Der Koran ist die Verfassung des Königreichs. Jedes Gesetz hat sich nach dem Koran zu richten.«

Die Worte verhallten. König Faisal mußte erfahren, daß er nicht geschaffen war, andere Menschen mitzureißen. Der König war kein Redner von Format. Es lag nahe, nach einer Kompensation für die fehlende Ausstrahlungskraft zu suchen. Der Gedanke reifte, durch Geld Einfluß zu gewinnen auf die Stämme. Faisal erlebte erneut die Überraschung, daß Geld fehlte. Faisal hatte damit gerechnet, daß die Einnahmen weiterhin steigen würden. Doch er mußte sich sagen lassen, daß der Ölverbrauch der Industrienationen sank. Ab 1968 stiegen die Einnahmen aus dem Ölgeschäft nicht an – sie sanken. Faisal mußte einsehen, daß er in arabischer Politik nichts erreichen konnte, wenn er nicht großzügig Geld verteilen konnte. Sein Prestige schwand.

Die Folge war, daß die Prinzen nervös wurden. Sie spürten wachsende Unsicherheit in der eigenen Sippe. Aus manchem Palast wurden schwere Kisten zum Flughafen Riyadh gebracht und außer Landes geflogen. Frauen und Kinder, die zum Haus As Saud gehörten, verließen Saudi-Arabien. Geschäftsleute in Dschedda stellten sich die Frage, ob das Haus As Saud abgewirtschaftet habe.

Widerstand gegen das Haus As Saud

Geheimnisvoll blieb der Vorgang. Sicher war allein, daß die Rebellen in den Offiziersrängen der Luftwaffe zu suchen waren. Die meisten der jungen Piloten waren Absolventen der britischen Luftwaffenakademie. Bekannt wurde, daß sie nach ihrer Rückkehr in die Basis Dhahran lobende Worte für die Demokratie in Großbritannien geäußert hatten. Ihre Meinung: Der Mensch kann sich in der Demokratie entfalten. Die Schlußfolgerung aus dieser Feststellung war: Die royale Familie verhindert die Entfaltung des Menschen.

Demokratie zu fordern ist ein Verbrechen, das in Saudi-Arabien mit dem Tod bestraft wird. Wer Demokratie fordert, der bezieht Position gegen die Herrschaft des Hauses As Saud.

Ob die Luftwaffenoffiziere die Entmachtung des Königs und der Prinzen wirklich anstrebten, ist ungewiß. Tatsächlich aber erfolgten Verhaftungen auf der Luftwaffenbasis Dhahran. 250 Männer, so lauteten die Gerüchte, sollen gefangengesetzt worden sein. Unter ihnen soll sich auch ein Pilot des Königs Faisal befunden haben. Näheres war nicht zu erfahren – und Fragen durften nicht gestellt werden in Saudi-Arabien.

Das Schweigen der royalen Familie machte die Behauptung möglich, das Haus As Saud sei ernsthaft in Gefahr gewesen, durch einen Militärputsch von der Macht und aus den Palästen gefegt zu werden. Von Mund zu Mund gingen Erzählungen, Luftwaffenoffiziere seien unter der Folter gestorben. Die Folterer seien Amerikaner gewesen, Angehörige des CIA. Offiziere, die gestanden hätten, seien im großer Höhe über der Wüste Rub Al Khali aus Transportflugzeugen gestoßen worden.

Eine gerichtliche Untersuchung der wahren oder der vermeintlichen Vorfälle wurde nicht geführt. Der offizielle Standpunkt der Regierung war: Alle Offiziere hielten und halten treu zur königlichen Familie.

Einen sichtbaren Anhaltspunkt für Turbulenzen innerhalb der Luftwaffe gab es: Über Monate hin startete kein saudiarabisches

Flugzeug von der Luftwaffenbasen Dhahran und Dschedda. Die Maschinen standen unbenutzt am Boden.

Andere Hinweise ergaben sich aus der Beobachtung, daß Hofbeamte, die nicht zur königlichen Familie zählten, von einem Tag zum anderen in Ungnade fielen, daß Offiziere im Rang zurückgestuft wurden. Nervös waren nicht nur die Mitglieder des Hauses As Saud, sondern auch die amerikanischen Herren der Ölkonzerne. Sie fürchteten Unruhe im Königreich. Das Ölgeschäft konnte nur in einem Klima der Stabilität blühen. Dies begriff auch die Abteilung des State Department, die sich mit den arabischen Staaten zu befassen hatte. Vom Beginn der 70er Jahre an stand fest, daß die amerikanische Regierung an der Bewahrung der Herrschaft des Hauses As Saud interessiert war.

Mit Zustimmung des Königs Faisal verstärkte der amerikanische Geheimdienst seine Aktivität im Königreich. Auf Anregung der CIA-Beamten wurde der Ausbau der Streitkräfte traditioneller Art nicht vorangetrieben. Der Sektor der Panzerwaffe wurde an Gerät und Personal nicht erweitert. Der Ausbildungsprozeß der Luftwaffe wurde unterbrochen. Erweitert wurde allein die Nationalgarde, die einst aus den Trupps der Ikhwan entwickelt worden war; in der Nationalgarde lebte der Geist des Predigers Mohammed Ibn Abdel Wahhab weiter. Die Nationalgarde hat die Aufgabe, die innere Sicherheit des Ölstaates zu gewährleisten; das heißt präzise gesagt, die Nationalgarde hat dafür zu sorgen, daß die Herrschaft des Hauses As Saud nicht gefährdet ist.

Daß die Gefahr bedrohlich war, wurde am 25. März 1975 deutlich. Es war der Geburtstag des Propheten Mohammed. Dieser Tag wurde am königlichen Hof in Riyadh nicht gefeiert, die wahhabitischen Glaubensprinzipien verboten jegliche Art von Fest zu Ehren eines Menschen – verehrt und gefeiert werden durfte allein Allah.

Am Vormittag jenes 25. März hatte König Faisal keine Entscheidung zu treffen, kein Dokument zu unterzeichnen und kein Staatsgespräch zu führen. Faisal konnte sich darauf beschränken, Angehörige der eigenen Familie zu empfangen. Ahmed Abdel Wahhab, der Chef des königlichen Protokolls, hatte keine besondere Vorsichtsmaßnahme für diese Audienz angeordnet: Daß den Monarchen ein Feind aus der eigenen Familie besuchen wollte, brauchte der Protokollchef nicht zu vermuten. Und doch wurde König Faisal erschossen – ohne Vorwarnung.

Geklärt ist der Ablauf des Attentats. Ein junger Mann, der Prinz Faisal Ibn Musaid hieß, betrat den Audienzsaal. Als sich der Audienzgast, der vor ihm stand, zum König hinunterbeugte, schoß Prinz Faisal Ibn Musaid. Drei Schüsse wurden abgefeuert. Ein Geschoß traf den König in den Hals. Faisal war sofort tot. Der Attentäter ließ sich ohne Gegenwehr vom Protokollchef Ahmed Abdel Wahhab festnehmen.

Das Attentat war nicht zu vermeiden gewesen. Gegen Prinz Faisal Ibn Musaid hatte kein Verdacht bestanden. Sein Vater war ein Sohn des Königs Saud, der im Jahr 1953 von Faisal abgelöst worden war. Der Prinz war mit einer Prinzessin aus dem Hause As Saud verlobt.

Der Prinz war durch nichts aufgefallen. 28 Jahre alt war er geworden. Er war Student gewesen an der Universität Colorado. An ein ernsthaftes Studium hatte er allerdings nicht gedacht. In die Fänge der Polizei war er geraten, weil er beim Handel mit geringen Mengen von Drogen ertappt worden war. Eine Bestrafung war nicht erfolgt. Vermutet wird, daß die Botschaft des Königreichs Saudi-Arabien auf diskrete Weise seine Bürgschaft für diesen Angehörigen des Hauses As Saud übernommen hat.

Irgendwann soll Faisal Ibn Musaid in Beirut gesagt haben, er werde König Faisal umbringen. Als Grund habe er angegeben, der König trage Schuld am Tod seines Bruders. Der war einige Monate zuvor in Riyadh erschossen worden. Er hatte an einer Demonstration gegen die Einrichtung eines Fernsehsenders teilgenommen, dessen Inbetriebnahme der König genehmigt hatte.

Der Zorn der Untertanen in Riyadh war gewaltig gewesen. Viele lehnten die Einrichtung des Fernsehens ab. Der Geist des einstigen Predigers Mohammed Ibn Abdel Wahhab lebte in diesen Untertanen weiter. Der Prediger hatte die Menschen der Arabischen Halbinsel daran erinnert, daß der Prophet Mohammed die bildliche Darstellung von lebenden Wesen streng verboten hatte. Im Fernsehprogramm aber sollten Bilder von Menschen gezeigt werden: Die Errichtung des Senders war ganz offensichtlich Verrat an wahhabitischen Grundsätzen. Die Demonstranten hatten sich im Recht gefühlt, als sie die Sendeanlagen zerschlagen wollten. Schüsse der saudiarabischen Polizei hatten die technischen Geräte vor der Zerstörung gerettet. Der Bruder des Prinzen Faisal Ibn Musaid war an seinen Verletzungen gestorben.

Für Faisal Ibn Musaid mag es noch einen anderen Grund gegeben haben für seinen Zorn auf den König: Er gehörte zur minderen Klasse der Prinzen. Seine Mutter stammte aus dem Haus Rashid, aus der Sippe also, die der Staatsgründer Abdel Aziz aus Riyadh vertrieben hatte. Von wirklichem Ansehen im Haus war kein Mann, der von einer Frau aus der Sippe Rashid geboren worden ist. Wer von diesem Makel frei ist, der glaubt, durch Frauen aus dem Rashid-Stamm sei schlechtes, fauliges Blut in die Adern einiger Saudiprinzen gelangt.

Der Attentäter wurde am 18. Juni 1975 auf dem größten Platz der Hauptstadt Riyadh enthauptet. 20 000 Menschen sahen zu, wie mit einem Schlag des Scharfrichters der Kopf vom Rumpf getrennt wurde. Bis zuletzt zeigte Prinz Faisal Ibn Musaid Fröhlichkeit im Gesicht, als ob er zufrieden sei, seine Mission erfüllt zu haben.

An jenem Tag brachen bei manchem antiamerikanische Emotionen auf. Rasch machte das Gerücht die Runde, Prinz Faisal Ibn Musaid habe König Faisal im Auftrag Henry Kissingers und des amerikanischen Geheimdiensts getötet. Kissinger habe den saudiarabischen Herrscher deshalb beseitigen lassen, weil er hartnäckig vom amerikanischen Außenminister verlangt habe, er müsse den arabischen Teil von Jerusalem den Israelis abnehmen.

In der Tat hatte Henry Kissinger unmittelbar nach dem Attentat zugegeben, er sei keineswegs unglücklich darüber, daß er künftig mit König Faisal nicht mehr verhandeln müsse. Er charakterisierte Faisal so: »Er war ein Fanatiker des Glaubens. Er war verbohrt und starrsinnig. Er glaubte etwas von internationaler Politik zu verstehen, doch dies war nicht der Fall.«

Henry Kissinger hatte im Sommer 1973 eine schroffe Auseinandersetzung mit König Faisal durchgestanden. Faisal hatte nur dann ununterbrochene Öllieferung an die USA garantieren wollen, wenn Kissinger die Israelis dazu bringen konnte, sich aus den 1967 besetzten arabischen Gebieten zurückzuziehen. Kissinger bezeichnete diese Forderung als »Erpressung«. Doch Feisal beharrte auf seiner Forderung – auch als ihm Kissinger einen schmeichelhaften

Brief schickte mit dieser Formulierung: »Immer habe ich gesagt, daß die überragende Weisheit Ihrer Majestät für jeden Koflikt eine Lösung findet.«

Der Tod einer Prinzessin auf dem »Hack-Platz«

»Hack-Platz« nennen die Bewohner von Dschedda eine freie Fläche nahe der Al-Malek-Abdel-Aziz-Straße am Rande der Stadt. Hier werden denen, die den Chefs der Sippe As Saud mißfallen, die Köpfe abgeschlagen. Meist wird das Ereignis vorher angekündigt – manchmal aber geschieht es völlig überraschend. Im Juli 1977 finden an einem Tag hintereinander zwei Hinrichtungen auf dem »Hack-Platz« statt. An einem Samstag um die Mittagszeit sterben dort eine junge Frau und ein junger Mann durch den Scharfrichter. Sie waren ein Liebespaar. Die Frau hieß Prinzessin Mishaal Bint Fahd Ibn Mohammed und war die Urenkelin des Staatsgründers Abdel Aziz. Ihr Liebhaber hieß Khaled Muhallal und stammte aus einer angesehenen Offiziersfamilie.

Mishaal Bint Fahd Ibn Mohammed wurde durch sechs Schüsse in den Kopf getötet. Dem jungen Mann wurde der Kopf abgeschlagen. Empörung der Zuschauer löste aus, daß der Scharfrichter fünfmal hatte zuschlagen müssen, ehe der Kopf vom Rumpf getrennt war.

Das Verbrechen des Paares hatte darin bestanden, insgeheim miteinander geschlafen zu haben. Die Frau war verheiratet gewesen, doch ihr Mann hatte sich von ihr getrennt.

Das Todesurteil über das Paar hatte Prinz Mohammed Ibn Abdel Aziz ausgesprochen – der Großvater der Frau. Nach seiner Meinung hatte es dazu kein Gerichtsverfahren gebraucht. Prinz Mohammed war der Sheikh seiner unmittelbaren Sippe, und er war befugt, jeden töten zu lassen, der Schande über diese Sippe, gebracht hatte. Den Tod hatten die beiden – nach Ansicht des Prinzen – schon deshalb verdient, weil sie ins Ausland hatten fliehen wollen. Sie waren bei der Ausreise im Flughafen von Dschedda aufgespürt und verhaftet worden.

König Khaled – der im Jahr 1975 nach Faisal Herrscher geworden war – hatte die Hinrichtung verhindern wollen, denn sie entsprach nach seiner Auffassung nicht dem islamischen Recht. Auch der für Dschedda zuständige oberste Geistliche wollte, daß das Paar verschont werde. Prinz Mohammed Ibn Abdel Aziz (Jahrgang 1910) setzte sich durch: Er verlangte vom König – mit dem Recht des Älteren –, daß er dem Geistlichen befehle, die Exekution zuzulassen. Innerhalb der Hierarchie des Hauses As Saud war der Standpunkt des Älteren unantastbar.

Ermahnungen des Königs, die Hinrichtungen im verborgenen, hinter hohen Palastmauern, stattfinden zu lassen, beachtete Prinz Mohammed Ibn Abdel Aziz nicht. Er wollte, daß die Schande vor allen Augen getilgt werde.

So war es geschehen, daß viele der Bewohner von Dschedda dem Sterben der Prinzessin Mishaal zugesehen hatten. Verwunderung löste die offizielle Mitteilung des Hofes aus, die drei Tage nach der Hinrichtung veröffentlicht wurde. Sie besagte, Prinzessin Mishaal sei ertrunken. Wo dies geschehen sein soll und in welchem Gewässer, darüber sagte die offizielle Mitteilung nichts aus.

Für das Haus As Saud erwies es sich als Fehler, daß die Exekution in Dschedda stattgefunden hat, in der Hafenstadt, in der sämtliche diplomatischen Vertretungen untergebracht sind, deren Akkreditierung im Königreich erfolgt ist. Es konnte nicht ausbleiben, daß die Konsulatsbeamten aus Großbritannien und den USA von dem – in ihren Augen barbarischen Akt erfuhren. Bald wußten die Redaktionen in London und New York davon. Die Reaktion der Zeitungsleser war heftig.

Zum erstenmal nahm die Öffentlichkeit in westlichen Ländern Kenntnis von den barbarischen Zuständen im Reich des Hauses As Saud. Mit Verwunderung wurde festgestellt, daß die Regierung der USA exzellente Beziehungen zur regierenden Familie As Saud unterhielt, und daß weder vom Präsidenten Jimmy Carter noch vom State Department die Beachtung der »Menschenrechte« auf der Arabischen Halbinsel gefordert wurde. Wie konnte es geschehen, daß die zivilisierten Vereinigten Staaten von Amerika Partner waren eines derart barbarischen Landes? Besondere Empörung lösten Berichte darüber aus, daß auf dem »Hack-Platz« Bewaffnete der staatlichen saudiarabischen Polizei in auffällig großer Zahl anwesend waren und die Tötung beobachtet hatten – ohne einzugreifen. Die Prinzessin und ihr Liebhaber waren von den persönlichen Leibwächtern des Prinzen Mohammed Ibn Abdel Aziz umgebracht worden.

Präsident Jimmy Carter und seine Administration nahmen offiziell nicht zur Kenntnis, was in Dschedda geschehen war. Die US-Regierung schloß die Augen vor der Barbarei im Reich der Wahhabiten, in dem ein Menschenleben nur wenig zählte. Jimmy Carter hatte einen Grund zur Zurückhaltung: Er benötigte für seine Politik die Unterstützung des Königs Khaled. Mit Carters Unterstützung bemühte sich der ägyptische Staatschef Anwar As Sadat die »Mauer der Unbeweglichkeit« im Friedensprozeß für den Nahen Osten zu durchbrechen. Wenige Wochen nach dem »Morden von Dschedda« entschloß sich Sadat zur Reise nach Jerusalem und damit zum direkten Gespräch mit den Verantwortlichen des Staates Israel. Die Möglichkeit einer Verständigung zwischen Ägypten und Israel öffnete sich. Präsident Carter sah die Chance, aus der verfahrenen Situation zwischen Krieg und Frieden auszubrechen. Um diese Chance zu nutzen, brauchte er die Hilfe des saudiarabischen Monarchen, der die Finanzmittel besaß, um bei arabischen Regierungen Zustimmung zur »Friedensaktion« von Anwar As Sadat und Jimmy Carter zu erkaufen.

König Khaled war entsetzt über Sadats Initiative. Er war der Ansicht, Jimmy Carter setze sich nur deshalb für eine Friedenslösung ein, weil er glaubte, damit sein eigenes Ansehen in den Vereinigten Staaten aufpolieren zu können. Khaled war wütend, weil er diesen Ansatz eines Friedensprozesses als der arabischen Sache unwürdig empfand. Dazuhin wandte sich der König gegen jede Form des Alleingangs eines arabischen Staatsmannes.

Präsident Carter wollte die Mißstimmung zwischen Riyadh und Washington nicht offenkundig werden lassen. Er schickte seinen Sicherheitsberater Zbigniew Brzezinski in die saudiarabische Hauptstadt mit der Vollmacht zu weitgehenden Zugeständnissen.

Washington garantiert den Bestand des Hauses As Saud

Brzezinski wurde in Riyadh vom Kronprinzen Fahd empfangen, da der König zu diesem Zeitpunkt nicht in der Lage war, längere Gespräche zu führen – er verfügte nur noch über geringe Konzentrationsfähigkeit. Kronprinz Fahd, ein Bruder des Herrschers, hatte die Geschäftsführung im Staat übernommen.

Brzezinski hütete sich, von der Exekution in Dschedda zu reden, und Fahd beklagte sich nicht über die Reaktion der Presse in den USA auf dieses Ereignis. Der Kronprinz attackierte Anwar As Sadat wegen dessen Reise nach Jerusalem; er sagte jedoch kein Wort über Jimmy Carter, der die Aktion des ägyptischen Präsidenten unterstützt hatte. Im Gegenteil: Fahd lobte Carter für dessen Initiative, die israelische Regierung an den Verhandlungstisch zu bringen.

Dankbar nahm Fahd die Erklärung des Sicherheitsberaters an, die amerikanische Regierung werde für eine unbeschränkte Zeit den Bestand des Königreichs und des Hauses As Saud garantieren.

Die Existenzgarantie für das Haus As Saud war dem Kronprinzen äußerst wichtig: Vollzog sich doch gerade zu diesem Zeitpunkt der Untergang der Pahlawi-Dynastie in Iran. Das Volk dort wollte keinen Schah mehr über sich haben – es hatte Vertrauen gewonnen in Khomeini und in die hohe schiitische Geistlichkeit.

Für den Kronprinzen von Bedeutung war bei diesem Vorgang, daß im Raum um den Persischen (Arabischen) Golf eine Monarchie verschwand, und daß damit der monarchische Gedanke insgesamt in der Region geschwächt wurde. Deshalb nahm er die Bestandsgarantie für seine Dynastie durch die USA wichtig. Fahd bedachte jedoch auch, wie rasch eine derartige Bestandsgarantie wertlos werden konnte. Auch dem Pahlawi-Schah hatte Jimmy Carter versprochen, er werde ihn als Schah an der Macht halten. Allerdings war Fahd der Meinung, der amerikanische Präsident werde die Zusage gegenüber dem Haus As Saud ernster nehmen – die Bindung der bedeutenden Ölkonzerne der USA an das Königreich bildete schließlich eine starke Klammer. Die amerikanische Garantie wurde schon bald beansprucht.

Kaum hatte Ayatollah Khomeini am 1. Februar 1979 die Kontrolle über den Iran übernommen, richtete sich sein Blick auf Saudi-Arabien. Daß dort noch eine Monarchie zuständig war, ärgerte ihn. Nach Khomeinis Glaubensvorstellung waren in der Weltordnung Allahs überhaupt keine Könige vorgesehen. Männer, wie er selbst, die hohe Geistliche waren und zugleich anerkanntermaßen aus der Familie des Propheten Mohammed stammten, sollten allein das Recht besitzen, die Menschen der islamischen Welt zu führen. Daß Khomeini selbst in direkter Linie von Mohammed, dem Gesandten Allahs, abstammte, wurde von den Gläubigen nicht bezweifelt. Außer ihm gab es mehr als tausend Geistliche, deren Stellung als Nachfahre Mohammeds anerkannt wurde. Khomeini verschwieg seine Absicht nicht, die islamische Revolution über den Persischen Golf nach Westen »exportieren« zu wollen.

Diese Erklärung gab Khomeini im Jahr 1979 ab: »Wir werden unsere Revolution in die gesamte Welt hinaus exportieren, denn sie ist eine islamische Revolution. Unser Kampf wird so lange fortdauern, bis auf der ganzen Welt der Ruf ›Allah ist über allem!‹ ein Echo findet – bis die ganze Welt bekennt: ›Mohammed ist der Gesandte Allahs.‹«

Zunächst aber sollte die islamische Revolution Fuß fassen in Saudi-Arabien.

Die Hoffnung des Ayatollah, daß dies bald schon geschehen könnte, war nicht unbegründet. Über den Persischen Golf hinweg bestand eine Glaubensklammer: Die Bewohner von Iran waren schiitisch – die Sippen in der östlichen Provinz von Saudi-Arabien ebenfalls. Im Osten und im Westen des Persischen Golfs herrschte die Überzeugung, daß die Herrschaft allein von direkten Nachfahren des Propheten Mohammed ausgeübt werden dürfe.

Die Angehörigen des Hauses As Saud hielten nichts von einer derartigen Glaubensansicht. Sie gehörten zur sunnitischen Ausprägung des Islam. Sie waren überzeugt, Allah habe den Machtanspruch keineswegs auf die direkten Nachkommen des Gesandten Allahs beschränkt – hätte Allah Mohammeds engste Verwandte bevorzugt, hätten die As Sauds überhaupt kein Recht besessen zu regieren.

Die Schiiten machten dem Haus As Saud dieses Recht streitig; sie waren folglich Feinde des Hauses As Saud. Die Schiiten, die meist in der Hasaprovinz zu Hause waren, wurden von den Regierenden als »Hunde« bezeichnet, die kein Recht darauf hätten, auf saudiarabischem Boden zu leben.

Die Schiiten der Hasaprovinz, die ständigem Druck ausgesetzt gewesen waren, schöpften nach der erfolgreichen »schiitischen Revolution« in Iran, die Hoffnung, Khomeini werde ihnen helfen.

Sie wurden in dieser Hoffnung bestärkt durch schiitische Pilger, die – auf dem Weg nach Mekka – durch die Hasaprovinz kamen. Die Glaubensbrüder erzählten, der »gottlose Schah« sei aus dem Iran vertrieben worden, der reine Glaube habe die Macht angetreten. Allah werde sicher dafür sorgen, daß das gottlose Haus As Saud ebenfalls aus seinen Palästen gefegt werde. Das »Herz Arabiens« dürfe nicht Beute des Hauses As Saud bleiben.

Die Pilger aus Iran hatten Druckschriften bei sich, die in arabischer Sprache Auskunft gaben über den schiitischen Standpunkt zur in Saudi-Arabien regierenden Sippe. In diesen Schriften wurde aus der »letzten Botschaft« des Ayatollah Khomeini zitiert:

»Das Herrscherhaus auf der Arabischen Halbinsel ist völlig abhängig von den USA. Das Haus As Saud unterdrückt die Moslems, die nicht der wahhabitischen Irrlehre anhängen wollen. Schuld am Wahhabismus ist der Kolonialismus. Die Kolonialherren haben am Anfang des 13. Jahrhunderts (nach islamischer Zeitrechnung) Mohammed Ibn Abdel Wahhab angestachelt, eine Glaubenslehre zu erfinden, die geeignet ist, Moslems vom wahren Glauben abspenstig zu machen. Frevelhaft ist es, die Gläubigen davon abzuhalten, die Grabstätte des Propheten Mohammed aufzusuchen mit der Begründung, dieser Besuch sei Götzenanbetung. In Wahrheit ist der wahhabitische Irrtum eine Ketzerei, mit der sich das Haus As Saud seine Macht erhielt. Es benützt diese Macht, um die Reichtümer der Moslems zu verschleudern. Allah hat den Moslems das Öl geschenkt, damit sie den damit zu erzielenden Reichtum zur Stärkung des Glaubens verwenden. Die As Sauds aber geben diesen Reichtum dem Winde preis. Sie sind Heuchler und Verräter am Islam. Sie benützen das Geld, das sie einnehmen, um sich als Agenten der USA zu betätigen. Sie führen die Pläne der USA aus, um dem Islam zu schaden.«

Ayatollah Khomeini sah damals den jordanischen Monarchen Hussein an der Seite des Hauses As Saud: »Hussein bekommt seine Anweisungen von den Wahhabiten Saudi-Arabiens. Er ist ein Intrigant. Der Sturz des Schahs stellt für beide Herrscher eine Gefahr für die eigene Macht dar. Das Haus As Saud und die Haschemiten Jordaniens haben zu verschwinden!«

Diese Parole wiederholte der Ayatollah zum Beginn der Mekkapilgerfahrt des Jahres 1979 während einer Rundfunkansprache. Deutlicher als zuvor griff er die USA an: »Amerika ist der große Satan, der den Islam zerstören will. Im Dienst der USA aber stehen die Wahhabiten. Ihnen müssen die Heiligtümer in Mekka entrissen werden. Dies muß unser Plan sein: Wir vernichten die USA! Doch wer gegen Amerika erfolgreich kämpfen will, der muß zunächst das Haus As Saud und den wahhabitischen Irrglauben besiegen!«

Die Pilger aus dem Iran machten auf ihrem Weg nach Mekka Propaganda für Khomeinis Parolen. Sie fanden Gehör. Manchem Untertan des saudiarabischen Königshause gefiel, daß die Iraner ihren amerikahörigen Monarchen ins Exil getrieben hatten – gerne hätten sie dafür gesorgt, daß dies auch auf der Arabischen Halbinsel geschieht. Prediger traten auf, die den Zeitpunkt zum Handeln für günstig hielten: Der 20. November des Jahres 1979 stand bevor – der Beginn des 14. Jahrhunderts islamischer Zeitrechnung, errechnet auf der Basis von Mondjahren. Erwartet wurden besondere Ereignisse, wie immer beim Anbruch eines neuen Jahrhunderts. Im November 1979 erinnerten sich viele Gläubige daran, daß der Prophet Mohammed einst gesagt habe, zu jedem Jahrhundertbeginn werde ein Mann auftreten, der sich »Mahdi« nenne, und der geleitet sei von Allah. Seine Aufgabe sei es, den Gläubigen des Islam den rechten Weg zu weisen. Die Sicherheitskräfte in Mekka waren vorgewarnt, daß mit dem Auftritt eines Mannes zu rechnen sei, der vorgebe, der »Mahdi« zu sein.

Die Vorfahren der Taliban in Mekka

Am 20. November 1979, als die Morgendämmerung zart die Hügel im Osten von Mekka beleuchtete, sprach Mohammed Ibn Subayal, der Imam der Großen Moschee die Worte der ersten Koransure. Ihm hörten mehrere tausend Gläubige zu. Dichtgedrängt standen die Männer im Innenhof der Moschee.

Kaum hatte der Imam die Sure zur Einleitung des Frühgebets beendet, fielen Schüsse in rascher Folge. Wem sie galten, wußte zunächst niemand. Erstarrt blieb die Menge stehen. Nur wenige, die sich in der Nähe der Türe befanden, flohen hinaus in die Stadt.

Für die Gläubigen im Innenhof dauerte die Schießerei quälend lange Minuten. Schließlich war über die Lautsprecheranlage der Großen Moschee eine männliche Stimme zu hören, die ausgesprochen weich und melodiös klang. Die Stimme sagte: »Ich bin der Mahdi, der ›Geleitete‹, den ihr alle erwartet. Mein Kommen ist durch den Gesandten Allahs angekündigt worden.«

Im Licht der ersten Sonnenstrahlen war nun der Mann zu erkennen, der am Mikrofon stand. Er trug ein langes, weißes Hemd. Viele junge Männer, ähnlich wie er gekleidet, standen bei ihm.

Er sprach weiter: »Ich bin gekommen, um das Haus As Saud anzuklagen. Wer ihm angehört, der ist ein Feind des Islam. Das Haus As Saud hat eine Fremdherrschaft errichtet. Die Ungläubigen des Westens bestimmen bei uns. Die Macht des Hauses As Saud muß gebrochen werden.«

Ohne seine Stimme schrill zu erheben, brachte der »Mahdi« seine Anklage vor. Die Prinzen jener Sippe seien der Sexgier und dem Alkohol verfallen; sie verspielten Millionen in europäischen Spielhöllen; sie amüsierten sich in New Yorker Nachtlokalen. Die Prinzen, so sagte der »Mahdi« verschleuderten den Reichtum, der allen Moslems gehöre.

Mancher der Zuhörer war gepackt von den Worten des »Mahdi«. Doch alle hatten Angst, sich zu diesem »Mahdi« zu bekennen.

Das Ausmaß dieser Rebellion gegen das Haus As Saud war zunächst nicht zu erkennen. Die Aktionen blieben nicht allein auf die Große Moschee von Mekka beschränkt. Zum Zeitpunkt der Ansprache des »Mahdi« detonierten Sprengkörper in Medina, Dschedda und Riyadh. Die Explosion in der Hauptstadt ereignete sich in einem der Paläste des Herrschers. Zwei Wachsoldaten wurden getötet.

Im Verlauf des Vormittags stellten die saudiarabischen Sicherheitskräfte fest, wer jener »Mahdi« war, der zum Sturz des Hauses As Saud aufrief. Der Name war Dschuhaima Ibn Mohammed Al

Otheiba. Der Namensbestandteil Al Otheiba wies darauf hin, daß er einem alten und einflußreichen Geschlecht der Arabischen Halbinsel angehörte, das immer Wert auf Unabhängigkeit und Stolz gelegt hatte. Die Sippe Al Otheiba war im Verlauf der Eroberungszüge des Abdel Aziz während der ersten zwei Jahrzehnte des 20. Jahrhunderts dem Willen des Hauses As Saud gewaltsam unterworfen worden. Die Erinnerung an die Zeit, da die Sheikhs vom Hause Al Otheiba keinem Herrn untertan waren als Allah, lebte in Gedanken aller Männer des Stammes fort. Sie empfanden nur Haßgefühle gegen die Königsfamilie.

Dschuhaima Ibn Mohammed Al Otheiba war ein »Koranschüler«. Er hatte an der islamischen Universität Medina studiert; sein Lehrer war ein hoher Geistlicher gewesen, der als Autorität in der Hierarchie der Wahhabiten galt. Die Standesbezeichnung des jungen Studenten war »Talib« – Schüler. Aus dem Wort »Talib« entwickelte sich ein Dutzend Jahre später der Begriff »Taliban« – die Schüler.

Der Koranschüler hatte während seiner Studien begonnen, daran zu zweifeln, daß sich das Haus As Saud »Beschützer der heiligen Stätten des Islam« nennen durfte. Diese Funktion sollte nur von Männern ausgeübt werden, die als Geistliche ausgebildet waren und die nach den Regeln des Koran lebten. Daß genau diese Bedingung vom Haus As Saud nicht beachtet wurde, war in Saudi-Arabien weit bekannt. Dschuhaima Ibn Mohammed Al Otheiba kam zur Auffassung, daß sich der König und die Prinzen durch ihre Anmaßung den Zorn Allahs zugezogen hätten: Sie hätten das Recht verwirkt, den Gläubigen Vorschriften zu machen.

Khomeinis Aufrufe zur Beseitigung der Monarchien wirkten sich aus. Der Wahhabit Dschuhaima – der sich zur sunnitischen Glaubensrichtung zählte – stimmte überein mit dem schiitischen Ayatollah; beide sagten: »Im Islam haben Monarchen nichts zu suchen!« Von nun an wurde die Kluft deutlich zwischen den Gläubigen und dem Haus As Saud.

Die Ältesten des Hauses Al Otheiba waren durchaus mit dem Vorhaben des jungen Koranschülers einverstanden gewesen. Sie hatten nichts dagegen, daß der »Mahdi« junge Männer, die zum Teil Koranschüler waren wie er, aufforderte, mit ihm nach Mekka zu ziehen. 400 Männer waren bereit dazu. Diese Entschlossenen bereiteten ihre Aktion gründlich vor. Wochen vor der islamischen Neujahrsnacht begannen sie damit. Der »Mahdi« gewann überraschend schnell Anhänger unter den Moscheewächtern. Sie waren eingeweiht in das Vorhaben, von der Großen Moschee aus eine Rebellion gegen die regierende Familie anzuzetteln. Die Wächter kontrollierten nicht mehr, was die jungen Männer nach und nach durch das große Tor in die Moschee hineintrugen. Es war und ist Sitte, daß Tote auf einfachen Bahren zur Ka'aba gebracht werden, damit sie dort vor der Bestattung gesegnet werden. Die Männer des »Mahdi« schleppten Bahren zur Ka'aba. Niemand nahm zur Kenntnis, daß die Last beim Rückweg von der Ka'aba sehr viel leichter war. Die Maschinenpistolen und Munitionskisten waren zurückgeblieben und rasch in den Katakomben unter dem Heiligtum versteckt worden. Auch waren Kisten mit Lebensmitteln und Wasserflaschen in die unterirdischen Verstecke gebracht worden. Der »Mahdi« hatte seinen Anhängern von Anfang an gesagt, daß sie sich auf eine längere Auseinandersetzung einzustellen hätten. Dschuhaima Ibn Mohammed Al Otheiba glaubte fest daran, daß die Untertanen des Hauses As Saud bei längerer Fortdauer der Kämpfe nach und nach den Rebellen beistehen werden. Er war überzeugt, einen generellen Aufstand gegen die Königssippe in Gang bringen zu können.

Vom ersten Tag an bekam Dschuhaima Ibn Mohammed Al Otheiba propagandistische Unterstützung aus dem Ausland: Die Rundfunksender von Iran strahlten Parolen gegen das Haus As Saud aus – aber auch ägyptische Sender versuchten, das Ansehen der regierenden Familie zu untergraben.

Am Nachmittag des 20. November brachen Unruhen in der Provinz Al Hasa aus. Die Schiiten dieses Ölgebiets demonstrierten für die Moscheebesetzer. Sie glaubten, jetzt sei die Zeit der Endabrechnung mit den Wahhabiten gekommen. Auf Drängen der Ölkonzerne wurden die saudiarabischen Sicherheitskräfte sofort aktiv. Sie erwiesen sich als wenig effektiv. US-Soldaten, die im Stützpunkt Dhahran stationiert waren, wurden zu Hilfe gerufen. Dank ihrer Bewaffnung gelang es, den Aufstand niederzuschlagen.

In Mekka, im Hof der Großen Moschee, sprach der »Mahdi« immer wieder über die Lautsprecheranlage. Doch seinen Aufrufen gegen das Haus As Saud hörten immer weniger Menschen zu. Hatte

Dschuhaima Ibn Mohammed Al Otheiba zunächst die Absicht gehabt, eine große Anzahl der Moscheebesucher als Geiseln zurückzuhalten, so mußte er im Verlauf des Vormittags einsehen, daß dies nicht gelang. Die Angst vor den Regierenden veranlaßte viele, sich zum Tor hinauszuschleichen.

König Khaled befahl an jenem ersten Tag des Aufstands, weder Rundfunk noch Zeitungen dürften Meldungen über das Ereignis in Mekka verbreiten. Doch es war nicht zu verheimlichen, daß ein Aufstand gegen die Herrschenden stattfand. Am zweiten Tag war das Geschehen nicht mehr zu verbergen. Da erließ das Informationsministerium die Nachricht, in der Großen Moschee von Mekka halte sich eine »Verbrecherbande« verschanzt, die von einem »homosexuellen Alkoholiker« angeführt werde.

Diese »Verbrecherbande« verteidigte sich mit Mut und Entschlossenheit. Ihr Kampf wurde dadurch erleichtert, daß die Nationalgarde nur mit halbem Herzen die Belagerung der Großen Moschee durchführte. Die Truppe, die rein wahhabitisch ausgerichtet ist, scheute sich, Moslems im Heiligtum zu töten. Eine überlieferte Parole des Propheten veranlaßte die Nationalgardisten zur Zurückhaltung. Sie heißt: »O Gläubige, kämpft nicht im Schatten der Ka'aba.« Kronprinz Fahd stand Mitte November 1979 unter dem Druck islamischer Regierungen, die es als unerträglich empfanden, daß an dem Ort, an dem der Prophet Mohammed gewirkt hatte, kein Freitagsgebet mehr stattfinden konnte. Die Gläubigen insgesamt fragten sich, ob es richtig sei, daß sie auch weiterhin ihr Gesicht beim Beten in Richtung Mekka wandten. Das Haus As Saud sah sich gezwungen, Hilfe von außerhalb Saudi-Arabiens zu holen. Kronprinz Fahd setzte sich mit dem französischen Staatspräsidenten Giscard d'Estaing in Verbindung. Der war bereit, seine Spezialtruppe »Groupe d'Intervention de la Gendarmerie Nationale« nach Mekka zu entsenden.

Daß diese Maßnahme die einzige Möglichkeit war, dem Aufstand Herr zu werden, zeigte die Schwäche des Hauses As Saud. Mit eigenen Kräften konnten Dschuhaima Ibn Mohammed Al Otheiba und seine Anhänger nicht in die Knie gezwungen werden. »Ungläubige«, also »Nichtmoslems« mußten eingreifen.

Daß die französische Interventionstruppe nach Mekka durfte, in die Große Moschee, ins Zentrum des islamischen Glaubens, war für die Moslems insgesamt ein Verbrechen, das dem Haus As Saud angelastet wurde. Den Verantwortlichen wurde vorgeworfen, sie hätten sich an Allahs Ordnung vergangen. Daß »ungläubige Franzosen« an der Ka'aba schossen und töteten – auf Wunsch des Hauses As Saud – blieb und bleibt im Gedächtnis der islamischen Gläubigen.

Drei Wochen lang dauerte der Kampf um die Große Moschee in Mekka. Dann erst hatten die französischen Spezialisten die Kampfkraft der Rebellen zermürbt. Zuletzt hatte sich Dschuhaima Ibn Mohammed Al Otheiba in die Katakomben unterhalb der Ka'aba zurückgezogen. Erst als die Franzosen mit der Anwendung der Waffe Gas drohten, ergaben sich die Rebellen. Dschuhaima und seine Anhänger wurden enthauptet. Die Hinrichtungen geschahen auf öffentlichen Plätzen in den großen Städten des Landes.

Ein gerichtlicher Schuldspruch, ein Urteil, wurde nicht gefällt. Ohne Verhandlung erfolgte der Befehl zur Exekution – ihn gab Kronprinz Fahd.

Die wahhabitischen Geistlichen hatten mit keiner Bemerkung die Hinrichtungen gebilligt. Damit hatten sie Position bezogen gegen das Haus As Saud. Eine Verurteilung des »Mahdi« im Sinne der Regierenden wäre ein Verstoß gegen das Erbe des einstigen Predigers Mohammed Ibn Abdel Wahhab gewesen, aus dessen Geist heraus Dschuhaima an der Ka'aba gepredigt hatte. Der »Mahdi« hatte gefordert, die im Koran verkündeten Gesetze seien wortgetreu einzuhalten – und zwar nicht nur von den Untertanen, sondern vor allem auch in den Palästen der Regierenden.

Dschuhaima Ibn Mohammed Al Otheiba war fortan als Märtyrer die Leitfigur aller, die den Untergang des Hauses As Saud forderten. Sein Wirken und sein Tod wurden als Agitationsmaterial verwendet gegen die saudiarabische Monarchie. Gesteuert wurde der Kampf gegen König und Prinzen durch Khomeini. Iran setzte propagandistische Mittel ein: Mit Beginn des Jahres 1980 kamen über den Persischen (Arabischen) Golf Tonbandkassetten, Plakate und Broschüren als Schmuggelgut auf die Arabische Halbinsel. Durch Tonträger iranischer Produktion wurde verbreitet, was der »Mahdi« über die Lautsprecheranlage der Großen Moschee in Mekka gesagt hatte. Seine Worte wurden als zündend empfunden.

Kronprinz Fahd, der die Informationspolitik in die Hand genommen hatte, reagierte hilflos. Er beschuldigte das Ausland, den »Mahdi« nach Mekka geschickt zu haben. Er wechselte dabei häufig die Auftraggeber des »Mahdi«: Erst nannte der Kronprinz Iran, dann gab er Anwar As Sadat die Schuld; auch Libyen wurde genannt und Jassir Arafat. Als niemand in Saudi-Arabien an die Anschuldigungen glauben wollte, klagte der Kronprinz Israel an; in Tel Aviv sei die Verschwörung gegen das Haus As Saud geplant worden. Der Grund dafür sei in der harten Haltung des Königs und des Kronprinzen gegen die Existenz des jüdischen Staates zu suchen.

Keinen Zweifel konnte es geben, daß tatsächlich der Iran die treibende Kraft war in der Propagandaoffensive gegen die Saudi-Herrschaft. Ayatollah Khomeini stand zu seiner Politik des »Exports der iranischen Revolution in die Arabische Halbinsel« hinein. Kronprinz Fahd suchte intensiv nach einem Mittel, um Khomeinis Expansionslust einzudämmen. In Teheran war bereits die gefährliche Losung zu hören: »Der Persische Golf muß zum persischen Binnengewässer werden.« Sie spekulierte darauf, daß an der arabischen Küste des Gewässers Sippen leben mit starker Bindung hinüber nach Iran/Persien. Diese Sippen sind schiitisch – und sie hätten nichts gegen die Einbindung in das iranische Volk einzuwenden, das ebenfalls schiitisch ist.

In der saudiarabischen Schiitenprovinz Al Hasa aber befinden sich die bedeutendsten bekannten Ölvorkommen der Welt. Das Recht, diese Ölfelder auszubeuten, hat der Konzern ARAMCO, der nur dem Namen nach eine »Arabisch Amerikanische Company« ist – in Wahrheit wird ARAMCO von US-Interessen bestimmt. Die Konsequenz ist, daß es der amerikanischen Regierung nicht gleichgültig sein kann, wer in der saudiarabischen Provinz Al Hasa das Sagen hat.

Die Sorge um das Ölgebiet schweißte Saudi-Arabien und die USA noch stärker als Verbündete zusammen. Das State Department und das Haus As Saud machten sich gemeinsam daran, einen Konflikt zu organisieren, der Khomeini davon abhalten könnte, in Saudi-Arabien aktiv zu werden.

Die USA entdecken zu ihrem Nutzen einen Kriegsherd

Der Konflikt war bald gefunden: Irak stritt sich mit Iran um den Schatt Al Arab.

Diese Wasserstraße im einstigen Mesopotamien entsteht durch den Zusammenfluß von Euphrat und Tigris. Der Schatt Al Arab hat eine Länge von 193 Kilometer. Die wichtigsten Häfen sind Basra am irakischen Ufer und Abadan an der Küste des Iran.

Auf einer Strecke von nahezu 100 Kilometer ist das iranische Ufer völkerrechtlich die Grenze zwischen Iran und Irak. Dies bedeutet, daß auf dem gesamten unteren Lauf vor dem Ausfluß in den Persischen (Arabischen) Golf die Wasserstraße zu Irak gehört. Die Kolonialmacht Großbritannien hatte einst dem von ihr kontrollierten Irak die Aufsicht über das wichtige Gewässer anvertraut. Dies bedeutete, daß der iranische Ölhafen Abadan nur über eine von Irak beherrschte Wasserstraße zu erreichen war.

Im Jahr 1975 wollte der Schah von Iran diesen Zustand nicht länger dulden. Er drohte mit Krieg, wenn der Irak nicht einer Verlegung der Grenze in die Mitte des Schatt Al Arab zustimme. Saddam Hussein gab nach.

Das Zugeständnis wurde dem irakischen Präsidenten versüßt durch das Versprechen des Schahs, er werde den Aufstand der Kurden im Norden des Irak nicht länger unterstützen. Im »Vertrag von Algier« wurde der neue Grenzverlauf fixiert. Im Oktober 1979 aber verlangte Saddam Hussein offiziell die Revision dieses Vertrages. Die Forderung war die Wiederherstellung des früheren Grenzverlaufs: Die Wasserstraße sollte im unteren Verlauf wieder ganz zu Irak gehören.

Der Zeitpunkt schien günstig zu sein für die Forderung nach Revision des Vertrags. Der Schah, der Vertragspartner von 1975, hatte sein Reich verlassen. Die iranische Armee, deren Generäle nach dem Sieg der schiitischen Revolution meist erschossen worden waren, machte einen desorganisierten Eindruck. Saddam Hussein war der Meinung, seine gutgerüstete Armee werde rasch in der Lage sein, die Revision des »Vertrags von Algier« zu erzwingen.

Kronprinz Fahd von Saudi-Arabien ermunterte den irakischen Staatschef, die Chance zu nutzen »und sich sein Eigentum zurückzuholen«. Kronprinz Fahd wiederum, war vom State Department informiert worden, daß die Vereinigten Staaten von Amerika den irakischen Angriff auf Iran mit »positiver Neutralität« gegenüber dem Irak beantworten würden.

Der Grund für die freundliche Einstellung der USA gegenüber dem kriegslüsternen Irak und der feindseligen Haltung der USA in bezug auf den Iran: Seit dem 4. November 1979 saßen 53 Amerikaner als Geiseln in der Teheraner US-Botschaft fest. Das Khomeini-Regime trug dafür die Verantwortung. Der US-Sicherheitsberater Zbigniew Brzezinski glaubte, das Geiselproblem könne rasch gelöst werden, wenn Saddam Hussein das Khomeini-Regime zum Einsturz bringe. Auf dem Spiel stand der erneute Wahlsieg des amerikanischen Präsidenten Jimmy Carter – kamen die Geiseln nicht frei, konnte Carter nicht mit der Wiederwahl rechnen. Mit jedem Tag sanken Carters Chancen. Nur Saddam Hussein kam als Retter in Frage. Zbigniew Brzezinski versprach dem Iraker Unterstützung durch die USA; er bekräftigte auch gegenüber dem irakischen Präsidenten, die amerikanische Regierung werde sich »positiv neutral« verhalten – das heißt, sie werde der irakischen Armee helfen, den Krieg rasch zu gewinnen.

Auch die Sowjetunion gab ihre Bereitschaft kund, auf der Seite Saddam Husseins zu stehen, auch wenn er der Auslöser des Konflikts sei. Der sowjetische Regierungschef Breschnew versprach sich einen außenpolitischen Erfolg vom wahrscheinlichen Sieg der irakischen Truppen: Die kommunistisch orientierte Tudehpartei des Iran hätte nach einer Auflösung des Khomeiniregimes die Chance, die Macht in Teheran zu übernehmen.

Die USA und die Sowjetunion stimmten ihre Haltung miteinander ab. Am 25. September 1980 trafen sich der amerikanische Außenminister Edmond Muskie und sein sowjetischer Kollege Andrej Gromyko in der sowjetischen UN-Botschaft in New York. Dieses Treffen hat fünf Tage nach dem Beginn des irakischen Angriffs stattgefunden. Beide Gesprächspartner waren sich darin einig, nichts zu unternehmen, was den Weltsicherheitsrat veranlassen könnte, einen Waffenstillstand zu fordern. Muskie und Gromyko waren nicht daran interessiert, daß der irakische Vormarsch aufgehalten werde.

Der Krieg hat am 22. September 1980 begonnen mit der Überquerung des Schatt Al Arab in der Region von Al Mohammarak nördlich von Abadan. Einen Tag später gelang es den irakischen Panzerverbänden 15 Kilometer tief in iranisches Gebiet einzudringen. Wichtige Verbände der iranischen Streitkräfte wurden zerstört. Saddam Hussein feierte bereits Siege.

Der irakische Staatschef hatte den Krieg begonnen im Interesse des Hauses As Saud und dessen Partner USA, so wie im Einverständnis mit Leonid Breschnew. Saddam Hussein glaubte jedoch, er führe auch Krieg zum eigenen Profit: Er wollte die iranische Provinz Chusistan erobern – sie hieß für ihn Arabistan.

In der Ebene ostwärts des Schatt Al Arab, dem Bergland vorgelagert, befinden sich Ölfelder von hoher Ergiebigkeit. Sie wollte Saddam Hussein in irakischen Besitz bringen. Seinen Anspruch auf Arabistan begründete er jedoch nicht mit Ölinteressen, sondern damit, daß die Bevölkerung dieser Provinz arabisch spreche und den Anschluß an den arabischen Staat Irak wolle.

Hatte der irakische Staatschef geglaubt, seine gut ausgerüsteten Panzerverbände würden innerhalb weniger Stunden die desorganisierten iranischen Verbände aufreiben und weite Territorien erobern, so erlebte er eine bittere Enttäuschung. Der Vorstoß in Richtung Ahwaz scheiterte am erbitterten Widerstand junger, unausgebildeter Kämpfer, die zur Organisation der »Revolutionswächter« gehörten. Sie wehrten sich mit Verbissenheit, und sie hatten Erfolg. Es gelang den »Revolutionswächtern« die Front zu stabilisieren.

»Irak beschützt die arabische Nation«

Diese Feststellung traf der saudiarabische Innenminister Prinz Nayef Ibn Abdel Aziz zu Beginn des Krieges am Schatt Al Arab. Daß Saddam Hussein angriff, entlastete das Haus As Saud innenpolitisch: Khomeini war abgelenkt. Er mußte sich um die Situation an der Front kümmern; dort benötigte er Kämpfer, Menschen in gewaltiger Zahl. Sie besaßen keine kämpferische Qualität; durch die zahlenmäßige Überlegenheit sollten sie ein Gleichgewicht erreichen zur Waffentechnik der Iraker. Das Ziel, die schiitisch-iranische Revolution nach Saudi-Arabien zu exportieren, besaß für den Ayatollah keinen Vorrang mehr.

König Fahd äußerte seine Befriedigung mit Saddam Hussein: »Er ist das Schwert des Islam.« Fahd gab zu erkennen, daß er in ständigem Kontakt zum Sieger von Arabistan sei. Er spendete nicht nur anerkennende Worte, sondern auch hohe Dollarbeträge: Schon wenige Tage nach Kriegsbeginn erhielt Saddam Hussein vier Milliarden Dollar. Er war zum »Söldner« Saudi-Arabiens geworden. Die Gelder wurden zwar als »Kredite« bezeichnet, doch rechnete König Fahd nicht mit einer Rückerstattung durch den Irak.

Trotz massiver Finanzhilfen gelang es dem Irak nicht, seine Streitkräfte so zu stärken, daß sie in der Lage waren, die Kampfkraft der »Revolutionswächter« zu bezwingen. Im Verlauf des Jahres 1982 bemerkten die Spezialisten des amerikanischen Geheimdiensts, daß sich Ausrüstung und Ausbildung der iranischen »Revolutionswächter« verbessert hatten. Die Beobachter schlossen die Möglichkeit eines iranischen Sieges nicht aus. Wenige Wochen später waren sie sogar überzeugt, die »Revolutionswächter« würden gewinnen – wenn sich nicht die USA zu rascher Hilfe entschließen konnten.

Mit der Offensive »Jerusalem« gelang es den improvisierten iranischen Streitkräften, die irakischen Verbände auf den Schatt Al Arab zurückzudrängen. Saddam Hussein war es nicht gelungen »Arabistan« in den Irak einzugliedern. Der Kampf um »Arabistan« hatte 5000 irakische Menschenleben gekostet – 20 000 Iraker waren in iranische Gefangenschaft geraten. Nun feierten die Ayatollahs den Sieg.

Angst zog ein in die Paläste des Hauses As Saud. Registriert wurden die Äußerungen wichtiger Männer des Ayatollah-Regimes in Teheran, die weitere Kriegsziele verkündeten. So sagte der iranische Ölminister Mohammed Gharazi: »Wenn Saddam Hussein erledigt ist, dann werden sich die anderen Probleme der Arabischen Halbinsel in unserem Sinne schnell lösen lassen!«

Gemeint war vor allem das Problem »Saudi-Arabien« Die Geistlichen, die in Teheran den Anweisungen des Ayatollah Khomeini lauschten, hatten die Direktive vernommen, das Haus As Saud müsse rasch in die Knie gezwungen werden, damit die heiligen Stätten in Mekka und Medina in den Schutz der »wahren Gläubigen« gelangen können.

König Fahd sah die Gefahr eines iranischen Sieges für gewaltig an. Er drängte seinen Botschafter in Washington, Prinz Bandar Ibn Abdel Aziz, vorstellig zu werden bei Präsident Ronald Reagan und bei Vizepräsident George Bush mit der Bitte um rasche Hilfe.

Die beiden Spitzenpolitiker der USA aber waren keineswegs in Eile. Sie waren durch Satellitenaufnahmen in der Lage, die wahren Kräfteverhältnisse zu erkennen. So wußten sie, daß die Kampfkraft der »Revolutionswächter« nach der Offensive »Jerusalem« zu erlahmen schien. Vor allem Vizepräsident George Bush vertrat zu diesem Zeitpunkt die Position, es sei den Interessen Saudi-Arabiens und der USA am besten gedient, wenn dieser Konflikt andauere, und wenn es keinen Sieger gebe. Deshalb wurde die Lieferung von Waffen an die irakische Armee in voller Absicht beschränkt gehalten.

Unruhe löste in Washington und in Riyadh die Information aus, Saddam Hussein sei mit Glück einem Attentat entkommen. Anstifter war ein Halbbruder des Präsidenten, Barzan Takriti, der bis vor kurzem irakischer Geheimdienstchef gewesen war. Er hatte eine Reihe von aktiven Offizieren mobilisieren können für einen Putsch mit dem Ziel, nach der Beseitigung von Saddam Hussein den Krieg mit Iran rasch zu beenden. Der Putschversuch endete durch Verrat. Barzan Takriti und die anderen Putschisten sind erschossen worden. Präsident Reagan, Vizepräsident George Bush und König Fahd waren daran interessiert, über die Situation in Baghdad informiert zu werden.

Gerngesehener Gast: Donald Rumsfeld in Baghdad

Am 19. Dezember 1983 traf Donald Rumsfeld als Reagans Sonderbotschafter in der irakischen Hauptstadt ein. Er hatte den Auftrag, Kontakt aufzunehmen zu Saddam Hussein. Rumsfeld sollte Themen ansprechen, die das beiderseitige Interesse betrafen. Offenbar wurden sich Saddam Hussein und der Besucher einig: Eine Niederlage des Irak mußte mit allen Mitteln verhindert werden. Rumsfeld versprach, der Begriff »positive Neutralität« werde in Zukunft großzügiger ausgelegt werden als bisher.

Wenige Tage zuvor, am 26. November 1983, hatte Präsident Reagan die Direktive 114 unterzeichnet, die vom Nationalen Sicherheitsrat der USA ausgearbeitet worden war. Sie ordnete an, daß die US-Regierung alles unternehmen würde, um zu verhindern, daß Irak den Krieg gegen Iran verliert. Donald Rumsfeld besprach in Baghdad die Details. Er vereinbarte die Lieferung von »Clusterbombs« mit hoher Splitterwirkung und von Elementen zur Herstellung biologischer und chemischer Waffen.

Das Resultat: Präsident Reagan schickte eine Gruppe amerikanischer Offiziere nach Baghdad und Basra – insgesamt waren es 60 –, die den Auftrag hatten, dem irakischen Oberkommando Hilfestellung zu leisten. Sie informierten präzise über iranische Truppenbewegungen. Mit der Auswertung der Fotos, die durch Beobachtungssatelliten aufgenommen wurden, konnten die Absichten des Gegners analysiert werden. Die US-Offiziere gaben Ratschläge für die strategische und taktische Planung irakischer Aktionen. Sie wußten Bescheid, daß ihre Schützlinge Kampfgase verwendeten.

Am 24. März 1984 landete Donald Rumsfeld erneut auf dem Militärflughafen bei Baghdad. Genau an diesem Tag veröffentlichten die Vereinten Nationen einen Bericht über die Verwendung von »Senfgas und Nervengas«, der dem irakischen Staat vorwarf, er setze Massenvernichtungsmittel ein. Donald Rumsfeld reagiert auf diesen Bericht nicht.

Die irakische Armeeführung war nicht immer gut beraten, den Ratschlägen der 60 US-Offiziere voll zu vertrauen. Als im Februar 1986 die Iraker die strategisch wichtige Insel Fao am Ausfluß des Schatt Al Arab verloren, gaben sie die Schuld der völlig falschen Information durch die amerikanischen Berater. Sie hatten die Verteidiger absichtlich irregeleitet. Es blieb dem US-Geheimdienst nichts anders übrig, als die Übergabe falscher Informationen einzugestehen. Mit dieser Maßnahme hatte erreicht werden sollen, daß ein Patt entstehe im Krieg zwischen Irak und Iran. Die Absicht war, den Konflikt zu verlängern – keine Seite sollte Sieger sein.

Das Patt im militärischen Konflikt bewirkte erneute subversive Aktivitäten der Ayatollahs von Iran. Im Frühjahr 1985 detonierten zwei Sprengstoffladungen mitten in der saudiarabischen Hauptstadt Riyadh. Eine Person wurde getötet, drei weitere verletzt.

Das Haus As Saud registrierte während der nächsten zwei Jahre wachsende Agitation der Agenten Khomeinis gegen seine Machtposition in Saudi-Arabien. König Khaled war am 13. Juni 1982 plötzlich gestorben. Nachfolger ist sein etwas jüngerer Bruder Fahd geworden – wie der Verstorbene ein Sohn des Staatsgründers Abdel Aziz. Fahd hatte schon als Kronprinz die Staatsgeschäfte geleitet; der kranke Khaled hatte sich in seine Paläste und zu seinen zahlreichen Frauen zurückgezogen. Den Kampf gegen die iranische Agitation mußte Fahd führen. Um diese Aufgabe meistern zu können, berief Fahd – dessen Gesundheit auch nicht mehr stabil war – seinen Halbbruder Abdallah Ibn Abdel Aziz zum Kronprinzen. Abdallah hat den Nachteil, daß er nicht zu den Prinzen gehört, die von Hassa Al Sudeiri geboren worden waren – dieser Nachteil wurde jedoch aufgewogen durch den Vorteil, daß er seit 1962 Kommandeur der Nationalgarde war, jener Elitetruppe, die den »wahhabitischen Geist« pflegt.

Unter dem Kommando des Prinzen Abdallah hat sich die Nationalgarde zum stärksten bewaffneten Verband im Königreich entwickelt. Sie umfaßt 35 000 Bewaffnete. Sie werden rekrutiert aus Beduinenstämmen, die als treu zum wahhabitischen Geist gelten.

In Ausrüstung, Bezahlung und Betreuung werden die Nationalgardisten gegenüber Offizieren und Soldaten der regulären Armee bevorzugt. Der Grund ist darin zu suchen, daß die Prinzen des Hauses As Saud der regulären Armee mißtrauen; sie sind der Meinung, daß sich Putschgedanken allein in den Reihen der Armeeoffiziere entwickeln könnten. Die Armee besitzt keine modernen Waffen; die Nationalgarde aber verfügt über Hubschrauber und Panzer neuester Bauart.

Die amerikanischen Waffenlieferungen an die Elitetruppe des Hauses As Saud hat Donald Rumsfeld vermittelt, der im Jahre 1975 zum erstenmal Defence Secretary, also Verteidigungsminister, in der US-Regierung geworden ist. Rumsfeld war damals 43 Jahre alt und damit der jüngste »SecDef« in der amerikanischen Geschichte. Sein Spezialgebiet war fortan das Gebiet um den Persischen (Arabischen) Golf. Seine Aufgabe: Khomeini fernzuhalten von den Ölfeldern der saudiarabischen Hasaprovinz. Zwei Instrumente standen ihm dafür zur Verfügung: Die Armee des Saddam Hussein und die Nationalgarde des Hauses As Saud.

»Tod dem Haus As Saud«

Die Nationalgarde wurde gebraucht am 31. Juli 1987. Es war die Zeit der alljährlichen Pilgerfahrt. An jenem Tag demonstrierten tausende von Iranern auf den Straßen und Plätzen rings um die Große Moschee von Mekka. Sie trugen an Stangen riesige Porträts des Ayatollah Ruhollah Khomeini. Die Demonstranten brüllten Parolen, die Khomeini als Führer der gesamten islamischen Welt priesen.

Nationalgardisten trafen bei der Großen Moschee ein. Sie waren taktisch vorbereitet auf eine derartige Situation: Sie spalteten den gewalttätigen Haufen in kleinere Gruppen auf und drängten sie dann in Seitenstraßen ab. Doch diese Taktik hatte nur für kurze Zeit Erfolg. Die Demonstranten drückten die Nationalgardisten zurück auf den Platz vor der Großen Moschee. Die Masse gruppierte sich um die Träger der gewaltigen Khomeiniporträts.

Dann waren die ersten Schreie zu hören: »Tod dem Haus As Saud!« Die Rufe pflanzten sich fort und vereinigten sich schließlich zum wuchtigen Aufschrei: »Tod dem Haus As Saud!«

Je lauter diese Parole geschrien wurde, desto mehr Menschen strömten zur Großen Moschee. Es waren längst nicht mehr nur Iraner. Männer aus Mekka, die sich acht Jahre zuvor dem Aufstand des Dschuhaima Ibn Mohammed Al Otheiba nicht angeschlossen hatten, zeigten jetzt ihre Wut auf das Haus As Saud ganz offen.

Die Nationalgardisten, die sich damals, am 21. November 1979 im Hof der Großen Moschee zurückgehalten hatten, setzten sich jetzt, draußen vor der Moschee, für die königliche Familie ein. Sie schossen. Zuerst über die Köpfe der Masse hinweg. Als diese Schüsse nichts bewirkten, wurde direkt auf die Demonstranten gefeuert.

Kaum fielen die ersten Verletzten zu Boden, versuchten Tausende zu fliehen. Doch die engen Seitengassen waren bald blockiert. Die vor Furcht rasende Menge wurde eingekeilt. Immer wieder hallten Salven über den Platz. Verstummt war der Ruf: »Tod dem Haus As Saud!« Als sich der Menschenklumpen doch auflöste, lagen Tode und Verletzte am Boden.

Die Behörden des Königreichs gaben Tage später die Zahl der Opfer mit 402 an; davon waren 275 iranischer Nationalität.

Nach offizieller saudiarabischer Verlautbarung seien keine Schüsse gefallen, die Opfer seien zertrampelt worden, als eine »nicht genehmigte iranische Demonstration« außer Kontrolle geraten sei.

Schuld an diesem Zwischenfall trügen allein die brutal-gewalttätigen iranischen Pilger, die von Khomeini nach Mekka geschickt worden waren, um dort gegen die in Saudi-Arabien Verantwortlichen Aufruhr zu stiften.

Das Regime in Teheran nutzte die Opfer von Mekka zur Propaganda gegen das Haus As Saud aus. Am 2. August 1987 verkündete der iranische Parlamentssprecher Rafsanjani im Namen Khomeinis: »Tage des Hasses und der Rache brechen nun an. Furchtbar wird die Strafe sein, die den Teufel Amerika trifft. Amerika stützt die verbrecherische Herrschaft der Wahhabiten. Mit Hilfe der Wahhabiten wollen die USA die Zerstörung des Islam insgesamt erreichen. Die Amerikaner haben uns durch ihre Agenten im Wahhabitenstaat ihr wahres Gesicht gezeigt. Die Menschen des Islam werden nicht dulden, daß Amerika weiterhin Herrschaft über Moslems ausübt.«

1988: kein Einwand der USA gegen Massenvernichtungswaffen

Als im Frühjahr 1988 die ersten Gasgranaten der Iraker im Frontabschnitt der Halbinsel Al Fao nahe der kuwaitischen Grenze detonierten, war die Wirkung kriegsentscheidend. Die »Revolutionswächter« waren auf den Einsatz der Gaswaffe nicht vorbereitet. Sie verfügten über keine Gasmasken, die ihnen Schutz geboten hätten. Sobald die Gasschwaden nach den Einschlägen aufstiegen, suchten die »Revolutionswächter« Rettung in der Flucht. Die iranische Verteidigung von Al Fao brach innerhalb weniger Minuten zusammen. Am dritten Tag nach Angriffsbeginn hatten die irakischen Verbände ihren Feind über den Schatt al Arab nach Osten zurückgetrieben.

Die irakischen Eroberer von Al Fao hatten nur wenige der Gasgranaten einsetzen müssen, um eine starke psychologische Wirkung bei den jungen iranischen Kämpfern auszulösen. Die »Pasdaran« waren mit dem Tod durchaus vertraut; sie fürchteten sich nicht vor dem Sterben. Sie waren gläubige Moslems. Es gehörte zu ihrer Überzeugung, daß der Tod nur Übergang bedeutet in eine neue und schöne Phase ihrer Existenz. Erfolgte der Tod im Kampf für eine gerechte Sache, öffnete sich für den Betreffenden sofort das Tor zum Paradies; er war zum Märtyrer geworden. Dem Märtyrer war das ewige Leben in einem Garten versprochen, der durch Palmen Schatten bot, in dem kühle Gewässer flossen und der von »hochbusigen Jungfrauen« bewohnt war.

Der Tradition entsprach es allerdings, daß der Märtyrer aus einer Wunde blutete. Vorbild des iranischen Märtyrers war der Prophetenenkel Husain, der bei Kerbela am Euphrat aus unzähligen Wunden blutend, gestorben war. Dies hatte sich im Jahr 680 abendländischer Zeitrechnung ereignet. Seither gehören, besonders für die Moslems, die sich zur schiitischen Ausprägung des Glaubens bekennen, Märtyrertum und Wunden eng zusammen.

Nun aber, im Kampf um die Halbinsel Al Fao, waren »Revolutionswächter« gestorben, ohne daß sie Wunden erlitten hatten. Kampfgase töten, ohne daß äußerliche Verwundungen auftreten. Das Resultat war, daß die Überlebenden des irakischen Gasangriffs von Al Fao darüber zu diskutieren begannen, ob sich den iranischen Gefallenen tatsächlich das Tor zum Paradies geöffnet habe, auch wenn ihre Körper keine Wunden aufwiesen.

Den »Revolutionswächtern« gilt das Märtyrertum als Erfüllung ihres Lebens; um sicher ins Paradies zu gelangen, hatten sie sich freiwillig zum Kampf gegen Saddam Hussein gemeldet. Die Wunde aber war der Schlüssel für den Zugang zum Paradies. Diese Frage stellten sich zehntausende der »Pasdaran«: »Betrügen uns die Kampfgase um das Paradies?«

Mit stillschweigender Billigung der US-Regierung hat Saddam Hussein im Frühjahr 1988 die Kampfgase eingesetzt. Die in Irak stationierten amerikanischen Militärberater nahmen den Einsatz zur Kenntnis, doch sie unternahmen nichts dagegen. Sie hatten zu jenem Zeitpunkt die Aufgabe, unter allen Umständen behilflich zu sein beim Abwehrkampf gegen das iranische Übergreifen auf die

Arabische Halbinsel. Der Standpunkt der Militärberater hieß: »Es ist gleichgültig, woran der Gegner stirbt – ob durch eine Kugel oder durch Gas. Das Gas bietet einfach eine andere Art, den Feind zu töten!«

Irak setzte drei verschiedene Gastypen ein: Den Kampfstoff »Lost«, der zu den Senfgasen zählt, die bereits während des Ersten Weltkriegs zum Einsatz gelangt waren. »Tabun« und »Sarin« sind Entwicklungen aus der Zeit des Zweiten Weltkriegs; sie waren jedoch damals nicht verwendet worden.

Von besonderer Gefährlichkeit sind die Gase »Tabun« und »Sarin«; sie wirken durch die Haut lähmend auf die Nerven – die Funktionen des Körpers werden nicht mehr koordiniert.

Kein Zweifel besteht daran, daß sich der Irak die Rezepte und die Mittel zur Herstellung der Kampfgase in Europa – auch in der Bundesrepublik Deutschland beschafft hat. Die USA haben damals den Aufbau von Anlagen zur Kampfgasproduktion nicht verhindert – galt doch der Einsatz der Niederwerfung eines gefährlichen Gegners. Die Waffe Gas bewährte sich.

Der Zweifel der jungen iranischen Kriegsteilnehmer, ob ihre Kameraden wirklich mit der Aussicht auf Eintritt ins Paradies bei Al Fao gefallen sind, breitete sich aus: Bald wurde auch in Teheran das Problem diskutiert. Der Kreis derer, die Klarheit verlangten, ob die Toten des Gaskriegs Märtyrer seien, wuchs ständig. Die »Revolutionswächter« hofften, daß Ayatollah Khomeini die Frage schlüssig beantworte, doch die höchste geistliche Autorität schwieg. Die Kommandeure der »Revolutionswächter« meldeten dem Oberbefehlshaber Hashemi Rafsanjani, dem zweiten Mann hinter Khomeini, die Bereitschaft der jungen Kämpfer zum Märtyrertod schwinde mit jedem Tag.

Zu diesem Zeitpunkt hatte Iran 400 000 »Revolutionswächter« mobilisiert zu einer Offensive, die den Namen »Kerbela IV« trug – zur Erinnerung an den Märtyrertod des Prophetenenkel Husain bei Kerbela am Euphrat im Jahre 680 abendländischer Zeitrechnung. Der Offensive Kerbela IV war das Ziel gesetzt, die irakischen Verbände entscheidend zu schlagen. Saddam Hussein sollte durch diese Entscheidungsschlacht zur Kapitulation gezwungen werden. Doch nach dem Gasangriff der Iraker bei Al Fao mehrten sich die Anzeichen, daß die »Revolutionswächter« die Befehle nicht mehr beachteten, daß sogar die Anweisungen hoher Geistlicher nicht mehr befolgt wurden. Die Diskussionen um den Märtyrertod wirkten sich lähmend aus auf die Offensivkraft.

Hashemi Rafsanjani bedrängte Khomeini, in dieser verfahrenen Situation könne allein ein Waffenstillstand Rettung vor einer totalen Niederlage bringen. Man müsse Zeit gewinnen, um die Masse der jungen Menschen wieder in den Griff zu bekommen. Doch der Ayatollah lehnte derartige Vorschläge schroff ab. Sein Argument: »Allah verbietet es, daß mit dem Teufel Waffenstillstand geschlossen wird!«

Die irakischen Kommandeure begriffen schnell, daß die Kampfkraft der Iraner abnahm. Selbst vorsichtig durchgeführte Stoßtruppangriffe führten meist zu durchschlagenden Erfolgen. Der Einsatz von wenigen Gasgranaten genügte, um die Verteidigungslinien der »Revolutionswächter« zum Einsturz zu bringen. Hashemi Rafsanjani mußte mit dem völligen Zusammenbruch der iranischen Front rechnen.

Am 18. Juli 1988 war auch Ayatollah Ruhollah Khomeini bereit, den »Revolutionswächtern« die völlige Einstellung der Kämpfe zu befehlen. Der Kommentar der obersten Autorität Irans: »Dem Waffenstillstand zuzustimmen, ist schlimmer für mich, als einen Becher Gift zu trinken!«

Ayatollah Ruhollah Khomeini litt schwer unter dieser Niederlage. Allah hatte offenbar ihn und sein Volk verlassen. Der Schöpfer der »Islamischen Republik Iran« starb am 3. Juni 1989.

Saddam Hussein hatte gesiegt – mit Hilfe der Waffe Gas. Auf Anordnung des Revolutionären Kommandorats feierte Irak das Ereignis als gewaltigen historischen Sieg. Die Bewohner des Landes um Euphrat und Tigris wurden aufgefordert, ihre Freude durch Jubel auf Straßen und Plätzen zum Ausdruck zu bringen. Die Medien in Baghdad und Basra priesen den Helden, der Großes vollbracht habe, und der noch Größeres vollbringen werde.

Doch der Jubel über den Sieg des Saddam Hussein blieb auf Irak beschränkt – zum Erstaunen des Siegers. Er hatte geglaubt, er werde auch in Saudi-Arabien und in Kuwait gefeiert, hatte er doch den »Export der iranischen Revolution« hinein in die Arabische Halbinsel verhindert. Daß in Saudi-Arabien das Haus As Saud und in Kuwait das Haus As Sabah noch an der Macht waren, hatten beide royalen Familien dem irakischen Staatschef zu verdanken. Doch die Genugtuung über den irakischen Sieg und über die damit gewonnene Sicherheit vor Expansionsplänen der schiitischen Geistlichkeit des Iran wurde verdrängt von der Sorge vor den Auswirkungen des Triumphs von Saddam Hussein. Er war nun der Führer einer Macht geworden, die in der Lage war, die Region des Persischen (Arabischen) Golfs zu beherrschen. Daß Saddam Hussein seine Überlegenheit skrupellos ausspielen würde, hat er 1988, im Jahr des Triumphes, bewiesen.

Saddam Husseins Verwandlung zum Bösen – vom »Freund der zivilisierten Welt« zum Feind

Am Ende des Irak-Iran-Krieges war die Freundschaft zwischen den USA und des Irak ungebrochen. Donald Rumsfeld hatte nichts dagegen einzuwenden, daß er als Freund von Saddam Hussein bezeichnet wurde. Im Frühjahr 1990 besuchte Senator Robert Dole, der Sprecher der Republikaner im amerikanischen Senat, die irakische Hauptstadt Baghdad. Dole wurde von vier weiteren US-Senatoren begleitet. Die Delegation überbrachte die herzlichsten Grüße des amerikanischen Präsidenten George Bush mit der Versicherung, die USA würden nie vergessen, welches Opfer das irakische Volk und seine Führung im Kampf gegen die iranische Expansionslust gebracht habe. Saddam Hussein erfuhr von Senator Dole, daß die US-Regierung daran interessiert sei, die Beziehungen zum Irak freundschaftlich zu gestalten. Die Senatoren wurden bei ihrem Besuch im Präsidentenpalast von der Botschafterin der USA in Baghdad, April C. Glaspie, begleitet. Die Botschafterin nickte zu allem, was Robert Dole sagte, deutlich mit dem Kopf.

George Bush verhielt sich selbst so, daß Saddam Hussein der festen Meinung sein konnte, die USA würden seine Haltung im Krieg gegen die »finsteren Mächte der Ayatollahs und Mullahs« honorieren. Präsident Bush schickte im Frühjahr 1990 an Saddam Hussein eine Botschaft zu den islamischen Feiertagen, die den heiligen Fastenmonat Ramadan abschlossen. Die Botschaft bekundete persönliche Freundschaft zum Herrscher an Euphrat und Tigris, die an

Herzlichkeit das gewöhnliche diplomatische Maß der Glückwünsche weit übertraf. Der Diktator durfte der Meinung sein, er werde auch weiterhin die »positive Neutralität« genießen dürfen, die während des gesamten Irak-Iran-Krieges die amerikanische Haltung gegenüber seinem Land bestimmt hatte.

Dabei hatte es bereits Anzeichen gegeben für eine Veränderung der Einstellung politischer Kräfte in der Welt zu Irak: Am 26. August 1988 hatte der Weltsicherheitsrat die Resolution 620 erlassen, die den Einsatz chemischer Waffen im Irak-Iran-Krieg verurteilte. Die Resolution 620 nannte jedoch den Irak nicht namentlich. Die irakische Regierung konnte behaupten, sie sei nicht gemeint, da ihr Land keine chemischen Waffen besitze.

Der Sicherheitsratsbeschluß beeinflußte die US-Politik nicht. George Busch achtete darauf, die amerikanischen Wirtschaftsinteressen nicht zu beschädigen. Seit langem war der Staat an Euphrat und Tigris wichtiger Abnehmer für amerikanischen Weizen und für Fleischkonserven. Die Farmer des Mittelwestens hatten davon profitiert. Die Höhe ihres Einkommens hing von der Aufrechterhaltung der Lieferverträge mit Irak ab. Die politischen Vertreter des Mittelwestens im Senat sahen ihre wichtigste Aufgabe darin, das Geschäft mit dem Irak zu fördern. Doch es hatte Ereignisse gegeben, die das gute Einvernehmen störten.

Im Sommer des Jahres 1988 erschienen in Zeitschriften und Zeitungen aller Kontinente Bilder, die Grauen erregten: Aufgedunsene menschliche Körper lagen auf staubiger Straße. Tote Frauen waren zu sehen, die im Sterben ihre Kleinkinder zu schützen versuchten. Männer, Frauen und Kinder lagen am Boden rings um einen Tisch, auf dem noch in Schüsseln das Mittagessen stand. Zwischen einfachen Lehmhäusern befanden sich verendete Tiere: Hunde und Ziegen. Kein Lebewesen hatte dem Tod entrissen werden können.

Die Bilder waren im März 1988 in der Stadt Halabjah entstanden. Halabjah liegt unmittelbar an der iranischen Grenze im irakischen Kurdengebiet. Die nächste irakische Stadt ist As Sulaimaniyah.

Halabjah war von 50 000 Menschen bewohnt. Sie alle waren Kurden und lebten in der Hoffnung, es werde eines Tages ein unabhängiger und souveräner Staat der Kurden entstehen können. Die Kurden verfügen über eine eigenständige Sprache und über eine ausgeprägte Kultur.

Immer wieder hat ihnen die irakische Staatsführung Hoffnung gemacht auf Autonomie. Am 11. März 1974 war in Baghdad eine Deklaration erlassen worden, auf die von den irakischen Kurden große Hoffnungen gesetzt wurden. Diese Deklaration beinhaltete ein Autonomiegesetz, das den Wünschen der Kurden entsprach. Es ist bald schon von den Mächtigen in Baghdad gebrochen worden. Die Folge waren heftige Kämpfe im kurdischen Bergland.

Die Verwicklung des Irak in den Konflikt mit Iran stärkten die Hoffnungen der Kurdenführer auf Unabhängigkeit. Sie waren der Meinung, Saddam Hussein sei militärisch geschwächt, und nicht mehr in der Lage, die Kurdengebiete zu kontrollieren. Sie aktivierten den Kampf gegen die irakische Armee. Die kurdischen Kämpfer, die »Peshmerga« erzielten dabei Erfolge. Diese Siege reizten Saddam Hussein zum Gegenschlag. Seine Luftwaffe griff die Stadt Halabjah mit Gasbomben an. Zum Einsatz kamen 45 Bell-Hubschrauber, die kurze Zeit zuvor in den USA gekauft worden waren.

Es war die Zeit beachtlicher Waffenkäufe der irakischen Streitkräfte. Die westlichen Industrienationen und die Sowjetunion waren behilflich. Die irakische Armee, die einen Abnützungskrieg hinter sich hatte, rüstete auf. Das Maß dieser Aufrüstung täuschte allerdings: Die Schlagkraft wurde als beachtlicher analysiert, als sie in Wirklichkeit war. Die Streitkräfte des Saddam Hussein waren nie die drittstärksten der Welt.

Beachtet wurde, daß Saddam Hussein nach dem Sieg über den Iran seine Truppen nicht demobilisierte. Er schickte kaum einen seiner Soldaten auf Dauer nach Hause. Die Mannschaftsstärke blieb bei einer Million. Das Rückgrat der irakischen Streitkräfte – die Artillerie – wurde verstärkt: Raketenwerfer in großer Zahl waren in der Sowjetunion gekauft worden. In Saudi-Arabien, aber vor allem in Israel, begann ein Rätselraten, was führt Saddam Hussein im Schilde?

Er hatte nach dem Sieg Bilanz ziehen lassen für die Volkswirtschaft des Irak. Das Ergebnis konnte nicht schlechter sein: Die Staatskasse war leer – und die Schulden waren riesig. Der Krieg gegen Iran war teuer gewesen, und er war über einen langen Zeitraum hinweg mit geliehenem Geld geführt worden. Kreditgeber waren vor allem Saudi-Arabien und Kuwait gewesen. Ausdrücklich waren die Zahlungen keine Geschenke gewesen. In den Kreditverträgen waren die Termine für Zinszahlungen und Tilgungsraten festgelegt. Diese Termine waren meist nicht eingehalten worden. Jetzt, bei Kriegsende, mußte das Finanzministerium in Baghdad mit ernsthaften Mahnungen rechnen.

Unter normalen Umständen wäre es kein Problem gewesen, die Gläubiger zu befriedigen. Irak galt – und gilt – als reiches Land. Im Boden der Region um den Schatt Al Arab befinden sich gewaltige Ölvorkommen. Die Ölförderungen hatten es vor dem Irak-Iran-Krieg dem irakischen Staat ermöglicht, in kurzer Zeit eine Reserve von 30 Milliarden Dollar anzusammeln. Über bares Geld zu verfügen, das strebten die Verantwortlichen in der Finanzverwaltung auch jetzt wieder an. Doch sie stellten einen gewaltigen Unterschied zu damals fest: Zu Beginn der 80er Jahre war der Ölpreis hoch gewesen. Jetzt aber war der Ölpreis niedrig. Die Ursache dafür war in der Ölpolitik des Emirats Kuwait zu finden.

Kuwait war Mitglied der OPEC, der Organisation Erdöl exportierender Länder. Es war, wie alle Mitglieder, an die Einhaltung von vereinbarten Ölförderquoten gebunden. Doch das Emirat hielt sich nicht daran: Der Emir Sheikh Sabah As Salim As Sabah, der sich als Eigentümer des kuwaitischen Öls fühlte, ordnete die Steigerung der Förderung und des Verkaufs an. Besonders die Förderleistung des Ölfelds an der Grenze zu Irak sollte beträchtlich erhöht werden.

Dieses Ölfeld Rumaila South liegt auf irakischem Gebiet. Doch die Kuwait Oil Company fand einen Trick: Sie ließ eine »Schrägbohrung« ausführen, die zu dem Öllager auf irakischem Gebiet führte. Diese Bohrung und der »Raub des irakischen Öls« fiel zunächst gar nicht auf. Das Emirat unterhielt die Förderstelle Raudhatain auf seinem Boden, allerdings nahe der Grenze zu Irak.

Der »Raub« fiel erst nach einigen Monaten auf. Verdächtig war, daß mehr Tanker als je zuvor Mina Al Ahmadi, den Ölhafen des Emirats anliefen, um dort beladen zu werden. Die Verantwortlichen von Rumaila South beschäftigten sich insgeheim mit diesem Sachverhalt, daß Kuwait täglich mehr Öl auf die 76-Zentimeter-Pipeline von Raudhatain nach Mina Al Ahmadi schickte, als das kuwaitische Ölfeld zu leisten vermochte. Das Fazit: Kuwait vermarktete irakisches Öl aus der Lagerstätte Rumaila South. Die »kuwaitische Ölflut« erreichte Rotterdam und löste damit auf dem Weltmarkt ein Absinken des Ölpreises aus. Kuwait und Saudi-Arabien konnten mit dem niederen Ölpreis existieren – nicht aber der hochverschuldete Irak, der zur Kredittilgung auf einen hohen Ölpreis angewiesen war.

Tariq Aziz, damals irakischer Außenminister, stellte fest: »Wir müssen sieben Milliarden Dollar für den Schuldendienst bezahlten. Das ist für uns ein riesiger Betrag. Diese sieben Milliarden Dollar fehlen uns im Staatshaushalt. Wir haben kein Geld für die Bestreitung der Staatsausgaben. Unser Budget geht davon aus, daß wir achtzehn Dollar für jedes Barrel Öl bekommen. Der Preis war abgesunken auf ein Drittel dieses Betrags.«

Als Saddam Hussein Ende Oktober 1990 diesen Sachverhalt erfuhr, sah er darin einen »feindlichen aggressiven Akt«. Er reagierte mit der Drohung, Irak werde Krieg führen, wenn Kuwait nicht sofort den »Raub« des Öls aus Rumaila South einstelle. Er verlangte Schadensersatz für das bisher schon »geraubte« Öl in noch festzulegender Summe. Um deutlich zu machen, daß seine Drohung ernstgemeint war, ließ er bewaffnete Streitkräfte – insgesamt 30 000 Mann – mit Panzern und Artillerie an die irakisch-kuwaitische Grenze verlegen.

Noch richtete sich die Aufmerksamkeit in Europa und in den USA nicht auf Irak. Da war allein in einer für den Nahen Osten ausgestrahlten Radiosendung der »Voice of America« zu hören, Saddam Hussein sei ein Diktator, der die Menschenrechte verletze. Vorausgegangen war ein Vorfall, der besonders die Meinung in London beeinflußte.

Im März 1990 war der britische Journalist Farzad Barsoft, der iranischer Abstammung war, unter dem Verdacht, er spioniere für Israel verhaftet worden. Farzad Barsoft war bei Nachforschungen für einen Bericht über eine Explosion in einer Baghdader Fabrik ertappt worden. Er hatte den Nachweis führen wollen, daß in jener Fabrik eine geheime Waffe produziert werde. Farzad Barsoft wurde von einem irakischen Militärgericht zum Tode verurteilt.

Die britische Regierung protestierte. Die Londoner Zeitungen setzten sich vehement für den Verurteilten ein. Saddam Hussein bestand darauf, daß das Urteil vollstreckt werde. Nach der Hinrichtung des britischen Journalisten hatte der irakische Staatschef die öffentliche Meinung in England gegen sich – das blieb so und ist noch in der Gegenwart gültig.

Die Fixierung der britischen Meinung löste in Saddam Hussein den Verdacht aus, er sei das Opfer einer Verschwörung, hinter der Israel stecke. Das Ziel der Verschwörer sei, Irak derart in Mißkredit zu bringen, daß das Land zum »Feind der zivilisierten Welt« gestempelt werden könne. Israel sei daran interessiert, die nach dem Irak-Iran-Krieg angewachsene Militärmacht auszuschalten. Damit dies geschehen könne – so der Gedankengang des Saddam Hussein – werde ein militärischer Konflikt ausgelöst.

Im Mai 1990 lud der irakische Staatschef Präsidenten und Könige Arabiens zu einer Gipfelkonferenz nach Baghdad ein. Das Tagungsthema hieß »Bedrohung der arabischen nationalen Sicherheit«; in Wirklichkeit wollte Saddam Hussein nur erreichen, daß eine Solidaritätserklärung der Präsidenten und Könige für Irak ausgesprochen wird.

Die Rede des Irakers vor den Teilnehmern der Gipfelkonferenz nimmt Israel ins Visier – doch deutlich wird auch, daß er die Vereinigten Staaten von Amerika als Feind betrachtet:

»Wenn Israel angreift und auf uns einschlägt, dann werden wir kraftvoll zurückschlagen. Wenn Israel Massenvernichtungsmittel gegen uns anwendet, werden wir zurückschlagen mit den Massenvernichtungsmitteln, die in unserem Besitz sind. Für einen israelischen Angriff auf uns zeichnen die USA verantwortlich. Hinter Israel steht der amerikanische Imperialismus.«

Präsident George Busch (senior) war keineswegs beeindruckt von der Analyse des Irakers. Ihn schreckte viel mehr das öffentliche Eingeständnis auf, Saddam Hussein besitze Massenvernichtungswaffen. Konsultationen mit der israelischen Regierung ergaben, daß sich auch in Tel Aviv und Jerusalem Sorgen breit machten. Nicht auszuschließen war die Gefahr, daß Saddam Hussein wirklich in der Lage war, chemische, biologische oder sogar atomare Waffen einzusetzen.

Auch die Regierenden in Saudi-Arabien und Kuwait blickten sorgenvoll auf das irakische Waffenpotential. Das Haus As Saud und das Haus As Sabah, die sich bisher beschützt gefühlt hatten durch die irakische Militärmacht, waren plötzlich überzeugt, von derselben Militärmacht bedroht zu sein. Könige, Prinzen und Emire konnten nicht ausschließen, daß auch ihre Gebiete Ziele von Massenvernichtungswaffen werden könnten.

Seltsames war geschehen innerhalb kurzer Zeit: Saudi-Arabien, Kuwait, Israel und die Vereinigten Staaten von Amerika befanden sich gemeinsam im Lager der Gegner des Saddam Hussein.

Der Iraker spitzte den Konflikt mit Kuwait und Saudi-Arabien noch zu. »Ich hoffe, daß unsere Brüder, die wohl sicher keinen militärischen Krieg mit uns wollen, begreifen, daß sie ihren Wirtschaftskampf gegen uns einstellen müssen. Daß sie den Ölpreis drücken, um uns zu schaden, kann nicht länger hingenommen werden. Wir sind an einem Punkt angekommen, über den hinaus wir nicht gehen können.«

Nach der Schilderung durch Tariq Aziz, dem damaligen irakischen Außenminister, gab das Emirat Kuwait den Irakern kein Zeichen des Einlenkens, im Gegenteil: »Wir trafen uns in Dschedda, die Kuwaitis und wir. Da sagten uns die Kuwaitis, daß sie überhaupt nicht daran interessiert seien, in der Ölpreisfrage etwas zu unternehmen. Wir waren verzweifelt, denn wir konnten nicht einmal unsere Rechnungen für Lebensmittelimporte bezahlten! Dieses Problem war der Grund, warum wir planten, Krieg zu führen.«

Am 25. Juli 1990 bat Tariq Aziz die US-Botschafterin in Baghdad zu sich. Die Diplomatin Frau April C. Glaspie war überrascht, daß sie nicht dem Außenminister, sondern dem Präsidenten gegenübertrat.

Saddam Hussein sprach sofort das Problem des Irak an: »Es war eine vorbedachte und ausgeklügelte Politik, die den Ölpreis nach unten fallen ließ. Einen kommerziellen Grund gab es für diesen Preissturz nicht. Er ist Teil des Krieges gegen Irak. Im militärischen Krieg sterben Menschen. Im Wirtschaftskrieg werden ihre menschlichen Werte umgebracht, weil sie keine Chance mehr haben, einen angemessenen Lebensstandard zu erreichen. Wir haben Ströme von Blut vergossen in einem Krieg, der acht Jahre lang gedauert hat. Wir können nicht zulassen, daß irgend jemand dadurch unseren Stolz verletzt, daß er unseren Aufstieg zu einem höheren Lebensstandard verweigert. Kuwait aber betreibt genau diese Politik. Aber nicht nur dies! Als wir im Kampf standen gegen Iran, hat sich Kuwait Zugang verschafft zu unserm Ölfeld Rumaila South!«

Die US-Botschafterin gab durch Nicken zu erkennen, daß sie derselben Meinung war wie der Präsident. Dann meinte sie zum Konflikt um das Ölfeld Rumaila South: »Es gibt keinen Standpunkt der

USA in dieser Angelegenheit. Es ist ein rein innerarabischer Konflikt. Ich hoffe, Sie finden eine Lösung! Wichtig ist, daß diese Lösung bald gefunden wird. Im Geist der Freundschaft bitten wir darum!«

Die Botschafterin betonte am Ende des Gesprächs ausdrücklich, die USA hätten kein Verteidigungsbündnis mit Kuwait abgeschlossen; es bestünde keine Verteidigungsverpflichtung.

Aus dem Gespräch mit April C. Glaspie entnahm Saddam Hussein, daß die Vereinigten Staaten von Amerika auch weiterhin bereit seien, gegenüber dem Irak den Standpunkt »positiver Neutralität« zu bewahren. Der irakische Präsident ging davon aus, daß weder die USA noch die Vereinten Nationen irgend etwas unternehmen würden, um in den »rein innerarabischen Konflikt« einzugreifen.

Am 25. Juli 1990 hatte das Gespräch zwischen Saddam Hussein und der Botschafterin stattgefunden. Am 1. August 1990 rückten die irakischen Panzerkolonnen in Kuwait ein.

Taten und Untaten: die Karriere des Saddam Hussein

Sein Geburtstag ist der 28. April 1937. Geburtsort ist das kleine Nest Al Anja in der Nähe der Stadt Takrit, die – von Baghdad aus gesehen – 120 Kilometer tigrisaufwärts liegt.

Die Gegend von Takrit wird nur von sunnitischen Familien bewohnt; im ganzen Land Irak aber besitzen die Schiiten die Mehrheit. Regiert wird diese Mehrheit jedoch von den Sunniten, die bei der Begründung des Staates Irak von der Kolonialmacht England als Herren eingesetzt worden sind. Die haschemitischen Monarchen von der Gründung des Irak bis zum Jahr 1958 und alle nachfolgenden Staatschefs samt Höflingen und Cliquen waren und sind Sunniten. Obgleich Saddam Husseins Familie Sunniten waren, gehörte er keineswegs von Anfang an zu den Bevorzugten. Er selbst betonte später immer, er habe eine »harte Schule« durchmachen müssen. Einige Beobachter sind der Meinung, Saddams Härte und Brutalität habe mit den Erfahrungen des Jugendlichen zu tun.

Laut offizieller Lesart läßt sich der Name »Saddam« so übersetzen: »Der Kämpfer, der aufrecht und fest steht.«

In einem niederen Lehmhaus ist er geboren worden. Es gehörte seinem Onkel mütterlicherseits. Der Vater besaß nichts. Dessen Name war Hussein Al Majid. Der Vater starb bevor Saddam geboren wurde. Die Mutter, nun völlig auf fremde Hilfe angewiesen, überließ das Kind der Familie des Onkels.

Dessen Name war Kairallah Talfah. Er war Offizier in der irakischen Armee. Im Verlauf des Zweiten Weltkriegs war Kairallah Talfah verwickelt in einen – von den Deutschen unterstützten – Armeeputsch gegen die Kolonialmacht England. Der Aufstand wurde von britischen Verbänden niedergeschlagen.

Kairallah Talfah hatte Glück: Er mußte nur fünf Jahre im Gefängnis absitzen. Viele seiner arabisch-nationalistischen Kameraden erhielten längere Haftstrafen, und einige wurden hingerichtet.

Der Onkel konnte nicht mehr für den jungen Saddam sorgen. Seine Mutter holte ihn zu sich. Sie hatte inzwischen wieder geheiratet, einen Bruder ihres verstorbenen Mannes. Der war bereits verheiratet; Saddams Mutter war die zweite Frau in der Familie – entsprechend war ihre Position. Sie konnte ihrem Sohn wenig helfen. Der Wohnort war jetzt das Dorf Al Shawish. Sein Status war weit ärmlicher als Saddams Geburtsort. Saddam erinnert sich später: »Zu essen gab es fast nichts. Niemand trug vernünftige Kleidung oder gar Schuhe.«

Zu den Ärmsten des Dorfes soll die Familie gehört haben, in der Saddam aufwuchs. Sie wurde von den anderen Familien verachtet. Das Resultat war, daß sich kein anderes Kind mit Saddam einlassen durfte.

Aber auch in der eigenen Familie kümmerte sich niemand um ihn. Sein Stiefvater, im Dorf »Hassan der Lügner« genannt, machte sich einen Spaß daraus, Saddam zu quälen, zu demütigen. Saddam wurde vom Stiefvater gezwungen zu stehlen. Er soll deshalb einige Zeit in einem Heim für jugendliche Verbrecher zugebracht haben.

Die Situation wurde besser für Saddam, als der Onkel Kairallah Talfah aus dem Gefängnis entlassen wurde. Der Berufsoffizier, der wieder eine Position in der Armee bekam, nahm den Jungen zu sich. Jetzt wohnte Saddam in Takrit, in einer wirklichen Stadt. Der Zehnjährige bekam nun zum erstenmal Schulunterricht. Bis zu diesem Zeitpunkt hatte Saddam nicht gelernt, seinen eigenen Namen zu schreiben. Er machte Fortschritte – erst langsam aber dann doch mit beachtlichem Auffassungsvermögen. Mit 18 Jahren bestand er die Aufnahmeprüfung für eine höher Schulform. Er zog mit dem Onkel um nach Baghdad.

Dort lernte er von Kairallah Talfah politisches Denken. Durch den Onkel bekam Saddam Kontakt zu einer Partei, die für ihn fortan Heimat war und Sprungbrett zur Karriere: die Baathpartei.

Das Weltbild des Kairallah Talfah wird in einer Schrift geschildert, die das irakische Informationsministerium unmittelbar nach Saddams Aufstieg zum höchsten Staatsamt veröffentlicht hat. Im Titel der Schrift ist der Inhalt konzentriert: »Drei Wesen hätte Allah eigentlich nicht erschaffen dürfen: die Perser, die Juden und die Fliegen.« Im Text wird diese Feststellung erläutert: »Perser sind Tiere, die Allah in der Gestalt männlicher Wesen erschaffen hat. Die Juden sind eine Mischung aus Dreck und aus dem, was andere Völker von sich abgestoßen haben. Die Fliegen sind das Harmloseste von den dreien, doch niemand kann wirklich verstehen, warum sie überhaupt erschaffen worden sind.«

Der Einfluß dieses Weltbilds, das der Onkel auf den Jungen übertragen hat, ist in Saddam politischer Karriere wirksam: Er haßt Perser und Juden – mit den Fliegen kommt er nur selten in Kontakt.

Die Baathpartei und Saddam Hussein

Onkel Kairallah Talfah war Mitglied der Baathpartei – wie viele der Offiziere der irakischen Armee. Als er aus der Armee ausschied, wurde er Lehrer, und diese Berufsschicht hatte eine starke Neigung zu dieser arabisch-nationalistischen Partei. Sie war nach dem Zweiten Weltkrieg von einem Lehrer gegründet worden: Vom syrisch-libanesischen Michel Aflaq. Der war griechisch-orthodoxer Religion. Die von Michel Aflaq entwickelte Parteimaxime hieß: »Einigkeit, Freiheit und Sozialismus«.

Mit »Einigkeit« war der Zusammenschluß aller Araber gemeint; die einzelnen Staaten Arabiens sollten aufgelöst werden und die

Araber sollten als Gesamtheit und Gemeinschaft einziehen in »Umma Al Arabia« – ins arabische Mutterland. Der einzelne hatte nicht mehr Syrer zu sein, oder Libanese, oder Ägypter; jeder war in Zukunft Araber.

Michel Aflaq hatte nach dem Zweiten Weltkrieg die Erinnerung geweckt an die Glanzzeit Arabiens unter der Herrschaft der großen Kalifen. Der herausragendste dieser arabischen Herrscher war Harun Al Rashid. Al Rashid bedeutet »der Rechtgeleitete«. Er hatte von 786 bis 809 das arabisch-islamische Riesenreich beherrscht. Unter den Kalifen, die in Baghdad regierten, existierte ein arabischer Einheitsstaat, der von Marokko bis zu den Regionen weit ostwärts des Schatt Al Arab reichte – und der dafür bekannt war, daß unter seinem Schutz Wissenschaft und Kultur aufblühten, daß es in Baghdad Bibliotheken gab mit tausenden von Schriften, daß am Euphrat Krankenhäuser mit wissenden Ärzten existierten, als sich in Europa kaum jemand um Kranke und Sieche kümmerte.

Dieses riesige Reich und seine kulturelle Überlegenheit wiederherzustellen, war das Ziel der Baathpartei: Arabien sollte als bedeutende Macht wiedergeboren werden. Dieser Wunsch bestimmt den Parteinamen: Al Hisb Al Baath Al Arabi – Partei der arabischen Wiedergeburt.

Das zweite Motto der Parteimaxime hieß »Freiheit«. Voraussetzung dafür ist »Befreiung«. »Umma Al Arabia«, das arabische Mutterland, sollte befreit werden von allen Spuren der kolonialen Herrschaft. Als Kolonialmächte wurden vor allem England und Frankreich gesehen. Sie hatten nach dem Ersten Weltkrieg Arabien unter sich aufgeteilt. Durch das Abkommen Sykes-Picot, das bereits im Jahr 1916 geschlossen worden ist, war bestimmt worden, daß Ägypten, Palästina und Mesopotamien der Aufsicht Großbritanniens unterstellt wurden. Frankreich wurde zum Kontrolleur über Syrien und Libanon.

Als Michel Aflaq am Programm für die Baathpartei arbeitete, war das Abkommen Sykes-Picot noch voll gültig: England und Frankreich bestimmten im arabischen Mutterland. Die »Mandatsmächte« knüppelten rigoros jedes Aufflackern von arabischem Nationalismus nieder. Männer wie Michel Aflaq sorgten dafür, daß die Vision von Arabien nicht unterging.

Mit zum Erfolg der Parteimaxime »Freiheit und Befreiung« hat nach dem Zweiten Weltkrieg die für ganz Arabien beschämende und demütigende Tatsache der Gründung des Staates Israel, im bisher arabischen Palästina, beigetragen. Daß der jüdische Staat entstand, wurde vom arabischen Volk insgesamt den Kolonialstaaten England und Frankreich angelastet.

Die Baathpartei entwickelte sofort eine Erweiterung ihres gegen die Kolonialmächte gerichteten Programms: »Israel ist eine Schöpfung des Kolonialismus. Die Israelis, die Juden, sind beauftragt dafür zu sorgen, daß die Vision von Umma Al Arabia nie realisiert werden kann. Deshalb ist es Pflicht der Araber, den Staat der Juden auszulöschen. »Palästina gehört den Palästinensern, die aber sind Araber.«

Die Parteimaxime »Sozialismus« hat in Propaganda und Realität die geringste Rolle gespielt. Michel Aflaq hatte die Forderung nach Sozialismus aus europäischen Parteiprogrammen entnommen. Er hatte selbst keine Vorstellung, wie Sozialismus gerade in Arabien aussehen könnte. Während die Sozialisten – und mehr noch die Kommunisten – in England, Frankreich und Deutschland den Ärmeren versprechen konnten, es werde eine Umverteilung des Reichtums zu Gunsten der Unterprivilegierten geben, zündete ein derartiges Versprechen in Arabien nicht: Da existierte bis zum Ölboom nur wenig Reichtum, der hätte umverteilt werden können. Der Marxismus bot kein Rezept für soziale Gerechtigkeit im Nahen Osten. Die Erkenntnis hatte sich bald durchgesetzt, daß in der Region zwischen dem Mittelmeer und dem Persischen (Arabischen) Golf Reichtum überhaupt erst geschaffen werden mußte, ehe er verteilt werden konnte. Für die Erzeugung eines Sozialprodukts, das für Fortschritt sorgen konnte, hatte die Baathpartei kein Rezept. Sie war nirgends in der Lage, Anstoß zu geben für Industrialisierung und Produktivität. Entstanden in einem Land tatsächlich Industriekomplexe, verdankten sie ihre Existenz nicht der Maximen der Partei.

Bemerkenswert am Programm der Baathpartei ist der völlige Verzicht auf islamische Grundsätze. Allah wird in den Parteimaximen nicht genannt. Dies mag damit zu tun haben, daß der Parteigründer kein Moslem, sondern orthodoxer Christ war, es lag jedoch vor allem an dem Personenkreis, den Michel Aflaq ansprechen wollte: Es waren Offiziere, Lehrer, Ingenieure. Er suchte Intellektuelle zu interessieren. Von ihnen wußte er, daß sie für arabisch-nationale Parolen zu gewinnen waren, nicht aber für Prinzipien, deren Basis im Koran zu finden waren.

Die Parteistruktur, die Michel Aflaq durchsetzen wollte, sah als oberstes Gremium einen »Nationalen Kommandorat« vor. Der Begriff »National« umfaßte die gesamte arabische Nation. In den einzelnen Staaten, deren Auflösung ja ins Auge gefaßt war, war jeweils ein »Regionaler Kommandorat« damit befaßt, den Zusammenschluß der regionalen Parteiverbände voranzutreiben.

Es waren irakische Studenten, die zur Ausbildung im Libanon oder in Damaskus gewesen waren, die in Baghdad von der Baathpartei und ihren Programmaximen erzählten. So langsam bildeten sich zu Beginn der 50er Jahre Zellen am Tigris. Der »Nationale Kommandorat«, der in Damaskus seinen Sitz hatte, erkannte Ende 1952 den »Regionalen Kommandorat Irak« an. Dem stand ein farbloser Ingenieur vor, der keinerlei Impulse geben konnte. Das Resultat war, daß der irakische Zweig der Baathpartei seine Mitgliederzahl nicht steigern konnte. Es fehlte die faszinierende Persönlichkeit.

Die Persönlichkeit, die Arabien benötigte, lebte und agierte am Nil. Sein Name Gamal Abdel Nasser.

Er hatte 1952 den faulen und korrupten König Faruk gestürzt, dem Schuld gegeben wurde, daß das jüdische Volk im Jahr 1948 die Gründung des Staates Israel hatte mit militärischer Kraft erzwingen können. Gamal Abdel Nasser propagierte arabischen Nationalismus und forderte den Zusammenschluß aller arabischen Staaten. Er wurde zum Idol der arabischen Massen, als es ihm 1956 gelang, den Suezkanal, der Besitz einer britisch-französischen Gesellschaft war, zu nationalisieren, zu verstaatlichen. Die Massen in Cairo, Damaskus, Beirut, Baghdad sahen in Nasser den arabischen Staatsmann, der die Kolonialisten und Imperialisten in die Schranken gewiesen hatte.

Zu dieser Zeit regierte in Baghdad noch immer der Haschemitenkönig Faisal II., aus der Dynastie, die von den Engländern an Euphrat und Tigris eingesetzt worden war. Faisal II. bekam zu spüren, daß sich Widerstand gegen ihn in der Hauptstadt auszubreiten begann. Anfang Juli 1958 war der König in der Universität Baghdad von Studenten empfangen worden, die eisig schwiegen und die keine Hand zum Beifall rührten. Gerüchte waren im Umlauf, daß sich eine »Gruppe Freier Offiziere« regelmäßig in ständig wechselnden Kasernen träfen. Ihr Vorbild sei Gamal Abdel Nasser, und sie hätten die Absicht, Irak in die »Vereinigte Arabische Republik« einzubringen, die Nasser kurz zuvor aus Ägypten und Syrien geformt hatte – am 1. Februar 1958.

Die »Freien Offiziere« wollten Irak so rasch als nur möglich herauslösen aus einem Bündnissystem, das »Baghdadpakt« hieß, das Irak, die Türkei, Iran und Pakistan verband. Der Sinn des Baghdadpaktes war die Abwehr einer möglichen sowjetischen Expansion in der Großregion des Persischen (Arabischen) Golfs. Das Abkommen war eindeutig das Instrument der USA, die den Einfluß Moskaus zurückdrängen wollten.

Die »Freien Offiziere« aber sahen – genau wie ihr Vorbild Gamal Abdel Nasser – in der Sowjetunion den wichtigsten Verbündeten in der Auseinandersetzung mit dem Kolonialismus. Sie glaubten, in Moskau seien die Freunde und Helfer des arabischen Volkes zu finden. Um ihr Land Irak der Sowjetunion zu öffnen, mußte das haschemitische, prowestliche Regime des Königs Faisal II. entmachtet werden.

Der Coup gegen den König Faisal II. fand in der Nacht vom 13. zum 14. Juli 1958 statt. Er begann mit der Besetzung der Radiostation am Tigris durch eine Einheit des Obersten Abdel Salem Aref. Der Oberst verkündete über den Sender, die Revolution sei bereits erfolgreich verlaufen. Seine Ansprache beschloß er mit den Worten: »Edles Volk! Stürme den Rihabpalast, den Palast der Schande!« In Wahrheit war noch gar nichts geschehen. Kein Schuß war gefallen. Doch die kurze Rundfunkansprache hatte bewirkt, daß das royale Regime zusammenbrach. Ohne Schwierigkeiten gelang es, das Verteidigungsministerium und das Innenministerium zu besetzen. Auf Widerstand stieß die Truppe des Abdel Salem Aref nicht. Bald war auch der Rihabpalast umstellt. Auf Befehl des Obersten drang eine Abteilung Soldaten in die Residenz des Königs ein. Faisal II. wurde samt seiner Familie in den Hof des Rihabpalastes getrieben. Maschinengewehrgarben mähten Männer, Frauen und Kinder nieder. Kaum war die regierende Familie ermordet, brach eine hysterische Masse in den Palasthof ein. Die Leichen wurden bespuckt und schließlich zertrampelt.

Oberst Aref war nicht daran interessiert, Ordnung zu schaffen. Er wollte, daß sich die Masse austobte: Die Gewalt sollte explodieren in Baghdad. Der Beginn einer neuen Zeit sollte sich auf diese Weise einprägen in die Gemüter der Menschen an Euphrat und Tigris.

Ein einziger aus dem Hofstaat ist an jenem Morgen den Revolutionären entgangen – der Ministerpräsident Nuri As Said. Freunde aus dem Offizierskorps hatten ihn geweckt und gewarnt. Er hatte sein Haus am Westufer des Tigris verlassen und über die Brücke ein Stadtviertel erreichen können, das von der Revolution unberührt war. Eine ihm bekannte Familie verbarg Nuri As Said in ihrem Haus. Doch er wurde verraten. Nach zwei Tagen zerrten ihn Gruppen von hysterischen Männern und Frauen aus dem Versteck und erschlugen ihn auf brutale Weise. Dann zogen sie die Leiche durch die Straßen und über die Tigrisbrücke; am Rihabpalast wurde sie aufgehängt.

»Blut und Feuer!« war von nun an die Maxime des neuen Regimes. Gewalt hatte Baghdad gepackt und ließ die Menschen nicht mehr los – für zwei Generationen. Die irakische Hauptstadt veränderte sich: War sie zur Zeit der Haschemitenherrscher ein Zentrum von Fleiß der Händler und Handwerker, so wurde sie nun von Gewalttätigkeit und Mordlust beherrscht – Baghdad war auch zur Stadt der Furcht geworden. Furcht war fortan ein Bestandteil der Revolution.

Mitglieder der Baathpartei waren bei dieser Revolution nicht in bemerkenswerter Funktion hervorgetreten. Die Führung war jedoch begeistert vom Ende der königlich-haschemitischen Herrschaft. Sie suchte Kontakt zu den »Freien Offizieren«. In ihren Reihen hatte sich inzwischen Brigadegeneral Abdel Karim Qassem durchgesetzt. Er akzeptierte, daß sich ihm führende Köpfe der Baathführung anschlossen; er beteiligte sie sogar an der »provisorischen Regierung«, die er dem irakischen Volk präsentierte. Jedoch bald schon entstanden ernsthafte Differenzen. Die Ursachen waren im Programm der Baathpartei zu finden.

Die Partei war darauf eingeschworen, für die Einheit aller Araber und für die Verschmelzung der bisherigen arabischen Staaten zu kämpfen. Gamal Abdel Nasser hatte im Februar 1958 für einen Ansatz der Verschmelzung gesorgt: Unter seiner Führung hatten sich Ägypten und Syrien zur Vereinigten Arabischen Republik zusammengeschlossen. In diese UAR auch Irak einzubringen, das war das Bestreben des »Regionalen Kommandorats.« Nach Meinung der Ratsmitglieder wäre damit ein entscheidender Schritt in Richtung der Schaffung einer »Arabischen Nation« erreicht. Doch sie stießen mit dieser Meinung auf schroffen Widerstand des Brigadegenerals Abdel Karim Qassem. Er wollte sich nicht Nasser unterordnen; er wollte die Unabhängigkeit des Irak und damit seine eigene Souveränität bewahren. Für Qassem waren die Baathmitglieder nun »Unionisten« – sie wurden zu Verrätern erklärt. Ihnen drohte Hinrichtung.

Die Baathführung sah nur den einen Ausweg: Der Brigadegeneral mußte getötet werden.

Diese Aufgabe wurde dem 21jährigen Saddam Hussein übertragen. Saddam war noch keineswegs Parteimitglied, doch er war von seinem Onkel Kairallah Talfah empfohlen worden. Dieser besaß hohes Ansehen bei arabischen Nationalisten, hatte er doch im Jahr 1941 am Putsch der Nationalisten teilgenommen und fünf Jahre im Gefängnis zugebracht.

Kairallahs Empfehlung wurde akzeptiert. Saddam Hussein und fünf weitere junge Baathisten lauerten dem Brigadegeneral Abdel Karim Qassem am Abend des 7. Oktober 1959 auf, als er eben vom Präsidentenpalast abfahren wollte, um zu seiner Wohnung zu gelangen. Saddam war instruiert worden, mit seinem Eingreifen zu warten, bis ein anderer geschossen hatte, doch er vergaß seine Instruktion: Er stürzte aus seinem Versteck und schoß aus nächster Nähe auf sein Opfer. Seine Geschosse verfehlten das Ziel. Qassems Leibwache schoß zurück. Saddam wurde verwundet. Doch mit Hilfe seiner Kameraden konnte er entkommen. Er erreichte die syrische Grenze.

Obgleich sein übereiltes Verhalten dazu geführt hatte, daß die Aktion ein Fehlschlag war, stieg er im Ansehen der Partei und bald auch in der Phantasie der Bevölkerung. Er bekam den Ruf, ein Held zu sein.

In der syrischen Hauptstadt wurde Saddam Hussein bejubelt als Kämpfer für die arabische Einheit. Es war die Zeit, als die Syrer noch begeistert darüber waren, in der Vereinigten Arabischen Republik zu leben. Der wichtigste syrische Propagandist des Einheitsstaates war Michel Aflaq, der Begründer der Baathpartei. Er lebte damals in Damaskus. Begeistert schloß er Saddam Hussein in die Arme und nahm ihn ehrenvoll als privilegiertes Mitglied in die Baathpartei auf.

Der Aufstieg des gescheiterten Attentäters

Drei Monate hielt sich Saddam Hussein in Damaskus auf. Als dort die Baathführung aufhörte, ihn zu feiern, reiste er nach Cairo. Auch in der ägyptischen Hauptstadt existierte eine Ortsgruppe der Baathpartei; ihr schloß sich der Flüchtling an. Da die Ortsgruppe nur wenige Mitglieder zählte, gelang es ihm rasch Mitglied des »Regionalen Kommandorats« zu werden.

Die Parteikarriere war ihm zunächst unwichtig: Er kümmerte sich um seine Schulbildung. Er war 24 Jahre alt – es war im Jahr 1961 – als er die Prüfungen bestanden hatte, die ihm Zugang zur Universität gestatteten. Saddam wählte für sich die Rechtsfakultät aus.

Während des Studiums hatte er drei Jahre lang Gelegenheit, Gamal Abdel Nasser, das Vorbild aller arabischen Nationalisten, zu studieren. Saddam Hussein sah jetzt bereits seinen Weg vor sich: Er wollte der Nasser des Irak werden, dazu brauchte er die Kraft und das Geschick des Ägypters. Er lernte, wie Nasser seine politischen Konkurrenten ausschaltete, wie Nasser das Einparteiensystem schuf, das zu seiner Machtbasis wurde. Mit Erstaunen stellte Saddam Hussein fest, daß der Ägypter ohne zu zögern seine Ansichten in der Politik umstieß, um – wenn nötig – mit wechselnden Personen und variablen Ansichten eine Kursänderung zu vollziehen.

In einer Fähigkeit sah Saddam Hussein seine Unterlegenheit gegenüber Gamal Abdel Nasser ein: Er besaß keine rednerische Begabung. Nasser konnte Menschen faszinieren, dem Iraker aber war diese Gabe nicht vergönnt. Saddam überlegte sich zu diesem Zeitpunkt, wie dieser offensichtliche Nachteil zu kompensieren war.

Saddams Harmonie mit Nasser dauerte nur bis zum 28. September 1961. An diesem Tag geschah in Damaskus ein Militärputsch, der die Existenz der Vereinigten Arabischen Republik beendete. Gamal Abdel Nasser gab die Schuld am Scheitern seiner Politik der arabischen Einigung der Baathpartei Syriens: Sie habe den Einigungsgedanken nicht entschlossen genug verfolgt. Von nun an hegte der Ägypter Argwohn gegen jeden Baathisten – auch wenn er Zuflucht gesucht hat in seinem Land. Saddam Hussein wurde von diesem Argwohn getroffen: Seine geringe finanzielle Unterstützung durch den ägyptischen Staat wurde gestrichen. Er hat sogar einige Zeit im Gefängnis zugebracht, unter der Beschuldigung, er habe versucht, einen irakischen Asylanten in Cairo zu erschießen. Beweise waren offenbar dafür keine vorhanden. Er wurde wieder freigelassen.

Im Februar 1963 konnte Saddam endlich nach Baghdad heimkehren: Es war dem »Regionalen Kommandorat« der Baathpartei gelungen, mit Hilfe von Armeeoffizieren den Brigadegeneral Abdel Karim Qassem zu stürzen. Der Abgesetzte wurde sofort hingerichtet – und mit ihm eine unbekannte Zahl von Anhängern. Die Miliz des Brigadegenerals wehrte sich noch tagelang. Wieviele Menschen dabei ihr Leben verloren, weiß niemand zu schätzen.

Bei der Heimkehr nach Baghdad mußte Saddam Hussein feststellen, daß ihn in der Parteiführung kaum mehr jemand kannte. Vergessen war die »Heldentat« des mißglückten Attentats vom 7. Oktober 1959. Niemand bot ihm Posten und Funktion an. Doch er wußte einen Ausweg: Er heiratete. Saddam hatte sich genau überlegt, welche Verbindung ihm am meisten nützen konnte. Er hatte die Tochter seines Onkels Kairallah Talfah auserwählt. Ihr Name: Sajidah Talfah. Ihr Bruder war Adnan Talfah, ein bekannter Baathführer. Adnan Talfah erwies sich bald als überaus nützlich für Saddam; er wurde später mit dem Posten des Verteidigungsministers belohnt.

Mit dem Sieg über den Brigadegeneral Qassem hatte die Baathpartei zwar die Regierungsgewalt in Baghdad gewonnen, doch sie konnte diese Gewalt nicht lange festhalten. Streit brach aus zwischen Fraktionen. Dieser Streit wurde durch Mord und Totschlag ausgetragen. Die am Kampf Beteiligten kannten kein anderes Mittel mehr als Gewalt. Das Blutvergießen traf auch die Bevölkerung. Im November 1963 erwies sich Abdel Salem Aref, der Initiator des Mordes an Faisal II., als der Stärkere. Er wurde Präsident des Irak.

Innerhalb der Baathpartei entwickelte sich nach und nach ein Machtblock um den Brigadegeneral Ahmed Hassan Al Bakr. Er stammte aus dem Sunnitenclan der Stadt Takrit und gehörte mit zum Kairallah-Clan. Ahmed Hassan Al Bakr war ein Verwandter von Saddam Hussein.

Der Brigadegeneral erreichte 1965 den Posten des Generalsekretärs des »Regionalen Kommandorats«. Ahmed Hassan Al Bakr ernannte Saddam Hussein zu seinem Sekretär. Die Aufgabe bestand nicht darin, daß er dienstlich Briefe schrieb und Aufträge des Generalsekretärs ausführte. Dieser betraute seinen Schützling mit dem Aufbau einer Parteimiliz, die schlagkräftig genug war, um den Weg zur Staatsspitze für Ahmed Hassan Al Bakr mit Gewalt freizukämpfen. Diese Miliz bestand aus Baathanhängern, die allein gegenüber Saddam Hussein zur Treue verpflichtet waren. Nur seine Befehle hatten Gültigkeit. Generalsekretär Ahmed Hassan Al Bakr spürte nicht, daß sich Gefahr für ihn entwickelte.

Da geschah im Juni 1967 ein Ereignis, das den Nahen Osten völlig veränderte: Krieg brach aus zwischen Israel und den arabischen Ländern Ägypten, Syrien und Libanon. Innerhalb von fünf Tagen wurden die Streitkräfte dieser Staaten vernichtend geschlagen. Aufgerieben wurde auch ein kleiner irakischer Truppenverband, den Präsident Abdel Salem Aref zur jordanischen Front geschickt hatte. Die Iraker sind dabei ruhmlos geblieben – ihre Führung, ihre Moral und ihre Ausrüstung waren schlecht. Dem Präsidenten Aref konnte der Vorwurf gemacht werden, die Truppe sei ziellos eingesetzt worden und habe deshalb keinen Sinn darin gesehen, zu kämpfen.

Saddam Hussein nützte seine Chance, dieses Versagen der Staatsführung anzuprangern. Die Führung der Baathpartei folgte seinen Anregungen, die sich bald zu Instruktionen entwickelten. Die Massen der Baghdader Bevölkerung wurden aktiviert. Sie folgten den Parolen und demonstrierten gewalttätig. Doch es gelang der Baathpartei zunächst nicht, das Regime des Generals Aref zum Einsturz zu bringen.

Eine Änderung der Situation zu Gunsten der Baathpartei schien erst möglich zu sein, als der Chef des militärischen Geheimdiensts, Oberst Abdel Razzaq Nayef, und der Kommandeur der Republikanischen Garde Oberst Ibrahim Abdel Rahman Daud, sich für Putschpläne der Baathpartei zur Verfügung stellten. Es war Saddam Hussein, der Ahmed Hassan Al Bakr empfahl, die Partnerschaft der beiden Offiziere anzunehmen – allerdings nur für den Augenblick:

»Wir werden sie liquidieren noch während oder kurz nach unserem Sieg.« Sein Argument: »Wenn wir sie nicht liquidieren, bringen die beiden uns um!«

Am 17. Juli 1968 – fast auf den Tag zehn Jahre nach der Ermordung des Königs Faisal II. – brach die »Juli-Revolution« aus. Diesmal gab es nahezu keine Toten. Die Obersten Nayef und Daud führten die Besetzung des Präsidentenpalasts und der Ministerien reibungslos durch. Am Vormittag des 17. Juli verließ Abdel Salem Aref Baghdad in einem Sonderflugzeug nach London. Radio Baghdad kommentierte: »Der Zionist Aref hat für immer den Irak verlassen!«

Die Situation in Baghdad war bald geregelt: Staatspräsident wurde Ahmed Hassan Al Bakr; der Posten des Ministerpräsidenten fiel Abdel Razzaq Nayef zu. Zum Verteidigungsminister wurde Abdel Rahman Daud bestimmt. Doch Saddam Hussein drängte darauf, daß die Offiziere rasch ihre Ämter und ihre Macht verloren.

Die »Machtergreifung« des Saddam Hussein

Die Methode zur Eliminierung des Premierministers und des Verteidigungsministers, die sich Saddam Hussein ausgedacht hatte, war einfach und erstaunlich unblutig. Der Verteidigungsminister wurde zu einer Inspektionsreise nach Jordanien geschickt: Er sollte die irakischen Truppen besuchen, die am Jordan zur Unterstützung der Streitkräfte des Königs Hussein stationiert waren. Abdel Rahman Daud wurde nach seiner Ankunft in Amman von den eigenen Offizieren in Gewahrsam genommen und daran gehindert, nach Baghdad zurückzukehren

Am selben Tag wurde Ministerpräsident Abdel Razzaq Nayef vom Präsidenten Ahmed Hassan Al Bakr zum Mittagessen eingeladen. Im Augenblick als der Gast aufbrechend wollte, wurde er von Saddam Hussein und vier Bewaffneten seiner Miliz mit der Waffe bedroht. Was dann geschah, beschreibt die von Saddam Hussein anerkannte Biographie, deren Verfasser Fuad Mattar heißt. Sein Buch trägt den Titel: »Saddam Hussein, The Man, the Cause and the Future« (London 1991). Mattars Erzählung der Verhaftung und der Deportation:

»Saddam Hussein forderte Nayef auf, die Hände hochzuheben. Nayef legte seine Hände über die Augen und sagte: »Ich habe vier Kinder.«

Saddam antwortete: »Deinen Kindern wird nichts geschehen, wenn Du Dich vernünftig verhältst. Du hast Dich uns mit der Teilnahme an der Revolution aufgezwängt. Du bist der Stolperstein für die Partei. Die Entscheidung der Partei lautet, daß Du aus dem Weg geräumt werden mußt. Du hast den Irak sofort zu verlassen!« Nayef wehrte sich nicht. Saddam Hussein gab den Befehl, daß ein Flugzeug auf der Piste des Militärlagers Rashid bereitgestellt werde, das den Premierminister nach Marokko zu bringen habe. Saddam Hussein schärfte Nayef ein, er müsse sich bewegen wie sonst auch, er habe ganz normal die Wachen vor dem Präsidentenpalast zu grüßen. Saddam wies darauf hin, daß er eine Pistole in der Jackentasche bei sich trage. Wenn er das Gefühl habe, Nayef denke daran, den Anordnungen nicht zu folgen, werde er sofort schießen. Einige der Milizionäre erhielten Befehl, Präsident Al Bakr im Palast zu schützen. Saddam setzte sich neben Nayef ins Auto und fuhr mit ihm zum Flugfeld des Militärlagers Rashid. Dort wartete bereits das Flugzeug. Als es gestartet war, hatte Saddam Hussein Tränen in den Augen.«

Nach der Ausschaltung der beiden hohen Offiziere wurde ein Entscheidungsgremium aufgewertet, dessen Bedeutung bisher mit Absicht niedrig gehalten worden war: Der »Revolutionäre Kommandorat (RCC)«, der aus sieben Personen besteht. Präsident des Gremiums war Ahmed Hassan Al Bakr. Zum stellvertretenden Vorsitzenden aber wurde Saddam Hussein bestellt. Die beiden wichtigsten Positionen in Partei im Staat waren nun mit Männern aus der Stadt Takrit besetzt, die dazuhin noch derselben Großfamilie angehörten – sie waren Verwandte innerhalb des sunnitischen Clans von Kairallah Talfah.

Ahmed Hassan Al Bakr durfte sich gegenüber seinem Stellvertreter überlegen fühlen: Er war hoher Karriereoffizier. Saddam Hussein wäre auch gerne Offizier geworden, doch die Militärakademie hatte ihn abgelehnt. Dies war eine schmerzhafte Erfahrung für ihn gewesen. Im Irak, wie fast überall in Arabien, besaßen die Offiziere das höchste Ansehen.

Den Mangel, den er empfand, kompensierte Saddam Hussein

durch seine Kommandoposition innerhalb der Miliz, die er selbst aufgebaut hatte. Sie war militärisch strukturiert und besaß Offiziere und Mannschaften. Oberster Kommandeur war Saddam Hussein.

In dieser Zeit hielt es der stellvertretende Vorsitzende des »Revolutionären Kommandorats« für klug, seine eigene Bedeutung herunterzuspielen – nicht aus Bescheidenheit, sondern aus Vorsicht. Im RCC hatten zwei Offiziere Sitz und Stimme, die als Konkurrenten im Kampf um die Macht gelten konnten: Hardan Al Takrit und Innenminister Ammash. Saddam hielt beide für gefährlich und nahm sich vor, sie nicht zu reizen – bis seine Zeit gekommen war.

Saddams Aufmerksamkeit galt zunächst der »religiösen Ordnung« innerhalb des RCC und der Parteigremien. Ahmed Hassan Al Bakr und er selbst waren Sunniten. Saddams Absicht war, die Entscheidungen im Staat in sunnitischer Hand zu behalten. Obgleich die Sunniten – bei schiitischer Mehrheit von 60 Prozent — nur mit ungefähr 20 Prozent an der Bevölkerung beteiligt waren, beanspruchten sie Vormachtstellung. Dies konnte nur gelingen, wenn die Schiiten ständig zu spüren bekamen, daß sie nur geduldet wurden, sie durften gar nicht wagen, den Kopf vorzustrecken; sie hatten den sunnitischen Mächtigen zu gehorchen, die alle aus der Gegend um die Stadt Takrit stammten. Zu Beginn der 70er Jahre gehörte nur ein wichtiger Mann nicht zum Takritclan: Samdun Hammadi, der Ölminister. Er war Schiit.

Im März 1971 publizierte das Informationsministerium eine Schrift, die zu erkennen gab, wie der Regierungsstil aussah, den Saddam Hussein pflegen wollte: »›Der Revolutionäre Kommandorat‹ leitet die Planung und überwacht die Ausführung der Pläne. Er hat darauf zu achten, daß kein einziges rivalisierendes Machtzentrum entstehen kann. Der ›Revolutionäre Kommandorat‹ gibt die Direktiven für Ministerien und für Befehlshaber der Streitkräfte.«

Um das Ziel der Zentralisierung der Macht zu erreichen, organisierte Saddam Hussein eine lange Kette von Säuberungen. Seine Milizionäre entdeckten in ständiger Folge Verschwörungen und Putschpläne. Sie waren aufgerufen zu »erhöhter Wachsamkeit gegen Agenten des zionistischen Gebildes« – gemeint war Israel. Die Folge waren Brutalität gegen »Verdächtigte« und Hinrichtungen. Es gelang dem zweiten Mann im RCC vor allem persönliche Konkurrenten zu beseitigen und die eigene Stellung zu festigen. Getrieben von der vorgeblich permanenten Sorge, der irakische Staat sei in Gefahr »von Verschwörern an Israel verkauft zu werden«, richtete die Saddam-Miliz in den Ministerien und in Hauptquartieren der Truppenverbände »Kommissariate« ein, die Minister, Beamte und Offiziere überwachten. Wer als »Verräter« oder »Verschwörer« gefaßt wurde, der wurde dem »Revolutionären Gerichtshof« überstellt, von dem nicht erwartet wurde, daß er nach Recht und Gesetz urteilte. Die Anklagepunkte waren immer »Verschwörung zu Gunsten von Israel, den Vereinigten Staaten von Amerika und Iran«.

Im Januar 1969 entdeckten Saddams Sicherheitskräfte, daß in Irak eine umfangreiche Organisation aufgezogen worden sei, der fast ausschließlich irakische Juden angehörten. Selbst bei sonst vorsichtigen Händlern im Suk von Baghdad waren Zweifel an der Korrektheit der Anklage zu bemerken, die Juden hätten »Verrat im Interesse Israels« begangen. Der präzise Vorwurf lautete: Die Juden hätten große Dollarbeträge aus Israel auf dem Weg über Iran erhalten. Diese Gelder seien für den »verräterischen Krieg« der Kurden bestimmt gewesen.

14 Juden wurden schuldig gesprochen, verurteilt und öffentlich auf dem Revolutionsplatz erhängt. Einen Tag lang blieben die Leichen an den Galgen hängen. Unter den Opfern befand sich auch der Vorsitzende der jüdischen Gemeinde des Irak.

Die Parole unter der die Hinrichtungen vollzogen wurden, »Tod den Israelis«! Saddam Hussein erweckte durch die Leichen auf dem Revolutionsplatz den Eindruck, als ob er Irak eingegliedert habe in die arabische Front gegen Israel. In Wirklichkeit unternahm das Land keine Anstrengungen, die Israel wirklich geschadet hätten.

Weitere Entdeckungen »zionistischer Verschwörungen« folgten. Laut Anklage waren an sämtlichen Plänen CIA und der iranische Geheimdienst beteiligt. Die Miliz des Saddam Hussein erweckte den Eindruck, als sei die Ordnung im Irak permanent von äußeren Feinden bedroht.

Die Bedrohung des Baathregimes war tatsächlich Realität, doch die Feinde waren in Baghdad zu finden: Es waren die Kommunisten. Ihre Führer traten mit wirkungsvoller Propaganda gegen das

Regime auf. Sie kritisierten das Verbot der Kommunistischen Partei, die »Unterdrückung der Massen« – und sie verlangten Autonomie für die Kurden.

Saddam Hussein empfand diese Forderungen als Anmaßung. Er gab seinen Milizen die Anweisung, die Kommunisten zu verfolgen. Doch die Verfolgten wehrten sich: Sie schossen sogar auf das Wohnhaus Saddams – ohne ihn zu treffen. Jetzt fielen die Milizionäre über bekannte Kommunisten her. Sie wurden verschleppt, verstümmelt, aufgehängt, erschossen. Wer die Säuberung überlebte, dem war der Mut zur eigenen kommunistischen Ausrichtung der Politik genommen.

Jede »Säuberung« brachte eine Machterweiterung für Saddam Hussein. Im Rahmen der fälligen Erschießungen ließ er auch weiterhin Politiker und Militärs umbringen, die ihm persönlich gefährlich erschienen.

Wurde eine Situation gefährlich, arrangierte er geschickt immer wieder Erhängungen auf dem Revolutionsplatz. Hatte er das Gefühl, dem Volk zu viele »Säuberungen« zugemutet zu haben, faszinierte er genau dieses Volk durch den Anblick von Menschen, die am Galgen starben. Radio Baghdad rief dann Männer, Frauen und Kinder dazu auf, zum Revolutionsplatz zu strömen und dort ein Fest zu erleben. In Rundfunksendungen wurde die Parole ausgegeben: »Diese Hinrichtungen sind ein erster Schritt zur Befreiung von Palästina aus den Händen der Juden!«

Saddam Hussein hütete sich jedoch davor, tatsächlich die Palästinensische Befreiungsbewegung zu unterstützen. Als die Palästinenser im September 1970 in Bedrängnis gerieten, weil König Hussein nicht länger dulden konnte, daß sie einen eigenen Staat im Staate Jordanien bildeten, da gab Saddam Hussein der irakischen »Saladdin-Truppe«, die in Jordanien stationiert war, den Befehl, sich nicht in die Kämpfe einzumischen. Als die Auseinandersetzung in der jordanischen Hauptstadt beendet war, scheute sich der stellvertretende Vorsitzende des »Revolutionären Kommandorats« nicht, andere Ratsmitglieder mit dem Vorwurf zu attackieren, sie hätten die Palästinenser im Stich gelassen. Niemand wagte es auf den eigentlichen Urheber der Zurückhaltung hinzuweisen.

Beim Ausbruch des Yom-Kippur-Krieges am 6. Oktober 1973 aber war Saddam Hussein sofort bereit, seine Panzertruppen aktiv in das

Frontgeschehen auf syrischem Territorium einzugreifen zu lassen. Dies geschah aus einem politisch-taktischen Grund: In der syrischen Hauptstadt Damaskus herrschte ebenfalls – wie in Baghdad – die Baathpartei. Doch es herrschte Streit zwischen diesen Parteiflügeln. Saddam Hussein glaubte, es werde die syrische Parteiführung stark beeindrucken, wenn irakische Panzer in triumphaler Formation durch Damaskus rollten. Diesen Aufmarsch verhinderten allerdings die syrischen Parteikonkurrenten. Oberst Imami, der irakische Panzerkommandeur, fand in Damaskus niemand vor, der ihm Instruktionen, Informationen über den Frontverlauf oder auch nur Landkarten hätte geben könne. Dem irakischen Oberst wurde gesagt, »Fahr zur Front und kämpfe!« Auf die Frage, wo sich die Front befinde, wurde ihm mit der Hand undeutlich die Richtung angezeigt. Die irakischen Panzer erreichten die Front auf den Golanhöhen nicht – sie verloren auf dem Weg dorthin einen Panzer nach dem anderen.

Was an gepanzerten Fahrzeugen noch übriggeblieben ist, wurde vom »Revolutionären Kommandorat« rasch nach Baghdad zurückgeholt. Die Truppen wurden gebraucht, um zu verhindern, daß der Schah von Iran und die Kurden die Schwäche der irakischen Verteidigungskraft benützten, um territoriale Gewinne zu erzielen. Der Schah und die Kurden konnten davon abgehalten werden, dem Irak zu schaden – Saddam Hussein aber zeigte offen, daß er expansive Ziele verfolgte.

In Saddams Visier: Kuwait

Das Emirat Kuwait ist seit dem 19. Juni 1961 ein unabhängiger Staat. Bis dahin hatte Großbritannien die Verantwortung getragen – London fühlte sich auch weiterhin verantwortlich für die Sicherheit der winzigen Monarchie. Die britische Garantie der Existenz des Emirats war dringend notwendig, denn seit dem Ende des Osmanischen Reiches am Schluß des Ersten Weltkrieges hatte jeder, der zuständig war in Baghdad zu erkennen gegeben, daß er Kuwait gerne dem irakischen Staat eingliedern wolle. Gleichgültig ob Könige oder Präsidenten, die irakischen Machthaber empfanden den Nachteil schmerzlich, daß ihr Boden keinen Hafen am Persischen (Arabischen) Golf besaß. Da war schlicht kein Boden vorhanden, um einen Hafen anzulegen. Nur ein schmaler Küstenstreifen rechts und links der Mündung des Schatt Al Arab war irakisches Territorium; doch dieser Küstenstreifen war Schwemmland und damit völlig ungeeignet für die Errichtung von Kaianlagen. Zu Kuwait aber gehören die Inseln Warba und Bubiyan; sie liegen unmittelbar an der Mündung des Schatt Al Arab. Beide boten ideale Voraussetzungen für die Anlage von Hafenbecken.

Die Souveränität über Warba und Bubiyan hatte König Ghazi bereits im Jahr 1930 für Irak eingefordert: Unmittelbar nach dem Ende der irakischen Monarchie stellte die republikanische Regierung dieselbe Forderung. Es war Präsident Abdel Karim Qassem, der seinen Anspruch so begründete: »Kuwait war immer Bestandteil der Provinz Basra – und Basra war immer irakisch!«

Die Behauptung ist wirkungsvoll, aber nicht realistisch: Kuwait war seit 1756 ein autonomes Sheikhtum im Osmanischen Reich. Die osmanischen Administratoren in Basra waren froh, daß sie mit dem Beduinenstamm, der sich in der Nähe der Mündung des Schatt Al Arab angesiedelt hatte, nichts zu tun hatten. Sie kümmerten sich nicht darum, daß der Sultan in Istanbul den Sheikh der Sippe As Sabah zum »Qaimaqam«, zum Distriktsstatthalter ernannt hatte. Auch dem Sheikh war der Titel gleichgültig gewesen. Niemand, außer den Engländern hatte dem Herrscher von Kuwait Vorschriften machen dürfen. Für die Engländer aber war das Emirat eine wichtige, strategische Station auf dem Weg vom britischen Mutterland zur Kolonie Indien. Erst als sich Indien die Unabhängigkeit errungen hatte, besaß Kuwait für England keine Bedeutung mehr.

Vierzehn Tage nach der kuwaitischen Unabhängigkeitserklärung war Großbritannien schon gezwungen, Truppen nach Kuwait zu verlegen. Der Grund: Irak zeigte zu deutlich, daß die Beute durch militärischen Angriff geschnappt werden sollte. Die Militäraktion wurde durch die britische Präsenz verhindert. Doch im Bewußtsein der Baathpolitiker blieb der Wunsch, irgendwann das Kuwaitproblem im irakischen Sinn zu lösen.

Saddam Hussein mußte lange warten, bis die Zeit reif war für die Eingliederung Kuwaits in den Irak. Er mußte sich mit einem Problem im Norden des Landes beschäftigen.

Die Kurden des Irak – ein Erbe der Kolonialzeit

Die Kurden sind ethnisch nicht mit den Irakern verwandt. Sie werden der indo-europäischen Völkerfamilie zugerechnet. Sie sind sunnitische Moslems. Geschätzt wird, daß von den rund 18 Millionen Irakis etwa 3 Millionen Kurden sind. Genauere Erhebungen fehlen. Die Kurden sind überzeugt, ihr Volk sei insgesamt 15 Millionen stark. Diese Personenzahl verteilt sich auf vier Länder: Irak, Iran, Syrien und die Türkei.

Die irakischen, syrischen und türkischen Kurden waren bis zum Ende des Ersten Weltkriegs Untertanen im großen Osmanischen Reich gewesen. Als im Jahr 1920 die Siegermächte mit der Neuordnung des Nahen Ostens begannen, da lebten die Kurden in der Hoffnung, sie würden Einheit und Selbständigkeit erlangen. Wer auf den Nachkriegskonferenzen lautstark seine Ansprüche verkündete, der hatte Erfolg. Die Kurden traten zu bescheiden auf. Der Vertrag von Sèvres, der im Jahr 1920 ausgefertigt wurde, sah zwar Autonomie für das kurdische Volk vor – und für eine spätere Zeit sogar völlige Unabhängigkeit –, doch er hatte nie Gültigkeit erlangt. Als die Türkei, der Nachfolgestaat des Osmanischen Reiches, in Verträgen mit den bisherigen Kriegsgegnern die Grundlage schuf für die eigene Existenz, da war von den Kurden gar nicht mehr die Rede.

So geschah es, daß Streit entstehen konnte um den Besitz der kurdischen Region. Bekanntgeworden war, daß sich im Umkreis Erdöl im Boden befand. Großbritannien war an der Ausbeutung dieser Ölfelder interessiert – und die Türkei auch. In die Auseinandersetzung griff der Völkerbund vermittelnd ein. Er schickte eine Kommission nach Mosul, die sich mit der Bevölkerungsstruktur Kurdestans befassen sollte. Das Ergebnis der Untersuchung: Die Kurden bilden die Mehrheit der Bevölkerung in der Ölregion. Die Konsequenz wäre gewesen, diese Menschen, die keine Araber waren, in die Türkei aufzunehmen und ihnen in diesem Rahmen Autonomie zuzugestehen. Der Völkerbund entschied jedoch, die Kurdengebiete seien künftig Bestandteil des Irak. Die Kurden wurden damit Minderheit in einem arabischen Staat.

Damit war der Londoner Regierung ein Erfolg gelungen, der hohen Profit bringen sollte. Großbritannien war Protektoratsmacht im Irak; seine Regierung war höchste Autorität in diesem Land. Großbritannien war also zuständig für die Ölgebiete; es konnte darüber verfügen. Der Zugang war geschaffen für britische Ölgesellschaften.

Die Entscheidung, dem Irak zugeschlagen zu werden, war bitter für die Kurden der Region Mosul. Sie waren abgetrennt von den Kurden in der Türkei. Die Aufspaltung des kurdischen Volkes hatte begonnen.

Die Kurden waren nun eine starke Minderheit im irakischen Staat. Sie kämpften von Anfang an dafür, in diesem Land gewisse Rechte zu erhalten. Solange Großbritannien Protektoratsmacht war, verhinderten Hochkommissare der britischen Krone jede Autonomiebestrebung.

Am Ende des Zweiten Weltkriegs, als ein Ende der Kolonialzeit in Sicht war, forderten die irakischen Kurden die Verwendung der kurdischen Sprache im Schulunterricht. Diese Forderung wurde von den durchweg arabischen Politikern in Baghdad schroff abgelehnt. Die Kurdengebiete wurden vernachlässigt und wurden so zum »Armenhaus des Irak«, obgleich gerade von der Region Mosul, aus den dortigen Ölgebieten, der Reichtum des Irak stammt.

Die Kluft zwischen Arabern und Kurden brach im Jahr 1955 auf. Kurden und Araber kämpften mit Waffen gegeneinander. Sieger wurde keine Seite, doch hunderte der Kämpfer und ebenso viele Zivilisten starben. Den organisierten Aufstand begannen die Kurden 1962, am Ende der Herrschaft des Abdel Karim Qassem. Krieg brach aus südostwärts von Kirkuk und Mosul.

Die Kurden orientierten sich in jener Zeit auf Moskau zu. Die Kurdische Demokratische Partei entstand. Der Parteiführer, Mullah Mustafa Barzani hatte lange in Moskau gelebt. Barzani war kein Kommunist, sondern ein kurdischer Nationalist, der – außer in Moskau – nirgends sonst für seine Unabhängigkeitsbewegung Unterstützung fand.

Der Krieg im kurdischen Bergland blieb ohne Entscheidung. Doch die Verluste der irakischen Armee waren bedeutender als die der Kurden. Nach der Ermordung Qassems im Jahre 1963 war die neue Führung in Baghdad bereit zum Waffenstillstand.

Die Baathpartei, die von nun an mächtig war in Baghdad, wollte die Forderungen des Mullah Mustafa Barzani nach Unabhängigkeit allerdings nicht erfüllen. Die Folge der Unnachgiebigkeit war, daß die Kämpfe im Bergland wieder aufflammten. Diesmal wurde Mullah Mustafa Barzani von Iran unterstützt. Schah Mohammed Reza Pahlawi sah in dieser Politik eine Chance, die revolutionäre Regierung in Baghdad derart zu schwächen, daß sie keine Gefahr bedeutete für den Iran.

Saddam Hussein, noch nicht ganz an der Spitze der Macht angekommen, erkannte jetzt die Möglichkeit, sich zu profilieren. Er begann insgeheim Verhandlungen mit Vertretern des Mullah Mustafa Barzani. Sein Ziel war es nicht, den Kurden durch Zugeständnisse entgegenzukommen, um auf diese Weise einen dauerhaften Frieden im Norden des Irak zu schaffen – er wollte Zeit gewinnen bis er militärisch in der Lage war, einen entscheidenden Schlag gegen die Kurden zu führen.

Vertragstreue kennt Saddam Hussein nicht

Saddam Husseins Verhandlungen hatten Erfolg. Am 11. März 1970 konnte Präsident Ahmed Hassan Al Bakr den Abschluß einer Vereinbarung zwischen Barzani und der irakischen Regierung verkünden. Ihr wesentlichster Punkt war, daß den Gebieten, in denen Kurden die Mehrheit bildeten, Autonomie gewährt werden sollte, allerdings nur in regionalen Angelegenheiten. Erlaubt war Selbstverwaltung auf Gemeindeebene.

Die Bodenschätze, und damit waren die Ölvorkommen gemeint, unterstanden der Regierung in Baghdad. Die Einnahmen aus dem Ölgeschäft flossen in die Staatskasse. Die Region Mosul profitierte nicht vom eigenen Reichtum.

Von Anfang an mißfiel dem stellvertretenden Vorsitzenden des »Revolutionären Kommandorats« der Vertrag, den er selbst ausgehandelt hatte. Er verlangte Revision, doch die Kurdenführung wollte davon nichts wissen. Da fand Saddam Hussein einen Ansatzpunkt, um den Vertrag auszuhöhlen. Daß die Regierung über die Ölfelder verfügen konnte war ihm nur schwacher Trost dafür, daß die Kurden nun ein, wenn auch geringes Maß an Autonomie besaßen – in den Gebieten Kurdestans, in denen sie die Mehrheit bildeten. Saddam Hussein sah, daß er die Möglichkeit hatte, die Mehrheitsverhältnisse bis zum Tag einer beabsichtigten Volkszählung zu verändern. Er gab den Befehl, in aller Eile arabische Familien in großer Zahl in die kurdischen Gebiete umzusiedeln. So konnte wenigstens das Mehrheitsverhältnis im Bereich Kirkuk verändert werden.

Das Resultat der Umsiedlungsaktion war, daß Mullah Mustafa Barzani nicht mehr darauf bedacht war, den Vertrag vom März 1970 zu realisieren: Sein Vertrauen in Saddam Hussein war zerstört. Mit Recht schwand das Vertrauen, denn Barzani bekam zu spüren, daß Saddam Hussein die Inkraftsetzung einzelner Artikel des Vertrages hinauszögerte. Saddam verfügte, den Kurden sei kein Sitz im »Revolutionären Kommandorat« abzutreten, obwohl genau dies im Abkommen vom 11. März 1970 vorgesehen gewesen war.

Der »Revolutionäre Kommandorat« konnte nun ungehindert Maßnahmen beschließen, die keine Rücksicht auf die Kurden nahmen. Auf Anordnung dieses Gremiums wurden Kurden aus der Region Kirkuk, also aus einem Ölgebiet, deportiert – an ihrer Stelle wurden Araber in den kurdischen Dörfern untergebracht. Für den Kurdenführer Mullah Mustafa Barzani waren die Umsiedlungsmaßnahmen Anlaß, darauf hinzuweisen, daß ein Auskommen mit der Gewaltherrschaft der Baathpartei und insbesondere mit den skrupellosen Methoden des Saddam Hussein in Zukunft nicht mehr möglich sei. Dieser öffentlich geäußerte Vorwurf reizte wiederum Saddam Hussein: Er beschloß, das Kurdenproblem militärisch zu lösen.

Im Oktober 1974 begann die Offensive der irakischen Armee im Bergland von Kurdestan. Auch dieser Krieg wurde mit äußerster Grausamkeit geführt. Die irakische Armee unternahm in den Gebieten, die sie hatten erobern können, die systematische Vertreibung der Kurden: 130 000 Männer, Frauen und Kinder wurden zur Grenze gebracht und nach Iran ausgewiesen. Mullah Mustafa Barzani war gezwungen, selbst Zuflucht in Teheran zu suchen.

Der Sieger der Offensive, Saddam Hussein, vollzog vor der Weltöffentlichkeit nun erneut einen Richtungswechsel: Am 13. März 1975 erließ er eine Amnestie für die Kämpfer der »Peshmerga«, der kurdischen Kampforganisation, und erneut wurde von Autonomie der Kurdengebiete gesprochen.

Im Februar 1978 vergaß Saddam Hussein, daß er für kurdische Probleme aufgeschlossen sein wollte. Er wies seine Milizen an, gegen jeden regionalen Ansatz kurdischer Selbständigkeitsbestrebungen vorzugehen. Angriffe auf kurdische Dörfer im Grenzgebiet zu Iran wurden durchgeführt. Diese Vorgänge veranlaßten wiederum die Kurdenführung zur Neuorganisation ihrer bewaffneten Verbände. Hierauf reagierte Saddam Hussein mit Nachgiebigkeit: Er erlaubte kurdischen Familien, die umgesiedelt worden waren, die Rückkehr nach Kurdestan.

Diese Nachgiebigkeit hatte einen Grund: Irak war in den Krieg mit Iran verwickelt und war gezwungen, alle seine militärischen Kräfte am Schatt Al Arab einzusetzen. Als der iranische Druck im Sommer 1988 nachließ – weil die Anwendung der Kampfgase die Moral der iranischen »Revolutionswächter« brüchig gemacht hatte –, konnte sich Saddam Hussein der Lösung des Kurdenproblems zuwenden. Sie geschah wie üblich auf brutale Weise: Am 17. Dezember 1988 ordnete die irakische Regierung die Deportation der Menschen eines Gebiets an, in dem sich autonome Verwaltungen gebildet hatten. Kurdische Widerstandsgruppen meldeten, 200 000 Kurden seien von dieser Maßnahme betroffen. Die Verschleppten würden in die Gegend von Baghdad gebracht; die Absicht sei, sie dort in Lager unterzubringen. Die internationale Völkergemeinschaft wurde zur Hilfe aufgefordert. Es geschah zunächst nichts.

Zu diesem Zeitpunkt war Saddam Husseins Weg zur Macht längst am Ende angekommen: Er hatte am 16. Juli 1979 die Position des Staatschefs übernommen. Genau zehn Jahre zuvor hatte die Endstufe des Machtkampfes begonnen.

Ein Rivale nach dem anderen verschwindet

Im November 1963 hatte Saddam Hussein zwei gefährliche Rivalen zu fürchten: Hardan Al Takrit und Innenminister Ammash. Sie waren starke Persönlichkeiten im »Revolutionären Kommandorat«. Sie verloren zunächst nach außen nur unmerklich an Einfluß. In einem geschickten Schachzug sorgte Saddam Hussein dafür, daß die gesonderte Position des Ministerpräsidenten abgeschafft wurde. Präsident Ahmed Hassan Al Bakr war fortan auch der direkt Verantwortliche in der Exekutive. Wenn es nun keinen Ministerpräsidenten mehr gab, dann wurden auch kein Posten mit der Funktion eines stellvertretenden Ministerpräsidenten mehr gebraucht. Diese Posten aber waren mit Hardan und Ammash besetzt gewesen. Sie hatten durch die Neuregelung ihren hervorgehobenen Sitz im Kabinett der Minister an der Seite des Präsidenten verloren. Sie waren nicht mehr gefragt – Ammash wurde schon bald als Innenminister nicht mehr zu den Sitzungen des Machtzentrums eingeladen. Beide waren an Beschlüssen der irakischen Regierung nicht mehr beteiligt – auch nicht mehr an der Entscheidung, im September 1970, der Palästinensischen Befreiungsorganisation nicht in ihrem Abwehrkampf gegen König Husseins Würgegriff in Jordanien zu helfen.

Nur kurze Zeit später wurde dem bereits entmachteten Hardan Al Takrit vorgeworfen, er allein sei dafür verantwortlich, daß die Palästinenser im Stich gelassen worden seien; er habe damit die Schuld auf sich geladen, der Sache Arabiens insgesamt geschadet zu haben. Der »Verräter« erhielt noch den Posten des irakischen Botschafters in Marokko, doch Hardan Al Takrit wollte um Position und Einfluß in Baghdad kämpfen. Er wurde im März 1971 ermordet.

Der frühere Innenminister Ammash wurde beschuldigt, er sei bestechlich gewesen. Dieser Vorwurf wurde allerdings nicht öffentlich erhoben, sondern nur durch Gerede in Parteigremien. Ammash hatte keine Chance, sich dagegen zu wehren. Es hörte niemand auf ihn. Er starb in der Mitte der 70er Jahre. Wie und warum der Tod eintrat, wurde nicht geklärt.

Der »Liquidation« von Hardan und Ammash folgten Säuberungen: Wer mit den beiden in Verbindung gestanden hatte, wurde verhaftet und bald darauf erschossen. Glück hatte noch Außenminister Abdel Karim Al Shaykhli. Auch er war ein Konkurrent im Duell um die höchste Position im Staat. Al Shaykhli war über Monate hin ein Verbündeter von Saddam Hussein gegen Hardan und Ammash gewesen. Nach deren Beseitigung hatte er seine Schuldigkeit getan. Der Vorwurf lautete, er habe sich »parteischädigend« verhalten. Er wurde nach New York geschickt als Botschafter bei den Vereinten

Nationen. Dieser Posten gilt seither als unbedeutend, denn jeder, der damit betraut wird, hat zuvor in Baghdad jeden Einfluß verloren – auf ihn hört niemand mehr.

Die Methoden, den Botschafterposten bei den Vereinten Nationen mit Abgeschobenen der Parteihierarchie zu besetzen, spiegeln die Einstellung des Saddam Hussein zur Weltorganisation: Er hat ihr bereits in den 70er Jahren jede Bedeutung abgesprochen. Er behandelt die Gremien der UN mit Verachtung.

Zum Erstaunen aller, die Einblick hatten in die Vorgänge in Baghdad, traf im Sommer 1973 die Säuberungswelle den Chef der Saddam-Milizen, Nazim Kazzar. Er galt als besonders brutal. Kazzar hatte die Folterungen und Erschießungen ausgeführt, die Saddam befohlen hatte.

Nazim Kazzar war deshalb besonders devot und untertänig, weil er einer Schicht angehörte, die eigentlich von der Macht ausgeschlossen war: Kazzar war Schiit. Die Schiiten bilden zwar die Mehrheit des irakischen Volkes, doch sie werden von den Sunniten in Schranken gehalten. Über diese systematische Unterdrückungspolitik ärgerte sich der Schiit Kazzar. Manchmal schimpfte er sehr drastisch auf die Stadt Takrit, aus deren Umgebung die meisten der sunnitischen Mächtigen stammten.

Im Verlauf des Frühjahrs 1973 entwickelte sich die gegenseitige Abneigung zwischen dem Sicherheitschef Nazim Kazzar und Saddam Hussein derart stark, daß zu erwarten war, daß einer den anderen umbringt. Saddam hatte von Äußerungen Kazzars erfahren, er wolle »die ganze Bande aus Takrit« auslöschen. Es war damit zu rechnen, daß Saddam noch rechtzeitig losschlagen würde, ehe er tatsächlich in Gefahr geriet. Doch Nazim war entschlossen, der »Clique aus Takrit« zuvorzukommen. Er wählte sich als erstes Opfer nicht den stellvertretenden Vorsitzenden des »Revolutionären Kommandorates« aus, sondern den Chef selbst. Präsident Ahmed Hassan Al Bakr sollte getötet werden. Kazzars Kalkulation sah so aus: War erst der Oberste aus Takrit »liquidiert«, dann konnte sich der Zweitoberste nicht halten, dann war auch Saddam Hussein erledigt.

Am 13. Juni 1979 um 16 Uhr war dessen Ankunft auf dem Flughafen Baghdad vorgesehen. Der Präsident hatte sich zu einem Staatsbesuch in Warschau aufgehalten. Pünktlich zur geplanten Landezeit warteten die Treuesten der Milizionäre des Nazim Kazzar auf dem Rollfeld auf das Flugzeug. Ahmed Hassan Al Bakr sollte unmittelbar nach dem Verlassen der Maschine erschossen werden.

Um 16 Uhr traf kein Flugzeug aus Warschau ein. Die Männer auf der Piste warteten und wurden nervös. Noch nervöser aber wurde Nazim Kazzar, der in seiner Wohnung, weit vom Ort des Geschehens, die Übertragung der Ankunft des Präsidenten durch Iraqi TV sehen wollte. Doch der Sender übertrug einen Spielfilm. Da erschien kein Ansager auf dem Bildschirm mit irgendeiner Mitteilung von einer Verzögerung der Landung.

Auch die Milizionäre auf der Piste erfuhren nicht, warum die Präsidentenmaschine noch nicht Baghdad erreicht hatte. Nach vier Stunden Wartezeit war ihr Kommandeur der Meinung, der Putsch sei verraten worden; er befahl den Männern den Rückzug in die Kaserne.

Um dieselbe Stunde – es war 20 Uhr – war auch Nazim Kazzar überzeugt, Ahmed Hassan Al Bakr sei gewarnt worden und sei sicher schon auf einem anderen Flugplatz gelandet. Kazzar glaubte, der Präsident sei schon auf dem Weg, um selbst die Putschisten zu verhaften. Kazzar fürchtete, die Garde des Präsidenten stünde schon vor der Tür. In höchster Eile verließ der Sicherheitschef das Haus und fuhr mit seinem Wagen, begleitet von einem Milizionär in Richtung der iranischen Grenze. Er hoffte, sich im Staat des Schahs Mohammed Reza Pahlawi retten zu können.

Saddam Hussein erfuhr als erster aus der Führungsmannschaft vom gescheiterten Attentat und von der Flucht. Von der Luftwaffenbasis Baghdad aus begann er selbst mit der Verfolgung des Flüchtenden. Ein Hubschrauber stand zur Verfügung. Für Saddam war es selbstverständlich, daß Kazzar die iranische Grenze erreichen wollte; sie lag von Baghdad aus am nächsten. Syrien und Jordanien waren zu weit entfernt. Tatsächlich gelang es dem Hubschrauber, Kazzars Fahrzeug einzuholen. Der gescheiterte Putschist wurde gefangengenommen.

Das Urteil wurde nach einem Schauprozeß gesprochen, 21 Offiziere der Milizeinheiten und Nazim Kazzar waren angeklagt. Ihr Chef und sämtliche Angeklagten wurden erschossen. Im Verlauf von Putschversuch und Säuberung verlor auch der einflußreiche Verteidigungsminister General Hammad Shehab sein Leben – offenbar im Fluchtauto des Sicherheitschefs. Der Tod dieses Konkurrenten kam Saddam Hussein gelegen.

Unmittelbar nach dem Schauprozeß vom 7. Juli 1973 hätte für Saddam Hussein die Chance bestanden, die Macht im Staat Irak an sich zu reißen. Jeder, der ähnliche Ambitionen wie er selbst hatte, war entweder getötet oder wenigstens entfernt von den Zentren der Macht, doch der stellvertretende Vorsitzende des »Revolutionären Kommandorats« unterließ es, den Vorsitzenden aus dem Präsidentenpalast von Baghdad zu entfernen, und er hütete sich, aus Ahmed Hassan Al Bakrs Schatten hervorzutreten. Er brauchte die Deckung durch den Chef, um seine außenpolitischen Sondierungen abzusichern. Saddam hatte jetzt ein Ziel im Visier, das ihm wichtiger war als jedes andere: Er wollte die Leitfigur panarabischer Politik werden.

Saddams Vorbild: Gamal Abdel Nasser

Durch den plötzlichen Tod Nassers am 28. September 1970 hatte Arabien seine Leitgestalt verloren. Die Mehrzahl der Menschen in den arabischen Staaten hatten in Nasser den Chef gesehen, der die Kraft besaß, ihnen den Stolz wiederzugeben, den sie in den Konflikten mit Israel verloren hatten. Die Niederlagen von 1948 und 1967 hatten die militärische und die politische Schwäche der arabisch-islamischen Welt offenbart; durch Nassers Redekunst waren die Blamagen überwunden worden. Nasser hatte die Kunst verstanden, durch Worte den Massen das Gefühl zu geben, sie hätten nur eine vorübergehende Periode der Schwäche zu überstehen, doch sei ihnen der Sieg über den Staat, der von Imperialisten geschaffen worden sei, absolut sicher. Die Rhetorik Nassers ersetzte die Realität: Durch seine entflammenden Reden hatte Nasser im Gemüt seiner Zuhörer ein mächtiges und ewiges Arabien geschaffen, das jedoch Utopie blieb. In der Realität waren alle Bemühungen Nassers, Arabien zu einigen, gescheitert.

Saddam Hussein wußte von Anfang seiner Karriere an, daß er gegenüber Nasser an Gewalt der Rede unterlegen war. Seine Argumente sprachlich zu vermitteln, fiel ihm immer schwer. Er konnte nicht, wie Gamal Abdel Nasser, den Willen und das Empfinden der Araber in Worte ummünzen.

Saddam Hussein hatte jedoch im Wirken des Ägypters ein Prinzip entdeckt, das auch er anwenden konnte: Nasser war ein Pragmatist gewesen, der Prinzipien propagierte, um sie – wenn es nützlich war – sehr schnell zu vergessen. Unmittelbar nach Abschaffung der Monarchie in Ägypten im Jahr 1952 hatte sich Nasser zum arabischen Sozialismus bekannt. Noch die »Permanente Verfassung« des Jahres 1971 bekräftigte die sozialistische Tendenz und betonte, daß das ägyptische Volk die Kontrolle über alle Produktionsmittel besitze. In der Praxis aber wurde der Sozialismus so verwirklicht, daß der Staat alle Faktoren der Wirtschaft in der Hand behielt. Vom arabischen Sozialismus war immer weniger die Rede. Nasser war nie wirklich zum Sozialisten geworden.

Im außenpolitischen Bereich hatte Nasser am Anfang versucht, mit Saudi-Arabien einen Vertrag zu schließen, der wirtschaftliche und militärische Zusammenarbeit vorsah. Im Jahr 1966 aber paßte ihm die politische Richtung des Königs Faisal nicht, der sich kaum von Nasser beeinflussen ließ und eine islamische Ausrichtung der Innenpolitik bevorzugte. Der Vertrag hatte nie eine praktische Auswirkung.

Daß Nasser versucht hatte, im Jahr 1958 durch Vereinigung seines Landes mit Syrien einen Kern des ersehnten gesamtarabischen Staates zu schaffen, zeichnete für Saddam Hussein eine Leitlinie, der er zumindest versuchsweise folgen wollte. Das Scheitern der Vereinigten Arabischen Republik im Jahr 1961 hatte ihn zur Vorsicht gemahnt.

Im Herbst 1978 lud Saddam Hussein den syrischen Präsidenten Hafez Al Assad nach Baghdad ein. Der Syrer gehörte ebenfalls der Baathpartei an – nur eben dem syrischen Flügel. Die Partei nahm in Damaskus das Programm, das Michel Aflaq einst entwickelt hatte, genau so wenig ernst wie die Baathführung in Baghdad. In beiden Hauptstädten bestimmten keine schriftlich fixierten Statuten die Politik, sondern allein die Persönlichkeiten an der Spitze von Partei und Staat – und diese standen in schroffem Gegensatz zueinander.

Daß Hafez Al Assad die Einladung des Saddam Hussein im Herbst 1978 annahm, hatte einen Grund, der mit der Haltung des

Ägypters Anwar As Sadat gegenüber Israel zu tun hatte. As Sadat hatte sich im September 1978 in Camp David auf eine Verständigung mit der israelischen Regierung eingelassen, die dazu führen mußte, daß Ägypten aus der arabischen Front gegen den jüdischen Staat ausschied. Die syrische Führung war darauf bedacht, das Lager der Israelgegner zu festigen.

In dieser Situation kam für Hafez Al Assad die Einladung aus Baghdad gelegen. Der Einladende und der Eingeladene vergaßen rasch, daß noch wenige Wochen zuvor Streit darüber geherrscht hatte, wer in der Vergangenheit die ablehnendste Position gegenüber Israel bezogen hatte. Es war ein Streit um Parolen und Gesten und nicht um Taten gewesen. Ahmed Hassan Al Bakr hatte eine arabische Gipfelkonferenz boykottiert, deren Mittelpunkt der syrische Präsident gewesen war.

Der Konflikt zwischen den beiden Parteiflügeln hatte sich bereits im Oktober 1973 zugespitzt – unmittelbar nach dem »Oktoberkrieg« zwischen Ägypten, Syrien und Israel. Für Ägypten war diese militärische Auseinandersetzung einigermaßen erfolgreich abgeschlossen worden: Die ägyptischen Truppen hatten den Suezkanal überschritten und waren in die von Israel besetzte Halbinsel Sinai eingedrungen. Syrien aber hatte nach anfänglichen Erfolgen im Golangebiet seine Panzerverbände unter israelischem Druck wieder zurückziehen müssen. Das fruchtbare Golanplateau samt der Stadt Quneitra war verlorengegangen. Das Resultat des Rückzugs war, daß Saddam Hussein behaupten konnte, Hafez Al Assad habe seine Elitetruppen schonen wollen; der Syrer sei ein Verräter, der absichtlich arabischen Boden dem Feind Israel überlassen habe. Saddam Hussein konnte leicht andere der Verräterei bezichtigen – sein Land Irak hatte keine direkte Frontlinie mit Israel; es war nicht bedroht.

Die syrische Baathführung reagierte mit Beschimpfungen gegen Ahmed Hassan Al Bakr und gegen Saddam Hussein: Die beiden Iraker hätten der Sache Arabiens geschadet, weil sie ihre Truppen von der Front überhaupt ferngehalten hätten. Saddam Hussein entgegnete, die syrischen Befehlshaber hätten nicht verstanden, den irakischen Panzerverband des Obersten Imami wirkungsvoll an der Front gegen Israel einzusetzen. Die Stimmung heizte sich auf zwischen Baghdad und Damaskus.

Die irakische Nachrichtenagentur wußte damals auch zu melden, syrische Agenten hätten Anschläge verübt in mehreren Städten des Landes an Euphrat und Tigris. Unbekannt blieb, welcher Art diese Anschläge waren.

Die Auseinandersetzung mit Worten und Agenten dauerte bis Februar 1978 an. In jenem Monat hoffte Saddam Hussein in Baghdad eine arabische Gipfelkonferenz einberufen zu können mit der Absicht, sich als Vorkämpfer an der arabischen Front gegen Israel präsentieren zu können. Das Thema der Gipfelkonferenz sollte sein: »Standfestigkeit und Befreiung des arabischen Landes«. Saddam Husseins Einladung an alle Präsidenten und Könige Arabiens fand keine Resonanz.

Ersatz für die umfassende Gipfelkonferenz sollte das Zweiertreffen zwischen der irakischen und der syrischen Führung sein.

Der Besuch des Hafez Al Assad am Tigris fand im Oktober 1978 tatsächlich statt. Herzlich war die gegenseitige Begrüßung der beiden Kontrahenten. Nicht zu spüren war, daß in Baghdad noch immer Ahmed Hassan Al Bakr Präsident war. Er hielt sich auffällig im Hintergrund.

Al Assad und Saddam Hussein unterzeichneten am 26. Oktober 1978 in feierlichem Rahmen die »Charta der Politischen und Wirtschaftlichen Einheit«. Ein zweites Abkommen sah vor, daß die syrischen und die irakischen Streitkräfte zu einem schlagkräftigen militärischen Potential zusammengefaßt werden. Damit sollte der Ausfall der ägyptischen Truppen an der Front gegen Israel ausgeglichen werden.

Die syrische Unterschrift unter dieser Charta gab der irakischen Position Gewicht. Jetzt blieben Einladungen zu arabischen Gipfelkonferenzen nach Baghdad nicht mehr ohne Resonanz. Im Konferenzpalast am Tigris wurde festgelegt, daß Ägypten, zur Strafe für den Friedensschluß mit Israel, mit Sanktionen belegt werden sollte. Saddam Hussein war überzeugt, seine Hauptstadt sei jetzt und für immer Zentrum der islamisch-arabischen Welt. Er glaubte vor allen Dingen, er habe den Syrer Hafez Al Assad als Führer der Frontstaaten gegen Israel übertrumpft.

Am 7. November 1978 veröffentlichten die höchsten politischen Parteigremien Syriens und des Irak eine Erklärung zur Einheit der beiden Staaten: »Es gibt fortan nur ein Land, eine Partei und ein

Volk.« In dieser Erklärung wurde allerdings nicht erwähnt, wie das Land der Einheit künftig heißen solle.

Saddam Hussein hatte ganz selbstverständlich angenommen, daß er die Politik des neuen Landes bestimmen werde. Auf Ahmed Hassan Al Bakr nahm er ohnehin keine Rücksicht mehr – den Syrer Al Assad aber glaubte er in die zweite Reihe zurückschieben zu können. Doch der Syrer war der Meinung, allein er selbst habe es verdient, Präsident des Einheitsstaates zu sein. Saddam Hussein bekam den Widerstand zu spüren.

Bisher war es seinem taktischen Geschick leichtgefallen, Konkurrenten zu neutralisieren. Sie waren ihm alle an Gerissenheit unterlegen gewesen. Sie waren durchweg intellektuell von geringem Kaliber. Hafez Al Assad aber besaß nicht nur Erfahrung im Kampf um den Machterhalt, er war auch durch seine geistigen Fähigkeiten dem Iraker überlegen: Hafez Al Assads Gedankengänge waren schneller, beweglicher. Henry Kissinger hatte den syrischen Präsidenten in langen und zähen Waffenstillstandsverhandlungen kennengelernt – sein Urteil: Hafez Al Assad muß unter die politischen Genies eingestuft werden.

Seine Entscheidung für die Union mit Irak hatte innenpolitische Gründe. Genau wie Saddam Hussein gehörte Hafez Al Assad einer ethnischen Minderheit an: War Saddam Hussein Sunnit in einem schiitischen Land, so war Al Assad Alawite in einem sunnitischen Land. Beide hatten dafür gesorgt, ihre islamische Minderheit zu bevorzugen: Saddams Stab bestand und besteht fast ausschließlich aus sunnitischen Gläubigen aus der Region der Stadt Takrit – Al Assads Gefolge rekrutierte sich aus den syrischen Alawitenbergen. Ein wesentlicher Unterschied war allerdings zu bemerken: Saddam Hussein hatte keine Probleme, die schiitische Mehrheit seines Landes zu zähmen; die Sunniten Syriens aber rebellierten häufig gegen die alawitischen Herren. Im Jahr 1977 geschah es häufig, daß Alawiten ermordet wurden. Dies ereignete sich auf offenerer Straße in Damaskus. Die von Alawiten beherrschte syrische Führung mußte mit einem offenen Aufstand der Sunniten rechnen.

Hafez Al Assad folgte dem bewährten Rezept, innenpolitische Krisen durch außenpolitische Erfolge zu überspielen. Für den syrischen Baathparteichef lag der Gedanke nahe, die Parteiparole »Einheit der Araber« aufzugreifen. Ihr konnten sich auch die syrischen

Sunniten nicht entziehen; sie mußten Hafez Al Assad unterstützen, wenn er die Union Syrien-Irak anstrebte. Kaum war der Unionsplan verkündet, hörten die Attentate gegen Alawiten auf – wenigstens für einige Zeit.

Hafez Al Assads Berater hatten die Vermutung gehabt, die Anschläge seien von Sunniten im Auftrag der irakischen Baathführung verübt worden. Mit der Annahme der Einladung nach Baghdad und mit der Signatur eines Vertrages zur Vereinigung von Syrien und Irak war dem irakisch-sunnitischen Baathflügel die Grundlage für Attacken gegen die Alawiten genommen. Hafez Al Assad hatte zunächst durchaus die Absicht, die Union ernst zu nehmen. Er ging dabei sehr klug vor: Ahmed Hassan Al Bakr sollte die Präsidentschaft übernehmen – ohne wirkliche Machtbefugnisse zu erhalten. Chef der Exekutive aber sollte Al Assad werden, und damit der in Wahrheit Regierende. Saddam Hussein begriff sofort, daß er bei dieser Konstellation keine Chance besaß, Macht auszuüben. Ihm mißfiel sehr die Haltung seines bisherigen Chefs Al Bakr, der Vorsitzende im »Revolutionären Kommandorat« war: Al Bakr wollte den Vorsitz abtreten an Hafez Al Assad und sich selbst mit dem Posten des stellvertretenden Vorsitzenden begnügen.

Ahmed Hassan Al Bakr und Hafez Al Assad empfanden offenbar immer mehr Freude daran, die Absicht der Vereinigung zwischen Syrien und Irak voranzutreiben: Sie verteilten die Posten in Staat und Partei – und übergingen dabei deutlich Saddam Hussein und seine Anhänger. Für sie blieben nicht einmal einflußreiche Ämter in einer vereinigten Baathpartei übrig.

Saddam Hussein ließ sich nicht anmerken, daß er entschlossen war zu handeln. Er war Vorsitzender des »Vereinigten Hohen Politischen Komitees«, das die Grundlage schaffen sollte für den Prozeß der Einigung. Es gelang ihm, der Stimmung der Teilnehmer eine bestimmte Richtung zu geben: Er dämpfte nach und nach die Erwartungen. Sie waren im November 1978 noch sehr hoch. Im Juni 1979 war eigentlich niemand mehr im »Vereinigten Hohen Politischen Komitee« für den Zusammenschluß von Irak und Syrien.

Als das Komitee zum nächstenmal zusammentrat, verkündete Saddam Hussein das Ende der Unionspläne. Er war zum Alleinherrscher des Irak geworden.

Der ruhmlose Abschied des Ahmed Hassan Al Bakr

Daß Al Bakrs Gesundheitszustand schlecht war, wußten Politiker und hohe Offiziere in Baghdad. Kaum jemand aber kannte die Art der Krankheit. Krankenhausaufenthalte hatten sich nicht verbergen lassen, doch sie waren immer damit begründet worden, der Gesundheitszustand habe wieder einmal überprüft werden müssen; er sei jedoch als sehr zufriedenstellend befunden worden.

Der Stellvertreter erzählte später, der Präsident habe schon im Jahr 1975 den Rücktritt angeboten. Er – Saddam Hussein – habe die Übernahme des Amts damals abgelehnt, weil er sich noch nicht reif dafür gefühlt habe.

Fuad Mattar beschreibt in seiner offiziell gebilligten Biographie »Saddam Hussein, The Man, the Cause and the Future«, daß sich Al Bakr, veranlaßt durch Schicksalsschläge, mehr und mehr ins Privatleben zurückgezogen habe: »Er gönnt sich Freizeit und beschäftigt sich mit Angelegenheiten, die nichts mit Staatsgeschäften zu tun haben. Er wacht früh am Morgen auf und begibt sich dann in seinen Garten. Er gießt Pflanzen und schneidet Rosenbüsche. Wird er müde, dann ruht er sich im Kreis der Enkelkinder aus. Ihn bewegen Erinnerungen, die meist sehr traurigen Charakter haben: Sein Sohn ist bei einem Autounfall ums Leben gekommen – da war der Sohn gerade 23 Jahre alt. Damals starb auch Ahmed Hassan Al Bakrs Frau. Dann verlor der Schwiegersohn sein Leben; er hinterließ Frau und Kinder, für die nun Ahmed Hassan Al Bakr zu sorgen hatte.«

Saddam Hussein erweckte den Eindruck, er habe nur ungern die Verantwortung für Staat und Volk übernommen. Im Frühjahr 1979 sprach er oft davon, daß er der Sohn sei dieses »väterlichen Präsidenten« und daß er stolz darauf sei, ihm dienen zu dürfen. Zur gleichen Zeit besuchte »der Sohn« die Stäbe der wichtigsten Armeeverbände an Euphrat und Tigris. Er machte Andeutungen, daß er für bestimmte Beförderungen sorgen wolle. Alle Anzeichen deuten darauf hin, daß der zweite Mann im Irak die Machtübernahme vorbereitete.

Am 17. Juli 1979 sollte der elfte Jahrestag des Putsches von 1968 gefeiert werden. Damals hatte Ahmed Hassan Al Bakr die Macht übernommen – Präsident Aref war ins Exil geschickt worden. Am Vorabend des Jahrestages sollte Ahmed Hassan Al Bakr über die Bildschirme des Fernsehens zur Nation sprechen um, wie üblich, die Erfolge der »Julirevolution« zu preisen. Die Menschen wurden mit der Rücktrittserklärung überrascht:

»Schon seit langer Zeit habe ich mit den Kameraden im ›Revolutionären Kommandorat‹ über meine Gesundheit gesprochen. Besonders ausführlich unterhielt ich mich darüber mit dem Kameraden Saddam Hussein. Ich erwähnte dabei, daß ich nicht mehr die Kraft habe, die Last zu tragen, die mir aufgebürdet worden ist. Ich habe es als Ehre betrachtet, daß ich sie habe tragen dürfen. Meine Bitte, mich zu entlasten, wurde nicht erfüllt. Kamerad Saddam Hussein weigerte sich in Bescheidenheit und Großmut, mein Amt zu übernehmen. Immer wieder erhielt ich die Antwort, die Kameraden des ›Revolutionären Kommandorats‹ seien bereit, Teile meiner Aufgaben zu übernehmen. Doch nun geschah es, daß mein Gesundheitszustand immer schlechter wurde. Mein Befinden hat nun einen Grad erreicht, der es mir nicht erlaubt, Verantwortung in einem Maße zu übernehmen, die meinem Gewissen entspricht. Ich habe deshalb darauf bestanden, daß Kamerad Saddam Hussein und die anderen Kameraden mir die Verantwortung in Partei und Staat abnehmen.«

Die irakische Nachrichtenagentur INA veröffentlichte die Textpassage, die sich mit den Verdiensten des Kameraden Saddam Hussein befaßte:

»Während der bitteren Jahre des Kampfes vor der Revolution war Kamerad Saddam Hussein ein tapferer und treuer Kämpfer, der Respekt und Vertrauen der Partei besaß. Am Tag der Revolution war er an der Spitze der tapferen Männer, die den Sturm anführten auf die Bastion der Diktatur und der Reaktion. Während des Marsches der Revolution war er der brillante Führer. Er hat alle Schwierigkeiten überwunden und hat jede Verantwortung getragen.«

Damit hatte Ahmed Hassan Al Bakr seinem ehemaligen Schützling den letzten Dienst erwiesen. Er wurde fortan nicht mehr in der Öffentlichkeit gesehen. Selbst sein Tod blieb vor den Irakern und der Welt verborgen.

Daß nicht alle »Kameraden« die Machtübernahme durch Saddam Hussein für richtig gehalten hatten, wurde erst nach und nach bekannt. Offenbar hatte es während einer Sitzung des »Revolutionären Kommandorats« Widerstand gegeben: Der Sekretär hatte eine Abstimmung verlangt über das Verbleiben des Ahmed Hassan Al Bakr im Präsidentenamt. Die Rache des Saddam Hussein traf den Sekretär nur wenige Tage nach dem Machtwechsel. Er wurde verhaftet und durch Folter gezwungen, ein Geständnis abzulegen. Den Wortlaut hatte er während einer Sitzung der Parteiführung vorzutragen. Die Spitze der irakischen Baathpartei erfuhr auf diese Weise, daß der Sekretär seit Jahren schon die Ermordung von Saddam Hussein geplant habe. Der Anstifter sei der syrische Präsident Hafez Al Assad gewesen.

Berichtet wird, Saddam habe geweint, als er dieses Geständnis vernahm. Die Parteiführer, die im Geständnis des Sekretärs nicht als Schuldige erwähnt worden waren, jubelten dem neuen Präsidenten zu; sie verlangten »Tod den Verrätern!« Der Sekretär und die Personen, die er als schuldig bezeichnet hatte, wurden verhaftet. Von den 21 Mitgliedern des »Revolutionären Kommandorats« wurden auf der Stelle fünf festgenommen. Die Gesamtzahl derer, die dem Revolutionsgericht als Verschwörer präsentiert wurden, betrug 55. Die meisten der Angeklagten wurden erschossen – im Beisein des Präsidenten.

Es war Saddam Hussein damit gelungen, sämtliche damaligen Konkurrenten von einiger Bedeutung zu »liquidieren«. Er nahm das Geständnis des Sekretärs, das den syrischen Präsidenten zum Urheber der Verschwörung stempelte, zum Anlaß, die syrisch-irakische Union aufzukündigen.

Die Sowjetunion ermöglicht die Aufrüstung des Irak

Von den Säuberungen unberührt blieb der engere Takritclan, der ihm vor Jahren den Aufstieg ermöglicht hatte. Der Clan erfuhr sogar Aufwertung. Kairallah Talfah wurde Bürgermeister von Baghdad. Saddams Neffe Adnan Talfah rückte zum stellvertretenden Oberkommandierenden der Streitkräfte auf. Saddam Hussein nannte sich nun Feldmarschall. Er, der nie die Militärakademie besucht hatte, war nun der höchste Offizier der Armee und der Luftwaffe.

Feldmarschall Saddam Hussein ist fortan darauf bedacht, mit Hilfe der Armee politisch unangreifbar zu werden. Die Armee sollte sein Machtinstrument werden. Die Anstrengungen wurden auf Waffenbeschaffung konzentriert. Als Lieferant waren die Vereinigten Staaten von Amerika erwünscht, doch aus Rücksichtnahme ihrer Regierung auf Israel hielten sich die amerikanischen Lieferanten von Panzern und Kampfflugzeugen zurück. Im Gefolge der USA war auch die Waffenindustrie der Bundesrepublik Deutschland zurückhaltend. In Frankreich waren Regierung und Industrie aufgeschlossen, doch waren die französischen Waffenfabriken nicht in der Lage, eine Panzerarmee der Dimension auszustatten, die dem Feldmarschall vorschwebte. Nahezu 1000 Panzer in kurzer Zeit zu liefern, dazu war allein die Sowjetunion fähig. Saddam Hussein entschied sich, Kontakt zu den Mächtigen in Moskau aufzunehmen.

Leonid Iljitsch Breschnew, der seit April 1966 Generalsekretär der KPdSU war, reagierte rasch. Er beorderte Alexej Nikolajewitsch Kossygin, seinen Ministerpräsidenten, nach Baghdad.

Kossygin traf am frühen Nachmittag des 6. April 1972 in der irakischen Hauptstadt ein. Er wurde begrüßt von Saddam Hussein. Noch auf dem Rollfeld sprach der stellvertretende Vorsitzende des »Revolutionären Kommandorats« aus, was er sich vom sowjetischen Staatsgast wünschte: »Eine strategische Allianz soll uns an die Sowjetunion binden!« Kossygins Antwort: »Die Sowjetunion bietet ihren Freunden nicht nur politische und wirtschaftliche Unterstützung, sie hilft auch beim Aufbau der Streitkräfte, die notwendig sind, um jeder imperialistischen Herausforderung im Nahen Osten gewachsen zu sein.«

Ganz offensichtlich war der Apparat der Baathpartei noch nicht auf diese Entwicklung der internationalen Beziehungen des Irak eingestellt: Die sowjetische Delegation wurde nicht von jubelnden Massen begrüßt; da waren keine Plakate zu sehen mit dem Bekenntnis zur sowjetisch-irakischen Freundschaft. Die staatliche Nachrichtenagentur INA verlautbarte diese Bemerkung des Saddam Hussein: »Die Sowjetunion und Irak werden gemeinsam alle Versuche der Imperialisten scheitern lassen, dem Kommunismus Schaden zuzufügen!«

Die Gespräch der irakischen Parteiführung mit den Gästen wurde im Gebäude der Nationalversammlung geführt. Kossygin überreichte als Gastgeschenk ein Gemälde »Roter Platz«, das der Maler Worodin ein Jahr zuvor als Staatsauftrag in realistischer Darstellung geschaffen hatte. Die Atmosphäre zwischen den Irakern und den Sowjets ist kühl; da ist keine Geste der Herzlichkeit zu bemerken.

Drei Tage später unterschreiben Alexej Kossygin und Ahmed Hassan Al Bakr den Vertrag, der 15 Jahre der Freundschaft zwischen Irak und der UdSSR garantieren sollte. Auch bei dieser Zeremonie wurde deutlich, daß kein herzliches Verhältnis bestand zwischen Kossygin und den Irakern Al Bakr und Saddam Hussein. Die Beziehungen waren belastet durch die Tatsache, daß die irakische Baathpartei auch jetzt nicht ihre Feindschaft zur Kommunistischen Partei verbarg. In den Haftanstalten des Irak wurden Kommunisten unter schlimmen Bedingungen festgehalten. Wenn es ins Abschreckungskonzept der Führenden paßte, wurden Kommunisten auch öffentlich gehängt.

Es war Saddam Husseins alleiniger Entschluß gewesen, »Freundschaft« mit der Sowjetunion zu entwickeln. Dies geschah nicht aus ideologischen Gründen. Er hatte sich nie für Marxismus erwärmen können – auch nicht in milder sozialistischer Form. Der Mächtige des Irak hatte begriffen, daß er sein Land an eine Supermacht anbinden mußte, wenn er Sicherheit für seine Pläne und Ambitionen erreichen wollte. Diese Supermacht sollte allerdings den Ruf haben, nicht »imperialistisch« orientiert zu sein. Die Vereinigten Staaten von Amerika kamen deshalb nicht in Frage – selbst dem König Hussein von Jordanien galten die USA als Staat, der sich in die Belange anderer Regierungen einmischte. Was sich anbot, das war allein die Sowjetunion.

Bei Kossygins Abreise Ende April 1972 konnte Saddam Hussein sicher sein, daß die ersten Waffenlieferungen schon bald eintreffen werden. Der Iraker hatte gespürt, daß die sowjetischen Gesprächspartner rasch eine Einigung hatten erzielen wollen. Sie wollten eine Anbindung an die arabische Welt. Es war die Zeit des Zwistes mit dem ägyptischen Präsidenten Anwar As Sadat; dieser hatte zu erkennen gegeben, daß er sich aus den Fesseln der Sowjetunion lösen wolle. In Moskau waren die Ägyptenfachleute überzeugt, daß

Anwar As Sadat innerhalb kurzer Zeit die sowjetischen Berater nach Hause schicken werde. Dies geschah dann in der Tat genau ein Vierteljahr später.

Zur Verhinderung eines künftigen irakischen Abgleitens vom sowjetischen Kurs, war die Sowjetführung daran interessiert, Alleinlieferant in Waffen für den Irak zu sein. Kossygin hatte den Verdacht gewonnen, daß Saddam Hussein durchaus nicht abgeneigt war, auch andere Waffenlieferanten für das Geschäft mit Irak zu gewinnen.

Die sowjetischen Lieferungen erfolgten prompt. Innerhalb weniger Monate trafen nahezu 1000 Panzer im Irak ein, dazuhin 650 gepanzerte Fahrzeuge zum Transport von Infanteristen. Die Sowjetunion sorgte auch dafür, daß die effektivste Waffengattung des Irak, die Artillerie, mit neuestem Gerät versorgt wurde. Saddam Hussein hatte Wert darauf gelegt, daß die Geschütze durch Kettenfahrzeuge rasch bewegt werden konnten. Er hatte bereits beschlossen, Blitzkriege zu führen. Panzer und mobile Artillerie hatte der »Feldmarschall« als Voraussetzung dafür erkannt.

Baghdad zahlte für die Waffeneinkäufe in bar. Innerhalb eines Jahres gab Irak in dieser Aufrüstungsphase mehr als zehn Milliarden Dollar für konventionelle Kriegsausrüstung aus. Saddam Hussein machte sein Land zum größten Käufer von Panzern und Geschützen und Raketen in der Welt.

Insgeheim aber sah Saddam Hussein die konventionelle Kriegführung als veraltet an. Im Krieg der Zukunft würden biologische und chemische Waffen zur Anwendung gelangen; Waffen, mit denen Massen von Menschen vernichtet werden konnten. Sein höchstes Ziel aber sah Saddam Hussein darin, über eine Atomwaffe verfügen zu können. Die Atombombe war für ihn nicht allein eine Waffe, sondern ein Objekt, das ihm höchstes Prestige verschaffte – national und international gesehen. Seine Ansicht war: In der Welt zählt nur der Staat, der über nukleares Potential für den Krieg verfügt. Da Saddams Ehrgeiz ohne Grenzen war, wollte er mit aller Kraft dafür sorgen, daß Irak eine Atommacht wurde.

Auf Grund des Freundschaftsvertrags mit der Sowjetunion wandte sich Saddam Hussein an seine sowjetischen Gesprächspartner mit der Bitte um Hilfe bei der Entwicklung nuklearer Kapazität. Breschnew mahnte seine Verbindungsleute zur Zurückhaltung in dieser Angelegenheit. Ein einfacher Forschungsreaktor war das Äußerste, was er zu liefern bereit war. Er wollte nicht daran schuld sein, daß Irak in den Besitz der Kenntnisse gelangte, die zum Bau einer Atombombe nötig waren.

Der Versuch des Irak, Atommacht zu werden

Frankreich half aus, als niemand sonst dem Irak helfen wollte, das Geheimnis um die Nuklearwaffe zu lüften. Im Jahr 1974 besuchte der französische Ministerpräsident Jacques Chirac die irakische Hauptstadt. Saddam Hussein beklagte ihm gegenüber die Zurücksetzung seines Landes: Irak sei ein hochzivilisiertes Land. »Es ist für seine Menschen unerträglich, feststellen zu müssen, daß Irak von der zivilen und friedlichen Nuklearforschung vollständig ausgeschlossen ist. Ein Volk, das in unserer Zeit überleben will, muß am Fortschritt der gesamten Menschheit teilhaben dürfen. Nur dann ist dem Volk ein Leben in Würde möglich, wenn es beteiligt ist an Forschung und Anwendung moderner Technologie.«

Jacques Chirac machte keine Zusage. Doch er lud Saddam Hussein für das folgende Jahr zu einem Besuch nach Paris ein. So erfolgte der einzige bekannte Besuch des Irakers in Europa.

Die Gespräche über den irakischen Anschluß an die französische Atomforschung wurden fortgesetzt. Sie wurden auch nicht unterbrochen, als Raymond Barre Ministerpräsident wurde – sie nahmen sogar an Intensität zu. Schließlich kam es zur Vereinbarung über Verkauf und Ankauf des Forschungsreaktors »Osiraq«. Er wurde im Verlauf des Jahres 1978 ausgeliefert. Zur Speisung des Reaktors verpflichte sich Frankreich damals, 70 Kilogramm angereichertes Plutonium zu liefern.

Diese Verpflichtung war der gefährliche Teil der Vereinbarung zwischen Frankreich und Irak. Das angereicherte Plutonium konnte zum Bau einer Atombombe verwendet werden. Der französischen Regierung wurde Leichtfertigkeit vorgeworfen – europäische Regierungen und die US-Administration waren empört. Die Verantwortlichen in Paris sahen sich veranlaßt, Saddam Hussein mitzuteilen, er könne mit der Lieferung des angereicherten Plutoniums nicht rechnen.

Die Reaktion erfolgte prompt. Mit Worten der Wut wurde die französische Regierung darauf hingewiesen, daß sie zu ihrer vertraglich vereinbarten Zusage zu stehen habe. Das Resultat: Saddam Husseins Forschungsanlage »Osiraq« wurde mit angereichertem Plutonium beliefert – allerdings mit einer Menge, die nicht einmal bei der Hälfte der vereinbarten Menge lag.

Die irakischen Aufkäufer suchten Ersatz zu finden in Italien, in Brasilien, in Portugal. Der Erfolg war gering. Die Israelis sorgten dafür, daß das Problem bereinigt wurde.

Am 7. Juni 1981, 18.30 Uhr Ortszeit, steuerten acht israelische Kampfflugzeuge vom Typ F-16 auf den Atomreaktor »Osiraq« zu, der 20 Kilometer von Baghdad entfernt liegt. Die Piloten feuerten Raketen ab, die durch Computer präzise ins Ziel gelenkt wurden. In einem Zeitraum von 120 Sekunden detonierte Sprengstoff im Gewicht von mehr als zehn Tonnen. Die Explosion zerriß das Gebäude und zerstörte den Reaktor vollständig.

Ministerpräsident Menachem Begin rechtfertigte den Angriff so: »Im Reaktor ›Osiraq‹ sollte die Voraussetzung geschaffen werden für die Fertigung einer Atombombe. Wir mußten handeln, denn die Gefahr war groß, daß Israel das Ziel dieser Atombombe werden würde. Nun werden Irak und Saddam Hussein nicht mehr in der Lage sein, Israel zu bedrohen.«

Während die Trümmer von »Osiraq« demonstrativ nicht beseitigt wurden, fanden im verborgenen Bauaktivitäten in abgelegenen Gebirgstälern nahe der türkischen Grenze statt. Trotz intensiver Suche durch amerikanische uns israelische Spezialisten, dauerte es lange, bis Spuren entdeckt wurden. Erste Hinweise zeigten die Existenz eines Uranbergwerks an. In der Umgebung wurden Anlagen aufgespürt, die der Verarbeitung des gewonnen Urans dienten. Offenbar besaß das Material, das aus dem Berg geholt wurde, nur einen geringen Anteil an U 235, das spaltbar und damit für zivile oder militärische Auswertung brauchbar ist. Der Beweis war möglich, daß irakische Spezialisten zumindest bemüht waren, »waffenfähiges« Material zu erhalten. Saddam Hussein hatte die Hoffnung, mit Hilfe europäischer Privatfirmen sein Ziel zu erreichen, Oberhaupt einer Atommacht zu werden. Er sah sich als eine Mischung aus Held und Staatsmann mit übernatürlichen Gaben. Statuen und überdimensionale Abbildungen auf Plätzen und Straßen sollten den Eindruck vermitteln, er sei gottähnlich. Saddam Husein verglich sich auf einmal gern mit Nebukadnezar II. Er zeigte sich bei Paraden hoch zu Roß, den Säbel schwingend, für die Bevölkerung die Verkörperung des Helden der Frühzeit, der aus Babylon stammte, und dem es gelungen war, im Jahr 587 v. Chr. Jerusalem zu erobern.

Nebukadnezar II. als Vorbild des Saddam Hussein

»Mein Gott, ich träume in der Tat davon, die Rolle Nebukadnezars einzunehmen. Es ist eine Ehre für einen Mann, davon zu träumen, Nebukadnezar zu sein. Ein menschliches Wesen mit weitem Horizont, das nach seinen Zielen strebt, kann es schaffen, sein Land in einen großen Staat zu verwandeln. Doch was für mich das einmalige ist an Nebukadnezar, ist, daß er als Araber die Fähigkeit hatte, Palästina zu befreien. Nebukadnezar war ein Araber aus dem Irak, allerdings aus dem antiken Irak. Nebukadnezar brachte es fertig, die jüdischen Sklaven zu fesseln und hierherzubringen, in den Irak. Das ist der Grund, warum ich an Nebukadnezar so häufig und gern denke. Ich möchte die Araber daran erinnern und ganz besonders die Iraker, daß sie durch Nebukadnezar historische Verantwortung tragen.« (Zitiert aus der offiziellen Biographie von Fuad Mattar: »Saddam Hussein, The Man the Cause and the Future.«)

Die Vorstellung, die Saddam Hussein von Nebukadnezar entwickelt, ist verschwommen. Damit ist ihm kein Vorwurf zu machen, denn es existiert keine Biographie, die sich auf Tatsachen stützen kann. Fest steht, daß Nebukadnezar im Jahr 597 v. Chr. Jerusalem erobert und daß er den dort regierenden König nach Babylon hat verschleppen lassen.

Die biblischen Texte erzählen von einem zweiten Feldzug gegen Jerusalem, der im Jahr 587 v. Chr. mit der Zerstörung des Tempels endete. Diesmal wurden die angesehenen Familien nach Babylon deportiert; dem jüdischen Volk wurde die Elite geraubt. Bei späteren Deportationen wurden Handwerker jeder Art von Jerusalem ins Zweistromland um Euphrat und Tigris gebracht – in die Babylonische Gefangenschaft.

Diese Episoden sind es in erster Linie, die dem irakischen Diktator imponieren. Seine größte Sehnsucht ist es, der historischen Gestalt darin nachzueifern.

Ein zweites geschichtliches Ereignis beflügelte die Phantasie des Mächtigen am Tigris: Der Sieg der Moslems über die Perser im Jahr 637 n. Chr. In der Erinnerung der Araber ist dieser Sieg »Der Triumph von Qadisiyah«. Der Ort liegt südlich der irakischen Stadt Nedschef am Euphrat.

Es war die Zeit der rapiden islamischen Expansion nach dem Tod des Propheten Mohammed, der im Jahr 632 n. Chr. gestorben war. Der Siegeszug hatte unmittelbar nach diesem Ereignis begonnen. Islamische Reiter hatten Syrien erobert. Durch geschickte Angriffstaktik war es ihnen gelungen, dort die disziplinierten und erfahrenen byzantinischen Truppenverbände zu zermürben. Die Armee des Reiches Byzanz im Gebiet ostwärts des Mittelmeers stand vor dem Zusammenbruch. In dieser Zeit waren die Verantwortlichen im Persischen Reich jedoch noch immer der Meinung, die so erfolgreichen arabischen Reiter gehörten zu organisierten Räuberbanden, die aus der Wüste hervorgebrochen waren, um Beute zu machen. Eroberung von Gebieten um sie dann in Besitz zu halten, sei Sache dieser Araber nicht.

Der Reichsfeldherr der Perser hieß Rustam. Er kommandierte eine gewaltige Streitmacht. Im Zentrum des Aufmarsches saß der Reichsfeldherr auf einem Thron. Sklaven in großer Zahl trugen den Feldherrn, der von der vornehmen persischen Ritterschaft umgeben war. In ihrer Mitte flatterte das Reichsbanner, das aus einem Leopardenfell bestand. Reiterscharen bildeten die vorderste Linie: Sie hatten den Angriff vorzutragen. Hinter den Reitern befanden sich 30 Kriegselefanten, die durch stetiges, beharrliches Vorwärtsschreiten den Angriff in Gang hielten. Diese Schlachtordnung hatte sich bewährt und war verbindlich. Sie ließ den Abschnittskommandeuren keine Möglichkeit zu improvisieren.

Die islamischen Kämpfer aber waren nach Stämmen geordnet. Die Stämme wetteiferten miteinander; jeder Stamm wollte den anderen übertreffen.

Die Stammesverbände waren wiederum aufgeteilt in Gruppen zu je zehn Mann, die von einem jüngeren Sheikh kommandiert wurden. Die Gruppen griffen unabhängig voneinander an und waren damit flexibel. Sie konnten dort angreifen, wo die Aussicht auf den Erfolg am größten war.

Überliefert wird, den Moslems sei der Sieg beim Ort Qadisiyah nicht leichtgefallen. Die Perser bewegten sich offenbar am ersten und zweiten Tag der Schlacht langsam aber stetig vorwärts. Die Kriegselefanten bestimmten das Tempo. Die islamische Reitertruppe fand keinen rechten Ansatz zum Angriff.

Als die Dämmerung hereinbrach, erlahmte der Kampf keineswegs. Doch in der Dunkelheit wußte bald niemand mehr, gegen wen er sein Schwert führte. Gewaltig sei das Getöse des Waffengeklirrs gewesen. In den Legenden der Araber lebt die Erinnerung an die »Nacht des großen Krachs« weiter.

Beim Anbruch der Morgendämmerung geschah ein Wunder, das den Arabern bis heute als »Zeichen Allahs« gilt: Ein starker Wind blies auf einmal in Richtung des Feindes. Er wirbelte Sandstaub auf, der zum Gegner hinübergetragen wurde. Die Moslemreiter erkannten ihre Chance: Sie sorgten dafür, daß die Hufe ihrer Pferde Sandwolken hochwarfen, die dem Feind die Sicht nahmen. Das Ergebnis war Verwirrung in den bisher standfesten Reihen der persischen Kämpfer. Sie wichen zurück. Die Kriegselefanten aber stampften weiter vorwärts. Bald bestand kein Zusammenhang mehr zwischen den Reitern und den dreißig Elefanten. Der Reichsfeldherr Rustam hatte längst seinen Thron verlassen. Er kämpfte mit dem Mut der Verzweiflung. Um die Mittagszeit fiel er arabischen Pfeilschützen zum Opfer. Da war kein Reichsfeldherr mehr im Zentrum der persischen Streitordnung. Die Perser flohen. Sie überließen den Kampfplatz, ihr Lager und ihre Kriegskasse den Arabern. Seither besitzt der »Tag von Qadisiyah« einen Ehrenplatz in der arabischen Historie.

»Qadisiyah des Saddam Hussein«

Für Saddam Hussein, dem Präsidenten des Iraks, bestand das Dilemma: Er hatte zu wählen zwischen der Rolle des Nebukadnezar oder der siegreichen Araber von Qadisiyah: Entweder führte er Krieg gegen Israel oder gegen Persien/Iran.

Einem spontanen Einfall folgend legte sich Saddam Hussein in einer Phase des Unentschiedenseins eine dritte Rolle zu: Er verkündete, er gehöre zum Stamm der Haschemiten. Damit verlangte er von den Untertanen, sie sollten glauben, er zähle zum irakischen Zweig der königlichen Familie, die am 14. Juli 1958 durch Revolutionäre ausgelöscht worden ist. Die Behauptung, Haschemit zu sein, verlangte auch, daß die Iraker von nun an zu glauben hatten, Saddam Husseins Vorfahren stammten aus der heiligen Stadt Mekka – und seien mit dem Propheten Mohammed verwandt. Daraus ergab sich ganz von selbst, daß jeder im Land um Euphrat und Tigris anzunehmen hatte, in Saddams Adern fließe das Blut des »Gesandten Allahs«.

Im Herbst 1980 hatte sich Saddam Hussein entschieden: Nebukadnezar wollte er sein und der »Held von Qadisiyah«. Schlagen wollte er beide: Perser und Israelis. Er wollte diesen Konflikt mit dem Kampf gegen Iran beginnen.

Das Schlagwort hieß »Saddams Qadisiyah«. Er selbst war der Lenker der Schlachten. Der »Revolutionäre Kommandorat« wurde zum Hauptquartier, zum Stab der Kriegführung. Saddam Hussein, der keinerlei militärische Ausbildung besaß, gab persönlich Befehle an Generäle und Korpskommandeure. Bezeugt ist, daß er darauf bedacht war, wenig Männer zu opfern – zum Erstaunen der Offiziere, die ihm direkt untergeordnet waren. Sie wollten die anfänglichen Überraschungserfolge ausnutzen, doch Saddam Hussein zögerte – und machte dafür Propaganda für sich selbst: Er gab sich als fürsorglicher Vater der Kämpfer aus. Wertvolle Zeit wurde verschenkt und der Schwung des Kriegsbeginns ging verloren.

Im Jahr 1982 begriff er, daß der Krieg gegen Iran nicht mehr zu gewinnen war. Er schwenkte von der Rolle des Qadisiyah-Helden um zu Nebukadnezar: Er verkündete – mitten im bewaffneten Konflikt mit Iran – er werde jetzt Krieg gegen Israel führen, mit dem Ziel, Jerusalem zu erobern. Saddam Hussein nahm den israelischen Einmarsch im Libanon zum Anlaß für diesen abrupten Frontwechsel. Er bot dem iranischen Gegner Waffenstillstand an und begann auch sofort mit dem Abzug von Truppen aus der Frontlinie. Doch das Angebot wurde abgewiesen. Die iranische Seite antwortete mit einer massiven Offensive, die derart erfolgreich war, daß die geschwächte irakische Front zurückgenommen werden mußte.

Daß er selbst die schwierige militärische Lage verschuldet hatte, gab der Diktator nicht zu. Er klagte Generäle und Offiziere an, sie hätten an der Front versagt. Im Sommer 1982 wurden rund 300 hohe Offiziere hingerichtet; dazu gehörten auch vier Korpskommandeure.

Kritik konnte Saddam Hussein nicht ertragen. Bezeugt ist dieser Vorfall: Der Gesundheitsminister Riyadh Ibrahim Hussein schlug während einer Ministerratssitzung vor, man möge darüber nachdenken, ob es nicht klug sei, daß Saddam Hussein seine militärische Funktion abgebe. Saddam Hussein antwortete dem Gesundheitsminister, er werde ihm seine Antwort unter vier Augen im Nebenzimmer sagen. Kaum waren Saddam Hussein und Riyadh Ibrahim Hussein im Nebenzimmer verschwunden, waren Schüsse zu hören. In aller Ruhe kam Saddam in die Sitzung zurück. Der Gesundheitsminister war tot. Niemand stellte eine Frage an den Schützen.

Die Rechtsbasis für Saddam Husseins Handeln bildete eine staatliche Verordnung aus dem Jahr 1986. Sie schreibt die Todesstrafe vor für jeden, der in Worten die Unanfechtbarkeit der Maßnahmen des Präsidenten oder die Richtigkeit der Entscheidungen des »Revolutionären Kommandorats« in Frage stellt.

»Rücksichtsloses Durchgreifen« ist die Methode, die während der Jahre des Irak-Iran-Krieges Privilegierte und Normalmenschen veranlaßte, dem Präsidenten ohne Zeichen des Zweifels oder der Unzufriedenheit zu folgen. Saddam Hussein regierte und regiert durch Terror.

Bemerkenswert ist, daß er kein Unrecht sieht in seinen Handlungen. Er ist der Ansicht, andere Staatschefs regierten durch dieselben Maßnahmen. Zu einer Korrespondentin aus den USA sagte er: »In Ihrem Land wird man doch auch bestraft, wenn man den Präsidenten kritisiert!« Er zeigte damit, daß er andere Kulturkreise nicht kennt, daß er glaubt, überall regiere die Gewalt.

Acht Jahre lang hat der Krieg zwischen Irak und Iran gedauert. Acht Jahre lang hat Saddam Hussein jeden Widerstand gegen sein Regime unterdrücken können. Am 18. Juli 1988 hat Ayatollah Ruhollah Khomeini signalisieren lassen, daß sein Land den Kampf aufgibt und den Sicherheitsratsbeschluß 598 akzeptiert. Auf Straßen und Plätzen in Baghdad brach Jubel aus. Saddam Hussein konnte als Gewinner gelten: Er hatte gesiegt, aber nicht allein für den Irak, sondern für die gesamte arabische Nation – davon war er überzeugt.

Nebukadnezar oder Haschemiten-König?

Saddam Hussein ließ auf dem Paradeplatz inmitten von Baghdad die Erinnerung aufleben an Nebukadnezar und die antike Größe des Reiches an Euphrat und Tigris: Ein gewaltiges Monument wurde errichtet, das aus zwei gekreuzten Schwertern besteht, die von kräftigen Händen gehalten werden. Die Baghdader glauben zu wissen, daß diese Hände getreu der rechten Hand ihres »Vaters Saddam« entsprechen.

Auf Saddams Befehl hin werden in dieser Nachkriegszeit die Ruinen von Babylon restauriert. Sie sollen Zeugnis ablegen von der einstigen Größe und Bedeutung des Zweistromlandes. Wem der Wiederaufbau von Babylon zu verdanken ist, kann auf gebrannten Tonziegeln entziffert werden: »Das Babylon des Nebukadnezar entstand neu zur Zeit des heldenhaften Präsidenten Saddam Hussein.« In arabischer Schrift ist diese Huldigung verewigt – Nebukadnezar hatte die Selbstpreisung einst in Keilschrift in Tonziegel einprägen lassen.

Der Nebukadnezarkult hätte beinahe dem Gefeierten unserer Zeit das Leben gekostet. Im renovierten Teil der antiken Anlage von Babylon wollte Saddam Hussein in einer Rede vor geladenen Gästen rhetorisch die Brücke bauen zwischen der Zeit von Nebukadnezar und der Gegenwart. Die Feier wurde abgesagt, weil der irakische Geheimdienst gerade noch rechtzeitig einen Anschlag auf den Präsidenten verhindert hatte: Eine Gruppe von Offizieren hatte geplant, Saddam Hussein bei der Anfahrt zum Zentrum der einstigen Hauptstadt Babyloniens zu erschießen.

Bei der geplanten Veranstaltung hatte der Präsident beabsichtigt, einen Wettbewerb für Architekten auszuschreiben. Die Aufgabe bestand darin, die »Hängenden Gärten der Semiramis« in Babylon so wiederherzustellen, wie sie zu Lebzeiten jener sagenhaften Königin Assyriens (9. Jahrhundert v. Chr.) ausgesehen haben könnten. Im

Altertum waren diese »Hängenden Gärten« zu den sieben Weltwundern gerechnet worden. Sie müssen wohl eine Art von Terrassengarten gewesen sein. Eine Million Dollar sollte der Architekt erhalten, der die glaubwürdigste Lösung vorzuschlagen hatte. Bis heute ist es niemand gelungen, dieses Weltwunder glaubhaft zu rekonstruieren.

Parallel zur Reaktivierung des Glanzes der großen Herrscher des Landes um Euphrat und Tigris in der Antike, bemühte sich Saddam Hussein erneut, um die Anbindung seiner Herrschaft an das Haus Haschem, dessen letzter Vertreter auf dem irakischen Königsthron im Jahr 1958 auf unmenschliche Weise umgebracht worden ist. Besonders von Saddam Hussein gepriesen wurde der Haschemit Faisal I., der erste Monarch des von Großbritannien nach dem Ersten Weltkrieg geschaffenen Staates Irak. Faisal I. war bisher zur republikanischen Zeit als Verräter am irakischen Volk und als »Knecht der imperialistischen Engländer« bezeichnet worden. Jetzt stellte sich Saddam Hussein, der »Vater des irakischen Volkes in der Gegenwart«, neben Faisal I., den »Vater des irakischen Volkes zur Zeit, als der Staat gegründet worden ist«. Über Nacht wurde eine Statue des Königs im Zentrum von Baghdad aufgestellt – zum Erstaunen der Bevölkerung.

Wer die Statue sah, der spekulierte über deren Sinn. Saddam Hussein hatte sich bereits zum Mitglied der Familie Haschem erklärt – war er nun gewillt, die Monarchie einzuführen? Wollte er sich zum König ernennen, oder seinen ältesten Sohn Udai?

Die Dynastie war bereits fest etabliert im Machtgefüge. Der Sohn Udai war verheiratet mit der Tochter des stellvertretenden Vorsitzenden des »Revolutionären Kommandorats«. Der Sohn Qusai war mit der Tochter eines hohen Generals verbunden. Die Tochter Raghd hatte den Ehebund mit dem General Hussein Kamal Al Majid geschlossen.

Der General hatte bereits eine bemerkenswerte Position erreicht: Er war Industrieminister und in dieser Funktion auch zuständig für jede Form der Waffenherstellung. Hussein Kamal Al Majid beaufsichtigte alle Projekte, die mit Nuklearforschung und der Entwicklung von Atomwaffen in Verbindung gebracht wurden. Er genoß das besondere Vertrauen des Staatschefs.

Der Bruder des Generals Hussein Kamal Al Majid, der mit Saddams Tochter Raghd verheiratet war, zählte ebenfalls zum engsten Kreis der Dynastie: Er war der Mann der Saddamtochter Rana. Sein Name: Saddam Kamal. Als Oberst trug er die Verantwortung für die Entwicklung von Langstreckenraketen.

Die beiden Brüder und die beiden Schwestern Raghd und Rana erweckten Anfang August 1995 Aufsehen, als sie sich nach Jordanien absetzten. Sie wollten von Amman aus den Umsturz des Regimes in Baghdad organisieren. Bis zum Jahr 1995 hatten die Offiziere als anerkannte Vertraute des Präsidenten gegolten.

Der »Club der Reichen« verschließt sich vor Saddam Hussein

Mitten im Krieg zwischen Iran und Irak – er hatte am 22. September 1980 begonnen – trafen sich im Oktober 1982 die Verteidigungsminister der Monarchien Bahrain, Kuwait, Oman, Qatar, Saudi-Arabien und der Vereinigten Arabischen Emirate, um eine gemeinsame Strategie zum Schutz vor Attacken jeglicher Art zu entwickeln. Sie hatten zuvor schon den »Cooperation Council for the Arab States of the Gulf (GCC)« gegründet. Von Anfang an war es die Absicht, den GCC zum militärischen Bündnis auszubauen. Geplant wurde die Anpassung der unterschiedlichen Waffensysteme der sechs Streitkräfte. Vor allem sollten die Luftwaffen in die Lage versetzt werden, in enger Zusammenarbeit Angriffe aus der Luft und über das Meer abwehren zu können. Die Krönung der Anstrengungen war die Gründung der »Peninsula Shield Force«, einer Eingreiftruppe, für die jedes Bündnisland Truppenverbände abzustellen hatte. Die Aufgabe war die Abwehr »jeglicher Aggression von außen«. Zum Standort der »Peninsula Shield Force« wurde die US-Luftwaffenbasis Dhahran in Saudi-Arabien vorgesehen.

Ursprünglich war vorgesehen, daß auch der Irak dem Gulf Cooperation Council angehören sollte. Saddam Hussein war sehr daran interessiert, dem Bündnis beizutreten. Seine Delegation hatte an den ersten Verhandlungen in Maskat teilgenommen. Auf Betreiben Saudi-Arabiens wurde der Irak jedoch von weiteren Treffen ferngehalten. Das Haus As Saud wollte nicht, daß im Gulf Cooperation Council ein revolutionäres Regime vertreten ist.

Saddam Hussein fühlte sich ausgestoßen aus der Gemeinschaft der Länder am Persischen (Arabischen) Golf. Fortan sah er in den Monarchen der Arabischen Halbinsel seine Feinde. Anführer dieser »Allianz der Feinde des Irak« war das Haus As Saud. Verächtlich nannte er von nun an den Gulf Cooperation Council den »Club der Reichen«.

Der Ausschluß aus den »Club der Reichen« ließ in der Vorstellung des Saddam Hussein die Idee entstehen, den Monarchien zu schaden, sie nach Möglichkeit auszulöschen. Anvisiert wurde der Sturz des Hauses As Saud. Voraussetzung dazu war das Verschwinden des Hauses As Sabah in Kuwait.

Die Konsequenz dieser Entwicklung war, daß Saddam Hussein Ausschau hielt nach Partnern in der arabischen Umgebung des Irak. Gerade zu diesem Zeitpunkt plante König Hussein von Jordanien die Gründung einer Gegenorganisation zum Gulf Cooperation Council; er nannte sie »Bündnis der Notleidenden«. Er dachte sich, daß die Hauptleidtragenden der Probleme und Schwierigkeiten im Nahen Osten zusammenarbeiten müßten.

Zu diesen Hauptleidtragenden gehörte vor allem sein eigenes Land Jordanien: Es war Opfer des andauernden Konflikts mit Israel. Ebenfalls zu den Hauptleidtragenden war Ägypten zu zählen: Es litt unter einer starken Bevölkerungsexplosion. Iraks Entwicklung war behindert durch die Folgen des Krieges gegen Iran.

König Hussein hatte die Idee, die drei »Notleidenden« könnten ihre positiven Seiten zum gemeinsamen Nutzen »poolen«. Der König kalkulierte so: Jordanien besaß technologisch ausgebildete Fachleute; Ägypten konnte Arbeitskräfte in großer Zahl zum Einsatz bringen; Irak konnte damit rechnen, in Zukunft beachtliche Einnahmen aus dem Ölgeschäft zu erhalten.

Saddam Hussein nahm die Einladung des Königs zur Gründung des »Arab Coordination Council« sofort an. Der Irak stand, nach dem acht Jahre andauernden Krieg mit Iran, vor der Aufgabe, zerstörte und verrottete Infrastrukturen wiederaufbauen zu müssen. Er benötigte qualifizierte Arbeitskräfte. Jordanien konnte sie zur Verfügung stellen.

Der ägyptische Präsident sah im »Arab Coordination Council«

die Chance, die Isolierung aufzubrechen, mit der die meisten arabischen Staaten Ägypten nach dem Friedensschluß mit Israel belegt hatten. Mit Hilfe von Jordanien und Irak – so glaubte Husni Mubarak – könne es gelingen, Kontakte zu den immer noch auf Distanz stehenden arabischen Staaten zu knüpfen.

Doch Saddam Hussein zeigte sofort, daß er den »Arab Coordination Council« für seine Zwecke gebrauchen wollte. Ohne den König und Husni Mubark zu fragen, verkündete er, der Jemen müsse unbedingt dem »Bündnis der Notleidenden« angehören.

Mit der Einbeziehung des Jemen war König Husseins Bündniskonzept verdorben. Er wollte drei Länder zusammenbinden – Jordanien, Irak und Ägypten –, die sich räumlich einigermaßen nahe waren. Jemen aber liegt in der Südwestecke der Arabischen Halbinsel, abseits von den Bündnispartnern.

Genau diese geographische Gegebenheiten gehörten zum Kalkül des Iraker. Die Einbeziehung des Jemen hatte nur den einen Sinn, eine Klammer zu schaffen, die Saudi-Arabien bedrohen konnte. Ein Angriff auf das Wahhabitenreich war von Norden und Süden möglich.

Der irakische Staatschef machte kein Geheimnis daraus, daß er dem Bündnis eine militärische Dimension geben wollte. Sein Vorschlag: Die Partnerländer Irak, Jordanien und Ägypten bildeten gemeinsam die »Integrierte Arabische Brigade« als schlagkräftige und mobile Kampfeinheit, die rasch auf der Arabischen Halbinsel eingesetzt werden könnte.

Saddam Hussein wird zur militärischen Bedrohung

Der erste, dem Saddam Husseins Pläne bewußt wurden, und der darüber erschrak, war Husni Mubarak. Er wollte diese »Integrierte Arabische Brigade« nicht, weil er fürchtete, durch die ägyptische Beteiligung daran in einen Konflikt mit Saudi-Arabien hineingezogen zu werden. Er sabotierte die Aufstellung der Brigade.

Besorgnis war vor allem in Israel zu spüren. Der Grund: Irak hatte sich während der vergangenen Monate zum treuen Freund der Palästinenser entwickelt. Der Aufstand der palästinensischen Jugendlichen, »Intifada« genannt, war eskaliert. Saddam Hussein spendete dieser Bewegung 50 Millionen Dollar pro Jahr. Der Likudblock, der in Israel die Regierung stellte, sah mit Argwohn auf die Allianz Saddam Hussein – Arafat. Registriert wurde im Regierungsviertel von Jerusalem, daß Arafat die Absicht zu erkennen gab, mit seinem Hauptquartier an den Tigris umzuziehen. In Baghdad entstanden komfortable Bunkerbauten für Arafat und seinen Stab.

Noch immer sah das amerikanische Verteidigungsministerium mit einiger Bewunderung auf die Streitkräfte des Irak. Sie hatten im Konflikt mit Iran gesiegt – sie hatten Khomeinis »Islamische Revolution« aufgehalten. Beachtung fand vor allem die Stabilität der Kampfmoral von Offizieren und Soldaten und die organisatorische Leistungsfähigkeit der Planer in Hauptquartieren und Generalstäben. In acht Jahren Krieg hatte die Armee die Saddam Hussein Erfahrung in Kriegführung gewonnen.

Für das Jahr 1990 stellte das »US Army War College«, das Institut für strategische Studien der amerikanischen Armee, fest, daß der irakische Diktator die Kampfstärke seiner Truppen weiter ausbaute. Bekannte Typen der sowjetischen Mittelstreckenraketen waren in ihrer Reichweite und Sprengstoff-Tragfähigkeit verbessert worden. Der Verdacht bestand, daß Wissenschaftler im Dienst des Irak in der Lage waren, spätestens in zwei Jahren eine Wasserstoffbombe zu bauen. Die Konstruktion eines Atombombentyps, der einst Hiroschima vernichtet hatte, war den Irakern offenbar möglich. Diese Erkenntnis löste vor allem in Israel Unruhe aus, denn sie bedeutete für den jüdischen Staat den Verlust der Vorherrschaft auf nuklearem Gebiet im Nahen Osten.

Erwartet worden war in Israel und in den USA, daß Saddam Hussein nach dem Sieg im Konflikt mit Iran seine Streitkräfte demobilisieren würde, doch er entließ kaum einen seiner Soldaten auf Dauer nach Hause. Die Mannschaftsstärke blieb bei rund einer Million. Das Rückgrat der irakischen Streitkräfte – die Artillerie – wurde an Schlagkraft sogar noch verstärkt: Raketenwerfer in großer Zahl waren in der Sowjetunion gekauft worden.

Nach Einschätzung des Pentagons war die irakische Armee die drittstärkste der Welt. Nur die Streitkräfte der USA und der Sowjetunion waren ihr überlegen. Die Israelis folgten erst an vierter Stelle.

Doch sie waren in einem waffentechnischen Bereich dem Irak überlegen: Sie verfügten über Atombomben – zum Ärger des Saddam Hussein.

Im Februar 1990 tagte das oberste Gremium des Arab Coordination Council, das »Bündnis der Notleidenden« in der jordanischen Hauptstadt Amman. Saddam Hussein war entschlossen, eine programmatische Rede zu halten, die den Zweck der Existenz des Arab Coordination Council definieren sollte. Er begann seine Rede mit diesen Worten: »Von hier, von Amman aus, können wir die Lichter von Jerusalem sehen. Diese Stadt ist uns heilig, weil sie uns geraubt worden ist. Wir werden die Räuber daraus vertreiben!« Der irakische Präsident griff die Israelis als Invasoren an, die widerrechtlich arabisches Gebiet besetzt hielten. Saddam Hussein schonte auch die Vereinigten Staaten nicht: Sie seien mit den Israelis vereint in der Feindschaft gegen die Araber.

Ohne aktuellen Grund reizte Saddam Hussein den amerikanischen Präsidenten George Bush (senior). Dieser war damit beschäftigt, das Konzept für eine Neuordnung der Welt zu erarbeiten: Das Böse sollte verschwinden – das Gute sollte siegen. Die USA bildeten den Mittelpunkt des Guten – in der »Welt des Bösen« aber dominierte Saddam Hussein.

George Bush begann, die Welt in seinem Sinn zu ordnen. Er bezog den wahhabitischen Staat Saudi-Arabien in den Bereich des Guten ein. Seine Verteidigung bekam Vorrang in der Nahostpolitik der USA.

König Hussein im Bund mit Saddam Hussein?

Für König Fahd von Saudi-Arabien stellte sich in dieser Zeit der wachsenden Spannung ganz ernsthaft die Frage, ob das Haus As Saud der Bedrohung durch Irak gewachsen war. Der Monarch erkannte, daß sich eine Allianz gegen seine Dynastie zu formen begann: König Hussein von Jordanien unterstützte insgeheim den irakischen Standpunkt. Fahd sah auch einen Grund dafür: Saddam Hussein hatte wenige Wochen zuvor geäußert, er gehöre zum Haus Haschem, das bis zur Zeit des Ersten Weltkriegs den ehrenvollen

Posten des Sherifen von Mekka und Medina bekleidet hatte – Saddam hatte sich damit zum Verwandten des jordanischen Königs erklärt. König Fahd mußte glauben, der haschemitische König von Jordanien und der angebliche Haschemit Saddam Hussein seien jetzt Partner in einer Verschwörung gegen das Haus As Saud. Es war nicht auszuschließen, daß der König jetzt mit Hilfe des Irakers Rache nehmen wollte für die Schande der Vertreibung der Haschemiten aus Mekka und Medina.

Unruhe stifteten Bilder in Fernsehnachrichtensendungen: Sie zeigten den haschemitischen König mit Bartstoppeln im Gesicht. Den Wissenden war deutlich, warum sich der Haschemit einen Bart wachsen ließ: Die Tradition bestimmte, daß der Herrscher aus dem Hause Haschem, wenn er in Mekka und Medina einzog, einen Bart zu tragen hatte – wie einst der Prophet Mohammed. König Hussein von Jordanien verbarg seinen Wunsch nicht, in Mekka die Sherifenwürde zu übernehmen.

In Riyadh machte sich die Vermutung breit, Saddam und der König hätten ihre Aktion gegen das Haus As Saud mit dem islamischen Regime in Teheran abgesprochen. Der Ayatollah Ruhollah Khomeini hatte zwar den Haschemiten in Amman in seinem politischen Testament »Letzte Botschaft«, als »hausierenden Gangster« bezeichnet – dies sei sein Beruf – und Saddam Hussein als »Aflaqiden« abqualifiziert – als Anhänger der Irrlehre des Baathgründers Michel Aflaq – doch war nicht auszuschließen, daß Hashemi Rafsanjani, Khomeinis Nachfolger, in dieser politischen Situation realistisch dachte. Die Möglichkeit bestand, daß der »Gangster« und der »Aflaqide« ein Bündnis eingegangen waren mit dem Ziel, Mekka dem Haus As Saud wegzunehmen. Vielleicht empfand Rafsanjani Sympathie für die Haschemiten. Rafsanjanis erster Name »Hashemi« deutete auf jeden Fall eine gewisse Nähe zu den Haschemiten an.

Die Angehörigen des Hauses As Saud verfielen in abenteuerliche Spekulationen. Kronprinz Abdallah Ibn Abdel Aziz, Jahrgang 1923, und Prinz Salman Ibn Abdel Aziz, Jahrgang 1936, wurden von Angst gepackt, das Haus As Saud könne aus Mekka und vielleicht sogar aus ganz Saudi-Arabien vertrieben werden – von den Streitkräften des Arab Coordination Council.

Trotz dieser Angst war keiner der Prinzen der zweiten royalen Generation der Meinung, bei dieser Gefahrensituation müsse die

Hilfe der Vereinigten Staaten von Amerika erbeten werden. Sie alle erinnerten sich an die Ereignisse des November 1979, als um die Große Moschee von Mekka gekämpft wurde. Den Aufstand beendeten damals französische Antiterror-Spezialisten – also Ausländer, die keine Moslems waren. Der Schrecken der wahrhaft Gläubigen vor dem Einsatz der Ungläubigen im wichtigsten Heiligtum des Islam war noch immer nicht vergessen. Die Prinzen der zweiten Generation wollten das Risiko, Fremde und Ungläubige noch einmal ins Land zu holen, nicht eingehen.

Doch die Prinzen der ersten Generation, die Söhne des Reichsgründers Ibn Saud, waren ganz anderer Meinung. Sie hatten 1979 in kritischer Lage die Franzosen zur Hilfe aufgefordert; sie waren jetzt einhellig dafür, Präsident George Bush zu bitten, sofort Truppen zur Abwehr einer kombinierten Aggression irakisch-jordanischer Verbände nach Saudi-Arabien zu schicken. Die Gefahr war nicht zu übersehen: Saddam Hussein hatte am 1. August 1990 Kuwait überfallen und besetzen lassen. Sein Vorstoß konnte sofort in Richtung Saudi-Arabien weitergeführt werden

Bush (senior) droht: Amerika verfolgt seine Interessen und duldet keinen Widerspruch

Nur einer der Prinzen der ersten Generation – derjenige, der letztlich die Verantwortung zu tragen hatte – zögerte mit dem offiziellen Hilfeersuchen: König Fahd Ibn Abdel Aziz. Er leugnete die Gefahr keineswegs, doch sein Gefühl warnte ihn vor den Absichten der USA.

Fahds Zögern wurde ausgelöst durch die offensichtliche Ungeduld des amerikanischen Präsidenten, der darauf drängte, die Militäraktion gegen Saddam Hussein rasch beginnen zu können. Mehrfach ließ er im königlichen Palast von Riyadh anrufen, um zu fragen, ob sich der Monarch endlich dafür entschieden habe, amerikanische Hilfe zu erbitten. Bush war verärgert, als ihm Fahd mitteilen ließ, die Sachlage werde sorgfältig geprüft.

Bush besaß keinerlei Erfahrung im Umgang mit dem Argwohn der Prinzen des Hauses As Saud. Sie waren im wahhabitischen

Geist erzogen worden, der zur Vorsicht mahnte im Umgang mit Christen, die dem gotteslästerlichen Glauben anhingen, Gott – in ihrem Fall Allah genannt – zerfalle in drei Teile, in Vater, Sohn und Heiligem Geist. Fahd wurde immer vorsichtiger, je mehr Bush drängte: Der Amerikaner, ein Christ also, führte offenbar etwas im Schilde.

Im Verlauf der Stunden wurde die Stimme des US-Präsidenten immer drängender. Bush argumentierte mit dem Hinweis, das Hilfeersuchen des Emirs von Kuwait sei bereits in Washington eingetroffen. Doch um dem Emirat Kuwait helfen zu können, benötigten die US-Streitkräfte saudiarabisches Territorium als Aufmarschgebiet. Bush drohte schließlich, er werde auch ohne Zustimmung des Königs aus dem Hause As Saud handeln, da vitale Interessen der USA auf dem Spiel stünden. Da wurde Fahd hellhörig. Er glaubte aus dieser Drohung herausgehört zu haben, daß der Präsident die Ölinteressen der USA gemeint habe. Fahd nahm an, George Bush würde nicht zögern, die bedeutendsten Ölvorräte der Welt und die dazugehörenden Förderanlagen durch seine Streitkräfte besetzen zu lassen. Fahd wurde von der Furcht befallen, er und das Haus As Saud werde von den Amerikanern »enteignet«.

Fahd empfand die Drohungen des Präsidenten als unverschämt. Wütend wurde der König, als ihm George Bush unverblümt sagte, das Königreich könne nie mehr mit amerikanischer Unterstützung rechnen, wenn es in diesem Fall keine Bitte um Hilfe an die Regierung in Washington richte. Bei allen künftigen möglichen Schwierigkeiten wird das Haus As Saud einsam und verlassen bleiben.

Fahd bewahrte königliche Ruhe und antwortete mit der Floskel, die er am häufigsten gebrauchte: »Die Sachlage wird sorgfältig geprüft.«

Zu diesem Zeitpunkt war die Familie As Saud noch immer gespalten. Die Prinzen der zweiten Generation – dazu gehörte Turki Ibn Faisal – verlangten vom Oberhaupt der Sippe, er möge endlich die USA zu Hilfe rufen. Die Prinzen der ersten Generation, die Söhne des Gründers des wahhabitischen Staates, mahnten zur Vorsicht. Sie gaben zu bedenken, daß es ihrem Vater nie eingefallen wäre, die Sicherheit seines Landes einer »Macht der Ungläubigen« anzuvertrauen. Es entsprach nicht dem wahhabitischen Geist, den Kampf denen zu überlassen, die eigentlich bekämpft werden sollten. König Fahd war gegenüber dieser Argumentation aufgeschlossen. Er wollte in der islamischen Welt nicht den Eindruck erwecken, das Haus As Saud könne die heiligen Städte Mekka und Medina nicht selbst beschützen. Das Haus As Saud trage schließlich den Ehrentitel »Beschützer der heiligen Stätten«; sein Handeln müsse diesem Ehrentitel gerecht werden. König Fahd betonte, er vertraue auf die Hilfe Allahs auch in dieser heiklen Angelegenheit.

Seine Meinung begann, sich zu ändern, als er einen Anruf seines Botschafters in Washington Prinz Bandar Ibn Sultan erhielt. Der Botschafter teilte mit, er habe Aufnahmen der Beobachtungssatelliten gesehen, die deutlich zu erkennen geben, daß sich irakische Panzerverbände im besetzten Kuwait darauf vorbereiteten, in Richtung Saudi-Arabien aufzubrechen.

König Fahd war immer noch skeptisch, daß Saddam Hussein wirklich das große Abenteuer wagen würde, die wichtigsten Ölgebiete der Welt zu besetzen. Er mußte zugeben, daß der Iraker Sätze gesagt hatte, die stark nach einer Kriegserklärung klangen: »Das Volk von Irak hat die Aufgabe übernommen, Schlechtigkeit aus Arabien zu vertreiben. Das irakische Volk erfüllt damit den Willen Allahs.«

Die Meldung zur Bereitschaft Saudi-Arabiens, in den offenen Krieg gegen Saddam Hussein einzutreten, traf immer noch nicht in Washington ein. Da verlor Präsident Bush am 8. August 1990 die Geduld. In einer Fernsehansprache verkündete er dem amerikanischen Volk, er sei jetzt entschlossen, Truppen nach Saudi-Arabien zu entsenden. Deren Aufgabe sei es, die Freiheit gegen die Gewalt eines Diktators zu verteidigen. Die ganze Welt erwarte ein derartiges Zeichen. Zu diesem Zeitpunkt hatte König Fahd noch immer nicht der Stationierung der US-Truppen in seinem Land zugestimmt.

Im State Department war inzwischen die Idee entwickelt worden, eine »islamische Allianz« zu schaffen. Durch ihre Gründung sollte der Eindruck verwischt werden, die Vereinigten Staaten von Amerika würden – so wie einst die Kolonialmächte England und Frankreich – einen »imperialistischen Krieg« führen, mit dem Ziel, die islamische Welt nach eigenem Gutdünken zu ordnen. Durch Beteiligung arabischer Länder am Krieg gegen Irak war das Einverständnis des Königs Fahd zur Stationierung fremder Truppen leichter zu erlangen. Der König, seine Untertanen und die gesamte islamische Welt sollten glauben dürfen, die US-Einheiten bildeten nur einen Teil der Interventionstruppe, seien nur Stütze im arabischen Kampf gegen das Böse, das im Irak zu Hause sei.

Als sich tatsächlich Ägypten und Syrien bereit erklärten, Soldaten nach Saudi-Arabien zu entsenden, war König Fahd wirklich bereit, dem Wunsch des amerikanischen Präsidenten nachzugeben. Fahd war derart erleichtert, daß er jedem Land, das Soldaten wenigstens in Bereitschaft für einen Einsatz hielt, großzügig Erlaß der Schulden versprach. Davon profitierten Ägypten, Syrien aber auch die Türkei. Der Schuldenbetrag, der erlassen wurde, summierte sich zu mehr als zehn Milliarden Dollar.

Auch die US-Administration strich Schulden. In den Genuß dieser Großzügigkeit kamen wiederum Ägypten und Syrien. Für beide lohnte sich die positive Einstellung zum Krieg. Mehr wurde von beiden nicht verlangt. Sie gaben Präsident Bush den arabisch-islamischen Deckmantel, um gegen Saddam Hussein vorzugehen.

Das Kriegsziel 1990/91: die Beseitigung des Saddam Hussein

Es stellte sich bald heraus, daß der saudiarabische Botschafter in Washington getäuscht worden war. Prinz Bandar Ibn Sultan hatte geglaubt, aus dem Ergebnis der Auswertung amerikanischer Satellitenaufnahmen erkannt zu haben, daß Saudi-Arabien in Gefahr war, von Irak angegriffen zu werden. Diese Interpretation des Pentagon war offensichtlich falsch gewesen. Die irakische Streitmacht, die Kuwait eingenommen hatte, war nicht dazu gerüstet, eine Wüstenstrecke von 300 Kilometer zurückzulegen, um die Ölgebiete in der saudiarabischen Provinz Al Hasa zu erreichen. Obgleich König Fahd rasch erfuhr, daß sein Botschafter falsch informiert worden war, änderte er seine Meinung jetzt nicht mehr. Er schwieg. Er korrigierte den amerikanischen Präsidenten auch nicht, als dieser meinte: »Es steht fest, daß sich Saddam Hussein nicht mit Kuwait begnügen will. Um seiner Expansionslust einen Dämpfer zu geben, stehen die USA an der Seite Saudi-Arabiens!«

Es war Colin Powell, der ein realistisches Kriegsziel zu fixieren begann: die Rückeroberung des Emirats Kuwait. Von einer Verteidigung Saudi-Arabiens sprach der Chef der Vereinigten Generalstäbe erst gar nicht. Er beschrieb seinem Präsidenten die Voraussetzung zum Einmarsch in Kuwait: Dafür benötige er eine Streitmacht von einer halben Million gutausgebildeter Soldaten und Offiziere. Der Aufwand, so meinte Colin Powell erscheine zwar beachtlich, doch er sei notwendig zur Garantie eines Sieges über die Panzertruppe und die Artillerie des Saddam Hussein.

Colin Powell war damals eine faszinierende Persönlichkeit. Seine Hautfarbe ist dunkel. Er gehört zu einer Emigrantenfamilie, die aus Jamaika stammt. Seinen hohen Rang als Chefs der Vereinigten Generalstäbe der US-Streitkräfte verdankte er allein seinen Fähigkeiten des klaren Denkens und der Vorausplanung. Bei seiner Ernennung war er Offizieren mit längerer Dienstzeit und mit elitären gesellschaftlichen Verbindungen vorgezogen worden. Präsident George Bush (senior) und Verteidigungsminister Dick Cheney schätzten ihn als Offizier, der Kriegserfahrungen aus dem Vietnamkonflikt hatte. Ihre Meinung von ihm läßt sich so zusammenfassen: »Powell ist von Grund auf Soldat. Er ist sehr diszipliniert; er kann Härte beweisen; er ist von seiner Aufgabe durchdrungen. Powell hat die Gabe, bis zum Horizont zu blicken.«

Colin Powell dachte über das unmittelbare Kriegsziel, Kuwait wieder zu einem unabhängigen Staat zu machen, hinaus. Es gelang ihm, seinem Präsidenten zu suggerieren, er werde der Politiker sein, der im letzten Jahrzehnt des zweiten Jahrtausend erfolgreich »das Böse« in der Welt bekämpft habe. Powell sprach von den Versäumnissen früherer Politiker, die es unterlassen hätten, rechtzeitig »das Böse« zu bekämpfen. George Bush begriff, daß es seine Pflicht war, Saddam Hussein, den »Hitler unserer Zeit«, zu vernichten. Erst dann sei es möglich, der Menschheit eine »Neue Ordnung« – ohne »das Böse« – zu schaffen.

Bush war nun entschlossen, der richtungsweisende US-Staatschef zu werden, der Spuren in der Weltgeschichte hinterläßt. Er war nun nicht mehr gewillt, sich durch den vorsichtig abwägenden Herrscher aus dem Haus As Saud in seinen weitgesteckten Plänen abhalten zu lassen.

Die Prinzen der ersten Generation waren die wesentlichen Verbündeten des amerikanischen Präsidenten. Tief in ihr Gemüt war eine Forderung Saddam Husseins eingedrungen, von der die Basis ihres so heißgeliebten Reichtums betroffen war. Der Iraker hatte verkündet: »Der Ölreichtum Arabiens gehört nicht den royalen Familien As Saud von Saudi-Arabien und As Sabah von Kuwait! Das Öl Arabiens gehört der gesamten arabischen Nation!« Diese Worte erst überzeugten König Fahd und seinen Kronprinzen Abdallah, daß sie wahrhaftig von Saddam Hussein bedroht waren. Der Monarch gab die Erlaubnis zum Aufbau der amerikanisch-französischen Streitmacht auf seinem Territorium. Auch ägyptische und syrische Soldaten trafen ein – sie sollten jedoch nicht am Kampf teilnehmen.

Die »ungläubigen Verbündeten« im Wahhabitenstaat

Je länger der Aufmarsch der amerikanischen, englischen und französischen Streitmacht dauerte, desto unruhiger wurde König Fahd allerdings wieder. Im Februar 1991 standen zwei islamische Festtage auf dem Kalender des Königreiches Saudi-Arabien: Der Tag des Gedenkens an die Nacht, in der Mohammed, der Prophet Allahs, in den Himmel aufstieg, um das Wissen um die Wahrheit des Islam zu erfahren und auf die Erde zu bringen. Gefeiert wurde auch der Beginn des Fastenmonats Ramadan. König Fahd fürchtete Unruhen, wenn die Prediger in den Moscheen sich veranlaßt sahen, dem Haus As Saud vorzuwerfen, es liefere das Land, in dem der Prophet Mohammed gewirkt habe, den 500 000 fremden Ungläubigen aus, die offenbar ihre Sitten und Traditionen beibehalten wollten. Ursache der Kritik waren die christlichen Gottesdienste, die in den Militärlagern der Amerikaner sonntags stattfanden. Bekanntgeworden war auch, daß in der Luftwaffenbasis Dhahran Bibeln angekommen waren, die für die Soldaten bestimmt waren. Streng verboten waren in Saudi-Arabien jede Form christlicher Gottesdienste und der Import von Bibeln. Beides widersprach dem »Wahhabitischen Geist«, der diejenigen als Feinde Allahs bezeichnete, die daran glaubten, daß die göttliche Kraft aus Vater, Sohn und Heiligem Geist besteht.

Die Angehörigen der US-Streitkräfte waren eigentlich der Meinung, sie seien gern gesehene Gäste in Saudi-Arabien, die Dankbarkeit dafür erwarten durften, daß sie im Dienste des Königreichs Strapazen im heißen Klima auf sich nahmen. Sie zeigten kein Verständnis für die schwierige Situation, in der sich das Haus As Saud befand. Die Soldaten und Offiziere kannten die Lebensregeln im Wahhabitenstaat nicht.

König Fahd beauftragte General Khaled Ibn Sultan, einen der Enkel des Reichsgründers Abdel Aziz, Richtlinien auszuarbeiten für das Verhalten der Amerikaner. Er beschreibt die Schwierigkeiten seiner Tätigkeit: »Weil Saudi-Arabien den Mittelpunkt der islamischen Welt bildet, können wir nicht so flexibel sein, wie andere Länder, was das Verhalten in der Öffentlichkeit betrifft. Unsere Tradition des Glaubens und der Sitte schreibt zum Beispiel zwingend vor, daß Frauen lange Kleider tragen und daß sie im wesentlichen ihr Gesicht verhüllen. Frauen haben sich sehr zurückhaltend zu benehmen. Außerhalb von Krankenhäusern und Schulen gibt es in Saudi-Arabien keine Arbeitsplätze für Frauen. Den Frauen ist es bei uns nicht gestattet, Kraftfahrzeuge zu steuern. Da befanden sich auf einmal zehntausende junger Frauen in unserm Land, die am Lenkrad von Pkws und Lastkraftwagen saßen, die als Mechaniker arbeiteten. Wenn ich von diesen Frauen verlangt hätte, ihre Tätigkeit aufzugeben, dann hätte die amerikanische Kriegsmaschine nicht mehr funktioniert. Eigentlich hatte ich genau die Absicht gehabt, Frauen Zurückhaltung aufzuerlegen. Ich habe mit General Schwarzkopf, dem amerikanischen Befehlshaber, einen Kompromiß ausgearbeitet: In Uniform und in Erfüllung dienstlicher Aufgaben durften die Frauen Autos steuern – nicht jedoch in Zivilkleidung und zu privaten Zwecken.«

Außer sich vor Zorn war General Khaled Ibn Sultan, als ihm berichtet wurde, weibliche und männliche amerikanische Soldaten trügen T-Shirts, die den Umriß Saudi-Arabiens zeigten mit der US-Flagge direkt in der Mitte. Der saudiarabische General befürchtete die T-Shirts erweckten den Eindruck, die Vereinigten Staaten von Amerika hätten das wahhabitische Königreich besetzt und würden es als ihr Eigentum betrachten.

Norman Schwarzkopf, der Kommandeur der US-Streitkräfte auf der Arabischen Halbinsel und damit Befehlshaber der größten

Streitmacht der Alliierten im Kampf gegen Saddam Hussein, durfte sich nie Oberkommandierender nennen – mit Rücksicht auf die Gefühle seiner saudiarabischen Partner. Das Haus As Saud fürchtete den Vorwurf, es habe sich völlig den Amerikanern untergeordnet; das Königreich sei bereits Kolonie der Vereinigten Staaten geworden. König Fahd bekam bereits zu spüren, daß vor allem die Sheikhs der Stämme nach und nach das Vertrauen in ihn verloren. Die Zeit des Aufbaus der alliierten Streitkräfte dauerte dem saudiarabischen Monarchen zu lang. Er wünschte sich den raschen Beginn des aktiven Krieges.

Der erste Golfkrieg endet ohne Sieger

Diese Phase begann am 17. Januar 1991 um 3 Uhr in der Frühe. Rechtzeitig genug um die Gefühle des Königs Fahd nicht zu lange zu beunruhigen, schlugen die Luftwaffe und die Raketenstreitkräfte der USA und ihrer Verbündeten zu. Sie benützten die modernsten Waffen, die von der westlichen Rüstungsindustrie entwickelt worden waren: Luftminen, die von Laserstrahlen gesteuert wurden; Cruise Missiles vom Typ Tomahawk, »Smart bombes«.

Der Irak hatte offensichtlich ein Abwehrsystem entwickelt, doch es zeigte keine Wirkung. Wie gelähmt nahmen die irakischen Streitkräfte die Schläge hin. Das Ziel der intensiven Dauerangriffe der Alliierten war die Zerstörung der Infrastruktur des Irak. Dem Kriegsziel, Kuwait zu befreien, dienten die Attacken nicht.

Zur Vorbereitung des Landkriegs hatte General Norman Schwarzkopf Spähtrupps in die Grenzgebiete von Kuwait und Irak geschickt. Sie sollten die Kampfstärke der irakischen Landstreitkräfte erkunden. Die Spähtrupps meldeten dem Hauptquartier: »In Frontnähe befinden sich keine schlagkräftigen irakischen Truppen.« Vom gefürchteten Kampfgas der Iraker war nichts zu erspüren.

Zeitweise war zu befürchten, daß Saddam Hussein die Mittelstreckenraketen »Scud« als Träger chemischer Waffen einsetzen ließ. Während der Nächte zwischen dem 20. und dem 23. Januar 1991 wurden zwanzig dieser Geschosse in Richtung Dhahran und Riyadh abgefeuert. Nur kurze Zeit herrschte Sorge, die Scudraketen enthielten chemische Substanzen, die Tod verbreiten könnten. Doch Saddam Hussein hütete sich, die Waffe »Kampfgas« einzusetzen.

Da geschah es, daß eine Scudrakete doch noch die Gefährlichkeit dieser Waffe unter Beweis stellte. Am 25. Februar 1991 schlug ein Geschoß in eine Baracke der US-Truppen in Dhahran ein. 26 Männer und zwei Frauen wurden getötete. Sie gehörten zu einer Einheit, die sich um Filterung von Trinkwasser kümmerte.

Drei Tage nach dem Einschlag der Scudrakete entschloß sich George Bush zur Einstellung der Kämpfe und zur Einleitung eines Waffenstillstandes. Er informierte seinen Frontbefehlshaber Norman Schwarzkopf von diesem Entschluß. Der amerikanische Offizier informierte seinen saudiarabischen Partner, General Khaled Ibn Sultan, der sich an der Front in Kuwait aufhielt und forderte ihn auf, die Kämpfe einzustellen. Beide Generäle waren ratlos.

Wenig später forderte Norman Schwarzkopf Khaled Ibn Sultan auf, sich zu »Gesprächen« mit irakischen Offizieren zu begeben. Von Kapitulation der Iraker war nicht die Rede.

Der saudiarabische General mußte feststellen, daß sein König in keiner Weise in die Überlegungen, den Krieg zu beenden, eingeschaltet gewesen war. Als König Khaled erfuhr, die Truppen der Verbündeten würden nicht weiter gegen Baghdad vorrücken, war sein Erstaunen groß. Saddam Hussein war offenbar zu schonen.

Auf Weisung des Königs, weigerte sich Khaled Ibn Sultan zum Gespräch mit irakischen Offizieren auf einem amerikanischen Kriegsschiff zu erscheinen. Nach Khaleds Meinung hätte dies symbolisiert, daß die USA Gewinner des Konflikts sind, daß Saudi-Arabien ein unbedeutender Partner der USA ist. Der saudiarabische General schlug vor, das Treffen möge in der irakischen Grenzstadt Safwan nördlich von Kuwait stattfinden.

Weder Khaled Ibn Sultan noch Norman Schwarzkopf wurden darüber informiert, wer die irakische Seite bei den »Gesprächen« repräsentieren sollte. Beide Generäle hatten den Eindruck, die Entscheidung darüber werde in Washington gefällt.

Erst wenige Stunden vor dem Treffen in Safwan erhielten sie Bescheid, wer Irak repräsentieren werde. Es waren die Generalleutnante Sultan Haschem Ahmad und Salah Abbud Mahmud. Norman

Schwarzkopf und Khaled Ibn Sultan kannten keinen der beiden. Auch der amerikanische und der saudiarabische Geheimdienst konnten keine Auskunft geben über Stellung und Funktion der irakischen Offiziere.

Khaled Ibn Sultan hielt es nicht seiner Würde gemäß, sich – als Prinz des Hauses As Saud – mit niederrangigen irakischen Offizieren zu treffen. Er hatte bis dahin geglaubt, es werde eine Zeremonie für die bedingungslose Kapitulation der irakischen Streitkräfte stattfinden, vergleichbar dem Ereignis, das sich im September 1945 in der Bucht von Tokio abgespielt hatte, als die Japaner vor General Douglas MacArthur kapitulierten. Jetzt mußte der Prinz begreifen, daß die amerikanische Regierung überhaupt nicht an einer formellen Kapitulation des Irak interessiert war.

Daß sich die Einstellung der USA gegenüber Saddam Hussein geändert hatte, war daran zu erkennen, daß die irakische Panzertruppe, die bisher das Flugfeld von Safwan besetzt gehalten hatte, samt Panzern und Fahrzeugen abziehen durfte, obgleich noch kurz zuvor von den amerikanischen Kommandeuren befohlen worden war, die Iraker hätten Waffen und Ausrüstung abzuliefern. Norman Schwarzkopf gab zu, eine Anweisung seiner Regierung zu befolgen, die ihn dazu zwang, den Irakern ihre volle Bewaffnung zu belassen.

Der Grund für die Nachgiebigkeit der US-Regierung gegenüber Saddam Hussein wurde bald bekannt. George Bush war von der obersten Autorität der Sowjetunion, von Michael Gorbatschow, angerufen worden. Der sowjetische Staatschef hatte davor gewarnt, Saddam Husseins Macht zu zerstören, denn sie sei der Garant dafür, daß der Irak nicht in »religiöse Kantone« zerfalle, die sich gegenseitig bekämpften. Wenn erst Sunniten, Schiiten und Kurden aufeinander schossen – so meinte Gorbatschow –, würden diese religiös motivierten Konflikte übergreifen auf von Moslems bewohnte Gebiete der Sowjetunion zwischen dem Schwarzen Meer, dem Kaspischen Meer und dem Aralsee; dort aber befänden sich wichtige Ölgebiete der UdSSR. Noch war Gorbatschow daran interessiert, das Territorium der Sowjetunion zusammenzuhalten. Es war auf Gorbatschows Wunsch hin geschehen, daß George Bush den Krieg abbrach. Der erste Golfkrieg endete am 28. Februar 1991 durch einseitige Waffenstillstandserklärung des amerikanischen Präsidenten. Nicht Saddam Hussein bat um Abschluß der Kriegshandlungen. George Bush gab Saddam Hussein Grund zu erklären, das irakische Volk sei Sieger. Die Menschen in Städten und Dörfern des Irak jubelten.

Bush: »Das Volk von Irak soll sein Schicksal in die Hand nehmen!« – Der Aufstand der Schiiten von Basra

Von dieser Aufforderung des amerikanischen Präsidenten fühlten sich vor allem die Schiiten angesprochen. Sie stellten im Irak die Mehrheit der Bevölkerung, doch sie wurden beherrscht von den Sunniten, deren Leitperson Saddam Hussein war. Die Schiiten hatten lange schon nach einer Chance gesucht, Saddam Hussein zu vernichten – jetzt schien diese Chance tatsächlich näher gerückt zu sein.

In der Stadt Basra am Schatt Al Arab bereitete ein hoher schiitischer Geistlicher den Aufstand vor. Sein Name war Mohammed Bakr Al Hakim. Er besaß Würde und Titel eines Ayatollah. Er trug den schwarzen Turban, das Kennzeichen der Zugehörigkeit zur Familie des Propheten Mohammed. Mohammed Bakr Al Hakim durfte sich darauf berufen, in direkter Linie vom Propheten Mohammed und vom Märtyrer Husain abzustammen. Husain war im Jahr 680 n. Chr. bei Kerbela von sunnitischen Mächtigen getötet worden; er ist die heiligste Persönlichkeit in der Glaubenshierarchie der Schiiten. Wer mit dem Märtyrer Husain derart eng blutsverwandt war wie Mohammed Bakr Al Hakim, dem folgten alle Schiiten bedingungslos.

Er war von Khomeini selbst nach Basra geschickt worden, um vom Schatt Al Arab aus den Aufstand der irakischen Schiitengebiete vorzubereiten. Seine Aufgabe war zunächst der Aufbau von Widerstandszellen für den Kampf gegen Saddam Hussein gewesen. Als seine Tätigkeit den Agenten des Geheimdienstes und der Baathpartei auffiel, geriet er in Gefahr, gefangen und hingerichtet zu werden. Er floh zu Khomeini in die iranische heilige Stadt Qom.

53 Jahre alt war Mohammed Bakr Al Hakim, als er sich wieder an den Schatt Al Arab zurückwagte. Khomeini hatte ihn mit diesen

Worten den Befehl zur Rückkehr erteilt: »Du bist von Allah dazu ausersehen, den Teufel Saddam Hussein zu vernichten!«

Ayatollah Mohammed Bakr Al Hakim ist eine imposante Erscheinung. Viele der schiitischen Gläubigen am Schatt Al Arab sind der Meinung, so müßte Ali, der Schwiegersohn des Propheten ausgesehen haben, der im Jahr 680 n. Chr. bei Kerbela Märtyrer und Leitfigur der Schiiten wurde. Auffällig ist die breite, durchfurchte Stirn unter dem schwarzen Turban, den er als Nachkomme des Propheten Mohammed tragen darf. Das Gesicht des Ayatollah wird von den Augen beherrscht, die unruhig prüfend blicken.

Am 10. Februar 1991 erzielten die Aufrufe zur Rebellion der Schiiten einen ersten Erfolg – achtzehn Tage vor der Verkündung des Waffenstillstands. In der von Schiiten bewohnten Stadt Diwaniya, die rund 150 Kilometer südlich von Baghdad liegt, brach der Aufstand gegen die Sunniten los. Hunderte von Männern zogen eng zusammengeschlossen in Gruppen durch die Straßen. Sie verfluchten Saddam Hussein und die Baathpartei. Die Demonstranten brachen in das Hauptquartier der Baathpartei ein und töteten auf brutale Weise zehn Funktionäre. Die Mörder glaubten fest daran, auf der Gewinnerseite zu stehen. Ihnen war von Geistlichen aus dem Stab des Ayatollah Mohammed Bakr Al Hakim gesagt worden, Präsident Bush habe fest versprochen, Saddam Hussein zu stürzen. Zitiert worden war dieser Ausspruch des George Bush: »Bis Saddam Hussein verschwunden ist, wird es kein Kriegsende geben und keinen Waffenstillstand!« Auf dieses Wort hatten sich die schiitischen Aufständischen verlassen. Achtzehn Tage später waren sie die Verratenen: George Bush hatte trotz seiner großen Worte Waffenstillstand geschlossen – ohne Saddam Hussein tatsächlich vertrieben zu haben.

Ayatollah Mohammed Bakr Al Hakim hatte in Wirklichkeit nicht damit rechnen können, daß die USA den Schiiten des Irak wirklich helfen würden. Die Berater des US-Präsidenten hatten zu deutlich Position bezogen in der arabischen Welt. Sie sahen sich als Verbündete der wahhabitischen Dynastie in Saudi-Arabien – die Wahhabiten verdammten die Schiiten als Ketzer. Für den Ayatollah, der in Basra auf die Stunde wartete, da der Aufstand der Schiiten wirklich beginnen konnte, war Iran ein starker Partner. Seine Verbündeten befanden sich in Teheran. Dort besaß der »Oberste Rat der Islamischen Revolution im Irak« sein Hauptquartier. Das Gremium, das aus schiitischen Geistlichen bestand, war vom Regime der Ayatollahs in Teheran als irakische Exilregierung anerkannt. Haschemi Rafsanjani, das iranische Staatsoberhaupt, gab dem Obersten Rat jede nur mögliche Unterstützung für den Aufstand in Basra: Iran lieferte Waffen und gab Geld. Die Unterstützung schien sich zu lohnen.

Als Ende Februar 1991 Saddam Hussein – zwar persönlich durch Waffenstillstand gerettet – aber eben doch der Verlierer war, da glaubte Ayatollah Mohammed Bakr Al Hakim der Sunnitenherrschaft am Schatt Al Arab den letzten und entscheidenden Stoß versetzen zu können: In Basra flammte der schiitische Widerstand auf. Auch die Bewohner der Städte Amareh und Nassiriyah demonstrierten gegen die Macht der Baathpartei. Dann sprang der Funke rasch über ins Euphratgebiet. Die Bewohner der heiligen Städte Kerbela und Nedschef sammelten sich auf den Plätzen bei den Heiligtümern. Ihre Parolen waren gegen Saddam Hussein und gegen die Baathpartei gerichtet. Bald befanden sich die gesamten Schiitengebiete im Süden des Irak im Aufruhr gegen die Staatsgewalt und damit nicht nur gegen Saddam Hussein und die Baathpartei, sondern gegen die herrschende Schicht der Sunniten insgesamt. Die Sunniten, die eine Minderheit in Irak darstellen, hatten bisher die Schiiten fest im Griff.

Am 4. März 1991 war der »Oberste Rat der Islamischen Revolution im Irak« der Überzeugung, die Städte Basra, Amareh, Samawa und Nassiriyah seien »befreites Gebiet«, in dem weder Saddam Hussein noch die Baathpartei künftig zu befehlen hätten. Ayatollah Mohammed Bakr Al Hakim bereitete sich darauf vor, eine schiitisch orientierte Regierung in Basra zu präsentieren. Sie sollte im wesentlichen aus Geistlichen bestehen. Als Fernziel war gedacht, die irakischen Schiitengebiete in die islamische Republik Iran einzugliedern.

Dagegen begann sich allerdings sofort Widerstand zu regen. Am 11. März 1991 tagte eine Konferenz irakischer Oppositionsgruppen in Beirut. Die Konferenzteilnehmer waren weitgehend sunnitisch orientiert. Sie verlangten im Schlußkommunique, der Aufstand bei Basra dürfe nicht zur Gründung einer Schiitenrepublik im Stile des Iran führen. Die Konferenzteilnehmer wollten die Grundlage schaffen für einen »weltlich orientierten Irak« – nach Saddam Husseins Verschwinden.

Schon am 5. März 1991 war der US-Geheimdienst zur Erkenntnis gelangt, daß dem schiitischen Aufstand bei Basra kein Erfolg beschieden sein konnte. Dies lag vor allem am Ayatollah Mohammed Bakr Al Hakim – ihm gelang es nicht, trotz der imposanten Erscheinung und der direkten Abstammung vom Propheten Mohammed, sich bei allen Widerstandsgruppierungen durchzusetzen. Nicht alle Schiiten des Südens akzeptierten seine Autorität. Dies bewirkte, daß die Schlagkraft der Revolution gegen die Masse der treuen Gefolgsleute des Saddam Hussein nicht ausreichte.

Der US-Geheimdienst hatte dazuhin festgestellt, daß die Ausrüstung der Schiiten mangelhaft war. Die Ursache dafür war ein Stopp der Lieferungen aus Iran. Die Mächtigen in Teheran hatten früher als CIA begriffen, daß die Vision vom »schiitischen Irak« zu jenem Zeitpunkt nicht zu realisieren war. Sie wollten mit der Niederlage nicht belastet werden.

Am 26. März bezog Präsident Bush eindeutig Position gegen die Schiitenrebellion. Seine Anordnung hieß ganz einfach »hands off«. Jetzt war die Enttäuschung der Schiiten riesig. Ayatollah Mohammed Bakr Al Hakim gab sich enttäuscht: »Die Aufforderung zum Kampf kam doch von Bush. Jetzt fragen wir uns: ›Wo ist Bush?‹«

Dessen Oberkommandierender vor Ort, Norman Schwarzkopf, hatte bereits Anweisung erhalten, den Kampf der Truppen des Saddam Hussein gegen die Schiitenrebellion aktiv zu unterstützen. Er ordnete an, den Irakern seien die Kampfhubschrauber zu belassen, die sie eigentlich – gemäß den Waffenstillstandsbestimmungen – hätten samt Bewaffnung abliefern müssen. Diese Kampfhubschrauber konnten nun gegen die Schiiten eingesetzt werden.

Der ägyptische Journalist Mohammed Heikal, dem damals mehr als jedem anderen Geheimnisse des Nahen Ostens offenstanden, war der Meinung, es sei König Fahd von Saudi-Arabien gewesen, der den amerikanischen Präsidenten gebeten habe, den Piloten des Saddam Hussein Kampfhubschrauber zum Einsatz freizugeben. Bush entsprach diesem Wunsch.

Damit diese irakischen Maschinen nicht aus Versehen von amerikanischen Mannschaften der Raketenabschußbasen abgeschossen wurden, ordnete Norman Schwarzkopf an, die Hubschrauber seien besonders zu kennzeichnen: Ihr Rumpf erhielt eine deutlich leuchtende Orange-Markierung.

Die Kampfhubschrauber erwiesen sich als effektiv. Innerhalb weniger Tage gelang es den Verbänden des Saddam Hussein, den schiitischen Aufstand in den Städten des Südiraks niederzukämpfen. Es war ihnen auch möglich, die Grenze zu Iran abzuriegeln. Ayatollah Mohammed Bakr Al Hakim samt dem »Obersten Rat der Islamischen Revolution in Irak« war bereits nach Teheran entkommen.

Zu diesem Zeitpunkt hatten sich Präsident Bush und König Fahd darauf geeinigt, Saddam Hussein an der Regierung zu lassen. Kronprinz Abdallah hatte sich vergeblich bemüht, eine Persönlichkeit zu finden, die – als Ersatz für den Despoten – Irak hätte regieren können. Das neue Regime hätte westlich orientiert sein sollen – jedoch nicht demokratisch gesinnt. Eine demokratische Legitimation der irakischen Regierung kam für Wahhabiten nicht in Frage. Ihr Grundsatz lautete: Die höchste Autorität liegt bei Allah und nicht beim Volk. Demokratie in der Nähe des Wahhabitenstaates hätte ansteckend wirken können auf die Untertanen der Sippe As Saud.

Die Suche des Kronprinzen Abdallah nach Ersatz für Saddam Hussein war erfolglos verlaufen. So blieb der Despot mit Billigung der US-Regierung und der herrschenden Sippe von Saudi-Arabien an der Macht.

Folgen des ersten Golfkriegs: »Demokratie paßt für Saudi-Arabien nicht«

König Fahd wollte ein für allemal klarstellen, daß für sein Land Demokratie nicht in Frage kam. Die kuwaitische Zeitung »As Saiassya« war in dieser Angelegenheit sein Sprachrohr. Für die Arabische Halbinsel, so war einem Interview zu entnehmen, sei Demokratie in westlichem Sinne ein untaugliches Mittel, um den Staat zu regieren. Die Autorität Allahs manifestiere sich nicht in Wahlen, an denen jeder teilnehmen könne. Die Autorität Allahs manifestiere sich in der Gestalt des Herrschers, der sich die Meinung des Volkes anhöre, doch dann sei es die Entscheidung des Herrschers, ob er die Volksmeinung berücksichtige oder nicht.

Die Ansicht des Monarchen aus dem Haus As Saud wurde getragen von einer breiten Strömung der Volksmeinung. Die Präsenz der US-Truppen auf dem Boden Saudi-Arabiens hatte eine Abneigung gegen die westliche Lebensart erzeugt. An den Brunnen der Siedlungen und Oasen wurde erzählt, weibliches Militärpersonal sitze, nur mit kurzen Hosen und Hemdchen bekleidet, am Steuer von Kraftfahrzeugen. Mit diesem Verhalten werde die »teuflische Unmoral« ins Land geholt – mit Billigung des Hauses As Saud. Die »Frauen in kurzen Hosen« seien ins Land geholt worden, um gegen ein islamisches Volk zu kämpfen, um dieses islamische Volk zu demütigen. Immer stärker wurden die Menschen im Irak als Brudervolk empfunden, das von »Ungläubigen« niedergekämpft worden ist. Der schlimmste Vorwurf gegen das Haus As Saud: Es hat zugelassen, daß Juden den amerikanischen Truppenverbänden angehören, daß sich Rabbis im Lande befinden, die jüdische Gottesdienste feiern. Die Story vom Zorn des saudiarabischen Generals Khaled Ibn Sultan über die Sitten der Amerikaner, und vor allem über die T-Shirts, hatte sich herumgesprochen – allerdings auch, daß der Zorn nichts bewirkt hatte.

Kein Geheimnis war in Saudi-Arabien die Ankunft von Christbäumen per Luftfracht aus den USA geblieben. Sie waren in den Camps der US-Streitkräfte aufgestellt worden – allerdings unter Tarnnetzen. Im wahhabitischen Land, in dem christliche und jüdische Gottesdienste streng verboten waren, wurde Weihnachten und jüdische Feste gefeiert.

Die Prediger in den Moscheen von Mekka, Medina und Riyadh brachten ihre Empörung zum Ausdruck über den Frevel, dem »Unglauben« und der »Lästerung Allahs« den Zugang zur Nähe der heiligen Stätten zu gestatten. Es gab Gerüchte, Soldatinnen seien in zivil schon in Medina gesichtet worden. Diese Gerüchte waren allerdings böswillige Erfindungen, die Absicht war, das Verhältnis zu den US-Truppen nachhaltig zu stören. Von Medina und auch von Mekka waren Soldatinnen und Soldaten in über 1000 Kilometer Entfernung stationiert.

Die islamische Geistlichkeit reagierte: Im Februar 1991 wurde während einer Audienz dem König Fahd ein Memorandum überreicht, das vom Haus As Saud verlangte, es möge dafür sorgen, daß die Glaubensvorschriften des Islam in Städten, Dörfern und Oasen strenger beachtet werden.

Im Mai desselben Jahres präsentierte Sheikh Abdel Aziz Ibn Baz eine Denkschrift, die Rückkehr zu den Lebensregeln des Wahhabismus auf allen Gebieten des öffentlichen Lebens forderte: beklagt wurden die Zustände beim Militär, bei der Presse und im Erziehungswesen.

Sheikh Abdel Aziz Ibn Baz ist ein strikter Verfechter des wahhabitischen Glaubens, wie er seit zweieinhalb Jahrhunderten Tradition in Zentralarabien ist. 500 Geistliche waren mit dem Sheikh in den königlichen Palast gekommen, um seine Forderung zu unterstützen. Ungewohnt war allerdings, daß die Petition auch Kritik am Haus As Saud und an König Fahd enthielt.

Die Geistlichkeit Saudi-Arabiens hat sich bis zum Frühjahr 1991 gehütet, den Monarchen und die Prinzen zu kritisieren. Die wahhabitischen geistlichen Autoritäten wußten, was in den Palästen geschah, daß dort Alkohol getrunken wurde, daß sich dort Ausländerinnen prostituierten. Die Geistlichkeit hatte bei König Saud Ibn Abdel Aziz (von der Familie abgesetzt 1964) geschwiegen, obgleich die gläubigen Untertanen gemurrt hatten. König Saud hatte Geld und Privilegien zu verteilen. Wer gegen das Haus As Saud argumentierte, der war dabei, sich den »Ast abzusägen, auf dem er saß«.

Jetzt aber hatte Sheikh Abdel Aziz Ibn Baz das Gefühl, reden zu müssen – und er sprach offen. Er beschuldigte König Fahd, sich genauso zu benehmen wie einst König Saud. Der Vorwurf lautete präzise, Fahd habe zu viele fremde, ungläubige Frauen in seinen Palästen.

Gestützt wurde Abdel Aziz Ibn Baz auch in diesem Fall von mehr als hundert Geistlichen, die seine Petition unterschrieben hatten. Sie wurden allerdings bald von der Geheimpolizei des Königreichs überwacht. Einige wurden verwarnt, sie sollten in Zukunft jede Kritik des Hauses As Saud unterlassen. Verboten waren auch Hinweise in Predigten darauf, daß nach Ende des ersten Golfkriegs von den mehr als 500 000 fremden Soldaten 37 000 in Saudi-Arabien zurückblieben zum Schutz der Ölanlagen des Königreichs. Nur langsam sickerte in Städten und Oasen die bestürzende Nachricht durch, daß die ungläubigen Fremden wohl für immer im Land des Propheten

Mohammed bleiben werden. Die Präsenz der US-Truppen löste Empörung gegen das Haus As Saud aus, das den Amerikanern »heiligen Boden des Islam« überlasse. Sheikh Abdel Aziz Ibn Baz sah sich gezwungen, die Geistlichkeit zu ermahnen, sie solle die »Kampagne der Beschmutzung des königlichen Hauses« unterlassen. Der Sheikh hatte bereits Sorge, die Empörung der Gläubigen könnte in Lust zur Rebellion umschlagen. Er wollte Stärkung des wahhabitischen Geistes erreichen und nicht Sturz des Hauses As Saud.

Mit Rückendeckung durch Sheikh Abdel Aziz Ibn Baz verhafteten die Sicherheitsorgane am Beginn des Jahres 1992 zwanzig Geistliche unter der Beschuldigung, sie hätten König Fahd in ihren Freitagspredigten beleidigt. Einige dieser Geistlichen wurden durch Peitschenhiebe bestraft.

Die Aktivität der islamischen Konservativen veranlaßte liberal denkende Geschäftsleute in Riyadh öffentlich einen »Demokratisierungsprozeß« zu fordern: Auf nationaler und kommunaler Ebene sollten demokratisch legitimierte Gremien geschaffen werden, die dem König mit Rat zur Seite stehen könnten. Die Geschäftsleute machten allerdings einen taktischen Fehler: Sie verlangten vom König, daß er die Macht der islamisch-geistlichen Polizei, der »Muttawin« beschneide. Mit dieser Forderung stießen die liberal Gesinnten auf massive Abwehr durch die Geistlichkeit insgesamt. Die »Muttawin« waren das Organ des Sheikhs Abdel Aziz Ibn Baz und seiner geistlichen Gefolgsleute. Sie fürchteten, eine Beschneidung der Macht dieser islamischen Sittenpolizei würde nach und nach die Kraft der »Muttawin« zerbröckeln lassen. Die Forderung nach »demokratisch legitimierten Gremien« fand im Haus As Saud keine Beachtung, weil sie gekoppelt war mit der Reduzierung der Befugnisse der »Muttawin« gegenüber den Untertanen.

Behutsam versuchte die US-Diplomatie den König zu Reformen zu bewegen, die wenigstens den Anschein erwecken sollten, das Königreich passe sich langsam ein in die Welt der Gegenwart. Insbesondere Botschafter James Akins gehörte zu den warnenden Stimmen, die dem Königreich keine Zukunft voraussagten. Besonders nach seiner Ablösung aus dem aktiven Dienst in Dschedda, wies er die US-Regierung darauf hin, daß sie auf Dauer wohl nicht das Versprechen werde halten können, den Erhalt des Thrones von Saudi-Arabien für das Haus As Saud zu garantieren. Die USA konnten es sich nicht leisten, ein derart undemokratisches und korruptes Regime abzusichern.

Im September 1993 gab Fahd dem Drängen des State Department nach. Er berief einen Consultative Council (Majlis Ash Shura) – einen »Rat der Ratgeber« ein. Die 60 Mitglieder bestimmte der Herrscher nach seinem Gutdünken. Er hatte sich selbst das Ziel gesetzt, Männer auszuwählen, die lesen und schreiben können. Zu erwarten war allerdings nicht, daß von diesem Majlis Ash Shura Initiativen zur Reform des Regimes ausgingen.

Die erste Warnung vor Unterstützung des Terrorismus durch Saudi-Arabien

Im Juni 1994 verließ der Diplomat Mohammed Al Khiwili sein Büro in der Vertretung Saudi-Arabiens bei den Vereinten Nationen in New York. Er stellte sich unter den Schutz des State Department. Ihm wurde Asyl gewährt.

Seine Begründung für diesen aufsehenerregenden Schritt: In Saudi-Arabien entstehen Zellen des Terrorismus; Ziele der terroristischen Aktivitäten sind die Vereinigten Staaten von Amerika und europäische Länder. Gefördert wird der Terrorismus durch ein korruptes Regime, das sich keinen Gesetzen des menschlichen zivilisierten Zusammenlebens unterwirft.

Die US-Behörden hatten zunächst gezögert, dem Asylantrag des Diplomaten stattzugeben. Geschäftliche Interessen standen auf dem Spiel: Die Ölgesellschaften fürchteten, das Ölkönigreich könnte lukrative Verträge einfrieren lassen. Doch dann einigten sich Riyadh und Washington darauf, Mohammed Al Khiwili unter der Bedingung in Ruhe zu lassen, daß er seine Anschuldigungen nicht wiederhole.

Doch dann ereignete sich ein zweiter Fall der Desertion: Ebenfalls im Juni 1994 verließ der Diplomat Ahmed As Zahrani die Saudi-Botschaft in London. Er gab an, Gewissensgründe hätten dazu geführt, daß er nicht länger im Dienst des Hauses As Saud bleiben könne. Er betonte, daß er die Neigung junger Saudis zu Gewalt und Terrorismus verurteile. Die Prinzen seines Landes würden diesem Problem keine Beachtung schenken; sie seien korrupt und ungebildet.

Die Desertion des Ahmed As Zahrani wurde von Kronprinz Abdallah, der damit befaßt war, offenbar ernstergenommen als das Verhalten des Mohammed Al Khiwili. Sofort wurde von Riyadh Druck ausgeübt auf die britische Regierung mit dem Argument, wer das Haus As Saud beleidige, sei ein Verbrecher, der zu Hause bestraft werden müsse. Kronprinz Abdallah verlangte die Auslieferung des Diplomaten.

Druck auf die britische Regierung wurde auch von der Luftfahrtindustrie Großbritanniens ausgeübt. Die Deportation des Diplomaten nach Saudi-Arabien wurde schließlich durch Gerichtsbeschluß verhindert.

Beide saudiarabischen Diplomaten kritisierten heftig, daß das Königreich ein Regime am Leben erhalte, das eindeutig zu terroristischen Aktivitäten neige. Gemeint war die »Demokratische Volksrepublik Jemen« mit der Hauptstadt Aden. Saudi-Arabien hatte im Bürgerkrieg zwischen Nordjemen und Südjemen tatsächlich Partei ergriffen für den Süden, für die »Demokratische Volksrepublik Jemen«. Sie wurde beherrscht von einer kommunistischen Clique, die nicht zurückschreckte vor Gewalttaten. Im Bürgerkrieg, der 1994 in eine heiße Phase trat, war der Norden dem Süden überlegen. Vor der Niederlage wurde die »Demokratische Republik« durch Saudi-Arabien zunächst gerettet. Kronprinz Abdallah gab den Marxisten Geld, damit sie in Nordkorea Waffen einkaufen konnten. Mitte Juni 1994 trafen im südjemenitischen Hafen Mukallah Mittelstreckenraketen ein. Damit verfügte die »Demokratische Volksrepublik Jemen« über ein Waffensystem, das der Norden nicht besaß. Ali Salim Al Baid, der starke Mann der Marxisten, sah seinen Staat aus verzweifelter Lage gerettet. Er verkündete öffentlich: »Ein befreundeter arabischer Staat garantiert uns das Überleben.«

Dieser »befreundete arabische Staat«, Saudi-Arabien, finanzierte den Erwerb von Kampfflugzeugen des Typs Mig-29 in osteuropäischen Ländern, die ihren Vorrat an sowjetischem Kriegsmaterial nach dem Zerfall der Sowjetunion reduzieren wollten.

Diese Hilfe für den marxistischen Staat fand allein auf Betreiben des Kronprinzen Abdallah statt, der König Fahd auf seine Seite gezogen hatte. Der Monarch selbst war schon zu diesem Zeitpunkt zu keinem eigenen vernünftigen Gedanken mehr fähig.

Verwunderung herrschte in Arabien über die eigenartige saudiarabische Jemenpolitik, die sich bemühte, die Spaltung in Nordjemen und Südjemen aufrechtzuerhalten. Kronprinz Abdallah wollte unter allen Umständen den Zusammenschluß der beiden Staaten verhindern, den die Mitgliedstaaten des von Saudi-Arabien beeinflußten Gulf Cooperation Council (GCC) anstrebten.

Im Juni 1994 formulierte der Weltsicherheitsrat die Resolution Nr. 924; sie forderte den Dialog zwischen Nordjemen und Südjemen mit dem Ziel der Vereinigung. Diesen Sicherheitsratsbeschluß wollte Prinz Bandar Ibn Sultan, der saudiarabische Botschafter, verhindern – ohne Angabe eines Grundes. Als er damit keinen Erfolg hatte, konzentrierte er sich darauf, jede Formulierung zu unterbinden, die den Wunsch des Weltsicherheitsrats zum Ausdruck brachte, die beiden Staaten sollten sich zusammenschließen. Prinz Bandar Ibn Sultan folgte damit einer Anweisung des Kronprinzen. Der Sicherheitsratsbeschluß 924 vermied dann tatsächlich die Erwähnung des Ziels der jemenitischen Einheit. Kronprinz Abdallah hatte durch seinen Botschafter erreicht, was er wollte.

Dieser politische Schachzug, dessen Sinn er nicht einsah, veranlaßte im Juni 1994 den Diplomaten Mohammed al Khiwili, seinen Posten als Vertreter Saudi-Arabiens bei den Vereinten Nationen aufzugeben. Er hatte den Verdacht, der Kronprinz wolle das Gewaltpotential des marxistischen Staates Südjemen für seine Ziele benützen. Deshalb bestehe er darauf, die »Demokratische Volksrepublik Jemen« am Leben zu erhalten.

Die Regierungen der Mitgliedsstaaten des Gulf Cooperation Council versuchten den Grund zu erforschen, der den Kronprinzen des Königreichs zu einer derartigen Politik veranlaßte. Sie fanden einen gewichtigen und nachvollziehbaren Grund.

Bekannt war, daß der Ölstaat Saudi-Arabien über keinen Hafen am offenen Meer verfügte. Die Tankerroute verlief durch den Persischen (Arabischen) Golf und durch den Engpaß der Straße von Hormuz zum Golf von Oman und zum Arabischen Meer. Es war seit langem der Wunsch der ARAMCO, der Amerikanisch-Arabischen Ölgesellschaft, ein Tankerterminal zur Beladung der Schiffe direkt an der Küste des Arabischen Meeres zu besitzen. Die Bucht von Mukallah im Hadramaut bot sich dafür an. Mukallah aber gehörte zur »Demokratischen Volksrepublik Jemen«, deren Zentrum war die Hafenstadt Aden und die Industriegebiete ringsum. Hadramaut wurde nur als exotisches Anhängsel betrachtet. Kronprinz Abdallah war überzeugt, die »Demokratische Volksrepublik Jemen« werde Hadramaut aus Dankbarkeit für aktive Hilfe an sein Land abtreten.

Noch im Sommer 1994 entschied sich Präsident Bill Clinton überraschend, die Politik der USA zu ändern: Im Interesse der Stabilität auf der Arabischen Halbinsel befürwortete er den Zusammenschluß der beiden jemenitischen Staaten. Clinton warnte Kronprinz Abdallah ausdrücklich davor, Widerstand gegen Bestrebungen zu leisten, dem Nordjemen zur Dominanz zu verhelfen. Das Resultat – Abdallah stellte die saudiarabischen Zahlungen an die »Demokratische Volksrepublik Jemen« ein. Der südjemenitische Machthaber Ali Salim Al Baid konnte keine Waffen mehr kaufe. Am 7. Juli 1994 kapitulierten seine Streitkräfte in Aden. Ali Salim Al Baid floh ins Sultanat Oman. Sein Stellvertreter wählte Saudi-Arabien für sein Exil aus. Er verkündete allerdings, er werde von Riyadh aus den Kampf gegen den jemenitischen Nordstaat fortsetzen.

Kronprinz Abdallah hatte eine Niederlage erlitten, die eine Blamage für ihn bedeutete. Innerhalb des Hauses As Saud war keiner der Prinzen mit dem jemenitischen Abenteuer einverstanden gewesen. Jetzt prangerten alle den Prestigeverlust vor allem gegenüber den USA an. Bill Clinton hatte ihnen demonstriert, wer die Politik auf der Arabischen Halbinsel bestimmt.

König Fahd war nicht mehr in der Lage, dem schlimmen Prestigeabbau entgegenzutreten. Wahrscheinlich ist, daß Fahd die Folgen des Jemenabenteuers überhaupt nicht verstanden hat. Er war inzwischen 73 Jahre alt. Sein Körper war hinfällig geworden. Beobachter hatten den Eindruck, er müsse gestützt werden, um sich aufrecht halten zu können. Flugzeuge bestieg und verließ er nur noch über Hebebühnen. Im Frühjahr 1996 war zu spüren, daß sich der Monarch nicht mehr konzentrieren konnte. Aufgeschwemmt und dickleibig war er nur noch die Karikatur eines Herrschers aus dem Hause As Saud. Die Ursache für die Formlosigkeit seines Körpers war bekannt: Fahd liebte den unmäßigen Genuß hochprozentiger

Getränke. Im strengorientierten Wahhabitenstaat hielt sich der Herrscher nicht an Vorschriften.

Nicht verborgen blieben die Folgen des körperlichen und vor allem geistigen Zustands auf die Staatsverwaltung. Fahd mischte sich in die Entscheidungen des Kronprinzen ein. Er ernannte Botschafter und entsandte sie auf wichtige Posten – doch schon wenige Tage später wußte er nichts mehr davon. Wurde er daran erinnert, daß er doch bereits über die Besetzung eines Botschafterpostens entschieden habe, tobte und schrie er und beschuldigte das Personal in seinem Palast der Unfähigkeit.

Saudi-Arabiens Werkzeug: der Henker

Die Machtverschiebung zu Gunsten des Kronprinzen Abdallah war im Verlauf des Jahres 1995 nicht mehr aufzuhalten. Abdallah erklärte den Untertanen, der König brauche eine »Phase der Erholung«.

Der Kronprinz gehört zum Jahrgang 1923; er ist also nur zwei Jahre jünger als der amtierende Monarch.

Daß Abdallah einsichtiger und geistig flexibler ist als sein Halbbruder auf dem Thron, hat er schließlich im Jahr 1990 bewiesen in der Diskussion, ob es zu verantworten sei, den amerikanischen Streitkräften das Land zu öffnen, in dem der Prophet Mohammed gewirkt hatte. Damals hatte Abdallah der US-Regierung mißtraut. Sein Standpunkt: George Bush nimmt keine Rücksicht auf die Belange des Hauses As Saud. Verbürgt ist, daß Abdallah diese Beurteilung aussprach: »Wer den Amerikanern die Hand gibt, der kommt um!«

Bemerkenswert, daß gerade zum Zeitpunkt, als Abdallah Saudi-Arabien zu lenken begann, in Riyadh eine Autobombe vor einem Gebäude detonierte, in dem amerikanische Spezialisten mit dem Training saudiarabischen Sicherheitspersonals beschäftigt waren. Eigentlicher Benutzer des Komplexes war die Nationalgarde Saudi-Arabiens. Fünf US-Bürger wurden getötet und 60 verletzt. Verantwortung für den Anschlag übernahm eine Organisation, die sich das Ziel gesetzt hatte, gegen Amerikaner, die sich in Saudi-Arabien aufhielten, Anschläge zu verüben.

Die Attentäter wurden gefaßt. Sie sagten aus, sie wollten dafür sorgen, daß alle Menschen, die sich nicht zum islamischen Glauben bekannten, die Arabische Halbinsel, die einstige Wirkungsstätte des Propheten Mohammed, so rasch als möglich verließen. Weitere Anschläge dieser Art würden folgen.

Die CIA-Beamten, die an der Untersuchung des Attentats beteiligt waren, glaubten, die Drahtzieher säßen in Teheran; die Amerikaner gaben Iran die Schuld. Die saudiarabischen Sicherheitsbehörden erkannten jedoch bald, daß die wahrhaft Schuldigen im Königreich selbst zu suchen waren. Gegenüber den US-Beamten wurde die Wahrheit vertuscht. Ohne Aufhebens wurden den am Attentat von Riyadh Beteiligten insgeheim die Köpfe abgeschlagen.

Ein Jahr später geschah der Anschlag auf den Wohnkomplex der US-Soldaten in Dhahran, der vielen US-Soldaten das Leben kostete. Wieder glaubten die CIA-Beamten an die Schuld der Ayatollahs in Teheran. Ihnen verborgen blieben die Untersuchungsergebnisse der saudiarabischen Geheimpolizei: Sie hatte die Schuldigen im eigenen Land erkannt. Den amerikanischen Kollegen berichteten sie nichts davon. Den Schuldigen an Attentat wurden die Köpfe abgeschlagen.

Die Statistik ist inoffiziell und unpräzise. Sie besagt, im Verlauf des Jahres 1996 seien nahezu 200 Männer geköpft worden – viele davon auf öffentlichen Plätzen. Meist ist der Enthauptung keine Verhandlung und kein Urteilsspruch vorausgegangen. Dem Kronprinzen war der Fall vorgetragen worden und er hatte dem Vorschlag zur Tötung eines Beschuldigten dadurch zugestimmt, daß er mit dem Kopf nickte.

Die Begründung für die Hinrichtung lautete meist, der Betreffende habe sich gegen die Gesetze Allahs vergangen. Vor fast zweieinhalb Jahrhunderten hatte der islamische Geistliche Mohammed Ibn Abdel Wahhab den Grundsatz aufgestellt: Wer den Gesetzen Allahs zuwider handelt, der hat den Tod verdient. Dem Haus As Saud aber ist die Aufgabe gestellt, den Gesetzen Allahs Geltung zu verschaffen. Die Prinzen des Hauses As Saud sind auch zur Zeit des Übergangs vom zweiten zum dritten Jahrtausend westlicher Rechnung der Meinung, ihre Sippe sei Vollstrecker des göttlichen Willens. Wer sich ihnen nicht beugt, der ist des Todes.

Der »Wahhabismus« hat sich verwandelt in »Saudismus«. Das Haus As Saud will den Maßstab setzen für das Verhalten der Menschen im Königreich. Ihr Werkzeug dazu ist der Henker.

Doch die Kluft reißt auf zwischen Prinzen und Untertanen. Den Bewohnern von Riyadh bleibt nicht verborgen, was in den Palästen der Enkel des Reichsgründers Abdel Aziz geschieht. Sie erfahren, daß dort Alkohol nicht verschmäht wird, daß dort mit Frauen, die eigens eingeflogen werden, erotische Feste gefeiert werden.

Die Gegner des Hauses As Saud organisieren sich nach und nach. Junge Männer, die in Afghanistan gegen die Sowjets und deren Verbündete gekämpft haben, bilden die Zellen. Nach ihrer Rückkehr in die Heimat wollen sie ihre Erfahrungen für den »Kampf gegen die Ungläubigen« im eigenen Land nützen.

Das Produkt des Wahhabismus – Osama Bin Laden

Im Jahr 1929 kam der Vater Mohammed Bin Laden aus dem Jemen nach Mekka. Er hatte im Hadramaut Maurer gelernt, doch es gab dort kaum noch Arbeit: Die phantastischen Hochhäuser aus Lehmziegeln waren schon errichtet. Das Leben im Hadramaut stagnierte.

Arbeit für Maurer, so hatte Mohammed Bin Laden gehört, gab es offensichtlich in Saudi-Arabien. Zwar war das gigantische Ölgeschäft dort noch nicht angelaufen, doch der geschäftstüchtige Mann glaubte an die Zukunft des Hauses As Saud. Er bot dem Reichsgründer Abdel Aziz seine Dienste an – und er wurde bald mit Aufträgen belohnt. Er reparierte und baute Paläste für den König und die Prinzen. Bis zum Ende des Zweiten Weltkriegs war in Mekka noch nicht viel Geld zu verdienen, dann aber florierte bald das Ölgeschäft. Die Prinzen verfügten über Geld, um ihre Paläste noch üppiger auszustatten. Mohammed Bin Laden bekam Gelegenheit, jetzt auch sein Organisationstalent zu beweisen. Er gründete eine Baufirma.

Besonderen Wert legte König Faisal Ibn Abdel Aziz Ibn Saud auf die Wertarbeit des Unternehmers Bin Laden. Er war zur Zeit der Ankunft des Mohammed Bin Laden in Mekka Vizekönig des Hedschaz – und war damit für Mekka zuständig. Faisal war damals gerade 27

Jahre alt; er gehörte zum Jahrgang 1902. 1958 übernahm er nach und nach die Regierungsgeschäfte seines dem Alkohol verfallenen Bruders Saud und zog um in die Hauptstadt Riyadh. Die Baufirma Bin Laden machte den Umzug mit und erweiterte ihren Geschäftsbereich. Kurz vor dieser Zeit wurde Osama Bin Laden geboren. Als Geburtsjahr wird 1957 angenommen.

Die Bindung seines Vaters an König Faisal brachte es mit sich, daß Osama Bin Laden mit dessen Sohn Turki Ibn Faisal vertraut wurde. Prinz Turki war älter als Osama. Er war ein Prinz der zweiten Generation, die es schwer hatte, sich gegen die Prinzen der ersten Generation durchzusetzen – doch dem Prinzen Turki war es gelungen, Chef der Sicherheitskräfte des Ölstaates zu werden. Ganz von selbst hatte er in dieser Position Beziehungen zum Chef der CIA, der damals William Casey hieß. Dieser hatte eine Sondermission in Afghanistan zu erfüllen: Dort waren im Jahr 1979 die Sowjettruppen einmarschiert. Es war Leonid Breschnew, der noch einmal sowjetische Expansionspolitik betrieb.

Dem US-Geheimdienst war die Präsenz der Sowjets so nahe an den Ölgebieten des Persischen (Arabischen) Golfs ein störender Faktor in der amerikanischen Nahostpolitik. William Casey mußte nach Mitteln suchen, um die sowjetischen Truppen aus Afghanistan zu vertreiben. Er organisierte den Aufbau einer islamischen Kampftruppe von »Gotteskriegern«, die gegen die »ungläubigen Roten«, gegen die Marxisten einen Guerillakrieg führen sollten.

Diese »Mujaheddin« wurden in erster Linie in Afghanistan selbst rekrutiert, doch bald erwies sich, daß die Zahl der einsatzfähigen Afghanen nicht ausreichte. William Casey kam auf die Idee, auch in Saudi-Arabien junge Männer anzuwerben, die bereit waren, in Afghanistan gegen die »Feinde Allahs« zu kämpfen. Das Haus As Saud hatte nichts gegen eine derartige Anwerbung einzuwenden. Seit 1975, seit der Ermordung des Königs Faisal, war Khaled Ibn Abdel Aziz Ibn Saud Herrscher des Königreichs. Er erkannte eine Chance, durch die Freiwilligen die Glaubensprinzipien des Wahhabismus bis nach Afghanistan verbreiten zu können. König Khaled stimmte der Aufstellung der »saudiarabischen Afghanenlegion« zu. Sie bestand schließlich aus 18 000 jungen Männern.

Es war der Wunsch von William Casey gewesen, Prinz Turki Ibn Faisal möge das Kommando über die »saudiarabische Afghanenlegion« übernehmen; der Prinz hätte dem Unternehmen durch royalen Glanz mehr Prestige geben können, doch er lehnte unter Hinweis auf seine Funktion als Sicherheitschef die Berufung ab. Er schlug Osama Bin Laden vor. Er vertraute ihm, weil er dessen enge Bindung an das Haus As Saud kannte – und weil er wußte, daß der junge Mann durch seinen Vater, den Bauunternehmer, über Finanzmittel verfügen konnte. Wie Geld verwaltet werden mußte, davon verstand Osama bereits einiges: Er hatte einige Semester lang »Business Administration« an der König-Abdel-Aziz-Universität in Dschedda studiert.

Turki Ibn Faisal gelang es, die Verwalter islamischer Stiftungen zu bewegen, dem im Umgang mit Finanzen erfahrenen Chef der saudiarabischen Mujaheddin, große Beträge für den Kampf gegen die Feinde des Islam, gegen die »Marxisten« in Afghanistan zur Verfügung zu stellen. Adressat der Einzahlungen war eine winzige Organisation, deren Personal im wesentlichen aus Osama Bin Laden und einem etwas älteren Mann bestand, der von Herkunft Palästinenser war. Sein Name: Abdullah Al Azzam. Die Organisation trug die schlichte Bezeichnung »Makhtab« – das Büro.

Die Zusammenarbeit zwischen Osama Bin Laden und dem US-Geheimdienst CIA war zu dieser Zeit eng. Amerikanische Spezialisten kamen nach Afghanistan, um die Mujaheddin beim Bau von unterirdischen Bunkeranlagen in den Bergtälern im Hindukusch und an der Grenze nach Pakistan zu unterstützen. Die Amerikaner gaben ihre Erfahrungen aus Vietnam weiter: Sie vermittelten Kenntnisse in der Anlage von Tunnelnetzen und Vorratslagern. Sie brachten den »saudiarabischen Legionären« bei, wie Vorratslager anzulegen waren.

Osama Bin Laden war nicht die einzige Führungspersönlichkeit, die vom Haus As Saud nach Afghanistan geschickt worden war. Osama zur Seite stand der Geistliche Abdel Rasul Sayyaf. Er hatte den Auftrag, dafür zu sorgen, daß die 18 000 junge Saudis treu zur wahhabitischen Überzeugung standen; sie sollten ferngehalten werden von islamischen Gemeinden, die lässiger waren in der Anwendung der Glaubensgesetze. In den Camps wurden die Gebetszeiten exakt eingehalten und wurden die Fastenregeln beachtet – auch wenn ein Camp in Gefahr war, angegriffen zu werden. Den Geistlichen Abdel Rasul Sayyaf betrachtete Osama Bin Laden als seinen

Lehrer, dem er unbedingt folgte. Von ihm übernahm er das Weltbild, das die Menschen einteilte in Moslems und in Feinde des Islam. Ein Feind war, wer festhielt an der Überzeugung, Gott lasse sich in drei Bestandteile zerlegen: in Vater, Sohn und Heiligem Geist. Der wahhabitische Glaubensgrundsatz »Allah ist Al Tawhid«, ist eine unzertrennbare Einheit, wurde im afghanischen Frontgebiet besonders intensiv gepredigt.

Seine damalige Situation und seine Funktion beschrieb Osama Bin Laden selbst in einem Interview mit AFP vom August 1998: »Ich wurde vom Haus As Saud nach Afghanistan geschickt mit der Aufgabe, den Widerstand gegen die gottlosen Russen zu organisieren. Ich war der Vertreter des Hauses As Saud. Ich betreute zunächst ein Camp an der pakistanisch-afghanischen Grenze. Freiwillige kamen zu mir, meist aus Saudi-Arabien, aber auch aus anderen islamischen Ländern. Pakistanische und amerikanische Offiziere sorgten für das praktische Training. Die Waffen kamen aus US-Beständen. Das Geld kam aus saudiarabischen Quellen. Nach einer Zeit des Nachdenkens kam ich zum Entschluß, daß es nicht ausreicht, die Feinde Allahs in Afghanistan zu bekämpfen, die Feinde Allahs waren auch an anderen Fronten zu entdecken: Sie befanden sich im kommunistischen Teil der Welt, aber auch im Westen. Sie waren die Unterdrücker des wahren Glaubens.«

Seine Gedanken waren bereits auf einen globalen Kampf ausgerichtet, wobei die Staaten des Westens, besonders die USA, zum hauptsächlichen Feind wurden. Die Mujaheddin waren erfolgreich im Kampf gegen die Sowjetunion – warum sollten die Glaubensstreiter nicht auch erfolgreich sein gegen die USA? Der Unterschied zwischen Sowjets und Amerikanern verwischte sich zusehends in der Vorstellung des Wahhabiten: Beide weigerten sich, das Bekenntnis auszusprechen: »Allahu Akbar!« – Allah ist über allem!

Afghanistan als Aktionsbereich wurde bald schon uninteressant für Osama Bin Laden. Dies hatte auch ganz praktische Gründe: Er und seine Anhänger waren höchst unbeliebt bei den Mujaheddin im Bergland um den Hindukusch. Die Männer aus Saudi-Arabien nahmen ihre Glaubensprinzipien zu ernst. Die afghanischen Mujaheddin waren lebenslustig und vergaßen häufig Gebetszeiten und Fastenregeln. Sie bekamen Ärger mit dem wahhabitischen Prediger Abdel Rasul Sayyaf, der die Einhaltung der Regeln der Freude am

Leben vorzog. Die Auseinandersetzung zwischen dem Prediger und den Mujaheddin nahm schroffe Formen an – sie standen sich bald unversöhnlich gegenüber. Im Herbst 1980 fielen Abdel Rasul Sayyaf und zwei seiner Söhne in Peshawar einem Sprengstoffanschlag zum Opfer.

Ahmed Schah Masud zählte zu den afghanischen Befehlshabern, die Haß verspürten auf Osama Bin Laden. Er starb dann zehn Jahre später, Anfang September 2001 nach einem Sprengstoffanschlag. Seine Meinung im Jahr 1990: »Osama Bin Laden schadet uns mehr als er uns nützt. Er muß Afghanistan verlassen!« Dies geschah auch bald darauf. Die militärische Aufgabe war erfüllt: Die Sowjets hatten das Bergland am Hindukusch verlassen.

Osama Bin Laden kehrte nach Saudi-Arabien zurück. Mit ihm kamen 4000 der saudiarabischen Legionäre. Sie bezogen ein Lager am Rand der heiligen Stadt Mekka. Finanziert wurde ihr Lebensunterhalt aus wahhabitischen Stiftungen, deren Gelder Osama Bin Laden noch immer zur Verfügung standen.

Das Problem war, daß sich die 4000 Männer bei Mekka unbeschäftigt und überflüssig fühlten. Sie waren überzeugt, sie hätten die Sowjetunion in die Knie gezwungen; sie hätten die ungläubigen Marxisten besiegt. Sie sahen ihre Aufgabe nicht als beendet an – die Welt war doch voll Ungläubiger. Gegen sie war Krieg zu führen, weil Allah dies den Moslems auferlegte. Da ergab sich eine überraschende Chance für diesen Kampf: Die USA, die Bastion der Ungläubigen, organisierten im Jahr 1990 einen Feldzug gegen das islamische Land Irak. Saddam Hussein hatte Anfang August jenen Jahres Kuwait überfallen, weil er sich von der dort herrschenden Familie betrogen gefühlt hatte. Getroffen werden aber sollte vor allem das Haus As Saud: Im König und in den Prinzen sah Saddam Hussein seine ärgsten Feinde.

Osama Bin Laden hatte zunächst keinen Grund, aktiv Position zu beziehen in diesem Konflikt. Als Untertan des Hauses As Saud und als Freund des Prinzen Turki Ibn Faisal war eigentlich von ihm zu erwarten, daß er Sympathie empfand für das angestammte Herrscherhaus. Doch genau dieses bereitete ihm eine herbe Enttäuschung. König Fahd war damit einverstanden, daß US-Streitkräfte von seinem Territorium aus den Kampf gegen den Moslem Saddam Hussein führten. Osama Bin Laden hatte den Eindruck, Fahd habe den amerikanischen Präsidenten ausdrücklich aufgefordert, seine Streitkräfte auf saudiarabischem Gebiet zu stationieren.

Osama Bin Laden bedrängte seinen Verbindungsmann zum regierenden Haus, er möge verhindern, daß ungläubige Amerikaner das »Land des Propheten Mohammed« beträten. Er erinnerte den Prinzen Turki Ibn Faisal an die Ereignisse des November 1976, als das Haus As Saud »Ungläubige« ins Land holte, um den Aufstand an der Großen Moschee in Mekka zu beenden. Osama Bin Laden wies darauf hin, daß damals schon der heilige Boden entweiht worden sei – derartiges dürfe sich nicht wiederholen.

Prinz Turki Ibn Faisal war nicht zu überzeugen – und er argumentierte gar nicht erst mit König Fahd. So geschah es, daß der Aufmarsch der US-Streitkräfte begann.

Osama Bin Ladens letztes Argument war gewesen, daß seine »saudiarabischen Legionäre« die Verteidigung des Königreiches gegen etwaige irakische Übergriffe selbst besorgen könnten. »Ungläubige« seien dazu überhaupt nicht nötig. Auch dieses Argument bewirkte nichts.

Jetzt begann Osama Bin Laden zu konspirieren. Er besuchte die wichtigsten Geistlichen des Königreichs und versuchte sie für massiven Protest gegen die Politik des Hauses As Saud zu mobilisieren. Die Geistlichen, die von ihrer Position her dazu befugt sind, sollten eine »fatwa« erlassen, einen religiösen Befehl zum Ungehorsam der Gläubigen gegen ein Regime, das den »Ungläubigen« heiliges Gebiet überließ. Doch die Geistlichen reagierten nicht.

Im Frühjahr 1991 siegten die »ungläubigen« Alliierten unter Mithilfe saudiarabischer Verbände gegen den Moslem Saddam Hussein. Die Gläubigen in Saudi-Arabien hatten angenommen, daß die »Christen und Juden« nach dem Sieg die Region der heiligen Stätten Mekka und Medina räumten. Doch rasch sprach es sich herum im Königreich, daß mindestens 20 000 US-Soldaten in der Ölprovinz Hasa verbleiben würden.

Osama Bin Laden erbat sich eine Audienz beim Innenminister Prinz Naif Ibn Abdel Aziz. Er beschimpfte den Prinzen, die königliche Familie bestehe aus Verrätern, die gegen den Willen Allahs handelten. Der Innenminister protestierte lautstark gegen diesen Vorwurf. Osama und der Prinz schrien sich gegenseitig an – und gingen wütend auseinander.

Prinz Naif beschwerte sich bei König Fahd. Dieser beschloß, der Sohn des Bauunternehmers sei künftig dem königlichen Hof fernzuhalten. Dies kam einer Ächtung des Osama gleich.

Doch nicht das ganze Haus As Saud erfüllte den Wunsch des Monarchen, die Gespräche mit dem Geächteten abzubrechen. Prinz Turki Ibn Faisal begegnete ihm auch weiterhin freundlich – und er sorgte dafür, daß die 4000 saudiarabischen Legionäre auch in Zukunft aus Stiftungen bezahlt wurden. Das Haus As Saud wollte auf die Dienste der kampferprobten wahhabitischen Streiter nicht verzichten. Insbesondere achtete der saudiarabische Geheimdienst darauf, daß die Kontakte zu Osama Bin Laden nicht abrissen. Es ergab sich als vorteilhaft für den Heimkehrer aus Afghanistan, daß der Sicherheitschef Prinz Turki Ibn Faisal den Innenminister Prinz Naif nicht ausstehen konnte. Zwist im Hause As Saud machte sich bemerkbar.

Osama Bin Laden war inzwischen 35 Jahre alt geworden. Er hatte nach islamischer Sitte drei Frauen gleichzeitig geheiratet. Sie stammen aus angesehenen saudiarabischen Sippen mit exzellenten Beziehungen zur regierenden Familie. Diese Sippen hatten dazuhin den Vorteil, sehr wohlhabend zu sein. Nach bewährter Stammestradition hielten sie auch in kritischer Zeit zu ihrem Verwandten.

Die Sippensheikhs konnten allerdings nicht verhindern, daß König Fahd schließlich über die ständige Kritik aus dem Munde von Osama Bin Laden derartig verärgert war, daß er dem Unzufriedenen die Staatsbürgerschaft entziehen ließ. Doch blieb diese Maßnahme ohne Auswirkung, da der saudiarabische Geheimdienst und Prinz Turki Ibn Faisal den Ausgebürgerten auch weiterhin beschützten. Ihm blieben auch die Zahlungen aus den islamischen Stiftungen erhalten.

In den Schatzkammern der Moscheen in Städten und Oasen der Arabischen Halbinsel hatten sich durch Schenkungen Vermögenswerte angesammelt. Die Sippen wohlhabender Geschäftsleute hatten häufig Teile der Barschaft eines Verstorbenen in Millionenhöhe dem Prediger einer bestimmten Moschee zur Verfügung gestellt – dieses Geld sollte für wohltätige Zwecke verwendet werden. Die Geldtransfers wurden von niemand kontrolliert. Manchesmal bekamen die Verwalter der Stiftungen Anregungen vom saudiarabischen Geheimdienst, wer Nutznießer der Stiftungsgelder sein sollte, die Verwalter waren dann gut beraten, die Hinweise zu beachten. Auf diese Weise kamen Beträge in Höhe von mehr als hundert Million Dollar in die Hand von Osama Bin Laden. Über das Geld blieb er mit dem wahhabitischen System verbunden.

Als reicher Mann reiste er im Jahr 1996 wiederum nach Afghanistan – in einem gecharterten Jet. Die Maschine war groß genug, um zweihundert seiner »Legionäre« zu transportieren, die mit ihm schon einmal am Hindukusch gewesen waren. Der Ort an dem sich Osama Bin Laden niederließ, war Jalalabad. Er und seine Männer wurden willkommen geheißen von der islamischen Geistlichkeit. Osama Bin Laden traf zum ersten Mal auf einen Geistlichen, der wichtig für ihn wurde – Mullah Mohammed Omar, Chef einer afghanischen Organisation, die sich »Taliban« nannte.

Der »Heilige Krieg gegen Juden und Kreuzritter«

Die Kriegserklärung erfolgte im Jahr 1996 in Kandahar. Ausgesprochen wurde sie von der »Internationalen Front des Heiligen Krieges gegen Juden und Kreuzritter.« Mit dem Begriff »Kreuzritter« waren nicht Kämpfer gemeint, die das Christentum im Heiligen Land verbreiten wollten, sondern die Christen insgesamt – präzise gesagt: das Christentum. Als Prototyp eines christlichen Landes erkannten die Autoren der Kriegserklärung die Vereinigten Staaten von Amerika. Dort waren die beiden verhaßten Gruppen der Menschheit anzutreffen: die Christen und die Juden. Die Kriegserklärung galt also in erster Linie den USA.

Der Entwurf der Kriegserklärung war vom Wahhabiten Osama Bin Laden skizziert worden. Zur Endfassung beigetragen hat Mullah Mohammed Omar.

Dieser islamische Geistliche war ungefähr 45 Jahre alt. Er besaß nur ein Auge; das andere hatte er im Kampf gegen die sowjetischen Invasionstruppen verloren. Mullah Mohammed Omar hatte sich Ruhm erworben als Krieger von Format. Besungen wurde sein Mut.

Die Organisation »Taliban« war sein Werk. »Taliban« ist ganz schlicht der Plural des Substantivs »Talib«, das sich mit Schüler übersetzen läßt. Die »Taliban« waren Koranschüler, Studenten der islamischen Theologie. Sie hatten sich gefunden, weil sie der Meinung waren, die Menschen am Hindukusch benötigten nach Jahren des Bürgerkriegs und des rechtlichen Chaos ein Gesetzbuch, das Grundlage sein könnte für ein geordnetes Leben. Der Koran enthielt die Regeln, die der Prophet Mohammed geoffenbart hatte und die in der islamischen Glaubenswelt für jeden verbindlich waren. Die »Taliban« waren sich bewußt, daß der Koran Vorschriften für das Verhalten der Menschen in der Sippe und im Staat enthielt. Die Beachtung dieser Vorschriften ermöglicht ein geregeltes Zusammenleben der menschlichen Gesellschaft. Die »Koranschüler« hatten die Idee, für die Männer und Frauen des Landes am Hindukusch könne das Chaos nur überwunden werden, wenn der Koran als verbindliches Gesetzbuch geachtet werde.

Mullah Mohammed Omar war zum führenden Kopf dieser »Taliban« geworden, weil es keinen anderen gab, der diese Funktion hätte ausfüllen können. Der Wissenstand der »Koranschüler« war äußerst gering. Keiner der jungen Männer hatte eine geistliche Ausbildung genossen. Jeder kannte zwar Suren des heiligen Buches auswendig, doch fremd waren viele Bedeutungen der Worte. Mohammed Omar durfte sich wenigstens »Mullah« nennen; er hatte einige Zeit lang Unterricht gehabt bei einem Geistlichen, der von den Gläubigen anerkannt war. Er konnte lesen, doch mit dem Schreiben hatte er Probleme. Bezeugt wird, daß er ein schlichtes Gemüt gewesen sei.

Um wirklich zum Anführer der »Taliban« zu werden, benötigte der Mullah einen Mann, der ihm an Intelligenz überlegen war. Dieser Mann war Osama Bin Laden. Er formulierte die Leitsätze der Taliban und faßte sie zusammen zu einem Pamphlet, das die Grundlage bot zum Kampf gegen »Juden und Kreuzritter«. So entstand die Kriegserklärung gegen die Menschen des Abendlandes – vor allem aber gegen die Amerikaner.

Diesen wird vorgeworfen, sie hielten seit Jahren schon den heiligen Boden besetzt, auf dem der Prophet Mohammed die Lehre des Koran und das Wissen um den Islam von Allah selbst empfangen habe. Die Amerikaner mißachteten dieses heilige Land, sie raubten seine Bodenschätze; sie terrorisierten die Bewohner; sie würden das heilige Land als Basis benützen, zum Krieg gegen die islamischen Staaten – gegen den Islam als Ganzes. Die Kriegserklärung forderte jeden Moslem auf, die Amerikaner zu töten, und zwar nicht nur Soldaten, sondern auch Zivilisten. Ausdrücklich festgelegt wurde, daß die Attacken in jedem Land erfolgen könnten, wichtig sei allein der Erfolg.

Die »Taliban« übernahmen in ihren Erklärungen die Ideologie der Gewalt. Sie gab ihnen einen überregionalen Sinn, doch sie unternahmen wenig, um sie in der Praxis auszuführen. Die »Taliban« gaben sich radikal, doch sie waren daran interessiert, internationale Anerkennung zu finden für ihr Regime, dessen Herrschaftsbereich in Afghanistan sich immer weiter ausbreitete. Durch Vermittlung von Osama Bin Laden wurden die »Taliban« bereits als Regierung Afghanistans von Saudi-Arabien anerkannt. Der saudiarabische Geheimdienstchef Turki Ibn Faisal wiederum hatte den pakistanischen Geheimdienst »Interservices Intelligence« (ISI) für die »Taliban« aufgeschlossen gemacht.

Osama Bin Laden sah es als notwendig an, außerhalb der Organisation des Mullah Mohammed Omar die Gruppierung »Al Qaida« aufzubauen. »Al Qaida« läßt sich mit dem Begriff »Militärische Basis« übersetzen.

Berichtet wurde, Osama Bin Laden habe den Chef der »Taliban« durch Familienbande fester an sich fesseln wollen; er habe dem Mullah eine seiner Töchter zur Ehe angeboten. Nach Meinung vieler Beobachter sei diese Eheschließung auch tatsächlich erfolgt. In Wahrheit hat sich Mullah Mohammed Omar gehütet, sich auf eine derartige Bindung einzulassen. Um die ihm angebotene Ehe zu verhindern, habe er sich ein anderes Mädchen als vierte Frau genommen. Damit hatte er die Höchstzahl an legalen Frauen erreicht – dem Moslem sind nur vier Frauen erlaubt.

Mullah Mohammed Omar hat sich mit seiner Vorsicht den Weg offengelassen, um sich Osama Bin Laden vom Hals schaffen zu können. Wäre Osama sein Schwiegervater geworden, wäre er ihn nach islamischer Stammestradition nie mehr losgeworden. Diese Freiheit aber wollte sich der Talibanchef erhalten. Osama war für ihn ein Faktor im Pokerspiel der Politik. Der Mullah hat diesen Faktor im Jahr 1998 angewandt.

Zwei Agenten des amerikanische Geheimdiensts waren in Kabul erschienen, um den Talibanchef zu überreden, der CIA den Organisator von »Al Qaida« auszuliefern. Der Mullah war durchaus dazu bereit, doch nicht ohne eigenen Profit. Er verlangte von den CIA-Agenten die Zusage, daß sie im Namen der USA das Regime der Taliban in Afghanistan völkerrechtlich anerkannten. Diese Anerkennung war das höchste Ziel des Mullah Mohammed Omar; um es zu erreichen hätte er Osama Bin Laden ausgeliefert. Zur völkerrechtlichen Anerkennung aber war die US-Regierung nicht bereit.

Vorausgegangen waren am 7. August 1998 die Sprengstoffanschläge auf die US-Botschaften in Nairobi und Daressalam. Acht Amerikaner waren getötet worden. Die Spurensuche der CIA führte bald zum Ziel: In der afghanischen Stadt Kandahar hatte am 24. Juni 1998 eine Konferenz stattgefunden, in der Objekte festgelegt worden waren, die im Kampf gegen »Juden und Kreuzritter« zu zerstören waren. Der Vorsitzende dieser Konferenz war Osama Bin Laden gewesen. Offensichtlich hatte er den Befehl gegeben, die Gebäude der US-Botschaften in Kenia und Tansania zu sprengen.

Am 20. August 1998 schlugen die US-Streitkräfte zurück. Mit Marschflugkörpern wurden Trainingslager in Afghanistan angegriffen, die – nach Meinung des amerikanischen Geheimdiensts – der Organisation Al Qaida unterstanden. Sie befanden sich in der Nähe der afghanischen Stadt Jalalabad. 70 dieser »cruise missiles« trafen die Ziele präzise. Die Camps wurden weitgehend zerstört. 20 der saudiarabischen Legionäre starben während der Attacke. Die Zahl der Verwundeten muß etwa 100 betragen haben.

Die Organisation Al Qaida hat zwar Kämpfer verloren, doch sie wird in ihrer Struktur nicht getroffen. Osama Bin Laden selbst hatte sich während der Raketenexplosionen nicht im Lager befunden.

Daß der Kommandeur von Al Qaida noch lebte, machte Präsident Clinton wütend. Er ließ eine Belohnung aussetzen in Höhe von 5 Millionen Dollar. Doch dieser Betrag veranlaßte niemand innerhalb der Organisation, zum Verräter am Chef zu werden.

Der wahhabitisch orientierte islamische Gläubige Osama Bin Laden, der nicht greifbar war, wurde für Bill Clinton zur Personifizierung des Bösen auf der Welt, zur Verkörperung des Teufels selbst. Er wurde von nun an als der Schuldige allen Übels angesehen. Osama trug dazu bei, daß er gefürchtet wurde. In einem Interview, das »Time Magazin« im Januar 1999 veröffentlichte, sagte der Gesuchte: »Es ist meine Pflicht als Moslem, mir chemische und nukleare Waffen zu beschaffen, um sie gegen die Vereinigten Staaten von Amerika anzuwenden. Ich würde als Moslem eine Sünde begehen, wenn ich solche Waffen nicht einsetzen würde, um die Ungläubigen daran zu hindern, den Gläubigen Schaden zuzufügen. Feindschaft gegen die USA ist unsere religiöse Pflicht. Wir hoffen, Allah wird uns dafür belohnen.«

Präsident Bill Clinton, der wegen der Praktikantin Monica Lewinsky in innenpolitische Schwierigkeiten geraten war, ergriff begierig die Gelegenheit, um die Vorstellung einer Bedrohung der USA aufzubauen, die ablenken konnte von der eigenen Bedrängnis.

Im Weißen Haus und im Pentagon wurde der Fall Osama Bin Laden behandelt, als ob er ein singuläres Phänomen wäre, losgelöst von Umwelt und Zeit. Niemand fragte, wie es geschehen konnte, daß dieser Mann seine Lebensaufgabe darin sah, den Menschen der Vereinigten Staaten und Europas zu schaden. Nicht analysiert wurde die Herkunft des Osama Bin Laden; unbeachtet blieb die Bindung an die wahhabitische Ausprägung des islamischen Glaubens. Daß seine Heimat Saudi-Arabien einen Einfluß auf Osama Bin Laden gehabt haben könnte, fiel im Weißen Haus und im Pentagon niemand ein. Es gelang dem Haus As Saud weiterhin unbehelligt zu bleiben: Das Ölkönigreich wurde verschlossen gehalten – auch vor dem amerikanischen Geheimdienst.

Wenn schon nach einer Verbindung des Osama Bin Laden gesucht wurde zu anderen Mächten und Staaten, dann wurde der Blick auf Irak gelenkt, auf Saddam Hussein. Dafür hatte Osama selbst gesorgt – mit dieser Bemerkung: »Die Amerikaner haben im Golfkrieg unschuldige Menschen im Irak getötet. Schuld ist Präsident Bush. Doch dieser unmoralische und kaum mehr zurechnungsfähige Präsident wird von der Mehrheit des amerikanischen Volkes unterstützt. Dies bedeutet, daß das amerikanische Volk Krieg führt gegen Irak und gegen uns. Was bleibt uns anderes übrig, als die Amerikaner ins Visier zu nehmen?«

Im Weißen Haus und im Pentagon wuchs die Überzeugung rasch, Osama Bin Laden und Saddam Hussein seien Verbündete. Als wahrscheinlich galt, daß die Organisation Al Qaida vom irakischen Präsidenten die chemischen und biologischen Waffen ausgehändigt bekommt, die zum Kampf gegen die USA eingesetzt werden sollten. Umsonst wies Gerald Post, ein Berater des Präsidenten

Bill Clinton darauf hin, daß Saddam Hussein nicht der Typ sei, der sich mit weltbekannten Terroristen verbündet: »Er hat noch immer den Ehrgeiz, als Staatsmann von Weltruf gelten zu wollen. Er eifert Tito nach, oder Fidel Castro!«

Saddam Hussein, der Sicherheitsrat und die Waffeninspektoren

Im August 1991, als der erste Golfkrieg abgeklungen war, stellte das State Department fest, daß die Herrschaft des Saddam Hussein ein festeres Fundament besaß, als je zuvor. Er hatte das sunnitisch orientierte Offizierskorps der Armee in der Hand; die schiitische Geistlichkeit opponierte nicht gegen das sunnitische Establishment. Die Kurden im Norden waren durch die Waffe Kampfgas dazu gebracht worden, nicht mehr zu rebellieren.

Weitreichender als zuvor war die Übertragung einflußreicher Positionen an Männer aus dem engeren Sippenkreis der Stadt Takrit gelungen. Wer Machtbefugnisse besaß, der war auf Saddam Hussein angewiesen. Keiner dachte an Putschmöglichkeiten.

Die Absicherung des Regimes nach innen, neutralisierte negative Auswirkungen verschiedener Beschlüsse des Weltsicherheitsrats.

Beschluß 688 vom 5. April 1991 verlangte von Irak die Unterlassung jeder Form von Unterdrückung der kurdischen Bevölkerung im Norden des Landes. Gefordert wurde freier Zugang für Personen internationaler Hilfsorganisationen, die den Grad der Hilfsbedürftigkeit der Kurden untersuchen sollten; wenn als nötig erachtet, sollten sofort Lebensmittellieferung in die Kurdengebiete gebracht werden.

Beschluß 689 vom 9. April 1991 betraf die Einrichtung einer »entmilitarisierten Zone« zwischen Irak und dem Emirat Kuwait. Durch beide Sicherheitsratsbeschlüsse war Iraks Souveränität über eigenes Territorium beschnitten worden.

Auf Drängen der US-Regierung verlor Irak die Hoheit über weite Teile seines Luftraums: eingerichtet wurde eine »Flugverbotszone« nördlich des 36. Breitengrads. Sie sollte zum Schutz der kurdischen Bevölkerung vor Angriffen der irakischen Luftwaffe dienen.

Eine gleiche »Flugverbotszone« existiert im Süden des Irak. Kein irakisches Flugzeug darf in den Luftraum südlich des 33. Breitengrades einfliegen. Diese Zone war geschaffen worden, um die Schiiten zu schützen. Souverän in der Luft war Irak nur noch im engen Raum zwischen 33. und dem 36. Breitengrad. Doch auch hier war der Flugverkehr eingeschränkt durch die Regeln des Embargos, deren Grundlage vom Weltsicherheitsrat schon am 6. August 1990 festgelegt worden waren. Verboten war jeglicher Handelsverkehr mit Irak. Nichts mehr sollte eingeführt werden dürfen. Untersagt war zunächst auch die Ausfuhr von Öl. Die Absicht des Embargos war die völlige ökonomische Isolation der irakischen Wirtschaft. Das definitive Ziel war, Saddam Hussein in die Knie zu zwingen – und Umsturzversuche gegen ihn auszulösen. Dies war der Grund, warum die Embargobestimmungen auch nach dem Abschluß des Waffenstillstands am 31. März 1991 aufrechterhalten wurden.

Irak litt vor allem unter dem völligen Ausbleiben der Einnahmen aus dem Ölgeschäft. Da die Reparatur der Kriegsschäden dringend notwendig war – es mußten vor allem die Brücken über Euphrat und Tigris wiederhergestellt werden –, ordnete Saddam Hussein die Aufstellung eines Nothaushaltsplans an. Die Staatsausgaben für das Jahr 1991 wurden von 48 Milliarden Dollar auf 43 Milliarden Dollar reduziert.

Erschwert wurde die Lage des Regimes durch die Entscheidung des Weltsicherheitsrats, eine UN Compensation Commission einzusetzen. Sie hatte ihren Sitz in Genf und sollte die Ansprüche von Regierungen, Organisationen und Privatpersonen auflisten, die sie während des Golfkriegs und in der Zeit danach Schäden durch Kriegseinwirkung erlitten hatten. Die Kommission schätzte die Summe der Schadensersatzforderungen auf 100 Milliarden Dollar. Nicht enthalten in diesem Betrag waren die Milliardensummen, auf die Kuwait Anspruch erhob. Der Staat Irak war völlig bankrott.

In der ersten Hälfte des Jahres 1991 wurden die Folgen deutlich spürbar: Die Inflationsrate stieg. Preise für Lebensmittel schwollen an; die Landeswährung brach zusammen; die Zahl der Arbeitslosen verdoppelte sich in kurzer Zeit. Sechs Monate später konnten sich, nach offizieller Schätzung, ein Drittel der Bevölkerung keine wirklich sattmachende tägliche Mahlzeit mehr leisten.

Die irakische Regierung klagte noch im Jahr 1993 die USA an, das von ihnen geforderte Embargo sei bisher schuld am Tod von 234 000 Menschen; 83 000 davon seien Kinder unter fünf Jahren gewesen.

Alle Bitten der irakischen Regierung um Aufhebung des Importverbots für Güter des täglichen Bedarfs wurden durch Einspruch der USA blockiert – mit dem Hinweis, Saddam Hussein sei nicht in der Lage zu beweisen, daß sein Land keine Massenvernichtungsmittel besitze. Die irakischen Behörden behinderten die Arbeit von Waffeninspektoren.

Grundlage des Einsatzes von Fachleuten auf dem Gebiet moderner Waffentechnik auf irakischem Gebiet ist der Sicherheitsratsbeschluß 687 aus dem Frühjahr 1991. Er schreibt vor, daß der Irak sämtliche Programme zur Herstellung chemischer, biologischer und nuklearer Waffen ausnahmslos offenlegt. Vorzuweisen waren auch alle Unterlagen über Besitz und Produktion von Raketen. Unter internationaler Kontrolle war die Vernichtung aller Waffen vorgesehen, die in der Lage waren, Menschenleben in großem Maßstabe auszulöschen.

Die irakische Regierung hatte die Hoffnung, daß ihre positive Reaktion auf Sicherheitsratsbeschluß 687 eine Lockerung der Embargobestimmungen zur Folge haben würde, doch nichts dergleichen geschah. Aufgelockert wurden auch nicht die Restriktionen für Ölexporte. Die UN-Kommission, die Vorschläge auszuarbeiten hatte für eine eventuelle Revision der Restriktionen, schlug im Oktober 1992 vor, dem Irak eine bestimmte Ausfuhrquote für Öl zu gestatten. Die USA waren damit nicht einverstanden. Im November 1992 erläuterte eine irakische Delegation den Mitgliedern des Weltsicherheitsrats die wirtschaftliche und humanitäre Situation ihres Landes. Die Delegierten fanden kein Gehör. Verlangt wurde, der Irak möge die Forderungen des Sicherheitsratsbeschlusses 687 erfüllen.

Bisher befanden sich allerdings nur wenige Waffeninspektoren im Irak. Der Grund: Saddam Hussein hatte Ende 1992 ein Verbot für UN-Flüge über irakischem Territorium erlassen. Der Weltsicherheitsrat sah in diesem Verbot eine Schikane. Erst Anfang Januar 1993 erhielten die Flugzeuge der Vereinten Nationen die Erlaubnis, den Flughafen Baghdad anzusteuern.

52 Spezialisten entstiegen den Maschinen. Sie waren geschult, chemische, biologische und nukleare Massenvernichtungswaffen

zu entdecken und zu klassifizieren. Kaum waren die Inspektoren angekommen, fanden sie sich in Streit verwickelt. Sicherheitsratsbeschluß 715 ermächtigte sie zur Aufstellung von Prüfgeräten auf bisherigem Raketentestgelände. Die irakischen Begleiter protestierten dagegen. Die Folge war, daß die Hälfte der Inspektoren kurz entschlossen Anfang Juli 1993 wieder abreiste.

Im November 1993 erlaubte die irakische Regierung die Aufstellung der Prüfgeräte gemäß Sicherheitsratsbeschluß 715.

Die Hoffnung der Iraker auf Milderung des Embargos erfüllte sich allerdings wieder nicht. Der UN-Delegierte der USA verlangte jetzt, der Irak habe sämtliche vorhandenen Raketen zu zerlegen und zu vernichten.

Um diese Zeit wurde bekannt, daß die irakische Armee mit Kampfgas gegen Widerstandsnester der Schiiten im Sumpfland des Südens vorgegangen sei. In den weit ausgedehnten Marschen des Schatt Al Arab hatten sich seit den Erfolgen der Armee in Basra schiitische Sippen im unzugänglichen Gebiet versteckt. Sie hatten sich sicher geglaubt, bis es Pionieren der Armee gelang, weite Sumpfflächen trockenzulegen. Die Verstecke lagen auf dem Präsentierteller; die bisher Versteckten wurden durch Kampfgas getötet.

Diese Aktion gegen die Schiiten hatte deutlich gemacht, daß Irak noch immer über die Gase Sarin und Tabun verfügte – und daß Saddam Hussein nicht zögerte, diese Gase einzusetzen.

Der Gaseinsatz, der ungefähr tausend Menschenleben gefordert hatte, blieb eine Episode im Streit um UN-Resolutionen und Waffeninspektoren. Der Sicherheitsrat war gespalten: Rußland und Frankreich waren der Ansicht, das irakische Volk habe es verdient, daß das Embargo aufgehoben werde. Nach Angaben der irakischen Regierung hatte sich die Zahl der an Unterernährung Gestorbenen während der vergangenen eineinhalb Jahre verdoppelt; besonders die Kinder seien Opfer des Lebensmittelmangels. Das Mitleid der russischen und der französischen Regierung mit dem irakischen Volk rührte die Delegierten der USA nicht.

Am 10. November 1994 erfüllte Saddam Hussein eine entscheidende Forderung des Sicherheitsrats: Er erkannte Kuwaits Existenz als selbständige staatliche Einheit an – innerhalb der Grenzen, die von Gremien der Vereinten Nationen im Mai 1993 festgelegt worden waren. Damit hatte Saddam Hussein darauf verzichtet, das

Emirat Kuwait als 19. Provinz des Irak zu behandeln. Nur vier Tage nach dem Eingeständnis, daß das Kuwait-Abenteuer für Saddam Hussein abgeschlossen sei, verlängerte der Sicherheitsrat die Dauer der Wirtschaftssanktionen um ein weiteres Vierteljahr. Die USA hatten sich gegen Rußland, China und Frankreich durchgesetzt, die für eine weniger strenge Einhaltung des Embargos plädiert hatten. Der Standpunkt der US-Regierung war, Irak müsse erst sämtliche Sicherheitsratsbeschlüsse hundertprozentig erfüllen – nur dann könne mit Milde verfahren werden.

Am 20. Dezember 1994 unterrichtete der Vorsitzende der »UN Special Commission on Iraq« (UNSCOM), Rolf Ekeus, den Sicherheitsrat über die Fortschritte der Arbeit der Waffeninspektoren. Er brachte die Überzeugung zum Ausdruck, daß Saddam Hussein über keinerlei chemische, biologische oder nukleare Waffen mehr verfüge. Die Delegierten der USA und Frankreichs äußerten Zweifel am Bericht des UNSCOM-Vorsitzenden. Sein Bericht blieb ohne Wirkung.

Die Delegierten der USA und Frankreichs konnten sich bestätigt finden, als der UNSCOM-Vorsitzende im Februar 1995 zugeben mußte, daß die irakische Seite keine Auskunft darüber zu geben bereit sei, was mit einer beachtlichen Menge von Material geschehen sei, das zur Herstellung von biologischen Waffen gebraucht werde. Dieses Material sei 1988 beschafft worden. Im Juli 1995 gaben die irakischen Gesprächspartner gegenüber Vertretern der UNSCOM zu, daß derartiges Material verwendet worden sei – hauptsächlich jedoch zu Forschungszwecken.

Der Sicherheitsrat reagierte sofort durch Verlängerung des Embargos für ein weiteres Vierteljahr.

Wütend antwortete der irakische Außenminister Mohammed Said As Sahhaf: Er verlangte, UNSCOM habe bis Mitte August seinen definitiven Bericht vorzulegen und dann seine Arbeit in Irak zu beenden. Die irakische Regierung sei nicht länger bereit, mit UNSCOM zusammenzuarbeiten.

Nur zwei Wochen später nahm Saddam Hussein einen Kurswechsel vor: Er ließ wissen, das irakische Armeeoberkommando sei bereit, weitere Informationen über Produktionsprogramme für biologische, chemische und nukleare Waffen an den Vorsitzenden von UNSCOM zu übergeben.

Die Ursache für den Kurswechsel: Saddam Hussein war Anfang August 1995 in eine schwierige Lage geraten – seine Schwiegersöhne samt ihren Frauen waren geflohen und hatten wichtige Unterlagen mitgenommen

Verräter in Saddams Familie

Ohne Ankündigung waren sie in der jordanischen Hauptstadt Amman angekommen: der Generalleutnant Hussein Kamal Al Majid und sein Bruder, der Oberst Saddam Kamal Al Majid. Der Generalleutnant war höchster Geheimnisträger des Irak. Er war Industrieminister und zuständig für sämtliche militärische Produktionsprojekte. Hussein Kamal Al Majid konnte Auskunft geben über alle Vorhaben der Herstellung von biologischen, chemischen und nuklearen Waffen. Sein Bruder, der Oberst, war der Kommandeur der Nationalgarde und damit zuständig für die Sicherheit des Präsidenten. Sein Wissen war weniger bedeutend.

Die beiden Offiziere waren mit Saddams Töchtern verheiratet, gehörten also zum engsten Kreis der Familie. Niemand weiß bis heute genau, warum Töchter und Schwiegersöhne diesen Kreis verlassen haben. Die beiden Offiziere gaben an, sie hätten unter der Brutalität der Brüder ihrer Frauen, der Präsidentensöhne Udai und Qusai, gelitten. Diesen beiden Brüdern sei es gelungen, sich ein eigenes diktatorisches Regime aufzubauen. Oberst Saddam Kamal Al Majid begründete seinen Asylantrag mit der Erklärung, er und sein Bruder hätten ständig unter der Angst gelitten, von Udai und Qusai, den Brüdern ihrer Frauen, umgebracht zu werden. So recht geglaubt wurde dem Obersten diese Begründung nicht. Das Argument der Zweifler: Die Präsidententöchter hätten ihren Ehemännern immer Schutz bieten können.

Offenbar war die Flucht gründlich vorbereitet gewesen. Die zur Flucht Entschlossenen hatten sich Bargeld beschafft: Jedes Paar brachte fünf Millionen Dollar in bar mit; sie eröffneten damit zwei Konten bei der Bank of Jordan in Amman.

Unmittelbar nach seiner Ankunft gab Hussein Kamal Al Majid, der Industrieminister, der zuständig gewesen war für sämtliche militärischen Produktionsprojekte, mit Genehmigung des Königs Hussein eine Pressekonferenz in der jordanischen Hauptstadt. Er klagte seinen Schwiegervater an, er sei ein menschenverachtender Diktator. Der Generalleutnant forderte das Volk von Irak auf, Saddam Hussein zu stürzen und zu töten. Auch Udai und Qusai – sie waren die Brüder seiner Frau – müßten erschossen werden. Der Generalleutnant verlangte von der Armee des Irak, sie möge sich gegen den Diktator erheben.

König Hussein unterstützte zu diesem Zeitpunkt die beiden Offiziere, denn sie hatten ihm Hoffnung gemacht, die Haschemitendynastie könne in den Irak zurückkehren. Unvergessen sei beim irakischen Volk, daß die Haschemiten bis zum Jahr 1958 in Baghdad regiert hätten. Das Volk würde die erneute Thronbesteigung durch einen haschemitischen König begrüßen. König Hussein dachte ernsthaft darüber nach, seinen Bruder, den Kronprinzen Hassan, als Monarchen nach Baghdad zu entsenden – nach dem Sturz des Saddam Hussein.

Auf Wunsch der US-Regierung vermittelte der jordanische Monarch ein Gespräch des irakischen Exministers, der zuständig war für Planung und Produktion von biologischen, chemischen und Nuklearwaffen, mit Rolf Ekeus, dem Chef der »UN Special Commission for Iraq« (UNSCOM). Diese Kommission war von den Vereinten Nationen eingesetzt worden, um die geheimen Waffen des Saddam Hussein aufzuspüren. Hussein Kamal Al Majid hatte bisher seine Aufgabe darin gesehen, die Arbeit der Waffeninspektoren von UNSCOM zu verhindern oder zumindest zu erschweren. Nun aber war er bereit, mit Rolf Ekeus zu reden – und er gab schließlich alle Geheimnisse der irakischen Waffenindustrie preis. Der Chef der UNSCOM erfuhr, in welche weit von Baghdad entfernten Bergtäler die irakische Nuklearproduktion ausgelagert worden war und welchen Stand die Raketentechnik erreicht hatte. Hussein Kamal Al Majid glaubte den Versprechungen des Rolf Ekeus, er, sein Bruder und die Ehefrauen dürften bald reich belohnt, in die USA ausreisen. Sobald Rolf Ekeus alles erfahren hatte, was der irakische Exminister preiszugeben hatte, verlor er sein Interesse an diesem Asylbewerber. Auch der US-Geheimdienst war nicht länger bereit, den beiden Offizieren zu versichern, für ihren Schutz werde gesorgt.

Genau zu diesem Zeitpunkt, als Unsicherheit sich in den Gedanken des Generalleutnants und des Obersten breitzumachen begann, erhielten sie Nachricht von Tariq Aziz, dem stellvertretenden Ministerpräsidenten des Irak, mit Andeutungen, die Präsidentensöhne Udai und Qusai seien – sehr zur Erleichterung des Präsidenten Saddam Hussein, entmachtet worden; sie bildeten folglich keine Gefahr mehr für die Geflohenen. Ihrer Rückkehr stünde nichts mehr im Wege.

König Hussein von Jordanien ließ ihnen vertraulich mitteilen, Staatspräsident Saddam Hussein habe Udai und Qusai vor allem deshalb in Ungnade fallenlassen, weil ihm hinterbracht worden sei, die Brüder hätten ihn gemeinsam erschießen wollen.

Noch dachten die Asylsuchenden nicht an Rückkehr nach Baghdad, trotz der Zusage, sie würden dort wieder in Gnaden aufgenommen werden. Da wurde ihnen plötzlich in Amman mitgeteilt, eine Weiterreise in die USA sei unmöglich, da ihre Dienstpässe vom Baghdader Außenministerium für ungültig erklärt worden seien. Ohne gültige Pässe aber sei auch weiterer Aufenthalt in Amman unmöglich. Die irakische diplomatische Vertretung in Amman sei bereit, neue Pässe auszustellen – aber nur für die Rückreise nach Baghdad.

Die beiden Schwiegersöhne des Saddam Hussein saßen in der Falle. Im Vertrauen auf das gute Zureden ihrer Frauen entschlossen sie sich zur Heimreise. Die zehn Millionen Dollar ließen sie auf den zwei Konten bei der Bank of Jordan in Amman zurück.

In einer Februarnacht verließen zwei Kraftfahrzeuge die jordanische Hauptstadt in Richtung irakische Grenze. Dort wurden der Generalleutnant und der Oberst bereits erwartet – von den Präsidentensöhnen Udai und Qusai. Zur Überraschung der Rückkehrer verkündete Udai, ihre Ehen seien rechtsgültig geschieden worden – auf Anweisung des Vorsitzenden des »Revolutionären Kommandorats«. – Dann fielen Schüsse. Sie töteten die Offiziere.

Schon wenige Tage später waren die Töchter des Saddam Hussein erneut verheiratet – auf Wunsch ihres Vaters.

Rana, die Exfrau des Obersten Saddam Kamal Al Majid erschien im Juni 1968 beim Direktor der Bank of Jordan und forderte die Herausgabe des Geldes, das von ihrem Exmann deponiert worden war. Sie konnte einen Erbschein vorweisen. Die fünf Millionen Dollar wurden ihr ausgehändigt.

99,96 Prozent stimmen für Saddam Hussein

Am 15. Oktober 1995 fand in Irak eine Volksabstimmung statt, die darüber entscheiden sollte, ob der Vorsitzende des »Revolutionären Kommandorates« automatisch Posten und Funktion des Staatspräsidenten übertragen bekommt. Die Abstimmungsberechtigten wurden mit Propaganda überhäuft. Nach der Affäre der Flucht der Schwiegersöhne, die nicht verborgen geblieben war, hatte Saddam Hussein um Vertrauen bei den Irakern geworben. Er hatte sich gezwungen gesehen, sich seinem Volk, mehr als bisher üblich, zu öffnen. Von den rund 20 Millionen Bewohnern des Zweistromlandes waren 8,4 Millionen berechtigt zur Stimmabgabe. 99,4 Prozent dieser Männer und Frauen gaben tatsächlich ihre Stimme ab. Endergebnis der Volksabstimmung, Saddam Hussein erhielt mit 99,96 Prozent der abgegebenen Stimmen den Auftrag, Staatspräsident des Irak zu werden.

Dieses für Saddam Hussein exzellente Resultat stieß auf Skepsis im westlichen Ausland; im Irak selbst wurde nur unter der Hand darüber gesprochen, daß das Wahlergebnis gefälscht worden sei. Zu bemerken war allerdings nach den Wahlen eine starke Unruhe innerhalb des irakischen Offizierskorps. Sie verstärkte sich im Februar 1996 nach der Hinrichtung der beiden Schwiegersöhne. Der Zorn der Offiziere richtete sich gegen den Präsidentensohn Udai. Der stellvertretende Ministerpräsident Tariq Aziz versuchte Udai aus der Schußlinie möglicher Attentäter zu bringe: Tariq Aziz verkündete öffentlich, Udai übe im irakischen Staat keinerlei Funktion aus, doch diese Feststellung beruhigte die Zornigen im Offizierskorps nicht. Im Dezember 1996 schossen hohe Offiziere auf Udai, er erlitt schwere Verletzungen im Bereich der Hüfte, doch er überlebte. Einige Monate lang war Udai ans Bett gefesselt. Während dieser Zeit verhielt er sich still – seinem Vater war dies offenbar recht. Die Zufriedenheit des Präsidenten wurde bemerkt. Sie nährte die Gerüchte, Saddam Hussein sei beteiligt gewesen an der Planung des Attentats. In Baghdad bleibt unvergessen, daß Herrscher an Euphrat und Tigris ihre Söhne zu beseitigen pflegten, wenn sie zu viel eigenen Ehrgeiz entwickelten. Seit dem Kalifen Harun al Rashid hatten sich die Untertanen in Baghdad daran gewöhnt.

Die Unruhe unter den hohen Offizieren war nicht einzudämmen, auch nicht durch Exekutionen. Der Argwohn des Präsidenten wuchs. Er bezog auch Kommandeure der Elitetruppe, der Republikanischen Garde, ein. Mehr als hundert ihrer Offiziere gerieten in Verdacht, den Staatspräsidenten ermorden zu wollen – sie wurden »standrechtlich« erschossen. Um einem ähnlichen Schicksal zu entgehen, floh Generalleutnant Nizzar Kharaji, der Generalstabschef der irakischen Armee, nach Amman.

In Juni 1997 hatte Generalmajor Izzad Dulaimi eine Auseinandersetzung mit Saddam Hussein: Der Luftwaffenoffizier beharrte darauf, daß der Präsidentensohn Qusai nicht geeignet sei, in höhere militärische Ränge aufzusteigen. Schon am nächsten Morgen verschwand der Generalleutnant, der dem wichtigen irakischen Stamm der Dulaimi angehörte. Dieser sunnitische Stamm lebt im Westen des Irak, im Bereich der Straße nach Jordanien. Die Dulaimi gehören zu den Stützen des Saddamregimes.

Generalleutnant Izzad Dulaimi wurde erst ein halbes Jahr später gefunden – als verstümmelte Leiche; unter anderem war ihm sein Penis abgeschnitten und in den Mund gesteckt worden. Der gesamte Stamm der Dulaimi fühlte sich dadurch beleidigt.

Der Zorn des Stammes richtete sich gegen Qusai. Ihm wurde der Tod angedroht. Der Zwist zwischen dem sunnitischen Stamm Dulaimi und dem sunnitischen Clan um Saddam Hussein aus Takrit schien unüberbrückbar. Diese Blutrache bedrohte die Existenz des Regimes: Die beiden Volksgruppen hätten sich zerfleischt. Es war schließlich der Erfolg des US-Geheimdiensts, daß der sunnitische Bruderkrieg unterblieb. Daraus war zu erkennen, daß auch Präsident Bill Clinton daran interessiert war, den Clan des Saddam Hussein an der Macht zu halten.

Der Staatspräsident griff zu harten Mitteln, um künftig Desertionen zu verhindern. Als Generalmajor Wafiq As Samarrai, der Chef des militärischen Geheimdiensts, nach London floh und das Asylrecht in England erhielt, wurden mehr als zehn seiner Verwandten hingerichtet. Erzählt wird, für die Durchführung der Hinrichtungen sei der Präsidentensohn Qusai verantwortlich gewesen.

Saddam Husseins Spiel mit dem Feuer

Anfang April 1997 gab der Vorsitzende des »Revolutionären Kommandorats« der staatlichen irakischen Luftlinie die Anweisung, die »südliche Flugverbotszone« zu mißachten. Sein Auftrag: Irakische Pilger waren nach Dschedda zu fliegen, damit sie von dort aus das Heiligtum in Mekka erreichen konnten. Zum Abschluß des Pilgermonats flogen irakische Hubschrauber – wiederum auf höchsten Befehl – durch die südliche »Flugverbotszone« zur saudiarabischen Grenze, um dort Mekkapilger abzuholen. Als dieser Transportauftrag erledigt war, protestierten der US-Präsident Bill Clinton und der US-Verteidigungsminister William Cohen gegen diese »Mißachtung internationaler Restriktionen« durch die irakische Regierung. Gegenmaßnahmen wurden nicht angedroht.

Am 18. April 1997 beschwerte sich UNSCOM in einem Bericht an den Weltsicherheitsrat darüber, daß die irakische Regierung sich überaus zurückhaltend verhalte in der Übergabe von Dokumenten über seine biologische, chemische und nukleare Waffenproduktion. Rolf Ekeus war in der Lage, die vorgelegten Dokumente mit den Protokollen der Aussage des desertierten Industrieministers in Amman zu vergleichen. Ekeus stellte fest, daß er in Amman mehr erfahren hat, als die Dokumente aussagten. Tariq Aziz wies die Vorwürfe des Sicherheitsrats, der Irak verberge seine derzeitige Rüstung, empört zurück.

Im Mai 1997 beschuldigte Präsident Clinton in einer Rede vor dem US-Kongreß Saddam Hussein, dessen Verhalten stelle eine Gefahr dar für sein Volk und für Frieden und Stabilität des Nahen und Mittleren Ostens. Er drohte dem Irak militärische Schläge an, die sich schmerzhaft auswirken würden. Doch unterblieben handfeste Maßnahmen der USA. Der Vorsitzende des »Revolutionären Kommandorats« triumphierte: Seine Herausforderungen blieben ungestraft.

Saddam Hussein hatte in Kofi Annan, dem Generalsekretär der Vereinten Nationen, einen milden Beurteilter gefunden. Es war Kofi Annan, der im Januar 1998 den Antrag stellte, dem Irak seinen Ölexporte in dem Maße zu gestatten, daß der Verkaufsgewinn ausreichte, um genügend Lebensmittel auf dem internationalen Markt für die Bevölkerung einkaufen zu können. Der UN-Generalsekretär setzte durch, daß im Februar 1998 der Sicherheitsrat den Beschluß 1153 verabschiedete, der ausreichende Mittel durch das Programm »Oil for food« garantierte.

Der Sicherheitsratsbeschluß 1175 gab dem Irak die Erlaubnis, Ersatzteile für die Reparatur der zerstörten oder veralteten Ölförderanlagen im Wert von 300 Millionen Dollar zu kaufen, um eine Steigerung der Ölproduktion erreichen zu können.

Im Juli 1997 war Rolf Ekeus als Chef von UNSCOM zurückgetreten. Er hatte seinen Posten entnervt verlassen. Seine Klage: Irakische Beamte und Militärs hätten systematisch Untersuchungen von Waffenlagern und Produktionsstätten unterbunden; die UNSCOM-Teams waren in ihrer Bewegungsfreiheit eingeschränkt; bestimmte Gebäude blieben ihnen verschlossen.

Nachfolger von Rolf Ekeus wurde der australische Diplomat Richard Butler. Er machte dieselben Erfahrungen wie der Vorgänger: seine Mitarbeiter wurden behindert und belästigt.

Der »Revolutionäre Kommandorat« griff Richard Butler verbal an. Er verlautbarte, das Personal der Waffeninspektoren im Rahmen der UNSCOM bestünde in hohem Maße aus US-Bürgern. Sie seien voreingenommen gegen Irak. Sie seien Spione. Der »Revolutionäre Kommandorat« verlangte die Abreise der amerikanischen Inspektoren.

Der Sicherheitsrat beschloß einstimmig vom Irak die Zurücknahme der Ausweisung der Amerikaner zu verlangen. Im Weigerungsfalle wurden harte Sanktionen angedroht. Saddam Hussein aber ließ sich nicht einschüchtern. Am 13. November 1997 wurden die US-Waffenspezialisten ausgewiesen.

Die USA und Großbritannien mobilisierten jetzt ihre Streitkräfte. Kampfflugzeuge wurden nach Kuwait und Bahrain verlegt. Saddam Hussein reagierte sofort: Am 21. November bestimmte er, daß die amerikanischen Inspektoren wieder einreisen durften.

Kaum waren sie eingetroffen, erfuhr UNSCOM, daß den Inspektoren der Zugang zu den Palastanlagen des Staatspräsidenten verschlossen bleiben soll. Da der Verdacht bestand, daß in den weitläufig gebauten Palästen Anlagen für »Massenvernichtungswaffen« verborgen waren, war der Verzicht auf Inspektion der Paläste einem Scheitern der gesamten Aktion gleichzusetzen. US-Präsident Bill Clinton entschloß sich, den Druck auf Saddam Hussein zu verstärken.

Er entsandte Madeleine Albright in den Nahen Osten um zu erkunden, welche der arabischen Regierungen bereit war, einen amerikanischen Militärschlag gegen Irak zu unterstützen. Nach zehn Tagen berichtete die amerikanische Außenministerin, Ägypten, Jordanien, Kuwait, Bahrain und Saudi-Arabien hätten Hilfestellung zugesagt. Es stellte sich dann bei nachfolgenden Kontakten mit den entsprechenden Staaten heraus, daß allein Kuwait einen harten Kurs der USA gegen Irak befürwortete – wenn diplomatische Schritte zuvor fehlschlagen würden. Saudi-Arabien und Bahrain weigerten sich ausdrücklich, ihren Luftraum und ihre Landepisten für US-Militärflugzeuge zur Verfügung zu stellen.

Mitte Februar 1998 zeigte sich der US-Präsident entschlossen, das Nachgeben der Iraker durch einen Militärschlag zu erzwingen. Da gelang es Kofi Annan, einen Kompromiß zu erreichen. Er sah vor, daß eine Gruppe von Diplomaten, die vom UN-Generalsekretär ausgewählt werden, zusammen mit Offiziellen der Internationalen Atomenergiebehörde und Spezialisten von UNSCOM den ungehinderten Zugang zu acht Präsidentenpalästen erhalten sollten. Versprochen wurde von Kofi Annan, daß die nationale Sicherheit, die Souveränität und die Würde des Irak zu respektieren seien. Versprochen wurde in einem Memorandum, daß darauf hingewirkt werde, die Sanktionen im Interesse des irakischen Volkes aufzuheben.

Kofi Annan glaubte, einen Erfolg erzielt zu haben durch »diplomacy backed by force« – Diplomatie, die durch Kraft und Entschlossenheit unterstützt wurde. Saddam Hussein hingegen sah sich als Gewinner, weil es gelungen war, den Generalsekretär der Vereinten Nationen in den Konflikt mit den USA einzubeziehen. Er glaubte, Kofi Annan sei künftig auf seiner Seite im Bemühen, die Sanktionen abzuschaffen und Irak wieder in die Gemeinschaft der souveränen Staaten zurückzuführen Daß er Konzessionen zu machen hatte, störte ihn nicht weiter, denn er ahnte schon die Schwierigkeiten der Bildung der neuen speziellen UNSCOM-Gruppe: Die personelle Zusammensetzung mußte zum Streitpunkt werden.

Doch Saddam Hussein täuschte sich zunächst. Am 5. März 1998 reiste ein UNSCOM-Team in den Irak ein. Nach einem Treffen mit Tariq Aziz nahmen Diplomaten und Waffenspezialisten die Arbeit auf: Ihnen wurden tatsächlich Präsidentenpaläste gezeigt. Schon am 23. März glaubte Chefinspektor Richard Butler berichten zu können, die Inspektionstour sei erfolgreich abgeschlossen. Die Gebäudekomplexe, die besichtigt worden seien, hätten den Eindruck gemacht, völlig leer zu sein. Der Auftrag sei damit erfolgreich erfüllt.

Butlers Stellvertreter war völlig anderer Ansicht. Ihm sei von den irakischen Begleitern mitgeteilt worden, daß gewisse Palastbereiche zur Privatsphäre des Präsidenten zählten, die nicht betreten werden dürften. Dazuhin sei das Inspektorenteam häufig sehr rasch aus den Gebäuden komplimentiert worden. Daraufhin gab Richard Butler zu, daß die Beseitigung der irakischen Vorräte an biologischen und chemischen Waffen keineswegs abgeschlossen sei. Die Iraker führten »disarmament by declaration« durch – sie würden nur erklären, sie seien jetzt abgerüstet; in Wahrheit geschehe jedoch nichts.

Im Juni 1968 berichtete Richard Butler dem Weltsicherheitsrat, Spuren einer tödlich wirkenden Chemikalie seien gefunden worden. Sie hätten sich in Sprengköpfen von Raketen aufspüren lassen. Irak protestierte sofort gegen diesen Bericht mit dem Argument, die Untersuchung sei in Labors der Vereinigten Staaten von Amerika durchgeführt worden – das Resultat sei eine Fälschung – nie habe Irak eine derartige Chemikalie auch nur besessen, geschweige denn verwendet. Es müsse ein Labor in einem neutralen Land für einen solchen Test gewonnen werden. In der Tat wurden die Raketenteile daraufhin in der Schweiz untersucht. Diesmal kamen die Chemiker zu keinem eindeutigen Ergebnis. Ihr Urteil: Es könnte sein, daß sich die tödliche Chemikalie in der Rakentenwaffe befunden habe – es könnte jedoch auch sein, daß die Rakete nicht damit in Berührung gekommen ist. Saddam Hussein fühlte sich in seinem Verdacht bestätigt, das erste Untersuchungsergebnis sei im amerikanischen Labor gefälscht worden.

Tariq Aziz gab sich empört. Er forderte die sofortige Einstellung aller Inspektionen durch UNSCOM. Die Inspektorengruppe bestehe auch weiterhin hauptsächlich aus Amerikanern und Briten. Die USA und England seien dafür bekannt, daß sie gegenüber Irak feindschaftlich gesinnt seien. Das Ziel der Regierungen in Washington und London sei es, die Aufhebung der Sanktionen gegen Irak so lange als möglich hinauszuzögern. Tariq Aziz verlangte von Richard Butler die alsbaldige Erklärung, es sei eindeutig festgestellt worden, daß der Irak keine Massenvernichtungswaffen besitze.

Am 5. August 1998 erklärte Saddam Hussein, die Mission der Waffeninspektoren sei abgelaufen. Am 14. September verkündete die irakische Regierung, sie unterbreche hiermit jeden Kontakt zu UNSCOM; kein Mitglied der Kommission dürfe sich noch länger im Irak aufhalten. Dieser Standpunkt gelte bis zur Aufhebung der Sanktionen gegen Irak durch den Weltsicherheitsrat.

Die Reaktion der US-Regierung: Sie bereitete, zusammen mit den Verantwortlichen in London, Luftangriffe gegen irakische Ziele vor. Sie machten beide kein Geheimnis daraus, daß sie zum Militärschlag entschlossen waren.

Rechtzeitig vor der Erteilung des definitiven Angriffsbefehls teilte Saddam Hussein dem Weltsicherheitsrat mit, dem UNSCOM-Team werde die Einreisegenehmigung auf der Stelle erteilt. Die USA und Großbritannien brachen die Vorbereitung der Luftangriffe ab. Sie ließen Tariq Aziz allerdings wissen, daß sie bei der geringsten Verzögerung der Arbeit der UNSCOM die Angriffe ausführen würden.

Das Signal zum Putsch verpufft: die »Operation Wüstenfuchs«

State Department und Pentagon waren der Überzeugung, beim ersten massiven Luftschlag gegen die Elitetruppen des Saddam Hussein, gegen die Kasernen der Republikanischen Garde, würde eine Welle der Rebellion losgelöst werden, würde das Gewaltregime der Baathpartei zusammenbrechen. Für diesen Luftschlag war alles vorbereitet – es fehlte nur der Anlaß.

Im Dezember 1998 hatte Richard Butler, der Chef von UNSCOM Grund zur Beschwerde: Wieder war den Inspektoren der Zugang zu Präsidentenpalästen verweigert worden mit der Begründung, es sei doch abgemacht, daß die Privatsphäre des irakischen Staatsoberhaupts gewahrt bleibe. Butler war am 16. Dezember eben dabei, dem Weltsicherheitsrat die Beschwerde zu erläutern, als die geplante Serie der Luftangriffe gegen Irak losbrach.

Es war Nacht über dem Land an Euphrat und Tigris, als das Dröhnen schwerer Bomber zu hören war. Langstreckenflugzeuge, die Stunden zuvor auf der Insel Diego Garcia im Indischen Ozean gestartet waren, steuerten Ziele bei Baghdad an. Cruise Missiles, Marschflugkörper, schlugen ein in Luftwaffenbasen und Kommandozentralen. Wie vorgesehen wurden die Kasernen der Republikanischen Garde getroffen. Schon während der ersten Nacht der »Operation Wüstenfuchs« war das Kommunikationssystem des Machtapparats angeschlagen.

Wären die Offiziere der Republikanischen Garde und der Panzertruppe zum Putsch entschlossen gewesen, hätten sie während der nächsten Nacht eine Chance gehabt. Wieder dröhnten die schweren Bomber am Himmel und wieder wurden Kasernen getroffen. Funkverbindungen zwischen Garnisonen wurden unterbrochen. Befehle aus dem Präsidentenbunker in Baghdad erreichten ihre Adressaten nicht. Doch keiner der nun auf sich selbst gestellten Kommandeure ergriff im Durcheinander die Initiative. Sie rührten sich auch nicht in der nächsten und übernächsten Nacht.

Nach offiziellen Angaben der US-Luftwaffe wurden während der vier Angriffsnächte vor allem Anlagen zur Herstellung von Raketen zerstört. Mit Absicht sei es unterlassen worden, die Produktionsstätten von biologischen und chemischen Massenvernichtungswaffen zu treffen – aus Sorge um die zivile Bevölkerung des Irak. Die irakische Regierung aber gab bekannt, es seien vor allen Dingen Menschen getötet worden – Zivilisten, die nichts mit Militär und Waffen zu tun hatten.

Die vier Angriffsnächte hatten den Putsch der Offiziere nicht ausgelöst. Saddam Hussein aber ergriff die Gelegenheit, die arabischen Völker zur Rebellion aufzurufen, deren Regierungen an der Seite der USA stünden: »Stürzt die verräterischen Monarchen und Präsidenten, die Arabien an die USA ausliefern.«

Die »Operation Wüstenfuchs« brachte den USA keinen militärischen oder politischen Erfolg ein. Im Gegenteil: Nicht nur Saddam Hussein beklagte die Härte der Angriffe, sondern auch die Regierungen in Peking und Moskau. Rußland rief aus Protest gegen den Luftschlag seinen Botschafter aus Washington ab.

Auch innerhalb der Gremien der Vereinten Nationen gab es Ärger – weniger gegen die USA als gegen Richard Butler. Ihm wurde vorgeworfen, er habe in seiner Darstellung der Reibereien mit den irakischen Partnern übertrieben: Kleine Schwierigkeiten habe er zu Problemen aufgeblasen. Butler habe völlig vergessen, die zahllosen Inspektionstouren zu erwähnen, die in guter Zusammenarbeit mit irakischen Behörden erfolgt seien. Der UNSCOM-Chef bekam zu hören, er habe durch seinen Bericht den Luftschlag der USA gegen irakische Einrichtungen ausgelöst – er trage die Schuld an den Zerstörungen.

Als skandalös betrachteten die Delegierten Frankreichs und der Sowjetunion die Tatsache, daß Richard Butler seinen Bericht nicht – wie es korrekt gewesen wäre – dem Weltsicherheitsrat vorgelegt hatte, sondern dem National Security Council der USA. Dieser aber ist ein Organ der US-Regierung. Durch den National Security Council war Präsident Bill Clinton über den Inhalt des Butler-Berichts informiert worden. Der Verdacht wurde sofort geäußert, der Präsident selbst habe den Ton des Berichts verschärft, weil er unbedingt erreichen wollte, daß der Luftschlag erfolge. Clinton brauchte zu diesem Zeitpunkt ein spektakuläres Ereignis, um seine persönliche Situation übertünchen zu können. Er war in die Affäre Monica Lewinsky verstrickt und mußte befürchten, daß ihn ein Amtsenthebungsverfahren aus dem Weißen Haus vertrieb.

Als die vier Angriffsnächte der »Operation Wüstenfuchs« zu Ende waren, verkündete das Pentagon, daß das Waffenentwicklungsprogramm der Iraker auf chemischem und biologischem Gebiet um ein Jahr zurückgeworfen sei. Die Verantwortlichen beglückwünschten sich zu diesem Erfolg. Doch es gab auch Skeptiker im US State Department of Defence, die während der Auswertung der Zielfotos bemerkten, daß meist leerstehende Gebäudekomplexe getroffen worden sind. Das für die Waffenproduktion nötige Gerät war offenbar rechtzeitig in entfernte Gebirgsgegenden ausgelagert worden.

Festgestellt wurde auch, daß die Cruise Missiles, die Marschflugkörper, nicht immer das Objekt trafen, das als Ziel vorgesehen war. Die Ursache für das Versagen: Die Cruise Missiles folgen einem programmierten Flugweg; sie orientieren sich dabei am Boden, an landschaftlichen Strukturen, an Gebäuden. Stimmt die Realität am Boden nicht mit dem Computerprogramm überein, verirrt sich der Marschflugkörper – er ist nicht mehr auf den richtigen Weg zurückzubringen.

Am 19. Dezember 1998 zog Präsident Clinton Bilanz der »Operation Wüstenfuchs«. Er hielt den Luftschlag für gelungen: Das Regime des Saddam Hussein sei geschwächt. Der Präsident hörte nicht auf seine Ratgeber, die ausdrücklich gewarnt hatten, die Angriffe hätten die USA blamiert und das Prestige des irakischen Staatschefs gestärkt.

In seine Rede fügte Clinton das Versprechen ein, die USA würden dafür sorgen, daß Saddam Hussein die Möglichkeit verliere, Massenvernichtungswaffen zu produzieren. Er werde ausgelöscht werden.

Frankreich, Rußland und China hielten ein derartig leichtfertiges Versprechen für schlechte Politik.

Im Januar 1999 schlug die französische Regierung eine neue Strategie gegenüber Irak vor: Man solle endlich damit aufhören, Spuren früherer Waffenproduktion zu suchen – entscheidend sei allein, ob es gelinge, eine künftige Produktion chemischer, biologischer und nuklearer Waffen zu verhindern. Kofi Annan, der UN-Generalsekretär stimmte dieser Idee sofort zu. Die USA aber waren dagegen, weil sie auch zum Inhalt hatte, daß UNSCOM durch eine andere Organisation zur Waffeninspektion ersetzt werde. UNSCOM war zum Instrument der US-Regierung geworden. Darauf wollten die Verantwortlichen im Pentagon nicht verzichten.

Noch im Januar 1999 reagierte Saddam Hussein auf die starre, unbewegliche Haltung der Regierung Clinton. Er ordnete an, daß das irakische Parlament alle Zusagen des Irak gegenüber dem Weltsicherheitsrat zurückziehe. So wurde auch die Anerkennung der Existenz des Emirats Kuwait für ungültig erklärt. Der Irak erhob wieder Anspruch auf Kuwait. Die Ausgangslage zum neuen Konflikt war gegeben.

Während der Zeit als UNSCOM noch einstige Produktionsanlagen überwachen durfte, waren von den Spezialisten in den Hallen und Höhlen Fernsehkameras installiert worden, die jede Bewegung und jede Veränderung registrierten. Die Fernsehbilder wurden per Satellit zur Empfangsstation Bahrain gefunkt. Dort konnten Auswerter den Zustand der einstigen Produktionsanlage registrieren.

Manche dieser Kameras waren ohne Wissen des irakischen Militärs und der irakischen Sicherheitsbehörden installiert worden. Sie wurden erst nach und nach von den Irakern entdeckt. Es stellte sich heraus, daß derartige Überwachungsgeräte während der Inspektionstouren auch an Orten fixiert worden waren, die nicht als Waffenproduktionsstätten ausgewiesen waren – zum Beispiel in Palästen des Saddam Hussein. Tariq Aziz erhob sofort den Vorwurf, CIA betreibe ein Spionagenetz zu Gunsten des Pentagon. Dieser Verdacht erwies sich schließlich als richtig. Die Auswerter der Funkbilder in Bahrain gehörten durchweg dem amerikanischen Geheimdienst an. UNSCOM war in Mißkredit geraten.

Iraks Überwachung wird aus irakischen Öleinnahmen finanziert

Am 20. Mai 1996 war zwischen den Vereinten Nationen und der irakischen Regierung eine Übereinkunft geschlossen worden, die vorsah, daß der Irak pro Jahr Öl im Wert von vier Milliarden Dollar verkaufen dürfe. Die Einnahmen aus diesem Ölgeschäft sollten für den Einkauf von Lebensmitteln und Medikamenten auf dem Weltmarkt dienen – und für die Finanzierung aller Aktionen der Vereinten Nationen, die mit dem Irak in Zusammenhang stehen. Personal und Ausrüstung von UNSCOM wurden mit den irakischen Ölgeldern bezahlt. Der CIA brauchte für seine Aktivitäten an Euphrat und Tigris kein Geld auszugeben.

Die von den Ölgesellschaften bezahlten Beträge flossen nicht an das irakische Finanzministerium, sondern wurden vom Sanctions Committee in Empfang genommen, das dem Weltsicherheitsrat unterstand. Auf die Verteilung der Gelder hatte Irak von Anfang an keinen Einfluß.

Die Führung des Kontos lag bei der Banque Nationale de Paris in New York. Sie handelte im Auftrag des Sanctions Committee. Die Bank leistete erst Zahlungen, wenn das Sanctions Committee die entsprechenden Papiere abgezeichnet hatte.

Seit dem 10. Dezember 1996 funktionierte der irakische Ölexport. In aller Eile war eine bereits seit 1987 bestehende Pipeline durch die Türkei repariert worden. Sie war jedoch seit August 1990 nicht mehr in Betrieb gewesen. Diese Pipeline ist 986 Kilometer lang und führt vom irakischen Ölfeld Kirkuk zum türkischen Ölterminal Ceyhan am Mittelmeer.

Für den türkischen Staatshaushalt ist der Betrieb dieser Pipeline wichtig. Erwartet wurden Einnahmen aus den Transitgebühren in Höhe von einer Million Dollar pro Tag. Die Restriktion der zu verkaufenden Ölmenge durch den Weltsicherheitsrat verminderte jedoch den Gewinn beachtlich.

Die irakische Regierung sah in der Verwaltung der Öleinnahmen durch die französische Bank mit Sitz in New York unter Aufsicht des Weltsicherheitsrats ein völkerrechtswidriges Verfahren, das die Souveränität des Irak minderte. Da alle Proteste nichts nützten, ordnete der irakische Ölminister Anfang Juli 1997 die Sperre der Öllieferung für die Pipeline zum Mittelmeer an. Da auch diese demonstrative Aktion keine Revision der Übereinkunft vom Mai 1996 erbrachte, wurden die Öllieferungen am 14. August 1997 wieder aufgenommen.

Als im Januar 1998 der UN-Generalsekretär Kofi Annan Baghdad besuchte, wurde er gebeten, sich für die Erlaubnis zur Steigerung des Ölexports einzusetzen. Kofi Annan versprach, den Weltsicherheitsrat dazu überreden zu können. Bei dieser Gelegenheit wurde auch über den Betrag gesprochen, der eingezogen wurde für die Bezahlung der UN-Aktivität in Zusammenhang mit dem Irak. Er betrug zu diesem Zeitpunkt 1,6 Milliarden Dollar im Jahr. Diese Summe wurde nicht reduziert.

Die Bemühungen des UN-Generalsekretärs wurden wirksam im April 1999: Der Ölexport wurde gesteigert, und mit ihm die Einnahmen, die – wenn auch auf Umwegen – dem Irak zur Verfügung standen. In Aussicht gestellt wurde die völlige Freigabe der zu exportierenden Ölmenge. Eine neue UN-Kommission sollte die Voraussetzung dafür schaffen.

Der US-Standpunk bleibt: Sanktionen, solange Saddam Hussein im Irak herrscht

Der Vorschlag für diese neue UN-Kommission war von der britischen Regierung entwickelt worden. Die Bezeichnung dafür sollte lauten: »UN Commission for Investigation, Inspection and Monitoring«. Diese Kommission sollte in Zusammenarbeit mit der irakischen Regierung alle Orte und Gebäude aufsuchen dürfen, die möglicherweise Produktionsstätten für Massenvernichtungswaffen gewesen sein könnten. Der britische Vorschlag erwähnte nicht die Person des Staatspräsidenten Saddam Hussein und verlangte nicht dessen Ablösung. Die Folge war, daß der Text in Washington als ungenügend empfunden wurde. Präsident Bill Clinton hatte sich das Ziel gesetzt, die Herrschaft des Saddam Hussein zu beenden. Die Ablehnung des britischen Vorschlags wurde vor allem damit begründet, daß er eine Lockerung der Sanktionen vorsah. Clinton war der Meinung, durch diese Aussicht auf eine bessere Zukunft werde die Position des irakischen Staatschefs gestärkt. Dies wollte Clinton unter allen Umständen vermeiden.

Saddam Hussein aber war unzufrieden mit der Aussicht, irgendwann werde sein Land nicht mehr durch Sanktionen in seiner Entfaltungsmöglichkeit gebremst werden. Er verlangte die sofortige Aufhebung sämtlicher wirtschaftlicher und politischer Restriktionen. Seine Begründung: Irak habe immer alle Resolutionen des Weltsicherheitsrats beachtet; es werde überhaupt keine neue Entschließung gebraucht.

Wie wenig die Vereinigten Staaten von Amerika an einer politischen Lösung interessiert waren, wurde in der zweiten Hälfte des Jahres 1999 deutlich: Die US-Luftwaffe griff systematisch Positionen der irakischen Flugabwehr an – mit dem Ziel, das Luftverteidigungssystem des Irak zu lähmen.

Im Dezember 1999 rang sich nach einer wochenlangen Verhandlungspause der Weltsicherheitsrat dazu durch, im Fall Irak eine neue Resolution zu beschließen. Sie trägt die Nummer 1284. Das Verfahren war schwierig, weil die drei ständigen Sicherheitsratsmitglieder Frankreich, Rußland und China permanent der Abstimmung fernblieben. Diesmal aber waren die USA für die Verabschiedung der Resolution.

Sie sah vor, UNSCOM durch die UN Monitoring, Verification and Inspection Commission zu ersetzen, durch die UN-Kommission für Überwachung, Überprüfung und Inspektion. Die Abkürzung dafür lautete UNMOVIC.

Das Neue an UNMOVIC war, daß die Mitglieder der Kommission aus möglichst vielen Ländern der Erde kommen sollten. Die USA stimmten also zu, daß diesmal nicht das CIA-Personal die Mehrzahl der Überwacher stellen sollte. Ausdrücklich bestimmte die Resolution 1284, Mitarbeiter von Militär und Geheimdienst sollten nicht an der Kommissionsarbeit beteiligt sein dürfen.

Für die Kosten von UNMOVIC mußte auch weiterhin Irak aufkommen. Die Abwicklung der Rechnungsstellung und Bezahlung sollte der Banque Nationale de Paris mit Sitz in New York überlassen bleiben.

Saddam Hussein sah auch durch die Resolution 1284 seine Wünsche nicht erfüllt. Mit keinem Nebensatz wurde die Möglichkeit der Aufhebung der Sanktionen erwähnt. Genehmigt werden mußte – durch besondere Kommissionen der Vereinten Nationen – jegliche Einfuhr von Lebensmitteln in den Irak; wobei die Notwendigkeit des Imports im Detail nachgewiesen werden mußte. Zu genehmigen war der Import von Medikamenten und von Geräten für Krankenhäuser. Die irakischen Funktionäre, die zuständig waren für die Antragstellung beklagten sich bitter über die lange Dauer der Genehmigungsprozedur.

Alle anderen Importe, die nicht als Lebensmittel oder Medikamente zu klassifizieren waren blieben verboten. Mit Argwohn wurden von den UN-Kommissionen Anträge geprüft, die Ersatzteile für die Ölanlagen betrafen. Die Kommissionsmitglieder befürchteten, Irak werde unter der Bezeichnung »Ersatzteile« Elemente der Waffentechnik ins Land holen.

Die Baghdader Zeitung »Babel«, die Saddam Husseins ältestem Sohn Udai gehört, brachte die irakische Ablehnung der Resolution 1284 zum Ausdruck. In »Babel« war zu lesen, daß es die Souveränität des Irak nicht gestatte, irgendwelchen Waffeninspekteuren die Rückkehr in den Irak zu erlauben.

Trotz dieser schroffen Ablehnung ernannte der Weltsicherheitsrat im Januar 2000 einen »Geschäftsführenden Direktor« für UNMOVIC.

Hans Blix, der Chef der UN-Waffeninspektoren

Der Entschluß zur Ernennung von Hans Blix war dem Weltsicherheitsrat schwergefallen. Er bedeutete, bei erster Betrachtung, daß die USA künftig nur noch über wenig Einfluß auf diese Führungsposition verfügen würden. Hans Blix galt als Persönlichkeit, die ihre Unabhängigkeit zu wahren wußte. Man sagte von ihm, er sei verschlossen und verschwiegen und dazuhin professionell effektiv.

Hans Blix ist Schwede. Am 28. Juni 1928 ist er in Uppsala geboren worden, als Sohn einer wohlhabenden Familie. Daß er in der Verwaltung hohe Posten erreichen sollte, war ihm vorbestimmt. Hans Blix studierte Jura zuerst in der Heimat und dann in New York und Cambridge. Er war 32 Jahre alt, als sich ihm eine Universitätskarriere öffnete: Er bekam an der Stockholmer Universität den Lehrstuhl für Internationales Recht. Doch schon drei Jahre später wechselte er in die Laufbahn über, die er angestrebt hatte: Er wurde Rechtsberater im schwedischen Außenministerium. Auf diesem Posten erwarb er sich Auslandserfahrung und entdeckte seine Begabung in der Lösung verzwickter internationaler Probleme. 1978 wurde er schwedischer Außenminister. In dieser Funktion waren ihm keine überragenden Erfolge vergönnt.

Das richtige Arbeitsgebiet fand Hans Blix im Jahr 1981: Er wurde Chef der Internationalen Atomorganisation (IAEO) in Wien. Seine Aufgabe bestand darin, die Einhaltung von Abkommen zu überprüfen, durch die eine Gefahr der unkontrollierten Verbreitung des Wissens um friedliche und militärische Nutzung des nuklearen Potentials eingedämmt wurde. Hans Blix war besonders erfolgreich in der Verbesserung der Möglichkeiten, Mißbrauch der atomaren Energie zu entdecken: Er bekam Erfahrung darin, weltweit die Spuren geheimer Atomprogramme aufzuspüren.

Hans Blix war der geeignete Kandidat für den Posten des Chefs der UN Monitoring, Verification and Inspection Commission

(UNMOVIC). Doch die Ernennung verzögerte sich durch Winkelzüge der Mitgliedsstaaten des Weltsicherheitsrats. Ende Januar des Jahres 2000 bekam er die Stimmen aller Mitglieder des Gremiums. Die Vereinigten Staaten von Amerika hatten bis zum Schluß den Vorbehalt geäußert, er habe als oberste Autorität der Internationalen Atomorganisation zu geringe Standfestigkeit gegenüber Irak bewiesen – er habe die Gefährlichkeit des Saddam Hussein nicht erkannt. Vorgeworfen wurde ihm auch, den Blick stärker auf die Zukunft als auf die Vergangenheit gerichtet zu haben: Er hatte kein Interesse daran, welche Waffenprogramme Irak früher einmal entwickelt hatte; er wollte verhindern, daß neue Projekte zur Produktion der Massenvernichtungswaffen aufgelegt wurden.

Auch der Irak meldete Bedenken gegen Hans Blix an: Er habe bewiesen, daß er mit Geschick Spione in den Irak eingeschleust habe. Dieses Argument verhalf ihm schließlich, daß er sein Ziel erreichte: Die USA vergaßen ihre Einwände. Im Alter von 74 Jahren waren die Voraussetzungen geschaffen, daß Hans Blix sein Amt hätte antreten können.

Seit 1998 hatte niemand an Ort und Stelle zu erkunden versucht, welche biologischen, chemischen oder nuklearen Waffen Irak wirklich entwickelte. Es gab nur Vermutungen. Aufnahmen der Beobachtungssatelliten des US-Geheimdiensts zeigten, daß die Hallen wieder aufgebaut waren, die während der »Operation Wüstenfuchs« zerstört worden waren. Obgleich die Neubauten Geheimnisse bergen, gilt das Interesse des amerikanischen Geheimdiensts nicht ihnen, sondern den Palästen des irakischen Diktators. UNMOVIC, unter Leitung von Hans Blix, soll das Rätsel lösen, welche Funktion die gewaltigen und weitflächig verstreuten Komplexe wirklich haben. Hans Blix weiß, daß seine irakischen »Partner« erfahren sind in der Kunst der Täuschung. Mit Tricks hatten sie die Inspektoren von UNSCOM auf falsche Fährten lenken können. UNMOVIC soll resoluter auftreten können. Das Personal wird, nach dem Willen von Hans Blix, von »Bewaffneten« begleitet sein, die bei überraschenden Inspektionen gewaltsam Zutritt erzwingen können – zum Beispiel zu den 57 Palästen, die weit im Land verstreut liegen. Das Pentagon hat den Wunsch, daß diese »Bewaffneten« von den US-Marines gestellt werden, von den Marineinfanteristen der USA. Pentagon-Chef Donald Rumsfeld traut nur den US-Marines zu, daß sie sich, gegen die Republikanische Garde des Irak tatsächlich mit Gewalt durchsetzen. Rußland und China sind gegen den »Überfall durch bewaffnete US-Banden«. Tariq Aziz bezeichnet im September 2002 Hans Blix als den »höchsten Agenten des US-Geheimdiensts« – und dennoch will er, daß Irak mit UNMOVIC zusammenarbeitet.

Die Paläste des Saddam Hussein

Hoch oben auf der Plattform des Fernsehturms von Baghdad, die hauptsächlich von Schulklassen aufgesucht wird – achten Männer in Zivil darauf, daß der Blick fremder Besucher nicht auf einem Areal von Gebäuden, Gärten und Swimmingpools haften bleibt, das sich am Tigrisufer erstreckt. Die aufmerksamen Männer beantworten keine Fragen nach der Bedeutung jenes Komplexes.

Zentrales Gebäude ist ein länglich angelegter Bau, aus dessen Mittelpunkt eine blaue Kuppel ragt. Dieser Bau gilt als Machtzentrum des Regimes. In ihm befinden sich die Büros und Empfangsräume des Präsidenten. Die Wände sind mit dunkelbraunem Holz verkleidet; die Böden bestehen aus Marmorplatten; an den Decken glitzern Glas und Edelmetalle; die Möbel sind pompös in französischem royalem Stil gestaltet. Wie das Innere der Säle und Räume aussieht ist deshalb bekannt, weil Saddam Hussein im Jahr 1998 den UNSCOM-Inspektoren einen raschen Besuch dieses Palastes erlaubt hatte. Diese Erlaubnis war allerdings nach einer Wartefrist von sechs Wochen erteilt worden. Daß damals nichts Verdächtiges entdeckt werden konnte, wundert Hans Blix nicht. Er meint, wer an geheimen Projekten im Palast arbeitete, der hatte genügend Zeit, das entsprechende Material in einen anderen Palast zu transportieren und Spuren zu verwischen.

Verschlossen blieben den Inspektoren die übrigen Bauten des Areals, zum Beispiel die Kaserne der Republikanischen Garde. Sie schließt sich direkt an den Zentralpalast an. In der Kaserne ist die Leibgarde des Diktators untergebracht. Durch eine breite Straße sind Palast und Kaserne mit den Großgaragen der Fahrmeisterei verbunden: Luftaufnahmen zeigen deutlich, daß auf den

Parkflächen Container in wechselnder Zahl bereitstehen. Die Spezialisten im Pentagon vermuten, daß einige der Container nachts auf Lastwagen verladen und aus Baghdad wegtransportiert wurden.

Im Winkel zwischen der Straße, die zur Tigrisbrücke führt und zum Fluß sind auf den Luftaufnahmen hochfliegender US-Spionageflugzeuge eine Ansammlung von Gebäuden, Tennisplätzen und Swimmingpools zu entdecken. Vermutet wird, daß es sich um Anlagen handelt, die vom engeren Stab des Präsidenten zur Erholung benutzt werden.

Abgelegen von all diesen Komplexen befindet sich eine Arena in Form eines Amphitheaters. Die sensiblen elektronischen Spione in großer Höhe haben dort nie eine Aktivität entdecken können. Als möglich wird angenommen, daß sich unter den Tribünen Laboratorien zur Entwicklung biologischer und chemischer Waffen befinden. Kein Inspektor durfte diese Arena jemals aus der Nähe sehen.

Es scheint dem US-Geheimdienst nicht gelungen zu sein, jemand in seine Dienste zu bekommen, der von den Geheimnissen dieser Palastanlage berichten kann. »Newsweek« zitiert in der Ausgabe von 14. Oktober 2002 einen ehemaligen Leibgardisten des Präsidenten, dessen Erzählung allerdings unpräzise wirkt; dieser Mann ist 1999 nach Jordanien geflohen. Seine Worte: »Das Feinste, was wohl in den Palästen der ganzen Welt zu finden ist, kann man im Baghdader Palast sehen.« 5000 Mann Sicherheitspersonal seien zum Schutz Saddam Husseins eingesetzt. Über den Vorkoster im Palast weiß der Überläufer zu berichten: »Es ist ein pensionierter Feldmarschall, der Abdel Mahud heißt.«

Das Bemerkenswerteste der Aussagen: »Da existieren Kältekammern, tief unter Gebäuden. Oft umfassen sie ganze Stockwerke. Ich sah Kühlcontainer, die auf Lastwagen gehoben werden können. Die Container werden dann zu anderen Plätzen des Geländes transportiert.« Auf die Frage, ob es sich um Container für gefährliche Materialien oder um übergroße Kühlschränke zur Aufbewahrung von Fleisch handelt, antwortet der einstige Leibgardist: »Alles ist möglich!«

Die Palastanlage von Baghdad ist keineswegs die umfangreichste. Diese befindet sich in Takrit, in der Geburtsstadt des Saddam Hussein am Tigris. Der Palast liegt im Sperrgebiet: Takrit darf nur von Personen betreten werden, die dort leben, oder die dort beschäftigt sind. Sondergenehmigungen werden nicht erteilt.

Takrit ist der Mittelpunkt der sunnitischen Sippen, aus denen die derzeit Mächtigen des Irak stammen. Die Angehörigen dieser Sippen sollen Stolz empfinden auf den Verwandten, der es geschafft hat, an die allerhöchste Spitze des Staates zu gelangen. Deshalb übersteigt der Prunk, den Saddam Hussein in Takrit zeigen will die Pracht der Baghdader Präsidentenresidenz.

Wer in arabischen Ländern über Wasser verfügt, der ist anderen überlegen. Durch Besitz von Wasser demonstriert Saddam Hussein in der Geburtsstadt seine Macht. Luftaufnahmen zeigen einen gewaltigen See, der von Tigriswasser gespeist wird.

Die Luftaufnahmen zeigen, daß um den See herum mehr als 90 Gebäude stehen. Zu erkennen ist die Lage des Zentralpalasts, der Sportanlagen, der Swimmingpools, der Gästevillen.

Jeder der Paläste liegt an einem Gewässer. Nordwestlich von Baghdad befindet sich der Tharthar See; eine beachtliche Wasserfläche, die im Winkel zwischen Euphrat und Tigris liegt. Der Tharthar See gilt als besonders fischreich. Der Präsident, so erzählt man sich in Irak, fängt an seinem Ufer besonders gern Fische. Um sich den Aufenthalt am See bequem gestalten zu können, hat er sich am Seeufer einen Palast bauen lassen mit umfangreichen Gartenanlagen. Auch in diesem Fall ist der Verdacht angebracht, daß die Anlage am Tharthar See nicht allein dem Angler Saddam Hussein dient. Daß sie abgelegen ist, dient der Geheimhaltung anderer Aktivitäten.

Jeder, der sich auffällig um die Palastanlagen kümmert, gerät in Verdacht, er sei ein Spion. Fotografieren der Gebäudekomplexe ist selbstverständlich streng verboten – doch schon Blicke erwecken Argwohn. In Mosul im Norden des Irak, in 400 Kilometern Entfernung von der Hauptstadt, wird die Abschirmung des Palasts besonders augenfällig. Die Anlage befindet sich auf einer Anhöhe über dem Tigrisufer. Zwischen dem Fluß und dem Palast befindet sich das Hotel Niniveh Oberoi. Ein eleganter moderner Bau mit hellen Sälen und Räumen. Vor dem Hotel fließt träge der Tigris vorbei, aufgeteilt in sumpfige Flußläufe. Wer das Hotel bewohnt, dem ist nur diese Aussicht vergönnt. Um keinem der ohnehin seltenen Hotelgästen einen Blick auf die Residenz Saddam Husseins zu ermöglichen, sind sämtliche Zimmer auf der Seite des Palasts stillgelegt.

Dem Hotelbetrieb steht nur die halbe Zimmerkapazität zur Verfügung. Der stillgelegte Teil verkommt.

In Babylon am Euphrat hat Saddam Hussein nicht allein die Rekonstruktion der legendären »Hängenden Gärten der Semiramis« im Sinn. In Babylon hat er sich selbst durch ein Bauwerk ein Denkmal gesetzt, das demonstrieren soll, daß Saddams Bedeutung der des Nebukadnezar (605–562 v. Chr.) gleichzusetzen ist. Jener König hat sich einst in Babylon einen gewaltigen Sommerpalast erbauen lassen. Erhalten sind noch Mauern des südlichen Palasts, die von dessen gewaltiger Dimension zeugen.

Saddam legt Wert auf seine Verwandtschaft zu Nebukadnezar. Ob es ihm gelungen ist, sich als Bauherr wirklich neben Nebukadnezar stellen zu können, läßt sich nicht beurteilen. Sein Palast steht unbenutzt, unnahbar mitten in den antiken Tempel- und Palastanlagen von Babylon. Die Annäherung und jegliches Fotografieren ist verboten. Wer allerdings vor dem »Löwen von Babylon« steht und diese aus Basalt gemeißelte Figur auf ein Foto zu bannen versucht, kann eine Chance haben, daß ein Teil der Anlage auf dem Bild zu entdecken ist.

Saddam Hussein – der unsichtbare Herrscher

Die Männer und Frauen, alt und jung, von Baghdad hatten geglaubt, daß er sich am 28. April 2002 endlich wieder öffentlich zeigt. Saddam Hussein hatte sich seit Wochen verborgen gehalten. Jetzt, zum 65. Geburtstag durfte ein pompöser Auftritt erwartet werden. Entlang der breiten Aufmarschstraße des Paradeplatzes in Baghdad versammelten sich die Massen, bereit zu jubeln. Schulkassen, Mädchen und Jungen getrennt, wiederholen immer wieder das Lied, das ihnen eingeübt wurde: »Glück sei Dir beschieden, o Präsident Saddam Hussein, der du uns den Sieg geschenkt hast!« Zehntausende sind zum Paradeplatz gekommen, nicht ganz freiwillig, um dem Staatschef zu demonstrieren, daß das gesamte irakische Volk ihn liebt. Die Organisation der Baathpartei hat die Massen mobilisiert.

Auf dem Podium hoch über dem Platz erscheint Ali Hassan Al Majid – eine der weniger wichtiger Personen der Baathpartei. Er hebt die rechte Hand hoch, wie dies Saddam Hussein zu tun pflegt. Das Signal wirkt: Ali Hassan Al Majid wird gefeiert, als sei er Saddam Hussein. Sprechchöre skandieren: »Wir opfern unser Blut, unsere Seele für Dich!« Daß sie enttäuscht sind nur den Saddam-Ersatz auf der Tribüne zu sehen, ist nicht zu spüren.

Gewaltig ist der Kontrast zur Geburtstagsfeier des Vorjahres – damals hatten die Festlichkeiten zwei Wochen gedauert, und immer hatte der Präsident selbst den Mittelpunkt gebildet. Diesmal, im Jahr 2002, ließ er sich nicht einmal im Fernsehen präsentieren. Nicht zu sehen war, wie Tariq Aziz dem »Vater des Volkes« gratulierte, wie die Geistlichkeit des Irak ihm den Segen Allahs wünschte, wie ihm kleine Mädchen Gückwunschgedichte vortrugen.

Die Erklärung des irakischen Informationsministeriums zum auffälligen Verschwinden des Staatschefs aus der Öffentlichkeit lautete: »Der Präsident mag nicht fröhlich sein, wenn unsere Brüder in Palästina hingeschlachtet werden!« Diese Erklärung klingt gut, doch sie trifft nicht die ganze Wahrheit. Nicht ernst zu nehmen ist die von ausländischen Beobachtern geäußerte Meinung, Saddam Hussein fürchte sich vor Attentaten und hüte sich deshalb in der Öffentlichkeit aufzutreten. Saddam Hussein ist kein ängstlicher Mensch. Von der Emotion »Angst« läßt er sich nicht leiten. Zu ihm paßt eher diese Überlegung: Er will aller Welt zeigen, daß seine Macht auch dann stabil bleibt, wenn er selbst gar nicht in Erscheinung tritt. Wer sich mit dem Irak kriegerisch auseinandersetzt – das ist die Überzeugung des Saddam Hussein –, der muß damit rechnen, daß das Regime nicht zusammenbricht.

Der Diktator glaubt an die Stabilität seiner Macht, weil er neuerdings über eine Organisation verfügt, die für die innere Sicherheit des Irak zuständig ist. Die englische Bezeichnung dafür ist in Baghdad üblich geworden. Sie lautet Special Security Organization (SSO). Sein Sohn Qusai hat sie aufgebaut mit dem Ziel, im Irak jede Abweichung von der offiziellen politischen Leitlinie rechtzeitig zu entdecken und zu verhindern, daß dem Regime Schaden zugefügt wird. Wer zur SSO gehört, der darf sich als Mitglied der Elite fühlen. SSO-Funktionäre besitzen Befehlsgewalt über hohe Offiziere, sogar in militärischen Angelegenheiten. Qusai, der selbst ein harter Typ ist, hat für die SSO rücksichtslose und brutale Männer ausgewählt.

Sie sollen garantieren, daß die Sippe aus Takrit den drohenden Konflikt mit den USA überlebt. Nicht wichtig ist dabei, ob Saddam Husseins persönliche Existenz bewahrt bleibt.

Aufschluß über das Denken des Diktators gibt ein Buch, das in Baghdad zu kaufen ist: Es handelt sich um einen Roman mit dem Titel »Sabiba und der König«. Verfasser ist Saddam Hussein. Der Autor hat eine Geschichte erfunden, die in der Gegenwart spielt – und doch nicht in der Realität. Geschildert wird ein arabisches Reich, in dem der Irak zu erkennen ist. Das Reich ist allerdings eine Monarchie; es wird von einem König beherrscht.

Dieser König übernimmt vom Kalifen Harun Al Rashid den Brauch, sich abends in seiner Hauptstadt umzusehen; er will wissen, was seine Untertanen treiben und was sie freut oder ärgert. Eines Abends lernt er die junge Sabiba kennen, eine Frau, die darunter leidet, daß sie von ihrem Mann schlecht behandelt wird. Der König, gutmütig gesinnt, nimmt sie, zu ihrem Schutz, in seinen Palast auf.

Der Mann der Sabiba war von jeher ein Feind des Königs. Er wird jetzt zum Verschwörer: Er ruft Ungläubige ins Land, um den König zu stürzen. Er selbst dringt in den Palast ein. Dort findet er das Gemach, in dem seine ehemalige Frau schläft. Er fällt über sie her und vergeht sich an ihr. Wichtig ist, daß der Autor ausdrücklich den Tag nennt, an dem dies geschehen ist: Es handelt sich um den 17. Januar.

An genau diesem Tag begannen im Jahr 1991 die Luftangriffe auf Baghdad. Das damalige Geschehen wird in Saddam Husseins Roman »Sabiba und der König« mit der Vergewaltigung gleichgesetzt.

Der Herrscher nimmt nun seine Intelligenz und seine Kraft zu Hilfe. Mit großer Anstrengung gelingt ihm der Sieg gegen den Vergewaltiger und seine Verbündeten. Nach dem glücklichen Ausgang dieses Konflikts nimmt er sich vor, seinem Volk mehr Freiheiten zu gewähren. Kaum ist der Druck der Macht von den Untertanen weggenommen, fällt im Land die Klammer weg, die das Volk zusammengehalten hat. Die Clans und Sippen fallen übereinander her. Die Clanchefs wollen die Macht über den jeweiligen Nachbarclan. Das Volk zerfleischt sich im Bürgerkrieg.

In dieser Auseinandersetzung verliert der König sein Leben.

Dieses Ereignis bringt das Volk zur Besinnung: Es begreift, daß eine Existenz in einem stabilen Staat nur dann möglich ist, wenn eine starke Hand für Ordnung sorgt.

Die Lehre, die aus diesem Roman gezogen werden soll, lautet: Saddam Hussein ist der starke König, dessen Art zu regieren auch dann noch Stabilität für den Irak bewirkt, wenn er selbst nicht mehr präsent sein kann.

Daß diese Lehre in Baghdad begriffen wird, ist Anfang Oktober des Jahres 2002 spürbar. Es gibt kaum jemand der glaubt, ein möglicher amerikanischer Angriff und das Verschwinden des Saddam Hussein bringe dem irakischen Volk die Freiheit, die es ersehnt. Viele fürchten den Diktator und mancher haßt ihn – aber sie alle hassen die Amerikaner noch mehr. Der Standpunkt der Hasser: »Amerika ist eine Kolonialmacht neuer Prägung. Amerika will den Irak beherrschen. Im Grunde geht es nur um das Öl des Irak.« Junge Männer sagen ganz offen, daß sie Steine werfen werden wie die Palästinenser, wenn die US-Streitkräfte in Baghdad eindringen. Die Amerikaner können nicht damit rechnen, daß sie willkommen geheißen werden.

Der Krieg gegen den Terrorismus verlagert sich in Richtung Baghdad

Präsident George W. Bush hat seine eigene, ganz persönliche Erfahrung mit dem Terrorismus Baghdader Prägung gemacht. Da hatte es im Jahr 1993 einen nie gründlich aufgeklärten Vorfall in Kuwait gegeben: Eine Autobombe war detoniert. George W. Bush war überzeugt, daß er das Ziel eines Attentats hätte werden sollen – aus Rache für den Krieg, den sein Vater gegen Saddam Hussein geführt hatte. George Bush sen. hatte eben die Präsidentschaftswahlen verloren; es war der Sohn, der sich von der kuwaitischen Emirfamilie für die Politik der Bush-Dynastie ehren lassen wollte. Das regierende Haus As Sabah hatte ihn zu einem Besuch eingeladen. Beinahe hätte er diese Ehrung nicht überlebt.

Die Recherchen der kuwaitischen Sicherheitsbehörden und des US-Geheimdiensts ergaben, daß das Attentat in Baghdad geplant und organisiert worden war. Doch die Spur wurde nicht weiter verfolgt – auf Anweisung des neuen amerikanischen Präsidenten Bill Clinton. Dieser wollte zu jenem Zeitpunkt keinen Konflikt mit dem irakischen Diktator. Es war seine Absicht, den Nahen und den Mittleren Osten zu beruhigen. Eine friedliche Lösung für den Konflikt zwischen Israelis und Palästinenser sollte erreicht werden. Die Hoffnung bestand, daß die Verträge von Oslo Frieden bedeuten würden.

Das war der Grund, warum Bill Clinton den Attentatsversuch vertuschen ließ. Die Emirfamilie in Kuwait wurde gebeten, den Vorfall zu verharmlosen und die diplomatischen Vertreter der USA in der Region des Persischen Golfs wurden angewiesen, darüber zu schweigen. Clinton glaubte noch immer daran, daß Sanktionen Saddam Hussein dazu bringen könnten, sich den Wünschen der USA zu fügen. Dem Irak blieb die Chance wieder ein Staat zu werden, der respektiert werde von der amerikanisch-orientierten Völkergemeinschaft. Dieser Glaube zerstob im Jahr 1998 – da sah sich Clinton gezwungen, die Ausführung der »Operation Wüstenfuchs« anzuordnen: Gewalt wurde zum Mittel der Politik.

Gewalt traf auch die USA – am 11. September des Jahres 2001. Präsident George W. Bush reagierte unter der Parole »Krieg gegen den Terror«. Er verkündete, daß dieser Krieg zehn Jahre lang dauern würde. In Afghanistan, in der Region um den Hindukusch fand dieser Krieg zunächst statt. Das Kriegsziel war die Zerschlagung der Talibanherrschaft und die Liquidierung des Osama Bin Laden. Erreicht wurde die Einsetzung eines schwachen Regimes, geführt von Hamid Karzai, der nicht die Kraft hat, die zerstrittenen Stammesfürsten des Berglandes zu bändigen. Ungewißheit herrscht darüber, ob Osama Bin Laden noch am Leben ist. Mitte Oktober 2002 erwecken Tondokumente, die dem Fernsehsender »Al Dschazira« auf Qatar zugespielt worden sind, den Eindruck, er lebe im afghanisch-pakistanischen Grenzgebiet und bereite neue Aktivitäten vor.

Ohne das Problem Al Qaida gelöst zu haben, konzentriert sich George W. Bush im Herbst 2002 darauf, einen Machtwechsel in Irak zu erreichen. Der Präsident ist entschlossen, den Diktator zu »liquidieren«, der einst ihn, den Erben der Bush-Dynastie, hatte in Kuwait beseitigen lassen wollen. Ahmed Al Fahad Al Sabah, der Informationsminister des Emirats Kuwait hatte schon bald nach dem 11. September 2001 den Weg gewiesen: »Wenn schon ein Krieg gegen den Terror geführt wird, dann muß er gegen Irak stattfinden. Irak ist eine Basis des Terrors.«

George W. Bush sah in dieser Äußerung die Bestätigung seiner Ansicht, das wichtigste Ziel müsse sein, die Macht des Saddam Hussein zu brechen. Seit dem Frühjahr 2002 stand dieses Ziel nicht mehr zur Diskussion; die Frage war nur noch, wann diese Aufgabe angepackt wurde.

Das schwierige Problem war, die Öffentlichkeit in den USA und in der restlichen Welt zu überzeugen, daß Saddam Hussein wirklich eine Gefahr darstelle. Wäre der Nachweis möglich, daß eine Verbindung besteht zwischen Osama Bin Laden und den Herrschenden in Baghdad, wäre die Begründung eines Feldzugs gegen den Irak eine schlichte Angelegenheit. Doch dieser Nachweis existiert nur in der Phantasie von Verteidigungsminister Donald Rumsfeld und der Sicherheitsberaterin Condoleezza Rice. Sie sagt: »Es liegt auf der Hand, daß Saddam Hussein Al Qaida unterstützt!«

Donald Rumsfeld behauptet: »In einer ganzen Reihe von Plätzen des Irak befinden sich Al-Qaida-Leute.

Derartige Äußerungen beeinflussen die Meinung der US-Bürger. Die Zeitung »USA Today« veröffentlichte Anfang September 2002 die Ergebnisse einer Umfrage, die klären sollte, ob in den USA die Meinung vorherrscht, Saddam Hussein plane Attacken gegen die USA. Das Ergebnis: 86 Prozent der Bevölkerung seien tatsächlich dieser Meinung – und mehr als 50 Prozent glaubten, der Irak sei bereits in den Anschlag auf das World Trade Center verwickelt gewesen.

Einige Wochen lang erschien der Verdacht gerechtfertigt zu sein, der irakische Geheimdienst sei beteiligt gewesen an der Vorbereitung der Anschläge vom 11. September 2001. Der tschechische Geheimdienst hatte die amerikanischen Kollegen darauf hingewiesen, daß im April 2001 ein Treffen zwischen Mohammed Atta, der Schlüsselfigur der Ereignisse vom 11. September, und einem Iraker in Prag stattgefunden habe. Hätte dieses Treffen bestätigt werden können, wäre es leichtgefallen, dem irakischen Diktator zumindest die Mitschuld zuzuweisen am Anschlag auf World Trade Center und Pentagon. Intensive Nachforschungen erbrachten jedoch keinerlei Beweis dafür, daß Mohammed Atta jemals nach Prag gereist ist.

Von Beamten des Pentagon unter Druck gesetzt, räumten die Vertreter des FBI ein, daß eine derartige Reise auf keinen Fall völlig auszuschließen sei. Beweisen lasse sich eben auch nicht, daß Mohammed Atta überhaupt nie in Prag gewesen sei. Die Spur über Prag nach Baghdad wurde nach diesen Erfahrungen nicht weiter verfolgt.

Ergiebiger an Tatsachen erschienen die Aussagen von Überläufern, die wichtige Posten in der irakischen Armee verlassen hatten, um nach Jordanien zu fliehen. Einer dieser Überläufer sagte aus, im Süden von Baghdad, am Tigris, befinde sich ein Ausbildungslager für Terroristen. Dieses Camp trage die Bezeichnung Salman Pak. Dort seien junge Männer aus der gesamten arabischen Welt zusammengefaßt, um für die Ausführung von Terroranschlägen ausgebildet zu werden. Die Detailkenntnisse des irakischen Exoffiziers waren allerdings gering. Über das Ausbildungsprogramm konnte er nur mitteilen, im Lager Salman Pak stehe der Rumpf eines Passagierflugzeugs vom Typ Boeing 707. Es diene der wirklichkeitsnahen Vorbereitung für eine Flugzeugentführung. Auf den Luftaufnahmen amerikanischer Beobachtungsflieger ist davon nichts zu erkennen.

Ernst zu nehmen sind Hinweise auf Kontakte zu Al Qaida, die im kurdisch kontrollierten Gebiet des Irak stattfinden, innerhalb der nördlichen Flugverbotszone. Möglich ist, daß dort Al-Qaida-Kämpfer, die aus Afghanistan geflohen sind, Unterschlupf gefunden haben. Sie unterstehen dann allerdings nicht dem Schutz und nicht der Befehlsgewalt des Saddam Hussein. Viel eher zählen diese Männer zu den Gegnern des Diktators in Baghdad.

Wie wenig der CIA von der Überzeugung hält, Irak arbeite mit Al Qaida zusammen, macht der Inhalt eines Briefes deutlich, den CIA-Direktor George Tennet am 7. Oktober 2002 an den Kongreß in Washington gerichtet hat. Der Inhalt dieses Briefes ist bestimmt von der Sorge, die Vereinigten Staaten konnten zu rasch und unüberlegt handeln. Er macht deutlich, daß George Tennet die schroffe Erklärung des Präsidenten nicht länger für angebracht halten konnte. Drei Tage zuvor hatte George Bush im »Rosengarten« des Weißen Hauses verkündet, der Frieden und die Sicherheit der USA dürften nicht länger von Saddam Hussein gefährdet werden: »Er ist ein Terrorist, der über Massenvernichtungswaffen verfügt.« Präsident

Bush machte deutlich, daß dieser Terrorist seine Waffen anderen Terroristen zur Verfügung stellen kann.

George Tennet gibt in seinem Brief an den Kongreß zu, daß der Irak im Besitz von chemischen und biologischen Waffen und auf der Suche sei nach Möglichkeiten, sein nukleares Potential zu erweitern, daß er jedoch auf keinen Fall eine akute Gefahr darstelle.

In seiner Ansprache im »Rosengarten« des Weißen Hauses hatte Bush seine Meinung deutlich zum Ausdruck gebracht: »Irak stellt eine direkte und unmittelbare Gefahr dar. Mit der Hilfe von Terroristen kann Saddam Hussein gegen Ziele auf US-Territorium losschlagen. Die Gefahr besteht zum Beispiel darin, daß diese Terroristen unbemannte Flugkörper über amerikanische Städte fliegen lassen, aus denen Viren oder gefährliche chemische Substanzen auf Häuser und Menschen fallen. Der Irak kann an jedem beliebigen Tag einzelne Terroristen oder Terroristengruppen mit biologischen oder chemischen Waffen versorgen.«

Während seiner öffentlichen Rede in Cincinnati bekräftigte George W. Bush, daß er von Sorge bedrückt sei: »Das Bündnis mit Terroristen erlaubt es dem irakischen Regime gegen Amerika loszuschlagen, ohne auch nur einen Fingerabdruck zu hinterlassen.«

In seinem Brief vom 7. Oktober 2002 stellte George Tennet im Gegensatz zum Präsidenten fest: »Da Irak biologische und chemische Waffen besitzt, ist sein Regime allerdings in der Lage, uns zu erpressen, doch er wird den extremen Schritt nicht wagen, Terroristen zu unterstützen und ihnen zu helfen, die USA anzugreifen. Irak, so zog George Tennet das Fazit, habe keinen Grund, die USA zu provozieren. Dies könne sich allerdings ändern, wenn sich Washington entschließe, in den Irak einzumarschieren.

Wer soll auf Saddam Hussein folgen?

Der CIA-Direktor George Tennet lehnt einen Kandidaten in der Bewerbung um die Macht in Irak völlig ab. Dieser eine ist Ahmed Chelabi, der starke Mann des Iraqi National Congress, der seinen Sitz in London hat. Im Frühjahr 1998 ist Ahmed Chelabi nach Washington gereist, um im State Department die Bedeutung des Iraqi National

Congress zu erläutern. Er vertrat gegenüber Madeleine Albright die Überzeugung, das irakische Volk sei zu einer Revolte bereit mit dem Ziel, Saddam Hussein und sein »sunnitisches Gewaltsystem« zu beseitigen. Ahmed Chelabi hatte eine absurde Idee ausgearbeitet, deren Verwirklichung die Revolte des Volkes auslösen sollte: Wenn die USA die zwei Flugverbotszonen im Norden und im Süden des Irak in eine einzige Flugverbotszone, die allerdings den ganzen Irak umfassen sollte, umwandeln würden, dann wären die Armee und die Sicherheitskräfte des Regimes gelähmt – sie dürften nicht mehr fliegen. Fiele die irakische Luftwaffe aus, könne im Süden, im weitgehend schiitischen Gebiet um Basra, der Iraqi National Congress einen Regierungsapparat aufbauen, der bald den gesamten Irak kontrollieren würde.

Der Assistent Secretary of State Martin Indyk erkannte, was hinter Ahmed Chelabis Idee steckte: Das sunnitische Regime sollte durch Herrschaft der Schiiten abgelöst werden. Dies konnte nicht im Interesse der USA sein, denn es war vorauszusehen, daß sich die Schiiten des Irak an die Schiiten des Iran annähern würden.

Doch diese Bedenken waren unwesentlich gegenüber dem gewichtigen Einwand, daß es Ahmed Chelabi und seinem Iraqi National Congress ohnehin nicht gelingen werde, einen Umsturz im Irak herbeizuführen. Trotzdem befürwortete Indyk wenigstens finanzielle Unterstützung für Chelabi mit dem Argument, dieser Iraker garantiere für den »Ansatz einer demokratischen Ausrichtung seines Landes«. Chelabi bekam am Ende seines Besuches in Washington 21 Millionen Dollar ausgehändigt.

Dagegen protestierten andere Iraker, die im Exil lebten – auch sie wollten von der US-Regierung Geld. Martin Indyk stellte zu seiner Verblüffung fest, daß 73 irakische Exilgruppen den Anspruch erhoben, die Interessen des irakischen Volkes zu vertreten. Sie alle sollten berücksichtigt werden, denn im Oktober 1998 beschloß der Kongreß in Washington mit überwältigender Mehrheit, den Iraq Liberation Act, der den Präsidenten ermächtigte, 97 Millionen Dollar für die Unterstützung der irakischen Oppositionsgruppen auszugeben. Die Auszahlung dieses Betrages an Iraker im Londoner Exil erbrachte keine greifbaren politischen Resultate.

Zu den Empfängern der amerikanischen Finanzhilfe zählte nicht die schiitische Widerstandsorganisation, die sich nach der Niederlage von Basra im Anschluß an den ersten Golfkrieg gebildet hatte. Ihr führender Kopf, der Ayatollah Mohammed Bakr Al Hakim lebte noch immer in Teheran und folgte den Anweisungen der dortigen geistlichen Führung. Die Ayatollahs des Iran verboten jeden Kontakt zur US-Regierung. Mohammed Bakr Al Hakim nahm deshalb an keinem von den USA finanzierten Treffen der Oppositionsgruppen in London teil.

Im Jahr 1999 setzte das State Department einen Koordinator ein, der den Übergang zu einer anderen Regierung für Irak vorbereiten sollte. Dieses Amt übernahm Frank Ricciardone, der stellvertretende Vorsitzende des Intelligence Committee im US-Senat. Ricciardone hatte zu prüfen, ob irgendein General der irakischen Streitkräfte genug Mut und Tatkraft besaß, um einen Staatsstreich zu unternehmen. Die Suche blieb erfolglos. Ricciardone äußerte bald schon öffentlich seine Zweifel am Willen der Iraker, einen Regimewechsel zu vollziehen.

Selbst die Schiiten der Basraregion hatten den Mut zur Rebellion verloren, seit zwei wichtige schiitische Geistliche – der Ayatollah Murtada Burujirdi und der Großayatollah Mirza Ali Al Gharawi – ermordet aufgefunden worden sind. Der Ermordung der beiden Geistlichen war ein Attentatsversuch gegen Izza Ibrahim Ad Duri, den stellvertretenden Vorsitzenden des Revolutionären Kommandorats vorausgegangen. In der heiligen Stadt Kerbela war auf ihn geschossen worden.

Einzelne hohe schiitische Geistliche trauten es sich zunächst hin und wieder zu, dem Regime des Saddam Hussein Unterdrückung der Iraker vorzuwerfen. Im Februar 1999 hatte Ayatollah As Sadr Kritik an Saddam Hussein geübt. Eine Woche später war der Ayatollah tot – ermordet in der ebenfalls heiligen Stadt Nedschef.

Das Schreckensregime hatte zur Folge, daß die Stabilität des Saddam-Regimes gesichert schien. Jeder Iraker hütete sich, auch nur an eine Rebellion zu denken.

Trotzdem überlegte sich der Stab von Außenminister Colin Powell, ob es nicht politisch klug sein könnte, eine irakische Exilregierung zu bilden. Für eine derartige Exilregierung traten auch Mitarbeiter von Donald Rumsfeld ein. Sie planten, diese Regierung in die Vorbereitung eines Krieges gegen den Irak einzubeziehen. Die strategische Absicht war, von Kuwait her mit Streitkräften mittlerer

Stärke in den Süden des Irak einzudringen, um dann die Stadt Basra zu besetzen. Dort sollte die Exilregierung eingesetzt werden – als Gegenpol zum Regime des Saddam Hussein. In Basra sollten sich dann alle Kräfte melden – vor allem Offiziere mit ihren Truppenteilen –, die an einem Vormarsch auf Baghdad teilnehmen wollen.

Die Planer sehen zu diesem Vorgang eine historische Parallele aus dem Verlauf des Zweiten Weltkriegs: »Mit Hilfe der USA konnte General De Gaulle eine Exilregierung aufbauen, die dann sofort im besetzten Frankreich aktiv wurde und die Franzosen um sich sammelte.« Doch da existierte ein gewaltiger Unterschied: Den Amerikanern stand für den Irak kein De Gaulle zur Verfügung.

Die Ratlosigkeit ist groß zu diesem Zeitpunkt in Washington. Die Spitze des Pentagon verteidigt die Idee der Aufstellung einer Exilregierung mit dem Argument, diese Regierung werde aus Schiiten und Sunniten mit gleichen Rechten bestehen; durch sie könne also religiöse Aufspaltung und ethnischer Streit vermieden werden.

Für die Exilregierung spreche ein weiterer Grund: Sie könne vom Zeitpunkt ihrer Aufstellung an darauf vorbereitet werden, die irakischen Ölanlagen im Interesse der USA in den Griff zu bekommen. Der desolate Ölsektor müsse völlig neu geordnet werden. Das irakische Volk werde Gelegenheit bekommen, sich durch Öffnung des Ölexportgeschäfts für die USA gegenüber diesem Land dankbar zu erweisen.

Im State Department regt sich Widerstand. Dort wird die Meinung gepflegt, man dürfe dem irakischen Volk nicht eine Regierung aufzwingen, die aus Exilirakern besteht; die Entscheidung über sein Schicksal müsse unbedingt von solchen Irakern entschieden werden, die im Land geblieben seien und die Herrschaft des Saddam Hussein erduldet hätten.

Die Erfahrung, daß die Oppositionskräfte im Irak sich nicht zu erkennen gegeben haben, und daß die Politiker und Offiziere im Exil uneins sind, brachte den Vizeprasidenten, Dick Cheney auf die Idee, eine eigene Lösung zu entwickeln, für die er schließlich auch Präsident Bush gewinnen konnte.

US-Militärregierung für den Irak?

Der Gedanke ist verblüffend: Oberste Autorität nach dem Fall von Saddam Hussein und der Besetzung des Landes um Euphrat und Tigris durch die US-Truppen soll ein amerikanischer Militärgouverneur sein. Ein Name wird seit Mitte Oktober 2002 genannt: Es kann General Tommy Franks sein, der die US-Streitkräfte in der Golfregion kommandiert. Tommy Franks soll sich an der Aufgabe orientieren, die General Douglas MacArthur im Jahr 1945 nach der Niederlage Japans übernommen hatte. Douglas MacArthur hatte damals Japan souverän regiert und erst nach und nach das Entstehen einer japanischen Zivilverwaltung zugelassen. Geplant ist, daß General Tommy Franks ein Jahr lang die Ordnung im Irak bestimmt.

Die Konsequenz dieser Regelung ist die Ausschaltung der zerstrittenen Exiliraker. Sie werden gar nicht gefragt. Aus dem Kreis des Stabes von Dick Cheney ist zu hören, durch die Einsetzung einer Militärregierung werde das Chaos vermieden, das in Afghanistan mit der Einsetzung des Präsidenten Hamid Karzai ausgebrochen war und das sich im Verlauf der Zeit noch steigerte. Die Anarchie, die Afghanistan seit dem Verschwinden der Taliban plagt, soll in Irak durch den Militärgouverneur mit harter Hand unterbunden werden.

Der Militärgouverneur wird auch die Aufsicht übernehmen über die zweitgrößte Ölreserve der Erde; im Boden des Irak befinden sich elf Prozent aller bekannten Ölvorräte. Das irakische Öl soll künftig in Pipelines fließen, die zu amerikanisch beeinflußten Märkten der Welt führen.

Tommy Franks ist bereit, die Aufgabe des Militärgouverneurs im Irak zu übernehmen – und er ist auch bereit, die Besetzung des Landes an Euphrat und Tigris zu kommandieren. Doch Tommy Franks hat einen starken Widersacher im General Anthony Zinni, der im Jahr 1991 Erfahrungen in Kriegführung am Persischen Golf erworben hat. Zinni äußerte seine Meinung am 11. Oktober 2002 vor Mitgliedern des Middle East Institute in Washington: »Ich glaube nicht, daß wir in den Irak einfallen müssen, um dort die Regierung zu übernehmen! Saddam Hussein verhält sich derzeit friedlich. Er ist in seine Schranken gewiesen worden. Er wird in seinen Schranken bleiben.«

General Zinni ist der Ansicht, der Fall Saddam Hussein besitze derzeit keine Priorität für die Vereinigten Staaten von Amerika. Die Aufmerksamkeit des Präsidenten Bush sei auf den Konflikt zwischen Israelis und Palästinensern zu richten. Die »Wiederbelebung des Friedensprozesses im Heiligen Land werde eine Beruhigung der gesamten Region bewirken: Wenn Israelis und Palästinenser wieder miteinander reden, dann erledigen sich andere Probleme im Nahen Osten von selbst.« Anthony Zinni hat die letzten zwei Jahre als Berater des State Departments für israelisch-palästinensische Probleme gearbeitet. Der General war im Auftrag des US-Präsidenten am 15. März 2002 bei Peres und Arafat in der Hoffnung, einen Dialog zustande zu bringen. Zinni hat erlebt, daß israelische Soldaten in Ramallah auf Journalisten feuerten, als diese Zeuge sein wollten beim Treffen Zinni – Arafat.

Der Sondergesandte kennt die Schwierigkeiten der Völker zwischen der Ostküste des Mittelmeers und dem Jordangraben genau. General Zinni meint: »Diese Schwierigkeiten müssen in erster Linie angepackt werden!«

George Bush: »Enough is enough!« – der Präsident und der Konflikt zwischen Israelis und Palästinensern

Am 4. April 2002 hat George Bush so energisch wie noch nie für die Palästinenser Position bezogen. Die Israelis hatten an den Tagen zuvor im Westufergebiet des Jordan eine Offensive in Richtung Ramallah gestartet. Das Ziel war Arafats Hauptquartier. Es wurde umzingelt. Der eingeschlossene Präsident der Palestinian National Authority war von der Außenwelt abgeschnitten. Nur mit dem Handy konnte er noch mit den Außenministern der Europäischen Union telefonieren. Nach zwei Tagen waren die Akkus leer. Strom zum Aufladen gab es nicht mehr. Der israelische Ministerpräsident sagte höhnisch: »Die Europäer können Arafat abholen – doch zurückkommen wird er nicht!«

An jenem Tag war Präsident Bush wütend. Diese Worte sprach er laut aus: »Dieser Sturm der Gewalt muß ein Ende haben! Enough is enough!« Bush forderte die Israelis auf, sich aus dem autonomen Gebiet der Palästinenser zurückzuziehen. Auf die Frage: »Was geschieht, wenn Sharon nicht reagiert, antwortet Bush drohend: »Das wird Sharon dann schon sehen, was geschieht!« Sharon reagierte prompt nicht. Bush zog nicht die Konsequenz, die er angedroht hatte.

Doch zum selben Zeitpunkt schickt der US-Präsident seinen Außenminister zu den arabischen Regierungen, um sie zu bitten, den geplanten Krieg der USA gegen Saddam Hussein zu unterstützen. Am 10. April 2002 trifft er in Marokko ein. Er wird von König Mohammed VI. sehr unfreundlich mit diesen Worten begrüßt: »Warum kommen Sie zu mir? Fliegen sie zu Ariel Sharon und veranlassen Sie, daß er mit dem Krieg gegen die Palästinenser aufhört!«

Die wichtigste Station der Collin-Powell-Reise war Riyadh in Saudi-Arabien. Sein Gesprächspartner war Kronprinz Abdallah. Dieser vergaß völlig, daß er sich angewöhnt hatte, seine Worte vorsichtig zu wählen. Diesmal forderte er Colin Powell energisch auf, er möchte doch dafür sorgen, daß die USA ihrer einseitigen Haltung für Israel ein Ende bereiteten. Colin Powell meinte anschließend: »Der hat mir die Ohren vollgeredet!«

Wenige Tage später traf sich Präsident Bush mit dem saudiarabischen Kronprinzen auf seiner Ranch beim texanischen Ort Crawford. Die Unterredung dauerte fünf Stunden lang, gleich zu Beginn überreichte Prinz Abdallah ein bemerkenswertes Geschenk: Zwei Videokassetten und ein Fotoalbum. Er bestand darauf, daß der Präsident sich Kassetten und Fotos sofort anschaue. Sie zeigten aktuelle Bilder aus den palästinensischen Gebieten: Zerstörte Häuser, ruinierte Wohnungen, Verwundete und Leichen. Kronprinz Abdallah ließ keine Unterbrechung der Durchsicht des deprimierenden Materials zu – und Präsident Bush fügte sich. Der Kronprinz wies darauf hin, daß die Menschen Arabiens täglich in Zeitungen und in den Fernsehnachrichten mit derartigen Aufnahmen konfrontiert werden würden, und daß sich deswegen ihre Wut auf Israel und auf die Vereinigten Staaten von Amerika täglich steigere. Diese Wut könne jederzeit zur Explosion führen und damit das Gefüge in der arabischen Welt entscheidend verändern – zum Schaden der amerikanischen Interessen.

Kronprinz Abdallah war der Meinung, er habe den Präsidenten beeinflussen können. Er schlug vor, daß künftig die USA und das Haus As Saud ihre Anstrengungen zur Lösung des Palästinaproblems bündeln sollten.

Wiederum wenige Tage später erhielt das Weiße Haus Telefonanrufe und E-Mails, die darauf hinweisen, daß die USA nicht mit dem in Mißkredit geratenen Haus As Saud zusammenarbeiten dürften. Absender dieser Botschaften waren Politiker, die dem rechten Flügel der Republikaner angehörten. Bush wurde darauf aufmerksam gemacht, daß er kein Bündnis eingehen dürfe mit einer Regierung, die ganz offensichtlich den Terrorismus begünstige – es sei doch nicht zu leugnen, daß die meisten der Terroristen, die am 11. September 2001 die Anschläge auf das World Trade Center und das Pentagon verübt haben, aus Saudi-Arabien stammten.

Präsident Bush ließ sich erneut beeinflussen: Er war nicht mehr daran interessiert, zusammen mit Saudi-Arabien eine neue Friedensinitiative für den Nahen Osten zu starten. Im Gegenteil: Jetzt forderte Bush die Israelis auf, den Terrorismus »samt den Wurzeln auszureißen«. Er beauftragte Paul Wolfowitz, den stellvertretenden Chef des Pentagon, den Freunden der Israelis unter den Washingtoner Politikern mitzuteilen, er stünde immer auf der Seite des jüdischen Staates. Um seine Haltung unmißverständlich zu machen, verkündete Bush: »Nach meiner Überzeugung ist Ariel Sharon ein Mann des Friedens!« Damit war für Bush die Situation klargestellt. Ariel Sharon gab seinen Standpunkt kund: »Arafat muß verschwinden!« Und Ariel Sharon meint, was er sagt – er hat dazu die Rückendeckung durch den am Palästinenserproblem nicht interessierten amerikanischen Präsidenten.

Im April 2002 hatte der israelische Ministerpräsident erreicht, was er wollte: Arafat war in seinem Hauptquartier in Ramallah perfekt isoliert. Die Belagerer waren nur wenige Meter von Arafat entfernt stationiert. Sie hörten jedes Wort ab, das Arafat über sein Handy zur Außenwelt sprach. Die wachhabenden Israelis hatten den Eindruck, der PLO-Chef instruiere seine Mitarbeiter außerhalb seines Gefängnisses sehr effektiv. Da glaubten die Bewacher manchesmal, sie könnten aus Arafats Worten Anweisungen für Terrorakte heraushören, doch der Belauschte war schlau genug, das Gespräch abzubrechen, ehe er die entscheidende Anweisung gab. Hätte Arafat den Befehl zu einem Selbstmordanschlag ausgesprochen, hätten die Lauscher sofort eingegriffen und Arafat verhaftet. Dazu gab er ihnen den gewünschten Anlaß nicht.

Arafats Hauptquartier ist den Israelis wohlbekannt. Das Hauptquartier, Muqat'a genannt, war bis zum Rückzug der israelischen Armee im Jahr 1995 deren Befehlszentrale. Muqat'a ist eine großzügige Anlage. Das Gelände hat eine Breite von 150 Metern und eine Länge von 250 Metern. In der Mitte steht das Hauptgebäude. Es enthält Empfangsräume, Zimmer für das Archiv der Palestinian National Authority und die Unterkünfte der »Force 17«, die für Arafats Sicherheit verantwortlich ist.

Arafats eigenes Gebäude am Rande des ummauerten Geländes ist mit den Unterkünften der »Force 17« durch eine Brücke verbunden. Es ist zwei Stockwerke hoch und mißt nur 30 x 20 Meter. Es läßt sich nur schwer schützen.

Am 29. März 2002, um 6 Uhr in der Frühe, brachen israelische Panzer durch die drei Tore in das Muqat'a-Gelände ein. Im Einsatz waren 60 Panzer und 100 gepanzerte Mannschaftstransporter. 2500 Soldaten und Offiziere sollten die Isolierung vollenden.

Zwei weitere Ziele waren zu erreichen: Die Gefangennahme von Terroristen und die Entdeckung des persönlichen Archivs des PLO-Chefs, in dem Dokumente vermutet wurden, die beweiskräftige Aussagen über Arafats eigene Finanzen und über dessen Verstrickungen in den Terrorismus enthalten sollten. Für die Erfüllung beider Aufgaben hatte das Elitebataillon »Egoz« zu sorgen.

Es gelang den israelischen Sicherheitskräften tatsächlich, auf dem weitläufigen Gelände 150 Männer zu verhaften, die in der Nähe des Chefs Zuflucht gesucht hatten; fünf Palästinenser wurden getötet. Von Israel gesuchte Terroristen befanden sich nicht darunter.

Als problematisch erwies sich die Untersuchung der Finanzströme der Palestinian National Authority. Arafat hatte sich immer vorbehalten, jede Überweisung von mehr als 250 Dollar selbst zu unterschreiben. Jeder halbwegs wesentliche Vorgang trug seine Unterschrift. Dienstliche und private Zahlungen vermischten sich. In der Tat blieb der Verdacht, Arafat unterhalte private Konten.

Der amerikanische Präsident fordert eine neue palästinensische Führung

Als die Diskussion über die Gelder der Palestinian National Authority und über den palästinensischen Terrorismus aufbrandete, zeigte die »International Herald Tribune« eine Karikatur: George Bush verkündet vor der amerikanischen Nation: »The Palestinians need a new Leader!« Da stürzt aus dem Hintergrund der massige Ariel Sharon hervor und ruft: »I am ready!«

Am 22. April 2002 beklagt »Newsweek« Ariel Sharon habe bereits die Funktion des amerikanischen Außenministers übernommen: »Dadurch, daß George Bush dem israelischen Ministerpräsidenten freie Hand bei der Bekämpfung von Arafat und der Palestinian National Authority gelassen hat, wurde die amerikanische Außenpolitik in der Region an Sharon übertragen. Dies war eine schlechte Idee, denn die Ziele der USA in der Region decken sich nicht mit den Zielen Sharons.«

»Newsweek« erinnert daran, daß Ariel Sharon schon seit Jahren die Strategie propagiert, daß westlich des Jordan nie ein Palästinenserstaat entstehen dürfe. Nach Ansicht des jetzigen israelischen Ministerpräsidenten existiere der Palästinenserstaat bereits – ostwärts des Jordan, im heutigen Königreich Jordanien. Dorthin sollten die Palästinenser allesamt »transferiert« werden.

Diese Strategie entspricht nicht der Politik der Vereinigten Staaten von Amerika. George Bush hat zum Ausdruck gebracht, daß die Palästinenser einen eigenen Staat in ihrem eigenen Land westlich des Jordan erhalten sollen, der mit Israel friedlich zusammenleben kann. Ariel Sharon aber will die USA dazu zwingen, seine Politik zu akzeptieren. Er ist erfolgreich damit – er erlebt allerdings hin und wieder Rückschläge.

Bush hatte sich fest vorgenommen, die Politik seines Vorgängers Bill Clinton zu vermeiden, der selbst die Lenkung der Vorgänge im Nahen Osten in die Hand nahm – und dabei häufig scheiterte. Clinton hatte versucht, den Ministerpräsidenten Ehud Barak und Arafat in Camp David zusammenzubringen. Das Resultat: Mehr als

1500 Menschen starben während der Kämpfe, die nach dem Scheitern der Camp-David-Verhandlungen ausbrachen. Sie dauerten auch an, als George W. Bush im Januar 2001 die Präsidentschaft übernahm. Er vertraute Ariel Sharon, daß es ihm gelinge, Arafat und dessen Vertraute zu besiegen, in der Hoffnung, aus diesem Konflikt werde eine neue Palästinenserführung hervorgehen – ohne Arafat.

George Bush kümmerte sich um den »Kampf gegen den weltweiten Terrorismus«. Sein unmittelbares Ziel war die Auslöschung des Netzwerks »Al Qaida« in Afghanistan. Er sah sich am Hindukusch bereits als Sieger.

Genau ein halbes Jahr nach den Anschlägen vom 11. September 2001 wollte Bush im Weißen Haus und in dessen Garten ein Fest von Format geben. Eingeladen waren die 179 »engsten Alliierten« der USA in der Terrorismusbekämpfung. Bush pries die Festgäste als Mitglieder einer »mächtigen Koalition der zivilisierten Länder gegen das Böse in der Welt.«

Am frühen Nachmittag wurde die Festfreude abrupt gestört. Der Präsident wurde von seinem Stab darauf hingewiesen, daß die Fernsehstationen der USA aufregende Bilder aus den palästinensischen Gebieten sendeten. Bush begab sich selbst vor einen der Apparate und sah auf dem Bildschirm israelische Panzer, die auf Arafats Hauptquartier in Ramallah feuerten; er sah zusammenstürzende Gebäude und fliehende Menschen; er regte sich über Tote und Verwundete auf.

Bald blickten alle Festgäste auf die Bildschirme. Feiern wollte niemand mehr. Die 179 Flaggen, die um das Haus wehten, wurden eingezogen. Der Kampf gegen die Gewalt war von der Gewalt überrollt worden.

Eine Welle des arabischen Protests brach über das Weiße Haus herein. Der ägyptische Staatspräsident Husni Mubarak, dessen Land jährlich 2,8 Milliarden Dollar an Finanzhilfe von den USA erhält, wies den Vizepräsidenten Dick Cheney darauf hin, daß der israelische Angriff auf Arafats Hauptquartier in Ramallah alle Bemühungen der US-Regierung zunichte mache, Verständnis für ihre Politik bei den arabischen Völkern zu wecken: »Die US-Regierung mahne bei Ariel Sharon keine Rücksicht auf die arabischen Gefühle an – und dadurch fühle sich Sharon zu derartigen Aktionen ermutigt. Selbst der Präsident des Jemen, Ali Abdallah Saleh, der ebenfalls auf Finanzhilfe aus den USA angewiesen ist, machte die US-Administration darauf aufmerksam, daß ihre völlig falsche Nahostpolitik den Haß auf Amerika schüre. Dies geschehe zu einem Zeitpunkt, da die USA versuchten, eine Allianz gegen den arabischen Staat Irak zu mobilisieren.

Die Botschaften von Husni Mubarak und Ali Abdallah Saleh verpufften nicht wirkungslos. Bush, so wird berichtet, habe sich im kleinen Kreis abfällig über Ariel Sharon geäußert. Der israelische Ministerpräsident zerstöre jede Hoffnung auf eine Kooperation mit arabischen Regierungen in einer Allianz gegen Saddam Hussein. In einer Pressekonferenz des US-Präsidenten war dann sogar öffentlich dieser Satz zu hören: »Hilfreich war die Aktion in Ramallah für die Politik der USA keineswegs!«

Hinter vorgehaltener Hand brachten Mitarbeiter des Ariel Sharon ihr Erstaunen so zum Ausdruck: »Bush kümmert sich um unseren Krieg doch nur, wenn er seinem Krieg in die Quere kommt!«

Die Wirkung der Fernsehbilder auf den Präsidenten hält nur wenige Tage an, dann gesteht er dem Staat Israel das »Recht auf Selbstverteidigung« zu; er sanktioniert damit die Aktion in Ramallah. Nur eine Woche später fordert er das palästinensische Volk auf, eine »andere Führung zu wählen, die nicht durch Terrorakte kompromittiert ist.« Dies ist das Versprechen des US-Präsidenten: »Wenn das Volk von Palästina sich neue Führer gewählt und neue demokratische Institutionen geschaffen hat, dann sind wir bereit zu helfen, daß ein demokratischer Staat entsteht.« Die Verantwortung dafür, ob Fortschritte im Friedensprozeß erzielt werden können, wies Bush damit völlig dem Volk der Palästinenser zu.

Arafat, Gefangener von Ariel Sharon und Ahmed Jassin

Anfang April 2002 ist der amerikanische Außenminister Colin Powell im Zentrum des Konflikts angelangt: Er spricht mit Ariel Sharon, der ihn beschimpft, weil er auch mit Arafat in Ramallah sprechen will: »Das lohnt sich doch nicht mehr! Es genügt, wenn ihr uns unterstützt!« Doch Colin Powell bleibt hartnäckig: Ariel Sharon muß nachgeben.

Drei Stunden lang spricht er schließlich mit dem Präsidenten der Palestinian National Authority im nahezu zerstörten Gebäudekomplex in Ramallah. In Arafats Büro ist Kampflärm zu hören: Die israelische Armee rückt weiter vor. Detonationen von Panzergranaten erschüttern die Luft. Powell ist beeindruckt von dem, was er erlebt.

Der Außenminister legt seinem Gesprächspartner ein Papier vor. Powell hat für Arafat eine Erklärung formuliert, daß der Präsident für das palästinensische Volk auf jede Gewalt verzichte, daß er sich verpflichte, die Anschläge von Selbstmordattentätern zu unterbinden. Arafat wies das Papier empört von sich – er könne nicht einen Waffenstillstand unterzeichnen, wenn sein Volk im selben Augenblick hingeschlachtet werde. Drei Stunden lang bringen Colin Powell und Jassir Arafat ihre Argumente vor. Sie erzielen kein Ergebnis.

Arafat hat einen guten Grund, die Unterschrift zu verweigern, doch Colin Powell sieht ihn nicht ein. Schon zweimal hat Arafat schlechte Erfahrungen mit Waffenstillstandsabkommen gemacht. Besonders beim zweitenmal wurde er bitter bestraft: Das zweite Abkommen hat ihm sogar den Vorwurf »Verräter« eingebracht. Arafat will nicht noch einmal ins todbringende Visier der Hamas geraten.

Wenn er einen wirkungsvollen Waffenstillstand verkünden will, braucht Arafat die Unterstützung der islamischen palästinensischen Kampforganisation Hamas. Sie wird geleitet von Sheikh Ahmed Jassin, einem Geistlichen. Auf Ahmed Jassin hören die jungen Männer, die bereit sind, ihr Leben zu lassen, um Israelis mit sich in den Tod zu reißen.

Im Jahr 1996 war es gelungen, den Sheikh dazu zu bewegen, die Aktionen der »Suicide Bombers« einzustellen, um dem Friedensprozeß eine Chance zu geben. Ahmed Jassin hatte diesem Waffenstillstand damals zugestimmt unter der Bedingung, daß die Abmachung geheim bleibt.

Der Waffenstillstand war damals nicht von langer Dauer.

Arafat sah sich unter dem Druck der USA Anfang des Jahres 2002 erneut gezwungen, sein Volk aufzufordern, die Selbstmordanschläge zumindest in Israel selbst einzustellen. 25 Israelis waren allein im

Dezember 2001 durch die »Suicide Bombers« getötet worden. Ariel Sharon hatte gedroht, er werde die Palestinian National Authority zerschlagen »bis nichts von ihr übrigbleibt« – und diese Drohung war ernst zu nehmen. Um das zu retten, was er bisher in den Palästinensergebieten aufgebaut hatte, mußte er zu einer Übereinkunft mit dem Sheikh Ahmed Jassin kommen.

In Gaza hatten die Gespräche mit dem gelähmten Geistlichen stattgefunden, der zum Idol der radikal gläubigen Palästinenser geworden war. Zwei Tage lang waren Arafats Vertraute in das einfache Gebäude des Ahmed Jassin gekommen, das sich in einer Nebenstraße befand. Ihre Instruktionen hatten sie im großzügig angelegten Hauptquartier Arafats an der Mittelmeerküste von Gaza-Stadt erhalten. Der Präsident der Palestinian National Authority hatte die Verhandlungen nicht selbst führen dürfen – er saß in Ramallah fest.

Die Verhandlungen wurden erschwert durch Arafats Forderung, der Waffenstillstandsvertrag müsse diesmal öffentlich bekanntgegeben werden. Das Geheimabkommen des Jahres 1996 sei deshalb ohne Wirkung geblieben, weil diejenigen, die bereit zur Verständigung mit Israel gewesen seien, durch die Geheimhaltung überhaupt nichts vom Abkommen erfahren hätten. Diesmal müßten alle Palästinenser – und vor allem alle Israelis – darüber informiert werden, daß die Zeit der Schläge gegen israelische Zivilisten an Bushaltestellen, in Restaurants und Kaufhäusern vorüber sei. Jassir Arafat und Sheikh Ahmed Jassin hatten eine gemeinsame Botschaft an alle: Diese Art von Krieg ist zu Ende. »Hamas« und »Dschihad Al Islamiyah« erklärten, der Waffenstillstand sei im Interesse des »nationalen Bestands der Palästinenser« notwendig. Doch kaum war die Verkündung geschehen, verlautbarten beide islamischen Kampforganisationen, absprachegemäß werde der Krieg gegen die Israelis nur im eigentlichen israelischen Kernland eingestellt, nicht aber im Gebiet der Palästinenser – dort werde der Kampf gegen die israelischen Siedler selbstverständlich fortgesetzt. Sheikh Ahmed Jassin machte den Standpunkt von »Hamas« und »Dschihad Al Islamiyah« deutlich: »Unser palästinensisches Land wird von den Israelis besetzt. Sie bauen Siedlungen auf unserem Boden, wir haben durch Allahs Gebot das Recht und sogar die Pflicht, unser Land zu verteidigen!«

Mit dieser Erklärung des Sheikhs war Arafats Wille zum Waffenstillstand völlig wertlos geworden: Bekannt wurde, daß Ariel Sharon in Wut geraten sei. Er glaubte, von Arafat getäuscht worden zu sein: »Nichts hat er erreicht! Sie hören mit dem Terror an einem Ort auf, um ihn an einem anderen fortzusetzen. Sie bringen eben Frauen und Kinder woanders um!«

Die Wut des Ariel Sharon war zu diesem Zeitpunkt nicht das größte Problem des Jassir Arafat. Um der israelischen Regierung deutlich zu machen, daß er es ernst meine mit dem Waffenstillstand, hatte er durch seine Sicherheitskräfte mehr als 200 radikale Hamasaktivisten verhaften lassen. Krawalle auf den Straßen von Gaza waren die Folge. Im Flüchtlingslager Dschabaliyah nahe der Stadt Gaza stürmten empörte Palästinenser die Polizeistation der Palestinian National Authority. Dabei verlor ein Siebzehnjähriger das Leben; drei Polizisten hatten ihn erschlagen.

Die Beerdigung fand noch am selben Tag in Dschabaliyah statt. Sie entwickelte sich zu einer gewaltigen Demonstration gegen Jassir Arafat. Tausende brüllten: »Arafat ist ein Verräter!« Die Polizei der PNA zog sich aus dem Flüchtlingslager zurück. Um ihre Flucht überhaupt zu ermöglichen, feuerten die Polizisten in die Menge – sechs junge Palästinenser wurden getötet.

In Dschabaliyah wurde bekannt, Arafat habe seine Sicherheitskräfte angewiesen, keine weiteren Hamasaktivisten zu verhaften. Diese Nachricht empörte wiederum Ariel Sharon, der Arafat vorwarf, er halte sein Wort nicht. Der israelische Ministerpräsident hat damals, zu Beginn des Jahres 2002, das Urteil gefällt: »Arafat ist irrelevant!« – »Arafat hat keine Bedeutung mehr!« Doch er setzt sich selbst über dieses Urteil hinweg mit der Forderung, Mr. Arafat möge sofort jeden Terrorakt einstellen lassen. Präsident George W. Bush steht Sharon dabei zur Seite: »I call on Mr. Arafat to stop this terrorism!«

Sheikh Ahmed Jassin hatte seine Anhänger nach der Verkündung des Waffenstillstandsabkommens nicht davon abgehalten, gegen »Arafat, den Verräter« zu demonstrieren. Der Geistliche wollte, daß der Konflikt zwischen Arafat und Ariel Sharon anhält. Seine Kalkulation: Von diesem Konflikt wird »Hamas« profitieren – die palästinensischen Massen werden sich von Arafat völlig abwenden und das Heil bei »Hamas« suchen. Der US-Außenminister Colin Powell hat die Gefahr dieser Entwicklung begriffen. Er will eine Annäherung zwischen Arafat und Ariel Sharon zustande bringen – zum Schaden von Sheikh Ahmed Jassin. Das ist der Grund, warum Colin Powell Anfang April 2002 den Versuch unternimmt, Arafat zur Unterschrift eines Abkommens zu veranlassen, das der israelischen Regierung ein Ende des Terrors verspreche. Arafat solle für die Palästinenser insgesamt auf Gewalt verzichten.

Der US-Außenminister hatte eine wichtige Zusage Sharons nach Ramallah mitgebracht. Er hat dem israelischen Ministerpräsidenten die Zusage abgerungen, daß er Arafat nicht töten lassen wolle. Mehr noch: Sharon hatte versprochen, dem Kontrahenten »kein Haar zu krümmen«.

Einen Tag zuvor hatte Arafat über sein Handy aus dem belagerten Hauptquartier von Ramallah seinem Vertreter in der Bundesrepublik Deutschland mitgeteilt: »Sharon will mich gefangennehmen und töten lassen. Ich bin bereit Märtyrer zu werden!« Colin Powell will ihm Mut machen: Die USA würden seine Position und Existenz absichern, wenn er bereit ist, die Sicherheit des jüdischen Staates durch Einstellung der Gewalt und der Selbstmordattentate zu gewährleisten. Arafat, der keinen Kontakt zu Ahmed Jassin mehr hat, lehnt die Unterschrift unter die von Powell formulierte Erklärung ab.

Am Tag danach, am 15. April 2002, wird der Blick wieder auf den »weltweiten Terrorismus« gelenkt. George W. Bush verliert das Interesse am Konflikt zwischen Israel und Palästinenser. Er ruft die Araber auf zur Mitarbeit bei der Bekämpfung des Terrorismus.

»Vergiß nicht, mich in Dein Gebet einzuschließen«

Die Synagoge trägt den Namen »La Ghriba« – die Wundertätige. Am 11. April des Jahres 2002 vormittags um 9 Uhr haben deutsche Touristen die Absicht, diese Synagoge auf der tunesischen Insel Djerba zu besichtigen. Sie gilt als ältestes jüdisches Gotteshaus in Afrika. »La Ghriba« ist eine der wenigen Sehenswürdigkeiten auf der Insel. Die Touristen wählen das Urlaubsziel Djerba aus, weil es reichlich Gelegenheit zum Bad im Meer bietet. Wer nicht nur baden will, der schaut sich »Die Wundertätige« an.

Dazu haben sich 45 deutsche Djerba-Touristen entschlossen. Sie verlassen außerhalb der Mauern, die das Synagogengelände umgeben, ihren Reisebus. Sie betreten eine enge Gasse zwischen der Synagoge und einer Karawanserei. Beide Gebäude sind ungefähr gleich hoch – zwei Stockwerke. Zwei der Reiseteilnehmer sagen später aus, sie hätten in jener engen Gasse einen Lieferwagen vom Typ Iveco bemerkt, an dem sich ein Mann zu schaffen machte, der etwa 30 Jahre alt war – offenbar ein Tunesier. Da war nichts Auffälliges zu sehen – jeder, der vorbeiging, hielt den Mann für einen Lieferanten, der die Karawanserei bediente. Ein Augenzeuge erinnerte sich, der Mann sei schließlich vom Auto weggegangen.

Einige der Touristen befinden sich bereits in der Synagoge, andere bewegen sich noch in der engen Gasse, da füllt ein Feuerblitz die Luft zwischen den Gebäuden. Ein gewaltiger Knall erfolgt. Touristen, die noch auf der Gasse waren oder im Bereich des Synagogeneingangs sind auf der Stelle tot. Elf der 45 Touristen, haben derartige Verbrennungen erlitten, daß sie nicht weiterleben können.

Die tunesischen Behörden wollen die Explosion und die Folgen vertuschen. Die Polizei spricht von einem Unfall: Gasflaschen seien auf der Ladefläche gestanden; sie seien auf rätselhafte Weise detoniert. Die tunesische Regierung will verhindern, daß die Touristikindustrie beunruhigt wird: Die Ferieninsel Djerba lebt von den Fremden. Wenn sie ausbleiben, sind die Verluste für die Wirtschaft riesig. So geschah es, daß innerhalb einer Woche sämtliche Schäden an der Synagoge und an der Karawanserei behoben wurden. Schreiner brachten neue Fensterläden an; Holzbänke erhielten gedrechselte Lehnen; Maler strichen die Decke der Synagoge grün an; der Weg vor der Synagoge wurde gepflastert.

Erst nach Tagen war der tunesische Staatspräsident Zine Al Abidine Ben Ali bereit, gegenüber dem deutschen Botschafter Christoph Derix zuzugeben, daß es sich um einen Anschlag handle. Der Staatspräsident betonte, er sei glücklich, zur Aufdeckung der Hintergründe beitragen zu können. Er übergab dem Botschafter eine Handynummer, die wohl für deutsche Fahnder von Wichtigkeit sein könne. Sie gehörte zu einem Anschluß in der Bundesrepublik.

Inzwischen existierte ein Bekennerschreiben, verfaßt von einer Organisation, die sich »Islamische Armee zur Befreiung der heiligen Stätten« nannte. Dieses Schreiben hatte die in London erscheinende

Tageszeitung »Al Quds Al Arabi« erhalten. Der Zeitungsname ist zu übersetzen mit »Das arabische Jerusalem«.

Die »Islamische Armee zur Befreiung der heiligen Stätten« teilt mit, das Ziel des Anschlags sei von »ihrem Kämpfer observiert, fotografiert und studiert worden«. Dem Schreiben ist zu entnehmen, daß es sich um einen einzelnen Kämpfer gehandelt habe, der eigenständig den Plan zum Attentat entwickelt und ausgeführt habe.

Als die tunesischen Sicherheitsbehörden nicht länger darauf beharrten, es habe sich um ein Unglück gehandelt, nannten sie bald einen Schuldigen für den Anschlag gegen die Touristen bei der Synagoge von Djerba. Sein Name: Nizar Ben Mohammed Nawar. Er ist allerdings seit dem Zeitpunkt des Anschlags verschwunden. Als möglich wurde angenommen, daß er bei der Explosion ums Leben gekommen ist.

Die Handynummer, die der tunesische Staatspräsident dem deutschen Botschafter übergeben hat, war für die deutschen Ermittler in der Tat von Bedeutung. Sie gehörte einem jungen Mann, der bereits seit längerer Zeit von Beamten des Bundeskriminalamtes beobachtet wurde. Er hatte möglicherweise Kontakt gehabt zu jenen islamischen Kreisen, die in Hamburg das Attentat auf das World Trade Center geplant hatten.

Die Überwachung hatte auch den Telefongesprächen gegolten, die über das Handy des Verdächtigen geführt wurden. Er war am Tag des Attentats von Djerba aus angerufen worden – um 7.17 Uhr in der Frühe. Um 9 Uhr fand dann der Anschlag statt. Das Gespräch ist vom BKA aufgezeichnet worden.

Aus Tunesien rief Nizar Ben Mohammed Nawar an. Er wollte mit »Abu Ibrahim« sprechen Schließlich unterhielten sich die beiden. Am Anfang war deutlich Mißtrauen des Angerufenen zu spüren, doch dann sagte Nizar Ben Mohammed Nawar, er heiße »Seif«. Mehrmals wiederholte er diesen Namen, der »Schwert« bedeutet. »Seif« mag der Kampfname gewesen sein. Schließlich kam der Anrufer zum Sinn des frühen Telefonats. Er sagte: »Vergiß nicht, mich in Dein Gebet einzuschließen! Vergiß nicht, mich beim Gebet zu erwähnen! Ich habe Dich angerufen, weil ich Dawaa benötige.« Gemeint ist der Segen Allahs. Der letzte Satz des Angerufenen lautete: »Allahs Gnade und Segen sei mit Dir!«

Der Inhalt des Telefonats reichte nicht aus für einen stichhaltigen Grund zur Verhaftung des Angerufenen. Die Überprüfung ergab, daß er in Pakistan gewesen ist, dort mag er »Seif« getroffen haben. Die Ermittlungen führten zu keinem handfesten Ergebnis.

Auch die Nachforschungen bei der Familie des verschwundenen Kämpfers der »Islamischen Armee zur Befreiung der heiligen Stätten«, der im Bekennerschreiben »Held und Märtyrer Nawar« genannt wird, führt zu keiner auswertbaren Erkenntnis. Die Familie lebt in Frankreich, in der Gegend von Lyon. Kein Familienmitglied konnte sich vorstellen, daß Nizar deutsche Touristen in die Luft gesprengt hat. Niemand hielt es für möglich, daß er besonders religiös gewesen sei. Er habe doch nie gebetet; er habe Alkohol getrunken und habe sich mit Frauen abgegeben. Die Familie wußte, daß ihr Verwandter auf Djerba im Tourismusgewerbe arbeite. Er habe sich erst kürzlich zu einem Besuch bei der Familie angemeldet. Nizar Ben Mohammed Nawar hat sich nie in Lyon gemeldet.

Ungeklärt blieb, ob der Anschlag von Djerba in Zusammenhang zu bringen ist mit dem Terrornetzwerk Al Qaida. Der einzige Hinweis, der auf einen Zusammenhang deutet, ist der nachgewiesene Aufenthalt des verdächtigen Deutschen in Pakistan und sein möglicher Kontakt zu aktiven islamischen Kräften in Hamburg. Leichter nachzuweisen ist die Verbindung zu Al Qaida im Fall des Mannes, der am 22. Dezember 2001 mit hochbrisantem Sprengstoff in seinem rechten Stiefel das Flugzeug der American Airlines bestieg, das von Paris nach Miami fliegen sollte.

Richard Reid, der »Stiefelbomber«

Was an Bord des Fluges 63 der American Airlines geschah, ist durch Fotos dokumentiert: Passagiere überwältigen einen Mann. In Boston, dorthin ist der Flug umgeleitet worden, wird der gefesselte Mann abgeführt – er geht in Strümpfen; die Stiefel sind ihm ausgezogen worden.

Vorausgegangen war dieses dramatische Geschehen: Eine Stewardeß hatte bemerkt, daß ein Passagier im Begriff war, an eine

Zündschnur Feuer zu legen, die aus dem Absatz seines rechten Stiefels heraushing. Sie nimmt gleichzeitig einen Schwefelgeruch wahr. Die Stewardeß stößt einen Schrei aus, der eine zweite Stewardeß alarmiert. Zusammen packen sie den Mann, dem es noch nicht gelungen war, die Lunte zu entzünden. Die Passagiere helfen mit, den Mann durch Gürtel zu fesseln.

Der Flugkapitän, inzwischen benachrichtigt, warnt die Passagiere vor möglichen Komplizen des Mannes, doch nichts Gefährliches geschieht. Das Flugzeug wird schon wenige Minuten später durch Jagdflugzeuge der US-Luftwaffe begleitet. Es landet sicher in Boston.

Beamte des FBI nehmen sich des Stiefels an. Die Sprengladung ist brisant genug, um ein Loch in den Rumpf des Flugzeugs zu reißen. Der Mann hatte die Absicht, das Flugzeug zum Absturz zu bringen, um damit die Passagiere zu töten.

Der Name des Mannes: Richard Reid. Er trägt einen dünnen, braunen Bart um Kinn, Oberlippe und Backen. Sein Haupthaar ist zu einem Zopf geflochten. Sein unordentliches Aussehen hatte am Vortag dazu geführt, daß er vom Pariser Flughafenpersonal so lange befragt wurde, bis sich der Flug nach Miami in der Luft befand. Argwohn hatte er dazuhin ausgelöst, daß er sein Flugticket bar bezahlt und daß er kein Gepäck aufgegeben hatte.

Mit Geschick und Glück finden Analysten des FBI heraus, daß Richard Reid während der zurückliegenden Monate häufig geflogen ist. Ausgangspunkt war London. Von dort flog er nach Amsterdam und weiter nach Tel Aviv. Seine nächsten Reiseziele waren Cairo, Istanbul, Islamabad. Dann kann sein Aufenthalt in Kabul nachgewiesen werden. Rätselhaft ist, wie Richard Reid wieder nach Europa gelangt ist. Am 5. Dezember 2001 hält er sich in Brüssel auf; am 17. Dezember befindet er sich in Paris.

Nachdem es Richard Reid nicht glückt, am 21. Dezember in das Flugzeug nach Miami zu gelangen, schickt er eine E-Mail-Botschaft nach Pakistan mit der Frage, wie er sich zu verhalten habe. Er bekommt die Anweisung, eben am nächsten Tag zu fliegen. Diesmal wurde er am Gate nicht abgewiesen.

Nach der Verhaftung in Boston bemüht sich das FBI den Lebenslauf des Richard Reid zu erforschen. Er selbst betont, er sei Moslem. Doch er stammt aus einer christlichen Familie. Sein Vater war als junger Mann aus Jamaika nach England eingewandert. Er war von dunkler Hautfarbe, doch es gelang ihm, eine weiße Frau zu heiraten, die zu einer mittelständischen englischen Familie gehörte. Ihr Sohn Richard wurde im Jahr 1973 geboren. Zu dieser Zeit befand sich der Vater im Gefängnis – was offenbar häufig geschah. Die weiße Frau ließ sich scheiden. Sie verlor bald darauf jeden Einfluß auf den Jungen und später auch jeden Kontakt. Richard Reid war 17 Jahre alt, als er zum erstenmal zu einer Haftstrafe verurteilt wurde. Wie sein Vater erlebte auch der Junge einen ständigen Wechsel von Freiheit und Haft. Es muß der Vater gewesen sein, der ihm den Rat gab, Moslem zu werden – der Vater war im Gefängnis zum Moslem geworden; der Sohn folgte seinem Beispiel.

Als Moslem stand ihm im Gefängnis ein Exemplar des Koran zu, und er erhielt »erbauliche Schriften«, die häufig anti-amerikanische Texte enthielten – verfaßt von islamischen Geistlichen, die unter dem Einfluß des Predigers Dr. Omar Abdel Rahman standen, der in der Moschee von Manhatten predigte. Der blinde Prediger hatte entdeckt, daß die Vereinigten Staaten von Amerika der Hauptfeind des Islam seien. Seine Parole: Der Moslem ist verpflichtet, gegen die Amerikaner zu kämpfen. Der Moslem müsse am »Dschihad«, am Heiligen Krieg, teilnehmen.

Diese Parole wurde von Richard Reid aufgenommen. Er änderte seinen Namen in Abdel Ra'uff. Unter diesem Namen hat er sich in Pakistan und Afghanistan aufgehalten. Dort wird ihm bestätigt, daß der Heilige Krieg gegen die USA unbedingt geführt werden müsse – die Kriegsteilnahme sei von Allah angeordnet worden.

Nach der Afghanistanreise ist Richard Reid Mitglied des Al-Qaida-Netzwerks. Er wird von Al-Qaida-Funktionären betreut. Doch daß, nach Reids Verhaftung, dieses Netzwerk nicht enttarnt werden kann, beunruhigt die Pariser Polizei. Sie fragt: Wo hat Reid zwischen dem 17. und dem 22. Dezember in der französischen Hauptstadt gewohnt? Er ist in keinem Hotel gemeldet. Dies könnte bedeuten, daß er Gast einer unbekannten terroristischen Zelle gewesen war.

Noch größere Beunruhigung aber löste das Resultat der FBI-Untersuchung des Stiefels aus, dessen Absatz mit einer Sprengladung versehen war. Die Konstruktion des Sprengkörpers war neuartig. Die Sprengsubstanz bestand aus zwei Stoffen: Der eine war leicht zu entzünden; brannte er, lieferte er die Hitze für die Detonation des hochbrisanten eigentlichen Sprengstoffs. Die gesamte Ladung wog nur 115 Gramm.

Ein Rätsel blieb, wer den Stiefel präpariert und wer den Sprengstoff hergestellt hat; er ist im Handel nicht zu erwerben.

Aufs Höchste alarmiert schickt FBI-Direktor Bob Mueller Befehle an seine Agenten in Europa: Sie sollten sich bemühen, das Rätsel zu lösen. Zu befürchten war, daß auf der Grundlage der Konstruktionserkenntnisse weitere Anschlagsversuche – wenn auch in abgewandelter Weise – erfolgen könnten. Die Frage war, wer steckt dahinter?

Tot oder lebendig – Osama Bin Laden jagt der Welt weiterhin Schrecken ein

24 Jahre lang war Turki Ibn Faisal Chef des saudiarabischen Geheimdiensts. Er gibt zu, daß er gewußt hat, daß Osama Bin Laden Anschläge in den USA plant, daß er Spektakuläres vorhat, doch er hat das Ausmaß der Aktion unterschätzt: »Er hat uns wissen lassen, was geschehen wird. Wir haben ihm einfach nicht geglaubt« – dies sagte der Prinz im November 2001 zum Magazin »Time«. Er hatte nach dem 11. September den prestigereichen Posten des Geheimdienstchefs aufgeben müssen. Mit 56 Jahren lebt er von der Erinnerung an die Zeit, als er Einfluß hatte im Königreich Saudi-Arabien. Diese Erinnerung schließt auch Niederlagen ein – der Umgang mit Osama Bin Laden gehört dazu.

Der saudiarabische Geheimdienstchef Prinz Turki Ibn Faisal war der Gründer und Organisator gewesen der »Legion für Afghanistan«, die zu Beginn der 80er Jahre aufgestellt wurde zur Unterstützung der »Mujaheddin«, der »Glaubenskämpfer«, die bereit waren mitzuhelfen beim Kampf gegen die Sowjets, die ab 1979 in Afghanistan eingedrungen waren. Osama Bin Laden besaß damals das Vertrauen des Turki Ibn Faisal und damit des Hauses As Saud. Der Prinz erinnert sich daran, den Sohn des angesehenen Bauunternehmers Mohammed Bin Laden mehrmals empfangen zu haben. Die beiden waren etwa gleich alt. Osama machte damals den Eindruck, er sei etwas scheu und trotzdem voll Begeisterung für den Islam zu kämpfen – gegen die Ungläubigen.

Das Feindbild des Osama, so berichtet der Prinz, sei zunächst auf die Marxisten beschränkt gewesen. Osama habe in den kommunistischen Sowjets den Feind des Islam gesehen. Die Kommunisten hätten die wahren Gläubigen im eigenen sowjetischen Reich unterdrückt, dann hätten sie die Moslems im Süden des Jemen niedergekämpft. Osama Bin Laden habe begriffen, daß der Marxismus für den Islam eine Gefahr bedeute, die weit über den Bereich Afghanistan hinausreiche.

Erst nachdem Bill Clinton die Ausbildungslager der Taliban am Hindukusch habe angreifen lassen, sei Osama Bin Laden zum Feind der USA geworden. Prinz Turki Ibn Faisal hielt diese Erweiterung des Feindbilds zunächst nicht für gefährlich. Er war der Meinung, Osama würde von selbst begreifen, daß er keinen Krieg gegen die westliche Welt führen könne. Im Sommer des Jahres 2002 weiß Prinz Turki Ibn Faisal, daß er Osama unterschätzt hat. Er ist zwar nicht mehr saudiarabischer Geheimdienstchef, doch das Phänomen Osama Bin Laden beschäftigt ihn noch immer. Der Prinz glaubt, daß er sich noch jahrelang damit abgeben muß – er ist der Ansicht, daß Osama lebt. Gestützt wird er darin von Umfragen in den USA, die besagen, mehr als drei Viertel der politisch Denkenden seien überzeugt, der Chef des Terrornetzes Al Qaida sei immer noch am Leben und sei damit beschäftigt, neue Anschläge zu organisieren.

Vorbei sind die Zeiten, als Präsident Bush laut verkündete, der Drahtzieher der Anschläge von New York und Washington werde aufgespürt werden »ob tot oder lebendig«. Kleinlaut sind die Stellungnahmen des Pentagon zur Frage, ob der Gesuchte tatsächlich während der Flächenangriffe amerikanischer Bomber auf die Bergregion von Tora Bora umgekommen sei. Der stellvertretende Verteidigungsminister Paul Wolfowitz zeigte noch den größten Optimismus wenn er sagte: »Osama Bin Laden muß tot sein! Es ist ihm doch gar nichts anderes übriggeblieben bei der Wucht unseres Angriffs.«

Im Dezember 2001 war das letzte ernst zu nehmende Lebenszeichen öffentlich geworden: Ein Videoband, das dem arabischen Sender »Al Dschazira« zugespielt worden war. Osama Bin Laden ist deutlich zu erkennen. Sein Gesicht ist etwas magerer als früher, und er sprach langsamer als bisher gewohnt. Doch seine Aussage war deutlich: »Wir lassen nicht nach im Kampf gegen die Ungläubigen!«

Im Frühjahr 2002 hatte die Zeitung »Al Quds Al Arabi« – »Das arabische Jerusalem« zu berichten gewußt, Osama Bin Laden sei irgendwann und irgendwo verwundet worden. Doch er lebe und heile seine Verwundung aus.

Im April 2002 reagierte Verteidigungsminister Donald Rumsfeld nervös und unwirsch auf die Frage nach dem Verbleib des Al-Qaida-Chefs: »Er ist entweder tot, oder er lebt. Er ist entweder in Afghanistan oder Sonstwo!« Ein Mitglied seines Stabes gab ehrlich zu: »Wir haben ihn verloren.«

Die Suche wurde intensiviert im Mai 2002. Amerikanische und britische Truppen begannen die »Operation Berglöwe«. Den Kern der Einheiten bildeten amerikanische Luftlandeverbände. Insgesamt waren 1200 Elitesoldaten im Einsatz. In Chinook-Hubschraubern starteten sie vom Luftwaffenstützpunkt Baghram bei Kabul aus. Ihr Ziel war das schwer zugängliche afghanisch-pakistanische Grenzgebiet zwischen der afghanischen Stadt Khonae Khas und der Ortschaft Malakand in Pakistan. Die Region befindet sich nördlich des Khyberpasses. Der für Khonae Khas zuständige afghanische Geheimdienstoffizier hatte »vertrauliche aber zuverlässige Nachrichten« erhalten, daß Osama Bin Laden gerade dort gesehen worden sei – zusammen mit seinem wichtigsten Mitarbeiter Ayman Al Zawahairi. Die beiden seien unterwegs gewesen zu einem Dorf namens Maidan, das auf keiner Landkarte verzeichnet ist. Dort, so hatten Vertrauensleute mitgeteilt, befinde sich jetzt die Zentrale von Al Qaida.

Diese Annahme wurde bestätigt durch Aussagen eines anderen wichtigen Mitarbeiters von Osama Bin Laden, der in der pakistanischen Stadt Faisalabad aus einem Versteck geholt worden war. Sein Name: Abu Zubaydah. Bis zu diesem Zeitpunkt hatte sich der pakistanische Staatschef Pervez Musharraf geweigert, den US-Truppen die Erlaubnis zu geben, in seinem Gebiet Aktivitäten zu entwickeln. Jetzt aber genehmigte er die »Operation Berglöwe«.

Das erste Ziel war eine Koranschule beim Dorf Maidan. Die Chinook-Hubschrauber erschienen ganz plötzlich; ihnen entstiegen die Elitesoldaten. Sie drangen in die Schule ein und durchsuchten sie. Es waren nur wenige Frauen und Kinder im Gebäude. Die US-Soldaten erfuhren, daß noch kurz zuvor Kämpfer von Al Qaida in der

Nähe gesehen worden seien, doch sie seien auf einmal verschwunden gewesen.

Wieder einmal hatte sich eine Information als falsch erwiesen. Es geschieht täglich, daß der US-Geheimdienst vor Ort damit beschäftigt ist, »vertrauliche Meldungen«, Osama Bin Laden sei als Wanderer in einem Bergtal gesehen worden, zu lesen – und wegzuwerfen.

Im Herbst 2002 erbrachte die geheimdienstliche Aufarbeitung von Erkenntnissen über die Vergangenheit von Al Qaida diese Einsicht in die Struktur: Es gibt nur den engsten Kreis um Osama Bin Laden; das Mittelmanagement fehlt vollständig; die Befehlsempfänger sind die Attentäter selbst. Der Befehlsweg ist äußerst kurz. Damit ist garantiert, daß die Entschlüsse zu Anschlägen geheim bleiben. So kann es geschehen, daß Geheimdienste und Öffentlichkeit von einem Anschlag völlig überrascht werden.

Der Tanker »Limburg« brennt aus

Eine schwarze, fettige Rauchsäule stand am Morgen des 6. Oktober 2002 – es war ein Sonntag – über dem jemenitischen Ölhafen Mina Al Dabah am Golf von Aden. Die Rauchwolke quoll aus dem Rumpf des Tankers »Limburg«, der mit 500 000 t Ladekapazität registriert war. Der Tanker war bereits beladen angekommen. In seinen Kammern im Rumpf befanden sich 397 000 Barrel Öl, die aus Iran stammten. Diese Ladung sollte durch 1,5 Millionen Barrel jemenitisches Öl ergänzt werden, die von einem Ladeterminal aus an Bord gepumpt werden sollten.

Der Tanker war Eigentum der französischen Reederei »Euronave«; doch er fuhr unter malaysischer Flagge. Er war von der staatliche malaysischen Ölgesellschaft »Petronas« gechartert und im Pendelverkehr zwischen Malaysia und dem Ölgebiet rings um den Persischen Golf eingesetzt worden.

Über die Ursache der Explosion gab es zunächst nur Vermutungen. Die jemenitische Regierung verlautbarte sofort, es habe sich um einen Unglücksfall gehandelt. Ein Schaden am Rumpf der »Limburg« oder Unachtsamkeit des Personals habe die Explosion und damit den Brand ausgelöst. Die französische Reederei »Euronave« mit Sitz in Nantes veröffentlichte schnell eine Gegendarstellung. Der Euronave-Direktor Jacques Moizan meinte: »Da ist ein terroristischer Anschlag verübt worden. Das Schiff ist neu und wird hervorragend gewartet. Einige Männer der Besatzung haben ein kleines Boot nahe der Bordwand des Tankers gesehen.« Die Entgegnung der jemenitischen Regierung: »Dieses Boot war ein Schlepper, der den Tanker in die richtige Position zum Beladen bringen sollte.«

Inzwischen flossen tausende von Barrel Öl ins Meer. Der Ölhafen Mina Al Dabah ist nicht auf derartige Unglücksfälle eingerichtet.

Während der nächsten Stunden verdichtete sich der Verdacht, gegen die »Limburg« sei ein Anschlag verübt worden. Hubert Ardillon, der Kapitän, berichtete über Telefon seiner Reederei: »Ich habe selbst gesehen, wie sich das kleine Boot mit hoher Geschwindigkeit der »Limburg« genähert hat. Ob es Sprengstoff an Bord hatte, kann ich nicht sagen.«

Die jemenitische Regierung lehnte die Version auch weiterhin ab, die »Limburg« sei von Terroristen attackiert worden. Von den Verantwortlichen in der Hauptstadt Sana'a wurde befürchtet, ihnen werde vorgeworfen, die Gefahr terroristischer Anschläge nicht ernstgenommen zu haben. Ihre Sorge war, daß die Reedereien künftig die Tankerkapitäne anwiesen, die jemenitischen Häfen zu meiden; sie hatten Sorge, die Einnahmen aus Hafengebühren und Transitgeschäften würden schwinden.

Fotografien des Rumpfes der »Limburg« gaben zu erkennen, daß die Ränder des großen Lochs nach außen zeigten. »They blossomed out.« Daraus konnte abgelesen werden, daß die Detonation im Schiffsinneren erfolgt ist. Nach dieser Erkenntnis war ein Sabotageanschlag von außen als Ursache der Explosion auszuschließen. Faris Sanibani, der Berater des jemenitischen Staatspräsidenten Ali Abdallah Saleh, wollte den Fall »Limburg« mit diesem Fazit abschließen: »Man sieht doch ganz deutlich, daß der Stahlmantel des Schiffs nach außen gedrückt worden ist. Die Explosion hat im Innern des Tankers stattgefunden.«

Doch schon am nächsten Tag mußte diese Beurteilung der Unglücksursache korrigiert werden. Sachverständige flogen im

Hubschrauber um die immer noch qualmende »Limburg« herum und trafen diese Feststellung: »Die Ränder des Lochs sind eindeutig nach innen gebogen.« Damit war geklärt, daß die Detonation außerhalb des Schiffsrumpfes erfolgt ist. Vom Hubschrauber aus war der doppelte Stahlmantel des Schiffskörpers zu erkennen. Der Tanker war nach den modernsten Sicherheitserkenntnissen gebaut worden.

Die These vom Unglück war nicht länger aufrechtzuerhalten. Nun bekam der Kapitän von der Reederei und von der jemenitischen Regierung die Genehmigung, über seine Beobachtungen zu berichten. Er habe auf den Lotsen gewartet, der die »Limburg« zum Ölterminal steuern sollte; dieser kam von der Küste her in einem Schlauchboot vom Typ »Zodiac«. Zur selben Zeit habe sich vom Meer her mit hoher Geschwindigkeit ein anderes Boot genähert; ein stabiles Motorboot. Es habe auf den Wellen getanzt. Beim Aufprall auf den Schiffsrumpf sei die Detonation erfolgt.

Zum Glück hat sich keiner der Seeleute in der Nähe des Explosionsortes aufgehalten. Der Kapitän auf der Kommandobrücke spürte den ungeheuren Schlag, der den Schiffskörper vibrieren ließ. Sofort war ein Teil des hinteren Decks von Flammen umhüllt, denen augenblicklich der dicke, fettige Rauch folgte. Als er bemerkte, daß sich auf der Wasseroberfläche Feuer ausbreitete, gab Kapitän Ardillon der Besatzung Anweisung zum Verlassen des Tankers. Sie mußten über Bord springen aus einer Höhe von 24 Metern. Beim Aufprall auf die Wasseroberfläche verrenkten sich viele Arme, Beine und den Rücken. Die Männer schwammen durch die Lücke, die auf dem Wasser noch frei von Feuer war. Sie wurden in Boote aufgenommen, die der Lotse – ein Engländer – über Funk vom Hafen herbeigerufen hatte. Sechs Besatzungsmitglieder wurden ins Krankenhaus der Stadt Mukallah gebracht.

Am Samstag der Woche, die auf den Anschlag gefolgt war, hatten französische Spezialisten erste Untersuchungen abgeschlossen. Sie hatten in der Ölkammer, die explodiert war, Reste des kleinen Bootes und Spuren von TNT gefunden. Eindeutig stand nun fest, daß ein Sprengstoffanschlag stattgefunden hatte.

Bei einer arabischen Zeitung in London traf ein Bekennerbrief ein. Die Schreiber bedauerten, keinen amerikanischen Tanker getroffen zu haben; es sei an jenem 6. Oktober keiner in der Nähe gewesen. Der Brief schoß mit diesem Fazit: »Wir haben dennoch erreicht was wir wollten – getroffen wurden die Interessen der Ungläubigen.«

Der französische und der amerikanische Geheimdienst sind der Ansicht, daß der Bekennerbrief ernst zu nehmen ist. Die Spezialisten glauben, das Terrornetz der Organisation Al Qaida sei im Begriff, sich neu zu orientieren – es benütze die Chance, daß die Weltöffentlichkeit mehr mit Vermutungen um einen künftigen Krieg gegen Irak beschäftigt sei als mit der Beobachtung von Anzeichen, die auf die Tätigkeit von Al Qaida hinweisen.

»Sie haben ihre Taktik umgestellt« – diesen Hinweis erhielt das Magazin »Time« aus dem Weißen Haus in Washington. »Al Qaida schickt kleine Gruppen los, um Anschläge zu verüben. Manchmal sind es wahrscheinlich nur zwei oder drei Leute.«

Diese Taktik ruft das Verfahren in das Gedächtnis zurück, das Al Qaida vor dem 11. September 2001 angewandt hat.

Zur Erinnerung: der Anschlag auf den US-Zerstörer »Cole«

Nicht ganz 600 Kilometer westlich vom Ölhafen Mina Al Dabah entfernt liegt Aden, der einstige Stützpunkt der Engländer. Der Hafen hat Bedeutung als Zwischenstation der Tanker und Frachtschiffe im Bereich des Suezkanals.

Am 6. Oktober 2002, als der Tanker »Limburg« in Mina Al Dabah attackiert wurde, fehlten nur wenige Tage bis zum Zeitpunkt, da sich das Ereignis eines Angriffs auf ein amerikanisches Kriegsschiff zum zweitenmal jährte: Am 12. Oktober des Jahres 2000 hat um 12.15 Uhr Ortszeit eine Detonation ein riesiges Loch in die Außenwand des US-Zerstörers »Cole« gerissen: Es war zwölf Meter lang und sechs Meter breit. Kapitän Kirk S. Lippold stellt fest, daß an Bord selbst keine Explosion erfolgt ist. Der Sprengsatz muß von außen gezündet worden sein. Verwüstet waren Mannschaftsräume und der Saal der Maschinenanlage. Die Verluste an Offizieren und Matrosen: 17 Tote und mehr als 30 Verwundete. Unter den Toten befand sich auch eine Matrosin.

Der Ablauf des Anschlags läßt sich so schildern: Wenige Minuten vor der Explosion war der Zerstörer »Cole« nach einer Fahrt durch den Suezkanal und das Rote Meer in den Hafen von Aden an der südlichen Ecke des Jemen gelotst worden. Auf mehreren Booten, die ringsum die »Cole« im Wasser waren, arbeiteten Männer an Tauen, um das Schiff an Bojen zu befestigen. Die »Cole« war in einen besonders gesicherten Teil des Hafens gelenkt worden. Die Hafenbehörden wollten vermeiden, daß die »Cole« das Ziel irgendeines Anschlags werden könnte. Die Hafenarbeiter waren eigens an diesem Tag wieder auf Zuverlässigkeit überprüft worden.

Der Zweck des Aufenthalts des US-Zerstörers in Aden war die Aufnahme von Treibstoff. Die »Cole« sollte am folgenden Tag wieder auslaufen. Dem Zerstörer war die Aufgabe zugewiesen, den Flugzeugträger »Abraham Lincoln« in der Arabischen See zu eskortieren.

Als die »Cole« an den Bojen festgemacht war, entfernten sich die kleinen Boote in Richtung Kaianlagen. Dann aber hat eines der Motorboote einen großen Bogen durch das Hafenbecken gezogen. Dabei ist seine Geschwindigkeit rasch gesteigert worden. Das Boot fuhr dann auf den US-Zerstörer zu. Zwei Männer waren zu sehen. Sie saßen zunächst, standen aber auf einmal auf. Zu erkennen war, daß sie beteten. Sie behielten ihre Haltung, bis sie in Feuerblitzen verschwanden.

Ali Abdallah Saleh, der Staatspräsident des Jemen, war auch damals darauf bedacht, rasch seine Regierung und seinen Staat von aller Schuld freizuwaschen. Er sagte: »In diesen Anschlag kann kein Jemenit verwickelt sein. Niemand im Jemen betrachtet die USA als Feind. Keiner hier will den USA Schaden zufügen.«

Ali Abdallah Saleh wies dem Verdacht auf die Täter eine Richtung: »Es waren wohl Veteranen aus dem Krieg in Afghanistan, die dort gegen die Sowjetunion gekämpft haben. Ihr Feind ist jetzt Amerika!«

Präsident Bill Clinton nahm diesen Schuldzuweis auf. Er gab den Fahndern, die nach Aden entsandt wurden, den Auftrag, die Verbindung zwischen Osama Bin Laden und dem Anschlag auf den US-Zerstörer aufzuspüren. Osama Bin Laden war am 12. Oktober des Jahres 2000 zum erklärten Gegner des US-Präsidenten geworden:

Für Bill Clinton war der Schluß naheliegend, daß Osama Bin Laden der Organisator des Anschlags war: Schließlich stammte dieser aus dem Jemen, aus dem Hadramaut. Von dort aus war im Jahr 1929 der Maurer Mohammed Bin Laden, sein Vater, nach Saudi-Arabien ausgewandert. Die Sippe der Bin Laden war noch immer bedeutend im Süden des Jemen; mit der Solidarität der Verwandtschaft konnte Bin Laden wohl rechnen. Die Nachforschungen zur Feststellung der Täter hatten Spuren innerhalb des Clans der Bin Laden zu verfolgen.

Der Aufwand für die Suche nach dem Schuldigen war groß. Acht US-Kriegsschiffe liefen ab Ende Oktober 2000 den Hafen Aden an. Sie wurden damals zusammengezogen aus den Flottenverbänden der USA im Mittelmeer und im Persischen Golf. Auf ihnen befanden sich 3000 Seeleute.

200 FBI-Fahnder und Beamte des State Department wurden eingeflogen. Sie handelten höchst eigenwillig: Ohne Absprache mit jemenitischen Behörden nahmen sie Verhöre und Hausdurchsuchungen vor; sie sperrten Straßen ab und kontrollierten Kraftfahrzeuge. Die Bewohner von Aden fühlten sich, als ob ihre Stadt von den Amerikanern besetzt worden wäre. Unruhe machte sich breit.

Staatspräsident Ali Abdallah Saleh sah sich veranlaßt, in der Öffentlichkeit zu erklären, die Untersuchungen im Fall »Cole« befänden sich fest in den Händen der jemenitischen Sicherheitsbehörden; das US-Personal, das sich in Aden befinde, sei nur zur Unterstützung der jemenitischen Fahnder anwesend.

Präsident Clinton hatte am 18. Oktober 2000 während der Trauerfeier für die 17 Toten des Anschlags in Washington verkündet, er werde nicht ruhen, bis die heimtückischen Verbrecher gefunden seien, die Amerikaner getötet hätten. Die von ihm befohlene Suche nach den Tätern blieb ohne Erfolg.

Das Resultat der Spurensuche erbrachte auch im Fall »Limburg« kein Resultat – außer der Erkenntnis, daß Al Qaida die Taktik geändert hatte, und wieder, wie beim Anschlag auf die »Cole« im Jahr 2000, ganz kleine Gruppen einsetze.

In Moscheen der pakistanischen Hauptstadt Islamabad sprechen am Freitag der dem Anschlag folgenden Woche Prediger davon, die Attacke auf den Tanker »Limburg« sei der Beweis dafür, daß Al Qaida auch ein Jahr nach dem Beginn der amerikanischen Angriffe auf Afghanistan noch immer in der Lage sei, Schläge gegen die Ungläubigen auszuteilen.

Wenige Stunden nach der Explosion hatte der arabische Sender Al Dschazira ein Tonband abgespielt, auf dem die Stimme des Osama Bin Laden zu vernehmen war mit der Drohung, Amerika werde harte Schläge einstecken müssen, wenn es seinen Krieg gegen Araber und Moslems nicht einstelle.

»Juden und Christen raus aus Kuwait«

Diese Forderung erhob der Prediger beim Trauergebet für Anas Ahmed Ibrahim Kandari und Jassem Mubarak Hajri in einer Kuwaiter Moschee.

Der Prediger verdammte die »Ungläubigen«, die nur Unglück nach Arabien bringen würden. Die »Ungläubigen« hätten auch den Tod der beiden jungen arabischen Männer verursacht: Der eine sei 26 Jahre alt gewesen und der andere 21. Nach dem Trauergebet zogen hunderte von jungen Männern von der Moschee aus durch die Straßen. Vielfach wiederholten sie die Parole: »Juden und Christen raus aus Kuwait!« Die Demonstranten protestierten gegen die Präsenz amerikanischer Soldaten im Emirat Kuwait.

Auf der winzigen Insel Faylakah waren die beiden Männer getötet worden. Faylakah umfaßt nur 39 Quadratkilometer. Sie liegt unmittelbar vor der Kuwaitbucht. Irak ist in der Nähe; die Mündung des Schatt Al Arab ist nur 50 Kilometer entfernt.

Auf Faylakah leben nur wenige Menschen, konzentriert im Dorf Az Zawr. Sie arbeiten als Fischer. Vor dem Golfkrieg der Jahre 1990/91 befanden sich zeitweise Archäologen auf der Insel. Spuren menschlicher Zivilisation waren gefunden worden, die 2500 Jahre zurückreichen.

Seit Anfang Oktober 2002 hielten sich Soldaten der 11. Marine Expeditionary Unit auf der kleinen Landfläche auf. Sie übten Landung von See aus; dazu standen ihnen drei Landungsschiffe zur Verfügung. Insgesamt befanden sich zu diesem Zeitpunkt 6000 US-Soldaten im Emirat Kuwait. Ihr Lager ist 20 Kilometer südlich von Kuwait-City.

Der Übungstag der Marines auf Faylakah war eben zu Ende, die etwas kühlere Abendbrise hatte eingesetzt, da begannen einige der Soldaten Baseball zu spielen. Auf einmal rannten zwei Männer in kuwaitischer Hemdkleidung auf die Spieler zu; sie waren aus einem Lieferwagen ausgestiegen. Die zwei schossen im Laufen aus einer Maschinenpistole. Sie feuerten ohne ein bestimmtes Ziel anzuvisieren. Zwei der Soldaten wurden getroffen; einer davon starb kurze Zeit später. Die zwei Angreifer wollten entfliehen solange die Baseballspieler noch keine Waffen in der Hand hatten. Doch die Flucht gelang ihnen nicht; sie wurden tödlich getroffen, noch ehe sie ihren Kleinlastwagen erreicht hatten.

Daß dieser Angriff überhaupt hatte stattfinden können, überraschte die amerikanischen und die kuwaitischen Sicherheitskräfte. Die Insel Faylakah steht unter Aufsicht beider Geheimdienste. Niemand kann unkontrolliert Faylakah betreten. Es stellte sich heraus, daß Anas Ahmed Ibrahim Kandari und Jassem Mubarak Hajri enge Verwandte waren. Beide wurden offenbar schon seit längerer Zeit beobachtet – weil bekanntgeworden war, daß sie sich in Afghanistan aufgehalten hatten. Sie hatten sich damit gebrüstet, in einem Lager der Organisation Al Qaida ausgebildet worden zu sein. In Afghanistan seien sie im wahhabitischen Geist beeinflußt worden; dort hätten sie gelernt, »Juden und Christen zu hassen«.

Von Anfang ihrer Untersuchung an waren die amerikanischen Sicherheitsbeamten der Meinung, die beiden Attentäter seien von Bewohnern der Insel unterstützt worden. 31 Männer wurden verhaftet und befragt. Keinem konnte eine Verbindung zu Al Qaida nachgewiesen werden.

Sicher war allein, daß die beiden Schützen in Al-Qaida-Lagern in Afghanistan gewesen, und dort im Sinne des Osama Bin Laden indoktriniert worden waren. Sie hatten gelernt – genau wie die Attentäter, die sich den Tanker »Limburg« zum Ziel gewählt hatten –, in ganz kleinen Gruppen ihre Anschläge auszuführen.

Der Sprecher des Senders Al Dschazira in Qatar verlas am 14. Oktober 2002 ein Schreiben, das Osama Bin Laden verfaßt haben soll. Der Text lobt ausdrücklich die »Al-Qaida-Kämpfer«, die den »Limburg«-Anschlag und die Attacke gegen US-Soldaten auf der Insel Faylakah verübt haben: »Wir gratulieren der islamischen Nation für die mutigen und heroischen Dschihad-Operationen, die im Jemen den christlichen Tanker und in Kuwait die amerikanische Besatzungsstreitmacht zum Ziel hatten.«

Nur wenige Tage später gerieten US-Soldaten auf dem kuwaitischen Festland unter Beschuß. Geschossen wurde aus zwei Sportwagen. Das Ziel waren Marines, die zu einer Übung angetreten waren. Getroffen wurde niemand. Die US-Soldaten feuerten nicht zurück. Die Schützen entkamen.

Der Geheimdienst war vorgewarnt: der Anschlag auf Bali

Der amerikanische Botschafter in Jakarta, Ralph Boyce, übermittelte seine letzte aber deutliche Warnung am 13. Oktober 2002. Sein Schreiben war an Präsidentin Megawati Sukarnoputri gerichtet. Es schilderte Erkenntnisse des US-Geheimdiensts, der Omar Faruq Al Kuwaiti verhört hatte, der als wichtiges Mitglied von Al Qaida galt. Der Mann war im Juni 2002 auf der Insel Java verhaftet worden. Er hatte verraten, daß Anschläge in Indonesien geplant waren. Die amerikanischen Geheimdienstspezialisten nahmen die Angaben ernst. Sie veranlaßten, daß Mitte September die US-Botschaft in Jakarta geschlossen wurde.

Botschafter Ralph Boyce erwähnte in seiner Warnung vom 13. Oktober ausdrücklich, daß ein möglicher Anschlag nicht unbedingt US-Einrichtungen in Indonesien treffen müsse; ein Ziel könnten auch Orte, Plätze und Gebäude sein, die von Amerikanern gern und häufig aufgesucht werden. Die Präsidentin selbst reagierte nicht. Untergeordnete indonesische Beamte wandten sich an das Personal der US-Botschaft und baten um Konkretisierung der Hinweise. Sie hielten die Aussagen des Omar Faruq Al Kuwaiti für unerheblich; sie glaubten nicht an die Gefahr. Die Beamten der US-Botschaft seien erstaunt gewesen über die Gleichgültigkeit ihrer indonesischen Kollegen. Sie hätten jeden drängenden Hinweis auf einen möglichen Terroranschlag abgewehrt mit der Bemerkung, sie wüßten, wie sie die Situation einzuschätzen hätten.

Über 220 Millionen Menschen leben auf der indonesischen Inselwelt. Mehr als 90 Prozent sind Moslems. Indonesien ist damit der größte islamische Staat der Welt. Die Präsidentin Megawati Sukarnoputri weiß um die ethnische Sprengkraft, die eine derart gewaltige Zahl islamischer Menschen birgt. Sie muß darauf achten, daß diese Masse beruhigt bleibt.

Anfang Oktober 2002 stand die Präsidentin vor dem Problem, daß sie sich mit Warnungen vor Anschlägen durch islamische Gruppen zu befassen hatte. Der US-Botschafter war nicht der einzige gewesen, der auf mögliche Terrorakte hingewiesen hatte. Mehrmals war Megawati Sukarnoputri um Vorsicht im Falle der Organisation Jamaah Islamiyah gebeten worden. Sie aber hatte deshalb nichts unternommen, weil ihr Vizepräsident Hamzah Haz zu den Sympathisanten der Jamaah Islamiyah gehörte. Sie konnte sich keine Auseinandersetzung mit ihrem Vizepräsidenten leisten. Die Präsidentin gab die Richtung an: Die Warnungen bleiben unbeachtet.

Doch schon einen Tag später, am 13. Oktober 2002, meinte sie selbst, der Terrorismus bedeute eine ernsthafte Gefahr für Indonesien.

Eine Explosion hat die Präsidentin erwachen lassen; sie war genau am zweiten Jahrestag des Anschlags auf den US-Zerstörer »Cole« erfolgt – um 23 Uhr. Es war die Stunde der Flanierer, der Verliebten, der neugierigen Touristen am warmen Abend auf Bali. Der Anschlag galt dem Sari Club und der Diskothek »Paddy's« nahe dem legendären Kuta-Strand. Der Club wurde zerstört. Stark in Mitleidenschaft gezogen wurden sieben weitere Gebäude in denen sich Hotels, Cafés und Bars befanden. Die Straße zwischen den zerfetzten Häusern war von Betonbrocken, Stahlträgern, Glasscherben und verbogenen Werbeschildern bedeckt. Dazwischen standen ausgebrannte und verformte Kraftfahrzeuge.

Noch in der Nacht wurden 187 Tote gezählt. 300 Frauen und Männer, meist Touristen, sind verletzt worden. Die Toten und Verletzten stammten größtenteils aus Australien. Bali ist eine Lieblingsinsel für australische Touristen.

Nach Ansicht der US-Botschaft in Jakarta war es das Ziel der Attentäter gewesen, Touristen aus den USA zu treffen. Diesen Standpunkt übernahm auch der republikanische Senator Richard Shelby – er ist der stellvertretende Vorsitzende des Senate Intelligence Committee: »Was auf Bali geschehen ist, war eigentlich gegen uns, gegen die Amerikaner, gerichtet. Wir werden eine ganze Menge ähnlicher Aktionen erleben müssen!« Diese Befürchtung wird durch die Tatsache genährt, daß in derselben Nacht vor dem US-Konsulat in der Stadt Denpassar auf Bali ein Sprengsatz detoniert ist. Diese Explosion richtete nur Schäden an Gebäuden an.

Andrew Tan vom angesehenen Institute for Strategic Studies in Singapur glaubt zu wissen, wer für den Anschlag am Kuta-Strand und in Denpassar verantwortlich ist, und wer Ähnliches plant. Er nennt die Organisation Jamaah Islamiyah, die vom indonesischen Vizepräsidenten Hamzah Haz unterstützt und beschützt wird. Andrew Tan verfolgt die Verbindungen, die Jamaah Islamiyah zu Al Qaida und zu Osama Bin Laden besitzt. Er hat festgestellt, daß einige hundert der Jamaah-Islamiyah-Kämpfer bei Al Qaida in Afghanistan ausgebildet worden sind.

Als Chef der Organisation gilt der islamische Geistliche Abu Baker Bashir. Sofort nach dem Anschlag erklärte er, damit überhaupt nichts zu tun zu haben. Soviel er wisse, existiere Jamaah Islamiyah überhaupt nicht. In Amerika sei der Name erfunden worden, um die Moslems in Mißkredit zu bringen.

Abu Baker Bashir blieb nach dem Anschlag unbehelligt. Megawati Sukarnoputri hatte die Sicherheitsbehörden angewiesen, den beliebten Prediger in Ruhe zu lassen. So vermied die Präsidentin Ärger mit dem Vizepräsidenten.

Abu Baker Bashir: »Osama lebt, der Kampf geht weiter!«

Im Juli 2002 hat der Geistliche die zukünftige Entwicklung vor ausländischen Besuchern kurz skizziert: »Wir führen den Kampf für den Islam zunächst im Sinne unserer Heimat. Wir sind dabei verbündet mit der »Islamic Liberation Front«. Gemeinsam treten wir ein für die Gründung eines islamischen Staates in Südostasien. Indonesien, das Land mit der größten Zahl an Moslems in der Welt, soll Zentrum dieses islamischen Staates werden.

Der Anschlag auf der Insel Bali paßt durchaus ins Konzept des Geistlichen. Die Mehrheit der Inselbewohner sind Hindus – eine Ausnahme in Indonesien. Mit Rücksicht auf derartige Minderheiten ist Indonesien nach Verfassung und Gesetz kein islamischer Staat. Abu Baker Bashir will diesen Zustand ändern.

Auf die Methoden des Kampfes angesprochen, meint er: »Wir verteidigen uns gegen die USA. Wir gebrauchen dabei das Wort Terror nicht.« Daß er mit Osama Bin Laden in Verbindung steht, leugnet Abu Baker Bashir keineswegs: »Doch das ist keine physische Verbindung, sondern spiritueller Art. Wir stehen in geistigem Kontakt. Was uns verbindet, ist der Kampf für den Islam.«

Auf der Insel Java, in der Stadt Solo, befindet sich eine Koranschule, die von Abu Baker Bashir geleitet wird; sie wird von 2000 Schülern und Schülerinnen besucht. Den Sinn dieser Schule definiert der Leiter so: »Wer die Schule besucht, dem wird die Grundlage für einen starken Glauben an Allah und an den Propheten Mohammed gegeben. Doch gelehrt wird nicht nur das Wissen um den Koran, sondern gelehrt werden auch Mathematik, Chemie und Biologie. Wir vermitteln den Lehrstoff einer normalen Schule.«

Die Koranschule von Solo ist gegründet worden mit saudiarabischer Unterstützung – mit dem Geld des Hauses As Saud. Die Denkweise des Lehrpersonals ist wahhabitisch orientiert. Es ist deshalb nicht verwunderlich, daß an den Wänden der Klassenzimmer Bilder von Osama Bin Laden hängen.

Die Erkenntnis von der »spirituellen Bindung« an Osama Bin Laden, löste am 16. Oktober 2002 eine überraschende Veränderung in der Haltung der indonesischen Regierung zur Organisation des Abu Baker Bashir aus. Der Minister für Staatssicherheit sagte: »Wir können uns dieser Erkenntnis nicht entziehen, die uns von Singapur und Malaysia zugeleitet worden ist. Wenn diese beiden Staaten der Meinung sind, daß Jamaah Islamiyah eine terroristische Vereinigung ist, können wir nichts anderes behaupten.« Doch der Minister für Staatssicherheit Indonesiens weigert sich noch immer, Abu Baker Bashir selbst als Terroristen zu bezeichnen. Er muß zugeben, daß der Geistliche für Osama Bin Laden schwärme, daß er gegen Juden und Christen eingestellt sei, doch damit sei er noch lange kein Terrorist.

Der Minister für Staatssicherheit nannte allerdings einen anderen islamischen Geistlichen – sein Name sei Hanbali – als Chef der Jamaah Islamiyah. Das Dossier, das die Staatssicherheit über ihn angelegt hat, besagt, daß er zum inneren Zirkel der Al-Qaida-Organisation gehört. Dies sei erstaunlich, weil dieser Kreis für solche

Männer reserviert bleibt, die aus Saudi-Arabien stammen oder das Vertrauen eines aus Saudi-Arabien stammenden Al-Qaida-Chefs besitzen. Seit der Mitte des Jahres 1995 bestehe die enge Verbindung zwischen Jamaah Islamiyah und Al Qaida. Hanbali habe diese Allianz geschaffen.

Das Dossier enthält den Hinweis, es sei Hanbali gewesen, der die Aktivisten von Jamaah Islamiyah angewiesen habe, einen Vorrat an Sprengstoff anzulegen; er habe im Jahr 2000 den Kauf von fünf Tonnen brisanten Materials gefordert. Es hätte bei Anschlägen auf die amerikanische und die israelische Botschaft in Singapur verwendet werden sollen. Diese Attacken seien jedoch verhindert worden. Seither aber sei der Sprengstoff im verborgenen gelagert worden.

Am 15. Oktober 2002 gab die indonesische Sicherheitsbehörde an, sie habe den Mann gefunden, der den Sprengsatz zusammengestellt hätte – es sei ein früheres Mitglied der indonesischen Luftwaffe. In deren Dienst habe er gelernt, mit Sprengstoff umzugehen. Den Namen des Mannes gab die Behörde nicht an. Der »Verdächtige« wurde bald völlig unauffällig wieder entlassen – ohne Erklärung, wie sein »Geständnis« entstanden war.

Am 22. November 2002 präsentierte die Polizei in Jakarta erneut einen Mann, der bereits ein Geständnis abgelegt hatte. Sein Name: Imam Sanudra. Er nennt sich auch Abdel Aziz. Als er vorgeführt wurde, rief er mehrmals laut: »Allahu Akbar!« – Allah ist über allem.

Der Gefangene sagte aus, er habe den Ort bestimmt, an dem am 12. Oktober der Sprengstoff detoniert sei. Er habe die Unterhaltungslokale deshalb ausgesucht, weil dort häufig Amerikaner anzutreffen seien. Imam Sanudra gab zu, zur Organisation Jamaah Islamiyah zu gehören. Er zähle jedoch nicht zur Spitze dieser Organisation.

Im Falle des Anschlags habe er nur auf Befehl gehandelt. Soviel er wisse, seien weitere Anschläge in Vorbereitung. Den Namen des Chefs nannte er nicht. Amerikanische Beobachter sind der Meinung, dieser Chef sei der Geistliche Abu Baker Bashir. Dieser aber blieb unbehelligt. Er predigte und politisierte.

Abu Baker Bashir mobilisierte seine Anhänger auf der Insel Java. Beim Freitagsgebet am 18. Oktober 2002 beschimpfte der Geistliche die Amerikaner: »Diese Lügner haben Al Qaida und Jamaah Islamiyah erfunden – beide gibt es überhaupt nicht. Sie wurden erfunden, um den Moslems anhängen zu können, sie seien Terroristen. Die Amerikaner sind Terroristen. Sie selbst haben den Anschlag in Kuta verübt, um in Indonesien eingreifen zu können.

Abu Baker Bashir fleht Allah zum Abschluß des Freitagsgebetes an, er möge Osama Bin Laden beschützen und ihm Sicherheit gegen seine Feinde gewähren.

Der Präsidentin Megawati Sukarnoputri wird am Jahresende 2002 vorgeworfen, wenig zur Aufklärung des Bali-Anschlags unternommen zu haben. Beklagt wird, daß es ihr nicht gelungen sei, das Interesse der Welt auf ihr Land zu richten. Nach dem 11. September 2001 habe die Welt auf New York geblickt. Niemand interessiere sich für Bali.

In ihrer Ausgabe vom 16. Dezember 2002 zitiert die Zeitschrift »Newsweek« den indonesischen Essayisten Goeravan Mohamad, der die Gefühle der Menschen auf Bali zum Ausdruck bringt: »Wir sind die Opfer, und wir werden weiterhin bestraft. Weitere Anschläge bedrohen uns, und die Touristen bleiben aus. Niemand sagt: ›Laß uns aus Solidarität nach Bali reisen!‹ Nach New York aber sind sie alle gereist! Wir werden vergessen!«

»Osama« wird zum populären Vornamen im Mittleren Osten

In Pakistan hat dieser Trend angefangen, daß Väter ihren Söhnen den Namen »Osama« geben. Er setzte sich fort in den Teilen von Afghanistan, die nicht von den Vereinigten Staaten kontrolliert wurden; er wurde, oft insgeheim, übernommen von Sippen in Staaten, deren Bevölkerung den USA meist feindlich gesinnt sind.

Das Land mit dem höchsten Maß der Abneigung gegen die USA und gegen alles, was aus Amerika kommt, ist Pakistan. Diese Tendenz verstärkt sich. Den Beweis dafür liefert Mitte Oktober 2002 das Ergebnis der Wahl für die Nationalversammlung.

Es war Außenminister Colin Powell gewesen, der dem Präsidenten Pervez Musharraf geraten hatte, Wahlen abzuhalten, um seiner

Innenpolitik eine breitere Basis geben zu können. Der pakistanische Präsident hatte geglaubt, seine Parteigänger würden ihm eine Mehrheit verschaffen. Entsprechende Vorarbeit war geleistet worden. Opponenten wie Benazir Bhutto und Nawas Sharif hatten sich nicht zur Wahl stellen dürfen. Andere wurden durch die Bestimmung eliminiert, daß jeder Kandidat für einen Parlamentssitz Collegeabsolvent zu sein hatte – damit fielen 40 Prozent der ursprünglichen Kandidaten aus.

Die islamische Gruppierung, der »Vereinigte Aktionsrat«, präsentierte geschickt Kandidaten, die Diplome islamischer Lehrinstitute vorzuweisen hatten, deren Wert niemand anzuzweifeln wagte. Derartige Diplome wurden als gleichwertig zu Collegeabschlüssen bezeichnet. Der »Vereinigte Aktionsrat« führte einen aggressiven Wahlkampf gegen Präsident Musharraf und gegen die USA. Wahlplakate und Flugblätter waren in einem Ort jenseits der pakistanisch-afghanischen Grenze gedruckt worden – unter Aufsicht eines Mannes, der bisher zum Stab des Osama Bin Laden gehört hatte. Sie propagierten die eine Parole: »Nieder mit Musharraf!« Der Plakattext lautete: »Krieg ist ausgebrochen zwischen dem Islam und den amerikanischen Ungläubigen!«

Die Parolen zündeten bei den Stammesmitgliedern in den Lehmdörfern an der langen Grenze zu Afghanistan. Dort wurden die Amerikaner gehaßt, weil US-Special Forces zusammen mit pakistanischen Sicherheitstruppen bei der Suche nach Talibanagenten gewalttätig aufgetreten waren. Der Befehl an die Special Forces hatte gelautet: »Schlag die Tür ein! Durchsucht den letzten Winkel! Keine Rücksicht auf Betten und Schränke!«

Nach der Wahl des Oktober 2002 fühlte sich der Sprecher des »Vereinigten Aktionsrates«, der Sammelbewegung der Moslems, stark genug zu verkünden: »Wir werden nicht allein die amerikanischen Soldaten aus Pakistan hinauswerfen, sondern jede Spur westlicher Lebensweise. Unser Wahlerfolg schafft die Grundlage für Dschihad, für den Heiligen Krieg!«

Im Jahr 1997 hatte die islamische Gruppierung nur zwei Sitze in der Nationalversammlung erringen können; diesmal erreichten sie fast sechzig Sitze von 342. Die Moslemorganisationen besitzen damit noch keine Mehrheit im Parlament, doch haben sie die Möglichkeit, dem Staatschef Schwierigkeiten zu machen, wenn er seinen

Weg weiterverfolgen will, Pakistan den Vereinigten Staaten als Basis für Politik und Krieg zu offerieren.

Manlana Sami Al Haq ist der Verfechter einer islamischen Revolution in Pakistan. Er leitet die bedeutendste Koranschule des Landes. Hinter ihren Mauern leben wichtige Aktivisten der Taliban. Hier werden junge Männer dazu angeleitet, ihr Leben zu opfern, um Menschen zu töten, die sie als Feinde betrachten. Die Koranschule des Manlana Sami Al Haq bildet Selbstmordattentäter aus. Die Vorbilder sind in Palästina zu finden.

Dic »Suicide Bombers« – Ursachen dieser Verzweiflungstaten

Es war Rush-hour an der Karkur-Kreuzung bei einem Einkaufszentrum ostwärts der israelischen Küstenstadt Hadera. Der Fahrer Hayem Avraham wollte eben seinen Linienbus zur Abfahrt besteigen, als ein kleiner Lastwagen mit Wucht auf das Heck des Busses fuhr. Im selben Moment geschah eine gewaltige Explosion. Eine Feuerwolke fegte durch das Fahrzeug und schoß durch die zersplitterten Wagenfenster. Metallteile flogen über die Straße. Menschen schrien.

Als die Feuerwehr eintraf, war das Skelett des Busses eine Quelle von Feuer und Rauch, die eine starke Hitze ausstrahlte. Opfer zu retten war unmöglich; die Hitzeabstrahlung hielt die Feuerwehrmänner auf Distanz. 14 Menschen verbrannten; 50 erlitten schwere Verbrennungen.

Die Verantwortung für den mörderischen Anschlag übernahm die palästinensische Kampforganisation »Dschihad Al Islamiyah« – der »Heilige islamische Krieg«.

Am 16. April 2003 jährt es sich zum zehnten Mal, daß ein Selbstmordattentäter in Israel Schrecken verbreitete. Es geschah auf dem Parkplatz eines Straßencafés. Ein weißer Mitsubishi-Lieferwagen fuhr in den schmalen Abstand zwischen zwei Busse hinein. Er verklemmte sich. Dann detonierte die Ladung. Sie hatte aus Kochgasflaschen bestanden. Acht Israelis wurden verwundet.

Die israelische Polizei, damals noch ungeübt im Umgang mit derartigen Vorfällen, glaubte zunächst an ein Unglück. Seltsam war nur, daß im zerstörten Mitsubishi die verbrannten Reste eines Koran gefunden wurden – nebst einem Toten.

Die verkohlte Leiche konnte identifiziert werden. Der Tote war ein Palästinenser. Sein Name: Samar Tamam Nabulsi.

Hartnäckig hielt sich zunächst die Idee vom Unglück – bis die islamische Kampforganisation Hamas verlautbaren ließ, einer ihrer Kämpfer habe einen Anschlag verübt. Er sei 22 Jahre alt gewesen.

Die israelische Polizei zeichnete ein Persönlichkeitsprofil des Attentäters: Er hatte keine Ausbildung; er stammte aus einer Familie, die angesehen war; er hatte keine feste Bindung an ein Mädchen, er glaubte, daß er sich den Eintritt ins Paradies verdiene, wenn er als »Märtyrer« sterbe.

Samar Tamam Nabulsi fand rasch Nachahmer. Im Jahr 1993 starben 12 junge Palästinenser als Selbstmordattentäter. Das erstellte Persönlichkeitsprofil paßte zu allen.

Dann aber sank die Zahl der »Suicide Bombers« stark ab. Im Jahr 1993 verübten noch 7 Personen derartige Anschläge; im Jahr 1996 waren es 4; im Jahr 1998 halbierte sich diese Zahl. 1999 sprengte sich kein Palästinenser selbst in den Tod.

Dies waren die Jahre der Hoffnung im Gebiet der Palästinenser. Im September 1993 war die »Declaration of Principles on Palestinian Selfrule« in Kraft getreten. Am 17. Mai 1994 wurde der Gazastreifen der Palestinian National Authority übergeben. Jassir Arafat baute die palästinensische Autonomieverwaltung auf. Das »Oslo-Agreement«, unterzeichnet von Israel und der PLO, erbrachte den Rückzug der israelischen Streitkräfte aus den Städten Nablus, Ramallah, Jenin, Tulkarem, Qalqilya und Bethlehem.

Bald darauf wurde ein palästinensisches Parlament gewählt; dem Volk der Palästinenser öffnete sich eine demokratische Perspektive. Mehr und mehr Gebiete gingen in die Verwaltung der Palestinian National Authority über. Israel behielt sich nur die Kontrolle über die jüdischen Siedlungen vor – und über den Ostteil von Jerusalem. Im Jahr 1999 sollten die Verhandlungen über den »final status« der palästinensischen autonomen Verwaltungseinheit stattfinden. Danach war die Schaffung eines souveränen Staates der Palästinenser vorgesehen.

Wahlen in Israel veränderten die Situation. Der neue Ministerpräsident Ehud Barak zögerte mit der Ausführung des »redeployment« der israelischen Streitkräfte im Gebiet westlich des Jordan. Ehud Barak verlangte Sicherheitsgarantien: Arafat sollte dafür sorgen, daß die islamische Kampforganisation Hamas ein Versprechen abgibt, keine Anschläge zu verüben. Diese Forderung wurde gerade zu der Zeit gestellt, als überhaupt keine »Suicide Bombers« aktiv waren.

Am 18. Mai 1999 verkündete Ehud Barak, er habe nicht die Absicht, gegenüber den Palästinensern »fundamentale Konzessionen« zu machen. Arafat und seine Berater lasen daraus ab, daß Barak die Gründung des Palästinenserstaats nicht zulassen werde.

Im Frühjahr 1999 steigerte Israel das Tempo des Siedlungsbaus in den Palästinensergebieten; die Empörung der Palästinenser stieg daraufhin steil an. Barak machte kein Geheimnis aus seinem Plan, die Einwohnerzahl der Siedlung Ma'ale Adumin von 25 000 auf 50 000 zu steigern. Die Autonomieverwaltung der Palästinenser rief daraufhin den 3. Juni 1999 zum »Tag des Zorns« aus.

Von nun an verzögerte Israel jede Phase der in den Osloverträgen vorgesehenen Landübergabe an die Palästinenser. Dies führte dazu, daß Hamaskämpfer aktiviert wurden. Der erste Anschlag nach dem völlig ruhigen Jahr 1999 erfolgte im Januar 2000. In der nordisraelischen Stadt Hadera sprengte sich ein Selbstmordattentäter in den Tod. 16 Israelis wurden verwundet.

Am 3. Februar trafen sich Ehud Barak und Jassir Arafat am Checkpoint Erez, der Übergangsstelle zwischen dem Gazastreifen und Israel. Arafat setzte Hoffnung in dieses Treffen, er erwartete eine Landkarte überreicht zu bekommen mit Angaben über die palästinensischen Dörfer, die Israel im Umkreis von Jerusalem übergeben würde. Was er ausgehändigt bekam, war eine Auflistung unwesentlicher Gebiete im Norden des Palästinenserlandes. Daß sich Arafat darüber ärgerte, blieb kein Geheimnis – die Palästinenser in Ramallah, Dschenin, Gaza und Bethlehem erfuhren bald davon. Druck wurde ausgeübt auf Arafat, er solle die Verhandlungen mit Israel abbrechen. Ahmed Jassin, der geistliche Führer der Kampforganisation Hamas, teilte seinen Anhängern mit, er habe schon immer gesagt, daß es Zeitverschwendung sei, mit den »Zionisten« reden zu wollen; sie hätten doch nur das eine Ziel, die Palästinenser und den Islam zu vernichten. Ahmed Jassin gab die Parole aus: »Hamas nimmt den Kampf wieder auf!« Am 6. Februar 2000 brach Arafat den Kontakt zur israelischen Regierung tatsächlich ab.

Die Spannungen wurden im Mai 2000 verstärkt durch Baraks Entscheidung, er seinerseits denke nicht daran, weiterhin mit den Palästinensern zu reden. Der Grund: Im Gazastreifen und am Jordanwestufer waren heftige Unruhen ausgebrochen; sie waren angeregt worden durch den Hungerstreik von 1000 Palästinensern, die sich in Gefängnissen der Israelis befanden. Das Ergebnis: Sieben Palästinenser wurden getötet und mehrere hundert verletzt. Gewalt schien das Verhältnis zwischen Palästinensern und Israelis zu prägen.

Am 11. Juli 2000 verbreitete sich deutlich Hoffnung. Präsident Clinton hatte Ehud Barak und Jassir Arafat nach Camp David eingeladen. In der Abgeschiedenheit des Komplexes kleiner Gebäude mitten in den Wäldern von Maryland sollten die entscheidenden Fragen, die den Weg zum Frieden blockierten, besprochen werden. Beobachter sahen bereits die endgültige Lösung des Konflikts zwischen den beiden zerstrittenen Völkern voraus – in völliger Verkennung der Situation. Vorgeklärt waren nur zweitrangige Probleme, wie etwa die Überlassung von unbedeutenden Landstrichen im Norden der palästinensischen Gebiete. Überhaupt nicht angesprochen waren der Konflikt um Jerusalem und die Frage nach der Berechtigung des Baus jüdischer Siedlungen auf palästinensischem Gebiet. Wichtig für die Beurteilung des Siedlungsproblems ist, daß diese »Siedlungen« nicht von »Siedlern« bewohnt werden, die Ackerland bestellen – nach Art der »Siedler« im amerikanischen Mittelwesten –, sondern von Einwanderern aus Osteuropa und Rußland, die viele Berufe ausüben, nur keinen, der mit Landwirtschaft zusammenhängt. Bemerkenswert ist noch, daß die meisten der Gebäude in den Siedlungen leer stehen. Die Zahl der jüdischen Einwanderer aus Rußland und Osteuropa ist geringer geblieben, als von den Verantwortlichen des Likudblocks erwartet.

Trotz der geringeren Belegung der »Siedlungen« beharrt die israelische Regierung darauf, weitere dieser Settlements anzulegen – zum Ärger der Palästinenser.

Zu diesem Themenbereich konnte während der ersten Verhandlungstage nach dem 11. Juli 2000 zwischen Ehud Barak und Jassir Arafat keinerlei Übereinstimmung erzielt werden. Streitfall blieb auch die Problematik der palästinensischen Flüchtlinge, die in den Nachbarländern von Palästina und Israel lebten. Im Libanon waren in der Mitte des Jahres 2000 bei der Flüchtlingsorganisation der Vereinten Nationen 367 472 palästinensische Flüchtlinge registriert; die Zahl der registrierten Palästinenser belief sich in Syrien zu diesem Zeitpunkt auf 210 000. Schwierig ist die Einschätzung derartiger Zahlen im Fall Jordanien, da es die Politik des Königs Hussein gewesen war, die Palästinenser in sein Volk zu integrieren – unter der Parole »Wir sind alle Palästinenser!« Anzunehmen ist, daß mindestens drei Millionen der fünf Millionen Jordanier palästinensischer Herkunft sind. Insgesamt konnten im Jahr 2000 rund zweieinhalb Millionen Palästinenser den Anspruch erheben auf Rückkehr in die Heimat, aus der sie vertrieben worden oder aus Sorge um ihr Leben geflüchtet sind. Israel besitzt zu diesem Zeitpunkt eine Bevölkerung von sechseinhalb Millionen Menschen. Der jüdische Staat war nicht in der Lage, eine Masse von zweieinhalb Millionen Flüchtlingen aufzunehmen – und die autonomen Gebiete des Jassir Arafat besaßen diese Aufnahmekapazität auch nicht.

In Syrien und im Libanon aber wuchs der Druck auf die Menschen in den Flüchtlingslagern: Sie wurden zum Verlassen dieser beiden Länder gedrängt mit dem Argument »Für euch ist jetzt Arafat zuständig! Der soll euch in sein autonomes Gebiet aufnehmen!«

In Camp David erwies es sich rasch, daß in der Flüchtlingsfrage keine Übereinkunft möglich war. Als Arafat auf der Behandlung dieses Themas beharrte, ließ Ehud Barak wissen, er und seine Delegation rüsteten zur Abreise. Präsident Clinton bat um Geduld. Er selbst mußte am 20. Juli zum Gipfel der Industrienationen nach Japan. Zu diesem Zeitpunkt war noch nicht über das Problem Jerusalem gesprochen worden.

Als Clinton von Japan zurückkehrte, war er voll Optimismus, einen Durchbruch erzielen zu können. Doch die Fronten verhärteten sich rasch. Arafat machte deutlich, daß Haram Ash-Sharif – gemeint sind die islamischen Heiligtümer Felsendom und Al-Aqsa-Moschee – zum autonomen Gebiet der Palästinenser gehören müssen, und daß diese Heiligtümer Zentrum der künftigen Hauptstadt des Staates Palästina sein werden.

Diesen Standpunkt konnte Ehud Barak nicht akzeptieren. War für die Moslems der Platz um den Felsendom Haram Ash-Sharif, das

»Erhabenste der Heiligtümer«, so betrachteten die Israelis und alle Juden der Welt diese Fläche über dem Kidrontal im Osten von Jerusalem als Platz der vergangenen und der künftigen Tempel des jüdischen Volkes. Hätte Ehud Barak dem Anspruch Arafats auf Haram Ash-Sharif entsprochen, wäre er von irgendeinem überzeugten jüdischen nationalistischen Gläubigen erschossen worden, wie dies dem Ministerpräsident Rabin am 4. November 1995 widerfahren ist.

Hätte Arafat auf Haram Ash-Sharif verzichtet, hätte er nicht mehr lange gelebt. Seine palästinensischen Gegner innerhalb der Palestinian National Authority und in den Flüchtlingslagern im Libanon und in Syrien warteten im Sommer des Jahres 2000 darauf, daß Arafat den Fehler machte, auf Haram Ash-Sharif zu verzichten.

Am 25. Juli 2000 gingen die Konferenzteilnehmer von Camp David auseinander – ohne das geringste Ergebnis erzielt zu haben. Zum Entsetzen seiner Mitkämpfer und Mitarbeiter versprach der Präsident der Palestinian National Authority keine »unilateralen Schritte« zu unternehmen. Damit verzichtete Arafat darauf, ohne Zustimmung der israelischen und der US-Regierung den »Staat Palästina« auszurufen. Der palästinensischen Führung insgesamt war damit schmerzhaft deutlich geworden, daß die Vision vom Palästinenserstaat damit ausgelöscht war.

Diese bittere Gewißheit breitete sich bald auch in den Gemütern der Menschen im Gazastreifen und im Bergland westlich des Jordan aus. Hamas bereitete sich darauf vor, die bereits angeworbenen Selbstmordattentäter für den Einsatz zu mobilisieren.

Die Ereignisse des 28. September 2000 bewirkten, daß im palästinensischen Volk jegliche Hoffnung erlosch auf eine Zukunft der Selbstbestimmung und der Existenz in Würde: Ariel Sharon, der Chef der rechtsorientierte Likudpartei, zeigt sich auf dem Tempelberg begleitet von 700 Bewaffneten der israelischen Sicherheitskräfte. Empörte Palästinenser rotteten sich zusammen. Sie waren insgesamt der Meinung, Ariel Sharon leite mit dieser Aktion die Annektion des Haram Ash-Sharif ein. Die Demonstranten wehren sich durch Steinwürfe. Die israelischen Sicherheitsbeamten schießen scharf. Ariel Sharon wird von seiner Begleitung eilig vom Tempelberg gedrängt.

24 Stunden später war Gebetszeit des Freitags, des heiligen Tages der Moslems. Unmittelbar nach dem Freitagsgebet warfen junge Palästinenser Steine gegen betende Juden an der Klagemauer. Die israelische Polizei feuert gegen die Steinewerfer. Sieben Palästinenser wurden getötet und 230 verletzt. Ariel Sharon ruft Arafat auf, er möge endlich der »palästinensischen Gewalttätigkeit« ein Ende bereiten. Einen Monat später sind insgesamt 140 Palästinenser Opfer dieses Kampfes geworden.

Am 26. Oktober 2000 beginnen, nach monatelanger Pause, die Aktionen der »Suicide Bomber« erneut. Um die Mittagszeit fährt ein junger Palästinenser auf dem Fahrrad am Armee-Checkpoint der israelischen Siedlung Gush Katif im Gazastreifen vor. Im Augenblick, als er kontrolliert werden soll, zündet der Mann auf dem Fahrrad den Sprengstoff, den er am Körper trägt. Er selbst stirbt; drei israelische Soldaten werden schwer verletzt.

Am 2. November sprengt sich auf einem Markt in Jerusalem ein Mann in den Tod. Diesmal ist die Zahl der Opfer hoch. Auf seiten der Israeli starben 18 Menschen; zum selben Zeitpunkt sind 189 Palästinenser durch israelische Geschosse ums Leben gekommen.

Waren es im Jahr 2000 insgesamt vier Selbstmordattentate, so sind es im Jahr 2001 bereits 36. Hamas hat keine personellen Probleme. Bis zu Ariel Sharons Gang über den Tempelberg (Haram Ash-Sharif) war es oftmals schwierig gewesen, junge Menschen zu finden, die bereit waren unter Einsatz ihres Lebens, Israelis zu töten. Nun aber waren die oft schlichten Gebäude, in denen sich Hamasbüros befinden, von jungen Leuten umlagert – es waren nicht nur Männer.

Die neue Generation der »Suicide Bombers«

Am 27. Januar 2002 verübte Wafa Idris, 28 Jahre alt, einen Sprengstoffanschlag. Sie war die erste Frau in der langen Reihe der Selbstmordattentäter. Das Resultat ihrer Aktion: Ein toter Israeli – aber 150 Verletzte.

Wafa Idris paßt nicht in das Persönlichkeitsprofil, das in den ersten Jahren für »Suicide Bombers« gegolten hatte. Daß sie eine Frau war, erregte Aufsehen. Doch die 28jährige war dazuhin Universitätsabsolventin. Die Fotografie, die von der Familie der toten Wafa Idris präsentiert wird, zeigt eine schöne, selbstbewußte Frau, der eben der Doktorhut aufs Haupt gesetzt worden war. Sie hätte eine akademische Zukunft haben können. Die Führung der Palästinenser proklamierte Wafa Idris sofort zur »Jeanne d'Arc des palästinensischen Volkes«.

Jeanne d'Arc, die »Jungfrau von Orleans« (um 1410 bis 1431) hatte als Französin gegen die Engländer gekämpft, um ihr Land von dieser Besatzungsmacht zu befreien. Sie hat dafür ihr Leben eingesetzt. Wafa Idris hat als Palästinenserin – so sagen ihre Bewunderer – gegen die israelische Besatzungsmacht gekämpft.

Zwölf Jahre jünger als Wafa Idris war Ayat Akhras als sie am Eingang eines israelischen Supermarkts den Sprengstoff an ihrem Körper zündete. Sie tötete damit einen Mann des Sicherheitsdienstes und ein Mädchen, das gleich alt war wie die Attentäterin.

Von Ayat Akhras existieren zwei Fotos. Auf dem einen ist ein schüchternes Mädchen zu sehen, das durchaus nicht nach islamischen Regeln gekleidet ist: Ayat Akhras trägt eine elegante grüne Jacke und eine schwarze lange Hose. Auf dem zweiten Foto verhüllt das Mädchen sein Haar durch ein weißes Kopftuch.

Ayat Akhras war verlobt mit einem jungen Mann aus wohlhabender Palästinenserfamilie, die bis dahin nicht direkt unter Einwirkungen des Kriegs zwischen Palästinensern und Israelis zu leiden gehabt hatte. Ihre Absicht war, bald zu heiraten und Kinder zu bekommen. Doch dann hatte Ayat Akhras plötzlich das Gefühl, daß es nicht ihre Aufgabe sei, neues Leben zu gebären, sondern das Leben von Israelis zu vernichten. Das Bewußtsein der Sechzehnjährigen hatte sich verändert: Sie hatte begriffen, daß das palästinensische Volk betrogen worden war, daß die Hoffnungen zerplatzt sind, die durch die Unterzeichnung der Verträge von Oslo entstanden waren: Ayat Akhras war neun Jahre alt gewesen, als im September 1993 vor dem Weißen Haus in Washington durch Rabin und Peres das Versprechen abgegeben wurde: »No more bloodshed!« – »Kein Blutvergießen mehr«.

Die heranwachsende Generation hatte während der letzten Jahre des auslaufenden 20. Jahrhunderts den Glauben an eine friedliche Lösung verloren. Zum Beispiel: Der Flaschner Maher Habash war vierzehn Jahre alt gewesen, als seine Eltern davon sprachen, daß der Wiederaufbau Palästinas jetzt endlich beginnen könne – und daß ein Flaschner jetzt dringend gebraucht werde. In Gaza wurde nach 1993 zunächst tatsächlich gebaut. Der Amtssitz von Jassir Arafat entstand, sein Gästehaus, Residenzen wichtiger PLO-Funktionäre, ein Prachtgebäude der Palestinian Broadcasting Corporation und einige Hotels. Privates Kapital war aus dem Ausland in die Region geflossen, für die Autonomie versprochen worden war. Geldgeber aber war vor allem die United Nations Relief und Works Agency for Palestine (UNRWA).Diese UN-Agency stellte im Oktober 1997 fest, daß ihr Budget eingeschränkt werden mußte, weil Länder, die sich zur Zahlung von Beiträgen verpflichtet hatten, die Überweisungen einstellten. Ein Defizit von 70 Millionen Dollar war entstanden.

Gestoppt werden mußten vor allem Projekte, die den Erziehungssektor betrafen: Es wurden keine Schulen mehr gebaut. 218 Lehrer die im Gazastreifen erst kurz zuvor eingestellt worden waren, mußten wieder entlassen werden. Schulkassen wurden zusammengelegt und schließlich ganz geschlossen.

Dieser Einschnitt in das Erziehungswesen am Ende des Jahres 1997 wirkte sich ganz besonders im Gazastreifen aus: Schüler hatten keine Schulen mehr. Sie saßen untätig in kümmerlichen Wohnungen, lungerten auf verschmutzten Gassen zwischen elenden Häusern aus Lehm und Beton. Ihr Leben hatte keinen festen Rhythmus mehr. Die Heranwachsenden werden aufgeschlossen für die Worte der islamischen Geistlichen, die vom Paradies erzählen, das auf denjenigen wartet, der zum »Märtyrer« wird. Die Prediger preisen den Tod im »Kampf gegen den ungläubigen Feind« als die höchste Erfüllung des von Allah gegebenen Sinns eines Lebens.

Die Kampforganisation Hamas bietet einen weiteren Anreiz für das Märtyrertum an: Sie bezahlt der Familie eines Märtyrers 600 Dollar monatlich als permanente Pension. Der dazu nötige Betrag wird aus der Kasse des Hauses As Saud finanziert.

Der Flaschner Maher Habash gehörte zu denen, die als Heranwachsende für Hamas rekrutiert wurden. Am 2. Dezember des Jahres 2001 wurde er eingesetzt. Er bestieg einen Linienbus in Haifa. Wenige Augenblicke später löste er die Detonation der Sprengladung aus, die er am Körper trug. 15 Fahrgäste des Linienbusses waren sofort tot; alle anderen wurden verletzt.

Die meisten der Verwundeten werden nach Jerusalem gebracht, ins Hadassah-Krankenhaus am westlichen Rand der Stadt. Ärzte und Pflegepersonal sind spezialisiert auf die Behandlung von Opfern der »Suicide Bomber«. Die Behandlung beginnt in der »Trauma Unit«. Hier wird versucht, das Befinden der Eingelieferten zu stabilisieren. Menschen, die eine Explosion erlebt haben, leiden unter einem Schock, der zum Tod führen kann. Das Pflegepersonal erinnert sich an einen Busfahrer, der nur leichtverletzt ins Hadassah-Krankenhaus gebracht wurde. Ganz klar und deutlich soll er Auskunft zu seiner Person gegeben haben, doch plötzlich fiel er in sich zusammen und war tot. Der Schock hatte seine Lebenskraft zerstört.

Die Leitung des Hadassah-Krankenhauses gibt Auskunft über die Zahl derer, die in der »Trauma Unit« behandelt worden sind: »Es waren seit Beginn der ›Intifada II‹ im September 2000 nahezu genau 1800 Personen.«

In der »Trauma Unit« wird entschieden, in welche Abteilung das Opfer eingewiesen wird. Viele werden in die Intensivstation gebracht, da ihre Verletzungen besondere Behandlung erfordern. Meist bluten die Verwundeten an vielen Stellen ihres Körpers. Verursacht sind die Wunden von Nägeln und winzigen Stahlkugeln, die dem Sprengstoff Triazeton Triperoid beigefügt waren. Diese Nägel und Kugeln treffen mit großer Geschwindigkeit auf die menschlichen Körper und durchsieben sie. Beobachtet worden ist, daß Sprengstoffattentäter im Augenblick der Detonation die Arme hochheben, damit diese die Flugbahn der Nägel und Stahlkugeln nicht behindern.

Einen solchen Sprengstoffgürtel trug auch der Flaschner Maher Habash beim Anschlag am 2. Dezember 2001 auf den Bus in Haifa. Außer dem »Suicide Bomber« starben 15 Israelis.

Der junge Mann hatte sich genau sechs Wochen zuvor verlobt. Er hatte die feste Absicht gehabt, zu heiraten. Dieses Eheversprechen wird von der islamischen Kampforganisation Hamas anerkannt; sie bezahlt die monatliche Pension von 600 Dollar an die Verlobte des toten »Märtyrers«.

Der Jüngste in der Liste von 68 Selbstmordattentätern der Jahre 2001 und 2002 ist Imad Al Zbaidi. In seinem 18. Lebensjahr sprengte er sich an einer Bushaltestelle in den Tod; er verwundete 60 Israelis. Der Älteste in der Liste ist Daud Abu Sway. Er hat acht Kinder und ist 47 Jahre alt geworden. Sein Anschlag galt einer Hotelhalle.

Die »Suicide Bombers« haben ihre Sprengstoffgürtel nie selbst hergestellt. Israelische Spezialisten, die sich mit dem Problem der Selbstmordattentäter zu befassen haben, sind der Meinung, daß im Gazastreifen und im Westbank-Gebiet Werkstätten existieren, die eigens für den Bombenbau eingerichtet worden sind. In ihnen soll Arbeitsteilung herrschen. Besondere Bedeutung kommt den Fachleuten für Sprengstoff zu. Triazeton Triperoid ist zwar leicht herzustellen, doch es detoniert sehr schnell. Nach Erkenntnissen des israelischen Geheimdiensts sind einige Dutzend Palästinenser bei der Aufarbeitung des Sprengstoffs ums Leben gekommen.

Die palästinensischen Sprengstoff-Fachleute sind Hamas-Aktivisten, ebenso deren Assistenten. Diese haben für den Zünder zu sorgen, für den Gürtel, der den Sprengstoff am Körper des Attentäters festhält – und schließlich für die Übergabe des gefährlichen Objekts an den Täter, der bereit ist, Märtyrer zu werden.

Im Herbst 2002 beobachten israelische Männer und Frauen mit größter Aufmerksamkeit, was auf den Straßen, in Restaurants und Linienbussen vorgeht, was ihnen verdächtig erscheint. Am 27. Oktober 2002, der Sabbat war eben zu Ende gegangen, sah ein Tankwart in der Siedlung Ariel im Westufergebiet des Jordan einen jungen Mann, der auf eine Gruppe israelischer Soldaten zuging. Diese warteten auf einen Bus, der sie nach dem Feiertag zur Kaserne zurückbringen sollte. Der Tankwart schöpfte plötzlich Verdacht. Er schrie den Soldaten zu: »Suicide Bomber! Suicide Bomber!« Diese englischen Worte sind im Jahr 2002 jedem Israeli geläufig. Der Tankwart berichtet: »Einige Soldaten reagierten sofort. Sie stürzten sich auf den Mann und packten ihn. Sie warfen ihn zu Boden. Sie setzten sich auf ihn. Einer saß auf den Beinen des Mannes. Auf jedem Arm des Liegenden kniete ein Soldat. Der Mann schrie und brüllte. Die Soldaten hatten ihn ganz offensichtlich unter Kontrolle. Dann aber fiel ein Schuß. Nur einen winzigen Augenblick später explodierte der Mann. Er und die Soldaten waren in eine Feuerwolke gehüllt. Ein Körper flog durch die Luft, direkt auf die Pumpanlage der Tankstelle zu. Dort fiel er zu Boden. Gerade in diesem Augenblick läutete das Handy in meiner Tasche. Ich holte es heraus, doch ich drückte keinen der Knöpfe. Ich steckte es an seinen Platz zurück.«

Die Wucht der Detonation hat die Tankstelle beschädigt und ebenso das kleine Stehcafé, das dazu gehörte. Über die Trümmer der weißen Wände des Cafés lief Blut herunter. Leichenteile lagen in weitem Umkreis verstreut.

Nicht sicher geklärt werden konnte der Umstand, der die Detonation ausgelöst hatte: War es der eine Schuß, den der Tankwart gehört hatte, oder hatte der Attentäter noch die Zündung betätigen können?

Die Verantwortung für den Anschlag übernahm diesmal nicht die Organisation Hamas, sondern die »Al-Aqsa-Märtyrer-Brigaden«, die direkt dem PLO-Chef Jassir Arafat unterstellt sind. Genannt wurde der Name des Attentäters: Er hieß Mohammed Shuqair. Er war 19 Jahre alt und stammte aus der Stadt Nablus, neben der die israelische Siedlung Ariel liegt.

Am Nachmittag des 27. Oktober durchstreiften israelische Patrouillen die palästinensische Stadt Nablus. Sie waren auf der Suche nach den Auftraggebern des Mohammed Shuqair. Die Patrouillen töteten zwei Mitglieder der »Al-Aqsa-Brigaden«.

Am selben Tag noch wurde in Israel wieder über Zweck und Sicherheit der »Settlements« debattiert. Ariel ist eine der größten Siedlungen in Israel – dort wohnen 17 000 Israelis. Ariel ist von Zäunen umgeben, die nur von bewachten Toren durchbrochen werden. Gesichert durch Posten sind die Straßen und Gebäude. Selbst die Olivenhaine am Rande von Ariel werden kontrolliert. Die Frage war, wie konnte der Palästinenser Mohammed Shuqair von Nablus aus in die »Festung Ariel« gelangen?

Ministerpräsident Ariel Sharon sah sich am 28. Oktober gezwungen, seine Siedlungspolitik zu verteidigen: »Die sogenannte Linke denkt, wenn es keine Settlements wie Ariel gäbe, dann würde es leichter, Frieden mit den Palästinensern zu machen, dann gäbe es derartige Selbstmordattentate nicht. Die Sache sieht ganz anders aus. Die Settlements sind für die Palästinenser doch nur ein vorgeschobener Grund für ihre Gewalt. Der Haß der Palästinenser auf die Juden ist weit stärker als ihr Wunsch nach Frieden. Sie wollen überhaupt nicht in Frieden mit uns leben.«

Israel hatte aufgeatmet am Ende des Jahres 2002: Es hatten über

Monate hin keine Selbstmordattentate stattgefunden. Doch am 5. Januar 2003 zerriß eine Explosion in Tel Aviv die Hoffnung auf eine ruhigere Zeit. 21 Menschen starben. Die Opfer waren meist Araber, die als illegale Arbeiter in Israel Geld verdienten – unter ihnen auch Palästinenser.

Von Moslems besetzt, von Israelis belagert: die Geburtskirche in Bethlehem

»Die haben mehr als hundert Israelis umgebracht, und alle waren Zivilisten«, sagt Oberst Marcel Avir. Er meint die Palästinenser, die von seinen Männern umzingelt wurden. Der Oberst ist der Kommandeur der Belagerungstruppe, die alle Zugänge zur Geburtskirche abgeriegelt hat. Etwa 40 junge Palästinenser sind eingeschlossen im Gebäudekomplex, der aus Kirche und Klöstern besteht.

Die Belagerten sind in eine Falle geraten, mit der sie nie gerechnet hatten. Angeführt von Dschihad Ja'ara und Ibrahim Abayat, beide sind Aktivisten der Al-Aqsa-Märtyrer-Brigade –, hatten sie seit Mitte März vom Bethlehemer Stadtrand aus über das Tal hinweg auf die Siedlung Gilo geschossen, die Israel auf palästinensischem Boden angelegt hatte. Die Existenz dieses Settlements ärgerte die Bewohner von Bethlehem – sie ließen deshalb zu, daß von ihrer Stadt aus mit Rocket Propelled Granades und Maschinenwaffen in Richtung Gilo geschossen wurde. Das Resultat der Feuerüberfälle war gering, doch allein die Tatsache, daß auf sie gezielt wurde, war für die Israelis ein Grund, gegen die Schützen vorzugehen.

Jeweils, wenn die Morgendämmerung anbrach, hörte die Schießerei auf. Die jungen Palästinenser zogen sich vom Stadtrand zurück auf den Platz vor der Geburtskirche. Das Gebäude soll während der Jahre 326 bis 335 unter Kaiser Konstantin I. errichtet worden sein – und zwar genau an der Stelle an der, gemäß der Überlieferung, Jesus geboren worden sein soll. Für viele Christen ist die Geburtskirche das wichtigste Heiligtum der Christenheit. Sie weist eine Besonderheit auf: Seit dem Jahr 638 ist es auch den Moslems erlaubt, darin zu beten.

Auf dem Vorplatz fühlten sich die palästinensischen Schützen tagsüber sicher. Sie waren von hohen Mauern umgeben; in ihrem Schatten konnten sie schlafen.

Am 2. April 2002 aber war alles anders. Im Stadtviertel Fawagreh nahe der Altstadt von Bethlehem warteten israelische Soldaten auf die abziehenden Palästinenser. Eine wilde Schießerei begann Dschihad Ja'ara wurde getroffen: Ein Geschoß hatte das linke Schienbein zerschmettert. Mühsam erreichte er den Platz vor der Geburtskirche.

Der Aktivist der Al-Aqsa-Märtyrer-Brigade hatte geglaubt, die Verfolgung sei vor dem christlichen Heiligtum zu Ende, doch er täuschte sich. Mit Panzern und Truppentransportern rollten die Israelis auf die Geburtskirche zu. Das Areal war bald umzingelt. Den Flüchtenden blieb kein anderer Ausweg, als in der Kirche Schutz zu suchen. Da gab es für sie nur einen Eingang: das »Tor der Demut«. Es ist so nieder angelegt, daß es nur in gebückter Haltung durchschritten werden kann.

Die Flüchtenden befanden sich im Kirchenschiff. Sie waren zunächst mehr als hundert junge Männer. Es gelang einigen, durch die Höfe der griechisch-orthodoxen und der franziskanischen Kirche zu fliehen; sie hatten hohe Mauern zu überwinden.

Während der ersten Stunden waren die Eingeschlossenen überzeugt, die israelischen Panzer würden bald wieder abziehen. Sie konnten nicht daran glauben, daß Ariel Sharon die Geburtskirche in Bethlehem, das dem Christentum emotional bedeutsame Heiligtum, bedrohen könnte. Doch sie mußten begreifen, daß der Ministerpräsident entschlossen war, »die Terroristen zu fangen«. Er gab sich überzeugt, diesmal werde es gelingen, die »gefährlichsten der Palästinenser« zu eliminieren.

Genau zur gleichen Zeit ist Jassir Arafat in seinem Amtssitz in Ramallah eingeschlossen. Der Präsident der Palestinian National Authority verfügt nur noch über zwei Büroräume und über eine Toilette. Bei ihm befinden sich wenige Berater und Leibwächter. Arafat spürt, daß er ernsthaft bedroht ist. Über Handy kommuniziert er mit Ministern seines Kabinetts; er sagt ihnen: »Ich bin zum Märtyrertod bereit!«

In Bethlehem wurden die Geflüchteten im Kircheninnern von hilfsbereiten Nonnen und Mönchen aufgenommen. Das Bein des

Verwundeten wurde gepflegt. Übernachtungsmöglichkeiten entstanden; in einer Kirchenecke wurde ein improvisierter Herd aufgemauert. In den Vorratskammern der Klöster fanden sich Konserven: Die Ernährung mit Rindfleisch und Gemüse war zunächst gesichert. Oberst Marcel Avir wußte, daß er die Geburtskirche nicht stürmen lassen konnte – Israel hätte in der christlichen Welt für lange jegliches Ansehen verloren, wenn seine Truppen einen Sturmangriff auf den Platz unternehmen würden, an dem Jesus Christus nach allgemeiner Überzeugung geboren worden ist. Der Oberst griff zu bewährten Belagerungsmethoden: Er ließ die Leitungen für Wasser und Elektrizität unterbrechen. Die Mönche und Nonnen besaßen zum Glück einen Vorrat an Kerzen. Die Versorgung mit Wasser aber war ein Problem. Die Klöster hatten aus alter Zeit Zisternen und darin befand sich tatsächlich Wasser – doch es war alt und roch faulig. Trotzdem konnte darauf nicht verzichtet werden. Nonnen, Mönche und die Geflohenen mußten trinken.

Zwar stand eine Toilette zur Verfügung, doch sie konnte – aus Wassermangel – nicht gespült werden. Von ihr breitete sich nach wenigen Tagen ein Gestank aus, der manchen Benutzer zum Erbrechen brachte.

Wer sich in der Kirche aufhielt, war sicher. Wer sich in den Höfen der Klöster aufhielt, geriet ins Visier israelischer Scharfschützen. Zwei Palästinenser, die zu beobachten hatten, was draußen vorging, wurden tödlich getroffen in den Kirchenraum gebracht. Die Frage war, wo und wie die Leichen bestattet werden konnten. Die Mönche verweigerten ihre Zustimmung zu jeglicher Form von Begräbnis im Areal der Geburtskirche. Ihr Argument: »Wenn die Männer hier begraben werden, entsteht hier ein Heiligtum der Moslems. Die Toten sind für die Moslems Märtyrer, also Heilige. Die Gläubigen werden zu ihren Gräbern pilgern.«

Nach einer Woche begannen die Belagerer den Nervenkrieg mit Lautsprechern. Hauptsächlich bei Nacht forderten sie die Belagerten lautstark auf, sich zu ergeben. Nur durch Kapitulation könnten sie sich retten. Die Eingeschlossenen reagierten nicht.

Unter ihnen befand sich rund ein Dutzend Palästinenser, die von Israel wegen Terroraktionen gesucht wurden. Zu ihnen gehörte Ibrahim Mussa Abayat, der Milizkommandeur aus Bethlehem. Die israelischen Sicherheitsbehörden beschuldigten ihn, er habe im Juni

2001 den Oberstleutnant Yehuda Edri getötet. Oberst Marcel Avir war entschlossen, den »Terroristen Abayat« auf keinen Fall entkommen zu lassen.

Die Lebensmittel gingen zu Ende. Auch die Nonnen und Mönche besaßen keine Vorräte mehr. Im Hof des armenischen Klosters standen einige Büsche. Da der Hof durch hohe Mauern umgeben war, konnte er betreten werden: Die Büsche wurden entlaubt. Die Blätter wurden in fauligem Wasser gekocht und zu »Suppe« verarbeitet. Sie konnte nicht gewürzt werden – es war kein Salz mehr vorhanden.

Eingehalten wurde die Übereinkunft aus dem Jahr 638, die den Moslems das Gebet in der Basilika erlaubte. An gewöhnlichen Tagen hielten sich die islamischen Gläubigen zurück; jedoch an Freitagen, an ihrem heiligen Tag in der Woche, versammelten sie sich um die Mittagszeit in der Mitte der Basilika zum Gebet.

Ende April war das Wasser in den Zisternen verbraucht. Die Mönche wiesen darauf hin, daß es im Hof des griechisch-orthodoxen Klosters einen alten Brunnen gebe – und vielleicht auch im Hof der Franziskaner. Die Ziehbrunnen wurden gefunden, doch sie lagen in Schußposition israelischer Scharfschützen, die sich auf Dächern postiert hatten. Sechs der Belagerten wurden getroffen, als sie den Eimer aus dem Ziehbrunnen hochholten.

Zum Zeitpunkt, als das Wasser der Zisternen zu Ende ging, errichteten die Belagerer auf dem Platz vor der Geburtskirche einen Gittermast von 90 Metern Höhe. An ihm werden ein lichtstarker Scheinwerfer und eine Videokamera montiert – beide waren beweglich. Auf Bildschirmen beobachteten israelische Offiziere von nun an jeden Vorgang in den Klosterhöfen.

Am 2. Mai 2002 beenden die israelischen Belagerer die Blockade von Arafats Hauptquartier in Ramallah. Der Präsident der Palestinian National Authority zeigt sich auf der Treppe vor der Tür seines Amtssitzes. Er muß gestützt werden, doch sein Gesicht drückt Triumph aus: Er hat die Gefahr überlebt. Es stellt sich heraus, daß Ariel Sharon dem US-Präsidenten Bush wieder einmal versprochen hat, Arafat nicht töten zu lassen.

An jenem 2. Mai sind auch die Bethlehem-Belagerten überzeugt, ihre Leidenszeit sei zu Ende. Geschützt durch die Bögen der Klostertüren schossen sie vor Freude in die Luft. Es war tiefe Nacht. Die israelischen Beobachtungsoffiziere versuchten durch die Kamera in 90 Metern Höhe zu erkennen, was vor sich ging. Da das Scheinwerferlicht zu schwach war, schossen sie »flare bombs« ab, Magnesiumfackeln, die brennend an einem Fallschirm zu Boden glitten. Das gleißende Licht sollte die Vorgänge in den Klosterhöfen deutlicher hervortreten lassen. Die Fackeln fielen noch glühend auf das Dach des Franziskanerklosters, das sofort Feuer fing. Ein Offizier der Palästinensischen Sicherheitskräfte kroch aufs Dach, um das Feuer im Entstehungszustand zu ersticken. Ein israelischer Scharfschütze tötete ihn.

Über dem Kern des nächtlichen Bethlehem verbreitete sich Rauch und Feuerschein. Zu befürchten war, daß der gesamte Komplex von Geburtskirche und Klöster zu Schutt und Asche verbrannte. Es gelang den eingeschlossenen Palästinensern, die Ausbreitung des Feuers zu verhindern.

Die Ereignisse der Nacht vom 2. zum 3. Mai 2002 lösten Aktivitäten in Washington und in Ramallah aus. Präsident Bush und Außenminister Powell wollten die Belagerung beenden, ehe sich in Bethlehem eine Katastrophe ereignete. Es gelang Colin Powell Ariel Sharon zum Verzicht auf die Gefangennahme der »gefährlichen und überführten Terroristen« zu bewegen. Sie sollten jedoch nicht in die Freiheit entlassen werden – sie sollten in Länder ausgeflogen werden, die bereit waren, eine Garantie dafür zu übernehmen, daß sie keine »terroristischen Akte« gegen Israel unternahmen.

Jassir Arafat fiel es nicht leicht zuzugestehen, daß die mutigsten seiner Kämpfer Palästina verlassen sollen, um in fremde, unterschiedliche Länder deportiert zu werden, zu deren Menschen sie keinerlei Beziehung haben, die einer anderen Kultur angehören. Arafats engste Mitarbeiter warfen ihrem Chef vor, er habe die »Helden von Bethlehem« an die Israelis und an die Amerikaner verkauft. Arafats Antwort spiegelt seine Hilflosigkeit wider: »Was soll ich denn machen? Die Amerikaner wollten diese Lösung. Ich bin nicht in der Lage, zu den Amerikanern ›Nein‹ zu sagen! Ihr solltet meine Situation verstehen!«

Am 3. Mai 2002 verließen die 13 Männer, die zur Deportation bestimmt waren als erste die Geburtskirche in Bethlehem. Als sie von den Israelis in Gewahrsam genommen wurden, weinten einige. Sie mußten ihre Waffen abgeben und wurden gefesselt.

26 Palästinenser, die von den israelischen Sicherheitsbehörden als weniger gefährlich eingestuft wurden, stiegen später in einen Bus ein, um nach Gaza gefahren zu werden. Sie durften zwar im palästinensischen Gebiet bleiben, doch nicht in ihrer Heimat im Bergland westlich des Jordan. Ihnen waren die Waffen belassen worden. Bei der Abfahrt feuerten die Männer mit Schüssen in die Luft die Magazine ihrer Kalaschnikov-Maschinenpistolen leer.

In Gaza wurden die 26 als Sieger begrüßt – es war ihnen jedoch nur gelungen zu überleben.

Ibrahim Abayat, einer der beiden Kommandeure der Al-Aqsa-Märtyrer-Brigaden in Bethlehem, ist nach Spanien deportiert worden – mit zwei anderen Männern dieser Einheit. Die Gegend, in die sie verbracht worden sind, heißt Lubia. Sie liegt weit abseits von der Stadt Soria in einer waldreichen Gegend. Dort werden sie von einer Einheit der Guardi Civila bewacht.

Ibrahim Abayat ist mit den zwei anderen in einem einstigen Jagdhaus der einfachen Klasse untergebracht. Es hatte früher einmal dem spanischen Ministerpräsidenten Felipe Gonzáles gehört. Das Haus und die engere abgesperrte Umgebung bietet nichts, was den Männern der Unterhaltung dienen könnte. Dem Newsweek-Reporter Samir Zedan ist es Anfang August 2002 gelungen, die Genehmigung zum Besuch des Ibrahim Abayat zu erhalten. Er schildert, die Beschäftigung der drei Deportierten bestehe darin, das TV-Programm des Satellitensenders »Al Dschazira« anzustarren und Marlboro-Zigaretten zu rauchen. Ibrahim Abayat hofft darauf, daß Miguel Morationos, der Beauftragte der Europäischen Gemeinschaft für den Nahen Osten sein Versprechen wahr macht: »Wir wollen dafür sorgen, daß die 13 Palästinenser, die in der Fremde leben müssen, eine Existenz entwickeln können, die so normal wie nur immer möglich ist.«

Ibrahim Abayat ist sich bewußt, daß ihm keine israelische Regierung jemals die Genehmigung zur Rückkehr nach Palästina geben wird. Er meint: Ich habe an jenem 2. April einen Fehler gemacht. Ich hätte nicht in die Kirche von Bethlehem fliehen sollen. Es wäre besser gewesen, ich hätte mein Leben als Märtyrer beendet!«

Der Kronprinz von Saudi-Arabien macht sich bemerkbar

Am Tag, als die Belagerung der Geburtskirche in Bethlehem zu Ende ging, entschloß sich Prinz Abdallah, der noch zu den Söhnen des Staatsgründers Abdel Aziz gehört, den USA und der Welt insgesamt einen positiven und aktiven Eindruck seines Landes zu vermitteln. Er benutzt die Gelegenheit der Ereignisse von Bethlehem, um eine Initiative in Gang zu bringen, die in Israel und Palästina Hoffnung erzeugen könnte. Kronprinz Abdallah schlug dem US-Präsidenten am 3. Mai 2002 eine Arbeitsteilung vor: »Sie reden mit Ariel Sharon – ich rede mit Arafat. Beide müssen dazu gebracht werden, Kompromisse einzugehen!«

Der Kronprinz – der seit der Erkrankung seines Halbbruders König Fahd die Regierungsgeschäfte im Königreich Saudi-Arabien führt – hatte Ende März 2002 den Delegierten der arabischen Gipfelkonferenz in Beirut einen Friedensplan für den Nahen Osten präsentiert, der einfach zu verwirklichen wäre – der jedoch, weil er die Realität nicht berücksichtigt, keine Aussicht auf Realisierung besitzt. Der »Abdallah-Plan« schlägt vor: Israel zieht sich aus allen Gebieten zurück, die es im Junikrieg 1967 erobert hat. Im Gegenzug erklären alle arabischen Staaten, sie würden sich fortan nicht mehr im Kriegszustand mit Israel befinden. Israel würde in die Staatengemeinschaft des Nahen Ostens aufgenommen werden.

Ministerpräsident Ariel Sharon war der erste, der sich zum Wert des »Abdallah-Plans« äußerte: »Die Vorschläge sind absoluter Unsinn. Der Plan soll nur verdecken, daß das Haus As Saud ein schlechtes Gewissen hat. Denn 15 von 19 Terroristen, die am Anschlag des 11. September beteiligt waren, stammten aus Saudi-Arabien. Saudi-Arabien ist die Heimat des Terrorismus. Der Saudiprinz will durch Aktivität vergessen machen, daß das Haus As Saud Schuld auf sich geladen hat.«

Wie wenig der König von Jordanien vom »Abdallah-Plan« hielt, gab er dadurch zu erkennen, daß er der Gipfelkonferenz in

Beirut fernblieb. Der syrische Präsident verkündete: »Wir unterstützen ›Intifada‹ und wollen nichts wissen von den Ideen dieses Geldsacks, der nichts vom Problem zwischen Israel und den Arabern versteht.«

Der »Abdallah-Plan« bedenkt in der Tat nicht, daß religiöse Faktoren die Verständigung zwischen Juden und Palästinensern erschweren, daß die Mehrzahl der Israelis einer Rückgabe der »biblischen Gebiete« in Judäa und Samaria nie zustimmen werden. Der Plan berücksichtigt auch nicht, daß seit dem Propheten Mohammed Feindschaft besteht zwischen Arabern und Juden.

Auf diese Tatsache wurde Kronprinz Abdallah von den wahhabitischen Geistlichen im eigenen Land deutlich hingewiesen. Wieder einmal argumentierten sie mit dem Verhalten des Propheten nach der gewonnenen Schlacht gegen die jüdischen Stämme von Khaibar: Mohammed habe den Juden die Ölbäume abschlagen lassen und damit zum Ausdruck gebracht, es sei Allahs Wille, daß kein Frieden mit den Juden geschlossen werde.

Durch die Unterhaltungen mit den höchsten Geistlichen des Königreichs begreift der Regent, daß ihm keine Freiheit der politischen Entscheidung bleibt: Die wahhabitische Tradition steckt ihm die Grenzen ab, in denen er sich bewegen darf. Sich zu sehr mit den Israelis einzulassen, ist ihm nicht erlaubt.

Die wahhabitischen Strukturen Saudi-Arabiens aufzubrechen, liegt Abdallah nicht. Er ist der Tradition verhaftet. Doch er weiß genau, daß er Partner mit den USA sein muß; ohne Stütze durch die USA wird sich das Regime des Hauses As Saud nicht mehr lange halten lassen. Er wird nicht vermeiden können, daß in Saudi-Arabien Reformen ins Auge gefaßt werden.

Da Abdallah sich zur Frage der Reformen selbst nicht äußern kann, ohne das Mißfallen der Wahhabiten zu erregen, beauftragt er einen Prinzen der zweiten Generation damit, die Reformwilligkeit des Hauses As Saud zu verkünden. Er wählt dazu den Prinzen Turki Ibn Faisal, der von 1973 an bis in die Gegenwart Chef des »Saudi Arabia Foreign Liaison Bureau« war und schließlich oberste Autorität des saudiarabischen Geheimdiensts. Prinz Turki Ibn Faisal schreibt am 18. September 2002 in der »International Herald Tribune« über die Fortschritte, die in seinem Land während der zurückliegenden Wochen erreicht worden sind:

»Die Reformen machen Fortschritte. Immer mehr öffnen sich unsere Zeitungen gegenüber den Problemen unseres Landes. Freie Kritik ist unseren Medien erlaubt. Sogar die Regierung kann kritisiert werden. Dazuhin wird unser Justizsystem reformiert. Einem Angeklagten wird erlaubt, Rechtsmittel einzusetzen. Die Polizei kann ab jetzt niemand mehr einfach verhaften. Dazu braucht es jetzt einen richterlichen Haftbefehl. Es wird auch verlangt, daß im Fall einer Verhaftung die nächsten Verwandten informiert werden. Es ist jetzt auch ein Gremium geschaffen worden, das sich mit der Reform unseres Erziehungswesens beschäftigen soll. Private Schulen und private Universitäten können künftig eingerichtet werden. Sie werden eine Konkurrenz bilden zu staatlichen Instituten.«

Prinz Turki Ibn Faisal ist besonders stolz auf eine Neuerung, die vom Haus As Saud beschlossen worden sei: »Wir haben begonnen, für die Frauen Kennkarten auszustellen. Sie erhalten das Recht, sich damit auszuweisen um selbständig Geldgeschäfte abwickeln zu können.« Die Ausstellung von Kennkarten an Frauen war auf heftigen Widerstand der Geistlichkeit im Königreich gestoßen. Es war Kronprinz Abdallah, der das Recht der Frau auf Dokumentierung einer vom Mann unabhängigen Existenz erzwungen hat.

Prinz Turki Ibn Faisal schließt seine Darstellung der Reformen mit dem Appell an das amerikanische Volk, es möge damit aufhören, die Menschen in Saudi-Arabien als unzivilisiert, beschränkt und barbarisch zu betrachten. Derartige Vorwürfe entsprächen nicht dem Geist und der Würde des amerikanischen Volkes.

Daß die Realität nicht dem entspricht, was Turki Ibn Faisal schildert, macht der stellvertretende Chefredakteur der englischsprachigen Zeitung Saudi-Arabiens deutlich. In den »Arab News« deutet er an, daß die Wahrheit im Reich des Hauses As Saud noch immer nicht zum Ausdruck komme, und daß vor allem die Verbindung zum Terrorismus und seine geschichtlichen Ursachen nicht diskutiert werden dürfen.

Der regierende Kronprinz Abdallah will verhindern, daß sich US-Präsident Bush völlig von Saudi-Arabien abwendet. Er sieht die Gefahr einer Einbeziehung Saudi-Arabiens in die »Achse des Bösen«, die George W. Bush zum Feind der zivilisierten Menschheit erklärt hat. Im Frühjahr und Sommer des Jahres 2002 war zu erkennen, daß sich der US-Präsident nicht so ganz schlüssig war, wer zur »Achse des Bösen« zuzurechnen war. Im Januar 2002 gehörte Nordkorea ganz eindeutig dazu – die Worte des Präsidenten waren nicht anders zu verstehen. Acht Monate später schickte Bush eine hochrangige Delegation nach Hanoi mit dem Auftrag, die Regierung Nordkoreas auf dem Gebiet der atomaren Rüstung zur Aufgabe der eigenen Pläne und Projekte zu bewegen. Selbst als Nordkorea im Herbst 2002 zugab, an nuklearen Waffen zu arbeiten, blieb die Absicht spürbar, mit diesem Land in Kontakt zu bleiben.

Die »Achse des Bösen« wurde von Bush behutsam einer weiteren Veränderung unterzogen: Von Teheran als Bestandteil der Achse war nicht mehr die Rede. Irak aber wurde von den USA immer intensiver ins Visier genommen. Diese Entwicklung verlangte von Saudi-Arabien eine Entscheidung: Wenn das Königreich sicher sein wollte, daß es sich eines Tages nicht in der Lage befand, in die »Achse des Bösen« integriert zu sein, mußte es zum Partner der USA werden – im von Präsident Bush beabsichtigten Konflikt mit Irak. Nur wenn Saudi-Arabien Einrichtungen anzubieten hatte, die von den USA zur Kriegführung dringend gebraucht wurden, könnte die Gefahr einer von der US-Regierung initiierten Entmachtung des Hauses As Saud abgewendet werden. Beunruhigend war für den Regierungschef des Ölkönigreichs, daß Anfang August 2002 im britischen Magazin »The New Statesman« zu lesen war, in Washington und in London werde über die Zerschlagung der Macht des Hauses As Saud nachgedacht.

Kronprinz Abdallah wußte, wie er George Bushs wachsende Aversion gegen die Mächtigen in Saudi-Arabien wieder in Ansätze einer Sympathie umwandeln könnte: Er nahm nach und nach behutsam seine zunächst schroffe Ablehnung der Wünsche des Pentagon zurück, die auf amerikanische Nutzung der Luftbasen in der saudiarabischen Provinz Dhahran ausgerichtet waren. Abdallah gab dem US-Verteidigungsminister Rumsfeld zu erkennen, daß er in dieser Angelegenheit gesprächsbereit sei.

Rumsfeld fühlte sich erleichtert: Seine Planung für den Irakkrieg war einfacher geworden. Präsident Bush aber baute seine Aversion gegen das Haus As Saud nicht ab. Sein Standpunkt stand fest: Die Prinzen der royalen Familie finanzieren den Terror durch die Unterstützung »islamischer Stiftungen«. Bush bleibt ein Gegner des Wahhabismus. Ein Wechsel des Regimes in Riyadh, Mekka, Medina und Dschedda ist in seiner Absicht. Vorrang aber hat die Planung, wer künftig Baghdad regieren soll – wenn erst Saddam Hussein aus einen zahlreichen Palästen vertrieben ist.

Ein US-Hochkommissar soll Irak regieren

Anfang Oktober 2002 haben die Spitzen des State Department die Suche nach irakischen Persönlichkeiten endgültig aufgegeben, denen zugetraut werden konnte, Saddam Hussein als Regierungschef in Baghdad zu ersetzen. Die Hoffnung, Politiker, die sich in London im Exil befinden, könnten sich profilieren, ist zerplatzt.

Noch im Frühsommer 2002 war dieses Szenario ausgearbeitet worden: Im Süden des Irak besetzen US-Truppen die Stadt Basra. Dort wird den Exilgruppen Gelegenheit gegeben, eine provisorische irakische Regierung einzusetzen, die im Verlauf von Wochen und Monaten ihren Machtbereich ausdehnt. Untersteht schließlich Baghdad der provisorischen Regierung, verlegt sie ihren Sitz in das traditionelle Machtzentrum am Tigris. Der Plan ist aufgegeben worden.

Die Konsequenz der Realisierung dieses Plans wäre gewesen, daß das Potential der Schiiten, die Basra als ihre Metropole betrachten, die provisorische Regierung beherrschen würde; die Schiiten würden auf ihren Machtanspruch auch bei einem Wechsel nach Baghdad nicht verzichten. Der Schiit Ahmed Chelabi, der in London residiert, hat deutlich gemacht, daß die Schiiten, die im Irak in der Mehrzahl sind, Anspruch darauf erheben, das Land an Euphrat und Tigris zu beherrschen.

Diese Perspektive aber behagt den Planern im State Department keineswegs. Sie haben vom Jahr 1979 an in Teheran die Erfahrung gemacht, daß Schiiten erbitterte Feinde amerikanischer Politik und Lebensart sein können. Der damalige Präsident Jimmy Carter hatte gelernt, die Ayatollahs zu fürchten. Eine Wiederholung der Begegnung mit schiitischen Geistlichen, die plötzlich über politische Macht verfügen, wollten die Verantwortlichen im State Department nicht erleben müssen.

Ahmed Chelabi aber hatte dieser Plan gut gefallen. Er meinte: »Amerika hat schon einmal gute Erfahrungen mit einem derartigen

Projekt gemacht – das war im Zweiten Weltkrieg. Da haben die USA General De Gaulle aufgebaut. Sie haben ihm im Exil in London Glaubwürdigkeit und Respekt verschafft. Dann ist De Gaulle mit der siegreichen amerikanischen Armee nach Frankreich gekommen. De Gaulle wurde der politische Chef und blieb ein Verbündeter der USA. Genauso wird die Partnerschaft der USA mit mir sein!«

Doch im State Department herrscht Anfang Oktober 2002 der Standpunkt vor, daß die Exilpolitiker bei der Rückkehr nach Baghdad nichts anderes im Sinn hätten, als »nach einträglichen Posten zu jagen.«

Es war Vizepräsident Dick Cheney, der einen ausgearbeiteten Plan vorlegen konnte. Auch seine Berater hatten ein historisches Vorbild: Als die USA im Herbst 1945 Japan besiegt hatten, setzten sie General Douglas MacArthur als Militärgouverneur ein. Er hielt die oberste Autorität in der Hand. Er hatte dafür zu sorgen, daß sich demokratische Verhältnisse in Japan durchsetzten. General Douglas MacArthur war ein erfolgreicher Administrator.

Nach dem Sieg der US-Truppen sollte – dem Vorbild gemäß – ein US-General die Macht in Baghdad übernehmen. Seine Aufgabe besteht darin, die Bevölkerung zu »entsaddamisieren« – vergleichbar mit der »Entnazifizierung« der Deutschen am Ende des Zweiten Weltkriegs. Die Macht der Funktionäre der Baathpartei sollte gebrochen und diese Einheitspartei sollte aufgelöst werden. An ihre Stelle habe ein Mehrparteiensystem zu treten, das in der Lage war, die politischen Kräfte des Landes an Euphrat und Tigris zu repräsentieren.

Für den regierenden US-General war der Titel »Hochkommissar für den Irak« vorgesehen. Seine brisanteste Aufgabe bestand wohl darin, den offenen Konflikt zwischen Schiiten und Sunniten zu verhindern. Die Sunniten, die seit Generationen die Macht über die Schiiten ausübten, würden sicher diese Vormachtstellung behalten wollen. Die Schiiten aber dachten an Rache für die jahrelange Zurücksetzung. Der Hochkommissar mußte die Autorität besitzen, die religiös politischen Kräfte im Gleichgewicht zu halten.

Um die Zerstörung der »Massenvernichtungswaffen« sollte sich der »Hochkommissar für den Irak« nicht kümmern müssen. Sie aufzuspüren und zu vernichten war als Aufgabe den Waffeninspektoren des Hans Blix zugesprochen – sie aber unterstehen den Vereinten Nationen.

Uneins waren sich die Verantwortlichen im State Department darüber, wie lange der Hochkommissar im Amt bleiben sollte. Die wenigsten waren der Meinung, die Aufgabe der »Entsaddamisierung« könne in einem Jahr erfüllt sein – die meisten fürchteten, die USA müßten mindestens fünf Jahre lang die Aufsichtsfunktion über den Irak in der Hand behalten. Zu dieser Gruppe gehörten diejenigen, die forderten, die USA hätten künftig das Recht, die Besitzverhältnisse auf den irakischen Ölfeldern neu und in ihrem Sinn zu ordnen.

Beabsichtigt ist die Reprivatisierung der irakischen Ölgesellschaft Iraq National Oil Company (INOC). Aufgabe des Hochkommissars ist in diesem Zusammenhang vor allem, darauf bedacht zu sein, daß INOC unter Einfluß der amerikanischen Ölindustrie gerät. Allerdings wartet auch die britische Gesellschaft BP darauf, maßgeblich beteiligt zu werden. Dies ist der Grund, warum der britische Premierminister so sehr darauf drängt, mit seinem Land am Golfkrieg II beteiligt zu werden.

Tony Blair: »Saddam Hussein ist eine akute Bedrohung«

Wochenlang hat Tony Blair gezögert, die Erkenntnisse seiner Geheimdienstspezialisten zu veröffentlichen. Sie sollten bestätigen, daß Saddam Hussein über biologische und chemische Waffen verfügt – und daß er bereit ist, diese Waffen anzuwenden. Überraschung erregte die Feststellung, Irak könne innerhalb von 45 Minuten Massenvernichtungswaffen zum Einsatz bringen.

Am 24. September 2002 lag das Geheimdienstdokument vor. Es umfaßte 50 Seiten. Es war das Ergebnis monatelanger Arbeit des britischen Auslandsgeheimdiensts M 16. Dem Dokument ist zu entnehmen, daß Saddam bisher ohne Erfolg versucht habe, spaltbares Nuklearmaterial aus Afrika zu beziehen, deshalb bestehe nur eine geringe Gefahr, daß dem irakischen Diktator in absehbarer Zeit eine Atombombe zur Verfügung stehe. Frühestens in fünf Jahren sei dieser Mangel der irakischen Atomrüstung behoben.

Bemerkenswert ist, daß irakische Raketentechniker an der Entwicklung weitreichender Raketen arbeiten. Sie sollen Ziele in 1000 Kilometer Entfernung erreichen können; innerhalb dieser Reichweite liegen Tel Aviv, Teheran und Riyadh. Die Rakete sei in der Lage, den Milzbranderreger Anthrax in den Bereich dieser Städte zu transportieren und sie dort zu zerstreuen.

Die Geheimdienstberichte sprechen davon, daß im Irak die Entwicklung noch leistungsstärkerer Raketentriebwerke forciert werde. Sie sollen im Jahr 2007 zur Verfügung stehen. Der Südosten Europas befinde sich dann im Zielbereich irakischer Raketen.

Überraschend war der Inhalt der 50 Seiten des Geheimberichts nicht. Er wurde als wenig aufregend empfunden. Er sorgte eher dafür, Befürchtungen zu mindern. Tony Blair aber war auch weiterhin besorgt – zur Befriedigung von Präsident George W. Bush, der sich bestätigt fühlte. Seine Sorge drückte der britische Premierminister durch diese Worte aus:

»Ich will der Öffentlichkeit mitteilen, warum ich die Massenvernichtungswaffen des Irak für eine akute und ernsthafte Bedrohung halte. Während der vergangenen Monate hat meine Besorgnis zugenommen, daß Irak trotz der Sanktionen und entgegen der Resolutionen des Weltsicherheitsrats weiterhin Waffen entwickelt, die ihm die Möglichkeit geben, der Region des Mittleren Ostens Schaden zuzufügen. Trotz anderslautender Beteuerungen bedroht Saddam Hussein damit die Stabilität der gesamten Welt. Ein Konflikt bleibt in unserer Zeit nicht auf die Region beschränkt. Deshalb ist die internationale Gemeinschaft verpflichtet, für ihre eigenen Interessen zu sorgen. Sie muß sicherstellen, daß ihre Autorität erhalten bleibt. Dieser Grundsatz betrifft vor allem den Irak und Saddam Hussein. Wenn sich in der Hand eines brutalen und aggressiven Regimes Massenvernichtungswaffen befinden, ist die Gefahr für den internationalen Frieden und die Sicherheit real und groß. Wenn wir nichts gegen diese Bedrohung unternehmen, setzen wir nicht nur die Autorität der Vereinten Nationen aufs Spiel, deren Resolutionen Saddam Hussein mißachtet, sondern – auf längere Sicht betrachtet – auch das Wohlergehen und sogar das Leben unserer eigenen Bevölkerung.«

Der britische Premierminister ist zu diesem Zeitpunkt entschlossen, zusammen mit Präsident Bush das Regime des Saddam Hussein zu beseitigen, doch – zur Beruhigung der besorgten Weltöffentlichkeit läßt er Saddam Hussein eine Tür offen: »Als die UN-Waffeninspektoren vor vier Jahren Irak verlassen haben, hat Saddam Hussein die Gelegenheit benützt, sein Entwicklungsprogramm fortzusetzen. Er muß die Inspektoren wieder ins Land lassen, damit sie erneut ihre Arbeit aufnehmen können. Wenn Saddam Hussein den Inspektoren die Einreise verweigert oder wenn er die Kontrolle behindert, dann wird die internationale Gemeinschaft handeln müssen.«

Ariel Sharon bittet bei US-Angriff um Vorwarnung

Daß die USA und Großbritannien Irak angreifen werden, davon ist die israelische Öffentlichkeit im Sommer 2002 überzeugt. Die Familien hatten Gelegenheit bekommen, Gasmasken zu erwerben, und viele haben zugegriffen. Befürchtet wurde, daß Saddam Hussein den Befehl gibt, Israel mit »schmutzigen Bomben« anzugreifen, mit Geschossen, die gefährliche biologische, chemische oder sogar nukleare Substanzen verbreiten. Die israelische Regierung rechnet damit, daß sich Irak im Falle eines amerikanischen Angriffs rächen wird. Israel, als mit den USA verbündetes Land, sieht sich selbst als nahe liegendes Ziel irakischer Raketen. Die erste irakische Reaktion, so glaubt das israelische Verteidigungsministerium, wird Israel treffen. Um rechtzeitig Abwehrmaßnahmen treffen zu können, hat Ariel Sharon den US-Präsidenten um eine Vorwarnung vor jeglicher amerikanischer Aktion gegen Irak gebeten – die Vorwarnzeit soll 14 Tage betragen.

Die israelische Regierung würde sich nicht stillverhalten, wie dies im Jahr 1991 der Fall war. Damals hat Saddam Hussein Scudraketen auf israelische Städte abgefeuert – ohne daß eine israelische Abwehrreaktion erfolgt ist. Präsident Bush sen. hatte 1991 Israel gebeten, nicht in den Golfkrieg I einzugreifen; nur so konnte verhindert werden, daß die arabischen Staaten Saudi-Arabien, Ägypten und Syrien die von den USA gezimmerte Koalition gegen Irak verließen. Beim Golfkrieg II zu Beginn des dritten Jahrtausends existiert – aller Voraussicht nach – keine Koalition, an der sich arabische Regierungen beteiligen. Israel brauchte keine Rücksicht auf arabische Gefühle zu nehmen.

Der israelische Verkehrsminister Ephraim Snah – er ist ein erfahrener ehemaliger General – hat die Bereitschaft zur Abwehr und zum Gegenschlag hoch eingeschätzt: »Die Israelis sind weltweit am besten gegen biologische und chemische Waffen geschützt. Nahezu alle Häuser haben einen sicheren Raum mit Metalltüren. Der Raum ist gegen Giftgas gesichert. Die Mitarbeiter der Gesundheitsdienste sind gegen Pocken geimpft. Wir haben vor allem das effektive Raketenabwehrsystem »Arrow«, das uns die feindlichen Raketen fernhalten kann. Vor zehn Jahren waren wir auf das amerikanische Abwehrsystem »Patriot« angewiesen. Jetzt sind wir auch darin autark.«

Daß die israelische Regierung in Sorge ist vor den »Massenvernichtungswaffen« des Irak ist eine starke Hilfe für den amerikanischen Präsidenten in seinen Bemühungen, den US-Kongreß für seine Kriegspläne zu gewinnen. Viele der Kongreßabgeordneten sind von Sympathie für Israel geprägt. Sie sind bereit, jede Politik zu unterstützen, die den jüdischen Staat vor einer Gefahr bewahrt. Im Kongreß herrscht die Meinung vor, daß die Situation Israels ohne Saddam Hussein weit sicherer wäre; die Abgeordneten finden es richtig, daß die USA als demokratischer Staat den Diktator Saddam Hussein beseitigen wollen.

Anfang September hat George W. Bush die führenden Köpfe des Kongresses ins Weiße Haus eingeladen. Er sprach von den Gefahren für die Vereinigten Staaten, für Israel und für die ganze Welt. Seine Parole: »Nichts zu unternehmen, ist keine Option« wurde mit Zustimmung aufgenommen.

»Preemptive Strike« – die Kriegsdoktrin im 21. Jahrhundert

Seit dem Zweiten Weltkrieg hielten sich die Großmächte an den Grundsatz, daß keine Seite im Konfliktfall zuerst losschlägt, da jeder der Gegner, der losschlagen wollte, wußte, daß er mit Vergeltung zu rechnen habe. Wer die Atombombe einsetzen wollte, um ein

Land auszulöschen, der lief Gefahr, daß noch vor dem Einschlag der Trägerrakete beim Gegner, dessen Trägerraketen auf der ballistischen Bahn unterwegs waren, um das Land zu zerstören, das den Atomkrieg begonnen hatte.

Diese Kriegsdoktrin hieß »Strategy of deterrence and containment«. Sie war das Hauptinstrument des Kalten Krieges. Über 50 Jahre lang wagten weder die Verantwortlichen in Moskau noch die in Washington einen Atomschlag auszuführen aus Sorge, das eigene Land könne von einem Revancheangriff getroffen werden. Der Sinn der Doktrin war: Verhinderung eines feindlichen Angriffs durch Abschreckung. Sie bewährte sich im Jahr 1962 während der Kubakrise. Die Sowjetführung gab nach und zog die auf Kuba stationierten sowjetischen Raketen ab. Chruschtschow antwortete auf den amerikanischen Druck nicht mit einem Atomschlag, weil er sich bewußt war, daß Kennedys Befehlshaber der Nuklearwaffen schon bereit waren, die Startknöpfe für die Atomraketen zu drücken.

Die Kriegstheorie der Abschreckung war wirksam, solange sich Gegner gegenüberstanden, die Menschenleben achteten, die Sinn für Kulturwerte besaßen und deren Absichten kalkulierbar waren. Sowohl Kennedy als auch der Generalsekretär der KPdSU liebten ihr Land und scheuten das Risiko eines unberechenbaren Abenteuers.

Die Theorie der Abschreckung kann nur dann kriegsverhindernd wirken, wenn zwei etwa gleich starke Gegner aufeinandertreffen. Die USA und die UdSSR hatten seit dem Zweiten Weltkrieg bis zur Auflösung der UdSSR denselben Standard der nuklearen Kapazität. Im Falle der Gegner des Golfkriegs II besteht diese Gleichheit in keiner Weise, Saddam Hussein kann nicht mit Abschreckung drohen. Seine Reaktion wird schwach sein, wenn die USA den »Preemptive Strike« führen, um zu verhindern, daß der irakische Staatschef eines Tages über nukleare Waffen verfügen kann.

Die Wendung von der »Strategy of deterrence and containment« zum »Preemptive Strike« ist am 20. September 2002 in Washington verkündet worden – als gültiges »US-Security System to get things right the first time«. Die neue Doktrin ist fortan die Arbeitsgrundlage für die Planer des Pentagon.

Voraussetzung für den Erfolg des »Preemptive Strike« ist eine genaue Analyse der militärischen und politischen Situation des Gegners, und vor allem seiner Absichten. Das Fazit dieser Analyse muß auch zur gegebenen Zeit der Öffentlichkeit in den USA und in verbündeten Ländern zugänglich sein, und von den Bürgern verstanden werden. Der Eindruck müsse vermieden werden, daß die US-Regierung nach eigenem Gutdünken und mutwillig Krieg führe.

Die Planer des Pentagon sind sich bewußt, daß der »Preemptive Strike« sofort erfolgreich sein muß – eine zweite Chance besteht nicht. Das Beispiel Afghanistan wird herangezogen als Warnung; in diesem Fall ist der sofortige Erfolg nicht erzielt worden.

Warnende Stimmen fehlen allerdings nicht in den USA. Dazu gehört der erfahrene Luftwaffengeneral Sam Gardiner, der den aktiven Dienst verlassen hat, um unbelastet von Rücksichten die US-Militärpolitik beurteilen zu können. Der General sagt: »Der Preemptive Strike« verletzt die UN-Charta. Er bedeutet auch Verletzung der NATO-Charta. Die Frage ist: Wenn diese Doktrin angewandt wird, endet sie irgendwann in Chaos und Willkür. Präsident Putin hat schon angekündigt, er werde einen entscheidenden Schlag gegen Georgien ausführen lassen, wenn dieses Land nicht aufhöre, die tschetschenischen Rebellen zu unterstützen.«

Außenminister Colin Powell hört nicht auf Warnungen. Er meint: »Wenn wir erkennen, daß eine Gefahr auf uns zukommt, werden wir aktiv, um diese Gefahr zu stoppen.«

Der »Preemptive Strike«, der »Präventivschlag«, soll so rechtzeitig erfolgen, daß die irakische Nuklearwaffenproduktion lahmgelegt wird, noch ehe die Waffe tatsächlich hergestellt werden wird. Anfang September 2002 glaubten Präsident Bush und Premierminister Blair schlüssige Beweise vorlegen zu können, daß Saddam Husseins Nuklearindustrie einen hohen Standart erreicht habe. Beide präsentierten einen Bericht der Internationalen Atomenergiebehörde (IAEA), der besagte, daß auf Satellitenfotos umfangreiche Bauaktivitäten an nuklearen Einrichtungen in abgelegenen Gegenden des Irak zu erkennen seien. Der Präsident und der Premierminister waren der Meinung, diese Satellitenfotos seien neuesten Datums. Ihre Auswertung ließe nur den einen Schluß zu, daß es höchste Zeit sei, dem irakischen Diktator das nukleare Potential aus der Hand zu schlagen.

Zur Überraschung von Bush und Blair dementierte die Internationale Atomenergiebehörde: Sie habe keinen neuen Bericht über irakische Nuklearprojekte veröffentlicht. Seit 1998 besitze die IAEA keine Informationen mehr über die irakische Produktion von nuklearen Massenvernichtungswaffen.

Mit diesem Thema befaßt sich auch das Institut für Internationale Studien (IISS), das in London seinen Sitz hat. Nach Informationen und Analysen dieses Instituts werde es noch Jahre dauern, bis der Irak tatsächlich eine Atombombe, die einsatzfähig ist, besitze. Es ist Tony Blair, der am Konzept des Präventivschlags festhalten will, auch wenn IAEA keinen Beweis für die geringste nukleare Gefahr, die von Irak ausgeht, liefern kann. Mitte September 2002 begannen die britischen Streitkräfte in einem Marinehafen in der Nähe von Southampton schweres Kriegsgerät zu konzentrieren. Zusammengezogen wurden Panzer, Artillerie, Munition und Medikamente. 6000 Soldaten waren an dieser Aktion beteiligt. Der »Daily Telegraph« glaubte zu diesem Zeitpunkt zu wissen, daß die Verschiffung des Materials nach Kuwait vorgesehen sei. Das britische Verteidigungsministerium verlautbarte allerdings, die Konzentration von Kriegsgerät in einem Hafen der Marine sei eine normale Übung und habe nichts mit einem »Preemptive Strike« gegen Irak zu tun.

Zum selben Zeitpunkt verlegen die USA das Oberkommando der US-Streitkräfte für den Mittleren Osten von Florida nach Qatar. Dort haben die USA in den zurückliegenden Monaten ein Zentrum zur Leitung von Luftoperationen auf dem Stützpunkt Al Odeid aufgebaut. Die Kommandozentrale der Marineinfanterie befindet sich bereits in Bahrain.

»Wir können uns nicht den Luxus leisten, nichts zu unternehmen«

Condoleezza Rice hat diese Parole geprägt, die Beraterin des Präsidenten Bush für Nationale Sicherheit. Die »International Herald Tribune« zeigt sie in einer Karikatur: Sie trommelt mit den Fäusten auf einen Flügel ein und schreit »War! War! War!« Die Karikatur hat Bezug zur Realität: Die charmante dunkelhäutige Mitarbeiterin des Präsidenten ist Pianistin mit Konzertreife. Ihre Spezialität ist die Interpretation der Klavierwerke von Johann Sebastian Bach. Seit ihrem 15. Lebensjahr besitzt sie einen Flügel der Marke Steinway.

Ihr Vorname Condoleezza, so wird erzählt, sei eine Erfindung ihrer Eltern – abgeleitet von der musikalischen Bezeichnung »Con Dolceza«, die »mit süßem Klang« zu übersetzen ist. Condoleezza Rice ist die Propagandistin des »Preemptive Strike«. Sie hat dafür die British Broadcasting Corporation als Plattform gewählt. Sofort wurde die Parallele gezogen zu Margaret Thatcher, die bereit war, 1982 den Falkland-Krieg gegen Argentinien zu verantworten.

Condoleezza Rice warnte davor, es könne eines Tages zu spät sein, Saddam Hussein in die Schranken zu weisen. Sie erinnerte daran, daß es besser gewesen wäre, im Jahr 1938 das Deutsche Reich des Adolf Hitler mit einem »Preemptive War«, mit einem »Vorbeugungskrieg« daran zu hindern, die Welt mit Unglück zu überziehen. Aus diesem historischen Beispiel müsse gelernt werden, daß ein »Diktator aus der Welt des Bösen« rechtzeitig gestoppt werden müsse.

Dieser Appell war – über BBC ausgesprochen – auch an den deutschen Bundeskanzler gerichtet, der seinen Wahlkampfthemen sehr deutlich die Aussage angefügt hatte: »Unter meiner Führung gibt es keine deutsche Beteiligung an einem Krieg gegen Irak!«

Condoleezza Rice wollte auch an den russischen Präsidenten Vladimir Putin appellieren, der eben einem Handelsvertrag zwischen Rußland und Irak zugestimmt hatte. Sie verlangte Solidarität von Putin mit der Haltung der USA.

Grundlage für die Haltung der Sicherheitsberaterin des US-Präsidenten ist eine »Intelligence Order«, die Bush insgeheim schon im Frühjahr 2002 abgezeichnet hatte. Sie weist CIA an, ein umfassendes aber wirkungsvolles Aktionsprogramm zu entwickeln, »to topple Saddam Hussein« – ihn zu stürzen. Präsident Bush gibt in seiner Anweisung auch die Anwendung tödlicher Mittel frei.

George W. Bush weist diesen Weg:

1. Zuerst muß die Unterstützung irakischer Oppositionsgruppen verstärkt werden. Ihnen müssen Finanzmittel, Waffen, Ausrüstung und Trainingsmöglichkeiten zur Verfügung gestellt werden. Sie stellen dafür Geheimdienstinformationen über das Verhalten des Diktators zur Verfügung.
2. Erforschung der Stimmung der irakischen Bevölkerung. Untersucht werden soll die Frage, wo sich Zentren der Anti-Saddam-Haltung in den Städten an Euphrat und Tigris befinden. Zu

klären ist auch, mit welchen Gefühlen den Amerikanern in Irak begegnet wird.

3. Einsatz von Spezialkräften der US-Armee und der US-Geheimdienste in Irak direkt. Diese Spezialkräfte werden die Genehmigung haben, Saddam Hussein zu töten.

Präsident Bush macht in der »Intelligence Order« deutlich, daß die Beseitigung des irakischen Diktators nur die Vorstufe darstellt für die Beseitigung des gesamten Baathregimes in Irak und der Durchsetzung eines Regimewechsel.

Bis zur Mitte des Jahres waren zunächst zehn Millionen Dollar in das Projekt investiert worden. Das Geld wurde zur Anwerbung von Agenten ausgegeben. Abnehmer der Dollars waren leicht gefunden, doch effektiv waren diese Agenten nicht. CIA-Chef George Tennet hatte guten Grund, vor Optimismus zu warnen. Er sagte dem Präsidenten ungeschminkt seine Meinung: »Selbst beim Einsatz aller Mittel, die uns zur Verfügung stehen, haben wir nur eine Chance von 10 Prozent für einen wirklichen Erfolg.«

Außenminister Colin Powell macht den Skeptiker George Tennet darauf aufmerksam, daß in der neueren Geschichte ein »Preemptive Strike« ganz hervorragend funktioniert habe. Powell meint den Präventivschlag der Israelis vom 6. Juni 1967. »Innerhalb einer Stunde waren die Luftstreitkräfte der Ägypter, Jordanier und Syrer vernichtet. Die drei Länder konnten sich nicht mehr wehren. Der Junikrieg von 1967 ist an einem Vormittag entschieden worden!« Am Sonntag, den 3. November 2002, gibt Saddam Hussein zu erkennen, daß er mit dem baldigen Ausbruch des offenen Krieges rechnet. Er sagt dem Reporter einer ägyptischen Zeitung: »Wir haben uns seelisch darauf vorbereitet. Wir werden diesen kommenden Krieg gewinnen. Die Koalition zwischen Briten und Amerikanern wird nicht halten. Die Interessen laufen auseinander – und der Druck der Öffentlichkeit in beiden Staaten wird die Koalition zerbrechen lassen. Die Zeit arbeitet für uns! Wenn der Krieg beginnt, wird er kein »Picknickausflug« sein. Die britischen und amerikanischen Soldaten werden in den Straßen unserer Städte bittere Erfahrungen machen.«

An jenem 3. November 2002 wird bekannt, daß die USA Flottenverbände auf den Weg zum Persischen Golf geschickt haben. Zu ihnen gehört der Flugzeugträger »Constellation«.

Eine seltsame Anfrage aus Baghdad

Das französische Gesundheitsministerium erhielt im September 2002 ein offizielles Schreiben vom Direktor des irakischen Gesundheitswesens. Er fragte in sehr höflichem Ton an, ob die französischen Kollegen bereit wären, im Fall einer Anthrax-Katastrophe Hilfe zu leisten. Das Schreiben enthält keinen Hinweis darauf, ob eine derartige Katastrophe bereits eingetreten sei, oder ob es sich um einen prophylaktischen Fühler handle für den Fall, daß ein Unglück stattfinde.

Der französische Gesundheitsminister entschied, daß das Schreiben aus Baghdad nicht beantwortet werde; er reichte es weiter an das State Department in Washington. Dort löste es Ratlosigkeit aus. Niemand wollte daran glauben, daß in Irak tatsächlich eine Anthrax-Katastrophe stattgefunden hat; auch der »prophylaktische Fühler« wurde als unwahrscheinlich bezeichnet. Eine Möglichkeit galt schließlich als akzeptabel für die Analytiker: Saddam Husseins Komplizen in Baghdad wollten eine versteckte Warnung nach Washington schicken, daß der Irak über die Waffe »Milzbranderreger« verfüge – und daß sich im Kriegsfall eine Katastrophe ereignen könne.

Als seltsam wurde allerdings empfunden, daß es ausgerechnet dem als »blutrünstig« geltenden Diktator Saddam Hussein einfallen würde, auf derart dezente Art Hinweise auf die eigene Gefährlichkeit zu geben.

Sorgenvolle Gefühle hinterließ die seltsame Anfrage im State Department. Gerade zu jener Zeit wurde in den USA eine Maßnahme aktiviert, die schon im Juli 2002 geplant worden war: Mehr als 50 000 Personen wurden gegen Pocken geimpft. Der Impfstoff steht Mitarbeitern der Gesundheitsdienste aber auch besorgten Bürgern auf Wunsch zur Verfügung.

Grund zu dieser Maßnahme ist die Sorge, Irak könne auf den »Preemptive Strike« mit einer Verbreitung von Pockenerregern in Städten und über Landstrichen reagieren.

Bereits nach den Anschlägen vom 11. September 2001 war in den USA die Produktion von Impfstoff gegen Pocken intensiviert worden. Das Programm für die Produktion war so angelegt, daß bis Ende des Jahres 2002 genügend Impfstoff für den Schutz aller US-Bürger vorhanden ist.

Auch die deutsche Bundesregierung war dabei, Vorräte derartiger Impfstoffe anzulegen. Geplant waren im Herbst 2002 allerdings keine Vorsorgeimpfungen. Mediziner vertraten den Standpunkt, nach Eintreten des Ernstfalls bleibe noch eine Frist von vier Tagen, um die Impfung durchzuführen.

Präsident Putin: »Tschetschenische Terroristen sind in Arabien geschult worden«

Der russische Präsident hatte falsch kalkuliert: Im Sommer des Jahres 2002 hatte er mehrfach verkündet, der Krieg in Tschetschenien sei vorüber und man könne bald schon die russischen Truppen, die sich in jenem Land aufhielten »um den Frieden zu sichern«, abziehen und nach Hause holen. Am 3. November 2002 aber gab Verteidigungsminister Sergej Iwanow bekannt, erneut werde eine Offensive gestartet, um die »tschetschenischen Verbrecher zu stellen und zu bestrafen«. Zur selben Stunde schossen diese »tschetschenischen Verbrecher« in der Nähe der tschetschenischen Hauptstadt Grozny einen russischen Hubschrauber vom Typ Mi-8 ab. Neun Soldaten wurden beim Absturz des Hubschraubers getötet. Boris Podoprigora, der stellvertretende Kommandeur der russischen Streitkräfte in Tschetschenien erläuterte den Vorfall so: »Aus einem fünfstöckigen Gebäude, das schwerbeschädigt am Rande von Grozny steht, ist eine Rakete abgeschossen worden. Ihre Explosion brachte den Hubschrauber zum Absturz. Dies war ein Verbrechen tschetschenischer Rebellen, die vom Ausland gegen Rußland aufgestachelt werden.«

Wenig weiß die Welt von diesen Tschetschenen. Sie teilen dieses Schicksal mit anderen Völkern im Gebiet südlich der Mündung der Wolga und dem Norden des Iran. Zersplittert sind die Siedlungsgebiete der Sippen im Kaukasus zwischen Schwarzem Meer und Kaspischem Meer. Die Republik Tschetschenien grenzt im Osten an Dagestan (das am Kaspischen Meer liegt), im Westen an Inguschetien, im Norden an die russische Region Stawropol und im Westen an Georgien.

Die Tschetschenen sind sunnitische Moslems. Sie hatten im 19. Jahrhundert zunächst hartnäckig den Expansionsbestrebungen der russischen Zaren, die ihr Reich nach Süden ausdehnen wollten, standgehalten. Im Jahr 1865 aber gelang es der russischen Streitmacht, das Siedlungsgebiet der Tschetschenen zu unterwerfen. Die Moslems dieses Berglandes haben sich mit dieser gewaltsamen Eroberung nie abfinden können.

Auch die Sowjetmacht kam mit den aufrührerischen Gemütern nicht zurecht. Moskau gab Tschetschenien eine gewisse Autonomie: 1922 wurde das Land Autonome Republik – von wahrer Autonomie war jedoch nichts zu spüren.

Stalin versuchte, den Tschetschenen das Rückgrat zu brechen: Er ließ das Volk nach Zentralasien deportieren. Sie blieben auch am neuen Siedlungsort als Volk beisammen und willens, ihre Unabhängigkeit zu erkämpfen. Sie konnten einen Teilerfolg erringen: 1957, zur Zeit von Nikita Chruschtschow, wurde das tschetschenische Volk rehabilitiert; es durfte wieder in die Heimat zwischen Schwarzem Meer und dem Kaspischen Meer zurückkehren. Doch Ruhe kehrte nicht ein ins tschetschenische Bergland: Das Volk wollte Unabhängigkeit von der Sowjetunion. Kern des tschetschenischen Nationalismus war der »Nationalkongreß«. Er forcierte die Wahl eines tschetschenischen Präsidenten. Von der Volksabstimmung über die Person dieses Präsidenten waren die russischen Bewohner der Autonomen Republik ausgeschlossen. Gewählt wurde Djochar Dudajew, der Begründer des tschetschenischen Nationalkongresses. Dudajew war zuvor sowjetischer General gewesen. Unter Führung von Djochar Dudajew erklärte sich die Republik am 1. November 1991 für unabhängig.

In diesem Anfangsstadium der Unabhängigkeit bezeichnete sich Tschetschenien nicht als islamischer Gottesstaat – Allah wurde nur in der Präambel zur Verfassung ausdrücklich genannt.

Dies war nicht die Absicht des Volkes, das durchaus Wert auf seinen Glauben legte. Doch Dudajew gelang es, ein weltlich organisiertes Präsidialsystem zu etablieren.

Rußland sah in der Unzufriedenheit des tschetschenischen Volkes eine Chance, der Republik die Unabhängigkeit zu nehmen.

Im Dezember 1994 brachen russische Streitkräfte in Tschetschenien ein. Einen Monat später befand sich Grozny in der Hand der Russen.

Ein halbes Jahr danach geschah der erste erfolgreiche Anschlag tschetschenischer Rebellen gegen eine russische Einrichtung: Am 14. Juni 1995 wurde in der südrussischen Stadt Budjonnowsk das Krankenhaus überfallen. 50 Kämpfer, kommandiert von Schamil Bassajew, nahmen 1000 Krankenhausinsassen und Personal als Geiseln gefangen.

Rußland lenkte damals ein: Versprochen wurde das Ende der russischen Besetzung. Daraufhin zogen sich Bassajew und seine Kämpfer unter Zusicherung von freiem Geleit in die Berge von Tschetschenien zurück.

Bassajew war überzeugter sunnitischer Moslem. Durch ihn wurde die Widerstandsbewegung islamisch geprägt. Seine Organisation wurde zur Heimat für »arabische Afghanen« – meist Kämpfer aus Saudi-Arabien – die unter Führung von Osama Bin Laden während der 80er Jahre gegen die Rote Armee am Hindukusch gekämpft hatten. Prominente Kommandeure der Legion »arabischer Afghanen« sind in den Bergen Tschetscheniens willkommen geheißen worden. Sie waren vom »wahhabitischen Geist« geprägt – sie wollten »Dschihad« gegen die »Ungläubigen« führen. Sie kämpften erneut – wie in Afghanistan – gegen die Rote Armee.

Beeinflußt waren die »arabischen Afghanen« durch Dr. Omar Abdel Rahman, den blinden Geistlichen, der die Theorie des Predigers Mohammed Ibn Abdel Wahhab wieder aufgegriffen hatte, der Moslem sei zum Kampf gegen die »Ungläubigen« verpflichtet; es könne keine friedliche Koexistenz zwischen Moslems und Christen geben. Die Russen, auch wenn sie sich sozialistisch nannten, galten als Christen.

Zum radikalen islamischen Flügel der tschetschenischen Kämpfer gehörten die Männer und Frauen, die am Abend des 23. Oktober 2002 das Moskauer Musicaltheater stürmten und besetzten, in dem eben das Stück »Nordost« aufgeführt wurde.

Terroristen rufen: »Allahu Akbar« – Allah ist über allem!

Die Moskauer Polizei gab wenige Tage nach dem Ereignis die Videoaufnahmen frei, auf denen der Ablauf zu sehen war. Aufgenommen worden sind die Bilder von der Überwachungskamera des Musicaltheaters, die Bühne und Zuschauerraum überblickt.

Die Pause war gerade zu Ende gewesen; das Publikum hatte wieder Platz genommen. Auf der Bühne erschien eine Gesangsgruppe von sechs Männern, die einheitlich gekleidet waren: Sie besangen in einer Parodie die Freuden des Soldatenlebens. Die Bühnenshow handelte von Liebe und Heldentum zur Stalinzeit. Plötzlich blicken die sechs zur linken Bühnenseite. Hysterische Schreie sind zu hören »Allahu Akbar!« – mehrmals hintereinander. Dann folgen Befehle auf russisch. Schwarzgekleidete Frauengestalten bedrohen die Zuschauer mit Pistolen. Zu erkennen ist, daß sie sich helle Stoffbündel um den Leib geschnallt haben; darin befindet sich offenbar Sprengstoff. Die Musicalbesucher ergeben sich apathisch in ihr Schicksal.

Gefangene der 50 Besetzer sind 800 Frauen, Männer, Jugendliche und Kinder. Die Besetzer – junge Männer und junge Frauen – werden kommandiert von einem 27jährigen Mann Movsar Barayew. Er ist Tschetschene und kommt aus der Stadt Argun, die im Südosten von Grozny liegt. In Argun war er Befehlshaber der lokalen Guerillatruppe gewesen, die Kampf geführt hatte gegen die Russen in Grozny.

Aus Argun war Movsar Barayew Mitte des Jahres 2002 verschwunden. Wo er sich seither aufhielt, hat er niemand gesagt. Sein Aufenthaltsort war vermutlich bereits Moskau!

Nach und nach verließen auch andere Mitglieder der Guerillagruppe die Gegend von Grozny. Später wurde bekannt, daß Barayew mit einem jungen Mann aus Saudi-Arabien zusammen gewesen war, der sich Chattab nannte. Gerüchte erzählten davon, Chattab sei ein Vertrauensmann von Osama Bin Laden gewesen. Vom Wahhabiten Chattab soll Movsar Barayew gelernt haben, daß die höchste Erfüllung im Leben eines islamischen Mannes der Märtyrertod sei. Nach dieser »Erleuchtung« war es kein wesentlicher Schritt mehr zum Entschluß, im »ungläubigen Moskau« für Allah und für den Glauben zu sterben.

Movsar Barayew gehörte zu einer Sippe von Guerillakämpfern. Sein Onkel, Arbi Barayew, war bekannt dafür gewesen, ein zwar tapferer, aber auch grausamer Streiter für den Glauben gewesen zu sein. Ihm wurde nachgesagt, er habe im Frühjahr 2001 angeordnet, vier russische Geiseln seien zu enthaupten; er habe die Vollstreckung durchgesetzt und überwacht.

Arbi Barayew ist im Juni 2001 in einen Hinterhalt russischer Spezialtruppen geraten. Sechs Tage lang hat er sich wehren können, dann wurde er von einer Geschoßgarbe getroffen.

Der Onkel war vom Gedanken an den Märtyrertod beseelt gewesen – und er hatte den Drang dazu an Movsar Barayew weitergegeben. Männer, die ihn gekannt hatten, erzählten nach dem Ende der Theaterbesetzung, er sei nach Moskau gekommen, um hier zu sterben. Movsar habe sich und den Mitkämpfern die Bezeichnung »die zum Tode Bereiten« – gegeben. Die jungen Frauen, die dazugehörten, hatten ihre Männer im Kampf gegen die Russen in Tschetschenien verloren. Sie waren mehr noch als die Männer bereit, sich zu opfern; sie trugen den Sprengstoff für alle im Theater sichtbar über den Kleidern am Körper. Sie waren dabei keineswegs schweigsam; sie erklärten den Geiseln, warum sie sich zu dieser Aktion entschlossen hätten. Ausführlich erzählten sie von der Brutalität der russischen Soldaten in Dörfern und Städten ihrer Heimat. Das Resultat sei, daß jeder, der überlebt habe, nur vom einen Wunsch angetrieben sei, Russen zu töten.

Die Besetzer hatten 800 Russen in der Hand, und sie trafen Vorbereitungen, diese 800 umzubringen. Sie brachten Sprengstoff an den Säulen des Theaterraums an. Wäre diese Ladung detoniert, hätte sie genügt, das Gebäude zum Einsturz zu bringen.

Movsar Barayew hatte jedoch ein Ziel im Sinn, das ihm noch wichtiger war, als das Töten der 800 Russen: Er wollte durch die Geiselnahme erreichen, daß die russischen Truppen aus Tschetschenien abzogen. Barayew wußte, wie er seine Bedingung der russischen Regierung mitteilen konnte: Er richtete eine Internetseite auf dem Computer des Musicaltheaters ein. Auf diese Weise war während der nächsten Stunden Kommunikation zwischen dem Theaterinnern und der Außenwelt möglich. Als in einem Nebenraum Sprengstoff detonierte, ließ Barayew über Internet wissen, es sei bei der Explosion niemand getötet oder verletzt worden. Wenig später aber war auf der Internetseite zu lesen, ein Mann und eine Frau seien erschossen worden als sie versucht hätten, von außen in das Theater einzudringen.

Es dauerte lange Stunden, bis Präsident Putin erklärte, er werde auf die Forderung der Terroristen nach Abzug der russischen Truppen aus Tschetschenien nicht eingehen, da das Bergland zwischen Schwarzem und Kaspischem Meer ein Bestandteil Rußlands sei. Hinter dem Anschlag auf die Integrität stehe keineswegs das Volk von Tschetschenien, dahinter stünden fremde Mächte, die sich durch Terrorismus bemerkbar machten.

Daß sich Putin nicht den Geiselnehmern beugen würde, war zu erwarten gewesen. Movsar Barayew zeigte, als er von Putins Haltung erfuhr, keinerlei Gefühlsbewegung. Die Geiseln wurden durch mobile Telefone davon unterrichtet, wie die Situation draußen in Moskau aussah. Mancher hatte ein Handy bei sich im Theater – über diese Geräte sprachen Geiseln mit ihren Familien. Die Geiselnehmer hatten nichts dagegen einzuwenden.

Noch immer lief die Aufzeichnung der Videoüberwachung des Zuschauerraums. Zu sehen sind Frauen, die an der Brüstung des Orchestergrabens entlang Schlange stehen, um dann – eine nach der anderen – über eine Leiter in der Tiefe zu verschwinden. Der Orchestergraben ist die Toilette. Die wirklichen Toiletten sind von den Geiselnehmern gesperrt worden.

Es stellt sich später heraus, daß die Besetzung des Musicaltheaters zuvor gründlich geprobt worden war. Dazu diente ein unbenutztes Theater in der Nachbarschaft. Movsar Barayew und seine Männer hatten dort jede einzelne Phase der Aktion durchgespielt. Festgelegt worden war, daß keine einzige Geisel Gelegenheit bekommen sollte, den Zuschauerraum zu verlassen. Nur in der Anfangsphase der Besetzung war es einigen Schauspielern und Bühnenarbeitern gelungen, durch den Personalausgang des Theaters zu entkommen. 800 Geiseln bleiben als Faustpfand zurück.

Präsident Putin machte deutlich, daß die Rettung der Geiseln Priorität besitze. Die Drohung der Tschetschenen, vom 26. Oktober um

6 Uhr in der Frühe an in regelmäßigen Abständen Geiseln zu erschießen, nahm er ernst. Putin mußte in der Nacht vom 25. zum 26. Oktober eine Entscheidung treffen.

In jener Nacht wurde dem russischen Fernsehen auf geheimnisvolle Weise ein Videoband zugeschickt, auf dem ein Interview mit dem tschetschenischen Ministerpräsident Aslan Maschadow zu sehen und hören war. Er war im Jahr 1997 gewählt worden, nachdem Präsident Dudajew durch eine russische Rakete getötet worden war. Maschadow befand sich auf der Flucht vor den Russen – er galt für die Tschetschenen als rechtmäßiger Präsident. Im Interview, aufgenommen in einem Versteck – sprach er diese Drohung aus: »Wir befinden uns jetzt in der Phase des Dschihad mit Rußland. Der Heilige Krieg hat begonnen. Die Besetzung des Musicaltheaters ist der Anfang. Sie bedeutet den Übergang vom Guerillakrieg gegen die Russen zum aktiven Dschihad. Aktionen werden folgen, die noch imposanter sein werden, als das, was derzeit in Moskau geschieht!«

Saddam Hussein nutzt die Situation: der Taktiker auf der Seite Putins

Bereits am zweiten Tag der Geiselnahme äußerte sich der irakische Diktator über die Geiselnahme im irakischen Fernsehen. Er meinte, diese Aktion schade dem Ansehen der Moslems und des Islam in Rußland: »Die Russen waren nie der Feind des Islam. Jetzt aber werden sie angegriffen von Leuten, die glauben, einen Heiligen Krieg in Moskau führen zu müssen.«

Saddam Hussein hatte zu diesem Zeitpunkt guten Grund, dem russischen Präsidenten zu zeigen, daß er den »Heiligen Krieg in Moskau« ablehnte. Der Iraker benötigte russische Unterstützung: Der Weltsicherheitsrat konnte sich in der Formulierung einer Resolution, die sich mit dem Regime in Baghdad befaßte, nicht einig werden. Entscheidend war der russische Widerstand gegen die harte Behandlung des Irak, die von Präsident Bush gefordert wurde.

Der US-Präsident, der nicht daran glaubt, daß Saddam Hussein die Zerstörung der »Massenvernichtungswaffen« veranlassen wird, hält die Verhandlungen zwischen den fünf ständigen Mitgliedern des Weltsicherheitsrats für pure Zeitverschwendung. Die USA, Rußland, Großbritannien, Frankreich und die Volksrepublik China besitzen Vetorecht; sie können Beschlüsse des Gremiums blockieren. Zum Ärger des US-Präsidenten drohen Ende September 2002 die ständigen Mitglieder Rußland und Frankreich, mit vorsichtiger Unterstützung durch China, sie würden sich einer Resolution widersetzen, die der US-Regierung die Freiheit zu einem Militärschlag gegen Irak gibt – ohne ausdrückliche Ermächtigung durch den Weltsicherheitsrat. Rußland und Frankreich verlangen die Formulierung eines Texts, der Irak nicht in strengen Worten ultimativ auffordert, alle Türen seiner Waffenlager zu öffnen. George W. Bush zeigt Entschlossenheit, diese Türen mit Gewalt aufzubrechen. Daß sich der UN-Chefinspektor Hans Blix mit seinem Team ins Land an Euphrat und Tigris begibt, hält Bush für überflüssig: »Blix wird von Saddam Hussein wieder an der Nase herumgeführt werden, wie dies in der Vergangenheit schon mehrfach geschehen ist!«

Bush war empört darüber, daß Hans Blix Anfang August 2002 einen Brief ernstgenommen hatte, den er vom irakischen Außenminister Naji Sabri erhalten hatte. Der Außenminister hatte dem Chefinspektor in freundlichen Worten mitgeteilt, er sei willkommen in Baghdad. Gerne werde man mit ihm die Modalitäten und Formalitäten des künftigen Verfahrens der Waffeninspektion besprechen.

Die Reaktion des State Departments ließ diplomatischen Stil vermissen. »Das hat dieser Kerl doch schon oft gespielt. Er verspricht: Wir werden dies machen und wir werden jenes machen. Gemacht haben sie nie etwas. Wir brauchen keine Briefe mehr, sondern Taten!« Hans Blix nahm die Einladung nach Baghdad nicht an. Durch amerikanischen Druck veranlaßt, meinte er: »Es ist wohl besser, wenn zuerst der Sicherheitsrat ein deutliches Wort spricht!«

George W. Bush definierte seine Haltung so: »Die Politik der USA zielt darauf ab, daß Saddam Hussein verschwindet! Wir werden dazu alle Mittel einsetzen, die uns zur Verfügung stehen!«

Harte und schroffe Worte nützen nichts: Saddam Husseins Taktik hat Erfolg; er gewinnt Zeit. Als am 25. Oktober 2002 die Geiselnahme im Moskauer Musicaltheater beginnt, da hat der Weltsicherheitsrat noch immer keine Resolutionsformulierung gefunden, die von Rußland und Frankreich akzeptiert wird. Am Tag, als Saddam Hussein zu erkennen gab, daß er auf Seiten Putins stehe, wurde der russische UN-Botschafter Sergej Lawrow von seinem Präsidenten ermächtigt, zu erklären: »Rußland wird unter keinen Umständen zulassen, daß ein Automatismus festgelegt wird, der bis zur Gewaltanwendung führt. Gegen die verschärfte Resolution, die von den USA vorgelegt worden ist, wird Rußland sein Veto einlegen!«

Kampfgas beendet die Moskauer Aktion des Dschihad

Wer um 5.30 Uhr am 26. Oktober 2002 im Musicaltheater geschossen hat, bleibt ein Geheimnis. Die offizielle russische Version: Die Tschetschenen haben begonnen, Geiseln zu erschießen. Zu dieser Zeit gab es noch einen Kontakt zwischen Zuschauerraum und Außenwelt über ein Mobiltelefon. Die telefonierende Geisel erwähnte keine Erschießung – doch sie schrie plötzlich vor Entsetzen auf: Sie hatte Gasgeruch bemerkt.

Die russischen Spezialkräfte pumpten ein betäubendes Gas durch die Klimaanlage in den Zuschauerraum. Die Wirkung tritt rasch ein: Geiselnehmer und Geiseln sinken gelähmt nieder, werden nach und nach völlig betäubt. Viele erbrechen sich und ersticken an dem Gebrochenen.

Erst eine Stunde nachdem das Kampfgas eingesetzt worden ist, beginnt der Sturm auf das Gebäude. In eine Außenwand wird ein Loch gesprengt. Die gläsernen Eingangstüren zersplittern: durchlöchert von Geschossen. Die Angreifer stoßen nicht auf Widerstand. Kein einziger wird getroffen.

Sie finden Geiselnehmer und Geiseln bewußtlos. Die Eindringenden entdecken Sprengstoffladungen an Pfeilern und Mauern – sie sehen auch die Sprengstoffbeutel am Leib der schwarzgekleideten Frauen. Die bewußtlosen Frauen werden, eine nach der anderen, durch Kopfschuß getötet.

Über die Zahl der Toten dieser Aktion gab und gibt es widersprüchliche Angaben.

Erste Zählungen sprachen von 50 toten Geiselnehmern – 32 Männer und 18 Frauen – und 90 toten Geiseln. Allerdings wurde bekannt, daß mehrere hundert Menschen in den Intensivstationen Moskauer Krankenhäuser behandelt werden. Viele davon, so wurde erzählt, befänden sich im Koma.

Die Krankenhäuser blieben abgeriegelt; keiner der Angehörigen durfte die Krankensäle betreten. Unmut erregte bei den Wartenden, daß Präsident Putin im weißen Doktorkittel in den Krankenstationen ein und aus ging.

Schließlich stieg die Zahl der zivilen Opfer auf mehr als 150 an. Bald schon griff die Zensur durch. Ganz offensichtlich war die Staatsmacht nicht daran interessiert, daß über das Ausmaß der Katastrophe im Musicaltheater und über die Art des Einsatzes der russischen Spezialtruppen noch weiter in Moskau diskutiert wurde. Im Eilverfahren beschloß das russische Parlament eine radikale Verschärfung des Pressegesetzes: Die Berichterstattung über Anti-Terroreinsätze der Sicherheitskräfte sollte künftig nahezu vollständig unterbleiben.

Nicht verhindern ließ sich, daß es sich herumsprach, keine einzige der Geiseln sei durch einen Tschetschenen getötet worden – sie seien alle Opfer der Befreiungsaktion geworden; das Gas habe sie umgebracht.

Über die Art des Gases herrscht Stillschweigen in der russischen Hauptstadt. Der stellvertretende Innenminister Wladimir Wassiljew sprach in der Öffentlichkeit lediglich davon, es seien »Spezialmittel« angewandt worden. Welche Spezialmittel dies seien, wollte Wassiljew nicht sagen. Der Grund: Man wolle potentiellen Terroristen nicht zu viele Informationen preisgeben.

Putin übernimmt Doktrin des »Preemptive Strike«

Ende Oktober 2002 spricht der russische Präsident Sätze, die er nahezu wörtlich von George W. Bush übernimmt. Er paßt sie nur eben seiner Situation an. Putin sagt: »Wir werden nicht nur die Terroristen vernichten, sondern alle, die ihnen Unterstützung zukommen lassen, gleichgültig, wo sie sich befinden – seien sie im Inland oder im Ausland. Wir werden ihre Geldgeber vernichten und vor allem ihre ideologischen Sponsoren.«

Der russische Präsident sprach deutlich aus, gegen welches Ziel sein »Preemptive Strike« gerichtet ist: »Wir werden in Tschetschenien zuschlagen. Ich bin mehr denn je entschlossen, unsere Truppen dort zu belassen. Das Ziel ist, die bewaffneten Verbrecher unschädlich zu machen! Sollten diese Verbrecher sich darauf vorbereiten, uns durch Massenvernichtungswaffen treffen zu wollen, werden wir sie zuvor treffen.«

Ende Oktober 2002 begann die russische Armee eine neue Offensive in Tschetschenien und in den georgischen Grenzgebieten, in denen Widerstandsnester der islamischen Kämpfer vermutet werden. Putin hat die Direktive ausgegeben, daß unter keinen Umständen mit den Terroristen verhandelt werde; der Kampf müsse bis zum Sieg geführt werden. Das Resultat ist, daß die Tschetschenen, die seit Jahren in einzelne Gruppen zerstritten sind, sich zu einigen beginnen. Stammesdifferenzen werden überwunden; Streitigkeiten um Weideland haben keine Bedeutung mehr. Die islamischen Kämpfer vereinigt der Haß auf die Russen. Das für die Tschetschenen schmachvolle Ende der Geiselnahme von Moskau zwingt sie zur Rache.

Um die Geiselnehmer insgesamt in Mißkredit zu bringen, verbreiteten die Moskauer Medienkontrolleure: Movsar Barayew sei in der Küche im oberen Stockwerk des Musicaltheaters tot aufgefunden worden – er habe noch eine Schnapsflasche in der Hand gehalten. Damit sollte signalisiert werden, daß diese Tschetschenen eben doch keine wahren Moslems seien – denn bei den wahren Moslems seien alkoholische Getränke verpönt. In Grozny wird die Behauptung für eine teuflische Lüge gehalten.

Zu den wenigen Stimmen, die Putin mahnen, den Widerstand der Tschetschenen nicht mit Gewalt zu brechen, gehören die deutschen Politiker Gerhard Schröder und Joschka Fischer. Sie mahnen, der Konflikt im Bergland zwischen dem Schwarzen Meer und dem Kaspischen Meer könne nur durch Verhandlungen gelöst werden. Einen Vorschlag zur Lösung machen sie allerdings nicht.

US-Präsident Bush aber verurteilt uneingeschränkt die Geiselnahme. Er gibt Putin recht, das Problem durch Machtmittel gelöst zu haben. Er steigert damit die Aussicht, Präsident Putin werde doch noch seine Zustimmung zu einer Resolution des Weltsicherheitsrats geben, die den USA erlaubt, im Alleingang Irak anzugreifen, um den Systemwechsel in Baghdad zu erzwingen.

Die »Entsaddamisierung« wird in Washington ernsthaft vorbereitet

Drei führende Köpfe der Bush-Administration fordern Bestrafung der Personen, die innerhalb der irakischen Baathpartei Kommandogewalt ausüben. Die führenden Köpfe sind Präsident Bush, sein Stellvertreter Cheney und Verteidigungsminister Rumsfeld.

Cheney und Rumsfeld haben im November 2002 vom Justizministerium der USA verlangt, eine Liste der irakischen Militärs und Politiker aufzustellen, die sich durch Verbrechen im Dienste der herrschenden Baathpartei und ihres Vorsitzenden Saddam Hussein schuldig gemacht haben.

Die Grundlage der »Verbrecherliste« ist schon zur Zeit des Präsidenten Bill Clinton geschaffen worden. Die Vorbereitung einer Anklageschrift begann unmittelbar nach dem ersten Golfkrieg im Jahr 1991 mit der Untersuchung der Einsatzumstände der Waffe »Gas« und anderer chemischer Kampfmittel gegen kurdische Dörfer im Nordirak.

Damals schon ist ein Verantwortlicher festgestellt worden, gegen den nun, nach über zehn Jahren, Anklage erhoben werden soll. Sein Name: Ali Hassan Majid. Die Ermittler in Washington belegen den hohen Offizier mit dem Spitznamen »der chemische Ali«. Als Mitverantwortlicher gilt der stellvertretende Vorsitzende des »Revolutionären Kommandorats« Izzat Ibrahim. Sie beide hatten 1990 den Befehl zum Einsatz der chemischen Waffen gegeben. Die Anklage soll unter der Bezeichnung »Verbrechen gegen die Menschheit« erhoben werden.

Ganz oben auf der Liste der Angeklagten stehen Saddam Hussein sowie seine Söhne Udai und Qusai. Ihnen wird brutales Vorgehen gegen die Schiiten der Region Basra vorgeworfen, sowie brutale Behandlung politischer und persönlicher Gegner.

Die fünf Personen, Saddam Hussein, Udai, Qusai, Ali Hassan Majid und Izzat Ibrahim, werden – nach Ansicht des Justizministers in Washington – zumindest mit lebenslanger Isolationshaft zu rechnen haben. Voraussetzung ist allerdings, daß sie gefaßt werden.

Der Sinn der Liste, so sagt ein Sprecher des Justizministeriums, besteht darin, »den Irakern vor Beginn einer Militäraktion der US-Streitkräfte deutlich zu machen, daß nicht jeder getötet wird, der Mitglied der Baathpartei war«. Unterstaatssekretär John Bolton zieht eine Parallele zur Entnazifizierung Deutschlands nach dem Zweiten Weltkrieg: »Nur wer wirklich schuldig war, hatte mit Kriegsverbrecherprozessen zu rechnen. Durch die Abrechnung mit den Schuldigen konnte ein neues Deutschland entstehen. Nach Bestrafung der Saddam-Clique soll ein neuer Irak entstehen können.«

Unsicher ist zu Beginn des Winters 2002 wieviele Namen die »Verbrecherliste« enthalten soll, welche weiteren höheren und mittleren Funktionäre unter Anklage gestellt werden sollen.

Im Washingtoner Justizministerium herrscht Einigkeit darüber, daß die Positionen der Richter des Irak-Gerichtshofes nicht allein von amerikanischen Juristen besetzt werden dürfen. Der Eindruck müsse vermieden werden, allein die USA würden die bisherige irakische Führung verurteilen und bestrafen. Angestrebt wird die Schaffung eines »Internationalen Gerichtshofs«, der mit Juristen mehrerer Länder bestückt ist. Dennoch sind die Verantwortlichen im Justizministerium der Meinung, Richter aus den Vereinigten Staaten müßten »den Ton angeben«.

»Na'am« – das arabische Wort für »Ja«

Mitte Oktober 2002 beherrscht das Wort »Na'am« das Denken der Menschen an Euphrat und Tigris. Dafür sorgt die staatliche Propaganda. »Na'am« bedeutet Zustimmung zur Herrschaft des Präsidenten Saddam Hussein. Mit »Na'am« bekennen sich irakische Männer und Frauen zur Fortsetzung der Regierungszeit des »Vaters der Nation« um weitere sieben Jahre.

Der Urnengang ist für Mitte Oktober 2002 verordnet. Wochen

zuvor melden Fernsehen und Rundfunk, daß Saddam Hussein einen fulminanten Wahlsieg erringen wird. Iraker aller Altersstufen preisen die Güte, die Entschlußkraft, die Voraussicht, die Väterlichkeit des Präsidenten. Fernsehbilder zeigen ihn als Führer, den die Massen verehren und lieben, als Beschützer und Feldherrn, als Bewahrer von Recht und Glauben, als Förderer des Wohlstands, als Wohltäter der Armen, als überlegenen Vorsitzenden des »Revolutionären Kommandorats«. Zu sehen sind Aufnahmen von Paraden, von Vorbeimärschen, von tanzenden Massen, die Saddam Hussein zujubeln. Zehntausende schreien »Na'am!« in unendlicher Wiederholung. Die Bilder erwecken den Eindruck, das irakische Volk stehe zu diesem Präsidenten.

Entsprechend ist am 15. Oktober 2002 das Wahlergebnis: 100 Prozent der in die Wahllisten eingetragenen Iraker haben ihre Stimme abgegeben. Das bedeutet, kein einziger der Wähler ist krank, verhindert oder vom Wahlort abwesend gewesen. Keiner, der den Wahlzettel in die Urne geworfen hat, benutzte die Gelegenheit, nicht mit »Na'am« zu stimmen. Er wäre aufgefallen, denn die Stimmabgabe erfolgte nicht geheim.

Der stellvertretende Vorsitzende des »Revolutionären Kommandorats«, Izzat Ibrahim, zog das Fazit: »Allah segne unserer aller Vorbild Präsident Saddam Hussein! Er hat 100 Prozent aller Stimmen auf sich vereinigten können!«

Wahlberechtigt waren 11 445 638 Iraker – bei einer Gesamtbevölkerung von 22 017 983 Personen. Seine Stimme abgeben durfte nur derjenige, dessen Name in die Wahllisten eingetragen war. Nicht zu überprüfen ist die Prozedur der Eintragung. Wer abgewiesen wurde, der protestierte nicht – die Geheimpolizei wacht überall.

Die Irakis haben sich jedoch Formulierungen ausgedacht, die es ermöglichen, die Ablehnung des Präsidenten zum Ausdruck zu bringen, ohne sich der hellhörigen Geheimpolizei auszuliefern. Eine derartige Formulierung lautet: »Ich habe kein Bild von Saddam in meiner Wohnung hängen.«

Izzat Ibrahim stellte sich am Tag nach Verkündung der Wahlergebnisse einer Pressekonferenz, an der auch Reporter westlicher Medien teilnahmen. Der stellvertretende Vorsitzende des »Revolutionären Kommandorats« wollte nicht erläutern, wie das hundertprozentige »Na'am« zu erklären sei. Er sagte: »Ob Sie es glauben oder nicht, diese Zahlen sind echt und wahr. Sie sind eine einzigartige Manifestation der Tatsache, daß in Irak Demokratie herrscht. Die Zahlen sind ein Triumph des Lichts über die Dunkelheit, der Zivilisation über die Barbarei, des Selbstbewußtseins über die Unterwerfung!«

Tausende von Wählern hatten das »Na'am-Feld« des Wahlzettels mit einem Blutstropfen gekennzeichnet. Sie hatten Nadeln mitgebracht und sich damit in den Finger gestochen. Mit ihrem Blut wollten sie ihre enge Bindung an Saddam Hussein dokumentieren.

Einen Gegenkandidaten hatte es bei dieser Präsidentenwahl nicht gegeben. Es hätte niemand gewagt, sich gegen Saddam Hussein zur Wahl aufstellen zu lassen – er hätte diese Kühnheit mit dem Leben bezahlt. Daß die westliche Welt die Methoden der Einschüchterung in Irak kennt, ist den Mächtigen in Baghdad gleichgültig: »Es ist für uns unbedeutend, ob unser Wahlergebnis in Washington anerkannt wird oder nicht!« Unbekümmert preisen die staatlich gelenkten Medien das eigene politische System. Die englischsprachige Tageszeitung »Iraq Daily« meinte nach der Zitierung der Wahlergebnisse: »Irak ist demokratischer als Amerika! Präsident Bush ist von weniger als 50 Prozent der Amerikaner gewählt worden. Für Saddam Hussein aber haben sich 100 Prozent entschieden.«

Izzat Ibrahim spricht davon, daß das Wahlergebnis ein Zeichen dafür sei, daß die Iraker bereit sind, für Saddam Hussein zu kämpfen: »Wir wollen der Welt unseren Willen demonstrieren, für unseren Präsidenten in die Schlacht zu ziehen!«

Diese Bereitschaft wurde unmittelbar nach Verkündung der Ergebnisse in den Straßen von Baghdad deutlich gemacht: Soldaten fuhren auf Lastwagen kreuz und quer durch das Stadtzentrum. Sie schossen aus ihren Maschinenwaffen in die Luft; sie feuerten leichte Flakgeschütze ab. Bis zur Mittagszeit dauerte der »Schlachtenlärm« an. Die Bewohner von Baghdad sollten überzeugt werden, daß die irakischen Streitkräfte schlagkräftig sind und daß sie den Sieg erringen werden.

»Wir werden die USA zertrampeln« – das ist die Parole, die im November 2002 in Baghdad ausgegeben wird. Zertrampelt werde auch Präsident Bush. Symbolisch kann dies jetzt schon geschehen: In den Boden der Eingangshalle des Hotels Al Rashid in Baghdad sind zwei farbige Mosaiken eingelassen. Das eine stellt Präsident

George Bush sen. dar; das andere Präsident George W. Bush. Die Mosaikdarstellung des Vaters existiert schon seit dem Ende des ersten Golfkriegs, das Bild des Sohnes ist erst im Sommer 2002 angefertigt worden. Jeder, der das Hotel betritt oder verläßt ist gezwungen, auf den verzerrten Gesichtern der beiden Präsidenten »herumzutrampeln«.

George Bush werde vernichtet, wie alle Feinde des Islam. Izzat Ibrahim vergleicht Ende Oktober 2002 Saddam Hussein mit dem Propheten Mohammed, der vor 1380 Jahren gelebt hat: »Wie der Prophet, den Allah segnen möge, ist Saddam Hussein ein Führer, dem das Volk gehorcht, dem es bereit ist zu folgen. So wie die Araber einst siegreich mit dem Propheten Mohammed in die Schlacht gezogen sind, so werden sich die Araber unter dem Befehl des Saddam Hussein den Amerikanern todesmutig in den Weg stellen!«

Izzat Ibrahim macht eine Andeutung, wie die Verteidigung gegen eine amerikanische Invasion aussehen wird: »Wir verteidigen jedes Haus. Jede Straße wird zur Hauptkampflinie!«

»Vergiß die Wüste! Die Stadt wird zur Front«

Mohammed Mehdi Saleh, ein Vertrauter des irakischen Staatschefs, gibt bewußt die Strategie für den kommenden Kampf preis. Unklar bleibt seine Absicht. Seine Worte klingen herausfordernd: »Wenn sie das Regime in Baghdad ändern wollen, müssen die Amerikaner nach Baghdad kommen. In der Wüste erreichen sie nichts. Wir erwarten sie in Baghdad. Dort werden sie eine Überraschung erleben!«

Die irakischen Kriegsplaner werten offenbar Erfahrungen des ersten Golfkriegs aus. Damals waren die irakischen Streitkräfte im Süden des Irak stationiert, ohne Deckung. Die starke Luftwaffe der Alliierten zertrümmerte die Panzerverbände und demoralisierte die Infanterie. Schutzlos den Raketen und Bordkanonen der amerikanischen und britischen Kampfflugzeuge ausgesetzt, flohen die in Auflösung befindlichen Verbände in Richtung Baghdad.

Über die Flucht von 1991 sprach Mohammed Mehdi Saleh nicht. Der Ausgang des ersten Golfkriegs wird bis heute im Irak als Sieg dargestellt: Die Amerikaner waren gezwungen um Waffenstillstand zu bitten, denn sie hatten Angst vor hohen personellen Verlusten. Gesprochen wird in Baghdad davon, daß der Straßenkampf den amerikanischen Verbänden noch höhere Verluste beibringen werde. Zitiert werden die Erfahrungen der deutschen Wehrmacht in Stalingrad. Die russischen Verteidiger seien von den deutschen Angreifern im Kampf um jeden Häuserblock nicht zu bezwingen gewesen. Als Fehler der Deutschen hätte sich erwiesen, daß die deutsche Luftwaffe vor dem Angriff der Bodentruppen Stalingrad zerbombt habe: »Nichts ist leichter zu verteidigen, als eine Stadt in Trümmern.« Mohammed Mehdi Saleh, der Offizier ist, nimmt an, daß die US-Luftwaffe handeln wird, wie einst die Deutschen in Stalingrad.

Die irakischen Planer kalkulieren ein, daß der Kampf in den Straßen von Baghdad auch die Zivilbevölkerung einbezieht. Sie glauben, die Kombination von Zivilisten und Soldaten sei von Vorteil: Jeder Soldat werde entschlossener kämpfen, wenn er weiß, daß er sich zum Schutz der Bevölkerung im Einsatz befindet.

Hinter diesem Optimismus steckt Saddam Hussein selbst. Er ist es gewohnt, die Realität nicht an sich heranzulassen. Als im Jahr 1991 Jewgenij Primakow als Gesandter des sowjetischen Präsidenten den Auftrag hatte, Saddam Hussein zum Abzug der irakischen Verbände aus Kuwait zu bewegen, war er erstaunt über die geringe Kenntnis des Präsidenten von der wirklichen militärischen Lage. Primakow erinnert sich: »Ich konnte es nicht glauben, wie wenig er wußte. Er ließ sich überhaupt nur positive Lageberichte vortragen. Hatte jemand Schlechtes zu berichten konnte es geschehen, daß er auf der Stelle erschossen wurde.« Im Pentagon wird damit gerechnet, daß er erneut die falschen Berater um sich hat.

Geheimdienstberichte als Instrumente der Politik

Seit Beginn des Jahres 2002 wartet George W. Bush darauf, daß ihm der Chef der CIA handfeste Beweise vorlegt für eine enge Verbindung zwischen Irak und dem Netzwerk Al Qaida des Osama Bin Laden. Wäre diese Verbindung bewiesen, könnte der Präsident darauf verzichten, eine Resolution des Weltsicherheitsrats zu erzwingen, die einen Angriff auf Irak ermöglicht. George Tennet, der CIA-Direktor gab schließlich eine Nachricht frei, die dem Präsidenten Mut machte, weiter zu hoffen: George Tennet informierte den Präsidenten, daß sich ein hohes Mitglied von Al Qaida zur medizinischen Betreuung in Baghdad aufgehalten habe. Für George W. Bush war der Beweis erbracht, daß Al Qaida von Saddam Hussein unterstützt werde.

Die Mitglieder der Demokratischen Partei im Senate Intelligence Committee haben noch vor den Wahlen zu Kongreß und Senat im Oktober 2002 George Tennet bedrängt, er möge doch Informationen freigeben, denen zu entnehmen sei, daß der Irak keine Kriegsgefahr darstelle. George Tennet konnte auch diese Information freigeben. Sie lieferte den Demokraten Material für ihre Bemühungen, die Entschlossenheit des Präsidenten zu bremsen, einen Krieg gegen Irak zu beginnen.

Zwei Ideen von der Lösung des Problems stehen gegeneinander – und die Verfechter beider Ideen hoffen darauf, daß CIA ihnen hilft. George Tennet weist jeden Verdacht von sich, er wolle bewußt die Politik beeinflussen. Er verteidigt sich damit, daß er Informationen, deren »Freigabe« erfolgt, beiden politischen Lagern gleichermaßen zur Verfügung stelle.

Die Verfechter der diplomatischen Lösung sehen diesen Zeitplan vor: Die von den Vereinten Nationen bestellte Waffeninspektoren nehmen ihre Arbeit im Irak auf. Sie stellen fest, daß die Iraker kooperativ sind und nichts zu verbergen suchen. Am 15. Januar 2003 liegt der Bericht der Waffeninspektoren vor. Er enthält Vorschläge, wie die »Massenvernichtungsmittel« des Irak zu vernichten seien.

Die Maßnahme der Zerstörung des chemischen, biologischen Waffenpotentials – und möglicherweise auch der nuklearen Raketenköpfe wird bis zum Beginn des Jahres 2004 dauern. Ist diese Phase abgeschlossen, endet die Zeit des Embargos gegenüber Irak. Das Land wird wieder aufgenommen in die Gemeinschaft der Völker.

Diese »diplomatische Lösung« sieht nicht den gewaltsamen Sturz von Saddam Hussein vor. Ihre Grundlage ist das Einlenken des Diktators, der bisher alle Inspektionsversuche zu verhindern wußte.

Außenminister Colin Powell zieht diese Lösung vor. Sein Gegner in der US-Administration ist vor allem Vizepräsident Dick Cheney, der sehr schroff dieser Meinung ist: »Waffeninspektoren bringen keinerlei Sicherheit. Vieles kann vor ihnen verborgen werden. Wenn sie abziehen, können wir nicht sicher sein, daß die zivilisierte Welt nicht plötzlich wieder bedroht wird.«

Colin Powell aber hält es im November für möglich, daß positive Veränderungen der Politik des in Baghdad Mächtigen einen erzwungenen Regimewechsel überflüssig macht. Die Frage war: »Kann sich Saddam Hussein derart verändern, daß es sich erübrigt, ihn gewaltsam zu ›liquidieren?‹« Colin Powell meint: »Wenn er sich ändert, kann der Krieg keine Notwendigkeit mehr sein, dann hat sich das Regime in Baghdad bereits verändert – und wir haben unser Ziel erreicht.«

In den Tagen unmittelbar vor den Kongreßwahlen im November 2002 waren selbst von Präsident Bush derartige Formulierungen zu hören: »Wenn wir von Regimewechsel in Baghdad reden, meinen wir nicht, daß Saddam Hussein verschwinden muß. Ein Regimewechsel ist daran zu erkennen, daß Irak aufhört, Massenvernichtungswaffen zu entwickeln und zu horten.«

Zu diesem Zeitpunkt hatte der irakische Präsident bereits signalisiert, daß an Euphrat und Tigris ein neuer Geist herrschen soll: Etwa 5000 politische Häftlinge wurden zu ihren Familien entlassen. Saddam Hussein wurde für dieses »Zeichen der Menschlichkeit« bejubelt – und dennoch war diese Aktion kein Erfolg für ihn. Was es zuvor nie gegeben hatte in Baghdad geschah jetzt: Frauen und Männer demonstrierten gegen das Regime. Einige hundert Familien hatten festgestellt, daß ihre Angehörigen nicht aus dem Gefängnis entlassen worden waren. Manche Frauen und Mütter hatten schon seit langer Zeit keine Nachricht mehr von ihren Männern und Söhnen erhalten; sie glaubten plötzlich die Gewißheit zu haben, daß diese Verhafteten gar nicht mehr am Leben waren. Die Frauen und Mütter sammelten sich und zogen in die Innenstadt, zum Platz der Revolution. Rasch sprach es sich in der Stadt herum, daß Ungewohntes stattfand, daß eine Protestdemonstration zu sehen war, die nicht von den Sicherheitskräften mit Gewalt auseinandergetrieben wurde. Das Ereignis ging einigermaßen friedlich vorüber. Geringfügig waren die Reibereien mit der Polizei. Das Regime verlor nicht an Prestige an jenem Tag.

Die Alternative zum »friedlichen Regimewechsel«

Im Oktober 2002 sah die Planung vor, daß während des Novembers US-Verbände innerhalb der USA zusammengezogen werden. Ursprünglich war an eine Truppenstärke von 200 000 Mann gedacht; doch dieses Soll wurde nicht erreicht. Die Einsatzkräfte sollten im Verlauf des Monats Dezember in die Region am Persischen Golf gebracht werden. Bis Ende Dezember 2002 sollte auch die Konzentration von sechs Flugzeugträgern im Arabischen Meer außerhalb des Golfs abgeschlossen sein. Damit wäre der Aufmarsch beendet. Doch nach welchem Plan nun vorgegangen werden sollte, war lange Zeit nicht entschieden.

Als bestes Szenario galt für die Planer des Pentagon der Angriff von drei Seiten gleichzeitig: von Jordanien im Westen, von der Türkei im Norden, von Kuwait und Saudi-Arabien im Süden. Doch keines dieser Länder zeigte von vornherein Bereitschaft, ihr Territorium als Sprungbrett für die Invasion des Irak benutzen zu lassen. Kronprinz Abdallah von Saudi-Arabien hat klar zu erkennen gegeben, daß die USA weder die Genehmigung zur Nutzung der Luftbasen noch das Recht zum Flug durch den saudiarabischen Luftraum erhalten würden – es sei denn, eine Resolution des Weltsicherheitsrats decke den US-Angriff gegen Irak ab. Die Türkei aber befand sich im November 2002 im Umbruch: »Islamisten«, wenn auch gemäßigter Art, waren nach Parlamentswahlen dabei, die Regierung in Ankara zu übernehmen. Die Verantwortlichen, die jetzt zuständig wurden, beteuerten zwar, der Kurs der Anbindung an den Westen werde beibehalten, doch diese Beteuerung konnte ein Trick sein um Zeit zu gewinnen. Die Türkei war von einem Tag auf den anderen für die USA zu einem Faktor der Unsicherheit geworden.

Am ehesten war Jordanien bereit, den US-Streitkräften zur Seite zu stehen. Zwölf Jahre zuvor hatte König Hussein deutlich gezeigt, daß er Saddam Hussein unterstütze. Er hatte dafür büßen müssen: Präsident Bush sen. hatte alle Sympathie für den jordanischen Monarchen verloren. Jordanien sollte fortan nicht mehr zu den Freunden der USA gehören – die Handelsbeziehungen wurden eingefroren.

König Abdallah, Husseins Sohn, wollte den »Fehler« des Vaters unbedingt vermeiden.

Da das Central Command im Pentagon nicht wußte, von welchem Land aus gestartet werden könnte – nur im Fall Jordanien bestand kein Zweifel –, gab es keine Grundlage für die operative Planung. Die Generäle unternahmen nichts – zum Ärger des Verteidigungsministers Rumsfeld. Der verlangte, daß ihm Pläne vorgelegt werden. Die Planer verfielen in ihrer Not auf das bewährte Rezept der US-Kriegführung: Angriff mit überlegener firepower aus der Luft.

Dieses Rezept ist im Zweiten Weltkrieg in Europa und Japan angewandt worden; dabei war sein begrenzter Wert deutlich geworden. Der Grundsatz gilt: Kriege werden am Boden gewonnen. Selbst das massive Bombardement durch amerikanische und britische Kampfflugzeuge im ersten Golfkrieg war nicht kriegsentscheidend. Nach Schluß der Aktionen wurde festgestellt, daß in einem bestimmten Frontabschnitt 163 irakische Panzer zerstört worden sind – davon jedoch nur 28 durch Geschosse aus der Luft. Die Panzer sind durch Artillerie oder durch Panzerkanonen »ausgeschaltet« worden.

Die Erkenntnis, daß Luftwaffe den Krieg nicht entscheiden kann, führt zurück zur Überlegung, von welchem Staat aus ein Landkrieg geführt werden kann – und in welcher Kampfstärke?

Dem »Wall Street Journal« war zu entnehmen, daß im Herbst 2002 in Kalifornien eine Übung stattgefunden hat, die zur Vorbereitung eines Kampfes in den Straßen von Baghdad dienen sollte. 980 Marineinfanteristen waren in diesem Manöver eingesetzt um 180 Verteidiger zu vernichten. Ort der Übung war der Gebäudekomplex der »George Air Force Base«, die nicht mehr benützt wurde. Für die Zeit der Übung wurde ihr die Bezeichnung »Al George« gegeben.

Dem Bericht des »Wall Street Journal« ist zu entnehmen, daß der Angriff mißlungen ist. Schuld daran seien Kommunikationsschwierigkeiten und falsche Befehle gewesen.

Erfahrungen und Überlegungen führen die Diskussionen der Planer des Central Commands immer wieder auf einen Punkt: Ist »Liquidierung« des Gegners durch Ermordung möglich? Ein positives Beispiel stand Anfang November 2002 zur Verfügung.

»A very sucessful tactical operation«

»Es war eine sehr erfolgreiche taktische Operation« – das war das Urteil des stellvertretenden Verteidigungsminister der USA, Paul Wolfowitz. Gemeint war der präzise ausgeführte Raketenangriff, dem am 3. November 2002 der Al-Qaida-Funktionär Qaid Salim Sinan Al Harathi zum Opfer gefallen ist.

Monatelang hatte sich der Funktionär in wenig besiedelten Gebieten des Jemen versteckt. Doch CIA-Agenten waren auf seiner Spur. Der Grund: Der Verdacht bestand, daß Qaid Salim Sinan Al Harathi im Oktober 2000 Organisator gewesen war des Anschlags, der den US-Zerstörer »Cole« im jemenitischen Hafen Aden beschädigte. Bei jenem Anschlag hatten 17 amerikanische Seeleute ihr Leben verloren.

Die Suche nach dem Funktionär hatte lange gedauert – daß er aufgespürt wurde, war nicht der Erfolg der US-Fahnder. Es waren Jemeniten, die Hinweise gegeben hatten. Sie wiesen darauf hin, daß sich Fremde aufhielten in Beduinenzelten des östlichen jemenitischen Weidegebiets. Diese Fremden stammten offenbar aus Saudi-Arabien. Auffällig war, daß Jemeniten Männer aus dem Nachbarkönigreich herzlich aufnahmen – Beduinen aus Saudi-Arabien und dem Jemen können sich gegenseitig nicht ausstehen. Der Grund für die Feindschaft: Die Jemeniten fürchten, das Haus As Saud erhebe Anspruch auf Territorium südlich und westlich der gewaltigen Wüste Ar Rub Al Khali – dort werden Ölvorkommen vermutet. Besorgt sind die Jemeniten des Hadramaut, Saudi-Arabien werde im Handstreich bis zum Hafen Al Mukallah vorstoßen, um sich diesen Zugang zum Arabischen Meer und zum Indischen Ozean zu sichern.

Eine tiefsitzendere Ursache der Abneigung aber ist, daß die Jemeniten die wahhabitische Ausprägung des Islam ablehnen. Sie wollen sich nicht den strengen Lebensregeln unterwerfen.

Daß Qaid Salim Sinan Al Harathi gerade bei den Gegnern der wahhabitischen Lebensordnung Unterschlupf fand, hat mit Beduinentraditionen zu tun, die seit vielen Generationen gültig sind: Der

Vater des Osama Bin Laden war im Jemen aufgewachsen; vom Jemen aus ist er nach Saudi-Arabien gewandert, um dort sein Glück zu machen. In Saudi-Arabien ist Qaid Salim Sinan Al Harathi zum Weggefährten des Osama Bin Laden geworden. Als solcher wurde er von den jemenitischen Stämmen aufgenommen. Er war ein Freund der Sippe Bin Laden aus dem Jemen.

Im Dorf Hosun al Djalal fühlte sich der Flüchtling monatelang sicher – bis im Dezember 2001 Sicherheitskräfte des Jemen das Dorf umstellten und beschossen. Schließlich wurde um jedes einzelne der Lehmhäuser gekämpft. 18 Soldaten und 6 Stammeskrieger verloren ihr Leben.

Qaid Salim Sinan Al Harathi gelang mit Hilfe der Dorfbewohner die Flucht in Richtung Wüste Ar Rub Al Khali. Auf saudiarabischem Gebiet stieß er auf eine wandernde Beduinensippe, die ihn aufnahm – mit Wissen einiger Prinzen des Hauses As Saud. Ein halbes Jahr lang blieb er unentdeckt in der Wüste, doch dann wollte er wieder aktiv werden. Er wagte die Rückkehr in den Jemen.

Er fuhr auf der wenig befahrenen Wüstenpiste in der Nähe der Stadt Marib, die 150 Kilometer ostwärts der jemenitischen Hauptstadt Sana'a liegt. Auf dem Kleinlaster saßen fünf weitere Männer. Weitab von der nächsten Siedlung traf eine Rakete das Fahrzeug. Eine gewaltige Detonation zerfetzte den Laster samt den Passagieren, die drinnen und auf der Rampe saßen. Die Leichenteile verbrannten bis zur Unkenntlichkeit.

Dennoch gab es nach der Entdeckung der Fahrzeugtrümmer keinen Augenblick lang die Frage, wer die Opfer des Anschlags waren. Die Sicherheitsbehörden des Jemen wußten, daß Qaid Salim Sinan Al Harathi zu jener Stunde und auf jener Wüstenpiste »liquidiert« werden sollte. Sie hatten dem CIA die notwendigen Informationen geliefert, die den Erfolg der Aktion sicherten.

Die Rakete war von einer zu diesem Zeitpunkt tieffliegenden »Drohne« abgeschossen worden, von einem ferngesteuerten Flugkörper. Das Funktionieren dieser Maschine wird von CIA als Geheimnis gewahrt. Bekannt ist die Bezeichnung, sie heißt »Predaton« – und sie wird mit Raketen vom Typ »Hellfire« bestückt. Auf Fragen von Journalisten antwortete Ari Fleischer, der Pressesprecher des Weißen Hauses: »Der Präsident hat mehrfach deutlich gemacht, daß sich die Vereinigten Staaten im Krieg befinden. Es ist selbstverständlich, daß in einem Krieg manches geheim bleiben muß – sonst ist dieser Krieg nicht zu gewinnen.«

Bekannt wurde allein, daß die »Drohne« von der winzigen Republik Dschibuti aus gestartet und dorthin zurückgesteuert worden war. Dschibuti liegt an der afrikanischen Ostküste des Golfes von Aden, rund 500 Kilometer vom Ort des Anschlags entfernt. Dies ist ungefähr die maximale Entfernung, die von der Predaton-Drohne erreicht werden kann. In Dschibuti befand sich die Zentrale, die präzise die »Drohne« über dem Jemen in Schußposition gebracht und die Rakete ins Ziel gelenkt hatte.

Bemerkenswert ist, daß die winzige Republik Dschibuti bereit ist, CIA die Möglichkeit zu geben, von ihrem Gebiet aus »Drohnen« zum Kampf gegen Moslems zu starten. Die Staatsreligion der Republik ist der Islam.

Rätselhaft war, was die gewaltige Sprengkraft der Rakete bewirkt hatte – mit ihr hatten die amerikanischen Spezialisten nicht gerechnet. Sie zogen das Fazit, es müsse eine »unexplained secondary explosion« stattgefunden haben. Auf der Ladefläche des Kleinlasters muß sich Sprengstoff befunden haben, dessen Explosion die Wucht der Detonation verstärkt hat.

Eine Überraschung erlebten die Fahnder der US-Geheimdienste bei den Nachforschungen zur Identität der Begleiter des Qaid Salim Sinan Al Harathi. Sie ermittelten, daß einer der Toten amerikanischer Staatsbürger war, der aus einem Industrievorort von New York stammte. Er war zum Moslem geworden, hatte Arabisch gelernt und war schließlich nach Saudi-Arabien ausgewandert. Dort hatte er die wahhabitische Prägung des islamischen Glaubens kennengelernt. Fortan fühlte er sich zum Kampf verpflichtet gegen diejenigen, die glauben, Gott bestehe aus Vater, Sohn und Heiligem Geist. Der US-Amerikaner in Saudi-Arabien fiel den Vertrauensleuten des Osama Bin Laden auf, diesen Mann konnten sie gut gebrauchen.

Die Entdeckung, daß einer der Toten auf der Wüstenpiste von Marib Amerikaner war, half weiter, Spuren in den USA zu entdecken. Der stellvertretende US-Verteidigungsminister Paul Wolfowitz, der den Erfolg der Aktion feierte, sah in der »Ferntötung« des Terroristen Qaid Salim Sinan Al Harathi und seines amerikanischen Komplizen eine »notwendige Maßnahme, um sich gefährlichen Personen zu entledigen«. Unsere Gegner haben jetzt gelernt, daß wir sie überall und immer erreichen können.«

Wolfowitz sprach den Gedanken nicht aus, daß auch Saddam Hussein auf diese Weise »liquidiert« werden könnte. Gegenüber der Aktion im Jemen, die mit Unterstützung durch den jemenitischen Staatspräsidenten Ali Abdallah Saleh geschah, gibt es für eine derartige Planung im Irak einen gewichtigen Nachteil: Es hat sich niemand gefunden, der Aufenthaltsorte und Fahrwege des irakischen Diktators im voraus an CIA verraten hätte.

Der Erfolg der Aktion im Jemen hat allerdings nicht in allen Hauptstädten Zustimmung gefunden. Die schwedische Außenministerin Anna Lindh kritisierte die USA: »Israel bekommt unser Mißbehagen zu spüren, wenn seine Sicherheitskräfte gezielt Palästinenser töten. Und nun richten die USA Menschen ohne Gerichtsverhandlung hin. Auch Terroristen müssen gemäß dem internationalen Recht behandelt werden. Wenn das internationale Recht nicht gewahrt bleibt, wird bald jedes Land irgendwo in der Welt Menschen hinrichten, die im Verdacht stehen, Terroristen zu sein.«

Präsident Bush: »Eine letzte Chance für Saddam Hussein«

Acht Wochen lang feilschten die Delegierten des Weltsicherheitsrats um Formulierungen im Text einer Resolution, die Saddam Hussein zwingen sollte, seine Arsenale internationalen Waffeninspektoren zu öffnen. Am 8. November 2002 stimmten auch Rußland, Frankreich und China dem amerikanischen Resolutionsentwurf zu. Der Text der verabschiedeten Sicherheitsratsresolution Nummer 1441 lautet:

»Der Sicherheitsrat stellt fest, daß der Irak schwerwiegende Verstöße gegen seine Verpflichtungen begangen hat und begeht, die in Resolutionen festgeschrieben sind – unter anderem in der Resolution 687 aus dem Jahr 1991. Irak hat insbesondere Verstöße begangen durch seine Verweigerung einer Kooperation mit Inspektoren der Vereinten Nationen und der Internationalen Atomenergieagentur (IAEA).

Der Sicherheitsrat entscheidet, dem Irak eine letzte Möglichkeit zur Erfüllung seiner Abrüstungspflichten zu gewähren und er beschließt, zu diesem Zweck ein verstärktes Inspektionsteam einzusetzen mit dem Ziel, die vollständige Durchführung des irakischen Abrüstungsprozesses zu erreichen und zu überwachen.

Der Sicherheitsrat entscheidet, daß die Regierung des Irak dem Sicherheitsrat 30 Tage nach Verabschiedung dieser Resolution eine genaue und vollständige Aufstellung aller seiner Waffenprogramme vorlegt.

Der Sicherheitsrat entscheidet, daß falsche Angaben oder Unterlassung von Angaben einen weiteren schwerwiegenden Verstoß gegen Iraks Pflichten darstellen würden. Ein derartiger Verstoß muß dem Sicherheitsrat vorgelegt werden. Er wird anordnen, daß den Waffeninspektoren sofortiger, ungehinderter und bedingungsloser Zugang zu allen Produktionsstätten und Waffenlagern gewährt wird.

Der Sicherheitsrat entscheidet, daß Waffeninspektoren innerhalb von 45 Tagen nach Erlaß dieser Resolution ihre Arbeit aufnehmen. Nach weiteren 60 Tagen werden sie den Sicherheitsrat über den neuesten Stand ihrer Arbeit informieren. Jegliche Behinderung der Tätigkeit der Inspektoren und jede Mißachtung der Abrüstungsauflagen sind sofort dem Sicherheitsrat zu melden. Der Sicherheitsrat wird sofort nach Eintreffen einer solchen Meldung zusammentreten. Er überprüft die Situation um den internationalen Frieden und die Sicherheit zu gewährleisten.

Der Sicherheitsrat ruft in diesem Zusammenhang in Erinnerung, daß er den Irak wiederholt gewarnt hat, daß er bei Verletzung seiner Pflichten mit ernsthaften Konsequenzen zu rechnen habe.«

Dieser Wortlaut ist erst nach eingehenden Telefonaten zwischen George Bush und dem französischen Staatspräsidenten Jacques Chirac zustande gekommen. Die Frage war strittig, wer darüber zu bestimmen hat, ob Irak die UN-Resolutionen auch weiterhin verletzt. Die USA hatten für sich die Freiheit des Handelns eingefordert, wenn sie feststellten, daß Irak auch weiterhin Widerstand gegen die Arbeit der Waffeninspektoren leistete. In diesem Streit haben die USA nachgegeben: Die Waffeninspektoren haben allein das Recht, Verstöße festzustellen und weiterzumelden.

George Bush hat noch am Tag der Verabschiedung der Resolution bekräftigt, daß die USA in jedem Fall entschlossen sind, dem Irak jede Form von Massenvernichtungswaffen zu nehmen – ob Irak dem freiwillig zustimmt oder nicht: »Falls Saddam Hussein nicht in absolut vollem Umfang diese UN-Resolution erfüllt, werden wir eine Koalition zur Entwaffnung des Irak anführen.« Bush betonte, Amerika habe auch weiterhin jede Freiheit, so zu handeln, wie es die Situation erfordere.

Der stellvertretende russische Außenminister, Jurij Fedotow, aber sagte, mit dieser Resolution sei der »Automatismus« ausgeschaltet, der bei jeder Verletzung der Resolutionsbestimmungen sofort Krieg bedeutet hätte. Präsident Putin hatte bereits vor der Abstimmung in New York George W. Bush mitgeteilt, er werde auf keinen Fall ein Veto gegen den von Amerika gebilligten Entwurf einlegen lassen. Das Verhalten des US-Präsidenten während der Besetzung des Musicaltheaters in Moskau nur wenige Tage zuvor hat sich so ausgewirkt.

Der irakische UN-Botschafter aber lehnte die Resolution ab. Er meinte: »Diese Resolution führt auf dem direkten Weg zum Krieg. Die USA werden einen Vorwand finden zur Invasion unseres Landes. Die USA haben bereits derart starke Truppenkontingente in der Region stationiert. Präsident Bush will diese Streitkräfte einsetzen.«

Hans Blix, der Chef der UN-Waffeninspekteure aber war voll Optimismus: »Wir werden Ende November in Baghdad sein und unsere Arbeit aufnehmen!«

George W. Bush, der Wahlsieger

Am Mittwoch, dem 6. November 2002, hat Bush den Wahlsieg errungen, den er sich schon im Jahr 2000 erhofft hatte: Damals war er mit knapper Mehrheit und unter seltsamen Umständen zum Präsidenten gewählt worden – die eindeutige und unbezweifelbare Mehrheit hat gefehlt. Bei den Wahlen zum Kongreß und zum Senat gilt Bush zwei Jahre später als Sieger: Er hat in beiden Häusern die Mehrheit errungen.

Die Bedeutung des Ergebnisses erläutert Clark Murdock, der

führende Kopf des Center for Strategic and International Studies in Washington so: »Mit hohem persönlichem Einsatz hat der Präsident selbst gekämpft, und das amerikanische Volk hat diesen Einsatz belohnt. Der Präsident ist jetzt erst zum wahrhaftigen Staatschef der USA geworden. Erst jetzt kann er mit voller Kraft seine Ziele verfolgen.«

George W. Bush hat sich als Kämpfer erwiesen. Er wollte die Regel durchbrechen, daß Kongreßwahlen, die immer in der Mitte der Amtszeit eines Präsidenten liegen, mit Stimmenverlusten für die Partei des Amtsinhabers enden. Während der letzten Tage vor der Wahl hat der Präsident 15 US-Staaten bereist und in 17 Städten Reden gehalten. Er hat über die Notwendigkeit gesprochen, Krieg gegen den Terrorismus zu führen und zugleich der Wirtschaft Impulse zu geben. Die Wähler empfanden, daß George W. Bush den richtigen Weg weise.

17 Monate lang waren die Demokraten im Besitz der Mehrheit im Kongreß gewesen, jetzt hatten die Republikaner die Spitzenposition erobert; sie stellten auch die Mehrheit der Vertreter im Senat.

Als Resultat dieser Neuorientierung der politischen Kraft in Washington wurde noch am 7. November eine Stärkung der Durchsetzungskraft des Präsidenten erkannt. John Hulsman, der erfahrene Analytiker der europäischen Politik, der für die Heritage Foundation arbeitet, ist der Ansicht: »Die Beziehungen zur Bundesrepublik werden abgrundtief schlecht sein, und auf den Champs-Élysées wird auch keine Jubelparade wegen des Wahlsiegs von Bush stattfinden. In Europa ist mit dem heutigen Tag jede Hoffnung erloschen, irgendein europäischer Staat könne die amerikanische Außenpolitik beeinflussen. Präsident Bush wird sich nicht von den Europäern dreinreden lassen in seine Entscheidung, ob die USA Krieg gegen Irak führen werden oder nicht. Das Kräftezentrum der Welt ist nun eindeutig in Washington zu finden.«

In arabischen Hauptstädten wurde der Wahlausgang als weltpolitisch entscheidend angesehen. In Cairo war aus dem Al Ahram Center for Political and Strategic Studies diese Meinung zu hören: »Nach diesem Sieg der Republikaner wird Bush sich ermutigt fühlen, zu tun, was er will. Er betrachtet diese Entscheidung des amerikanischen Volkes als Autorisierung seiner Politik – insbesondere, was den Irak angeht.«

Aus der Hauptstadt Saudi-Arabiens verlautet: »Mit dem Wahltag in den USA ist die Wahrscheinlichkeit gestiegen, daß der Krieg gegen Irak wirklich stattfinden wird.« In Kuwait, in dem arabischen Land, dessen Herrscher wirklich Furcht vor Saddam Hussein empfindet, brach am 7. November 2002 bei der regierenden Familie Jubel aus. Fuad Hashem, der Kolumnist der Zeitung »Al Watan« beschrieb die Situation so: »Die Freude ist riesig, denn von diesem Tag an besteht Sicherheit, daß der Schlag gegen Saddam Hussein wirklich erfolgt. Wir sind nicht mehr auf Gerüchte und auf Hörensagen angewiesen. Jetzt können endlich die Tage gezählt werden, bis wir befreit sein werden von diesem teuflischen Regime. Die Stunde der Rettung des irakischen Volkes wird anbrechen.«

Unmittelbar nach dem Bekanntwerden der Wahlergebnisse billigte Präsident Bush Pläne seiner Generale für die Kriegführung gegen Irak. Er unterzeichnete vorbereitete Befehle, die den Einsatz von 250 000 Soldaten betreffen: Ihre Aufgabe ist es, in raschem Tempo wichtige Orte einzunehmen. Baghdad soll allerdings nur umzingelt werden. Das Ziel ist, Saddam Hussein und die wichtigsten Männer des Regimes zu »isolieren«. Sie sollen in der »Falle Baghdad » schließlich zur Kapitulation gezwungen werden.

Saddam Hussein reagiert auf die Gefahr: Er beruft zum 11. November sein Parlament ein. Dieses Gremium bestimmt nichts im Irak; in dieser Scheindemokratie bestimmt der »Revolutionäre Kommandorat«, der wiederum den Anweisungen des Vorsitzenden folgt. Die Mitglieder des Parlaments treffen sich mitten im heiligen Fastenmonat Ramadan, dem einst der Prophet Mohammed besondere Bedeutung zugemessen hat. Im Ramadan ist es üblich durch patriotische Parolen die Liebe zum Vaterland zu beteuern und Todesbereitschaft zu versprechen. Auch die Parlamentsmitglieder in Baghdad verkünden, ihr höchstes Ziel sei es, Märtyrer zu werden für Saddam Hussein und den Islam.

Doch sie beruhigen sich schnell. Der Auswärtige Ausschuß des Parlaments wird beauftragt, dem »Revolutionären Kommandorat« einen Vorschlag zu unterbreiten, für die Antwort an den Weltsicherheitsrat – sie mußte am Freitag, den 15. November, in New York vorliegen. Am Ende der ruhig verlaufenen Beratungen empfiehlt der Auswärtige Ausschuß, der »Revolutionäre Kommandorat« möge den Sicherheitsratsbeschluß 1441 ablehnen. Dieser Empfehlung schließen sich einen Tag später alle 250 »Abgeordneten« des Parlaments an. Sie waren alle von Saddam Hussein selbst in ihrer Funktion bestätigt worden – und sie folgen den Anweisungen des Präsidenten. Der Ablauf der pseudoparlamentarischen Abstimmungsprozedur zur Annahme oder Ablehnung des Sicherheitsratsbeschlusses ist von Saddam Hussein selbst gesteuert worden : Zur Prozedur gehört auch die Verlesung eins Briefes von Udai, dem ältesten Sohn des Staatschefs. Udai, der selbst dem Parlament angehört, hat den Text nicht selbst vorgelesen. Die Erklärung fängt mit diesem Satz an: »Wir müssen der Resolution des Sicherheitsrates zustimmen, ohne irgendwelche Bedingungen, auch wenn wir Vorbehalte haben.«

Dann aber stellt Udai Bedingungen:

»Die Arbeit der Inspektoren muß jedoch unter einem arabischen Schirm geschehen. Die Inspektoren müssen in Arabien rekrutiert werden. Die Experten und technischen Beobachter müssen Araber sein – Araber, die vertraut sind mit den nuklearen, chemischen und biologischen Aspekten der Inspektorentätigkeit.«

Udai kann bei dieser Forderung mit weiter arabischer Unterstützung rechnen, denn die Außenminister der Staaten der Arabischen Liga, hatten drei Tage zuvor denselben Anspruch gestellt: Unter den Inspektoren müssen sich unbedingt Araber befinden. Dieser Anspruch kann von Hans Blix, dem Chef der Inspektoren, leicht erfüllt werden, denn der Direktor der International Atomic Agency, Mohammed Al Baradei, ist Ägypter. Er soll dem Inspektorenteam ohnehin angehören.

Am Ende der Tagung des Parlaments entwertete Sadun Hamadi, der Sprecher des irakischen Parlaments, die Bedeutung der Abstimmung – die mit einem »Nein« für die Sicherheitsratsresolution endete – mit dieser Bemerkung: »Wir wollten den USA die Nachricht übermitteln, daß das Volk von Irak geschlossen zusammensteht, und daß es seiner Führung vertraut. Wir unterstützen immer Saddam Husseins weise Entscheidung. Wir folgen ihm, wie er sich auch entscheiden mag. Er wird den richtigen Weg finden, um das Volk von Irak zu verteidigen, seine Unabhängigkeit und seine Würde.« Der Parlamentspräsident überläßt die letzte Entscheidung dem Staatschef.

George W. Bush nimmt gar nicht zur Kenntnis, was das Parlament in Baghdad beschließt. Sein Ziel ist es, das Regime im Irak so zu verändern, daß sich für die US-Ölindustrie die Möglichkeit eines Einstiegs in das Geschäft mit den zweitgrößten Ölvorräten der Welt ergibt.

Im Ölgeschäft ist Präsident Bush aufgewachsen

Der Vater, George Herbert Walker Bush hatte in Texas die Zapata Petroleum Company gegründet. Das war um die Zeit, als George Walker Bush, sein ältester Sohn, herangewachsen ist. Die Zapata Petroleum Company florierte und machte den Gründer zum vielfachen Millionär.

George Walker Bush (1946 geboren) ist in einer wohlhabenden Atmosphäre aufgewachsen. Er soll als Student nicht durch Leistungen aufgefallen sein, sondern durch Trinkfestigkeit. Doch es gelang ihm 1975 an der Harvard Business School einen Abschluß zu erreichen.

Unmittelbar danach gründete George W. Bush, dem Beispiel des Vaters folgend, in Midland (Texas) das Öl- und Gasunternehmen Arbusto. Kenner der Situation in Texas sind allerdings der Meinung, daß der Junior in geschäftlicher Beziehung nicht so erfolgreich wie der Vater war. George W. Bush war im Jahr 1986 gezwungen, das Übernahmeangebot der Haken Energy Corporation anzunehmen. Er verkaufte sein Unternehmen. Er blieb allerdings Mitarbeiter der Haken Energy Corporation. Er wurde Direktor für den Unternehmenssektor »Investition«.

Erst nach der Wahlniederlage seines Vaters gegen den demokratischen Präsidentschaftskandidaten Bill Clinton wandte sich der Sohn der Politik zu. Er wurde Gouverneur von Texas und schließlich mit knapper Not Präsident der Vereinigten Staaten von Amerika.

Er hat während seiner politischen Karriere immer wieder betont, daß ihn die Jahre der Tätigkeit im Ölgeschäft geprägt haben. Sie haben seine Entwicklung beeinflußt.

Bemerkenswert ist, daß auch der Mann, den er für die Position des Vizepräsidenten an seine Seite geholt hat, mit dem Ölgeschäft verbunden ist. Dick Cheney hatte ebenfalls Geld mit dem Ölgeschäft in Texas verdient. Nachdem Mentor George Bush senior sein Amt als Präsident der USA verloren hatte, verließ Dick Cheney den Staatsdienst, um in die Privatwirtschaft zu wechseln. Er übernahm eine führende Position bei der Firma Halliburton Co. in Dallas. Sie ist Zulieferer der Erdölindustrie.

Als Vizepräsident bewies Dick Cheney seine Verbundenheit mit der Energiewirtschaft. Als zu Beginn des Jahres 2002 der Energiekonzern Enron in Zahlungsschwierigkeiten geriet, da versuchte Dick Cheney zu helfen: Er traf sich mit einem hohen indischen Regierungsbeamten, um mit ihm ein Projekt zu besprechen, das für Enron einen Neuanfang bedeutet hätte. Enron sollte einen Auftrag erhalten, in Indien ein Kraftwerk zu bauen. Dick Cheney gerät ins Zwielicht und wird von der Aufsichtsbehörde des US-Kongresses mit einer Klage bedacht. Der Vizepräsident bleibt jedoch auch weiterhin mit Energiepolitik befaßt – mehr und mehr unter dem Aspekt »Irak und seine Ölvorräte«.

Im Oktober 2002 tagte in Houston (Texas) der »Energiegipfel«. Die bedeutendsten Tagungsteilnehmer waren der amerikanische und der russische Energieminister. An ihrer Seite standen mehr als 100 Ölexperten. Zu diskutieren war nur ein Thema: Was geschieht mit dem Öl des Irak, wenn Saddam Hussein aus seinen Palästen vertrieben ist.

Zur Historie der Besitzverhältnisse: Wem gehört das irakische Öl?

Der Träger sämtlicher Aktivitäten, die mit dem irakischen Ölgeschäft zusammenhängen, ist die Iraq National Oil Company (INOC). Sie ist durch Verstaatlichung privater internationaler Konzerne entstanden. Hauptnutzer des irakischen Öls zur Zeit der Monarchie (bis 1958) war die British Petroleum Company. Daß ihr Profit nicht durch politische Veränderungen geschmälert wurde, dafür hatte Ministerpräsident Nuri As Said gesorgt – er war in Wahrheit Vertrauensmann und Agent der britischen Regierung gewesen.

Unmittelbar nach dem Sturz des Nuri As Said begann die Diskussion über künftige Besitzverhältnisse der irakischen Ölanlagen. Die neuen Herren in Baghdad waren von Anfang an dafür, die British Petroleum Company zu enteignen. Sie befanden sich damit im Trend der meisten ölproduzierenden Länder Arabiens. Von Gamal Abdel Nasser kam der Vorschlag, einen arabischen Erdöl-Kongreß abzuhalten, mit dem Ziel, sämtliche Erdölgesellschaften Arabiens zusammenzuschließen zu einem umfassenden Konsortium – wobei der ägyptische Staatschef sich selbst die führende Funktion zugedacht hatte. Auf Nassers Wunsch gründete die Arabische Liga, die Dachorganisation arabischer Staaten, ein »Bureau permanent du Pétrole«. Der erste Vorsitzende dieses Büros wurde der Ingenieur Mohammed Salman; er war Iraker, doch er vertrat nicht die Interessen seiner Regierung. Diese mißtraute der Idee des Gamal Abdel Nasser, ein umfassendes Konsortium zu gründen. Die jetzt Mächtigen in Baghdad hatten begriffen, daß Irak zu den bedeutendsten Ölproduzenten der Welt gehörte. Sie hatten nicht die Absicht, diesen Reichtum mit anderen arabischen Staaten zu teilen.

Dazuhin brach ein regionaler arabischer Konflikt auf, in dem arabische Staaten unterschiedliche Positionen bezogen: Am 25. Juni 1961 verlangte der irakische Ministerpräsident Abdel Karim Qassem die Eingliederung Kuwaits in das irakische Territorium: »Kuwait ist Teil der irakischen Provinz Basra!« Ein Konflikt war deutlich geworden, der eine Generation später noch immer die Golfregion beunruhigte. Wer sich damals damit befaßte, dem konnte deutlich werden, daß die Ölgesellschaft British Petroleum Company in die Affäre verwickelt war. Sie hätte den Anschluß Kuwaits an Irak nutzen können, um ihre Position zu festigen. Die Britisch Petroleum Company war in Kuwait und in Irak die vorherrschende Gesellschaft; in Kuwait aber bestand Gefahr, daß sich Saudi-Arabien der Ölfelder bemächtigte – dort aber waren amerikanische Gesellschaften zuständig. Für die British Petroleum Company galt es, den amerikanischen Einfluß von der Region des Schatt Al Arab fernzuhalten.

Obgleich unter internationalem Druck die Vereinigung von Kuwait und Irak nicht vollzogen wurde, kooperierten die Monarchie und die Republik in Fragen der Preispolitik und der Einhaltung von Förderquoten.

Putsche veränderten während der 50er und 60er Jahre die politische Struktur des Irak – stabil blieb die British Petroleum Company. Sie geriet erst in Gefahr, als die Baathpartei nach und nach die Macht am Tigris übernahm. Die Baathpartei wurde im Juli 1968 definitiv zur bestimmenden politischen Kraft in Baghdad. Die Veränderung des Klimas gegenüber den Gesellschaften war schon im Jahr 1964 spürbar geworden, als die irakische Regierung beschlossen hatte, den internationalen Ölgesellschaften keine neuen Konzessionen mehr zu gewähren.

Im Herbst 1971 hatte der saudiarabische Ölminister eine Idee: Die internationalen Gesellschaften sollten veranlaßt werden, den Ländern, aus dessen Boden sie das Öl holten, eine Beteiligung am Kapital und damit am Gewinn zu gewähren. Irak machte sich sofort diese Idee zu eigen – und damit begann der Verstaatlichungsprozeß. Mit dem Zugeständnis der Beteiligung war der Besitzanspruch der Konzerne durchlöchert. Die Aushöhlung der Rechte der British Petroleum Company endet am 1. Juni 1972 mit der Verwandlung der Iraq Petroleum Company in die Iraq National Oil Company (INOC). Es war Präsident Ahmed Hassan Al Bakr, der diese Verwandlung vollzog.

Bis zum 1. Juni 1972 war der Sitz der Gesellschaft in London. Dort war die Firmenpolitik gemacht worden seit dem Ende des Ersten Weltkriegs. IPC war ein Symbol der Kolonialzeit gewesen. Sie ging für Irak jetzt erst zu Ende. Von nun an bestimmte der Vorsitzende des »Revolutionären Kommandorats« die Ölpolitik des Irak.

Viel zu bestimmen gab es für Saddam Hussein nicht. Der Iran-Irak-Konflikt blockierte die Ölförderung und den Transport durch Tanker. Der erste Golfkrieg legte die Ölproduktion völlig lahm. Seit 1991 lähmt das Embargo die Aktivität auf den Förderplätzen.

Förderanlagen und Pipelines sind verrottet. Das Ölministerium im Baghdad, das seit 1987 die Verantwortung tragen soll für das Ölgeschäft, ist in Jahren der Untätigkeit bedeutungslos geworden. Der Neuaufbau des Wirtschaftssektors »Petroleum« muß bei Null beginnen. Wer soll der Träger der Ölrenaissance des Irak sein? Darüber denken im November 2002 unterschiedliche Persönlichkeiten nach.

Eigentlich mag Colin Powell den Iraker Ahmed Chelabi überhaupt nicht, und auch Condoleezza Rice lehnt ihn ab. Doch was er im November 2002 sagt, hören beide gern. Er äußert sich als Sprecher des Iraqi National Congress, des irakischen Exilparlaments, wenn er diesen Standpunkt vertritt: »American Companies will have a big shot at Iraqi oil!« Ahmed Chelabi meint damit, daß er die Zukunft des Wirtschaftssektors Petroleum in die Hand der Vereinigten Staaten von Amerika legen will. Er denkt an ein Konsortium internationaler Konzerne, das von einer US-Gesellschaft geleitet wird.

Die Vorstellung des Ahmed Chelabi von der zukünftigen irakischen Ölpolitik wurde heftig diskutiert beim »Energiegipfel« in Houston (Texas) im Oktober 2002. Dem sowjetischen Energieminister mißfiel diese Vision. Er hatte von Putin den Auftrag bekommen, ein politisch-wirtschaftliches Geschäft anzubieten: Dafür, daß Rußland den Sicherheitsratsbeschluß 1441 akzeptierte, sollte es am künftigen Ölgeschäft beteiligt werden. Der US-Minister soll diese Forderung zunächst abgewehrt haben. Der politische Berater James Woolsey, der einmal Direktor der CIA war, vertritt diese Ansicht: »Wenn sich Rußland zu auffällig für Saddam Hussein einsetzt, wird es künftig Schwierigkeiten haben, mit den Verantwortlichen in Baghdad über Beteiligung am Ölgeschäft zu reden!«

Wer sich beteiligen will, der muß zuerst investieren. Der Zustand der Förderanlagen insgesamt ist erbärmlich. Rußland ist dazu kaum in der Lage. Die US-Gesellschaften aber stehen bereit, viel Geld in neue Anlagen zu stecken.

Präsident Bush besitzt eine starke Position: Wenn er erneut eine Sicherheitsratsresolution gegen Irak braucht, kann er eine russische Beteiligung am künftigen Ölgeschäft anbieten – ohne Beteiligung an den Investitionen fordern zu müssen.

»Die Vereinten Nationen sind 50 Prozent korrupt und 50 Prozent impotent«

Am 11. November 2002 veröffentlicht »Newsweek« dieses schroffe Urteil, das Richard Perle formuliert hat, der Berater des Pentagon in Sachen Irakpolitik. Die Kritik bezieht sich allein auf das Verhalten des Weltsicherheitsrats gegenüber Irak: »Am Ende aller vergeblichen Bemühungen steht, daß das Gremium nicht in der Lage ist, ernsthaft Sanktionen durchzusetzen und ihre Einhaltung zu kontrollieren!« Richard Perle sieht schwarz für die Effektivität des Weltsicherheitsrats in der Zukunft: »Die von ihm entsandten Waffeninspektoren werden scheitern, so wie sie schon einmal gescheitert sind!«

Der Vorwurf wird präzise begründet mit dem Versagen der Kontrolle über die Öllieferungen, die innerhalb des Programms »Öl gegen Lebensmittel« abgewickelt worden sind. Dieses Programm ist im Jahr 1996 angelaufen. Es gab dem irakischen Staat Gelegenheit, alle sechs Monate eine bestimmte, jedoch sehr bescheiden gehaltene Menge Öl dem Weltmarkt anzubieten. Daß diese Menge nicht überschritten wurde, dafür sorgte ein eigens dafür bestimmtes Komitee der Vereinten Nationen.

Saddam Hussein und sein Sohn Udai ergriffen sehr rasch die Initiative, um innerhalb des von der Vereinten Nationen abgesteckten Rahmens aktiv zu werden. Udai war es, der begriffen hatte, daß dem Irak die Freiheit blieb zu entscheiden, an welchen Konzern das Öl geliefert werden sollte – und zu welchen Bedingungen. Udai konnte – im Einvernehmen mit seinem Vater – den Barrelpreis festsetzen. Er war keineswegs daran interessiert, einen hohen Preis zu verlangen. Im Gegenteil: Er forderte einen Preis, der unter dem Weltmarktdurchschnitt lag, doch er regte an, daß dem Vater und ihm besondere Vergünstigungen zu gewähren sind. Diese Vergünstigungen bestanden zum Teil in Barauszahlungen, zum Teil in Sachleistungen. So habe sich Udai von einer der begünstigten Gesellschaften einen Rolls-Royce im Wert von nahezu einer halben Million Dollar schenken lassen. (»Newsweek« vom 11. November 2002):

Der Präsident und sein Sohn profitierten von einer Verpflichtung, die ihnen durch die Vereinten Nationen auferlegt worden ist: Sie hatten tatsächlich das Versprechen abgegeben, das irakische Öl unter dem Weltmarktpreis anzubieten. Dieses Versprechen hielten sie ein. Damit waren die Kontrolleure der Vereinten Nationen zufrieden. Der niedere Preis sollte verhindern, daß Saddam und Udai Profite abschöpfen konnten – daß die Gesellschaften »Prämien« für das billige Öl zu zahlen bereit waren, daran hatte der Weltsicherheitsrat nicht gedacht. Die internationalen Ölkonzerne waren vorsichtig: Sie selbst trafen keine Verabredungen mit Udai. Sie gründeten eigens für die Abwicklung des Irakgeschäfts Firmen, die eigenen Rechtsstatus besaßen. Sie hatten ihren Sitz meist in Liechtenstein. Die Regierung des kleinen Staates verbot allerdings im Oktober 2002 jede Form der Abwicklung von Ölgeschäften mit dem Irak.

Es war die Regierung der Vereinigten Staaten von Amerika, die entdeckt hatte, daß das Programm »Oil for Food« dem irakischen Präsidenten die Möglichkeit biete, sich ohne Mühe und Aufwand zu bereichern. Vom State Department ging die Anregung aus, Saddam Hussein und dessen Sohn Udai möchten doch veranlaßt werden, ihr Öl zu Weltmarktpreisen zu verkaufen. Der Weltsicherheitsrat sollte auf die beiden einwirken, doch das Gremium reagierte nicht.

Kriegsziele: die Besitznahme des irakischen Öls

Desinteressiert an Maßnahmen gegen die Verantwortlichen des Irak sind vor allem die Delegierten von Frankreich und Rußland. Ihre Vorsicht liegt darin begründet, daß ihre Regierungschefs nicht der Meinung sind, daß das Regime des Saddam Hussein unbedingt zu verschwinden hat. Hauptsächlich der Repräsentant der französischen Regierung taktiert vorsichtig. Er weiß, daß er sehr direkt die Interessen der Ölgesellschaft Total Fina Elf vertreten muß. Zum Wohle Frankreichs muß diese Gesellschaft auch in Zukunft florieren. Möglich ist dies, wenn es gelingt, die gewaltigen irakischen Ölvorräte ausbeuten zu können. Sie werden auf 17 Milliarden Barrel geschätzt.

Total Fina Elf hat gute Chancen. Die Gesellschaft hat mit der Iraq National Oil Company zwei Vorverträge geschlossen. Diese Vorverträge werden wirksam, wenn die UN-Sanktionen gegen Irak aufgehoben werden. Daß diese Aufhebung rasch erreicht wird, ist der Wunsch der französischen Ölindustrie und der Regierung in Paris. Im Élyséepalast herrscht die Meinung, daß im Idealfall Saddam Hussein auch nach dem Ende des Konflikts und der Freigabe des Öls der Mächtige des Irak bleibt – und daß er die Vorverträge einhält.

Die gute Beziehung der französischen Industrie zu Saddam Hussein begann während der 70er Jahre, als er noch nicht der erste Mann im Staat war. Der damalige Präsident Ahmed Hassan Al Bakr hatte die Ölfelder und Förderanlagen verstaatlicht; er hatte damit vor allem britischen Interessen geschadet. Vizepräsident Saddam Hussein ließ sich von den Franzosen hofieren. Zu jener Zeit stieg Total Fina Elf in das irakische Ölgeschäft ein – für die Gesellschaft ein lohnendes Geschäft.

Pierre Terzian berät die französische Regierung und Total Fina Elf. Er spricht seine Befürchtungen deutlich aus: »Wir sind in Sorge, daß die USA nicht nur einen Anteil am irakischen Öl beanspruchen. Sie wollen die absolute Vorherrschaft im Irak ausüben und in der gesamten Region des Persischen Golfs. Da bleibt den anderen nichts übrig.« (ARD-Sendung »Monitor«, 21. November 2002.)

Die wichtigsten US-Gesellschaften warten auf ihre Chance. Zu ihnen gehören Mobil, Exxon, Marathon Oil Corporation und Chevron. Die Sicherheitsberaterin des US-Präsidenten war zuvor Mitglied im Aufsichtsrat von Chevron. Dick Cheney vertrat die Interessen der amerikanischen Ölausrüstungsindustrie. Einigkeit besteht in Washington darüber, daß noch nie derartig viele Ölfachleute Sitz und Stimme in der US-Regierung hatten, wie während der Präsidentschaft von George W. Bush.

Die US-Regierung weiß, daß ihr nur dann der absolute Zugriff auf das irakischen Öl gelingt, wenn Saddam Hussein und das Baathregime völlig entmachtet werden – und zwar von ihren Streitkräften allein. Nabil Nagawi, der Sprecher des Iraq National Congress in London bestätigt, was Chelabi gesagt hat: »Wenn die USA, vielleicht mit Unterstützung Englands, Irak befreien, dann werden diese beiden Länder eine Vorzugsstellung haben.« Nagawi bestätigt, daß dann die Bemühung eine Chance hat, Frankreichs Einfluß zunichte zu machen – und den Rußlands ebenfalls. Auch russische Gesellschaften haben mit Verantwortlichen des Baathregimes Vorverträge abgeschlossen. Auch Rußland will durch Saddam Hussein Einfluß auf Irak behalten. Die Regierungen beider Länder hoffen darauf, daß die Arbeit der Waffeninspektoren mit diesem Fazit endet: »Irak besitzt keine Massenvernichtungsmittel« – und daß daraufhin der Sicherheitsrat die Aufhebung der Sanktionen beschließt.

Die Skepsis des Irakexperten Richard Perle gegenüber der Effektivität des Weltsicherheitsrats bezieht sich auf die Inspektoren, die bereitstehen, die irakischen Massenvernichtungswaffen aufzuspüren und zu zerstören. George W. Bush und Dick Cheney sind von derselben Skepsis befallen. Ihre Meinung: Mit den Inspektoren verschwenden wir nur Zeit – sie können ihr Pensum nur bewältigen, wenn ihnen ein langer Zeitraum zur Verfügung steht. Damit verpufft jedoch die Wirkung der Aktion. Saddam Hussein gewinnt Zeit.

In der Tat haben die US-Geheimdienste in Zusammenarbeit mit britischen Kollegen eine Liste von 1000 Objekten zusammengestellt, die inspiziert werden müssen. Die Informationen stammen von irakischen Überläufern, von den Auswertern der Satellitenaufnahmen, von Agenten. Aufgelistet waren die Paläste des Saddam Hussein als mögliche Verstecke gefährlicher Substanzen. Allein in der Nähe der Hauptstadt Baghdad standen 27 Gebäude im Verdacht, zum persönlichen Besitz von Saddam und Udai zu gehören – gebaut während der Jahre seit 1998; finanziert mit Geld aus dem Ölgeschäft.

In Takrit am Tigris, in der Geburtsstadt des Diktators, waren 14 palastartige Bauwerke entstanden. Richard Perle, ein exzellenter Kenner der Situation des Irak, bezweifelte, daß es gelingen werde, in Takrit Inspektionen durchzuführen. Gerade dort stand das Prestige der gesamten sunnitischen Sippe des Saddam Hussein auf dem Spiel. Takrit ist zu allen Zeiten jedem Fremden, der nicht zum engen Kreis der Sippe und der Baathpartei gehört, verschlossen. Mit der Ankunft der Inspektoren in Takrit, wäre das Ansehen der gesamten Staatsführung erledigt.

Daß Saddam Hussein mit List und Intelligenz für sein Prestige kämpfen würde, damit rechneten die Verantwortlichen in Washington und London. Der britische Außenminister Jack Straw meinte: »Wir wissen, daß Saddam Hussein seine Meinung zu jeder Stunde ändern und der jeweiligen Situation anpassen kann!« Diese Fähigkeit bewies der irakische Staatschef, als er 48 Stunden vor Ablauf der vom Sicherheitsrat gesetzten Frist in einem Schreiben an Generalsekretär Kofi Annan seine Meinung zum Sicherheitsratsbeschluß 1441 mitteilte. Der Brief wurde vom irakischen Botschafter bei den Vereinten Nationen überbracht. Dessen improvisiert hingesagter Kommentar löste Optimismus in der Welt aus, machte Hoffnung, die Kriegsgefahr sei gebannt. Die Lektüre des umfangreichen Briefes aber brachte Ernüchterung.

Hat Saddam Hussein versprochen, seine Geheimnisse zu lüften?

Auf neun Seiten legt Saddam Hussein seinen Standpunkt dar: Irak besitzt keine Massenvernichtungswaffen; Irak ist das Opfer der Machenschaften der USA und Großbritanniens; Präsident Bush und Premierminister Tony Blair »have fabricated« böswillige Unterstellungen und Behauptungen, die gegen Irak gerichtet sind. Tony Blair wird als »Lakai« des US-Präsidenten bezeichnet. »Die Lügen und die Manipulationen, für die Bush und Blair verantwortlich sind, werden offenbar werden.«

Der Brief an Kofi Annan adressiert, soll gegenüber der Öffentlichkeit den Eindruck erwecken, Saddam Hussein sei vor allem darum bemüht, der Welt zu zeigen, daß er immer die Wahrheit gesagt habe; die Welt werde begreifen, daß er mit seiner Aussage, Irak besitze keine Massenvernichtungswaffen nicht gelogen habe. Das irakische Volk muß den Eindruck haben, sein Präsident lasse die Inspektoren ins Land, damit seine Wahrheitsliebe ans Licht komme.

Erst gegen Ende des Briefes findet sich der Satz: »Wir nehmen die Resolution des Sicherheitsrates an, ohne daran eine Bedingung zu knüpfen.« Nur wenige Zeilen später wird allerdings doch eine Bedingung gestellt: »Irak wird die Tätigkeit der Inspektoren daraufhin überprüfen, ob sie die Würde des irakischen Volkes achtet. Diese Würde zu schützen, ist eine heilige Pflicht.« Ebenso wird die Beachtung der Sicherheit und der Unabhängigkeit des Irak als »heilige Pflicht« angesehen.

Die vorsichtigen Intellektuellen im State Department entnehmen diesem Text, daß sich die Verantwortlichen in Irak vorgenommen haben, den Waffeninspektoren Schwierigkeiten zu bereiten. Vermutet wird, Saddam Hussein sei selbst an den Formulierungen beteiligt gewesen; der Begriff »der Tyrann unseres Zeitalters« – als Bezeichnung für Bush – stamme sicher vom Diktator. Die Worte »die

Inspektoren hätten sich mit Respekt« den Menschen des Irak zu nähern, werden Tariq Aziz zugeschrieben, »Wir werden genau beobachten, was sie tun!«

Mit dieser Formulierung wird nicht Irak zum Objekt der Überprüfung; es sind die Inspektoren, deren Verhalten beurteilt wird.

Das »Ja« zur Resolution 1441 wird eingeschränkt durch Vermeidung jeglicher Zusagen, was die Inspektionsfreiheit der Spezialisten des Hans Blix betrifft. Kein Wort wird verschwendet über die Art und Weise der Zusammenarbeit mit den Vereinten Nationen. Statt dessen werden den Autoren der Resolution böswillige Absichten unterstellt: »Trotz des üblen Inhalts werden wir uns mit dieser Resolution befassen.«

Wie sehr dem irakischen Diktator die Bestätigung am Herzen liegt, daß er gegenüber der Welt und besonders gegenüber den Gremien der Vereinten Nationen stets die Wahrheit in der Abrüstungsfrage geäußert hat, zeigt sich am 16. November 2002. An diesem Tag läßt er dem irakischen Parlament einen Brief überbringen, in dem der Kernsatz lautet: »Die UN-Inspektoren werden feststellen, daß Irak keine Massenvernichtungsmittel besitzt.« Um dies beweisen zu können, habe er sich zu UN-Resolution 1441 bekannt.

Saddam Hussein betont jedoch auch, er habe durch die Annahme der Resolution 1441 Schaden von Irak abgewendet, denn die USA und Israel seien entschlossen gewesen, gemeinsam einen Vernichtungskrieg gegen Irak zu führen.

Kofi Annan, der Adressat, der Anerkennung des Sicherheitsratsbeschlusses vom 13. November 2002 fühlt sich empfindlich gestört durch die fehlende Präzision der irakischen Reaktion und durch den hochmütigen Ton der Worte. Doch er sagt: »Erst die Praxis der Arbeit der Inspektoren wird den Nachweis erbringen, wie ernst es den Irakern ist, ihren guten Willen zu beweisen.« Wenn Irak sich den Inspektoren widersetzt, oder wenn es deren Arbeit blockiert, wird der Sicherheitsrat prüfen, ob es sich um einen ernsthaften Bruch seiner Anordnungen handelt.« Es dürfe nicht der Eindruck entstehen, man habe nur einen Vorwand gebraucht, um einen Krieg zu führen.

Daß die Gefahr einer schnellen Reaktion der USA auf das Verhalten des Irak besteht, weiß Kofi Annan. Seine Besorgnis bringt er durch diese Worte zum Ausdruck: »Die USA scheinen beim Thema Krieg eine niedere Hemmschwelle zu haben.«

Kofi Annan nimmt die Erklärung des Irak vom 13. November 2002 als Einverständnis, daß die Inspektoren ihre Arbeit aufnehmen können. Hans Blix, dessen Mannschaft beauftragt ist, nach der Existenz der biologischen und chemischen Waffen zu forschen, und Mohammed Al Baradei, der sich um nukleare Waffen zu kümmern hat, machen sich noch vor Ende November auf den Weg. Damit beginnt ein Wettlauf zwischen Irak und den Experten. Wird Irak flinker sein im Verstecken als die Inspektoren im Aufspüren der Verstecke? Ein Mitarbeiter der US-Defence Intelligence Agency meint: »Sie haben Fähigkeiten entwickelt, die Attacken der Inspektoren abzuwehren!«

Hans Blix aber ist optimistisch. Er meint, die Arbeitsweise der Spezialisten von heute sei nicht mit jener zu vergleichen, die vor vier Jahren üblich war. Sein Optimismus beruht auf den Unterschieden der Geräte. Seinen Mitarbeitern stehen Aufnahmen der Beobachtungssatelliten zur Verfügung, die Details der Anlagen von Waffenfabriken deutlich machen, die Geheimnisse der Waffenarsenale preisgeben. Die UN-Inspektoren können Sensoren einsetzen, die Veränderungen der Luft und des Wassers feststellen; derartige Veränderungen weisen auf Möglichkeiten hin, daß insgeheim biologische oder chemische Waffen hergestellt werden.

Erst während der zurückliegenden Monate wurden Radargeräte entwickelt, deren Strahlen Erde und Felsen durchdringen, auf der Suche nach Tunnels mit unterirdischen Bauten. Hans Blix beurteilt sein Arsenal an »Verifikationsgeräten« so: »Aus Ergebnissen der Wissenschaft und der Erfahrung ist eine Ausrüstung geschaffen worden, die sich bewähren wird.« Er glaubt auch an die Bereitschaft irakischer Spezialisten und Wissenschaftler, mit den Inspektoren zusammenzuarbeiten. Werde sie das Regime von Saddam Hussein daran hindern, wäre dies ein Bruch der Bestimmungen der Resolution 1441.

Kofi Annan und Hans Blix sind der Ansicht, am Ende der Inspektionsarbeit stehe fest, daß Irak entweder keine Massenvernichtungswaffen besitzt – oder daß sie zerstört sind. Präsident Bush aber gibt zu bedenken, daß allein die Beseitigung des »Bösen« selbst eine Garantie biete, daß die zivilisierte Welt nicht doch, und sei es auf Umwegen, angegriffen wird. Am 16. November fühlte sich der Präsident in der Annahme bestätigt, Saddam Husseins Regime habe seine Aggressivität keineswegs eingebüßt: An diesem Tag feuerte eine irakische Raketenbatterie bei An Nedjef am Euphrat Geschosse auf ein britisches Kampfflugzeug ab, das innerhalb der südlichen Flugverbotszone zum Patrouillenflug eingesetzt war. Die Kampfmaschine wurde nicht getroffen, doch die Kommandozentrale der Alliierten Streitkräfte am Golf ordnete sofortige Reaktion an: Die irakische Raketenbatterie wurde zerstört.

Präsident George W. Bush hat die Richtung vorgegeben: »Wir führen gegen Irak eine Null-Toleranz-Politik.« Er ist gezwungen, gegen das Regime des Saddam Hussein bedingungslos hart vorzugehen. Peter Scholl-Latour hat den Grund dafür in der »Welt am Sonntag« vom 17. November analysiert: »Die eigentliche Strategie der USA in Mesopotamien zielt auf die Beseitigung des dortigen Baathregimes und auf die Liquidierung des dortigen Staatschefs ab. Sollte diese Kernforderung nicht erfüllt werden – nachdem bereits Osama Bin Laden, den man »dead or alive« fangen wollte, seinen Verfolgern entkam – würde das Prestige der USA irreparablen Schaden in der gesamten arabisch-islamischen Welt erleiden. Ein Überleben Saddam Husseins könnte den globalen Kampf gegen den Terror, dem sich die Hegemonialmacht USA verschrieben hat, ad absurdum führen.«

Eine Stimme auf Tonband: eine Blamage für die USA

Am Tag, als die Welt glaubte, Saddam Hussein habe sich dem Diktat der USA und der Vereinten Nationen unterworfen, strahlte der arabische Nachrichtensender »Al Dschazira« eine Tonbandaufzeichnung aus. Die Stimme eines Mannes war zu hören – nach Überzeugung der Chefredaktion des Senders, die im Emirat Qatar arbeitet, ist es die Stimme von Osama Bin Laden. Das Tonband wird als Beweis dafür präsentiert, daß Osama Bin Laden noch lebt und sich in Freiheit befindet.

Keinen Zweifel gibt es, daß die Aufnahme neueren Datums ist, denn die Stimme preist den Anschlag auf der Insel Bali als Heldentat der Glaubenskämpfer; sie lobt auch die Besetzer des Musicaltheaters in Moskau. Ähnliches, so ist auf dem Tonband zu hören, werde geschehen, wenn Amerika tatsächlich Krieg gegen Irak beginne.

Die Stimme spricht vier Minuten lang. Sie preist »die Söhne, die bereit sind, für den islamischen Glauben zu kämpfen«. Zu ihnen zählen auch diejenigen, die den Anschlag auf Touristen auf der tunesischen Insel Djerba verübt, und die den Tanker vor der jemenitischen Küste attackiert haben. Die Stimme warnt vor weiteren Anschlägen dieser Art. Sie liefert diese Begründung für solche Aktionen: »Warum sollen Furcht, Ermordung, Zerstörung und Vertreibung nur unser Schicksal sein, während die Amerikaner und Europäer in Sicherheit, Stabilität und im Glück leben? Es wird Zeit, daß ihr dasselbe Schicksal erleidet, wie die Moslems!«

Die Stimme richtet eine Warnung direkt an Großbritannien, Kanada, Frankreich, Australien, Italien – und ausdrücklich an die Bundesrepublik Deutschland. Diesen Ländern wirft die Stimme vor, sie würden die USA in ihrem Kampf gegen den Islam unterstützen. Die Faust des Islam werde alle treffen, die sich am Krieg gegen Irak beteiligen: »Es wird die Vergeltung sein für das, was Bush, der Pharao unserer Zeit, mit seinen Verbündeten als Verbrechen begehen: Sie töten irakische Kinder, sie zerbomben die Häuser der Alten und der Frauen in Palästina. Amerikanische Flugzeuge sind dabei im Einsatz. Ihr werdet getötet werden, wie ihr Moslems getötet habt. Ihr werdet mit Bomben angegriffen werden, wie ihr Moslems mit Bomben angegriffen habt!«

Die Verwendung des Begriffs »Pharao« ist für die Arabisten unter den Spezialisten der US-Geheimdienste ein Indiz dafür, daß die Stimme auf dem Tonband tatsächlich zu Osama Bin Laden gehört; dieser Begriff habe der Chef des Terrornetzes Al Qaida mehrfach und in ähnlichem Sinn verwendet. Weitere Beweise seien die Frequenz des Tonfalls, der Sprechrhythmus und die Struktur der Sätze.

Präsident Bush wollte die Blamage, daß Osama Bin Laden ganz offenbar noch lebt, abmindern: »Ob dies nun der Terrorist selbst ist, oder nicht, ist doch völlig gleichgültig! Wer nun auch das Tonband besprochen hat, der macht uns deutlich, daß wir uns im Krieg befinden. Wir haben diese Nachricht sehr ernst zu nehmen. Und wir werden sie auch ernst nehmen!« Sie wurde auch in Europa ernstgenommen. Der Chef des deutschen Geheimdiensts sprach die Sorge am deutlichsten aus: »Wir müssen mit neuen Terrorangriffen rechnen. Sie werden noch größere Dimensionen haben, als die bisherigen!« Hans-Josef Beth, der deutsche Fachmann der Terrorismusabwehr, sagte vor der Deutsch-Atlantischen Gesellschaft in Berlin, das Al-Qaida-Mitglied Abu Musa Al Zarkawi stehe im Verdacht, sich mit »toxischen Stoffen« befaßt zu haben, in der Absicht, damit Anschläge in Europa zu verüben. Wörtlich warnte Beth: »Etwas Großes wird vorbereitet. Zarkawi kennt sich aus in der Anwendung biologischer und chemischer Waffen.«

Von Abu Musa Al Zarkawi, der aus der jordanischen Stadt Zarka stammt, soll bekannt sein, daß er nach Baghdad, Teheran, Damaskus, Beirut und in die Türkei gereist sei, offenbar auf der Suche nach toxischen Stoffen. Während dieser Reisen soll sich Abu Musa Al Zarkawi bemüht haben, »schlafende« Al-Qaida-Zellen zu aktivieren, sie in Bereitschaft zu versetzen für Terroraktionen.

Angst vor Terror machte sich in London breit. Am 11. November 2002 informierte Tony Blair, der Premierminister, die britische Öffentlichkeit mit diesen Worten: »Es verstreicht kein Tag, ohne daß mir die Sicherheitsdienste neue Erkenntnisse vorlegen über terroristische Drohungen und Gefahren.« Dann versuchte er zu beruhigen: »Besondere Maßnahmen werden trotzdem nicht ergriffen.« Doch der Ministerpräsident machte deutlich, in welche Richtung seine Besorgnis orientiert war: »Wir werden keine öffentlichen Transportmittel stillegen. Wir werden unser tägliches Verhalten auf dem Weg zur Arbeitsstätte, zum Einkauf und zum abendlichen Vergnügen nicht ändern – diesen Triumph gönnen wir den Terroristen nicht!« Tony Blair versuchte eine Informationspanne zu reparieren, die wenige Tage zuvor eine panikartige Stimmung in London erzeugt hatte. Das Innenministerium hatte »Maßregeln« veröffentlicht, wie man sich gegen Giftgas schützen könne – und gegen die Folgen der Detonation einer »schmutzigen Bombe«, die atomar verseucht ist. Die Warnung wies die Bevölkerung darauf hin, sie möge vorsichtig sein bei der Benutzung von Bahnen jeder Art. Vorsicht sei auch geboten bei Schiffsfahrten auf der Themse.

Zwar wurden die »Maßregeln« noch am selben Tag zurückgezogen mit der Begründung, es habe sich um einen Irrtum gehandelt. Doch genau zur selben Zeit wurden in London drei Männer verhaftet, die unter dem Verdacht standen, einen Anschlag auf die Londoner U-Bahn vorbereitet zu haben. Es sei ihre Absicht gewesen, Giftgas in einem vollbesetzten Zug zu versprühen, um auf diese Weise hunderte von Fahrgästen zu töten.

Die drei Männer gaben an, Rabah Chekar Bies, Rabah Kadris und Karim Kaduri zu heißen. Ihre Heimat sei Nordafrika. In der Wohnung der Verhafteten wurden keine gefährlichen Materialien gefunden. Trotzdem war die Terrorist Branch von Scotland Yard der Meinung, die drei Nordafrikaner stünden in Verbindung zur Organisation Al Qaida.

In der Bundesrepublik konzentriert sich das Interesse der Fahnder auf das Gebiet biologischer Waffen. Befürchtet wird jetzt auch hier – wie zuvor schon in den USA – eine Attacke mit Pockenvieren. Die Bundesregierung hat vorgesorgt: 35 Millionen Impfstoffeinheiten stehen Mitte November des Jahres 2002 zur Verfügung; der Vorrat soll auf 80 Millionen aufgestockt werden.

Wenn die Bundesregierung geglaubt hatte, die schroffe und strikte Ablehnung der Beteiligung an einem Krieg gegen Irak werde die Bundesrepublik aus dem Visier islamischer Organisationen heraushalten, so hat sie sich getäuscht. Al Qaida und ähnliche Gruppierungen sehen in Deutschland auch weiterhin den engsten Verbündeten der USA. Gestört aber bleibt das Vertrauen der US-Regierung in Bundeskanzler Schröder und seinen Außenminister.

Verteidigungsminister Rumsfeld: »Ein Abgrund an Mißtrauen trennt uns«

Donald Rumsfeld zeigt mit Worten seine Verachtung für die Bundesregierung: »Wenn sie die Spürpanzer aus Kuwait abholen wollen, sollen sie dies möglichst bald tun! Sie könnten uns nämlich im Ernstfall gewaltig im Weg stehen!«

Beim Prager NATO-Gipfel am 21. und 22. November 2002 unterbleibt ein Treffen zwischen dem US-Präsidenten und dem Bundeskanzler. Condoleezza Rice, die Sicherheitsberaterin des Präsidenten meint dazu: »Es gibt eine ganze Reihe von Staaten, mit denen auf dem Gipfel von Prag kein Kontakt geplant ist!«

Ursache der Verstimmung ist die Beharrlichkeit, mit der Bundeskanzler Schröder vor der Bundestagswahl des 22. September verkündet hat, Deutschland werde sich unter seiner Führung auf keinen Fall am Krieg gegen Irak beteiligen. Schröder blieb bei diesem Standpunkt auch nach der Wahl.

Im Verlauf des Herbstes 2002 wuchs im Pentagon die Befürchtung, die Bundesregierung werde verkünden, daß im Fall des Konflikts der USA mit Irak die amerikanischen Flugbasen auf deutschem Territorium den US-Streitkräften nicht zur Verfügung stehen werden, daß die US-Luftwaffe den deutschen Luftraum nicht benützen dürfe.

Die Planer des Pentagon sahen die Gefahr, daß die in der Bundesrepublik stationierten 73 000 US-Soldaten nicht zum Kampf in den Irak transportiert werden können, daß das in Deutschland lagernde Kriegsmaterial der US-Streitkräfte nicht auf den Weg in den Irak gebracht werden kann.

Es existiert ein Präzedenzfall: Im Oktober 1973, während des arabisch-israelischen Krieges, hatten – auf Anweisung des Pentagon – drei israelische Frachter Kurs auf Bremerhaven genommen. Sie sollten dort mit Panzern und Geschützen beladen werden. Bundeskanzler Willy Brandt und Außenminister Walter Scheel entschieden damals, die israelischen Frachtschiffe dürften in keinem deutschen Hafen beladen werden. Sie hatten die deutschen Hoheitsgewässer zu verlassen.

Die beiden deutschen Politiker folgten dem Völkerrechtsgrundsatz, »daß nicht nur der Aggressor rechtswidrig handelt, sondern auch der Staat, der auf seinem Gebiet den Aggressor durch kriegsrelevante Aktionen hilft.« Artikel 25 des Grundgesetzes erklärt die Vorbereitung eines Angriffskrieges für verfassungswidrig. Dies bedeutet, daß der Angriffskrieg nicht nur nicht vorbereitet, sondern vor allem nicht geführt werden darf.

Die »Frankfurter Rundschau« veröffentlichte am 11. 9. 2002 ein Rechtsgutachten, dessen Verfasser Dieter Deisenroth Richter beim Bundesverwaltungsgericht und Beirat der Internationalen Juristenvereinigung IALANA ist. Fazit: Die USA könnten für ihren Krieg gegen Irak ihre Stützpunkte in Deutschland und den deutschen Luftraum nicht benützen. Deutschland müßte die Benützung ausdrücklich genehmigen. Eine solche Genehmigung aber darf die Bundesregierung gar nicht erteilen, denn der geplante Krieg stelle einen Angriffskrieg dar.

Die Verantwortlichen im Bundesverteidigungsministerium sind sich im klaren darüber, daß sich die US-Streitkräfte im Falle des »Preemptive Strike«, des »Erstschlags«, nicht um bundesdeutsche Verfassungsartikel kümmern werden. Die US-Luftwaffe benützt den deutschen Luftraum ohnehin nach eigenem Gutdünken. George W. Bush wird sich im »Kampf gegen das Böse nicht behindern lassen. Eine Sprecherin des Bundesaußenministeriums findet rechtzeitig kluge Worte: »Wenn eine Entscheidung für den Krieg gefallen ist, bleibt noch Zeit für die Wahl des richtigen Wegs für die Bundesrepublik Deutschland.« Es stellt sich jedoch schon bald heraus, daß die Regierung Schröder ihren Kurs in der Irakpolitik nicht durchhalten kann. Beim NATO-Gipfel Mitte November 2002 in Prag geben sich der Bundeskanzler und der US-Präsident schließlich doch die Hand. Unmittelbar darauf wird bekannt, daß die Bundesregierung der US-Luftwaffe Überflugrechte für die US-Luftwaffe im Fall des offenen Konflikts zugestehen wird. Und: Die Grünen haben Grund dagegen zu protestieren, daß die Spürpanzer vom Typ »Fuchs« in Kuwait auch dann stationiert bleiben sollen, wenn die US-Streitkräfte Irak angreifen.

Außenminister Joschka Fischer gab vor dem Deutschen Bundestag zu bedenken: »Krieg gegen Irak zu führen ist die falsche Aufgabe. Die Gefahr Nummer 1, die wir zu bekämpfen haben, ist der internationale Terrorismus. Ich habe nicht verstanden, wie es geschehen konnte, daß Irak plötzlich Priorität haben soll!« Joschka Fischer hat die Macht der Ölinteressen vergessen.

Wie sich die »Priorität des Irak« in Arabien auswirkt, mußte im November 2002 König Abdallah von Jordanien erfahren.

Die Warnung für arabische Regime: Was in Ma'an geschah

Die Stadt mit 40 000 Einwohnern liegt drei Kilometer abseits der Straße die von der Hauptstadt Amman zur Hafenstadt Aqaba am Roten Meer führt. Seit dem ersten Golfkrieg zu Beginn der 90er Jahre ist diese Straße zur Autobahn ausgebaut. Saddam Hussein hat die Wüstenpiste verbreitern und befestigen lassen. Über sie rollte der Nachschub, den Irak dringend benötigte: Allein über diese Strecke konnten Waffen und Versorgungsgüter aus Europa, Nordkorea und Japan in das Land an Euphrat und Tigris gebracht werden – nur das Königreich Jordanien beachtete das Embargo nicht, das gegen Irak verhängt worden war.

In Ma'an machten die Fahrer der großen Tanklastwagen Rast, die während des Golfkrieges unterwegs waren, um irakisches Öl zum Hafen Aqaba zu transportieren. Dort warteten die Tankschiffe der internationalen Konzerne auf die wertvolle schwarze Brühe. Ungefähr 500 der Tanklastwagen befuhren Tag und Nacht die Route Irak – Amman – Ma'an – Aqaba. Der Verkauf dieses Öls war die einzige Verdienstquelle für Irak.

Die irakischen Fahrer brachten Geld in die Stadt der kleinen Händler, der Handwerker, der Verkäufer von billigen Speisen und Tee. Damals wurden Freundschaften geknüpft, die bis in die Gegenwart anhalten. Saddam Hussein ist für die Einwohner von Ma'an keineswegs die Verkörperung des am Euphrat residierenden »Bösen«, sondern der Wohltäter, der den Menschen in der bisher armen jordanischen Stadt ein besseres Leben ermöglicht hat. Darüber hinaus aber war Saddam Hussein der Held, der damals den Amerikanern Widerstand geleistet hat. Daß sich auch König Hussein während des ersten Golfkriegs auf die Seite des Saddam Hussein gestellt hatte – zum Ärger des damaligen Präsidenten George Bush – war dem Monarchen im eigenen Land hoch angerechnet worden. Nach dem ersten Golfkrieg war Hussein bei Präsident Bush sen. in Ungnade gefallen. Dieses Risiko will Husseins Sohn Abdallah nicht eingehen: Er hat Stellung bezogen gegen Saddam Hussein. Die Folge war, daß der Handel mit Irak zusammenbrach. So geschah es, daß die Sippen von Ma'an auf eine fast leere Straße blickten; der Transitverkehr war zusammengebrochen. Die Bewohner verarmten zusehends. Die Schuld gaben sie König Abdallah – und den Amerikanern. Saddam Hussein aber blieb ihr Held.

Dafür sorgte vor allem der islamische Prediger Mohammed Ahmed, der vor und nach den Gebeten am Freitag Saddam Hussein pries und verherrlichte. Daß der Prediger, der sich selbst Abu Sayaf nannte, wahhabitische Grundsätze vertrat, war in Ma'an selbstverständlich: Die Stadt gehörte bis 1927 zu Saudi-Arabien. Die Familie des Abu Sayaf besitzt noch immer die saudiarabische Staatsbürgerschaft.

Abu Sayaf war allerdings nicht allein Wahhabit, sondern auch Einwohner von Ma'an, und als solcher fühlte er sich mit Saddam Hussein verbunden. Daß er den irakischen Diktator lobte, ärgerte den Gouverneur von Ma'an. Er veranlaßte, daß die Aufsichtsbehörde, die zuständig ist für Prediger und Predigten, dem Geistlichen die Lizenz zur öffentlichen Predigt in Moscheen entzog. Als sich Mohammed Ahmed nicht an das Verbot hielt, gab der Gouverneur seiner Polizei den Auftrag, Mohammed Ahmed unter irgendeinem Vorwand zu verhaften. Er wurde prompt auf der Straße nach Amman gestoppt, mit der Begründung, er sei zu schnell gefahren. Die Bewaffneten, die mit dem Geistlichen im Fahrzeug saßen, fürchteten um dessen Sicherheit. Sie schossen auf die Polizisten. Es gab auf beiden Seiten Verwundete. Getroffen wurde auch der Prediger. Die Polizisten brachten ihn ins Krankenhaus von Ma'an.

Wenige Minuten später belagerten Anhänger des Abu Sayaf das Krankenhaus. Sie drohten damit, das Gebäude samt Patienten und Ärzten zu verbrennen, wenn der Geistliche nicht freigelassen werde. Die Polizisten gaben nach. Der Geistliche und die große Schar seiner Anhänger verschwanden in den engen Gassen des Stadtteils Al Tour

König Abdallah gab Befehl, den Aufstand in der Stadt Ma'an niederzuschlagen. Doch er ließ sich Zeit. Am 10. November rollten auf der Autobahn Panzer von Amman nach Ma'an. Sie umstellten schließlich die Stadt. Dann drangen Infanterieeinheiten in die Straßen ein. Gefechte flammten auf. Widerstandsnester bildeten sich. Die Kämpfe dauerten auch über Nacht an. Am Morgen aber siegte die königliche Armee über die islamischen Rebellen. Zehn der Anhänger des Predigers, so sagt das Informationsministerium in Amman, seien getötet worden. Die Zahl der Verwundeten sei beachtlich.

Als Begründung für den Kampf um Ma'an gab der Gouverneur an, Abu Sayaf sei Anführer einer »professionellen Verbrecherbande«, die sich vorgenommen habe, friedliche Einwohner zu terrorisieren. Diese Bande hätte bisher schon Läden ausgeraubt und Frauen überfallen. Abu Sayaf – dieses Fazit zieht der Gouverneur – sei ein Ableger von Osama Bin Laden. Doch unter der Hand wird ihm in der Stadt widersprochen: »Der Vorgang hat nichts zu tun mit Verbrechern und Banden und nichts mit Osama Bin Laden. Schuld ist die Situation in Irak.«

Adnan Abu Odeh, ein politischer Berater des Königs Abdallah, drückt seine Besorgnis in vorsichtigen Worten aus: »Die Menschen fürchten, daß die gesamte Region detoniert. Wir haben nicht die Kraft, das Erdbeben zu beherrschen, das der Irakkrieg auslösen wird. Der Fall Ma'an zeigt, wie sich der Zorn der Menschen in ganz Arabien auswirken kann.«

In der jordanischen Hauptstadt Amman, in der die »Wahhabiten aus Ma'an« gefürchtet werden, herrscht Zufriedenheit über die Militäraktion, die König Abdallah angeordnet hatte. Zu hören ist, daß der Monarch ein Zeichen gesetzt habe für den Fall eines jordanischen Eingreifens in den möglichen Krieg gegen Irak: Niemand werde jetzt noch die Kühnheit haben, gegen den König Position zu beziehen.

Es ist Gewohnheit, daß im Nahen Osten Konflikte durch Gewalt ausgetragen werden. Unbekannt ist, wer das Wort geprägt hat »Die Gewalt hat Heimatrecht im Nahen Osten!« – es trifft die Wahrheit.

Gewalt löst Gewalt aus: an Abrahams Grab fließt Blut

Falsches wurde zunächst aus Hebron berichtet: Am Freitag, den 15. November, seien zwölf israelische Zivilisten getötet worden, die eben im Begriff gewesen seien, sich zum Beginn des Sabbat an das Grab des Patriarchen Abraham zu begeben, um dort zu beten.

Das Grab des Abraham gehört zu den heiligsten Stätten des jüdischen Volkes – vor allem weil dort auch seine Frau Sara ruht. Mit dem Tod dieser Sara begann die Zeit der Seßhaftigkeit für das jüdische Volk. Gläubige Juden sind überzeugt, das jüdische Volk habe in Hebron zum erstenmal Fuß gefaßt im Land, das Gott ihm versprochen hatte.

Es ist 4000 Jahre her, da zog Abraham, der Sheikh eines Beduinenstammes, durch das Gebiet zwischen Mittelmeer und Jordan. Er war auf der Suche nach dem Land, das Gott ihm und seiner Sippe als Besitz für alle Zeiten versprochen hatte. In der Nähe der Stadt Hebron, die damals von nichtjüdischen Familien bewohnt war, starb Abrahams Frau Sara. Er suchte einen Platz, an dem er Sara bestatten konnte – und er fand die Höhle Machpela. Diese Höhle gehörte einem Mann, der Ephron hieß.

Abraham und Ephron trafen sich bei der Höhle Machpela im Flurstück Mamre draußen vor Hebron. Ephron war bereit, die Höhle dem fremden Beduinensheikh zu schenken. Im Buch Genesis (23) ist der Wortlaut des Gesprächs der beiden Männer aufgezeichnet. Abraham drängte darauf, die Höhle kaufen zu wollen. Er setzte sich schließlich durch. Das Geschäft wurde abgeschlossen; der Kauf wurde besiegelt. Abraham hatte sich und seine Sippe rechtmäßig eingekauft im »verheißenen Land«. Das Versprechen Gottes begann sich für Abraham zu erfüllen: »Dies Land will ich deinen Kindern geben!« Der Beduine Abraham war durch ein gültiges Rechtsgeschäft Eigentümer eines Grundstücks geworden. Er hatte für sich und sein Volk einen »Rechtstitel« erworben. Niemand konnte fortan behaupten, das jüdische Volk – als Nachkommen des Abraham – habe kein Anrecht auf dieses Land. Der Kaufvertrag von damals gibt Anlaß zu Streit und blutigen Auseinandersetzungen.

Als Sara – und später auch Abraham – in der Höhle Machpela bestattet wurden, da befand sich das Flurstück Mamre am Rande der Stadt Hebron. Die Stadt hat sich im Lauf der vielen Jahrhunderte ausgedehnt. Machpela liegt heute mitten in der Stadt. Die Höhle ist überdeckt von einem mächtigen Bauwerk, mit dessen Errichtung zur Zeit des Königs Herodes begonnen worden ist.

Am Hang über dem Hauptplatz von Hebron steht der imposante Bau. Israelische Soldaten bewachen den Zugang. Sie tragen Splitterwesten und haben Schnellfeuergewehre über die Schulter gehängt.

Durch eng verwinkelte Gänge ist ein Innenhof zu erreichen. Vier Sarkophage sind hinter Gitterstäben im Dunkel des Gebäudes zu erkennen. Es sind die übermannshohen Särge von Abraham und Sara, Jakob und Lea. Sie sind mit besticktem Stoff bespannt. Hinter den Särgen in einem dunklen Raum ist ein Loch in der Wand undeutlich zu sehen – erklärt wird, daß dies der Eingang zur Höhle Machpela sei.

Am Freitag, den 15. November 2002, sind nicht, wie zuerst falsch berichtet wurde, Zivilisten auf dem Weg zum Gebet an den Patriarchengräber getötet worden, sondern israelische Soldaten und Sicherheitsbeamte. Sie waren eben vom Dienst an der heiligen Stätte abgelöst worden und wollten sich nach Hause in die jüdische Siedlung Kirjat Arba begeben, die einen Kilometer ostwärts von Hebron liegt. Der wöchentliche Feiertag Sabbat hatte begonnen, da fielen Schüsse. Die Schützen lagen in der einsetzenden Dunkelheit gut verborgen hinter Felsblöcken am Weg. Es gelang ihnen, jeden einzelnen der bewaffneten Israelis zu treffen, denen keine Chance zur Gegenwehr blieb.

Nur Minuten später flammten über dem Platz der Attacke Leuchtraketen auf, die das Gelände in grellgelbes Licht tauchten; sie beleuchteten auch die zwölf Toten, die am Weg lagen.

Die palästinensische Kampforganisation »Dschihad Al Islamiyah« – »der Heilige Islamische Krieg« – bekannte sich zu den Schüssen aus dem Hinterhalt. Ihre Anführer gaben bekannt, die Kämpfer hätten sich nach »erfolgreichem Abschluß der Operation« zurückgezogen. Die Organisation »Dschihad Al Islamiyah« sieht in der Tötung der zwölf jüdischen Soldaten und Sicherheitsbeamten einen Racheakt für das Geschehen, das an einem Freitag Ende Februar 1994 stattgefunden hat.

Es war der islamische Wochenfeiertag im heiligen Fastenmonat Ramadan. In der Abraham-Moschee im islamischen Teil des herodianischen Gebäudekomplexes über der Höhle Machpela begann vor der Zeit des Sonnenaufgangs das Frühgebet. Getrennt nach Geschlechtern waren 700 Männer, Frauen und Kinder in Reihen aufgestellt. Sie standen, beugten sich und knieten im gewohnten Ritual. Da betrat plötzlich ein israelischer Offizier die Abraham-Moschee. In der rechten Hand trug er ein Galil-Sturmgewehr. Er riß die Waffe hoch und feuerte auf die Betenden, die mit dem Rücken zu ihm standen. Sein Ziel waren die Männer; Frauen hatte er nicht im Visier. Die in schneller Folge abgefeuerten Schüsse zerschmetterten die Hinterköpfe von sechs Betenden. Als das erste Magazin des Galil-Sturmgewehrs leergeschossen war, klickte der Offizier das nächste an die Waffe. Er schoß jetzt auf die Männer, die losrannten um seinen Kugeln zu entkommen. Der Knall der Schüsse mischte sich mit dem Geschrei der getroffenen Männer und erschreckten

Frauen. Zehn Minuten lang schoß der Offizier, dann warf ihm ein beherzter Palästinenser einen schweren Feuerlöscher an den Kopf. Der Offizier stürzte zu Boden. Männer fielen über ihn her. In diesem Augenblick stürmten drei israelische Soldaten in die Moschee. Sie hatten den Eindruck, der Offizier sei das Opfer einer palästinensischen Gewalttat. Sie wollten ihm beistehen und schossen auf die Männer, die auf den am Boden Liegenden einschlugen. Nun wandte sich die in Hysterie geratene Masse gegen die drei Soldaten. Sie konnten entkommen. Der Offizier aber wurde umgebracht. Es war der Arzt Dr. Baruch Goldstein aus der Siedlung Kirjat Arba bei Hebron.

Goldstein ist in den USA geboren und aufgewachsen. Die Familie Goldstein gehörte in Brooklyn zum Mittelstand. Der Vater arbeitete für die lokale Schulbehörde. Er galt nicht als ausgesprochen religiös. Der Junge aber nahm den jüdischen Glauben ernst: Er trug die Kopfbedeckung der Orthodoxen und er pflegte seine Schläfenlocken.

Baruch Goldstein kam in Kontakt mit Rabbi Meir Kahane, dessen Jewish Defence League für zionistische Ziele kämpft. Der Rabbi predigte Haß gegen die Araber. Er propagierte den Anspruch der Juden auf das gesamte Heilige Land; dieses Land habe Gott dem Abrahm als Gabe an dessen Volk übertragen. Rabbi Meir Kahane verlangte die Ausweisung aller Palästinenser nach Jordanien – und Baruch Goldstein gab ihm recht.

Goldstein war ein intelligenter und fleißiger Medizinstudent. Im Jahr 1977 war er der beste Student der Yeshiva University in New York. Sechs Jahre später, als Absolvent des Albert Einstein College of Medicine emigrierte er nach Israel. Er bezog, inzwischen Familienvater, ein Haus in Kirjat Arba.

Dort entwickelte sich sein Haß gegen die Palästinenser weiter. Seine Parolen: Die Palästinenser sind die Pest für unser Land! Sie besitzen kein Recht, auf unserem Boden zu leben! Es ist die Pflicht, jedes gottgefälligen Juden, möglichst viele Palästinenser zu töten!«

Ein persönliches Erlebnis erhärtete seine Haltung: Zwei Männer, Vater und Sohn aus einer mit Goldstein befreundeten Familie, wurden auf der Straße, die von Hebron zur Siedlung Kirjat Arba führt, im Auto ermordet. Die Täter waren Palästinenser. Dr. Goldstein hatte als Militärarzt Notdienst an jenem Abend. Er hatte die beiden nicht mehr retten können. Unmittelbar darauf verkündete Dr. Baruch Goldstein laut: »Es wird einer kommen, der den Palästinensern, unseren blutgierigen Feinden, den Tod in gewaltigem Ausmaß bringt« – Dr. Goldstein meinte sich selbst.

An jenem Freitag Ende Februar 1994 hat Dr. Baruch Goldstein 39 Palästinenser getötet und 100 verwundet. Die Siedler von Kirjat Arba zierten seine Grabplatte mit dieser Aufschrift: »Dr. Baruch Goldstein, der sein Leben gab für das Volk Israel, für die Thora und für sein Land.«

Sein Ziel, die Palästinenser wenigstens aus der Gegend der Gräber von Abraham und Sara zu vertreiben, hat er nicht erreichen können. In Hebron leben 130 000 Palästinenser. Die Zahl der Israelis beträgt nur 450. Sie klammern sich an Hebron fest, weil sie der Überzeugung sind, sie seien Gott verpflichtet, für ewig in der Nähe der Patriarchengräber zu leben. Die jüdischen Familien von Hebron hatten sich 1995 tatsächlich durchsetzen können: Unter Druck der USA war zwar zwischen Israel und der palästinensischen Autonomiebehörde ein Vertrag geschlossen worden, der garantieren sollte, daß Hebron eine palästinensische Stadt ist, doch garantiert wurde auch das Recht der 450 Israelis, in Hebron zu bleiben – in der Hoffnung, die Stadt der Patriarchengräber werde eines Tages ganz dem Staat Israel gehören.

Die Vision von der Vertreibung der Palästinenser lebt fort. Ministerpräsident Ariel Sharon sorgte dafür, daß sie nach dem 15. November 2002 wieder intensiver wurde. Sharon besuchte zwei Tage nach dem palästinensischen Überfall auf die Soldaten und Sicherheitsbeamten die Stadt Hebron und die israelische Siedlung Kirjat Arba. Der Ministerpräsident traf sich in Hebron mit den örtlichen Kommandeuren der Streitkräfte und der Polizei. Diese Gesprächspartner nahmen seinen Vorschlag mit Begeisterung auf, die Stadt und die Siedlung Kirjat Arba durch neue Siedlungen zu verbinden. Die Lücke von einem Kilometer sollte durch Häuser geschlossen werden, in denen Israelis wohnten; jüdische Familien sollten dafür gewonnen werden, sich in der Nähe der Patriarchengräber anzusiedeln. Sharons Idee wurde sofort von Natan Sharansky aufgegriffen; er ist israelischer Bauminister. Er sagte: »Wir haben dafür zu sorgen, daß aus Hebron und Kirjat Arba eine geschlossene Stadteinheit entsteht, die für immer zu Israel gehört.«

Der Ministerpräsident ergriff am gleichen Tag die Gelegenheit, anzukündigen, daß er den Hebronvertrag aufkündigen werde. Die palästinensische Autonomiebehörde werde dann nichts mehr in Hebron zu sagen haben.

Junge Israelis, Männer und Frauen, setzten 48 Stunden nach dem palästinensischen Überfall in die Praxis um, was sich der Ministerpräsident und der Bauminister wünschten: Sie errichteten dort, wo sich der Überfall ereignet hatte, die Fundamente für Wohngebäude. Sie ebneten den Boden ein, schaufelten Gräben aus für Wasserleitungen. Die palästinensischen Familien von Hebron sahen von ihren Häusern aus zu, wie ihr Land durch Baumaßnahmen annektiert wurde; für sie bestand Ausgangssperre.

Die Häuser der Palästinenser blieben im Dunkeln – der Strom war vom israelisch kontrollierten Elektrizitätswerk abgestellt worden. Auf dem Bauplatz aber konnten Flutlichtstrahler aufgestellt werden. Am späten Abend waren mehr als tausend Israelis versammelt. Sie waren aus Kirjat Arba herbeigeströmt – dort leben 7000 jüdische Menschen. Mit Freude erleben sie, daß ihre Siedlung mit der Stadt Hebron verbunden wird. Benny Elon, der die Region im Parlament vertritt, sagte an jenem Abend: »Hier wird es bald eine bedeutende Stadt geben – und sie wird jüdisch sein!« Einer der Begleiter des Politikers ergänzt: »Es wird besser sein, wenn alle Araber von hier verschwinden. Sie können nur unter einer Bedingung bleiben: Sie müssen anerkennen, daß wir die Besitzer des Landes sind. Gott hat es uns, und nur uns geschenkt!«

Die Reaktion erfolgte vier Tage später – in Jerusalem. Es war 7.10 Uhr in der Frühe, als ein Linienbus die Haltestelle Kirjat Menachem erreicht. Vier Schüler stiegen ein, die zur Schule wollten. Unklar ist, ob auch ein jüngerer Mann den Bus bestieg. Ein Autofahrer, der sich unmittelbar hinter dem Bus befand, glaubt, den Selbstmordattentäter beim Einsteigen gesehen zu haben: »Plötzlich aber hörte ich einen Schlag und dann lauter Schreie. Metallteile, Glassplitter und Fetzen von Leichen flogen durch die Luft.«

Elf Fahrgäste waren tot, darunter die vier Schüler, die eben eingestiegen waren.

Ariel Sharon mußte zur Kenntnis nehmen, daß dies bereits der 85. Anschlag war, den palästinensische Selbstmordattentäter seit seinem Amtsantritt verübt hatten. Ein Rezept, um derartige Aktionen einzudämmen, fand er nicht. Seine Reaktion folgte dem immer gleichen Schema: Das Haus der Familie des Selbstmordattentäters wurde gesprengt. Es war für die Israelis leicht zu finden, denn der Vater des Täters stand davor und prahlte: »Mein Sohn ist Märtyrer geworden! Ich bin dankbar dafür, daß Allah ihn zum Märtyrer bestimmt hat. Mein Sohn ist jetzt im Paradies!« Die Nachbarn klatschten Beifall

Noch ehe am 23. November 2002 der Feiertag Sabbat anbrach, hat Ariel Sharon nahezu das gesamte Gebiet des autonomen Palästina besetzt. Nur Jericho im Jordantal, an der tiefsten Stelle der Erde gelegen, wurde von den israelischen Truppen gemieden.

Wieder einmal rückten israelische Panzerverbände in Bethlehem ein. Die Panzer drangen vor bis zur Geburtskriche. Vor der Tür des Gotteshauses wurden Stacheldrahtbarrieren aufgestellt. Bilder dieser Aktion, von den Medien verbreitet, lösten Bestürzung aus in Washington – die Weihnachtszeit des Jahres 2002 stand unmittelbar bevor: Der Blick vieler Menschen der christlichen Welt richtete sich auf Bethlehem, auf die Geburtskirche. George W. Bush appellierte an Ariel Sharon, die Belagerung dieses heiligen Ortes aufzuheben, damit nicht der Eindruck entstehe, Israel respektiere das Christentum und dessen Heiligtümer nicht.

Es geschah selten, daß sich der US-Präsident um die Ereignisse kümmerte, die im Gebiet zwischen dem Jordangraben und der Ostküste des Mittelmeers zu beobachten sind. Nach seinen eigenen Angaben aber interessiert ihn ein Blatt Papier, das in seiner Schreibtischschublade liegt. Auf ihm sind die Namen aller wichtigen Terroristen vermerkt, die zur Organisation Al Qaida gehören. Wird einer dieser Terroristen »liquidiert oder gefangen«, streicht Bush den Namen auf der Liste persönlich durch. Dies war der Fall, als im März 2002 Abu Zubaydah in Pakistan festgenommen wurde, als am 3. Oktober 2002 der Al-Qaida-Funktionär Qaid Salim Sinan Al Harathi bei der jemenitischen Stadt Marib von einer Präzisionsrakete getötet wurde. Mitte November 2002 konnte George W. Bush erneut einen Namen streichen: Seinen Fahndern war es gelungen, Abdel Rahman Al Nashiri aufzuspüren und zu verhaften. Vermutet wird, der Verhaftete sei der Zuständige für den Persischen Golf innerhalb der Organisation Al Qaida. Er stammte, wie viele der Organisation aus Saudi-Arabien.

Zum Ärger des amerikanischen Präsidenten ist der oberste Name auf der »Liste der Terroristen« nicht durchgestrichen – Osama Bin Laden ist nicht gefunden. Damit ist »Phase One« der Operation gegen den Terrorismus nicht erledigt. Dennoch wendet sich die US-Administration der »Phase Two« zu – der Beseitigung der Baathherrschaft in Baghdad.

Am 18. November 2002 traf eine Vorhut der UN-Waffeninspektoren auf dem Saddam International Airport in Baghdad ein. Chefinspektor Dr. Hans Blix sagte bei der Ankunft: »Wir beginnen unsere Arbeit im Interesse des Irak und der gesamten Welt.« Im Ton und in der Wortwahl unterschied sich diese Botschaft von Äußerungen, die Dr. Hans Blix bei der Abreise in New York in Mikrofone gesprochen hat:

»We will not tolerate cat and mouse games.« Bemerkenswert im Text, der in Baghdad vernommen wurde, sind diese Worte: »Wenn Präsident Saddam Hussein mit uns zusammenarbeitet, könnte ein Prozeß in Gang kommen, der es ermöglicht, daß auch in anderen Staaten der Region Massenvernichtungswaffen »eliminiert« werden. Hans Blix führte weiter aus: »Wir haben die Chance, im Nahen Osten eine Zone zu schaffen, in der es keine Massenvernichtungswaffen gibt.« Die Worte haben Aufsehen erregt in Baghdad. Die Frage wurde gestellt, ob Hans Blix damit Israel einbezogen hat – allein Israel, so lautet die Vermutung, besitze Nuklearwaffen.

Unausgesprochen sind sie sich einig: Bush und Saddam lehnen die Waffeninspektoren ab

Aus Washington war sofort Kritik zu hören: »Es wäre besser, er würde mit seiner Arbeit beginnen, als Reden zu halten, die den Irakern gefallen!« In der Tat glaubt Hans Blix, er sei gezwungen, um das Vertrauen möglichst vieler Personen der irakischen Elite zu werben, da eine der Anweisungen, die er erhalten hat, dazu geeignet ist, Mißtrauen zu erregen. Der UN-Sicherheitsrat will, daß die Waffeninspektoren irakische Wissenschaftler außer Landes bringen können, um sie über ihre Arbeit an Waffenprogrammen zu befragen. Mit den Wissenschaftlern dürfen auch deren Familienmitglieder in die USA geflogen werden.

Hinter dieser Prozedur steckt die Überzeugung, die Chemiker und Physiker seien außerhalb des Einflußbereichs der Baathfunktionäre eher bereit, über ihre bisherige Arbeit ausführlich und ohne Scheu zu reden.

Grundlage dieser außergewöhnlichen Handlungsfreiheit ist der Paragraph 5 der UN-Resolution: »Der Irak ist verpflichtet, den unmittelbaren, ungehinderten und privaten Zugang zu Personen zu ermöglichen, die – nach Ansicht der Inspektoren – befragt werden müssen. Die Befragungen werden an Orten stattfinden, die von den Inspektoren bestimmt werden.«

Auf der Liste der Wissenschaftler, die befragt werden sollen, steht an erster Stelle eine Frau: Dr. Rihab Taha. Die als brillant geltende Biologin gehört zum Jahrgang 1956. Nach Ansicht der Experten war sie zuständig für die Entwicklung chemischer Waffen – wie Anthrax. Angenommen wird, daß Dr. Taha schon vor vier Jahren aus ihrer Funktion ausgeschieden ist.

Die Nummer 2 auf der Liste der gesuchten Wissenschaftler ist Abdel Nasser Hindawi. Auch er ist Biologe. Er soll derjenige gewesen sein, der Dr. Taha ins Forscherteam für Biowaffen geholt hat. Von ihm wollen die Inspektoren erfahren, welche Arten von Viren in irakischen Labors gezüchtet worden sind. Bekanntgeworden sind allerdings Gerüchte, Abdel Nasser Hindawi sei vor drei Jahren verschwunden.

Im Visier der Inspektoren befindet sich auch Amer Saadi. Er war Vorsitzender der Kommission für militärische Industrialisierung. Saadi überwachte sämtliche Waffenprogramme des Irak. Er dürfte leicht zu finden sein, denn er ist von Saddam Hussein beauftragt worden, für den reibungslosen Verlauf der Inspektionstouren zu sorgen.

Verwischt wurden die Spuren der Existenz des Mediziners Hazem Ali. Er soll für die Erforschung der Folgen des Einsatzes chemischer Waffen zuständig gewesen sein. Keiner der irakischen Überläufer konnte angeben, wo sich Hazem Ali aufhält.

Die Namen dieser und weiterer Wissenschaftler müssen dem Chef der UN-Inspektoren von der irakischen Seite zur Verfügung gestellt werden. Er entscheidet dann über das weitere Verfahren.

Den Betroffenen oder den irakischen Behörden steht kein Recht zu, gegen das Ausfliegen der Wissenschaftler zu protestieren.

Die Verpflichtung, die Wissenschaftler »auszuliefern« stellt für Saddam Hussein das gravierendste Problem dar. Das Arsenal der Massenvernichtungswaffen kann zerstört werden – das Wissen der Wissenschaftler aber muß erhalten bleiben. Wird das Embargo gegen den Irak aufgehoben – nach Feststellung durch die Inspektoren, daß das Land keine Massenvernichtungswaffen besitze – gibt es keinen Anlaß mehr, Irak durch Beauftragte der Vereinten Nationen beobachten zu lassen. Saddam Hussein könnte insgeheim damit beginnen lassen, erneut biologische und chemische Waffen herzustellen. Voraussetzung dafür ist, daß die entsprechenden Wissenschaftler weiterhin zur Verfügung stehen. Der Diktator wird darauf achten, daß er dieses Potential nicht verliert, die USA aber drängen darauf, die Wissenschaftler in den Griff zu bekommen.

Der Ablauf des Konflikts ist vorprogrammiert: Die Wissenschaftler werden sich vor den Inspektoren verbergen und der Irak wird beschuldigt, nicht mit den Waffeninspektoren zu kooperieren. Der Weltsicherheitsrat wird Irak kritisieren und verurteilen – die USA und Großbritannien greifen militärisch an.

Daß dem Irak kein Ausweg bleibt, hat Colin Powell deutlich zum Ausdruck gebracht: »Wir sprechen keine leeren Drohungen aus: Wenn Saddam Hussein nicht kooperiert, wird sein Regime vernichtet. Wir brauchen nicht lange um festzustellen, wie er sich verhält.«

»Wir dulden keine Spione!«

Die Warnung vor Spionagetätigkeit der Waffeninspektoren hat Taha Jassin Ramadan angesprochen, der Vizepräsident des Irak. Er versprach zunächst volle Kooperation mit den Beauftragten des Weltsicherheitsrats: »Wir werden allen Bitten entsprechen und wir werden alle Fragen beantworten, die es den Inspektoren ermöglichen, festzustellen, daß der Irak keine Massenvernichtungsmittel besitzt, daß unser Territorium völlig frei ist von derartigem Material. Wenn aber Forderungen gestellt werden, die uns zeigen, daß die Inspektoren darauf aus sind, uns auszuspionieren, werden wir uns dagegen wehren!«

Irak hatte viereinhalb Jahre zuvor gegen Waffeninspektoren den Vorwurf erhoben, sie seien nichts anderes als Spione im Auftrag der USA. Die Warnung des Vizepräsidenten bereitet den Boden vor für die Wiederholung derartiger Anschuldigungen. Sie sind kaum zu vermeiden, denn die Arbeit des Aufspürens von geheimen Waffen, von Verstecken der Giftgastanks, von verborgenen Raketenlagern, von gefährlichen Nuklearanlagen ist nicht zu unterscheiden von der Tätigkeit eines Spions, der die Geheimnisse eines anderen Landes aufdecken will.

Die irakische Führung ist deshalb argwöhnisch, weil bei arabischen Regierungen Gerüchte zirkulieren, israelische Spezialeinheiten seien seit Sommer 2002 in der westlichen irakischen Wüste unterwegs, um die Stellungen der Scudraketen zu entdecken, die dort etabliert worden sein sollen. Die israelische Bezeichnung für diese Truppe soll das Wort »Sheldaq« sein, das im Pentagon mit »Kingfisher« übersetzt wird. Den Spezialisten von »Sheldaq« ist offenbar die Aufgabe übertragen, rund 80 000 Quadratkilometer auf der Suche nach verdächtigen Stellungen und Waffenlagern zu durchforschen. Daß »Sheldaq« und die Waffeninspektoren kooperieren, ist die Befürchtung, die in Baghdad herrscht.

Eine Möglichkeit, sich gegen die »Sheldaq« zu wehren, gibt es für die irakischen Streitkräfte kaum. Ihrer Luftwaffe sind weite Teile des Himmels über Irak versperrt. No-flight-zones machen Luftaufklärung weithin unmöglich. Gerade die südliche no-flight-zone erstreckt sich über große Flächen der westlichen irakischen Wüste. Luftaufklärung ist damit nicht möglich. Auf andere Weise aber können weite Wüstenstriche nicht kontrolliert werden.

Gefürchtet wird in Baghdad auch, daß Iraker die Gelegenheit suchen, zu manchen der Waffeninspektoren Kontakt aufzunehmen in der Absicht, ihnen Geheimnisse zu verraten. Im Herbst 2002 machten hohe Beamte der US-Regierung in Washington die Erfahrung, daß sie von Exilirakern angerufen wurden, die von Angehörigen des Baathregimes gebeten worden waren, eine Verbindung zu einflußreichen Persönlichkeiten in der US-Hauptstadt aufzubauen. Es gab also Angehörige des Baathregimes, die für die Zukunft vorsorgen wollten. Das State Department entwickelte Pläne, die Kräfte im Irak zu nutzen, die bereit sind, im richtigen Augenblick gegen Saddam Hussein aufzustehen.

Donald Rumsfeld hält diesen Ansatz zur Aushöhlung des Regimes in Baghdad für effektiv und ausbaufähig. Der US-Verteidigungsminister sagt: »Saddam Hussein verfügt über Massenvernichtungswaffen. Doch er kann sie nicht selbst einsetzen. Dazu braucht er Offiziere, auf die er sich verlassen kann. Wenn diese Offiziere aber wissen, daß sie – nach einem Einsatz der Waffen – zur Rechenschaft gezogen werden können, werden sie vorsichtig sein.«

Am 3. Oktober 2002 unterzeichnete George W. Bush die Presidential Decision Direction; sie sollte die Voraussetzung schaffen für die Aufstellung von Kampfgruppen, die aus Exilirakern bestehen würden. Geplant war, 5000 Mann für diese Kampfgruppen zu rekrutieren. Doch es meldeten sich kaum Freiwillige. Bei den wenigen, die in die Truppe eintreten wollten, bestand der Verdacht, daß sie als »Doppelagent« tätig sein wollten, daß sie nur darauf warteten, ihre Beobachtungen an das Regime in Baghdad weiterzuleiten.

Die Absicht hatte bestanden, diese Kampfgruppen dem Iraqi National Congress, der Exilorganisation der Iraker in London zu unterstellen. Doch Washington verzichtete rasch auf diesen Schritt. Das Scheitern des Rekrutierungsvorhabens wurde vor allem als Versagen des Iraqi National Congress angesehen und dessen Sprecher Ahmed Chelabi.

Unvorstellbar: Ein schiitischer Ayatollah bietet sich den USA als Verbündeter an

Ayatollah Mohammed Bakr Al Hakim lebt in Teheran – in einer der Städte, die von Präsident Bush zur »Achse des Bösen« gezählt werden. Die Mächtigen in der iranischen Hauptstadt wiederum haben seit zwanzig Jahren die USA als Land beschimpft, in dem Teufel regieren. Ende November 2002 aber sagt Ayatollah Mohammed Bakr Al Hakim: »Wir müssen vergessen, was vorgegangen ist. Das Ziel ist der Sturz des Saddam Hussein. Dies ist nur möglich, wenn wir zusammenhalten – die Schiiten des Irak und die USA.

In Kuwait hat der Ayatollah dieses Signal in Richtung Washington gegeben. Kuwait ist der engste Verbündete der USA im Konflikt am Persischen Golf. Der Emir von Kuwait hat das Bündnis des schiitischen Ayatollahs mit George W. Bush angeregt – er ist entschlossen, den Bund zu schmieden.

Daß der Ayatollah dazu bereit ist, gilt als Bruch des Vermächtnisses, das Khomeini hinterlassen hat. Khomeini hat bereits während der letzten Regierungsjahre des Schahs Mohammed Reza Pahlawi in Predigten und Reden die USA angeklagt, sie würden von Teufeln beherrscht werden und sie würden teuflisch handeln. Von Khomeini angestachelt hatten am 4. November 1979 iranische Studenten die US-Botschaft in Teheran besetzt; sie nahmen 53 Geiseln. Eine Befreiungsaktion durch amerikanische Spezialstreitkräfte scheiterte schmählich. Die schiitischen Geistlichen um Khomeini feierten damals den Erfolg, die mächtigen USA gedemütigt und blamiert zu haben. Ayatollah Mohammed Bakr Al Hakim gehörte zu denen, die der Meinung waren, Kampf gegen die USA sei eine heilige Pflicht der schiitischen Gläubigen.

Im Jahr 1991, am Ende des ersten Golfkriegs, glaubte der Ayatollah Mohammed Bakr Al Hakim, die USA würden es den Schiiten an Euphrat und Tigris gestatten, sich aus der Herrschaft des Sunniten Saddam Hussein zu befreien. Doch damals bezog Präsident Bush sen. Position für Saddam Hussein: Der Schiitenaufstand wurde niedergeschlagen. Bush sen. hatte damals den Diktator gerettet.

Hätten die Schiiten des Irak damals gewonnen, wäre Ayatollah Mohammed Bakr Al Hakim der Chef des schiitischen souveränen Staatsgebildes Irak geworden. Ihn hatte Ayatollah Khomeini bereits dazu bestimmt.

Nun erkannte der hohe Geistliche die Chance, doch noch sein Ziel erreichen zu können – diesmal mit Hilfe der USA. Er verfügt über eine Miliz, die »Badr Brigade«. Sie bietet er im Falle einer amerikanischen Invasion dem Pentagon als Hilfstruppe an. Donald Rumsfeld reagierte vorsichtig und abwartend.

Aus Israel waren warnende Stimmen zu hören. Der Irakexperte der Universität Haifa gibt zu bedenken: »Ayatollah Bakr Al Hakim ist ein Fundamentalist, der die westlichen Kulturwerte nicht akzeptiert. Vor allem lehnt er die Demokratie ab. Für den Ayatollah ist nicht das Volk der Souverän, sondern allein Allah!

Er wird nie das Volk die Regierungsform und die Politik bestimmen lassen.«

Diese Analyse bedeutet, daß Mohammed Bakr Al Hakim sich im möglichen künftigen Irak, der von keinem Geistlichen beherrscht wird, nicht unterordnen wird. Nach der Überzeugung der Schiitten insgesamt darf nur ein Mann regieren, der von sich behaupten darf, er stamme in direkter blutsverwandter Linie vom Propheten Mohammed ab. Eine solche genealogische Linie traf für Ayatollah Ruhollah Khomeini absolut zu. Sie ist auch im Falle des Ayatollah Mohammed Bakr Al Hakim gültig. Zum Zeichen seiner Abstammung trägt er einen schwarzen Turban. Träger dieses Zeichens werden in Iran und im schiitischen Teil des Irak ganz besonders geehrt – sie werden gegenüber allen anderen Menschen bevorzugt. Ihr Verhalten wird nicht mit normalen Maßstäben gemessen.

Der Irakexperte der israelischen Universität Haifa sieht allerdings auch einen Vorteil der Einbindung des Ayatollah in die Führung des Staates Irak: »Die Geistlichen an der Spitze des Iran werden mit Sympathie auf den Staat Irak blicken, in dem Schiiten zu bestimmen haben.«

Zu bezweifeln ist, ob Iran für die Zukunft ein Faktor der berechenbaren Stabilität der Region sein kann. Seit Mitte November 2002 protestieren Studenten der Universität Teheran gegen die Herrschaft der Ayatollahs. Ihre Parole hieß: »Das Volk will Revolution!«

Auslöser der Unruhen war das Todesurteil gegen den Akademiker Hashem Aghajari durch ein islamische Gericht. Er hatte öffentlich die Frage gestellt, ob es rechtens sei, daß Iran mit seinen sechzig Millionen Einwohnern nur von Geistlichen regiert werden dürfe; Ali Khamenei, die höchste Autorität des Iran, hatte das Todesurteil zunächst gerechtfertigt mit dem Argument, Hashem Aghajari sei ein »Knecht der arroganten Amerikaner«. Ali Khamenei hob dann allerdings das Todesurteil auf.

Gleichzeitig ordnete Khamenei an, die iranische Marine habe den regen Schiffsverkehr der Blockadebrecher, die in Richtung Irak fahren, auf dem Persischen Golf zu unterbinden. Das State Department sah in diesem Schritt ein Anzeichen für das Eintreten des Iran in die Anti-Hussein-Allianz.

Saudi-Arabien aber, der einstige Partner und Verbündete der USA im Konflikt gegen Saddam Hussein, sah sich zum Feind gestempelt. Personen aus dem Königreich, die sich in den Vereinigten Staaten aufhalten, fühlen sich diskriminiert. Ihnen werden Fingerabdrücke abverlangt; sie werden ausführlich fotografiert; sie müssen Auskunft erteilen über Zweck der USA-Reise, über Aufenthaltsorte, über Kontaktpersonen, über die kleinste Veränderung und Verschiebung im Reiseprogramm.

Offizielle Klassifizierung: Saudiaraber gelten als Sponsoren des Terrorismus

Seit dem 1. Oktober 2002 werden Einreisende aus Saudi-Arabien in Computern gespeichert als Personen, die aus Ländern kommen, die als »Sponsoren des Terrorismus« gelten. Bisher standen nur Irak, Iran, Sudan und Libyen auf dieser Computerliste. Besucher aus Saudi-Arabien sahen nun in dieser Anordnung der US-Imigrationsverwaltung die Aufforderung, rasch wieder zu verschwinden.

Prinz Saud Al Faisal, der Außenminister Saudi-Arabiens protestiert: »Die Amerikaner suchen gar nicht ernsthaft die Terroristen. Sie verfolgen die Menschen aus Saudi-Arabien. Diese fühlen sich verfolgt und beleidigt. Die reichen Familien des Königreichs, die gewohnt waren, häufig die USA aufzusuchen – etwa zu medizinischer Behandlung in der Mayoklinik in Minnesota, oder im Texas Medical Center in Houston – suchen jetzt ärztliche Betreuung in Europa und in Kanada. Als Gründe geben die Familienväter an, sie seien mit mehreren Frauen unterwegs und fürchteten, aus fadenscheinige Gründen verhaftet zu werden. Diese Sorge wird ausgelöst durch eine überaus erfolgreiche Comedy-Sendung des königlich saudiarabischen Fernsehens. Der Inhalt: Eine saudiarabische Familie besucht Freunde in den USA. Mitten in einen gemütlichen Abend hinein platzen amerikanische Polizisten. Sie bedrohen die saudiarabischen Gäste mit Maschinenpistolen; sie belästigen die Frauen; sie verhaften die Männer; sie beschimpfen alle Anwesenden, die traditionelle arabische Kleidung tragen, als Terroristen.

Auf einen Schlag wurde der Verdacht erhärtet, die Saudis seien, bis hinauf in höchste Kreise, tatsächlich in den Terrorismus verwickelt. Die Frau des königlich-saudiarabischen Botschafters in

Washington geriet in den Verdacht, sie persönlich habe Attentäter, die am Anschlag des 11. September 2001 beteiligt waren, finanziert.

Ihr Name: Prinzessin Haifa Bint Faisal. Sie ist die jüngste Tochter des einstigen Königs Faisal – und die Frau des saudiarabischen Botschafters Prinz Bandar Ibn Sultan. Sie verteidigt sich gegen den Vorwurf, für Terroristen Schecks ausgestellt zu haben: »Ich bin außer mir vor Zorn, wenn Leute glauben, ich hätte Verbindung zu Terroristen! Alles was ich tat war: Ich habe etwas Hilfe geleistet für jemand, der in Not war. Meine Mutter hat mir beigebracht, niemand nach dem zu beurteilen, was über ihn geredet wird, ohne daß ein Beweis vorliegt. Wir aber werden ohne Beweis verurteilt!«

Dies ist der unbestrittene Sachverhalt:

Am Neujahrstag 2001 trafen die saudiarabischen Staatsbürger Khaled Al Madhar und Newaf Al Hazi auf dem internationalen Flughafen von Los Angeles ein. Zu ihrem Empfang stand Omar Al Bayumi bereit, der ebenfalls aus Saudi-Arabien stammte. Er hatte offenbar den Auftrag, für die beiden Ankömmlinge zu sorgen. Er fuhr mit ihnen nach San Diego und mietete dort ein Appartement für sie. Dem Vermieter übergab Omar Al Bayumi 1500 Dollar in bar als Mietzahlung für die ersten zwei Monate. Al Bayumi half seinen Landsleuten bei der Eröffnung eines Bankkontos, er meldete sie bei einer Flugschule an. Sie nahmen Flugunterricht. Zu jener Zeit erhielt die Frau von Omar Al Bayumi in jedem Monat einen Scheck über 3500 Dollar. Er war von der Riggs Bank in Washington ausgestellt und belastete das Konto der Prinzessin Haifa Bint Faisal. Ihre regelmäßigen Zahlungen wurden über den September des Jahres 2001 hinaus geleistet. Die US-Sicherheitsbehörden haben den Verdacht, daß die Gelder über Omar Al Bayumi an Khaled Al Madhar und Newaf Al Hazi weitergeleitet worden sind. Diese beiden haben am 11. September 2001 den Flug 77 der American Airlines in den Gebäudekomplex des Pentagon gesteuert.

Zum Zeitpunkt dieses Anschlags befand sich Omar Al Bayumi in England. Ein halbes Jahr später verschwand er. Vermutet wird, daß er in Saudi-Arabien lebt. Die saudiarabischen Behörden in Riyadh, der Hauptstadt des Königreichs, verweigern jede Auskunft. Diese Haltung veranlaßt den demokratischen Senator Charles Schumer zum Vorwurf: »Unsere Regierung fragt nicht hartnäckig genug nach. Die Fragen wurden doch immer sofort eingestellt, wenn eine

Spur des Terrorismus entdeckt wurde, die nach Saudi-Arabien führt.« In der Tat war die Bush-Administration aktiv, diesen Sachverhalt zu verschleiern. Vizepräsident Dick Cheney hat die Veröffentlichung der Untersuchungsergebnisse den Geldfluß vom Konto der Prinzessin Haifa Bint Faisal betreffend untersagt. Der Grund: Die Ergebnisse berührten die nationale Sicherheit der Vereinigten Staaten von Amerika.

Festzustehen scheint, daß Omar Al Bayumi weitere Zahlungen durch die saudiarabische Botschaft in Washington erhalten hatte. Daß er gearbeitet hatte, ist nicht nachzuweisen. Befragt nach seiner Tätigkeit, hatte er angegeben, sein Arbeitgeber sei die Firma Dallah Avco, ein Dienstleister für die Luftfahrt. Dallah Avco ist abhängig vom Ministry for Defense and Civil Aviation in Riyadh. Dieses Ministerium untersteht dem Prinzen Sultan Ibn Abdel Aziz As Saud. Dieser Prinz ist der Vater des Saudi-Botschafters in Washington. Prinz Sultan wird dafür gesorgt haben, daß Omar Al Bayumi in Saudi-Arabien Unterschlupf gefunden hat.

Der Zeitpunkt der Aufdeckung der Zahlungen der Botschaftersgattin Prinzessin Haifa Bint Faisal an den Verbindungsmann der zwei saudiarabischen Terroristen Khaled Al Madhar und Newaf Al Hazi ist der US-Regierung ungelegen. Sie hofft noch immer, es würde gelingen, das Haus As Saud zu bewegen, die ausgebauten Luftbasen des Königreichs im Falle des bewaffneten Konflikts zwischen den USA und Irak der US-Luftwaffe zur Verfügung zu stellen. Präsident Bush und Außenminister Colin Powell wollen unter allen Umständen Mißstimmung zwischen den USA und dem Königreich Saudi-Arabien verhindern. Der Präsident betont deshalb Ende November 2002 ausdrücklich, er sei persönlich freundschaftlich mit dem Botschafter Prinz Bandar verbunden.

Für Donald Rumsfeld und dessen Stellvertreter Wolfowitz ist der Vorfall Anlaß, auf raschen Krieg mit Irak zu drängen. Die Liquidierung des Baathregimes und seines Chefs Saddam Hussein würde für die USA den Zugang zum irakischen Öl öffnen. Zu Ende wäre dann die Zeit der Abhängigkeit vom saudiarabischen Öl. Zu Ende wäre dann auch die Zeit der freundlichen Rücksichtnahme auf das Haus As Saud und des Herunterspielens seiner Verwicklung in das Netz des Terrorismus.

Die Aufhebung der Abhängigkeit vom Saudiöl wird allerdings

erschwert durch die besondere Leistungsfähigkeit der General Petroleum and Mineral Organization (Petromin) in Saudi-Arabien. Sie ist die einzige ölproduzierende Organisation der Welt, die in der Lage ist, ihre Fördermenge innerhalb kurzer Zeit zu steigern. Diese Leistungskraft ist wichtig bei Ausfall anderer Lieferungen für den Weltmarkt. Das Königreich ist in der Lage, Marktausfälle auszugleichen. Allein Saudi-Arabien kann im Notfall weltweiten Energiemangel verhindern.

Der tägliche Umfang der saudiarabischen Ölproduktion beläuft sich auf acht Millionen Barrel. Innerhalb weniger Stunden kann die Förderkapazität auf zehn Millionen Barrel gesteigert werden. Eine weitere Erhöhung bis zu elf Millionen Barrel ist möglich.

Guy Caruso, der Chef der Energy Information Administration, die dem Department of Energy der USA zugeordnet ist, macht diese Aussage: »Saudi-Arabien hat bei weitem die höchste ungenutzte Reservekapazität der Ölförderung in der Welt.«

Diese Reservekapazität wurde im vierten Quartal des Jahres 1990 eingesetzt. Nach der Besetzung Kuwaits durch den Irak fiel aufgrund der kriegerischen Ereignisse pro Tag eine Ölmenge von 4,6 Millionen Barrel für den Weltmarkt aus. Auf Bitten der USA steigerte Saudi-Arabien damals die Förderleistung im August 1990 um fünf Millionen Barrel pro Tag. So konnte der Ölmangel in den USA und in Europa rasch behoben werden.

Das Energy Department der USA geht davon aus, daß im Falle des Krieges mit Irak durch die Hilfe Saudi-Arabiens kein Energiemangel in den Industrieländern entstehen wird. Saudi-Arabien habe zugesagt, tägliche Lieferausfälle auszugleichen.

»Unilateral action«: der Nationale Sicherheitsrat der USA droht Saudi-Arabien

Zum erstenmal in der Geschichte saudi-amerikanischer Beziehungen liegt im November 2000 einem US-Präsidenten ein Aktionsplan zur Genehmigung vor, der eine massive Drohung gegen das Ölkönigreich enthält. Der Nationale Sicherheitsrat, dem Condoleezza Rice vorsteht, schlägt dem Präsidenten vor, er möge dem Haus As

Saud diese Forderung stellen: »Saudi-Arabien wird aufgefordert, innerhalb von 90 Tagen alle Personen der Gerichtsbarkeit zuzuführen, die im Verdacht stehen, Terroristen und den Terror zu finanzieren. Sollte diese Frist nicht eingehalten werden, fühlten sich die USA berechtigt, durch ›unilateral action‹ die Geldgeber des Terrors zur Verantwortung zu ziehen.«

Die Vorlage des Nationalen Sicherheitsrat soll den Präsidenten endlich zum Handeln zwingen. Sie ist entstanden auf Drängen von Sprechern der Kongressfraktionen, die sich darüber ärgern, daß der Präsident unwillig reagiert hat, wenn er gedrängt wurde, sich energischer gegen das in Saudi-Arabien regierende Königshaus auszusprechen. Bekanntgeworden ist, daß auf seine Veranlassung über Wochen hin die Veröffentlichung der Aktivität der Frau des saudiarabischen Botschafters in Washington unterbunden wurde. Dem Präsidenten sollte fortan die Möglichkeit genommen werden, legale oder militärische Aktionen zu verhindern oder zu verzögern.

Vorgesehen ist dieses Verfahren: Eine hochrangige Persönlichkeit aus den USA legt in der saudiarabischen Hauptstadt Riyadh dem Kronprinzen oder dessen Vertreter eine Liste der Namen verdächtiger Personen oder verdächtiger Institutionen vor, gegen die Beweise vorliegen, daß sie Gelder an Al Qaida bezahlt haben. Die hochrangige Persönlichkeit aus den USA erhebt dann die Forderung, daß die saudiarabischen Geheimdienste aufgrund der vorliegenden Beweise weitere Erhebungen anstellen, und daß – wenn sich der Verdacht jeweils erhärtet – Anklage erhoben wird. Von diesem Punkt an soll die Angelegenheit in der Hand der saudiarabischen Gerichtsbarkeit liegen. Verlangt wird von den USA nur, daß innerhalb von 90 Tagen gehandelt wird. Ist dies nicht der Fall, hat Saudi-Arabien mit dem direkten Eingreifen der USA auf saudiarabischem Territorium zu rechen.

»International Herald Tribune« vom 27. November 2002 zitiert einen Beamten der US-Administration, der mit der Drohung durch den Nationalen Sicherheitsrat befaßt ist, mit diesen Worten: »Es gibt Leute bei uns, die sagen, es sei purer Schwachsinn, den Saudis derartige Informationen in die Hand zu drücken. Doch wir wollen durch die Übergabe der Beweise ein Zeichen setzen. Wir bringen damit zum Ausdruck, daß wir nicht einseitig handeln. Wir sind für die Saudis doch keine Feindmacht. Wir nennen ihnen das Problem und wir erwarten, daß sie es lösen. Wir nehmen an, daß sie aktiv werden und daß wir ihnen vertrauen können. Aber wenn innerhalb von 90 Tagen nichts geschieht, müssen wir annehmen, daß sie dazu nicht in der Lage sind – und dann müssen die USA das Problem anpacken!«

Doch was sich der Nationale Sicherheitsrat ausgedacht hat, wird im Weißen Haus rasch verwässert. Condoleezza Rice hatte eine Verabredung mit Prinz Bandar Ibn Sultan. Sie wollte dem Saudi-Botschafter den Inhalt des 90-Tage-Ultimatums mitteilen. Doch als der Saudiprinz das Weiße Haus betrat, wurde er von Präsident Bush abgefangen. Bush lud den Prinzen zum Essen ein. Für das Treffen mit der Sicherheitsberaterin blieb nur wenig Zeit. Der Botschafter meinte, er könne den Gastgeber nicht warten lassen. Er enteilte ins obere Stockwerk des Weißen Hauses. Dort wurde die gute Stimmung nicht durch das Thema »Ultimatum« belastet.

Zu diesem Zeitpunkt haben die US-Geheimdienste eine Liste von Geldgebern der Organisation Al Qaida zusammengestellt: Sieben der Verdächtigen stammen aus Saudi-Arabien; einer ist pakistanischer und einer ägyptischer Nationalität. Sie sind wohlhabende Geschäftsleute. Ihre Namen wurden allerdings nicht veröffentlicht.

Am 25. November 2002 äußerte sich Ari Fleischer, der Pressesprecher des Weißen Hauses, so direkt als nur möglich: »Wir fordern Saudi-Arabien auf, mehr zu unternehmen im Kampf gegen den Terrorismus. Ströme von Bargeld verlassen Saudi-Arabien und niemand kontrolliert diese Geldströme. Sie geraten sehr leicht in Hände von Terroristen.« Was Ari Fleischer nicht zu sagen wagte, ergänzte eine andere Stimme aus dem Presseamt: »Die Saudi-Regierung finanziert islamische Prediger, die Lehren verbreiten, die gegen die USA gerichtet sind. Millionen von Dollars werden ausgegeben, um den Terrorismus zu finanzieren. Hunderte von Millionen Dollars werden ausgegeben, um extreme, intolerante religiöse Ansichten zu propagieren, die in hohem Maße Kritik an westlichen Werten üben.«

Auf der Flucht vor Hamas: der Tod wartet bei Mombasa

Sie waren eben erst am frühen Morgen angekommen. Die Gruppe israelischer Touristen schaute den afrikanischen Tänzerinnen zu, die in der Hotelhalle zur Begrüßung der Neuangekommenen auftraten. Einzelne, die noch beim Transferbus mit dem Gepäck beschäftigt waren, sahen einen weißen Lieferwagen vom Typ Mitsubishi Pajero, der auffällig oft auf der Straße vor dem Hotel hin und her fuhr – in langsamem Tempo. Auf einmal beschleunigte das Fahrzeug und bog von der Straße ab. Es passierte das Tor und den Vorgarten und brach durch die Glastür in die Hotelhalle ein. Zentimeter von der Rezeption entfernt blieb es stehen. Ein Mann stieg in Eile aus. Er war sofort in eine Feuerwolke gehüllt. Unmittelbar darauf erfolgte eine gewaltige Explosion, die den Haupttrakt des Hotels »Paradise« auseinanderriß.

Kein Teil des weitläufigen Komplexes, der direkt am Meer steht, ist verschont geblieben. Die Druckwelle hat selbst Räume beschädigt, die fünfzig Meter vom Explosionsort der Rezeption entfernt sind. Zum Glück hielten sich zum Zeitpunkt der Detonation die meisten Hotelgäste im Freien auf, zum Beispiel beim Frühstück auf den Terrassen.

Rätselhaft ist die Beobachtung einiger Augenzeugen, die gesehen haben wollen, daß ein Kleinflugzeug über dem Hotelgebäude einige Minibomben abgeworfen habe.

Das Hotel, das für 140 Gäste Platz bieten konnte, befand sich im Ort Kikambala, der 25 Kilometer nördlich der Hafenstadt Mombasa in Kenya liegt, am Strand des Indischen Ozeans. Das »Paradise« war in israelischem Besitz. Yahuda Saroni, der Eigentümer, hat den Anschlag überlebt. Er berichtet: »Ein Knall schreckte mich auf – Luftdruck warf mich um. Auf einmal war Feuer überall. Kurze Zeit später stürzte das Dach über der Halle ein.« Es bestand nur aus leichtem Baumaterial.

Zwölf Menschen waren sofort tot. Achtzig erlitten Verletzungen, die durchweg schwer waren. Die meisten der Toten hatten zum Hotelpersonal gezählt – zum Beispiel zur Tanzgruppe, die eben zur Begrüßung der Gäste aufgetreten war. Sie stammten aus den Dörfern rings um Kikambala. Drei der Toten waren aus Israel gekommen, aus der Siedlung »Ariel« im Westjordanland. Sie hatten Urlaub machen wollen, sie waren auf der Flucht gewesen vor Gefahr und Angst.

Überlebende, die den Lieferwagen beobachtet hatten, sind der Meinung, drei Insassen gesehen zu haben. Übereinstimmend sagen sie, die Männer hätten »arabisch« ausgesehen. Mehr ist über die Urheber des Anschlags nicht bekannt.

In Beirut bekennt sich eine bisher unbekannte Gruppe zur Tat von Mombasa. Sie nennt sich »The Government of Universal Palestine in Exil. The Army of Palestine«. In einem Bekennerschreiben wird angegeben, daß der Termin des Attentats mit voller Absicht gewählt worden sei: »Am 29. November 1947 haben die Vereinten Nationen entschieden, daß Palästina geteilt werden soll. Durch diese Teilung ist die Gründung von Israel ermöglicht worden.« Einen Tag vor dem 29. November ist der Anschlag auf das Hotel der Israelis erfolgt.

Trotz dieses Bekennerschreibens glauben die Geheimdienste nicht daran, daß Palästinenser das Hotel »Paradise« gesprengt haben. Die Spezialisten glauben, die Organisation Al Qaida sei verantwortlich für Plan und Ausführung. Die Absicht sei, Schrecken zu verbreiten, um in der gesamten Welt Aufmerksamkeit für die Sache des Islam zu wecken. Diese Absicht treibt die Kampforganisation Hamas nicht an: Ihre Anhänger verüben Anschläge, um den Israelis in Israel Schrecken einzujagen – um ihnen den Aufenthalt in Israel zu verleiden. Al Qaida aber will Zeichen setzen für den Beginn einer Auseinandersetzung der Moslems mit den »Ungläubigen« überhaupt. So waren auf Djerba Deutsche das Ziel; im Hotel »Paradise« bei Mombasa waren es Israelis.

Der israelische Verteidigungsminister Shaul Mofaz verspricht Vergeltung: »Wir werden sie finden! Es gibt keinen Zweifel, daß wir auch diesen Tod jüdischer Menschen rächen!«

Zum ersten Mal: Terroristen benützen Luftabwehrraketen

Der Pilot Rafi Marek, der die Boeing 757 der israelischen Charterfluggesellschaft Arkia steuerte, glaubte kurz nach dem Start einige Sekunden lang, seine Maschine sei in einen Vogelschwarm geraten. Eine leichte Erschütterung war zu spüren gewesen. Doch dann sah er Rauchfahnen auf der linken Seite der Flugzeugkanzel. Da wußte er, daß mit Flugabwehrraketen nach der Boeing geschossen worden war. Diese Erfahrung war neu für Rafi Marek. Er nahm Funkkontakt auf zu den Flughäfen Mombasa und Tel Aviv. Ergebnis der kurzen Gespräche: Der Flug nach Tel Aviv wird fortgesetzt. Der Pilot informiert die 26 Passagiere vorläufig nicht. Die wenigsten hatten etwas bemerkt.

Die Meldung an den Flughafen Mombasa löste Aktivität aus. Israelische Sicherheitsbeamte, die im Airport stationiert waren, um den Tourismusverkehr zwischen Israel und Kenya zu schützen, suchten sofort die Umgebung des Flugfeldes ab. Sie fanden im Gras zwei Abschußgeräte für Boden-Luft-Raketen vom Typ Strela. Die offizielle Bezeichnung lautet »Surface-to-Air-Missile 7« (SAM 7). Rakete und Abschußgerät sind tragbar.

Das Prinzip der Strela: Sie besitzt »Hitzesensoren«, die den Wärmestrahl des Düsenantriebs eines Flugzeuges wahrnehmen, und die dafür sorgen, daß die Rakete der Hitzequelle folgt, in ihrer Nähe explodiert und durch die Wucht der Explosion das Flugzeug derart beschädigt, daß es abstürzt. Eine Voraussetzung ist allerdings nötig: Die Maschine muß im Augenblick des Abfeuerns der Rakete etwa 100 Meter hoch sein, sonst finden die Hitzesensoren ihr Ziel nicht. Die russische Strelarakete entspricht nicht dem neuesten Stand der Waffentechnik Die ungenügende Höhe des Flugzeugs war die Ursache, warum den Attentätern von Mombasa die Schüsse mißlangen.

Bemerkenswert ist die zeitliche Übereinstimmung der beiden Terroraktivitäten von Mombasa. Nahezu zeitgleich war der Sprengstoffanschlag auf das Hotel und der Raketenangriff auf das Flugzeug erfolgt. Daraus schließt Salman Shoval aus dem Stab des israelischen Ministerpräsidenten Ariel Sharon: »Die zwei Attacken von Mombasa zeigen die Handschrift von Al Qaida. Sie fügen sich ein in die lange Kette der Anschläge. Was in Kenya geschieht, interessiert uns schon lange!«

Mombasa hat rund 500 000 Einwohner. 20 Prozent der Bevölkerung sind Moslems. Sie bilden den aktivsten Teil der Menschen in der Hafenstadt. Während die Christen meist das proamerikanische Regime in Nairobi unterstützen, sind die Moslems ausgeprägt antiwestlich. Jubel war am 7. August 1998 in den Moslemvierteln von Mombasa ausgebrochen, als in Nairobi und Daressalam Anschläge auf die US-Botschaften verübt worden waren – 224 Menschen hatten dabei den Tod gefunden. Damals hatten amerikanische Fahnder den Verdacht geäußert, der Sprengstoff sei vom jemenitischen Hafen Mukallah aus über Mombasa nach Kenya geschmuggelt worden. Danach hatten amerikanische Geheimdienstspezialisten in der Küstenregion Kenyas immer wieder Razzien durchgeführt – ohne greifbaren Erfolg.

Die antiamerikanische Stimmung wurde nach dem Beginn des Afghanistanfeldzugs der USA besonders erkennbar: Rund 10 000 Moslems demonstrierten »gegen die Verbrechen der USA«. Viele der Demonstrierenden trugen Bilder von Osama Bin Laden durch die Straßen. Die Bewohner eines Moslemviertels benannten eine allerdings unbedeutende Gasse »Osama-Bin-Laden-Straße«.

Die Moslems von Mombasa gehören zur armen Schicht der Bevölkerung. Sie fühlen sich als Opfer des Präsidenten Daniel Moi, der in den Moslems seines Landes durchweg Terroristen sieht. Der Präsident ist nicht nur »Freund der USA«, sondern auch des Staates Israel. Dazu bekennt er sich öffentlich. Dies steigert den Zorn der islamischen Gläubigen. Sie bezeichnen die Israelis als »zionistische Verbrecher«. Bei dieser Stimmungslage ist es für eine Terrororganisation kein Problem, Aktivisten zu finden.

In seiner Ausgabe vom 2. 12. 2002 zitiert »Der Spiegel« ein Gespräch, das ein Amateurfunker in Kenya abgehört habe. Die Namen derer, die sich unterhalten haben, seien Hamsa und Tabba gewesen. Das Thema des Gesprächs: Der Abschuß eines Flugzeugs durch eine Rakete. Hamsa sagte: »Die Hitzeentwicklung der Triebwerke ist so groß, daß man das Flugzeug mit dem Hitzesensor nicht verfehlen kann.« Tabba antwortete: »Diese Idee ist alt und schon öfter angewendet worden.« Tabba gibt Hamsa, der offensichtlich den Anschlag ausführen soll, den Rat, nach dem Abschuß der Rakete rasch zu verschwinden: »Im Hotel siehst du dann im Fernsehen, ob du Erfolg gehabt hast.«

In diesem Gespräch sei auch die Bundesrepublik Deutschland erwähnt worden. Dadurch, so meint »Der Spiegel«, seien die Sicherheitsbehörden auf deutschen Flughäfen alarmiert worden.

Zu befürchten ist, daß sich die antiwestliche Stimmung in Ostafrika im Falle eine Krieges gegen Irak verstärkt. Im Herbst 2002 gilt bei den Moslems von Mombasa nicht nur Osama Bin Laden als Held in der Auseinandersetzung mit den USA – ihm zur Seite wird Saddam Hussein gestellt als »Symbol der Standhaftigkeit gegen den amerikanischen Imperialismus«.

Die Bundesrepublik aber läuft Gefahr, als Freund der USA und damit als Feind des Islam eingestuft zu werden. Das Verhalten der Bundesregierung trägt dazu bei, daß der arabische Argwohn wächst.

Israel weicht die schroffe Haltung der Bundesregierung auf

Die Aussage während des Wahlkampfes im Frühjahr und Sommer 2002 war eindeutig. Bundeskanzler Gerhard Schröder hat den Wählern versprochen: »Wir werden uns an einer militärischen Operation nicht beteiligen.« Bei mehreren Gelegenheiten gab Schröder dieses Versprechen ab – mit entschlossener Stimme. Es wurde schließlich auch in Washington vernommen; aufgenommen wurde es dort mit Mißvergnügen.

Auch nach der gewonnen Bundestagswahl vom 22. September 2002 gab Schröder dem Druck aus Washington nicht nach. Verteidigungsminister Donald Rumsfeld konnte über Monate hin keine Anzeichen einer Bündnisbereitschaft der Bundesrepublik entdecken. Im Gegenteil: Gerhard Schröder bezeichnete den drohenden Irakkrieg als »gefährliches Abenteuer mit ungewissem Ausgang«. So schroff drückte sich kein anderer Staatsmann der westlichen Welt aus. Das Verhältnis dazwischen den USA und der Bundesrepublik mußte als zerrüttet bezeichnet werden. Deutschland befand sich im Spätherbst 2002 in der Isolation.

Bewegung in die Beziehungen brachte Israel. Aus Tel Aviv war die Bitte zu hören, das Bundesverteidigungsministerium möge sich an die Anfrage erinnern – die fast zwei Jahre zurücklag – ob die israelischen Streitkräfte mit der Lieferung von Patriot-Luftabwehrraketen rechnen könnten. Ende des Jahres 2000 waren die Gespräche an der Preisfrage gescheitert. Das Bundesverteidigungsministerium wollte Beträge in Rechnung stellen, mit denen die israelischen Interessenten nicht einverstanden waren.

Mitte November 2002 teilt der Militärattaché der deutschen Botschaft in Tel Aviv mit, die israelischen Streitkräfte benötigten den Radpanzer »Fuchs« zum Transport von Soldaten. Als Verwendungszweck wurde angegeben, mit Hilfe dieses Radpanzers sollten Truppenbewegungen in »städtischen Bereichen« sicherer durchgeführt werden können. Daß damit Einsätze in Palästinensergebieten gemeint waren, daran ließ die Anfrage keinen Zweifel. Sie verwies auf die permanente Gefahr hin, der Israel durch »Terror« ausgesetzt sei – gemeint war der »palästinensische Terror«.

Die Bitte aus Tel Aviv wurde umgehend dem Bundeskanzler mitgeteilt. Zuvor aber schlich sich eine Verwechslung ein: Ein Mitarbeiter des Planungsstabs im Bundesverteidigungsministerium notierte in der Aktennotiz für Minister und Kanzler, die Anfrage der Israelis betreffe den »Spürpanzer Fuchs«, der zum Aufspüren von chemischen, biologischen und atomaren Kampfstoffen verwendet wurde. Der Kanzler mußte der Meinung sein, die israelischen Streitkräfte baten um Lieferung eines weitgehend defensiven Kriegsgeräts. Gerhard Schröder informierte in diesem Sinne den Fraktionschef des Bundestags und Journalisten:« Ich habe keine prinzipiellen Bedenken.« Israel konnte damit rechnen, den Truppentransporter »Fuchs« zu erhalten. Die Enttäuschung erfolgte kurze Zeit später. Nachdem im Verteidigungsministerium der wirkliche Wortlaut der Anfrage studiert worden war. Die Zusage an Israel galt nicht mehr ohne weiteres.

Verteidigungsminister Peter Struck hatte Mühe, den wütenden Bundeskanzler zu beruhigen. Es blieb ihn nichts anderes übrig, als sich formgerecht zu entschuldigen.

Der CDU-Politiker Wolfgang Schäuble zog aus der Affäre dieses

Fazit: Ein Kanzler, der in einer vertraulichen Unterrichtung des Fraktionsvorsitzenden nicht einmal weiß, was eigentlich gefordert ist, der macht doch einen ziemlich oberflächlichen Eindruck.«

Der israelische Botschafter Shimon Stein wiederholte Anfang Dezember 2002 im Gespräch mit Bundeskanzler Schröder die Bitte der israelischen Streitkräfte. Stein konnte nicht ausschließen, daß der Radpanzer »Fuchs« gegen Palästinenser zum Einsatz kommt: »Wir werden in diesem Krieg alle Mittel einsetzen, um den Terror zu unterbinden und um das Volk Israel zu schützen.« Der Bundeskanzler gab dem israelischen Botschafter keine Zusage.

Wenige Tage später aber entschied er im Einvernehmen mit dem Verteidigungsminister: Israel erhält zwei Batterien der Patriot-Raketen; nicht aber den Radpanzer »Fuchs«. Das Argument: Die Bundeswehr benötige diesen Truppentransporter selbst. Botschafter Shimon Stein war enttäuscht, doch er akzeptierte diese Entscheidung.

Im Berliner Auswärtigen Amt macht sich der Verdacht breit, die israelische Regierung sei von Rumsfeld zur Anfrage in Berlin angestachelt worden. Dahinter steckt der Gedanke, eine deutsche Regierung könne aus ihrer historischen Situation heraus die Bitte aus Israel nicht ablehnen. Wenn jedoch erst einmal die Wünsche aus Tel Aviv erfüllt sind, werde über manches, was sich Washington wünscht, positiv entschieden.

Der »Wunschzettel« aus dem Pentagon lag schon vor. Am 27. November 2002 gab Gerhard Schröder bekannt, wie weit er bereit ist, den USA entgegenzukommen: Die US-Luftwaffe und die Luftwaffen anderer, am Krieg gegen Irak beteiligten NATO-Staaten erhalten das Recht, mit ihren Maschinen das Territorium der Bundesrepublik zu überfliegen. Truppen der USA und ihrer Alliierten dürfen das Territorium der BRD zum »reibungslosen Transit« benützen. Sie können sich darauf verlassen, daß alle Einrichtungen der USA in der Bundesrepublik geschützt werden.

Ausdrücklich betont der Bundeskanzler, daß die Bundesrepublik keine Waffen und kein Personal für den Krieg gegen Irak zur Verfügung stelle. Die Spürpanzer »Fuchs«, die bereits in Kuwait stationiert sind, dürfen nur im Rahmen der Bekämpfung von Gefahren eingesetzt werden, die aus terroristischen Aktionen entstehen. Für kriegerische Operationen dürfen diese »Füchse« nicht verwendet werden.

Schröders Versprechen können Schwierigkeiten erzeugen für die Bundesrepublik. Im Kriegsfall ist mit Demonstrationen gegen die Politik der USA zu rechnen. Die Gefahr besteht, daß Demonstranten Einrichtungen der US-Armee zu stürmen versuchen. Für deren Schutz sind Sicherheitskräfte der Bundesrepublik verantwortlich. Dies bedeutet, daß der Irakkonflikt einen Ableger der Gewalt auf deutschem Boden bekommen kann.

Ein Wunsch des stellvertretenden Verteidigungsministers der USA, Paul Wolfowitz, erschwerte der deutschen Bundesregierung die Beibehaltung eines eindeutigen Kurses: Er wünschte von der NATO im Falle des bewaffneten Konflikts mit Irak die Bereitstellung von Beobachtungsflugzeugen vom Typ »Awacs«, die bei Geilenkirchen in Nordrhein-Westfalen stationiert sind.

»Awacs« ist die Abkürzung für »Airborne Early Warning and Control System«. Wichtigstes Merkmal des Beobachtungsflugzeugs ist der imposante scheibenartige Aufbau, der über dem Rumpf angebracht ist. Er enthält ein hochsensibles »Radarauge«. Flugobjekte oder Schiffe können damit im Umkreis von 500 Kilometern geortet werden.

Ein Drittel der Besatzungen besteht aus deutschem Flugpersonal. Dies aber darf sich nicht am Kriegseinsatz beteiligen. Ein Sprecher des Bundesverteidigungsministeriums machte die Situation deutlich: »Wenn es diesen Soldaten nicht erlaubt wird, an Einsätzen im Irakkonflikt teilzunehmen, dann wird der Nutzen der Aufklärungsflugzeuge problematisch.«

Innenpolitische Ereignisse in der Bundesrepublik sorgten dafür, daß die Handlungsfreiheit des Bundeskanzlers eingeschränkt wurde. Am zweiten Adventssonntag 2002 wählte der Parteitag der Gründen an Stelle von Claudia Roth und Fritz Kuhn zwei neue Vorsitzende: Angelika Beer und Reinhard Bütikofer. Unmittelbar nach ihrer Wahl sagte Angelika Beer: »Die Partei der Grünen lehne die Gewährung von Überflugrechten für die US-Luftwaffe ab – es sei denn, es liege ein eindeutiges UN-Mandat für den Krieg der USA vor.« Die »Süddeutsche Zeitung« formuliert in ihrer Ausgabe vom 10. Dezember auf der Titelseite die Situation so: »Im Falle eines amerikanischen Alleingangs gegen Irak: Koalition uneins über Hilfe für die USA.«

Saddam Husseins politische Winkelzüge

Daß sich die Situation für das Baathregime zuspitzt, wird Anfang Dezember 2002 deutlich: Die USA zeigen, daß sie den Krieg gegen Irak ernsthaft planen. Im US-Bundesstaat Lousiana übt die 101 Luftlandedivision die Eroberung einer »arabischen Großstadt« – der Name »Baghdad« wird nicht ausdrücklich genannt, doch das Pentagon läßt wissen, daß der Angriff auf die irakische Hauptstadt simuliert werde. Das Manöverziel ist, Baghdad innerhalb von 24 Stunden einzunehmen.

Am 9. Dezember 2002 begann auf der Halbinsel Qatar das Manöver »Internal Look«. Qatar ist ein winziger Fortsatz der Arabischen Halbinsel, der in den Persischen Golf hineinragt. Die Fläche des Emirats umfaßt nur 11 000 Quadratkilometer. Auf ihr leben rund 300 000 Einwohner. Sie sind meist Sunniten der wahhabitischen Glaubensausprägung. Dies ist der Grund, warum das Emirat stark an Saudi-Arabien angepaßt ist. Nicht verwunderlich ist, daß Qatars Grenzen zu Saudi-Arabien nicht völkerrechtlich festgelegt sind.

Auf der Halbinsel befindet sich das Hauptquartier von CENTCOM, dem Zentralkommando der US-Streitkräfte am Persischen Golf. Der Befehlshaber ist General Tommy Franks, der für den Posten des Hochkommissars im Nachkriegsirak vorgesehen ist. Der Komplex von Bunkern und stabilen Gebäuden, in denen CENTCOM untergebracht ist, befindet sich in der Region Al Salijah, die 15 Kilometer von der Hauptstadt Doha entfernt ist. Anfang Dezember verfügt CENTCOM über 60 000 Soldaten, die für den Konflikt mit Irak bereitstehen.

Während dieses Zeitraums der Manöver geschieht in Baghdad ein Vorgang, der nicht in das Schema der politischen Abläufe paßt. Die Tageszeitung »Babel« wird am frühen Morgen bei allen Kiosken und Straßenverkäufern unmittelbar nach der Auslieferung wieder eingesammelt – ohne Angabe von Gründen. Dieser Vorgang ist deshalb erstaunlich, weil die Tageszeitung »Babel« dem ältesten Sohn des Präsidenten Saddam Hussein gehört. Udai Hussein hat das Blatt 1991 gegründet; unmittelbar nach dem ersten Golfkrieg. Wer ein Exemplar kauft, der zahlt viermal mehr, als wenn er eine der drei anderen Tageszeitungen von Baghdad erwirbt. Doch er erfährt auch wesentlich mehr.

Mitte November 2002 druckte »Babel« unter der Rubrik »Was ausländische Nachrichtenagenturen so alles behaupten«, die Meldung, eine britische Tageszeitung wolle erfahren haben, Saddam Hussein habe eine Milliarde Dollar an den libyschen Revolutionsführer Moammar Al Kathafi dafür bezahlt, daß dieser bereit sei, der Familie des irakischen Staatschefs Asyl zu gewähren. Die Übersiedlung nach Libyen werde unmittelbar vor dem Angriff der US-Streitkräfte auf Baghdad erfolgen.

Bis dahin war den irakischen Zeitungen nicht der geringste Hinweis auf Gefahren für das Regime und für die Familie des Diktators erlaubt gewesen. Desto verwunderlicher, daß »Babel« dieses Thema aufgriff, wenn auch unter der Rubrik »Was ausländische Nachrichtenagenturen so alles behaupten«. Das Erstaunlichste war, daß jene Ausgabe nicht konfisziert worden war. Doch vierzehn Tage später schlug die Zensur offenbar zu.

Langsam nur sickerte der Grund durch. Zwei Sätze waren es, die über Nacht nicht mehr in die taktische Linie des Präsidenten paßten. Sie lauteten: »König Abdallah von Jordanien ist ein Tyrann« – und: »Eine Clique um Husni Mubarak beherrscht Ägypten«.

Beide Behauptungen waren durchaus Bestandteil der Politik der Baathpartei gewesen. Nun aber, da Saddam Hussein Sympathie der Mächtigen in Amman und Cairo benötigte, waren derartige Sätze nicht mehr angebracht. Um die Kursänderung deutlich zu machen, sind beide Behauptungen zwar gedruckt, aber dann durch eine verzögerte Beschlagnahme des Blattes aus dem Verkehr gezogen worden. Durch fielen sie jenen Lesern, die nach Hinweisen auf die Taktik der Regierung in Baghdad suchten, erst recht auf. Sie zogen das Fazit: Saddam Hussein will die Zahl seiner Feinde verringern. Im Augenblick des Angriffs der USA will er den Rücken freihaben.

Diesem Ziel soll auch der überraschende Schritt dienen, zu dem sich Saddam Hussein am 7. Dezember entschloß: Er entschuldigte sich bei »den Kuwaitern« – nicht bei den »Herrschenden in Kuwait«.

Um 1 Uhr nachts Ortszeit strahlte Iraqi Satellite Channel die Erklärung aus. Die Fernsehübertragung dauerte genau 30 Minuten.

Informationsminister Mohammed Sa'id Al Sahhaf verlas ein Schreiben, das Saddam Hussein unterzeichnet hat. Der Text bringt sein Bedauern darüber zum Ausdruck, daß Irak in den Jahren 1990/91 Kuwait besetzt gehalten hat, daß die Menschen von Kuwait darunter gelitten haben. Mit keinem Wort wird allerdings das Schicksal der 600 Kuwaiter erwähnt, von denen angenommen wird, daß sie sich noch immer in irakischer Gefangenschaft befinden. Unbekannt ist ihr Schicksal; bezweifelt wird, ob sie noch leben. Nach Meinung der meisten Kuwaiter ist jeder Gedanke an Aussöhnung mit dem Irak ausgeschlossen, solange nicht die Frage nach dem Verbleib der Gefangenen auf glaubwürdige Weise beantwortet ist.

Wenige Stunden nach Verlesung der Entschuldigung lehnte der kuwaitische Informationsminister Sheikh Ahmed Al Fahad Al Sabah Gespräche mit dem Baathregime über eine Beendigung des Zwists ab. Er beschuldigte Saddam Hussein, er hetze junge kuwaitische Männer dazu auf, amerikanische Soldaten, die Gäste seien im Emirat, zu töten.

Der Informationsminister bezog sich dabei auf diese Aufforderung, die Saddam Hussein in das Entschuldigungsschreiben eingefügt hatte: »Ich bitte Gläubige und Glaubenskrieger, sich unter dem Zelt des Allmächtigen zu treffen, um den Heiligen Krieg gegen die Besatzungsarmee der Ungläubigen zu führen.«

Dieser Appell wurde von der Bush-Administration so interpretiert, daß der irakische Diktator damit seine Zusammenarbeit mit Al Qaida offen eingestanden habe. Der Bezug zu den »Glaubenskriegern« sei damit hergestellt. Dies geschah zu einem Zeitpunkt, da sich die Organisation Al Qaida im Internet unter dem Stichwort »Mujaheddun« meldete. Die Übersetzung lautet »Glaubenskrieger«. Auf der Website der Al Qaida wird eine neue Phase des Kampfes der Glaubenskrieger angekündigt.

»www. Mujaheddun. net«

Dies ist das Kennzeichen der Website der Organisation Al Qaida. Ihr Text kündigt die Teilnahme von Al Qaida am Kampf der Palästinenser an: »Das Ziel ist die Zerstörung des jüdischen Staates. Vorstufe dieses Kampfes sei die Vernichtung des Hotels »Paradiese« in Mombasa gewesen. Ein Kämpfer habe sich geopfert, um diese Basis des israelischen Staates in Ostafrika zu zerstören. Der Kämpfer sei zum Märtyrer geworden in der Auseinandersetzung mit dem Zionismus. Weitere Anschläge dieser Art würden folgen – in Israel selbst.

Al Qaida hat damit zum erstenmal seine Beteiligung am Kampf der Palästinenser gegen Israel angekündigt. Al Qaida will sich an die Seite von Hamas und Dschihad Al Islamiyah stellen, die bisher durch »Selbstmordattentäter« hervorgetreten sind. »International Herald Tribune« zitiert am 7. Dezember 2002 die Direktorin der Middle East Studies for the Council on Foreign Relations: »Die Idee, daß Al Qaida Zellen aufbaut, die sich auf den Kampf gegen Israel konzentrieren, ist wahrhaft schreckenerregend.« Die Direktorin – ihr Name ist Rachel Bronson – sieht voraus, daß die Konsequenzen für Israel »extremely destabilizing« sein werden. Sie fürchtet die Allianz von Al Qaida und Hamas.

Die Website betont, daß der Aufbau eines Zweiges der Organisation des Osama Bin Laden im israelisch beherrschen Gebiet bereits im Gange sei. Der Name laute »Die Islamische Al-Qaida-Organisation in Palästina«. Ihr nächstliegendes taktisches Ziel sei die Unterbindung aller Gespräche und Verhandlungen zwischen Israelis und Palästinensern: »Al Qaida vereinigt sich in Palästina mit allen Mujaheddun, die dort bereits den Kampf aufgenommen haben im Widerstand gegen die Unterwerfung durch Israel. Al Qaida ist gegen die Lösung, die auf der Formel ›Land für Frieden‹ beruht. Wir wollen nichts anderes als die völlige Befreiung des palästinensischen Landes. Die zionistischen Eroberer werden besiegt werden. Wir werden sie dorthin zurückschicken, von wo sie gekommen sind.«

Die Palestinian National Authority verlautbart, daß sie nichts vom Aufbau der Zellen von Al Qaida wisse. Jassir Arafat ließ durch einen seiner Mitarbeiter mitteilen, die palästinensische Regierung sei nicht an einer Unterstützung durch Al Qaida interessiert; sie werde gegen Al Qaida kämpfen wenn diese Organisation den Versuch mache, in Gaza Fuß zu fassen. Die israelische Führung aber gab zu erkennen, daß sie überzeugt sei, Al Qaida sei im Gazastreifen bereits aktiv und Osama Bin Laden gebe die Befehle.

Einen Beweis konnten die Sicherheitsspezialisten von Ariel Sharon nicht liefern – auch nicht für die Echtheit der Website. Doch amerikanische Kollegen teilen die Sorge der Israelis: »Wir beobachten die Website sehr genau.«

Israel setzt darauf, die Zellenbildung der Al Qaida im Gazastreifen schon in den Anfängen zu unterbinden. Sie suchen die Ansätze in der Stadt Bureij, die einem Flüchtlingslager gleicht. Mit schweren Panzern fahren die Streitkräfte mitten in den Nächten auf den sandigen Straßen zwischen ärmlichen Betonhäusern auf bestimmte Ziele zu und feuern mit schwerkalibrigen Kanonen. Diese rücksichtslose Art der Kriegführung löst bei UN-Beauftragten, die im Gazastreifen tätig sind, heftige Kritik aus: »Die israelische Armee bricht mit gewaltiger Feuerkraft in Viertel mit hoher Bevölkerungsdichte ein. Dabei ist die Zahl der zivilen Opfer hoch.« Auf diesen Protest reagiert die israelische Regierung mit dem Hinweis, sie sei auf der Suche nach einem Panzer, der sich besser eigne für das Aufspüren von Terroristen in dichtbewohntem Gebiet – doch die deutsche Bundesregierung sei nicht bereit, den handlichen Radpanzer »Fuchs« zur Verfügung zu stellen.

Beim Angriff der schweren Panzer auf die Palästinenserstadt Bureij sind zehn Frauen, Männer und Kinder getötet worden, darunter sind zwei palästinensische Mitarbeiter, die im Auftrag der Vereinten Nationen Schulen betreuen.

Der Angriff galt einem Mann, der die Kontaktperson zur »Islamischen Al-Qaida-Organisation in Palästina« sein könnte: Ajman Shishnija. Er nennt sich Vorsitzender des Palestinian Popular Resistanze Committee. Ajman Shishnija überlebte die Angriffsnacht unverletzt. Er zeigte sich am Morgen bei der Bestattung der Opfer. In seiner Rede sagte er: »Sharon schlägt wild um sich! Dies beweist, daß ihn unser Widerstand trifft und verletzt. Wir versprechen, den Kampf fortzusetzen!«

Die finanzielle Basis dieses Kampfes ist im Winter 2002/2003 breiter geworden: Auf Umwegen treffen Dollars aus Saudi-Arabien ein, die nicht aus den Konten des Hauses As Saud stammen. Sie werden über London geschleust, dort sind ultrakonservative Moslems bereit, Glaubensverwandten in Palästina zu helfen.

Ajman Shishnija profitiert von der zunehmenden Radikalisierung des Glaubens in Saudi-Arabien. Der Trend zum Gottesstaat nimmt zu in der Bevölkerung – die Taliban werden Vorbild. Aus Afghanistan sind sie verschwunden, in Saudi-Arabien wird ihr Geist aktiv. Unvergessen ist dort, daß die Taliban zu Beginn des vergangenen Jahrzehnts von Saudi-Arabien als Regime am Hindukusch offiziell anerkannt und unterstützt worden sind. In Riyadh ist die Überzeugung zu hören: »Die Taliban haben den Islam am reinsten gelebt.«

Die »Taliban« der Arabischen Halbinsel verlangen, daß jede Form von Musik verboten wird, daß jegliche Belustigung unterbleibt, daß sich keine Frau und kein Mann fotografieren läßt. Unverblümt predigen Geistliche, der Prophet Mohammed habe bestimmt, daß sich auf der Arabischen Halbinsel nur Menschen aufhalten dürfen, die Allah anbeten. Diese Vorschrift des Propheten müsse auch in unserer Zeit eingehalten werden – Allah bestehe darauf.

In Riyadh waren vor Jahresende 2002 nicht allein radikalislamische Parolen zu hören, es geschahen auch gewalttätige Aktionen, die zeigten, daß auf Worte Taten folgen: Da wurde ein McDonald's-Restaurant angezündet und da griffen Bewaffnete Büros der königlichen Polizei an.

Kronprinz Abdallah, der im Königreich die Regierungsgeschäfte führt, hat guten Grund, gegenüber Donald Rumsfeld keine definitive und bindende Verpflichtung zur Bereitstellung von Luftbasen auf der Arabischen Halbinsel im Falle eines Krieges der USA gegen Irak einzugehen. Zweifelhaft ist, ob die Sicherheitskräfte, die den Prinzen des Hauses As Saud zur Verfügung stehen treu und in ausreichendem Maße royalistisch gesinnt sind, Befehle auszuführen, die Kampf gegen glaubensstarke Moslems bedeuten. Präsident Bush sieht sich angesichts dieser Unsicherheit gezwungen, von der türkischen Regierung das Recht zu erbitten, von deren Militärflughäfen aus Kampfmaschinen zum Einsatz gegen Irak starten lassen zu können. Doch die Türkei stellt Bedingungen.

Bush als politischer Händler: EU-Beitritt der Türkei erleichtert Kriegsbeteiligung

Murrat Mercan, der stellvertretende Vorsitzende der »Partei für Gerechtigkeit und Entwicklung« (AKP) sagt deutlich: »Das türkische Volk sieht da eine Verbindung zwischen der Haltung Europas zu dem Wunsch der Türkei, Teil von Europa zu werden und einer türkischen Beteiligung am Krieg gegen Irak. Wenn Europa uns nicht haben will, warum sollen wir uns in diesen Konflikt verwickeln lassen? Wir Regierenden können beide Sachverhalte voneinander trennen. Das Volk ist dazu kaum in der Lage.«

Diese Worte haben Präsident Bush aufgeschreckt; er rechnet fest mit türkischer Unterstützung. Er sieht den Zusammenhang zwischen Aussicht auf EU-Zugehörigkeit und Beteiligung am Irakkrieg. Er ergreift die Initiative. Bush verspricht, gegenüber den europäischen Regierungen für eine rasche Zusage der EU-Mitgliedschaft der Türkei zu plädieren.

Bundesaußenminister Joschka Fischer hat, zusammen mit seinem französischen Kollegen, einen Vorschlag erarbeitet, der Anklang bei anderen Regierungen der Europäischen Gemeinschaft gefunden hat – der jedoch in der Türkei Enttäuschung ausgelöst hat. Der deutsch-französische Zeitplan sieht diese Schritte vor: Im zweiten Halbjahr 2004 prüft die Europäische Gemeinschaft, ob die Türkei in ausreichendem Maße Reformen eingeleitet hat, die eine Annäherung an europäische Gesellschaftsformen erkennen lassen. Erfolgt eine positive Bewertung, beginnen die Verhandlungen über den Eintritt der Türkei zur EU am 1. Juli 2005. Diese würden sich allerdings sehr lang hinziehen – meint EU-Kommissar Günter Verheugen: »Das Land am Bosporus wird erst im Jahr 2013 reif sein für die Aufnahme in die europäische Familie!«

In Ankara herrscht die Überzeugung, in der Türkei schon eine Menge verändert zu haben: Die Todesstrafe wurde abgeschafft; die Gleichberechtigung von Mann und Frau ist geschaffen worden; das Sozial- und Arbeitsrecht entspricht dem EU-Standard.

Der EU-Ratspräsident, der Däne Anders Fogh Rasmussen, ist der

Meinung, es sei noch zu wenig geschehen, um die Türkei in einen wahrhaft europäischen Staat zu verwandeln. Diesem Standpunkt widerspricht Recep Tayyip Erdogan, der die islamisch-orientierte »Partei für Gerechtigkeit und Entwicklung« im Herbst 2002 zum Wahlsieg geführt hat. Er fühlt sich beleidigt durch die »schlechte Behandlung« durch die europäischen Regierungen: »Da wird zweierlei Maß angewandt!« Von Präsident Bush erhofft sich Erdogan eine positive Wendung: »Bush wird zum Telefonhörer greifen und er wird Schröder und Chirac überzeugen, daß die Türkei ein wichtiger Teil Europas sein wird. Und Schröder und Chirac werden begreifen, was zu tun ist.« Bush erfüllte den Wunsch der islamisch orientierten Mächtigen der Türkei. Doch am ersten Tag des Gipfeltreffens der europäischen Staats- und Regierungschefs in Kopenhagen (12. Dezember 2002) war das Thema »Türkei« nicht der wesentliche Punkt der Tagesordnung. Bewältigt werden mußte die Aufnahme dieser zehn Länder in die Europäische Gemeinschaft: Lettland, Litauen, Polen, Estland, Slowakei, Ungarn, Malta, Tschechien, Slowenien, Zypern.

Der Chef der türkischen Regierungspartei AKP, Recep Tayyip Erdogan warnt: »Wenn die Europäische Gemeinschaft die Türkei warten läßt, wird die Geschichte ihr das nicht verzeihen.«

Bundespräsident Johannes Rau sprach das deutlichste Urteil aus über die Fähigkeit der Türken, Europäer zu werden: »Die Türkei hat die europäische Aufklärung nicht mitgemacht!« Dies heißt: Philosophen, Gelehrte, Denker haben die geistigen Kategorien der Europäer verändert. Die Türken aber haben nicht teilgenommen an diesem Entwicklungsprozeß; sie leben in einer anderen geistigen Welt. Als Präsident Bush die Hoffnung verlor, er könne bei den Regierungschefs der Europäischen Gemeinschaft in Sachen »Türkei« einen raschen Erfolg erzielen, entsandte er den stellvertretenden Verteidigungsminister Paul Wolfowitz nach Ankara. Er brachte ein Geschenk mit, das gerne angenommen wurde: Wolfowitz war ermächtigt, der Türkei Schulden im Wert von sechs Milliarden Dollar zu erlassen. Gleichzeitig erklärte er, es sei wohl »undenkbar«, daß die Europäische Gemeinschaft die Türkei in der Ecke stehen lasse, schließlich sei dieses Land doch schon seit 1952 Mitglied der NATO.

Der US-Präsident selbst besuchte zum Ende des Fastenmonats Ramadan eine Moschee in Washington, um dort ausdrücklich zu betonen, der Islam sei eine »Religion des Friedens«. In der US-Hauptstadt war Erstaunen zu spüren über diese Änderung der Position zu Gunsten der islamischen Welt. Mitte Dezember 2002 aber wird die Frage gestellt, ob sich diese »Verkrampfungen« noch lohnen, ob der Konflikt mit dem Irak überhaupt noch angebracht ist, ob nicht Nordkorea von einem weit gefährlicheren »rogue regime« beherrscht wird? Im deutschen Sprachraum hat sich für »rogue regime« die Bezeichnung »Schurkenstaat« durchgesetzt.

Irak oder Nordkorea? Wer stellt die größere Gefahr dar?

Die arabische Fernsehstation »Al Dschazira«, die von der Halbinsel Qatar aus Nachrichten sendet, hat wieder einmal ihre Überlegenheit bewiesen: Sie hat der Welt bekanntgegeben, im Arabischen Meer weit südlich der Küsten von Oman und Jemen sei ein Frachter entdeckt worden, der Raketen vom Typ »Scud« transportiere. Der Frachter sei von spanischen Patrouillenbooten gestoppt worden. Diese Boote sind im Rahmen der von den USA geleiteten »Anti-Terror-Operation« eingesetzt, an der auch die deutsche Marine teilnimmt. Aufgabe der Schiffe ist es, Waffenlieferungen an Staaten zu unterbinden, die den »weltweiten Terrorismus« unterstützen.

Der Frachter, der den Namen »So San« trägt, war dadurch aufgefallen, daß er keine Flagge zeigte; seine Registerkennzeichnung war übermalt worden. Die Aufforderung der spanischen Fregatte »Navarra«, seinen Frachter zu stoppen, ist vom Kapitän der »So San« zunächst nicht beachtet worden; erst Warnschüsse, die den Mast der »So San« zerfetzten, veranlaßten ihn, den Anordnungen der Spanier zu folgen.

Die Durchsuchung der »So San« übernahm dann die Besatzung eines US-Schiffes, das sich in der Nähe befunden hatte. Die US-Spezialisten entdeckten unter gestapelten Zementsäcken 15 zerlegte Scud-Raketen und 85 Fässer, die Raketentreibstoff enthielten. Die Ladung wurde beschlagnahmt.

Ausgangspunkt der Raketenlieferung war Nordkorea. Das Handbuch »Jane's Strategie Weapons Systems«, dessen Angaben überaus verläßlich sind, gibt die Auskunft, daß die einst von den Sowjets entwickelten Scud-Raketen (das russische Wort bedeutet »Flitzer«) in Nordkorea gebaut werden. Konstruktionsvorbild ist die deutsche V 2 des Zweiten Weltkriegs. Als Reichweite werden 800 Kilometer angegeben, bei einem Sprengkopf von 300 kg Gewicht. Die Waffe gilt als wenig zielgenau.

Empfänger der Lieferung ist der Jemen, der eine Wandlung durchgemacht hat, von einem Land, in dem Terroristen leicht Zuflucht finden konnten, zu einem Land, das Partner der USA sein will im Kampf gegen den Terrorismus. Um diese Partnerschaft nicht zu gefährden, lenkte Washington sofort ein, als der jemenitische Präsident Ali Abdallah Saleh den US-Vizepräsidenten Dick Cheney anrief, um gegen die Beschlagnahme der Raketen zu protestieren. Cheney mußte zugeben, daß es keinesfalls verboten ist, derartige Raketen zu erwerben. Auf den Einwand des Vizepräsidenten, Jemen habe den USA doch versprochen, keine derartige Waffen in Nordkorea zu kaufen, erhielt er zur Antwort, die Bestellung sei zu einer Zeit erfolgt, als dieses Versprechen noch nicht abgegeben worden sei.

Am Ende der telefonischen Diskussion zwischen den Hauptstädten Sana'a und Washington sagte der Sprecher des Weißen Hauses Ari Fleischer: »Mit Verkauf und Kauf der Scud-Raketen ist kein internationales Recht gebrochen worden. Jemen hat die Zusicherung abgegeben, daß es die Raketen an niemand weiterreichen wird. Als die Ladung konfisziert wurde, bestand der Verdacht, der Frachter sei unterwegs zu einem Land, das wegen seiner Beziehungen zum Terrorismus bekannt ist: Jemen aber ist der Partner der Vereinigten Staaten im Kampf gegen den Terrorismus!«

Den Namen des Landes, das wegen seiner Beziehungen zum Terrorismus bekannt ist, nannte Ari Fleischer nicht. Er meinte in diesem Fall Irak.

US-Verteidiungsminister Donald Rumsfeld hielt sich am Tag des Zwischenfalls mit dem Frachter »So San« in Dschibuti auf, im Kleinstaat an der Ostküste des Bab al Mandab, der Öffnung des Roten Meers in den Golf von Aden. Dort inspizierte Rumsfeld amerikanische Truppen. Er hatte ein Urteil über Nordkorea bereit: »Das ist der größte Waffenlieferant der Welt! Die Nordkoreaner liefern an viele Länder Kampfmittel, die in der Lage sind hunderttausende von Menschen umzubringen.« Der Waffenhandel bringt dem Land 100 Millionen Dollar im Jahr ein. Abnehmer sind Pakistan, Libyen, Syrien, Iran und Irak.

Präsident Bill Clinton hatte am Ende seiner Amtszeit versucht, mit dem nordkoreanischen Regime zu einer Absprache zu gelangen, die zur Einstellung der Waffenverkäufe geführt hätte. Die Verhandlungen scheiterten an den nordkoreanischen Forderungen: Verlangt wurde die Zahlung von einer Milliarde Dollar im Jahr, als Kompensation für den Ausfall des Verdiensts im Raketengeschäft.

Doch ein Handel ähnlicher Art war schon einmal geglückt, im Jahr 1994. Damals war eine Krise entstanden zwischen Nordkorea und den USA. Der Grund: Das noch immer kommunistische Land plante die nukleare Aufrüstung. Der Atomreaktor, der in Yongbyon betrieben wurde – 96 Kilometer von der Hauptstadt Pyongyang entfernt – erzeugte Plutonium, das für die Herstellung von Atombomben geeignet sein könnte. Das Regime in Pyongyang lenkte damals nach schwierigen Verhandlungen ein. In Genf wurde der Inter-Korean Denuclearization Accord vereinbart. Das Resultat: Der Reaktor Yongbyon wurde stillgelegt.

Die nordkoreanische Regierung hatte geltend gemacht, daß der Reaktor der Erzeugung von Elektrizität diene. Ein Verzicht auf den Nuklearstrom müsse durch Nutzung anderer Energiequellen ausgeglichen werden. Die USA erklärten sich bereit, jährlich 500 000 Tonnen Schweröl zu liefern.

Die Absprachen wurden eingehalten bis zur zweiten Hälfte des Jahres 2002. Geheimdienstberichte sprachen davon, Nordkorea arbeite insgeheim an der Weiterentwicklung eines Nuklearwaffenprogramms. Pyongyang dementierte nicht und verteidigte sich nicht Die US-Regierung reagierte durch Streichung der Schweröllieferungen. Nordkoreas Stromversorgung war gefährdet.

Diese Streichung wiederum veranlaßte das nordkoreanische Regime zu verkünden, es sei gezwungen, den Atomreaktor Yongbyon wieder in Betrieb zu nehmen. Wieder entstand das Schreckgespenst einer Atommacht Nordkorea.

Doch das Regime in Pyongyang milderte die Sorgen der Südkoreaner und der USA ab durch die Erklärung, man sei bereit über alle Waffensysteme zu verhandeln, die Nordkorea besitze – auch über das Nuklearprogramm. Voraussetzung sei, daß Washington einer Normalisierung der Beziehungen zu Pyongyang zustimme. Erbeten wurde auch die Garantie, daß kein Angriff der US-Streitkräfte gegen Nordkorea erfolge. In der koreanischen Hauptstadt stellten sich die Menschen die Frage, ob ihr Land das nächste Ziel der USA im Kampf gegen das »Böse« sein könnte. Nicht vergessen wird, daß George W. Bush Nordkorea zur »Achse des Bösen« zugeordnet hat.

Die »New York Times« berichtet Mitte Dezember 2002 von Überlegungen amerikanischer Strategen, die einen friedlichen Weg suchen, um das kommunistisch-stalinistische Regime zum Einsturz zu bringen. Was dahinter steckt, erläuterte Professor Victor Cha, der die US-Regierung in koreanischen Angelegenheiten berät. Cha ist Professor der Georgetown University in Washington. Er meint: »Das Regime in Nordkorea ist nicht durch einen Militärputsch zu stürzen. Der wirkliche Wechsel wird durch das Volk bewirkt, durch die Menschen, die mit ihren Füßen abstimmen.« Wie dies zu erreichen sei, wird an einem Beispiel deutlich gemacht: Als Ungarn und die Tschechoslowakei für die Ostdeutschen ihre Grenzen öffneten, da verließen die Menschen die DDR und bald darauf verschwand die Mauer – das Regime brach zusammen. Übertragen auf Südostasien soll, gemäß diesem Beispiel, Südkorea seine Grenzen für Nordkoreaner öffnen. Diskutiert werden muß, welches Land bereit ist, diese Flüchtlinge aufzunehmen. Gedacht ist an einen gesteuerten Flüchtlingsstrom.

Derartige Gedanken sind Illusionen – das Regime des Kim Dschong Il steht stabil als letztes Relikt aus der Stalinzeit. Es rückt um den Jahreswechsel 2002/2003 in das Blickfeld der Weltöffentlichkeit. Interesse wird geweckt für einen Diktator, der glaubt, er könne Nutzen ziehen aus einem Konflikt, der auf dem Globus vier Längengrade weiter westlich stattfindet. Er wurde durch den US-Präsidenten Bush eingereiht in die Staatschefs der »Achse des Bösen«, und damit neben Saddam Hussein gestellt. Er hat, genau wie der irakische Staatspräsident, nichts mit dem »weltweiten Terrorismus« zu tun. Doch er besitzt den Schlüssel zum Geheimnis der Atombombe. Damit ist er zum Ärgernis für die Verantwortlichen in den USA geworden.

Kim Dschong Il – auf einem heiligen Berg geboren

Seltsames lernen die Schulkinder der Demokratischen Volksrepublik Korea von der Geburt ihres »Großen Führers«: Zwei strahlende Regenbogen hätten in leuchtenden Farben den Himmel überspannt. Die Luft sei erfüllt gewesen von Melodien aus den Kehlen unzähliger Singvögel. Auf einem heiligen Berg, weitab von Stadt und Dorf, sei er geboren worden. Mancher Parteichronist nennt einen Berg, der Päktu heißt, an der chinesisch-koreanischen Grenze.

Die Propaganda sorgt dafür, daß ein Mythos die Existenz des Kim Dschong Il von den ersten Lebenstagen an umgibt. Fest steht das Geburtsdatum – es ist der 16. Februar 1942. Der Geburtsort ist wohl in der Gegend von Wladiwostok zu suchen, dort, wo sich Sowjetunion und Korea berühren.

Der Vater des Kim Dschong Il war damals einer der Helden des koreanischen Volkes im Kampf gegen Japan, das seit dem Jahr 1905 Korea beherrschte. Im Jahr 1910 war die koreanische Halbinsel Bestandteil des japanischen Territoriums geworden. Im August 1945 wird der Norden Koreas durch Sowjettruppen besetzt. Gut die Hälfte der Halbinsel bleibt fortan in kommunistischer Hand.

Zwar existiert Korea seit 1945 als unabhängiger Staat, doch Norden und Süden fanden nicht zusammen. Im Sommer 1948 verlassen die letzten amerikanischen Besatzungstruppen den Süden Koreas. Zwei Jahre später dringen nordkoreanische Panzerverbände in Richtung Seoul vor. Der Koreakrieg beginnt. Auf der Seite des Nordens kämpfen chinesische Streitkräfte. Am 7. Juli 1950 beschließt der Weltsicherheitsrat, daß dem Süden Koreas Hilfe im Kampf gegen den Norden gewährt werden soll. Die Pattsituation im Kriegsverlauf führt 1953 zu Waffenstillstandsverhandlungen. Damals wurde die bis heute gültige Demarkationslinie zwischen Nord- und Südkorea festgelegt.

Im Norden regierte der Staats- und Parteichef Kim Il Sung. Unter seiner Protektion entwickelte sich die Karriere des Sohnes Kim Dschong Il: Mit 22 Jahren wurde der Sohn in das Zentralkomitee der »Partei der Arbeit Koreas« aufgenommen. Zehn Jahre später war Kim Dschong Il Mitglied des ZK-Präsidiums. Bald schon stand er an zweiter Stelle in der Hierarchie der Partei und des Staates.

Bei seinem Tod am 5. September 1955 wurde der Vater mit dem Titel eines »Ewigen Präsidenten« bedacht. Nachfolger an der Spitze Koreas wurde der Sohn Kim Dschong Il.

Sein Volk läßt er wissen, er arbeite unablässig Tag und Nacht für sein Wohl. Doch der US-Geheimdienst ist durch Überläufer informiert, daß er sich gern mit »langbeinigen Frauen« umgibt. Sicher ist, daß er im Jahre 1998 für seine eigenen Zwecke 200 Mercedes-Limousinen der S-Klasse bestellt hat zum Stückpreis von 100 000 Dollar – damit war ein Fünftel der Finanzhilfe aufgebraucht, die von den Vereinten Nationen per Jahr für Nordkorea bereitgestellt worden waren.

»Versorgungsschwierigkeiten« wurden der Bevölkerung als Auswirkungen der Überschwemmungskatastrophen 1995/96, 1997 und 2000/2001 erklärt. Von den Problemen des Systems erfahren die 22 Millionen Einwohner des Landes nichts. Sie können sich berauschen an glänzend organisierten Militärparaden, an Aufmärschen der Parteiorganisation. Sie werden begeistert durch Meldungen, Nordkorea nehme seine Raketentests wieder auf. Unvergessen ist, daß bereits im Jahr 1998 eine Versuchsrakete Japan überflogen hat – zur Verblüffung der Japaner.

Frage: »Führen Sie demnächst Krieg, Herr Präsident?« Antwort: »Ja! Aber gegen welchen Gegner?«

Dieser Dialog fand Anfang Januar 2002 im Weißen Haus in Washington statt. Der Frager gehörte zum Pressekorps der amerikanischen Hauptstadt, der Antwortende war der Präsident der Vereinigten Staaten von Amerika. George W. Bush steckte in einem Dilemma. Sein Verteidigungsminister hatte wenige Tage zuvor gesagt: »Die Vereinigten Staaten sind selbstverständlich in der Lage, zwei kriegerische Konflikte auf einmal durchzustehen.« Als Gegner sah Donald Rumsfeld Irak und Nordkorea. Dick Cheney, der Vizepräsident, hält eine derartige Äußerung für unverantwortlich. Derselben Meinung ist Außenminister Colin Powell.

Die Tageszeitung »International Herald Tribune« präzisiert die Situation in einer Karikatur: Ein hochdekorierter General sagt mit verbissenem Gesicht: »Wir sind in der Lage, zwei Kriege gleichzeitig zu führen!« Dieser General betritt das Weiße Haus und steht einem rat- und hilflosen US-Präsidenten gegenüber. Dieser ist umgeben von seinen Beratern, die einander tätlich angreifen. Sie sind zerstritten in der Frage, welcher Gegner soll angegriffen werden? Irak oder Nordkorea? Der hochdekorierte General stutzt und schreit dann – nicht ohne Stolz: »Wir sind in der Lage, zwei Kriege auf einmal zu führen: Einen Krieg im Irak – und einen Krieg im Weißen Haus!«

Der »Konflikt im Weißen Haus« wird nicht grundlos ausgetragen. Am Ende des Jahres 2002 ist Nordkoreas Gefährlichkeit offenkundig geworden. Kim Dschong Il ist zum Feind der USA geworden – durch ein Ereignis:

Mitte Dezember waren Vertreter von Partei und Staat zum Komplex des nuklearen Forschungszentrums Yongbyon beordert worden. Anwesend waren auch zwei Waffeninspektoren der Vereinten Nationen, denen seit fast einem Jahrzehnt die Überwachung des Komplexes anvertraut war. Sie waren beauftragt, zu kontrollieren, daß der 5-Megawatt-Reaktor stillgelegt bleibt. Seit fast einem Jahrzehnt hatte sich Nordkorea an das gegenüber den Vereinten Nationen und den USA gegebene Versprechen gehalten, keine nuklearen Versuche durchzuführen. Im Herbst 2002 aber hatte die US-Regierung den Verdacht, Nordkorea bereite sich insgeheim vor, eine Anlage zur Anreicherung von Uran zu entwickeln. Fotos von Beobachtungssatelliten hatten deutlich gezeigt, daß auf dem Gelände des nuklearen Forschungszentrums Yongbyon Veränderungen vor sich gegangen waren. Washington verwies daraufhin auf das Abkommen aus dem Jahr 1994, das Nordkorea verpflichtet, sein Atomprogramm »einzufrieren«. Das Regime in Pyongyang gab sich daraufhin keine Mühe, die Besorgnis der US-Administration zu dämpfen. Im State Department herrschte die Meinung, Kim Dschong Il habe den Bruch der Übereinkunft zugegeben. Aus Pyongyang aber war zu hören, ein derartiges Zugeständnis sei nicht erfolgt. US-Präsident Bush sah sich zum harten Urteil veranlaßt: Er ließ verlauten, Nordkorea sei »a rogue country« – ein »Schurkenstaat«.

Die Reaktion des nordkoreanischen Regimes erfolgte beim Treffen der Spitzen des Regimes in Yongbyon. Im Beisein der UN-Inspektoren wurden demonstrativ die Siegel vom Nuklearreaktor entfernt, die fast ein Jahrzehnt lang unverletzt geblieben waren. Damit war ein Zeichen dafür gesetzt, daß sich Nordkorea wieder anschickte, in den Kreis der Staaten einzutreten, die zu den Atommächten gehörten.

Den zwei UN-Waffeninspektoren wurde ein Schreiben verlesen, das sie in höflichen Worten zum sofortigen Verlassen Nordkoreas aufforderte. Den beiden blieb keine Zeit: Zwei Plätze nach Peking waren bereits im nächsten Flugzeug der Linie Koryo reserviert. Damit war der Bruch nicht allein gegenüber den USA, sondern auch gegenüber den Vereinten Nationen vollzogen.

Die völkerrechtlichen Konsequenzen folgen: Anfang Januar 2003 kündigt Nordkorea seine Anerkennung des »Atomwaffensperrvertrags«, der die Verpflichtung zum Inhalt hatte, jegliche Bemühung zur Erlangung von Kenntnissen und Beschaffung von Materialien auf nuklearem Gebiet zu unterlassen. Nur Stunden später erfolgte die Aufkündigung der Zusage, sich in der Entwicklung von Raketen zurückzuhalten.

Im Pentagon listeten die Spezialisten auf, welche Art und Klasse von Raketen Nordkorea bereits besaß. Sicher war, daß die nordkoreanischen Streitkräfte über Raketen des sowjetischen Typs Scud B und Scud C verfügten, die konventionelle Sprengköpfe über eine Strecke von 500 Kilometern tragen konnten. Allerdings besaßen sie nur geringe Treffsicherheit. Eine Verbesserung stellte die Rakete Taepo Dong 1 dar, die ihre Tests bestanden hatte. Sie konnte mit einem nuklearen Sprengkopf bestückt werden, ihre Reichweite betrug 2000 Kilometer. Diese Rakete konnte eine Gefahr bedeuten für Japan.

Dem US-Geheimdienst ist bekannt, daß die nordkoreanischen Raketenfachleute an einem Gerät arbeiten, das die Bezeichnung Taepo Dong 2 trägt. Sein Sprengkopf soll bei Hawaii das Territorium der USA erreichen können. Strategischer Wert wird der Rakete Taepo 2 nicht beigemessen. Gefährlich für die USA aber könnte die Drei-Stufen-Rakete sein, die sich erst im Konstruktionsstadium befindet. Möglich ist, daß sie eine Strecke von 12 000 Kilometern überwinden kann: Der amerikanische Kontinent wäre dann bedroht. Allerdings wird angenommen, daß diese bisher namenlose Rakete erst im Jahr 2015 zur Verfügung steht.

Unsicher ist, ob nordkoreanische Wissenschaftler in die Geheimnisse eingedrungen sind, die den Bau einer Atombombe erschweren. Die Spezialisten des Pentagon sind der Meinung, Nordkorea verfüge über die Kenntnisse und über die Materialien, die zur Fertigung einer Nuklearwaffe notwendig sind. Der Geheimdienst CIA glaubt, Erkenntnisse zu besitzen, die darauf hinweisen, daß das Regime in Pyongyang waffenfähiges Plutonium besitze, das für zwei Atombomben ausreiche. Der Chef der International Atomic Energy Agency, Mohammed Al Baradei, aber bestand darauf, es existiere kein Hinweis, daß Nordkorea in absehbarer Zeit in der Lage sei, eine einsatzfähige Atombombe zu produzieren.

Mitte Januar 2003 änderte Präsident Bush den Ton seiner Verlautbarungen. Plötzlich sprach George W. Bush weniger aggressiv: »Wenn es Nordkorea gelingt, unsere Besorgnisse, wegen des Nuklearprogramms zu zerstreuen, können wir uns dazu durchringen, dem Land entgegenzukommen.« Und der US-Botschafter in Südkorea, Thomas Hubbard, wurde deutlich: »Wir denken daran, die wirtschaftliche Zusammenarbeit wiederaufzunehmen – dabei wollen wir uns keineswegs auf Hilfe durch Lebensmittellieferungen beschränken. Beabsichtigt ist, wieder Öl zu liefern.«

Von Condoleezza Rice, der Sicherheitsberaterin des US-Präsidenten, war dieses Fazit zu hören: »Die Schwierigkeiten zwischen den USA und Nordkorea werden sich nicht in eine Krise verwandeln.« Die Anzeichen mehrten sich, daß Präsident Bush bereit war, Kim Dschong Il schriftlich zu versprechen, daß sein Land von den USA nicht angegriffen wird. Nordkorea steht somit nicht mehr auf der Liste der Staaten, die zur »Achse des Bösen« zählen.

Der magische Termin: 27. Januar 2003

An diesem Termin sind 60 Tage verstrichen seit dem Beginn der Arbeit der UN-Waffeninspektoren in Irak. Während der zwei Monate sind Fabrikanlagen, Lagerhallen, Bunker und sogar Paläste des Präsidenten Saddam Hussein inspiziert worden. Die Überprüfung, ob Irak über Massenvernichtungswaffen verfügt, sollte bis zum 27. Januar abgeschlossen sein. Laut früherer Aussage von George Bush sollte an diesem Tag die Entscheidung über Krieg und Frieden fallen: »Mit dem 27. Januar beginnt ›the final phase‹ für unsere Aktion.« Doch überraschend für Pentagon und State Department baut sich ein Hindernis auf, das die ›final phase‹ erschwert: Die Türkei leistet Widerstand gegen den Aufmarsch der US-Streitkräfte auf ihrem Territorium.

General Richard Myers, der Vorsitzende der Vereinigung aller Stabschefs von Armee, Luftwaffe und Marine der USA traf am 19. Januar 2003 in der türkischen Hauptstadt Ankara ein. Der General, der ranghöchster amerikanischer Offizier ist, redet und handelt so, als ob er nichts wüßte vom Wunsch der türkischen Regierung, die Türkei aus den Kriegsvorbereitungen herauszuhalten. Richard Myers ließ seine Gastgeber wissen, er sei gekommen, um die Luftwaffenbasen Diyabakir, Afyon und Incirlik zu inspizieren. Er nahm nicht zur Kenntnis, daß auf der Zufahrtsstraße zum Flughafengelände Massen von Demonstranten standen, die Plakate trugen mit der Aufschrift: »Savasa Hayir! – Nein zum Krieg!«

Die Inspektion der Luftwaffenbasen wurde den Mitarbeitern des Generals gestattet. Ihr Eindruck: Die technischen Einrichtungen sind veraltet; mit ihrer Verbesserung muß sofort begonnen werden. Noch im Februar sollen Radargeräte und Wartungsapparaturen voll einsatzfähig sein – ab März muß mit Sandstürmen gerechnet werden. General Richard Myers ließ rasch eine Kalkulation erstellen: Errechnet wurde, daß 200 Millionen Dollar für das »upgrading« der Basen ausgegeben werden müssen.

Der Gesprächspartner des US-Generals, der Chef des türkischen Generalstabs General Hilmi Ozkok, genehmigte die Arbeiten für Ausbau und Verbesserung der technischen Anlagen. Er lehnte es aber ab, türkisches Gebiet zum Aufmarsch amerikanischer Bodentruppen für eine Invasion des Irak zur Verfügung zu stellen. General Ozkok wies darauf hin, daß 88 Prozent der türkischen Bevölkerung einen Krieg mit Irak ablehnten.

General Myers hatte die Absicht gehabt, 80 000 US-Soldaten im Süden der Türkei zu stationieren. General Ozkok gestattete nur die Stationierung von 15 000 amerikanischen Soldaten an der Grenze zu Irak. Mit einer derart schwachen Truppe konnte keine Offensive geplant werden.

Der Vorsitzende der Vereinigung aller Stabschefs der US-Streitkräfte erfuhr erst nach hartnäckiger Nachfrage, warum die Türkei die Zahl der amerikanischen Soldaten in den Grenzgebieten zu Irak auf 15 000 begrenzt halten will: Die Verantwortlichen in Ankara befürchten, die Präsenz der Amerikaner könnte die Kurden ermutigen, sich für die Gründung eines eigenen Kurdenstaats einzusetzen. Dieses Volk, das eine eigenständige iranische Sprache spricht, ist aufgeteilt auf die Territorien von Syrien, Iran, Irak und der Türkei. Unter türkischer Herrschaft befindet sich etwa die Hälfte aller Kurden. Ihr Gebiet wird von Ankara vernachlässigt. Ministerpräsident Abdallah Gül fürchtet, die US-Streitkräfte würden – zunächst zum eigenen Nutzen – Maßnahmen zu Verbesserung der Infrastruktur im Kurdengebiet in Angriff nehmen. Der Wunsch nach weiterer Verbesserung ihrer Situation könnte angefacht werden.

General Richard Myers leuchtete die Argumentation seiner türkischen Gesprächspartner ein. Er kannte den Standpunkt seines Präsidenten: George W. Bush hat sich deutlich gegen die Ansätze der Gründung eines Kurdenstaates ausgesprochen. Sein Standpunkt: »Wenn die Kurden eigenständig sind, werden sie zum Unruhestifter in der Region.« Bush zieht in diesem Fall gern den Vergleich mit den Palästinensern.

Beim Verlassen der Türkei war General Myers keineswegs enttäuscht. Er äußerte seine Befriedigung darüber, daß Ministerpräsident Abdallah Gül sich mit Energie dafür einsetze, den Konflikt mit Saddam Hussein auf friedliche Weise zu lösen. Zum Abschied meinte der oberste US-Stabschef, auch er ziehe es vor, keinen Krieg führen zu müssen. Myers hat sich überzeugen lassen, daß die Türkei eine Trumpfkarte in der Hand hat, die eine Wendung zur friedlichen Lösung bringen könnte – diese Trumpfkarte ist Saudi-Arabien.

Das Haus As Saud sucht einen Ausweg

Um den 20. Januar 2003 zirkulierte ein Gerücht in der saudiarabischen Hauptstadt Riyadh und in Baghdad, das sich hartnäckig hielt. Es besagte, ein Mitglied der Familie As Saud halte sich in der irakischen Hauptstadt auf, und es sei bereits zu einem Gespräch mit dem Präsidentensohn Qusai gekommen. Besprochen worden sei, ob Saddam Hussein samt seiner Familie unter bestimmten Voraussetzungen bereit sein könnte, den Irak zu verlassen.

In Riyadh hielten sich die Prinzen mit einer Bestätigung dieses Vorgangs zurück. Nur diese Bemerkung war zu hören: »Die Amerikaner wollen Saddam Hussein mit militärischer Gewalt zum Verlassen des Irak zwingen – wir haben andere Mittel, um dasselbe Ziel zu erreichen.«

Weiter: »Ein Krieg wird 100 Milliarden Dollar kosten; mit diesem Geld läßt sich auf andere Weise viel erreichen.« Offensichtlich ist daran gedacht, dem Diktator, den zwei Söhnen und deren Frauen die Ausreise zu gestatten. Das Haus As Saud ist bereit, dafür zu bezahlen – sowohl für den Kreis, der ins Exil geht, als auch für das Land, das die Exilanten aufnimmt.

Saudi-Arabien bietet sich nicht an. Das Haus As Saud steht in Verhandlungen mit Libyen und mit Rußland. Außenminister Prinz Saud Al Faisal dementiert nicht. Er meint: »Wenn wir nicht selbst verhandeln, dann hat diese Aufgabe wohl ein anderes arabische Land übernommen!«

Prinz Abdallah, der als Kronprinz die Regierungsgeschäfte Saudi-Arabiens führt, drückt sich Mitte Januar 2003 sehr vorsichtig aus: »Der Irak liegt uns sehr am Herzen. Das irakische Volk gehört, wie wir, zum arabischen Volk. Es ist Teil der islamischen Nation. Wenn sich die UN entschließen – was Allah verhindern möge – Krieg gegen Irak zu führen, dann haben wir nur die eine Forderung, daß man uns die Chance gibt, mit der Führung in Baghdad zu reden. Es muß eine Lösung gefunden werden, die es ermöglicht, diesen Krieg zu verhindern!«

Das Haus As Saud, so besagt ein anderes Gerücht in Riyadh, will in Baghdad die emotionale Situation schaffen, die in der irakischen Hauptstadt selbst Druck auf Saddam Hussein entstehen läßt, der ihm dann den Entschluß erleichtert, Irak zu verlassen. Durch E-Mails erhalten hohe irakische Offiziere und Funktionäre der Baathpartei die Mitteilung, sie würden dafür honoriert werden, wenn sie »im richtigen Augenblick die richtige Position« beziehen würden. Absender der E-Mails ist der saudiarabische Geheimdienst – im Einvernehmen mit amerikanischen Diensten.

In der zweiten Hälfte des Januar 2003 wird in Washington darüber nachgedacht, ob den Funktionären der irakischen Baathpartei und den Mitgliedern des Revolutionären Kommandorats Amnestie für Handlungen während der Saddamzeit gewährt werden könne. Defense Secretary Donald Rumsfeld gab auf entsprechende Fragen eines Reporters von ABC-TV diese Antwort: »Ich empfehle, daß vorgesorgt wird für den Fall, führende Persönlichkeiten von Partei und Staat seien bereit, Irak zu verlassen um in einem anderen Land Aufnahme zu finden. Diese Vorsorge würde auch für die Familien der betreffenden Personen gelten.«

Der US-Geheimdienst sorgte dafür, daß derartige Bemerkungen in Baghdad bekannt wurden. Funktionäre und Offiziere machten sich Hoffnung, den »Wechsel des Regimes« unbeschadet überstehen zu können. Donald Rumsfeld hatte die leise Hoffnung, Saddam Hussein werde von Mitgliedern des Revolutionären Kommandorats gedrängt, den Weg ins Exil anzutreten. Tariq Aziz bestätigt, daß er von derartigen Bemühungen Saudi-Arabiens und des US-Geheimdiensts gehört hat. Sein Kommentar: »Saddam Hussein ist kein Feigling! Er wird sein Land nicht im Stich lassen.«

Am 27. Januar 2003 berichtet das Magazin »Newsweek« unter der Überschrift »The Arab Alternative« von einem Memorandum, das ein Berater des Hauses As Saud – sein Name ist Hassan Jassin – im Auftrag der Prinzen ausgearbeitet hat. Das Fazit dieser Denkschrift: Der amerikanische Präsident George W. Bush hat den Krieg gegen Irak bereits gewonnen. Es ist gelungen, Saddam Hussein zu zähmen. Der Iraker ist zu keiner Initiative mehr fähig. Die Inspektoren, die sich an Euphrat und Tigris befinden, kontrollieren das Land. Saddam Hussein ist nicht mehr in der Lage, Massenvernichtungswaffen einzusetzen. »Die Entschlossenheit des US-Präsidenten hat dazu geführt, daß Saddam Hussein keine Gefahr mehr darstellt für sein Volk, für seine Nachbarstaaten oder für irgendeinen Staat der Welt.«

Das auf der Basis des Memorandums in Riyadh entwickelte Szenario, das Hassan Jassin ausgearbeitet hat, sieht so aus: Saddam Hussein tritt zurück, persönlich geschützt durch eine vom UN-Sicherheitsrat garantierte Amnestie; die USA übernehmen die Aufgabe, das befreite Land zu ordnen. Auf diese Weise soll der Krieg vermieden werden.

Ein Berater des Kronprinzen Abdallah meinte auf die Frage, ob sich Präsident Bush mit der Realisierung dieses Szenarios begnügen könnte oder ob er sich nicht schon zu sehr auf »Krieg« festgelegt hätte: »Kein Führer eines Landes verliert an Ansehen, wenn er es unterläßt, einen Krieg zu beginnen.«

Die Prinzen des Hauses As Saud kennen die Gefahr, die ihnen im Kriegsfall droht. Die Fernsehbildschirme werden dann rasch das Ausmaß des Unheils zeigen: Tote liegen auf den Straßen Baghdads; Frauen und Kinder fliehen aus der Stadt; Flüchtlinge sind auf der Wüstenstraße unterwegs in Richtung Jordanien; Massen stürmen die Grenzposten; Elend herrscht in den Flüchtlingslagern. Das Resultat der Fernsehbilder: Die Wut der Männer und Frauen Arabiens bricht los. Sie richtet sich gegen die USA, aber auch gegen die Regime in den arabischen Staaten, die als Partner der USA gelten. Zweifelhaft ist, ob das Haus As Saud dem Sturm der Volkswut Arabiens widerstehen kann.

Der türkische Ministerpräsident Abdallah Gül sagt: »Wenn der Krieg ausbricht, bekommen wir alle die Detonation voll ins Gesicht!« Um genau dies zu verhindern, hatte der Ministerpräsident in der vierten Januarwoche zu einer Konferenz der Anrainerstaaten des Irak nach Ankara eingeladen. Es trafen sich Regierungsvertreter aus Syrien, Jordanien, Saudi-Arabien, Ägypten, Iran und aus der Türkei. Die Delegationen bestanden allerdings nicht aus hochkarätigen Persönlichkeiten. Der ägyptische Präsident Husni Mubarak hatte sich geweigert, nach Ankara zu reisen mit der Begründung, die Konferenz sei nicht gründlich vorbereitet worden; sie habe deshalb einen unklaren Ausgang.

Diese Prognose des ägyptischen Präsidenten war korrekt. Das Problem bestand darin, daß keine handfeste Formulierung gefunden werden konnte, die dem irakischen Staatschef den Weg ins Exil gewiesen hätte. Saddam Hussein wurde nur auf die Gefahr aufmerksam gemacht, die seinem Land droht. Am Ende des Treffens hatten sich die Delegierten nicht auf eine gemeinsame Resolution einigen können. Der türkische Teilnehmer weigerte sich einer Formulierung zuzustimmen, die den Diktator direkt ansprach. Er hatte vom Ministerpräsidenten Abdallah Gül die Anweisung erhalten, nichts schriftlich niederzulegen, was Saddam Hussein als Kritik auffassen könnte. Abdallah Gül wiederum war vom russischen Präsidenten gewarnt worden, die US-Streitkräfte seien angewiesen, gleich zu Beginn des offenen Krieges die Ölgebiete des nördlichen Irak zu besetzen – dadurch sollte verhindert werden, daß türkische Truppen die wertvolle Region annektierten.

Seit einem Vierteljahrhundert hatte die Türkei zu erkennen gegeben, daß sie am Ölfeldkomplex von Kirkuk interessiert war. Diese zusammenhängenden Fördergebiete sind keine 200 Kilometer von der türkischen Südgrenze entfernt und erstrecken sich über 100 Kilometer. Seit dem Jahr 1975 war das türkische Interesse an den Öllagerstätten von Kirkuk ständig gewachsen – diese Entwicklung hing mit dem Rückgang der Förderleistung der Lager im Becken von Diyabakir zusammen. Der Krieg der USA gegen Irak könnte der Türkei eine Chance bieten, sich den Ölkomplex von Kirkuk im Handstreich anzueignen. Diesem Coup wollen die Mächtigen in Washington vorbeugen. Sie haben die Absicht, die Region von Kirkuk zu kontrollieren.

Am 27. Januar 2003, als der Weltsicherheitsrat zur entscheidenden Anhörung der Chefwaffeninspektoren zusammentraf, sagte Tariq Aziz, der Vertraute des Diktators: »Wenn der heutige Tag zum Krieg führt, haben die USA eine Farce inszeniert. Bush weiß genau, daß wir keine Massenvernichtungswaffen besitzen. Er will nichts anderes, als den Zugriff auf das Öl des Irak. Bush will den gesamten Nahen Osten kontrollieren.«

Der Irakkonflikt – ein Ablenkungsmanöver?

Tariq Aziz wurde präziser mit seinen Vorwürfen: »Der Irakkonflikt dient vor allem den Interessen Israels. Ganz ungestört kann Ariel Sharon seinen Vernichtungskrieg gegen das palästinensische Volk fortsetzen.«

Einen Tag zuvor hatten israelische Streitkräfte die Stadt Gaza angegriffen. Panzer waren eingefahren in die Mitte der palästinensischen Stadt, die zum Autonomiegebiet der Palästinenser gehört. Der israelische Verteidigungsminister Shaul Mofaz, der zur regierenden Likudpartei zählt, bezeichnete den Angriff als »Offensive gegen die terroristische Infrastruktur«.

In der Nacht begann diese Offensive. 50 Panzer waren daran beteiligt und mehr als ein Dutzend Kampfhubschrauber. 100 Meter vom Stadtzentrum entfernt hält die Panzerkolonne an. Die Besatzungen kennen ihre Ziele genau. Sie feuern auf fünf Häuser und zerstören sie völlig. Der Presse wurde nach Abschluß der Aktion erklärt, in den nun zerstörten Häusern hätten sich Werkstätten zur Fertigung der Kassem-Raketen befunden. Derartige, nicht sehr effektive und zielsichere Raketen waren von palästinensischen Kampforganisation im Jahr 2002 etwa dreißigmal gegen israelische Siedlungen abgefeuert worden.

Die Bewohner von Gaza beerdigten am Morgen nach dieser Offensive 13 Opfer. Nach Angaben der Kampforganisation Hamas seien fünf der Toten Zivilisten gewesen. An ihren Gräbern schworen Tausende von Trauernden Rache. An jenem Tag verkündete Verteidigungsminister Shaul Mofaz, Ariel Sharon und er zögen eine Wiederbesetzung der palästinensischen Autonomiegebiete in Betracht.

Als Ablenkungsmanöver betrachten auch die Regierungsmitglieder des afghanischen Präsidenten Hamid Karzai den Konflikt mit Irak. Verteidigungsminister Bismillah Khan sagt deutlich: »Die Amerikaner haben das Interesse an Afghanistan verloren! Ihre Arbeit ist keineswegs abgeschlossen. Das Problem ist, daß da Gruppen existieren, die sich meist in Pakistan aufhalten. Die Grenze nach Afghanistan ist für sie kein Hindernis. Sie fassen leicht Fuß bei uns – vor allem in Gebieten, in denen die Stämme zuständig sind. Unsere Leute können es gar nicht wagen, in das afghanisch-pakistanische Grenzgebiet vorzudringen. Und die Amerikaner haben schlechte Erfahrungen gemacht!«

Zu Beginn des Jahres 2003 war eine amerikanische Patrouille im Bergland ostwärts von Kandahar unterwegs auf der Suche nach Anhängern des Osama Bin Laden. Gefunden hatte sie keinen, doch einer der US-Soldaten wurde getötet, ein anderer wurde verwundet. Die Angegriffenen entflohen nach Pakistan. Daraufhin ordnete der Befehlshaber der US-Streitkräfte in Afghanistan, Generalleutnant Daniel McNeill, die Bombardierung des betreffenden Grenzgebiets an. Dabei wurde ein pakistanisches Dorf getroffen. Das Resultat war eine Protestnote der pakistanischen Regierung. Colonel

Roger King, der Sprecher des Befehlshabers, kritisiert die Haltung der Pakistaner: »Sie unternehmen nichts gegen diese Banden! Sie haben Sympathie für diejenigen, die wir suchen!«

1000 US-Soldaten halten sich im Grenzgebiet auf. Ihre Aufgabe ist es, drei Männer zu suchen: Osama Bin Laden, den Taliban-Chef Mullah Mohammed Omar und den Milizkommandeur Gulbuddin Hekmatyar. Diese drei haben geschworen, den Heiligen Krieg zu führen gegen die USA und gegen das Regime des Präsidenten Hamid Karzai. Daß die Drohung ernst gemeint ist, wurde am 26. Januar 2003 bewiesen: Auf einer Straße, die von Jalalabad nach Osten führt, waren in einem Kleinlaster vier Afghanen unterwegs. Der Kleinlaster war als Fahrzeug der Vereinten Nationen gekennzeichnet. Schüsse aus dem Hinterhalt töteten die vier Mitarbeiter der Vereinten Nationen. Sie waren damit beschäftigt gewesen, Familien zu helfen, die sich noch nicht in ihre Dörfer wagten.

Die Anordnungen der Regierung des Hamid Karzai werden nur in der Hauptstadt Kabul beachtet. Dort sorgt die International Security Assistance Force für Ordnung; sie wird vom türkischen General Hilmi Akin Zorlu kommandiert. Nach Kabul haben sich die Funktionäre der Taliban noch nicht zurückgetraut, doch in Herat und Kandahar fassen sie wieder Fuß. Die Zeit, da sich Frauen nicht zu verschleiern brauchten, ist in diesen Regionen zu Ende. Die Frauen verschwinden in den Häusern, meiden wie früher die Straßen. Für kurze Zeit war davon die Rede gewesen, daß irgendwo Schulunterricht für Frauen erteilt wird. Derartige Gerüchte sind verstummt.

Es hat den Anschein, als ob die drei Gesuchten Osama Bin Laden, Mullah Mohammed Omar und Gulbuddin Hekmatyar im sicheren Versteck des afghanisch-pakistanischen Grenzgebiets auf den Abzug der US-Streitkräfte warten, um dann in Afghanistan wieder die Macht zu übernehmen. Die derzeit Verantwortlichen in Kabul befürchten, daß sie in der afghanischen Provinz Kunar Gruppen von Kämpfern sammeln, die erneut auf die Prinzipien der Taliban eingeschworen werden. Der afghanische Verteidigungsminister meint: »Wenn nicht ernsthaft etwas gegen die drei unternommen wird, können sie sich halten! Ich will mir nicht vorstellen, was dann geschieht.«

Ende Januar 2003 intensivieren die US-Verbände in der Region Bagram ihre Suche nach Kampfgruppen, die zu den neuaufgestellten Taliban gehören. Mit Helikoptern und 200 Elitesoldaten werden Milizionäre des Gulbuddin Hekmatyar aufgestöbert. 18 dieser Milizionäre verlieren ihr Leben.

Die Reaktion der Taliban erfolgt prompt: Bei Kandahar zerfetzte ein Sprengkörper einen Bus. 16 Afghanen sterben. Angenommen wird, daß der Anschlag den Soldaten einer Kaserne galt, die sich in der Nähe des Detonationsortes befindet.

Bundesinnenminister Schily: »Wir kämpfen gegen eine Hydra!«

Die Hydra ist ein Wesen aus der griechischen Mythologie, ein schlangenartiges Ungeheuer, das neun Köpfe besitzt; wird einer der Köpfe abgeschlagen, wachsen sofort zwei nach. Dennoch soll es dem Helden Herakles gelungen sein, die Hydra zu besiegen.

In Washington hat der Bundesinnenminister den Vergleich gezogen zwischen Hydra und Al Qaida. Schily ist Mitte Januar 2003 der Meinung, es sei viel im Kampf gegen den Terrorismus geschehen, »doch ist die Gefahr heute mindestens so groß wie vor dem 11. September 2001«. Schily verfügt über Hinweise, daß die Chefs der Al Qaida ihr Netzwerk wieder zusammenknüpften. »Die Bedrohung ist jetzt vielleicht sogar noch größer als damals.«

Die Bemerkung des Bundesinnenministers wurde Ende Januar durch einen Sprecher des Bundeskriminalamtes in Wiesbaden bestätigt. Es bestehe jedoch keine konkrete und präzisierte Drohung für die Bundesrepublik Deutschland. Der Bundesnachrichtendienst dagegen warnte vor afghanischen Terrorkommandos: »20 mögliche Attentäter wollen mit gefälschten pakistanischen Pässen nach Deutschland, Großbritannien und Frankreich einreisen. Sie sind Gefolgsleute des Milizkommandeurs Gulbuddin Hekmatyar. Dieser wiederum steht im Kontakt zu Osama Bin Laden.«

Erinnert sei in diesem Zusammenhang, daß Hekmatyar, der 55 Jahre alt ist, während der Zeit der sowjetischen Invasion Afghanistans (1979 bis 1989) von den amerikanischen Geheimdiensten massiv gefördert worden ist – obgleich er sich schon damals zum wahhabitisch geprägten Islam bekannte. Erzählt wird, er habe in jener

Zeit in Kabul Frauen, die westlich gekleidet waren, mit Säure angegriffen. Im Herbst 2002 erhielt der Nachrichtensender Al Dschazira eine Tonbandaufzeichnung zugespielt, die einen Aufruf Hekmatyars an alle Moslems enthielt, sich am Kampf gegen die USA und gegen deren Verbündete zu beteiligen.

Als vom Terrorismus besonders gefährdet sieht sich Großbritannien. In den Verdacht, ein Zentrum des Terrorismus zu sein, geriet die Finsbury Park Moschee in London. Das Gebetshaus wurde von der Polizei gestürmt. Acht Verdächtige wurden festgenommen – sie hatten sich nicht ausweisen können. Beschlagnahmt wurden Pässe in großer Zahl, Kreditkarten und täuschend echte Imitationen von Pistolen. Als alarmierend angesehen wurde der Fund des Giftstoffes Rizin. Dieser hochgiftige Eiweißstoff bewirkt eine Zusammenballung der roten Blutkörperchen; gerät Rizin in den Blutkreislauf, kann der Tod eines Menschen eintreten. Zugriff zu diesem Giftstoff hatte ein Mann, der in einer Fabrik arbeitete, die Lebensmittel für die amerikanischen und britischen Streitkräfte herstellt. Die britischen Sicherheitsbehörden gehen davon aus, daß in der Finsbury Park Moschee ein Giftanschlag geplant worden ist.

Premierminister Tony Blair gab zu, daß ihn die Entdeckung des Giftstoffes aufs höchste beunruhigte: »Das Risiko eines spektakulären Anschlags in Großbritannien ist dramatisch angestiegen.« Die Insel ist deshalb ins Visier einsatzbereiter Terroristen geraten, weil Tony Blair sich eindeutig im Verlauf des Irakkonflikts auf die Seite des US-Präsidenten gestellt hat.

Grund zur Beunruhigung ist auch in Spanien vorhanden. Zum Zeitpunkt der Durchsuchung der Finsbury Park Moschee wurden in Barcelona 16 Männer verhaftet. Der spanische Ministerpräsident José Maria Aznar begründet die Festnahmen so: »Die Männer haben sich darauf vorbereitet, Anschläge mit Chemikalien zu verüben. Sie verfügten auch über Sprengstoff.« Innenminister Angel Acebes gab bekannt, daß die Männer aus Nordafrika stammen. Sie hätten Kontakt zu islamischen Zellen in Frankreich und England. Daß sie mit Al Qaida in Verbindung stünden, hätten sie zugegeben. Auch Ministerpräsident Aznar hält die Terrorismusgefahr für dramatisch: »Ich hoffe, daß die Menschen in Europa ihre Lage begreifen. Wenn wir nicht alle Anstrengungen unternehmen, kommen wir, was Sicherheit betrifft, in eine schwierige Situation!«

Zu Beginn des Jahres 2003 ergriff Unruhe die Moslems, die in Europa lebten. Die Sorge war, Opfer zu werden von Übergriffen auf offener Straße oder in Moscheen. Die Gefahr war nicht zu unterschätzen, daß aufgeheizte Emotionen zu Gewaltakten gegen Menschen führten, die arabisch aussahen. Der britische Innenminister sah sich veranlaßt, an die Vernunft zu appellieren: »Es ist niemandem erlaubt, das Gesetz nach eigenem Gutdünken auszulegen und anzuwenden!« Der Innenminister warnte vor Gewalttaten gegen Personen, die »arabisch aussehen«.

Insch'Allah – so Allah will – Das Haus As Saud kann sich retten

Der saudiarabische Außenminister Prinz Saud Al Faisal hatte dringend darum gebeten, von Präsident Bush noch vor dessen Rede »State of the Nation« am 28. Januar empfangen zu werden. Es war zu erwarten, daß Bush die Richtung zeigen würde für die aktuelle Konfliktlösung. Genau ein Jahr zuvor hatte er mit dem Schlagwort von der »Achse des Bösen« seine Entschlossenheit zum Ausdruck gebracht, den Regimen in Irak, Iran und in Nordkorea den Kampf anzusagen.

Inzwischen war Saudi-Arabien ins Visier der US-Geheimdienste geraten; die Familie As Saud konnte sich vom Verdacht nicht befreien, wesentlich den Fundamentalismus und den Terrorismus unterstützt zu haben. Die Saudi-Botschaft in Washington gab sich im letzten Quartal des Jahres 2002 alle Mühe, durch Spenden und Stiftungen das Image des Königreichs in den USA aufzuwerten. Trotzdem bestand Gefahr, daß Saudi-Arabien in der Präsidentenrede in ungünstigem Sinne erwähnt werden könnte. Um dies zu verhindern, hatte sich Saud Al Faisal dringlich im Weißen Haus angemeldet.

Der saudiarabische Außenminister sah es als beste Taktik an, wieder einmal den Eindruck zu erwecken, die Familie As Saud erweise sich als überaus nützlich. Im Gespräch mit Bush teilte Prinz Saud Al Faisal mit, es sei durchaus möglich, daß sich Saddam Hussein samt Familie ins Exil begebe – seine hohen Funktionäre würde er dabei mitnehmen. Der Vorteil dieser Lösung, so argumentierte der Saudiprinz, würde darin bestehen, daß die USA keinen Krieg gegen Irak führen müsse. Das Haus As Saud aber würde dadurch profitieren, daß die Region um den Persischen Golf nicht in Turbulenzen gestürzt werde, die den »Freunden der USA« schaden würden – gemeint war das Haus As Saud selbst.

Mit Spannung wurde die Rede im Kongreß erwartet. Als der Präsident den Plenarsaal des Repräsentantenhauses betritt, empfängt ihn heftiger Beifall von Persönlichkeiten beider Parteien. Anwesend sind Abgeordnete, Senatoren und Repräsentanten fremder Mächte. Für den Weg zum Podium braucht Bush länger als sonst. Er bedankt sich für den lange anhaltenden Beifall; er schüttelt Hände der Frauen und Männer, die sich ihm in den Weg stellen. Der Präsident läßt sich nicht ungern aufhalten – er benimmt sich, als benötige er im voraus Zustimmung zu dem, was er zu sagen beabsichtigt.

Als er dann am Rednerpult steht, demonstriert er Selbstbewußtsein: »Der Kurs der Vereinigten Staaten hängt nicht von der Entscheidung anderer ab. Wenn immer Handeln nötig ist, werde ich die Freiheit und Sicherheit der Amerikaner verteidigen.« Bush verspricht, es werde »Konsultationen« geben mit den Verbündeten, doch ein Vetorecht werde es für niemand geben.

Dann folgen Behauptungen, die bis heute durch nichts bewiesen sind: »Saddam Hussein besitzt Verbindungen zum Terrorismus, es kann ihm nicht erlaubt werden, eine lebenswichtige Region zu beherrschen und die USA zu bedrohen.« Mit keinem Wort erwähnt George Bush in der Rede »State of the Nation« Saudi-Arabien und das Haus As Saud.

Er beschuldigt allein Irak: »Aus Geheimdienstquellen wissen wir zum Beispiel, daß Tausende von irakischen Sicherheitsleuten Dokumente und Material vor den UN-Inspektoren verstecken. Sie leeren die Hallen, die inspiziert werden sollen und sie überwachen die Inspektoren selbst. Saddam Hussein besitzt Nuklearwaffen und ein volles Arsenal. Er könnte damit seinen Ehrgeiz erneuern, den Nahen Osten zu erobern und die Region ins Chaos zu stürzen. Geheimdienstquellen, geheime Kommunikationen und Aussagen von Verhafteten enthüllen, daß Saddam Hussein Terroristen unterstützt und schützt, darunter auch Mitglieder von Al Qaida.«

Einen Tag später entgegnet UN-Chefinspektor Hans Blix, derartige Behauptungen des Präsidenten entsprächen nicht der Wahrheit. Zu bemängeln sei allein, daß sich die irakischen Behörden gegenüber den Inspektoren wenig kooperativ verhielten.

Mohammed Al Baradei, der für das Aufspüren des möglichen Atomprogramms des Irak zuständig ist, sagt deutlich, es existiere kein Beweis dafür, daß das Land an Euphrat und Tigris die Erzeugung von Nuklearwaffen betreibe. Zu Beginn der 90er Jahre seien entsprechende Programme eingestellt und nie wieder aufgenommen worden. Al Baradei betonte ausdrücklich, aus den Erkenntnissen der UN-Inspektoren sei keine Rechtfertigung für die Entfesselung eines Krieges gegen Irak abzulesen.

Daß der eilige Besuch des saudiarabischen Außenministers Saud Al Faisal den Präsidenten nicht unbeeindruckt gelassen hat, zeigte sich zwei Tage nach der Rede. Bush sagte zu Colin Powell und Donald Rumsfeld im Weißen Haus: »Ich werde einen Entschluß des Saddam Hussein, ins Exil zu gehen, willkommen heißen.« Diese Zustimmung gelte auch für dessen »top henchmen« – für die »Höchsten seiner Handlanger«.

Ari Fleischer, der Sprecher des US-Präsidenten, kommentierte diese Wendung: »Der Abgang ins Exil wäre die vom Weißen Haus favorisierte Lösung. Damit wäre ein teurer und risikoreicher Krieg vermieden.« Kurze Zeit später wurde auch George W. Bush deutlicher: »Ein friedliches Ende des Konflikts »was still the strong US-preference.«

Der Prediger Abu Hamza Masri: »Die Dreifaltigkeit des Bösen ist besiegt worden«

Wie stark die Beziehung zwischen radikalen Moslems und dem westlichen Kulturkreis vergiftet ist, zeigt sich zu Beginn des Februar 2003 – nach dem Unglück der Weltraumfähre »Columbia« an der Aussage des Abu Hamza Masri. Er ist der Prediger der Finsbury Park Moschee, der Zentralmoschee London, die am 20. Januar von der britischen Polizei durchsucht worden war. Der Prediger und viele seiner Gläubigen fühlen sich seither verfolgt. Nach dem Unglück der »Columbia« ist Abu Hamza Masri überzeugt, Allah stehe auf seiner Seite.

Die »Dreifaltigkeit des Bösen« – damit meint Abu Hamza Masri eine Besonderheit der Besatzung der Raumfähre: Zu ihr gehörten Amerikaner, also Menschen des christlichen Kulturkreises, aber auch der Israeli Ilan Ramon und die in Indien geborene Kalpana Chawla, die der hinduistischen Glaubenswelt nahestand – bestand für den islamischen Prediger aus einem Juden, einer Anhängerin fernöstlicher Religion und aus Christen. Allah habe diese »Dreifaltigkeit des Bösen« zum Anlaß genommen, die »Columbia«-Mission scheitern zu lassen.

Am 1. Februar 2003 habe Allah für den aktuellen Irak-Konflikt ein Zeichen gesetzt: Der Israeli Ilan Ramon sei als Pilot dabei gewesen, als israelische Kampfflugzeuge am 7. Juli 1981 den irakischen Atomreaktor Osirak bei Baghdad zerstört haben. Der Prediger Abu Hamza Masri sagt: »Ilan Ramon ist von Allah für diesen Angriff auf Irak bestraft worden. Sein Tod ist ein Zeichen Allahs. Viele Menschen werden glücklich darüber sein.«

Nach Ansicht des islamischen Predigers wird es sich Präsident Bush jetzt überlegen, ob er Krieg gegen Irak führen werde – Insch'Allah, wenn es Allahs Wille ist, wird Bush darüber nachgedacht haben ...

Bibliographie (Auswahl)

Aburish, Said K: The Rise, Corruption and Coming Fall of the House of Saud. London 1994.

Gordon, Murray (Editor): Conflict in the Persian Gulf. New York 1981.

Karsh, Efraim: Saddam Hussein. A political Biography. New York 1991.

Khomeini, Ruhollah (Ayatollah): Letzte Botschaft. Teheran 1991.

Al Mallakh, Ragaei: Saudi Arabia. Rush to Development. London 1982.

Nakash, Yitzhak: The Shi'is of Iraq. Princeton 1994.

Regional Surveys of the World: The Middle East and North Africa, Jahrgänge seit 1970.

Salinger, Pierre: Guerre du Golf. Le Dossier Secret. Paris 1991.

Sidahmed, Abdel Salam (Editor): Islamic Fundamentalism. Boulder Colorado 1996.

Al Suwaidi, Jamal: Iran and the Gulf. A Search for Stability. Abu Dhabi 1996.

Tahir-Kheleli,Shirin (Editor): The Iran-Iraq War. New Weapons, Old Conflicts. New York 1981.

Ausgewertet wurden insbesondere die Tagebücher des Autors, seitdem er sich mit Arabien beschäftigte (ab 1967),
außerdem:

- durch Satellitenanlage empfangbare Programme des irakischen, saudiarabischen, iranischen Fernsehens, sowie des TV-Nachrichtenkanals Al Dschazira
- die periodisch erscheinenden Informationsquellen: Newsweek, Time, The Economist, Der Spiegel, FAZ, Jerusalem Post (international)
- Al Tawhid
  A Quarterly Journal of Islamic Thought and Culture Teheran

Personenregister